KB246459

영남인물고 5

상주·예안·군위·영양

윤필병·이정운 편수 | 신해진 역주

보고사
BOGOSA

머리말

이 책은《영남인물고(嶺南人物考)》의 제5권을 번역한 것이다. 1751년 저술된 이중환(李重煥, 1690~1752)의《택리지(擇里志)》에 의하면, "조선의 인재 가운데 반은 영남에 있다."라는 말이 있으니, 영남인물고는 그러한 사실을 실감케 한다. 1798년 채제공(蔡濟恭) 등이 정조(正祖)의 명에 따라 영남지역 인물 860명의 간략한 생애와 주요 행적을 각종 문헌에서 초출(抄出)하고 군현별로 편차한 문헌인데, 총목(總目)과 도목(都目: 이름, 벼슬, 호 등의 간략 기록표), 권1~권15를 합하여 총 17책으로 이루어진 유일 필사본이다. 현재 규장각한국학연구원에 권1~권10까지 10책이 소장되어 있고, 국립고궁박물관에 총목과 도목을 포함하여 권11~권15까지 7책이 소장되어 있다.

원래 규장각에 보관해 오던《영남인물고》는 1909년 이토 히로부미가 한일관계조사 자료로 66종 938권을 일본으로 가져갈 때 7책(총목·도록, 권11·15)도 반출되어 규장각에는 10책만 남게 되었다. 그러다가 2011년 조선왕조 도서가 일본으로부터 반환되어 국립고궁박물관에 소장될 때, 영남인물고 7책도 환수되어 규장각의 10책과 짝하여 완질을 이루게 되었다. 그 초고는 1799년에 완성되었으나 간행되지 못하였고, 그 구성은 다음과 같다.

권	지역	등재인물	계	편수자
권1	安東	金濟, 金澍, 金自粹, 裵尙志, 權定, 金銖, 鄭玉良, 金孝貞, 河緯地, 柳義孫, 權希孟, 柳崇祖, 金用石, 文敬仝, 權柱, 李宗準, 李弘準, 金時佐, 權橃, 柳公綽, 權輗, 權應挺, 權應昌, 金璉, 金希參, 權碩, 洪仁祐, 柳仲郢, 柳景深, 柳贇, 金彦璣, 金八元, 金宇宏, 具鳳齡, 權好文, 裵三益, 金守一, 鄭惟一, 李珙, 金明一, 李景嶸, 柳仲淹, 金克一, 權春蘭, 柳雲龍, 金宇顒, 金沔	47	蔡弘遠
권2	安東	柳成龍, 南致利, 琴胤先, 金誠一, 鄭士誠, 柳宗介, 洪迪, 柳復起, 金得研, 裵龍吉, 李亨男, 金涌, 鄭士信, 柳復立, 金濂, 金允安, 權益昌, 李光後, 權杠, 權希仁, 權泰一, 李大任, 李昌後, 柳袽, 洪成海, 柳衫, 柳義男, 金是權, 金是樞, 南礏, 柳元慶, 南海準, 張興孝, 權紀, 金是榲, 金烋, 鄭伐	37	丁若銓
권3	安東	柳元之, 柳稷, 南天漢, 宋楠, 金恁, 柳千之, 南天斗, 金邦杰, 李惟樟, 李時善, 柳挺輝, 金如萬, 柳楷, 李址, 柳世鳴, 李瑄, 柳元定, 金聲久, 權斗寅, 李東標, 金世欽, 柳後章, 李琬, 李東完, 金九成, 金世鎬, 邊克泰, 權斗經, 權斗紀, 金汝鍵, 李仁溥, 權德秀, 權榘, 李光庭, 金良炫, 柳升鉉, 李山斗, 金聖鐸, 權萬, 權業, 金景溫, 柳觀鉉, 金㰾, 金命基, 金正漢, 金江漢, 柳正源, 金樂行, 權正忱, 李象靖, 李光靖, 柳道源, 李宗洙, 柳長源, 金始器, 裵相說, 金崇德	57	李儒修 韓致應
권4	尙州	黃喜, 盧嵩, 盧德基, 權徵, 尹師哲, 姜詗, 洪彦忠, 李堰, 金緌, 金舜皐, 黃孝獻, 申潛, 辛崙, 王希傑, 金彦健, 金範, 金冲, 盧守愼, 姜士尙, 成允諧, 鄭國成, 姜士弼, 宋亮, 金聃壽, 姜緒, 金弘敏, 姜紳, 金覺, 盧大河, 姜綖, 權宇, 高尙顔, 姜絪, 趙靖, 趙翊, 金弘微, 李塈, 李埈, 曹友仁, 金光斗, 康應哲, 鄭起龍, 鄭經世, 全湜, 高仁繼, 趙光璧, 權吉, 金宗武, 盧道亨, 金廷堅, 曹希仁, 趙又新, 洪鎬, 金克恒, 金秋任, 盧道凝, 盧峻命, 蔡得沂, 趙壽益, 韓克昌, 康用良, 李榘, 曹挺恒, 鄭道應, 洪汝河	65	睦萬中 沈奎魯
권5	尙州	金楷, 廉行儉, 孫萬雄, 南垕, 柳杭, 李萬敷, 洪大龜, 權相一, 黃翼再, 盧啓元, 姜杭, 金熙普, 高裕	13	尹弼秉 李鼎運
	禮安	琴柔, 琴以詠, 李堣, 李埴, 李賢輔, 金緣, 李仲樑, 金生溟, 李瀣, 李滉, 朴士熹, 金富弼, 金富仁, 李叔樑, 金澤龍, 金富儀, 琴輔, 吳守盈, 趙穆, 尹義貞, 琴應夾, 琴蘭秀, 金富倫, 琴應壎, 李安道, 金圻, 金垓, 任屹, 李詠道, 李弘重, 金坽, 金光繼, 李溟翼, 李燦漢, 金輝世, 金東俊, 李世泰	37	
	軍威	玉沽, 權專, 卓愼, 權自新, 李軫, 李輔, 洪瑋, 張海濱, 朴漢男	9	
	英陽	趙德鄰	1	

권	지역	등재인물	계	편수자
권6	慶州	徐愈, 韓卷, 孫昭, 李蕃, 孫仲暾, 李彦迪, 李彦适, 李乙奎, 金世良, 曹漢輔, 李應春, 權德麟, 李應仁, 金浣, 金虎, 金應澤, 文緯, 權士諤, 李承金, 權士敏, 崔奉天, 權復興, 金石堅, 李希龍, 李彭壽, 李訥, 鄭克後, 金宗一, 孫宗老, 李壔, 韓汝愈, 孫德升	33	
	密陽	李行, 李伸, 孫肇瑞, 金叔滋, 安完慶, 金宗直, 邢士保, 李迨, 曹光益, 孫處訥, 孫起陽, 李光軫(총목에는 없으나 본집 목록에 있음), 孫遴, 金太虛, 盧盖邦, 朴陽春, 朴曼, 安命夏, 李泓	19	
	新寧	權應銖, 權應心, 李蘊秀	3	
권7	星州	李崇仁, 李稷, 都膺, 鄭種, 金自強, 金文起, 金孟性, 鄭崑壽, 鄭逑, 都衡, 呂希臨, 宋希奎, 洪繼玄, 金關石, 宋師頤, 李弘器, 朴而絢, 朴詮, 施文用, 李舒, 李天封, 李承, 金天澤, 崔恒慶, 金轓, 張鳳翰, 金橷, 李彦英, 李潤雨, 裵尙龍, 朴永緒, 鄭惟榮, 李紬, 李廷賢, 金貴悅	35	李承薰 洪命周
	義城	金光粹, 李世憲, 申元祿, 李光俊, 金士元, 申仡, 申之悌, 金致中, 申之孝, 李民宬, 李民寏, 申適道, 申悅道, 李弘祚, 李爾松, 金尙瑗, 申弘望, 申達道, 金履矩, 金宗德	20	
권8	晉州	河演, 鄭溫, 河崙, 河敬復, 姜叔敬, 姜文會, 河潤, 鄭碩堅, 鄭鵬, 姜顯, 兪伯溫, 朴氤, 姜應台, 曹植, 鄭師賢, 李濟臣, 吳健, 鄭斗, 崔永慶, 金大鳴, 李琰, 河沆, 河天澍, 河應圖, 柳宗智, 成汝信, 陳克敬, 河受一, 姜德龍, 崔琦弼, 河憕, 吳長, 朴敏, 河鏡輝, 朴安道, 朴絪, 韓夢參, 河弘度, 河溍, 鄭頠, 韓範錫, 朴泰茂	42	蔡弘履 權應範 沈奎魯
	咸陽	趙承肅, 盧叔仝, 表沿沫, 梁灌, 兪好仁, 鄭汝昌, 盧友明, 姜漢, 盧禛, 姜翼	10	
	慈仁	李陽昭, 崔文炳, 宋希達, 金應鳴	4	
권9	永川	李敢, 柳方善, 李孟專, 曺尙治, 尹兢, 安覯, 曹致虞, 金應生, 郭珣, 鄭世雅, 孫德沉, 安餘慶, 曺好益, 金浣, 金演, 鄭宜藩, 鄭四震, 鄭大任, 安玒, 安璹, 安翔漢, 鄭好仁, 權穆, 李衡祥, 鄭萬陽, 鄭葵陽, 鄭重器, 權得中, 鄭幹, 曹鵬九	30	李之珩 沈達漢
	大邱	楊熙止, 徐沈, 朴漢柱, 李英, 朴愼, 全慶昌, 徐思遠, 崔誠, 崔認, 鄭師哲, 崔東輔, 蔡應麟, 蔡夢硯, 蔡先見, 朴壽春, 蔡楙, 徐時立, 崔東嵲, 都慶兪, 都愼修, 都愼徵, 朴夢徵, 李益馝, 趙春慶, 崔興遠	25	
권10	榮川	鄭陟, 金爾音, 宋仁昌, 金淡, 鄭誠謹, 宋碩忠, 金楊震, 黃孝恭, 金鸞祥, 張壽禧, 朴承任, 吳澐, 金玏, 李德弘, 權斗文, 裵應褧, 金大賢, 李介立, 金盖國, 閔應祺, 金隆, 李庭憲, 成安義, 朴檜茂, 申瓛, 金汝㷱, 金榮祖, 裵尙益, 金應	38	李址永 姜浚欽

권	지역	등재인물	계	편수자
		祖, 成以性, 李禱, 權昌震, 金益禧, 丁彦璛, 羅以俊, 李惟馨, 張瑠, 金倣		
	龍宮	安俊, 鄭雍, 鄭蘭宗(총목에는 없으나 본집 목록에 있음), 李文興, 李構, 潘冲, 姜應淸, 張漢輔, 姜汝䑏, 李涉, 金喜, 鄭榮後, 鄭榮邦, 全五倫	14	
	河陽	許稠, 金是聲	2	
	眞寶	申祉, 申禮男	2	
권11	醴泉	趙庸, 尹祥, 權山海, 權五福, 文瑾, 文瓘, 權五紀, 太斗南, 權橋, 辛達廷, 朴從鱗, 金慶言, 李愈, 鄭琢, 李熹, 權文海, 丁允祐, 金復一, 權旭, 李光胤, 朴蕓, 朴守緒, 鄭允穆, 鄭彦宏, 朴守謹, 金錕, 金迀, 金海一, 權墉, 鄭玉, 朴孫慶	31	權坪 姜浚欽
	善山	朴好問, 金就文, 金應箕, 康伯珍, 李守恭, 黃瑾, 鄭希良, 朴英, 金就一, 朴雲, 康惟善, 盧守誠, 高應陟, 金蕃, 吉誨, 崔晛, 金寧, 朴邃一, 金宗武, 盧景任, 鄭期遠, 金光岳, 洪浚亨, 鄭韺, 盧啓禎, 金鏡重	26	
	泗川	李楨	1	
	河東	崔濯	1	
	順興	安純, 李甫欽, 徐翰廷, 錦城大君, 庚瑠, 李秀亨, 權得平, 朴善長, 琴軔, 安名世, 安應一, 黃彦柱, 李汝馪, 權虎臣, 黃中珩, 安德麟, 洪以成, 南夢鰲, 洪翼漢, 洪宇定, 金綱, 朴天柱, 裵晉龜, 權胤錫, 金若海, 黃壽一, 金弘濟, 徐昌載	28	
	豐基	黃俊良, 黃暹, 郭嶍	3	
	奉化	琴徽, 琴元貞, 琴椅, 琴軸, 琴義筍, 金中淸, 琴元福, 權士溫, 琴是養, 琴聖奎, 鄭鐸	11	洪樂敏 睦萬中 柳遠鳴
권12	寧海	朴宗文, 申禧, 李孟賢, 申從溥, 朴毅長, 朴弘長, 申虯年, 申時明, 南佶, 權璟, 權尙任, 朴滈, 李徽逸, 李嵩逸, 李栽, 李槾	16	
	義興	洪魯	1	
	開寧	李馥	1	
	盈德	金夏九	1	
	居昌	鄭榮振	1	
	山淸	閔安富	1	
	陜川	李橪材, 周怡, 周世鵬, 朴紹, 申季誠, 朴而章, 文勵, 文景虎, 曹應仁, 柳世勛, 金斗南, 姜翼文, 周國楨, 姜大遂, 沈自光, 金八擧, 曹漢儒	17	
권13	咸昌	洪貴達, 蔡壽, 權達手, 蔡無逸, 柳宗仁, 郭守智	6	李泳夏 柳遠鳴
	丹城	李迪, 李光友, 李晁, 李天慶, 金景謹, 權濤, 權克亮, 柳之遠	8	

권	지역	등재인물	계	편수자
	高靈	朴誾, 吳彦毅, 鄭師玄, 金守雍, 朴澤, 朴廷璠, 朴廷琬	7	
	知禮	李崇元, 李淑琦	2	
	昌原	崔潤德, 仇宗吉, 曹致虞, 曹孝淵, 金命胤	5	
	草溪	卞仲良, 卞季良, 李允俊, 卞璧, 李希曾, 李希閔, 卞玉希, 李希顔, 李大期, 全致遠, 李胤緖	11	
	金海	金係錦, 宋賓	2	
	蔚山	曹爾樞, 李藝, 徐仁忠	3	
	梁山	李澄玉, 白受繪	2	
	固城	諸沫, 諸弘祿	2	
권14	東萊	梁潮漢, 辛起雲	2	洪命周 金熙洛 李基慶
	聞慶	申叔彬, 鄭彦信, 沈大孚, 申厚命, 申弼貞	5	
	仁同	張安世, 朴元亨, 張潛, 張顯光, 張士珍, 張慶遇, 張應一, 申益愰	8	
	靈山	李中, 李碩慶, 盧瑾, 裵鶴, 辛礎, 李厚慶, 李道孜, 李道輔, 辛夢參, 辛景夏	10	
	比安	朴宜中, 朴瑞生, 李世仁, 朴嗣叔, 朴忠仁, 朴孝純	6	
	金山	呂應龜, 裵興立, 呂大老, 鄭鎰, 裵命純, 姜汝㞕	6	
	漆谷	鄭錘, 李遠慶, 李道長, 李元禎	4	
	淸道	李原, 金克一, 金孟, 金駿孫, 金馹孫, 金大有, 朴慶新, 朴慶因, 朴慶傳, 朴河淡, 朴慶胤, 李雲龍, 朴慶宣, 朴瑄, 朴璨, 朴瑀, 朴琡	17	
	昌寧	李承彦, 李長坤, 盧克弘, 金廷哲, 尹南龍, 楊暄	6	
권15	安義	鄭矩, 全五倫, 鄭玉堅, 林薰, 林芸, 鄭惟明, 劉名盖, 鄭庸, 鄭蘊, 朴明榑, 尹應錫	11	洪樂敏 洪義浩
	宜寧	安堵, 安遇, 郭安邦, 郭承華, 郭之雲, 郭越, 郭赹, 郭赿, 李魯, 安克家, 郭赳, 郭䞭, 郭赾, 姜瑀, 郭再佑, 姜壽男, 安起宗, 郭再謙, 郭潔, 李曼勝, 郭瀏, 許懿, 郭壽岡, 郭世楗	24	
	咸安	趙旅, 安灌, 安宅, 李郊, 朴齊仁, 趙鵬, 趙宗道, 趙俊男, 趙信道, 趙敏道, 趙埰, 趙凝道, 朴震英, 李休復, 趙益道, 趙光立, 趙繼先, 趙任道, 趙善道, 李景茂, 李景蕃	21	
	三嘉	洪載, 文益昌, 盧欽, 李屹, 朴天祐, 鄭九龍, 文繼達	7	
	玄風	金宏弼, 裵紳, 朴惺	3	
	57		860	

영남의 71개 고을 가운데 57개 고을만 수록되었는데, 수록되지 않은 고을은 경산, 청송, 흥해, 연일, 장기, 청하, 거제, 진해, 곤양, 칠원, 남해,

기장, 언양, 웅천 14개이다. 대체로 해안이나 벽지 고을이라 할 수 있다. 또 고을별로 수록 편차가 컸음을 알 수 있다. 그리고 영남의 큰 인물이지만 아직 죄적에서 풀리지 않은 까닭에 합천의 내암 정인홍(鄭仁弘), 영양의 갈암 이현일(李玄逸)은 실리지 못했다.

이 문헌의 편찬 과정 및 의의에 대해서는 김기엽의 박사학위논문(『조선후기 영남학단의 학적 전승과 교유에 대한 자료적 고찰(고려대학교 대학원, 2022.2)과 최두헌의 글(『고전사계』 52, 한국고전번역원 소식지, 2023.12)에서 소상히 소개된 바 있다. 1798년 8월 정조가 김희락(金熙洛)을 주자소(鑄字所)로 불러 영남 선현들의 문적을 모아 편찬한 책이 있는지 물어 제대로 편찬한 책이 없음을 알고는, 김희락을 통해 상주 정종로(鄭宗魯), 경주 이정덕(李鼎德), 안동 호계서원, 예안 도산서원 등 영남 남인들 사이에서 강한 영향력을 가진 인물과 조직에 편지를 보내어 1개월 안으로 문적을 수집하여 올리도록 통보하였으며, 이에 대한 영남인들의 호응과 열망이 뜨거웠던 것이다. 채제공이 총책임자의 역할 맡아서 그와 가까운 젊은 남인 신료 25명이 1주일도 되지 않아 총 46권의 분량으로 문적을 베꼈으며, 다시 주요 내용을 뽑고 편차해 현전의《영남인물고》의 초고가 완성된 것이다. 1년 뒤 채제공과 2년 뒤 정조가 잇달아 세상을 떠났기 때문에 간행에까지는 이르지 못한 것이다. 온전히 한 개인의 노력에 의해 만들어진 전기류(傳記類)인 이의현(李宜顯)의《국조인물고(國朝人物考)》와 김육(金堉)의《해동명신록(海東名臣錄)》과는 달리, 정조의 명에 의해 편찬되는 문헌에 수록된다는 것은 한 인물의 생애와 행적이 훌륭하여 타의 모범이 될 만하다고 국가가 공인한 것이 되었기에 1728년 이인좌·정희량의 무신란으로 말미암아 소외되었던 영남 남인들의 호응과 열망이 남달랐음을 말하고 있다.

이 영남인물고의 번역은 1967년 강주진 등에 의해 일본에 있었던 부분은 제외된 채 번역되어 세로 판형으로 탐구당에서 출간한 바 있으나,

그 이후로는 재번역 된 적도 없고 또한 완역되지도 않았다. 게다가 학술적 주석 작업은 전혀 이루어지지 않았으니, 특히 인물에 대한 주석 작업은 관계적(혼반, 학연, 혈연, 지연, 관력, 사회적 활동 등) 차원에서 행해질 필요가 있다. 그 기초라 할 수 있는 교감표점 작업이 2022년 한국고전번역원에 의해 이루어졌다. 그리하여 현 시점에서 보자면, 학술적 역주작업이 이루어져야 하고 또 완역되어야 할 과제가 있다.

영남인물고에는 인물의 사실이 행장·언행록·비문·제문 등 원래 문적에서 초록하여 수록되어 있다. 이는 각 인물이 일생 동안 산 실제적 삶의 총체에서 선택적 시각에 의해 1차 형상화 한 것이 원래 문적이고, 원래 문적에서 초출하여 2차 형상화 한 것이 바로 영남인물고의 행적인 것이다. 곧 원래 문적의 찬자가 지녔던 시각과 그 문적 안에서이기는 하나 초출자의 시각이 결합된 양상이다. 그래서 원래 문적의 찬자가 대상 인물과의 관계도 고려의 대상이 되어야 할 것이다. 그 관계는 혈연관계인지, 혈연관계에서도 직계인지 방계인지, 혼인관계인지, 혼인관계에서도 조모계인지 모계인지 처계인지, 사승관계인지, 일면식도 없는 관계인지 등등 다양하다. 그렇다면 원래 문적의 실상도 함께 살펴볼 필요가 있다. 그래서 이 책에서는 보충 자료로 그 원래 문적을 대부분 번역하여 함께 수록하였다.

이는 다양한 관점에서 영남인물고를 살펴볼 수 있도록 도모한 것인데, 전병철(「〈영남인물고〉 진주편 등재인물의 시기별 특징」, 『경남학』 32, 경상대학교 경남문화연구소, 2011)의 논의 결과가 특정지역에 국한된 것이기는 하지만 그에 따르면 15세기에는 흥성한 관료형 인물들이, 16세기에는 강직한 성품과 저항이 두드러진 처사형 인물들이, 17세기부터 18세기에는 남명 조식의 재전제자(在傳弟子)로 왜란과 호란의 국난 때 의병을 일으켜 활동한 인물들이 수록된 것으로 밝혀 다양한 성격의 인물군을 살펴볼 수 있는 시야를 확보하기도 하였다. 영남 사족의 조상 현창과 정치 참여

욕구 여론을 무마하기 위한 정조의 임시변통책에 불과해 영남우대책으로 보기 어렵다고 본 논의도 있지만, 그 당시 영남 사족들의 꿈틀대었던 욕구와 열망의 덩어리가 무엇이고 그것들을 어떻게 표상하였는지 문헌 계통을 통해 내밀하게 살펴야 하지 않을까 한다. 또 다양한 인물군이 지닌 특성, 곧 시기별, 문벌별, 학맥별, 행실별 등을 찾아낼 수 있도록 한다면, 영남 사족의 인적 연결망을 어떻게 구축하여 지역사회에서 중심 세력으로 자임할 수 있었는지 살필 수 있지 않을까 한다. 요컨대, 지역 집단의 유대 공고화 및 공통된 학문적 성향 등을 비롯한 인물 간의 동질 성을 구축하게 한 의식적 기반을 확인하여 그것의 초연결성에 대한 분석 을 통해 새로운 의미의 맥락성을 살필 수 있는 토대가 마련되리라 생각 한다.

　이 번역작업을 정년퇴임 이후의 석좌교수 임용을 신청하기 위하여 2021년도부터 준비하였다. 당시 이서희 박사, 권영희 박사, 진건화 박사 과정 수료생, 이지혜와 유해운 석사과정생 등이 참여하여 방대한 자료를 입력해 주었다. 그 이후 한국고전번역원에서 고전DB로 표점작업한 자 료가 탑재되어 다시 한번 검토 작업을 하였다. 그리고 2024년 석좌교수 임용 신청서를 제출하였는데, 엄정한 심사를 통해 전남대학교 인문대학 에서 처음으로 석좌교수에 임용되었다. 완역을 향해 열심히 정진하는 것이 보답하는 길일 것이다.

　한결같이 하는 말이지만 나름대로 최선을 다하고자 했다. 그러함에도 불구하고 여전히 부족할 터이니 대방가의 질정을 청한다. 끝으로 편집을 맡아 수고해 주신 보고사 가족들의 노고와 따뜻한 마음에 심심한 고마움 을 표한다.

2026년 1월 빛고을 용봉골에서

차례

군위

일러두기

이 책은 다음과 같은 요령으로 엮었다.

01. 번역은 직역을 원칙으로 하되, 가급적 원전의 뜻을 해치지 않는 범위 내에서 호흡을 간결하게 하고, 더러는 의역을 통해 자연스럽게 풀고자 했다.

02. 다음의 자료는 아주 유용하게 참고되었다.
    - 『嶺南人物考』, 강주진 외 역, 탐구당, 1967.
    - 『校勘 標點 韓國古典叢刊·傳記類21』, 한국고전번역원, 2022.

03. 원문은 저본을 충실히 옮기는 것을 위주로 하였으나, 활자로 옮길 수 없는 古體字는 今體字로 바꾸었다.

04. 원문표기는 띄어쓰기를 하고 句讀를 달되, 그 구두에는 쉼표, 마침표, 느낌표, 물음표, 작은따옴표, 큰따옴표, 가운뎃점 등을 사용했다.

05. 주석은 원문에 번호를 붙이고 하단에 각주함을 원칙으로 했다. 독자들이 사전을 찾지 않고도 읽을 수 있도록 비교적 상세한 註를 달았다.

06. 주석 작업을 하면서 많은 문헌과 자료들을 참고하였으나 지면관계상 일일이 밝히지 않음을 양해바라며, 관계된 기관과 여러분께 진심으로 감사드린다.

07. 이 책에 사용한 주요 부호는 다음과 같다.
    (   ) : 同音同義 한자를 표기함.
    [   ] : 異音同義, 出典, 교정 등을 표기함.
    "   " : 직접적인 대화를 나타냄.
    '   ' : 간단한 인용이나 재인용, 또는 강조나 간접화법을 나타냄.
    〈   〉 : 편명, 작품명, 누락 부분의 보충 등을 나타냄.
    「   」 : 시, 제문, 서간, 관문, 논문명 등을 나타냄.
    《   》 : 문집, 작품집 등을 나타냄.
    『   』 : 단행본, 논문집 등을 나타냄.

08. 이 책과 관련된 논문은 다음과 같다.(시기별)
    - 신승운, 「조선조 정조 命撰 〈인물고〉에 대한 서지적 연구」, 성균관대학교 석사학위논문, 1987.
    - 전병철, 「〈영남인물고〉 진주편 등재인물의 시기별 특징」, 『경남학』 32, 경상대학교 경남문화연구소, 2011.
    - 이재두, 「1798년 편찬한 〈영남인물고〉와 그 위상」, 『규장각』 58, 서울대학교 규장각한 국학연구원, 2021.
    - 김기엽, 「조선후기 영남 학단의 학적 전승과 교유에 대한 자료적 고찰」, 고려대학교 박사학위논문, 2022.

09. 이 책의 차례에서 '보충'은 역주자가 인물의 이해를 위해 관련 자료 보탠 표시.

영남인물고

嶺南人物考

상주

01. 김해

| 김해의 자는 정칙, 호는 부훤당, 본관은 안동이다.

일찍이 말하기를, "나는 욕(慾: 욕심)이란 글자는 거의 다 닳아 없어지게 하였으나, 오직 분노와 성냄만은 일체의 감정 중에서 가장 다스리기 어렵다."라고 한 적이 있었다.

만년에 《주역(周易)》을 읽으며 은미하고 심오한 이치를 깊이 탐구하여 이전 유학자들이 밝히지 못했던 바를 많이 밝혀냈다. 천문(天文)·지리(地理)·율려(律呂: 음악)·병가(兵家: 병법)·산수(算數) 같은 학문에 이르기까지 또한 모두 깊이 통하고 환히 깨달았다. 일찍이 말하기를, "전답을 측량하는 일을 하리(下吏: 아전)에게 맡기면 결부(結負: 토지 측량 단위)가 정확하지 않고 이리저리 농간을 부리는데, 등급에 따라 각각 그에 맞는 자를 따로 만들어 쓰는 것 만한 것이 없으니, 그렇게 하면 비록 어리석은 백성이라도 땅 한 조각도 잃는 일이 없을 것이다."라고 한 적이 있었다. 또 일찍이 '독서과농(讀書課農: 독서와 농사)' 네 글자로써 후생들을 권면하며 말하기를, "게으름은 천하의 악덕(惡德)이니, 어찌 사람이 사지(四肢)를 갖추고 있으면서 마음을 쓰는 바가 전혀 없을 수 있겠는가?"라고 한 적이 있었다.

심의(深衣: 유학자의 의복 및 예복)를 스스로 만들었는데, 농암(農巖) 김창협(金昌協)과 함께 방령(方領)·속임(續衽)의 제도를 논의하였다. 《상례비요(喪禮備要: 金長生이 찬한 예법서)》를 면밀히 분석하여 그 의혹을 풀었다. 【협주: 이상정이 찬한 행장에 실려 있다.】

• 金楷

| 金楷, 字正則, 號負暄堂, 安東人。

嘗曰: "吾於'慾'字上, 消磨幾盡, 惟忿懥一節最難."

晚而讀《易》, 探索微奧, 多發前儒所未發。至於天文·地理·律呂·兵家·籌數之學, 亦皆淹貫曉解。嘗曰: "量田, 委諸下吏, 結負不精, 操弄多端, 莫如隨等各造其尺, 則雖愚民, 不失一段畦町." 嘗以"讀書課農"四字勉後生, 曰: "懶者, 天下之惡德。豈可以人具四體而全無所用心也?"

自製深衣[1], 與金農巖昌協[2], 論方領[3]·續衽[4]之制。辨《喪禮備要[5]》, 以破其疑。【李象靖[6]撰行狀[7]】

---

1   深衣(심의): 유학자의 의복 및 예복.

2   金農巖昌協(김농암창협): 農巖 金昌協(1651~1708). 본관은 安東, 자는 仲和, 호는 農巖·三洲. 증조부는 좌의정 金尙憲이며, 조부는 金光燦이다. 아버지는 영의정 金壽恒이며, 어머니 安定羅氏는 해주목사 羅星斗의 딸이다. 부인 延安李氏는 李端相의 딸이다. 영의정 金昌集의 아우이다. 1669년 진사시에 합격하고, 1682년 증광문과에 전시장원으로 급제하여 전적에 출사하였다. 이어서 병조좌랑·사헌부지평·부교리 등을 거쳐 교리·이조좌랑·함경북도병마평사·이조정랑·집의·동부승지·대사성·兵曹參知·예조참의·대사간 등을 역임하고, 명에 의해 宋時烈의 《朱子大全箚疑》를 교정하였다. 청풍부사로 있을 때 기사환국으로 아버지가 진도에서 사사되자, 사직하고 永平에 은거하였다. 1694년 갑술옥사 이후 아버지가 신원됨에 따라 호조참의·예조참판·홍문관제학·이조참판·대제학·예조판서·세자우부빈객·지돈녕부사 등에 임명되었으나, 모두 사직하고 학문에만 전념하였다.

3   方領(방령): 두 깃 자락을 서로 여미어 옷섶[衽]이 겨드랑이 밑에 있게 하면 두 깃이 만나는 곳은 저절로 네모가 되는 옷.

4   續衽(속임): 치마 곁에 있는 두 폭을 연결해서 치마의 앞과 뒤가 분리되지 않게 하는 것.

5   喪禮備要(상례비요): 조선 중기의 학자 申義慶(1557~1648)이 찬술한 喪禮 관계의 초보적인 지침서를 金長生(1548~1631)이 증보하여 완성한 예법서.

6   李象靖(이상정, 1711~1781): 본관은 韓山, 자는 景文, 호는 大山. 증조부는 통덕랑 李孝濟이며, 조부는 통덕랑 李碩觀이다. 아버지는 李泰和이며, 어머니 載寧李氏는 李玄逸의 손녀이자 李栽의 딸이다. 경상북도 안동 출신이다. 1735년 사마시와 대과에 급제하여 가주서가 되었으나 곧 사직하고, 학문에 전념하였다. 1739년 連原察訪에 임명되었으나, 이듬해 9월 관직을 버리고 고향으로 돌아와 大山書堂을 짓고 제자 교육과 학문 연구에 힘썼다. 1753년 연일현감이 되어 민폐를 제거하고 교육을 진흥하는 데 진력하였다. 2년 2개월 만에 사직하려 하였으나 허락되지 않자, 그대로 벼슬을 버리고 돌아와 告身(직첩의 별칭)을 박탈당하였다. 그 이후로는 오직 학문에만 힘을 쏟아 사우들과 강론하고, 제자를 교육하는데 전념하였다.

7   行狀(행장): 李象靖이 지은 행장은 확인할 수가 없고, 鄭宗魯가 지은 행장이 《立齋先生文集》 권46에 〈成均生員負暄堂金公行狀〉으로 실려 있는데, 원문의 내용을 확인할 수 있음.

보충

정종로(鄭宗魯, 1738~1816)가 찬한 행장

성균생원 부훤당 김공 행장

공의 휘는 김해(金楷), 자는 정칙(正則), 성은 김씨(金氏)이다. 그 선조는 안동(安東)을 본관으로 하는데 고려의 공신 대광태사(大匡太師) 김선평(金宣平: 신안동김씨 시조)의 후손이다. 대대로 이름난 사람이 있었으며, 고조부 휘 김시좌(金時佐)에 이르러 효행으로 참봉에 제수되고 정려(旌閭)를 받았다. 증조부 휘 김집(金緝)은 군수를 지냈고, 조부 휘 김사득(金士得)은 생원을 지냈다. 아버지 휘 김광호(金光灝)는 문행(文行)이 있었고, 청주정씨(淸州鄭氏) 생원 정신(鄭伸)의 딸이자 지헌(芝軒) 정사성(鄭士誠)의 손녀에게 장가들었다. 숭정(崇禎) 계유년(1633) 11월 모일에 풍산리(豐山里) 집에서 공을 낳았다.

용모는 점잖고 품위 있었으며, 기질은 맑고 순수하였다. 아이 때 장난하며 노는 것이 보통 아이들과는 달랐으니, 어른이 비록 급히 부르더라도 반드시 옷을 입고 버선을 신은 뒤에야 나아갔으며, 대수롭지 않은 말을 할 때도 반드시 생각한 뒤에야 하였다. 여러 아이들이 남의 밭에서 오이를 훔쳐 공과 함께 먹으려 하자, 공은 의리상 못 먹겠다며 말하기를, "이것은 훔친 물건이다."라고 하면서 곧바로 손사래 치며 거절하였다. 경서(經書)와 사서(史書)를 널리 섭렵하여 글 솜씨가 호방하고 기세가 넘쳐 나이가 약관이 되기도 전에 이미 거유(巨儒)로 인정받았으니, 고향에서 문장의 평가 기준은 모두 그에게 있었으며, 친구들은 따라잡을 수가 없었다. 28세 때에 이르러 경자년(1660) 생원시에 장원으로 합격하니, 칭송받는 영예로운 이름이 도성에까지 진동하였고, 식견이 있는 사람들은 원대한 경지에 이를 것으로 기대하지 않는 이가 없었다.

타고난 성품이 지극히 효성스러웠다. 처사공(處士公: 아버지 김광호)의 병을 시중들 때는 띠를 풀지도 않고 눈을 붙이지도 않은 채 두 손을 이마 가까이에 공손히 모우고 받들며 몇 달을 하루같이 하였으며, 상을 당해서는 예제(禮制)를 지나치도록 슬퍼하였다. 어머니상을 당해서는 나이가 이미 노쇠한 때였는데도 또한 처사공의 상 때와 똑같이 했다. 합장을 하고 나서는 여막을 짓고 시묘살이 3년을 마쳤다. 무덤은 깊고 험한 곳에 있어서 여우와 승냥이가 울부짖는 곳이었으나, 늘 홀로 지키면서 《예기(禮記)》를 읽었는데, 밤에는 섬돌 위에 앉아 말하기를, "부모의 혼령이 가까이 계시니, 나로 하여금 큰 두려움에 빠지지 않게 하시는구나."라고 하였다. 집안은 매우 가난하였으나 힘을 다해 마련하여 표석(表石)을 세우고 상석(牀石)을 안치하였으며, 기일(忌日)이면 목욕재계하여 마치 살아 계신 듯이 정성을 다하였다. 토지와 노비를 마련해 주고는 종손으로 하여금 제사를 주관하게 하였다.

형제 간에 우애가 돈독하였으니, 재물에 대하여 사사로운 구분없이 함께 살고자 하는 마음이 지극하였으나 미처 그러지는 못하였다. 중년에 상주(尙州) 대도촌(大道村)으로 이사하였는데, 초가집이 쓸쓸히 서 있었으나 원근의 이름난 큰 선비들이 번갈아 가며 왕래하였다. 나은(懶隱) 이동표(李東標, 1644~1700) 같은 경우는 서로 좋아하는 마음이 더욱 친밀하여 일찍이 그가 보내온 편지의 겉면에 이르기를, "비파산(琵琶山) 아래 그 집은 마치 배와 같았고, 주졸(走卒: 심부름하는 하인)까지도 모두 김 진사(金進士)를 알았다."라고 한 적이 있었다. 만년에 또 근암촌(近嵒村)으로 이사하였는데, 그 마을을 '보가(保家)'라고 이름하고 그 당호(堂號)를 '부훤(負暄)'이라 편액하였으니, 야인(野人)이 볕을 쬐어 임금에게 바치고자 한다는 마음을 나타낸 것이었다. 도서(圖書)로써 스스로 즐기며 간간이 시를 읊조렸으며, 때때로 거친 밥조차 잇지 못해도 태연하였다. 병신년(1716) 10월 모일에 정침(正寢)에서 생을 마쳤으니, 향년 84세였다. 이듬해 정월에 부인 연안이씨(延安李氏)의 묘에 합장하였으니, 운달산(雲達山) 모향(某向)의 언덕에 있다.

공은 타고난 기품이 고상하고 깨끗하여 지조와 행실이 굳세고 흔들리지 않았으니, 일이 의롭지 못한 것과 관계되면 털끝만큼도 자신을 더럽히지 않았다. 일찍이 말하기를, "나는 욕(慾: 욕심)이란 글자는 거의 다 닳아 없어지게 하였으나, 오직 분노와 성냄만은 일체의 감정 중에서 가장 다스리기 어렵다."라고 한 적이 있었다.

질병이나 사고가 있지 않으면 손에서 책을 놓지 않았으니, 문장은 기세가 웅장하고 거침없어 흘러넘치는 물결처럼 힘이 세찼는데, 유림(儒林)에서 크고 작은 응대를 해야 할 때마다 대부분 공에게 맡겨 그 초안을 짓도록 부탁하였다. 대개 글의 기세가 굳세고 바르며 뜻이 명백하였기 때문이나, 세상과 잘 어울리지 않게 되는 것 또한 이 때문인데도 공은 조금도 개의치 않았다. 만년에 《주역(周易)》을 읽으며 은미하고 심오한 이치를 깊이 탐구하여 마침내 《계몽복역(啓蒙覆繹)》을 저술해 그것을 밝혀 드러내었고, 또 안씨(安氏: 安珦, 1243~1306)의 《하락고정도(河洛考定圖)》를 얻어서는 지나치게 억지로 끼워 맞춘 병통을 분명히 밝혀 배척하였다. 《상례비요(喪禮備要: 金長生이 찬한 예법서)》에 대해서도 또한 의심스럽거나 오류가 있는 곳을 고증하였으며, 농암(農巖) 김창협(金昌協, 1651~1708)과 함께 심의(深衣: 유학자의 의복 및 예복), 방령(方領), 속임(續衽)의 제도를 논의하고 마침내 스스로 만들어 입었다. 천문(天文)·지법(地法: 지리)·율려(律呂: 음악)·산수(算數) 같은 학문에 이르기까지 깊이 통하고 환히 깨닫지 않은 것이 없었으며, 특히 전답을 측량하는 법을 논하면서 이르기를, "등급에 따라 각각 그에 맞는 자를 따로 만들어 쓰는 것만한 것이 없으니, 그렇게 하면 하리(下吏: 아전)가 감히 농간을 부리지 못할 것이라서 비록 어리석은 백성이라도 땅 한 조각도 잃는 일이 없을 것이니 또한 좋은 제도이다."라고 하였다.

무릇 공은 효성스럽고 우애로운 행실과 영민하면서도 강건한 기질을 지닌데다 문장으로도 임금의 정책을 크게 펼 만하였고, 식견으로도 위로 하늘의 도까지 통달할 만하였으며, 재주로도 세상일을 경륜할 만하였다. 만약 때를 만나 조정의 안팎에서 날아다니듯 도모하도록 하여 마음 속에 온축한 바를 펼 수 있었다면 반드시 남들보다 뛰어난 큰 업적이 있었을 것이나, 도리어 황량하고 쓸쓸한 시골의 물가에서 한가하게 살다가 곤궁하게 생을 마쳤으니 어찌된 일인가?

비록 그렇다 하더라도 장수(長壽), 강녕(康寧), 유호덕(攸好德: 덕을 좋아하여 즐겨 행하는 일), 고종명(考終命: 편안한 죽음을 맞이하는 것)은 홍범(洪範)의 오복(五福) 가운데 네 가지인데 공이 이를 겸하였다. 문을 닫고 차분히 스스로를 수양하면서 학문에 깊이 잠겨 갈고 닦는 일에 온 힘을 기울였으며, 단지 한 지방의 문장 평가 기준 자리를 맡은 데만 그친 것이 아니었으며, 그가 저술한 주역 풀이와 예에 관한 논변들은 환히 밝혀져 있어 후세에 전할 만한 것이 있다. 또 일찍이 '독서과농(讀書課農: 독서와 농사)' 네 글자로써 후생들을 권면하며 말하기를, "게으름은 천하의 악덕(惡德)이니, 경계하지 않을 수 있겠는가?"라고 한 적이 있는데, 이 말이 비록 소박해 보이나 그가 평소에 부지런히 힘쓰며 쉬지 않았음을 또한 여기에서 알 수 있다. 공 같은 경우는 그 아름다운 명성과 훌륭한 모범이 영원토록 길이 보존될 것이니, 어찌 한때에 부귀를 누리는 자가 아침에는 화려하다가 저녁에는 시드는 것과 같은 데에 비길 수 있겠는가. 공은 일찍이 이백(李白)과 두보(杜甫)의 시에 주석을 달아서 잘못 전해져 온 오류를 바로잡은 적이 있는데, 이백의 시에 대한 주석 작업을 미처 끝내지 못하였다. 필법 또한 굳세면서도 아름다워 절로 일가의 서체를 이루었다고 한다.

부인 이씨(李氏)는 판서 오봉(五峯) 이호민(李好閔)의 종손자 이한미(李漢美)의 딸이다. …(중략)…

하루는 김현규(金顯奎: 김해의 6세손)가 공의 유집 및 청대(淸臺) 희정공(僖靖公) 권상일(權相一)이 지은 묘갈명을 가지고 와서 나에게 보여 주며 행장을 지어 달라고 부탁하였다. 나는 그것을 읽었더니 깨닫지 못하는 사이에 옷깃을 여미었고, 마침내 차례 대로 위와 같이 기록하였다.

成均生員負暄堂金公行狀

公諱楷, 字正則, 姓金氏。其先安東人, 麗功臣大匡太師宣平之後也。代有聞人, 至高祖諱時佐, 以孝行授參奉旌閭。曾祖諱緝郡守, 祖諱士得生員。考諱光灝有文行, 娶淸州鄭氏生員伸女, 芝軒士誠孫。以崇禎癸酉十一月日, 生公于豐山里第。容貌端雅, 氣質明粹。兒時嬉戱異凡, 長者雖急招之, 必衣襪而後進, 尋常言語, 必思而後發。有羣童偸人園苽, 欲與共食, 公義不可曰: "是盜物也." 卽揮斥之。博涉經史, 文詞浩汗, 年未弱冠, 已成巨儒, 鄕里文衡, 悉歸於公, 儕友莫及也。至二十八庚子, 中生員一等, 名譽動京邑, 識者莫不以遠到期之。天性至孝。侍處士公病, 不解帶不交睫, 兩手奉額, 積數月如一日, 及喪毁踰制。及遭內艱, 年已向衰亦如之。旣合窆, 因廬墓, 終三年。墓在深險地, 狐狸所嗥, 常獨守以讀禮, 夜坐於階上曰: "父母之靈邇矣, 能使我不至大危怖." 家甚貧, 極力營辦, 立表石, 安牀石, 遇忌日沐浴齋戒, 以致如在之誠。置土田·臧獲, 使宗子主祭。篤友兄弟, 臨財無物我, 甚欲與之同居而未能也。中歲移家于尙州之大道村, 茅棟蕭然, 遠近名碩, 迭相往來。如李懶隱東標, 情好尤密, 嘗題其所寄牘面曰: "琵琶山下室如舟, 走卒皆知金進士." 晚年又移于近嵒村, 名其里曰'保家', 扁其堂曰'負暄', 以寓野人獻曝之意。圖書自娛, 間以嘯詠, 有時疏糲不繼晏如也。丙申十月日, 考終于正寢, 享年八十有四。明年正月, 合窆于夫人延安李氏之墓, 在雲達山某向原。公天稟高潔, 操履堅確, 事涉非義, 秋毫不以浼己。嘗曰: "吾於慾字上, 消磨幾盡, 惟忿懥一切最難." 非有疾病事故, 手不釋卷, 文章宏肆滂沛, 凡有儒林大小應酬, 動多倚公屬草。蓋取其辭氣勁正, 旨意明白, 而其不合於世, 亦以此焉, 公不顧也。晚而讀易, 探索微奧, 遂著《啓蒙覆繹》而闡發之, 又得《安氏河洛考定圖》, 辨斥其穿鑿傅會之病。於《喪禮備要》, 亦考證其疑誤處, 而與金農巖昌

協, 論深衣·方領·續衽之制, 遂自製以服。至如天文·地法·律呂·筭數之學, 無不淹貫洞曉, 而其論量田法, 謂:"莫如隨等各造其尺, 則下吏不敢售奸, 雖愚民不失一段者, 亦良制也."夫以公孝友之行·敏健之德, 文足以賁餙王猷, 識足以上達天道, 才足以經綸世務。鼯使得遇於時, 而翶翔內外, 以展其所蘊, 則必有大過人之事業, 而顧乃棲遲於荒閒寂寞之濱, 竆苦以終其世, 何哉? 雖然, 壽考·康寧·攸好德·考終命, 乃洪範五福之四, 而公兼之。杜門恬養, 肆力於沈涵種績之工, 不特司一路文衡之寄, 而其所著易解·禮辨, 炳然有可垂於來後者。又嘗以'讀書課農'四字勉後生, 曰:"懶者, 天下之惡德, 可不戒乎?"此言雖淺, 其平日勤勵不息, 又可見於此。若公其令名懿範之永世長存, 豈一時富貴者之如朝華夕悴比哉。公嘗註李杜詩, 以正舊訛, 而李則未及卒業。筆法又遒媚, 自成一體云。李氏判書五峯好閔之兄孫漢美女也。…(중략)… 日顯奎以公遺集及淸臺權僖靖公所撰碣銘, 示余求爲狀。余讀之不覺斂袵, 遂序次如右。

〔立齋先生文集, 권46, 行狀〕

02. 염행검

염행검의 자는 문약, 본관은 곡성이다. 충의공(忠毅公) 염제신(廉悌臣)의 후손이다. 인조 무진년(1628)에 태어났다. 숙종 계미년(1703)에 죽었다.

일곱 살 때 어머니 한씨의 병을 시중들었는데, 잠시도 곁을 떠나지 않았고 손가락의 피를 내어 구하였다. 12세 때 한씨가 역병에 걸리자 아버지가 공을 따로 떼어두려고 하니, 공은 눈물을 흘리며 남아 있기를 청하였다. 그러나 아버지의 허락을 얻지 못하게 되자, 마침내 종이에 글을 써서 장대 끝에 매달아 병을 돌보는 이에게 사사로이 주며 말하기를, "어머니가 만약 위독하시면, 이것으로 알려 주세요"라고 하였다. 매번 높은 곳에 올라 그것을 살폈는데, 하루는 종이를 매단 장대가 문 밖에 세워진 것을 보고 급히 돌아가려 했으나, 또한 아버지가 허락하지 않을까 두려워서 솔잎으로 코를 찔러 피를 내고는 아버지에게 가서 고하기를, "머리가 아픈데다 또 피까지 나서 소자가 이미 역병에 전염되었으니, 차라리 어머니에게 가 치료하고 보살피는 것이 낫겠습니다."라고 하니, 아버지가 허락하였다. 이에, 공은 급히 돌아와 다시 손가락의 피를 내어 바치고는 울부짖으며 하늘에 기도하여 어머니와 아들이 모두 온전히 살아날 수 있었으니, 지극한 사랑이 타고난 것이 아니라면 이것이 어찌 어린 아이가 능히 할 수 있는 것이란 말인가?

이미 글을 배운 뒤로 일찍이 마을 서당에 가르침을 받은 적이 있었는데, 서당에 강의용 자리가 있어서 아이들 무리가 앉고 누웠으나 공만은 번번이 밀어두고 올라 앉지 않았다. 사람들이 그 까닭을 물으니, 공이 슬퍼하는 기색으로 말하기를, "두 부모가 집에 계신데, 집이 가난하여 미처 편히 앉을 자리 하나도 마련되어 있지 않거늘 내가 어찌 차마 홀로 편히 앉을 수 있겠는가?"라고 하였다.

약시중을 들 때마다 늘 똥을 맛보아 달면 더욱 근심을 이기지 못하였고, 속옷은 반드시 직접 빨아 씻었으니 하녀가 대신하겠다고 해도 허락하지 않고 말하기를, "부모의 몸에 닿는 것이니 남에게 대신하게 할 수 없다."라고 하였다. 일찍이 자제들을 가르치며 말하기를, "차라리 선을 모른다고 말하라. 만일 그것을 알고 있다면 비록 형벌로 막는다 해도 멈출 수가 없다. 차라리 악을 모른다고 말하라. 만일 그것을 알고 있다면 비록 위력으로 시킨다 해도 행할 수가 없다."라고 한 적이 있었다.【협주: 이만부가 찬한 행장에 실려 있다.】

• 廉行儉

廉行儉, 字文約, 曲城人。忠毅公悌臣[1]後。仁祖戊辰生。肅宗癸未卒。

七歲, 侍母夫人韓氏病, 不須更離側, 血其指以救之。十二歲, 韓氏遘癘, 父將以公分之, 公出涕請留。旣不能得, 遂綴紙竿頭, 私授侍病人曰: "母氏若有篤者, 以此示報." 每登高目之, 一日, 果見紙竿立門外, 將奔歸, 而又恐父之不聽, 以松葉迫鼻出血, 卽父座告曰: "頭疼且血, 子已染癘, 寧於母氏治." 父果許之。公於是急歸, 復進指血, 悲號禱天, 母子俱得全, 非篤愛天植[2], 此豈小兒所能也?

旣入學, 嘗就業于里塾[3], 堂有講席, 羣隊坐臥, 公輒推而不登。人問

---

1   悌臣(제신): 廉悌臣(1304~1382). 본관은 曲城, 자는 愷叔, 初字는 佛奴. 고려의 충혜왕, 충목왕, 충정왕, 공민왕, 우왕 등 5왕을 섬긴 重臣이다. 조부는 廉承益이다. 아버지는 監門衛大護軍 廉世忠이며, 어머니 平壤趙氏는 趙仁規의 딸이다. 첫째부인 完山裵氏는 贊成事 完山君 裵挺의 딸로, 자식이 없이 일찍 죽었다. 둘째부인 安東權氏는 權漢功의 딸이다.

2   天植(천식): 하늘이 심어준 것. 곧 타고난 것을 일컫는다.

3   里塾(이숙): 마을 안에서 글을 가르치던 곳.

其故, 公戚戚然曰: "兩親在堂, 家貧未有一席, 吾豈忍獨安乎?" 一未嘗
居於席也。

父病侍湯時, 每嘗矢, 甛則益不勝憂, 藝衣必自澣濯, 婢隷請代, 不肯
曰: "父母所親身, 不欲替人也。" 嘗敎子弟曰: "寧曰不知善。如知之, 雖
刑而禁之, 不可止也。寧曰不知惡。如知之, 雖威而使之, 不可爲也。"
【李萬敷[4]撰行狀】

보충
이만부(李萬敷, 1664~1732)가 찬한 행장

백포처사 염공 행장

백포처사(白浦處士) 염공(廉公)의 휘는 행검, 자는 문약, 본관은 곡성(曲
城: 파주)이다. 시조 염제신(廉悌臣: 공민왕 비 염씨의 아버지)은 공민왕(恭愍
王)을 섬겨 충성수의사덕논도보리공신(忠誠守義司德論道輔理功臣) 벽상삼
한삼중대광(壁上三韓三重大匡) 곡성부원군(曲城府院君)에 이르렀고, 시호
는 충경(忠敬)이다. 7대조부 염순량(廉順良)은 우리 세조조(世祖朝)에서 군
기직장(軍器直長)을 지냈고, 비로소 상주(尙州)로 옮겨 살았다. 그 아들
염종항(廉從恒)은 상호군(上護軍)을 지냈고, 그 아들 염이돈(廉以敦)은 사
정(司正)을 지냈다. 이후로는 점점 현달하지 못했다. 염영(廉瑩)·염대중
(廉大中)·염서운(廉瑞雲)은 고조부·증조부·조부 삼대조(三代祖)인데, 조

---

4 李萬敷(이만부, 1664~1732): 본관은 延安, 자는 仲舒, 호는 息山. 증조부는 李禱이며,
조부는 이조판서 李觀徵이다. 아버지는 예조참판 李沃이며, 어머니 全州李氏는 승지 李同
揆의 딸이다. 첫째부인 義城金氏는 金爾楷의 딸이고, 둘째부인 豐山柳氏는 柳千之의 딸이
다. 1678년 宋時烈의 극형을 주장하다가 湖南에게 몰려 北靑에 유배된 아버지를 따라가
그곳에서 여러 해 동안 시봉하며 학문을 닦았다. 그 뒤 아버지가 유배에서 풀려나 고향에
돌아왔으나 벼슬을 단념하고 오직 학문 연구에 전념하였다. 累代를 서울에서 살았으나
영남의 학자들과 친분이 있는 관계로 그곳에 移居하여 후진 양성과 풍속교화에 힘쓰며
저술활동을 하였다. 1729년 學行으로 長陵參奉과 氷庫別提에 임명되었으나 모두 사퇴하
였다.

부는 군자감(軍資監)을 지냈다. 아버지는 염호절(廉好節)이고, 어머니 청주한씨(淸州韓氏)는 한응규(韓應奎)의 딸이다. 숭정(崇禎) 무진년(1628)에 공을 낳았다.

공은 예닐곱 살 무렵부터 한씨의 병을 시중들었는데, 잠시도 곁을 떠나지 않았고 손가락의 피를 내어 구하였다. 12세 때 한씨가 역병에 걸리자 아버지가 공을 따로 떼어두려고 하니, 공은 눈물을 흘리며 남아 있기를 청하였다. 그러나 아버지의 허락을 얻지 못하게 되자, 마침내 종이에 글을 써서 장대 끝에 매달아 병을 돌보는 이에게 사사로이 주며 말하기를, "어머니가 만약 위독하시면, 이것으로 알려 주세요"라고 하였다. 매번 높은 곳에 올라 그것을 살폈는데, 하루는 종이를 매단 장대가 문 앞에 세워진 것을 보고 급히 돌아가려 했으나, 또한 아버지가 허락하지 않을까 두려워서 솔잎으로 코를 찔러 피를 내고는 아버지에게 가서 고하기를, "저의 머리가 아픈데다 또 피까지 나서 이미 역병에 전염되었으니, 차라리 어머니에게 가 치료하고 보살피는 것이 낫겠습니다."라고 하니, 아버지가 허락하였다. 이에, 공은 급히 돌아와 손가락의 피를 내어 바치고는 밤이면 하늘에 기도하고 또 나무조각을 하얗게 깎아 병의 상태를 써서 약을 함께 구하는 글이 매우 슬펐다. 그 글을 앞 시내에 흘려보내자, 본 사람들은 놀라 신기하게 여겨 감동하였고 응답해 도와주기를 주저하지 않았으니, 어머니와 아들은 모두 온전히 살아날 수 있었다. 지극한 사랑이 타고난 것이 아니라면, 이것이 어찌 어린 아이가 능히 할 수 있는 것이란 말인가?

공은 이미 글을 배운 뒤로 일찍이 마을 서당에 가르침을 받은 적이 있었는데, 서당에 강의용 자리가 있어서 아이들 무리가 앉고 누웠으나 공만은 번번이 밀어두고 올라 앉지 않았다. 사람들이 그 까닭을 물으니, 공이 슬퍼하는 기색으로 말하기를, "두 부모가 집에 계신데, 집이 가난하여 미처 편히 앉을 자리 하나도 마련되어 있지 않거늘 내가 어찌 차마 홀로 편히 앉아 있을 수 있겠는가?"라고 하였다.

장가를 든 뒤에 한씨가 문득 며느리에게 못마땅해 하는 기색을 보인 적이 있었는데, 공이 이를 알아차리고서 웃통을 벗고 청하기를, "소자(小子)가 못나 어머니의 마음을 편안하게 하지 못했으니, 자식된 제 잘못입니다."라고 하고는 하인에게 자신을 때리라고 하며 말하기를, "매섭게 치지 않으면 자식이 저지른 잘못을 풀기에 부족할 것이다."라고 하자, 한씨는 기뻐하였으나 가인(家人: 며느리)은 감격스러우면서도 송구하여 감히 원망을 품지 못하였다.

한씨가 또 병이 위독한 적이 있었는데, 공이 직접 종기를 빨아 내니, 누가 물을 주며 행구라고 하자, 공이 말하기를, "어머니의 종기를 자식이 빤 것이 어찌 더럽겠는가?"라고 하였다. 의원이 말하기를, "산비둘기와 거머리가 모두 이 병에 좋다."라고 하자, 공이 장치를 마련하여 기다리는데 갑자기 매가 비둘기를 쫓아 마당에서 잡아 죽이는 일이 있었고, 저녁에도 또 그러하였다. 공은 또한 알몸으로 못 속에 앉아 있었고, 한참 뒤에 거머리가 몸에 달라붙어 나오는 일이 있었다. 이때는 바로 한겨울이라서 만물이 칩거하거늘, 사람들은 효성에 감응한 것이라고 하였다.

공은 나이가 예순이 넘도록 두 부모가 모두 살아 있었는데, 공은 진실하고 사무치는 정성이 더욱 깊어져 아침저녁으로 반드시 부엌에 들어가 음식을 살폈다. 한씨가 말하기를, "수염과 머리털이 희고 희거늘 어찌 스스로 고생을 사서 한단 말이냐?"라고 하자, 공이 웃으면서 대답하기를, "이러는 가운데 저절로 지극한 즐거움이 있으니 실로 수고롭지 않습니다."라고 하였다. 아버지 곁을 모시며 종일토록 기쁘게 하였고, 드나들기 위해 움직일 때마다 앞뒤에서 부축하며 부름과 명을 몸소 앞에서 받들었고, 옷깃을 여미어 달려가 말도 하기 전에 뜻을 미리 살펴 따랐다. 한씨가 항상 말하기를, "이 아들은 비록 늙었어도 걸음걸이가 나는 듯이 빠르니 이상하다."라고 하였다. 집이 매우 가난하여 봉양할 물자를 장만

할 길이 없자, 공은 직접 물고기 잡는 것으로 어려서부터 늙을 때까지 반드시 맛있는 음식을 마련해야 그쳤다.

기사년(1689) 내근(內艱: 모친상, 부친상의 오기인 듯)을 당했는데, 약시중을 들 때마다 늘 똥을 맛보아 달면 더욱 근심을 이기지 못하였고, 속옷이 부모의 몸에 닿은 것이면 직접 빨아 씻었다. 하녀가 대신하겠다고 해도 허락하지 않고 말하기를, "부모의 몸에 닿는 것이니 남에게 대신하게 할 수 없다."라고 하였다. 상(喪)을 당하자 사흘 동안이나 물조차 입에 대지도 않고 가슴을 치며 통곡하다가 여러 번 혼절하였다. 계빈(啓殯: 발인하기 위해 관을 내려고 빈소를 여는 일)하기 전날 큰비가 내렸는데, 공은 상복을 입은 채 비를 맞으며 서서 하늘을 향해 울부짖었으니 저녁부터 새벽까지 하였다. 이튿날 아침이 되어서야 비가 개고 해가 떴으니, 그리하여 장례를 치르며 예에 어긋남이 없었다.

장사를 지낸 뒤, 한씨가 아직 살아 있었기 때문에 궤연(几筵: 신주를 모셔두는 곳)을 받들어 집으로 돌아왔는데, 날마다 반드시 한번은 묘에 가서 곡하고 절하였다. 하루는 큰비와 눈이 내려 길이 막혔는데도 공은 여전히 찾아갔는데, 호랑이가 무덤 앞에 누워 있다가 공이 오는 것을 보자마자 피하였다. 공이 처음에는 자못 놀라고 의아하게 여겼으나 그 뒤에는 갈 때마다 번번이 그대로 있었는데, 오래되자 서로 익숙한 사이인 듯 두려움이 없었고, 마을 이웃 사람들 또한 많이 그것을 보았다고 한다. 상복을 미처 벗기도 전에 한씨마저 이어 죽자, 그대로 무덤 아래에 여막을 짓고 아침저녁으로 무덤에 올라가 곡하며 슬픔을 다하였으며, 추위와 더위, 바람과 눈보라 속에도 조금도 폐하지 않았다.

삼년상을 마친 뒤에 사판(祠版: 죽은 사람의 위패)을 받들어 집으로 돌아오려 했는데, 제구(祭具)를 두던 방과 여막이 갑자기 절로 무너졌다. 공은 이미 부모를 모두 여의고 외로이 홀로 남게 되었으나, 부모를 추모하는 정성이 더욱 깊어져 아침저녁마다 사당에 나아가 절하고 잠시라도 나갔다가 돌아왔을 때에는 반드시 글로 알렸다. 기일이면 상복을 입고 방 안에서 몸을 단속하고 단정히 앉아 있었는데, 손님도 맞이하지 않은 채 한결같이 생각을 가다듬고 말조차 삼가며 마치 재계(齋戒)하는 모습을 돌아가신 이가 곁에서 보고 있는 듯이 받들고자 하였다. 제수(祭羞)는 정결하였고, 제사를 받들며 오르내리는 모든 일에 매우 삼갔다.

정축년(1697) 고을 사람들이 공의 지극한 행실을 목사에게 알렸다. 당시 이만원(李萬元, 1651~1708)이 고을을 맡은 목사로서 방백(方伯)에게 아뢰었다. 그 뒤로 이식(李湜, 1643~1700)·이세필(李世弼, 1642~1718)·이익 저(李益著, 1649~1722)가 잇달아 목사로 부임해 와서는 해마다 쌀과 고기 를 보내어 안부를 묻거나 그 여막에 직접 찾아와 문안하였는데, 공은 종종걸음 치며 스스로 편치 않게 여기고 그들이 보내온 것을 받지 않았으 며, 노인을 봉양하는 상례(常禮)라고 말하면 그것을 받기도 하였다. 임오 년(1702) 수의(繡衣: 암행어사) 이진수(李震壽, 1648~1716)가 장계를 올려 공의 행의(行誼: 品行과 道議)를 포상하여 무너진 풍속을 일깨우려 하였으 나, 일은 끝내 실행되지 않으니 공론(公論)이 애석하게 여겼다. 계미년 (1703) 11월 9일에 공은 집에서 생을 마쳤으니, 향년 76세였다. 마을 사람들이 애석해 마지않으며 말하기를, "효자가 죽었다."라고 하였다.

공의 타고난 성품이 후덕하고 소박하며 정직하였는데, 순수하고 삼가 는 기질은 일찍부터 이미 갖추어져 있었다. 어린 시절부터 말과 행동이 절도가 있어서 부모의 마음을 조금이라도 거슬린 적이 없었다. 조금 장 성해서는 더욱 자신을 단속하여 몸소 효도와 우애를 실천하는데 힘쓰며 그 마음을 스스로 다하였다. 공이 늘 말하기를, "젊었을 때는 부모를 기쁘게 하려면 과거 급제의 영광에 달렸다고 생각하였기 때문에 과거가 있을 때마다 번번이 시험을 보러 갔으니, 이로 말미암아 부모를 떠난 때가 자주 있었다. 40세가 된 이후에야 비로소 그 잘못을 깨닫고는 과거 를 폐하고 몸소 봉양하였으나, 부모의 나이가 이미 높아 오래 모시지도 못했고, 집이 가난하여 또 잘 봉양하지도 못했으니, 이것이 평생의 지극한 한이다.”라고 하였다. 일찍이 자제들에게 훈계하기를, “너희는 힘써라. 집이 가난하면 돈으로 보충할 수 있고, 옷이 해지면 베나 비단으로 보출할 수 있지만, 이 몸을 한번 잃고 나면 무엇으로 보충할 수 있겠느냐?”라고 한 적이 있었다. 또 말하기를, “너희는 남과 겨루려고 생각하지 말라. 설령 누가 너희의 뺨을 때리려 하거든 너희는 마땅히 웃으면서 맞거라. 남이 너를 때리는 것은 그대로 견딜 수 있지만, 네가 네 자신을 때리는 것은 안 되느니라.”라고 하였으며, 또 말하기를, “사람이 신의가 없으면 어찌 설 수 있겠는가? 한번 신의를 잃고 나면 그 뒤에 비록 신의가 있어도 남들은 너희들을 믿지 않을 것이니라.”라고 하였으며, 또 말하기를, “모름지기 사람을 공경하라. 사람을 공경하는 것은 남을 공경하는 것이 아니라 곧 너희 자신을 공경하는 것이니라.”라고 하였으며, 또 말하기를, “일을 처리할 때는 모름지기 의로써 해야 하고 억지로 꾸미지 말라. 만약 내 마음을 속이면 남들이 반드시 알 것이니라.”라고 하였으며, 또 말하기를, “차라리 선을 모른다고 말하라. 만일 그것을 알고 있다면 비록 형벌로 막는다 해도 멈출 수가 없다. 차라리 악을 모른다고 말하라. 만일 그것을 알고 있다면 비록 위력으로 시킨다 해도 행할 수가 없다.”라고 하였다. 또 시를 지어 말하기를, “경(敬)은 몸을 지탱하는 지팡이고, 신(信)은 세상을 살아가는 수레이니, 갑자기라도 항상 이것을 지킨다면 오랑캐 땅 또한 살 수 있다.”라고 하였다. 이 말들은 모두 그의 마음속에 지닌 바를 대략 엿볼 수 있다.

공은 일찍이 감창(監倉)이라는 벼슬을 지낸 적이 있었다. 창고 아전이 창고 곡식을 매우 많이 훔친 사건이 있자, 목수(牧守: 지방장관)가 그것을 조사해 다스리려 하자, 아전이 그간의 감(監)에게 끌어들여 자기의 죄를 미루려 하였으나, 오직 공에게만은 연루시키지 못하였다. 공은 이를 듣고 또한 문밖에서 죄를 기다리려 하자, 아전이 그것을 보고 놀라 말하기를, "공이 어찌 이곳까지 나오셨습니까? 소서(小胥: 아전이 자신을 낮추어 일컫는 말)가 비록 변변찮을지라도 어찌 공을 욕되게 하겠습니까?"라고 하였으니, 진실로 그의 마음을 감복시킨 것이 있지 않았다면 능히 그렇게 되지는 않았을 것이다.

류천지(柳千之, 1616~1689)는 엄정하여 남을 가벼이 인정하는 사람이 아니었고 또한 공과는 본디 아무런 인연도 없었지만, 공을 매우 공경하고 존중하였다. 류공이 일찍이 도남서원(道南書院: 1667년, 1677년 원장을 지냄)의 책임을 맡아 당우(堂宇: 正堂과 屋宇)를 중건한 적이 있었는데, 특별히 공을 불러 함께 일을 하며 자문한 것이 많았다.

공은 만년에 향리에서 후학을 가르쳤는데, 향리의 자제들 가운데 그에게 와서 배우는 이가 많았다. 사람들을 가르칠 때에는 반드시 먼저 행실을 살피고 그 뒤에 문장과 재주를 익히게 하였다. 집 앞에는 손수 심은 압각수(鴨脚樹: 은행나무)가 아름드리 큰 나무로 자랐으니, 그 아래를 쓸어내고 닦아 두고는 날마다 배우려는 자들과 함께 강학하기를 게을리하지 않았다. 공이 죽은 해에 그 나뭇가지 가운데 들보만 한 것이 네댓 개나 꺾였고, 공이 죽은 지 3년 뒤에는 열매도 맺지 않았으니, 사람들은 이를 괴이하게 여겼다. 이는 산사람을 섬기고 죽은 사람을 섬기는 것, 형제와 우애하고 일가친지와 화목하게 지내는 것, 남들과 교제하는 것에 있어서 한결같이 정성과 믿음으로 대하여 그 정성이 물건도 감동시킬 수 있었기 때문에 자못 이러한 기이한 감응의 징조가 나타난 것도 이치가 그러한 것이었다.

못난 내가 남쪽 지방으로 갔을 때에 공이 살고 있는 정철리(貞哲里)에서 공을 만나뵈었는데, 공이 문밖까지 나와 맞아주고 자리를 양보하며 마루로 오르게 하였다. 이때 공은 70여 세였는데, 새하얀 수염과 눈썹에 하얀데다 헐렁한 베옷과 낡은 갓을 썼으나 매우 위엄이 있었다. 겉으로 보기에는 시골 마을의 한 노인이지만, 속을 두드려 보면 본디 성실하고 진중하여 몸소 실천하는 군자다운 사람이었다. 공 또한 못난 나를 어리석다 여기지 않고 기꺼이 나의 임시 처소까지 찾아와 주었으며 또 편지로도 여러 차례 주고받았다. 고을 사람들이 공의 행실을 알리고자 했을 때에 못난 내가 집필하고 윤색하였지만, 공이 마침내 거절하여 다시는 연락을 주고받지 않았으나 못난 나는 공을 공경하는 마음이 조금도 줄지 않았다.

공의 맏아들 염양득(廉讓得)이 울면서 청하기를, "선친의 행적은 공(公: 이만부)이 아니면 기록할 수 없으니, 바라건대 외로운 저를 버리지 마소서."라고 하였다. 못난 나는 이미 공의 온화한 기색과 미소를 뵌 적도 있고 또 그 가르침도 들었으니, 공의 행장(行狀)은 우리 고을을 위하여 기록한 것이다. 비록 글재주는 없으나 어찌 이를 사양할 수 있었겠는가? 그러나 우환과 병고에 시달리고 곤궁에 황망하여 수년 동안 붓을 잡지 못하다가, 그 청하는 것이 더욱 간절하여 틈나는 대로 정신을 모아 글을 마쳤다. 시경(詩經)에 이르기를, "효자가 효성을 그치지 아니하니 계속해서 그와 같은 효자가 나오는구나."라고 하였고, 고인(古人: 李滉)이 이르기를, "효는 모든 행동의 근원이다."라고 하였다. 아아, 세상이 이미 기울어져 선행이 드물게 들리니, 어찌 다시 이런 사람을 볼 수 있겠는가?

공은 선산김씨(善山金氏)에게 장가들었는데, 김계선(金繼先)의 딸이다. 2남 3녀를 두었다. …(중략)…

공의 집은 노음산(露陰山) 정철촌(貞哲村)에 있고, 노음산 북쪽 기슭 자오(子午)의 언덕에 장사지냈는데 집과의 거리가 멀지 않았다고 한다. 대저 공은 스스로를 드러내지 않도록 힘썼고, 남들이 칭송하여 말하는 것을 두려워하였으며, 또 집안이 그다지 현달하지 않았으니, 그런 까닭에 사람들이 드물게 알았다. 하물며 풍속 교화를 맡은 자들조차 격려하고 권면하여 도(道)로 이끌 줄 알지 못해 지극한 행실이 끝내 묻혀버려 장차 드러낼 방도가 없으니, 탄식을 견딜 수 있겠는가?

白浦處士廉公行狀

白浦處士廉公, 諱行儉, 字文約, 曲城人。始祖悌臣, 事恭愍王, 至忠誠守義司德論道輔理功臣壁上三韓三重大匡曲城府院君, 諡忠敬。七世祖順良, 我世祖朝軍器直長, 始移居尙州。生從恒, 上護軍, 生以敦, 司正。後浸不顯。瑩·大中·瑞雲爲三祖, 而祖官軍資監。考好節, 妣淸州韓氏, 應奎之女。以崇禎戊辰十一月二十日生公。公自六七歲, 侍韓氏病, 不須臾離側, 血其指以救之。十二, 韓氏溝癘, 父以公分處, 公出涕請留。旣不能得父命, 遂綴紙竿頭, 私授侍病人, 曰: "母氏若有篤者, 以此示報也." 每登高目之, 日果見紙竿豎門, 將奔歸而又恐父不聽, 以松葉迫鼻出血, 卽父告曰: "兒頭疼且血, 已染癘矣, 寧於母氏治護." 父許之。公於是急歸, 進指血, 夜則禱天, 又將病狀於片木, 白而書之, 兼求藥物, 辭甚哀。流下前渠, 見者驚異感動, 酬應不憚, 母子俱得全。非篤愛天植, 此豈小兒所能也? 公旣入學, 嘗就業于里塾, 堂有講席, 羣隊坐臥, 公輒推而不登。人問其故, 公戚戚然曰: "兩親在家, 家貧未有一席, 吾何忍獨安乎?" 及有室, 韓氏偶有不可新婦色焉, 公覺之, 祖請曰: "小子不肖, 不安慈意, 是子罪也." 令僕撻己曰: "不毒, 不足以解子罪." 韓豫悅而家人感懼, 不敢有怨。韓氏又嘗病篤, 公自吮其疽, 或請進水漱之。公曰: "母疽子吮, 何汚也?" 醫言: "山鳩水蛭, 俱宜病." 公設機待之, 忽有鶻逐鳩殺于庭, 夕又如之。公又裸體坐澤中。良久蛭有粘身出者。時正隆冬, 百物蟄藏, 人謂孝感也。公年過六十, 而兩親俱在, 公洞洞屬屬之誠彌篤, 朝夕必入廚視具。韓氏曰: "汝鬚髮皓皓, 何自苦爲?" 公笑而對曰: "此中自有至樂, 實不勞也." 侍先公側, 怡愉終日, 出入動作, 先後扶持, 使令於前, 攝齊趨走, 先意承旨。韓氏常言: "此子雖老, 行步如飛, 可異也." 家甚貧, 奉養無所取資, 公躬執漁獵, 自少至老, 必得滫瀡乃已。己巳, 丁內艱, 侍湯時每嘗矢, 㖸則益不勝憂, 褻衣薦親自澣濯。婢隸請代, 不肯曰: "父母所親身, 不欲替人也." 及喪, 水飮不入口者三日, 攀擗屢絶。啓殯前日大雨, 公卽衰絰露立, 仰天呼號, 自夕達曙。翌朝雨霽而旭, 於是送終無闕禮焉。旣葬, 以韓氏尙在堂, 故奉几筵還家, 日必一之墓哭拜。一日, 大雨雪道不通, 公猶往焉, 有虎臥墓前, 見公至輒避。公初頗驚疑。後往輒在。久若相熟者無懼焉。鄉鄰人亦多見之云。服未闋, 韓氏繼亡, 仍廬墓下, 朝夕上墓, 哭盡哀, 寒暑風雪, 不少廢。三年畢然後, 將奉祠版歸家, 饋室與倚廬, 忽自崩頹。公旣孤露, 追慕之誠益篤, 晨昏參謁祠堂, 少出與返, 必書告。忌日則著上服, 危坐一室, 不接賓客, 一思慮, 謹言語, 以期於如見其所爲齊者。粢盛精潔, 升降將事惟謹。丁丑, 鄉人上公至行于牧伯。時李公萬元, 宰州, 申于方伯。其後李公湜·李公世弼·李公益著, 相繼來牧, 歲時致米肉存問, 或造其廬而候之, 公爲踧踖不自安, 不受其遺, 以養老常禮爲辭則受之。壬午, 繡衣李震壽, 啓公行誼, 請褒以勸頹俗, 事竟不行, 公議惜之。癸未十一月九日。公終于家。壽七十六。鄉里無不咨嗟曰:“孝子殁矣.”蓋公資稟敦厚朴直, 純謹夙成, 自在髫齔。動止有節, 未嘗少逆父母之心。稍長, 益刻厲躬行孝悌, 務爲自盡其心。公常言:“少也, 謂悅親在科榮, 故有擧輒赴, 由此離親時數。四十後始覺其誤, 廢擧躬養, 而親年已高, 不得久侍, 家貧又不得善養, 此平生至恨也.”嘗誡諸子, 曰:“汝曹勉之。家貧以錢補之, 衣弊以布帛補之, 一失此身, 當何以補之?”又曰:“汝曹勿思與人較。設有人批汝頰, 汝則宜笑而受之。人之批我猶可, 我之批我不可.”又曰:“人無信, 奚立? 一失信, 後雖信, 人不我信.”又曰:“須恭敬人。恭敬人, 非恭敬人, 乃恭敬我也.”又曰:“臨事須以義, 勿矯餙。若欺余心, 人必知之.”又曰:“寧曰不知善。如知之, 雖刑而禁之, 不可止也。寧曰不知惡。如知之, 雖威而使之, 不可爲也.”又有詩曰:“敬爲持身杖, 信爲行世車。造次恒於此, 蠻鄉亦可居.” 此皆槩見其所存也。公曾爲官監倉。有倉吏竊倉粟甚多, 牧守將覈治之, 吏引前後監, 欲以委其罪, 獨不及公。公聞之, 亦將於門外待罪, 吏見之, 驚曰:“公何以至此? 小胥雖無狀, 豈溷公?”苟非有以服其心者, 不能也。柳公千之, 嚴正不輕與人, 又與公地絶然, 敬重公甚。柳公嘗長貳道南, 重建堂宇, 特引公同事, 多所諮焉。公晚而敎授鄉里, 鄉里子弟多就學。其敎人, 必先行撿後文藝。宅前有手植鴨脚

樹連抱, 築除其下, 日與學者講習不倦。及公歿之年, 樹枝如棟者, 連折四五, 公歿後三年, 不結子, 人以爲異。蓋公之事生事亡及友兄弟睦宗族·待人接物, 一以誠信, 誠能動物, 故頗有異徵感應之理然也。不佞南食, 謁公於所居貞哲里, 公出門外迎接, 讓與升堂。時公七十餘, 鬚眉皓白, 疏布弊冠甚偉。外視之, 卽一田社老, 中扣之, 要自篤實踐履君子人也。公亦不以不佞爲愚, 肯辱顧僑舍, 又以訊疏往復矣。鄕人之上公行也, 不佞爲執筆潤色之, 公遂絶不與復通, 然不佞之敬公不少衰也。公之胤讓得, 泣而請曰：“先人之行, 非公莫可書, 幸不棄其孤也.” 不佞旣承公之色笑也。又聞其敎矣。公之行略爲吾黨記之矣。雖無文, 又何可辭焉? 然憂愁疾病, 遷次困頓, 不暇事鉛槧者數年, 而其請益勤, 間始聚精卒業焉。詩云：“孝子不匱, 永錫爾類.”古人云：“孝者百行之源。嗟呼! 世已下善行罕聞, 安得復見斯人也哉? 公娶善山金氏, 繼先之女。生二男三女。…(중략)… 公家在露陰貞哲村, 葬于露陰北麓子午之原, 距家不遠云。蓋公務韜晦, 恐人有稱道語, 又家不甚顯, 以故人鮮克知之。況掌風化者, 不知所以激勸道廸, 使至行竟湮沒, 將無從而徵焉, 可勝歎哉。

〔息山先生文集, 권22, 行狀〕

03. 손만웅

손만웅의 자는 적만, 호는 야촌, 본관은 경주이다. 인조 계미년(1643)에 태어났다. 현종 기유년(1669) 사마시에 합격하고 같은 해의 문과에 급제하였다. 정언을 거쳐 벼슬은 부윤(府尹)에 이르렀다. 숙종 임진년(1712)에 죽었다.

현종(顯宗)이 승하하였을 때, 공이 도감낭(都監郞; 國葬都監郞)이 되었고 모든 일들이 갈피를 잡게 되자, 당상관들은 그의 재주를 기이하게 여기고 일이 있을 때면 반드시 자문하여 행하였다. 지평(持平)이 되었을 때 김수흥(金壽興)이 예를 그르친 죄를 논핵하는 말이 매우 절실하고도 지극하자, 주상이 윤허하였다. 7개 고을의 수령을 지냈으나 집이 매우 가난하여 서책과 장복(章服: 벼슬아치 公服)까지 팔아 봉양할 물품을 마련하였다. 청주목사가 되었다가 어떤 일로 파직되었는데, 대신들이 진달하여 그대로 직임을 맡게 되었고 대부인에게 미곡(米穀)이 하사되었다.【협주: 권두인이 찬한 묘갈명에 실려 있다.】

• 孫萬雄

孫萬雄, 字敵萬, 號野村, 慶州人。仁祖癸未生。顯宗己酉司馬, 同年文科。歷正言, 至府尹。肅宗壬辰卒。

顯廟禮陟[1], 公以都監郞, 事皆就緒, 堂上奇其才, 事必咨詢而行。爲持平, 論金壽興[2]誤禮之罪, 言甚切至, 上允從之。典七州, 而家甚貧, 賣

---

1 禮陟(예척): 임금이나 존귀한 사람이 세상 떠난 것을 높여 이르는 말.

2 金壽興(김수흥, 1626~1690): 본관은 安東, 자는 起之, 호는 退憂堂·東郭散人. 증조부는 金克孝이며, 조부는 金尙寬이다. 생부 同知中樞府事 金光燦이며, 생모 延安金氏는 金琜의 딸이다. 양부 同副承旨 金光爀이며, 양모 光山金氏는 동지중추부사 金存敬의 딸이다.

書冊·章服, 爲養親之具。 及除清州, 因事罷, 大臣陳達因任, 錫大夫人
米穀焉。【權斗寅[3]撰碣】

보충

권두인(權斗寅, 1643~1719)이 찬한 묘비명

경주부윤 손공 묘비명

전 현령 손경석(孫景錫, 1669~1732) 군이 이전에 나를 찾아와 말하기를,
"선군자(先君子: 선친)의 집우(執友: 뜻을 같이한 벗)들이 모두 세상을 떠났
고 홀로 어르신만 살아 계십니다. 오직 어르신만이 우리 부친의 일과
업적을 말할 수 있으니, 묘도문(墓道文)을 다른 사람에게 부탁하지 않고
감히 어르신께 누를 끼치게 되는 까닭입니다. 만약 한마디라도 은혜롭게
베풀어 그윽한 무덤길을 빛내 주신다면, 이승과 저승의 받는 은혜가 클

부인 南原尹氏는 尹衡覺의 딸이다. 영의정 金壽恒의 형이다. 1648년 사마시에 합격하고,
1655년 춘당대문과에 급제하였으며, 1656년 문과중시에 급제하였다. 대사간·도승지 등
을 역임하고, 1666년에 호조판서, 1673년에 判義禁府事가 되고 이듬해 영의정에 올랐다.
그러나 慈懿大妃의 服制問題로 남인에게 몰려 부처될 뻔하였고, 그해 8월 현종이 죽자
兩司의 탄핵으로 春川에 유배되었다가 이듬해 풀려나와 楊州로 물러가 살았다. 1680년
경신대출척으로 서인이 재집권하자 領中樞府事에 이어 다시 영의정에 올랐으나, 1689년
기사환국으로 남인이 다시 집권하자 長鬐에 유배되어 이듬해 배소에서 죽었다

3 權斗寅(권두인, 1643~1719): 본관은 安東, 자는 春卿, 호는 荷塘. 증조부는 權來이며,
조부는 權尙忠이다. 아버지는 權淰이며, 어머니 驪州李氏는 李伯明의 딸이다. 부인 昌寧成
氏는 成錫夏의 딸이다. 梅軒 洪俊亨에게 배웠다. 1678년 진사시에 합격하였다. 1689년
기사환국 이후 영남의 선비 가운데 학문과 행실이 뛰어난 자 약간 명을 천거했는데, 이때
권두인은 효릉참봉에 제수되었다. 다시 문학과 행검으로 추천되었고, 품계를 뛰어넘어
掌苑別提에 임명되었다. 그리고 연이어 太僕主簿·工曹佐郞에 임명되었다. 1690년이 되어
서 비로소 공조좌랑에 부임했지만 여름이 되자 東宮司禦로 옮겼다. 가을에는 全義縣監에
제수되었으나 부임하지 않았고, 이듬해 가을에는 工曹正郞에서 社稷署令으로 옮겼다.
安陰縣監에 임명되었으나 부임하지 않았고, 겨울에 다시 공조로 돌아왔다. 다음해 다시
공조정랑에서 永春縣監으로 옮겼다. 또 長水縣監도 지냈다. 벼슬에 집착하지 않았는데
공조낭중으로 있을 때 대신을 비판하다 대신의 무례한 반응을 보고는 곧바로 벼슬을
버리고 낙향하고 말았다.

것입니다.”라고 한 적이 있었다. 말을 마치고는 눈물이 그렁그렁해졌고, 나 또한 그의 마음에 슬퍼져 감히 글이 졸렬하다며 사양하지 못하였다. 아아, 내가 어찌 차마 공의 명(銘)을 지어야 한단 말인가?

삼가 살피건대, 손씨는 본디 계림(鷄林: 慶州)의 대성(大姓)으로 대수부(大樹部: 신라 六部 가운데 하나로 孫氏)의 먼 후예이다. 신라로부터 고려에 이르기까지 대대로 이름난 재상이 있었다. 우리 조선에 들어와 감찰을 지낸 휘 손등(孫登)은 손자 계림군(鷄林君) 손소(孫昭, 1433~1484)가 귀해져 호조참의에 추증되었으니, 공에게 8대조가 된다. 증조부 휘 손흥효(孫興孝)는 통훈대부 사복시 정(司僕寺正)에 추증되었고, 조부 휘 손당(孫糖)은 성균관 진사로 통정대부 승정원 좌승지에 추증되었으며, 아버지 휘 손신의(孫愼儀)는 가선대부 병조참판에 추증되었으니, 3대에 걸쳐 벼슬이 추증된 것은 모두 공이 귀해졌기 때문이다. 참판공(參判公: 아버지 손신의)은 인자한 마음과 도타운 덕을 베풀어 온 고을 사람들이 따랐으니, 고을 사람들은 ‘손불(孫佛: 손씨 부처)’이라 일컬었다. 어머니 인천이씨(仁川李氏)는 가선대부 이심근(李深根)의 딸로 정부인(貞夫人)에 봉해졌다. 숭정(崇禎) 계미년(1643) 5월 26일에 공을 낳았다.

공의 휘는 손만웅(孫萬雄), 자는 적만(敵萬), 자호(自號)는 야촌(野村)이다. 어려서부터 총명하여 보통 아이들과 달랐고, 조금 자라서는 뜻과 기개가 있어 남에게 매이지 않았으니 걸출하게 뛰어난 기상이 있었다. 일찍이 밖에 나갔다가 추위에 떠는 거지 아이를 보고 측은히 여겨 옷을 벗어 준 적이 있었는데, 이를 아는 이들은 그가 달관한 사람이 될 것임을 알았다. 글 읽기를 좋아하여 글 짓는 재주가 일찍 성취되자, 참판공이 기특하게 여기고 사랑하며 원대한 경지에 이를 것으로 기대하였다. 병오년(1666) 참판공 상을 당하여 하늘이 무너져 내린 듯이 울부짖으며 몸이 상할 정도로 슬퍼하였고, 예를 다해 장례를 지내고 제사를 지냈다.

기유년(1669) 생원시에 합격하였고 다시 대과(大科: 문과)에 급제하였으니, 명성이 크게 떨쳐지면서 비로소 성균관에 소속되었다. 신해년 (1671)에 오수찰방(鰲樹察訪)이 되어 마치 빗으로 머리때를 제거하고 가려운 곳을 긁어 주니, 역내(驛內)의 백성들이 그를 덕으로 받들었다. 갑인년(1674) 전적(典籍)으로 승진하였고, 공조·예조·형조 삼조(三曹)의 낭관으로 옮겼다. 8월에 현종(顯宗)이 승하하였는데, 공은 도감낭(都監郎; 國葬都監郎)이 되었고 모든 일들이 갈피를 잡게 되니, 당상관들은 공을 재목으로 여기고 일이 있을 때마다 반드시 공에게 자문하였다. 을묘년(1675) 기조랑(騎曹郎: 병조 좌랑)으로서 영광군수에 제수되었다. 영광은 큰 고을로 풍속이 모질고 거칠어 다스리기가 어려운 곳으로 불렸지만, 공이 번거로운 폐단을 제거하고 복잡한 일을 잘 정돈하여 정사를 잘한다는 명성이 크게 드러났다.

병진년(1676) 정언(正言)으로 부름을 받아 돌아왔다. 정사년(1677) 호조 정랑에 제수되어 춘추관 기사관을 겸하였다가 8월에 지평(持平)으로 옮겼다. 이때 주상이 김수흥(金壽興, 1626~1690)을 서용(敍用)하라고 명하니, 공은 도로 명을 거두도록 청하고, 이어 김수흥이 자기 당파를 두둔하다가 예(禮)를 그르친 것을 논핵하며 아뢴 일이 절실하고도 곧자, 주상이 윤허하였다. 9월에 직강(直講)을 거쳐 사예(司藝)로 옮겼고, 동지사(冬至使)의 서장관으로서 북경(北京)에 갔다가 이듬해 봄에 복명(復命: 처리 결과 보고)하였다. 4월 정언에 제수되었고, 사도시 정(司䆃寺正)·장령(掌令)으로 옮겼다가, 겨울에 공주목사가 되었다. 부임하고 나서 고을의 병폐와 백성들의 고통을 조목조목 아뢰었는데, 모두 받아들여졌고 백성들은 지금에 이르기까지도 그를 그리워하였다. 경신년(1680)에 벼슬을 버리고 돌아왔는데, 돌아오고 나서는 남들의 헐뜯음과 중상을 당하였으나 그 억울함을 밝혀 준 이가 있어 끝내 무사하였다.

가세가 점점 기울어져 콩죽과 물조차 올릴 수가 없게 되니, 심지어 서책과 장복(章服: 벼슬아치 公服)까지 팔아 봉양할 물품을 마련하였다.

기사년(1689)에 이르러 기폐(起廢: 파면된 사람을 다시 불러들임)되어 충청도사(忠淸都事)가 되었고, 곧이어 나주목사(羅州牧使)가 되었지만 어떤 일로 파직되었다가 얼마 되지 않아 괴산군수(槐山郡守)가 되었다. 이듬해 가을에 정언으로 조정에 돌아왔고, 장령·사예를 거쳐 신미년(1691)에 어머니를 봉양하게 해달라고 청하여 청주목사가 되었다. 몇 달이 지나 중죄인을 놓친 일에 연좌되어 파직되었는데, 상신(相臣)의 아뢴 말로 말미암아 주상이 특별히 명하여 그대로 직임을 맡게 하고, 대부인에게 비단과 미곡(米穀)을 하사하였으니, 공이 일찍이 주상을 모신 적이 있었기 때문이었다. 공은 관찰사, 수령 및 지역 내 장로(長老)들을 초청하여 풍성히 잔치를 베풀어 임금의 은혜를 드러냈다.

임신년(1692) 9월 관질(官秩)이 올라 동래부사(東萊府使)가 되었는데, 어머니의 연로함을 들어 두 번이나 비국(備局: 비변사)에 사직을 청하였으나 허락되지 않았다. 부임하고 난 이듬해에 사간원에서 법을 어기고 부임한 것으로 논핵하자, 주상이 노하여 말하기를, "부임하도록 다그치고 나서는 다시 그것을 논핵하는 것이 어찌된 일이냐?"라고 하면서 승지 및 간관 이하를 파직하도록 명하였다. 공이 말하기를, "성상(聖上)의 하교(下敎)가 비록 지극히 밝다 하더라도 물론(物論: 부정적인 의미의 여론)을 함부로 무릅쓸 수가 없습니다."라고 하며, 여러 차례 사직을 청하여 마침내 물러날 수 있었다. 겨울에 동도(東都: 경주) 부윤(府尹)으로 발탁되었다. 동도는 땅이 넓고 사람이 많아서 장부와 문서가 구름처럼 쌓였는데, 공이 좌우로 대응하며 명확히 분별하여 일처리가 바람처럼 거침없었으니 사람들이 모두 감복하였으나, 갑술년(1694)에 인끈을 풀어 벼슬을 그만두고 돌아왔다. 신사년(1701) 온성부사(穩城府使)로 제수되었으나, 어머니의 나이가 아흔 살임을 들어 부임하지 않았다. 병술년(1706)에 풍기군수(豐基郡守)가 되었는데, 부모 봉양하기에 편하여 마지못해 부임하였다.

그곳에 부임해 지낸 지 얼마 되지 않아 모친상을 당하자 영구(靈柩)를 받들고 중동(中東: 상주시 중동면)의 정곡(鼎谷)에 이르렀는데, 정곡은 공의 선영이 있는 곳이다. 합장하고 나서 집으로 돌아와 혼백을 사당에 받들었다. 이듬해 부인마저 죽었고, 경인년(1710) 맏아들 또한 죽었다. 공은 이미 늙은 나이였고 거듭되는 앙화로 병에 있은 지 벌써 여러 달이 되었는데도 오히려 스스로 힘을 내어 정곡에 가서 묘소에 올라가 울부짖으며 통곡하다가 병이 더욱 위중해져 부축해 실려 집으로 돌아왔으나 끝내 일어나지 못하였으니, 임진년(1712) 6월 27일이었고 향년 70세였다.

병이 이미 위독해지자, 장사 지내는 일을 일체 문공가례(文公家禮: 朱子家禮)를 따르도록 명하고는 곧 머리를 정돈하게 하고서 귀에 솜으로 채우게 하였고, 옷을 갈아입은 뒤에 젖은 수건을 가져다 스스로 몸을 정결히 하며 말하기를, "이대로 따르면 된다. 다시 고쳐 입히지 말라."라고 하였다. 자제들에게 출입 거취에 신중하고, 농사짓기에 힘쓰고, 자손들을 가르치고, 제사에 정성스럽도록 경계하였으며, 며느리들에게 집안일을 맡아 알뜰히 꾸리도록 경계하였다. 맏형이 빈곤한 것을 걱정하여 전답을 매우 후하게 떼어 주면서 손을 잡고 무탈하기를 축수하였다. 포시(晡時: 오후 4시 전후)에는 입으로 내는 말이 한결같았고 어투도 온화하였으며 태연하여 두려워하는 기색이 전혀 없었다. 밤 해시(亥時: 밤 10시 전후)가 되자 시중드는 이를 돌아보며 말하기를, "나는 이제 떠나간다."라고 하고는 자리를 바로 하고는 편안히 죽었다. 아아, 죽음에 임하여 천명에 맡겨 거스르지 않고 따랐으니, 어찌 이른바 정종(正終: 임종 때까지 바른 도리를 지키다 생을 마감하는 군자의 죽음)이라 하지 않겠는가? 그해 9월 정곡 선영의 묘향(卯向)을 등지는 언덕에 장사지냈는데, 장례에 모인 사람이 400여 명이나 되었다.

공은 풍채가 시원스레 뛰어나고 기개가 당당하여 우뚝한 장부의 풍모가 있었다. 성품이 지극히 효성스러워 봉양을 하거나 제사를 지낼 때면 반드시 몸소 곡식을 찧어 밥을 지었으며, 나이가 많고 지위가 높아져도 오히려 게을리하지 않았으니 여러 고을의 수령을 두루 역임하며 노모를 영화롭게 봉양함이 지극하였다. 때로는 어머니 무릎 곁에 앉아 어린아이 놀이를 하여 즐겁게 해 드렸다. 맏형을 우애롭게 대하면서도 공경하는 것이 늙을수록 더욱 돈독하였으니, 별미를 얻으면 반드시 먼저 바쳤다. 둘째누나가 일찍 과부가 되어 가난하였는데, 매번 관직에 나아갈 때면 반드시 모시고 갔다. 참판공(參判公: 아버지 손신의)의 제사에는 반드시 며칠 전부터 미리 제사에 쓸 물품을 준비하였고, 제삿날 저녁에는 깨끗한 옷을 입고 밤늦도록 예를 갖추었으며, 제사가 끝나면 반드시 송추(松楸: 소나무와 가래나무로 무덤을 가리킴)에 가서 울부짖어 통곡하였는데, 달마다 묘를 살폈고 늙도록 폐하지 않았다.

벗들과 사귈 때에는 도량이 넓고 커서 사람과의 사이에 경계를 두지 않았으니, 사람들이 모두 함께함을 즐거워하여 싫증을 내지 않았다. 벼슬에 있을 때에는 청렴하고 신중한 것을 숭상하였고, 아껴서 쓰는 것을 힘썼고, 백성들을 은혜로써 어루만졌고 아전들을 엄정히 단속하였으니, 그가 부임하는 곳마다 대부분 거사비(去思碑)가 세워졌다. 친구와 지인들에게 후하게 대하여 녹봉도 아끼지 않았으며, 문중의 종친들에게도 화목하여 친소를 따로 구분하지 않았다. 사람들 가운데 가난하여 염습할 수 없는 자나 시집장가를 가려는데 예를 갖출 수 없는 자가 있으면 반드시 온 힘을 다해 도와주었고, 비록 큰 비용이라도 또한 아까워하지 않았다.

만년에는 더욱 글 읽기를 좋아하였는데, 항상 《심경(心經)》·《예기(禮記)》를 좌우에 두고 손으로 펼쳐보기를 멈추지 않았다. 세 아들이 모두 대소과(大小科)에 급제하자, 분수에 차고 넘칠까 더욱더 두려워하여 하나같이 겸손하고 낮추는 것으로 자신을 단속하였다. 대개 공의 아름다운 행실과 훌륭한 본보기는 한두 가지로 헤아릴 수가 없으니, 나는 명(銘)을 짓기는 하였으나 칭송하려다가 본의 아닌 과장된 말이 넘치는 것을 제어하지 못했을까 염려된다.

부인은 재령강씨(載寧康氏)인데, 아버지는 강용직(康用直)이고, 조부는 찰방 강응철(康應哲)이다. 부인의 덕을 갖추었고, 시부모를 정성을 다하여 모셨으며, 남편을 예로 섬기는 것도 모두 갖추었다. 나이가 예순다섯 살에 죽었는데, 처음에는 정곡(鼎谷)의 남쪽 기슭에 장사하였고, 공을 장사할 때 합장하였다. …(중략)…

나와 공은 같은 해에 태어났고, 내가 약관 때부터 공을 따라 교유하였으니 이제 50년이 넘었다. 공을 아는 사람으로는 아마도 나만 한 이가 없을 것이겠지만, 누가 공이 먼저 세상을 떠나 내가 공의 묘갈명을 짓게 될 줄 생각이나 했겠는가? 슬프도다. …(이하 명문 생략)…

慶州府尹孫公墓碑銘

前縣令孫君景錫, 間嘗詣余言曰: "先君子執友, 皆淪沒, 獨吾丈在. 惟吾丈可以道吾父事業, 所以墓道文, 不他屬而敢累吾丈. 倘惠一言, 以賁幽隧, 則幽明受賜大矣." 言訖, 泫然, 余亦悲其意, 不敢以文拙辭. 嗚呼! 余尙忍銘公也乎? 謹按孫氏, 本鷄林大姓, 實大樹部之遠冑也. 自羅而麗, 代有名卿. 入我朝, 有監察諱登, 以孫鷄林君昭貴, 贈戶曹參議, 於公爲八代祖. 曾祖諱興孝, 贈通訓大夫司僕寺正, 祖諱椿, 成均進士贈通政大夫承政院左承旨, 考諱愼儀, 贈嘉善大夫兵曹參判, 三代追爵, 皆以公貴故. 參判公仁心厚德, 服一鄕, 鄕人稱'孫佛'云. 妣仁川李氏, 嘉善深根之女, 封貞夫人. 崇禎癸未五月二十六日生公. 公諱萬雄, 字敵萬, 自號野村. 自幼穎秀異凡兒, 稍長, 倜儻不羈, 傑然有奇氣. 嘗出見寒乞兒, 惻然, 解衣與之, 識者, 已知其爲達人. 好讀書, 詞藝夙成, 參判公奇愛之, 期以遠到. 丙午, 丁參判公憂, 號實哀毁, 葬祭以禮. 己酉, 中生員, 復登大科, 名聲大振, 始隷成均館. 辛亥, 爲樊樹察訪, 櫛垢爬癢, 郵人德之. 甲寅, 陞典籍, 遷工禮刑三曹郎. 八月, 顯廟禮陟, 公爲都監郎, 事皆就緖, 堂上, 材公, 每事, 必咨詢公. 乙卯, 以騎曹郎, 拜靈光郡守. 靈大邑也, 俗雕悍, 號難治, 公剸煩理劇, 甚著政聲。丙辰, 以正言召還。丁巳, 除戶曹正郞兼春秋館記事官, 八月, 轉持平。時上命敍用金壽興, 公請還收, 仍論黨護誤禮, 奏事切直, 上允從。九月, 由直講, 遷司藝, 以冬至使書狀官, 赴京, 明年春, 復命。四月, 拜正言, 轉司諫正·掌令, 冬, 爲公州牧使。既到, 條陳州弊民瘼, 皆蒙聽納, 民到今追思之。庚申, 棄官歸, 既歸, 被人齒齕, 有辨其誣者, 卒無事。家益旁落, 無以供菽水, 至賣書冊章服, 爲奉養之具。至己巳, 起廢, 爲忠淸都事, 尋除羅州牧使, 事罷, 未幾, 爲槐山郡守。明年秋, 以正言還朝, 歷掌令·司藝, 辛未, 乞養, 牧淸州。居數月, 坐失重囚, 見罷, 因相臣言, 特命仍任, 錫大夫人縑帛米穀, 以公曾經侍從故也。公邀方伯·守令及境內長老, 大供具設宴, 以彰君賜。壬申九月, 陞秩爲東萊府使, 以親老, 再呈備局, 不許。既赴任之明年, 諫院論以冒法赴任。上怒曰:“既迫令赴任, 而復論之者, 何也?”命罷承旨及諫官以下。公謂:“聖敎雖至明, 物論不可冒.”累呈得遞。冬, 擢尹東都。東都地博人衆, 簿牒雲委, 公左酬右應, 剖決風生, 人皆稱服, 甲戌, 解印歸。辛巳, 除穩城府使, 以親年九十, 不赴。丙戌, 除豐基郡守, 爲便養强赴。居未幾, 遭大夫人喪, 奉柩至中東之鼎谷, 鼎谷者, 公先墓所在也。既祔葬, 返魂于家。明年, 內夫人歿, 庚寅, 長子又逝。公既耆年, 荐禍示疾已累月, 而猶自力往鼎谷, 上墓號痛, 疾益篤, 扶昇還家, 竟不起, 壬辰六月二十七日也, 年七十。疾已革, 命喪葬一遵文公家禮, 遂令理髮充耳, 更衣訖, 取濕巾以自潔曰:“可因之。毋改襲也.”戒子以愼出入, 力耕稼, 敎子孫, 謹祭祀, 及戒諸婦, 整理家事。念伯氏貧匱, 資土田甚優, 執手祝無恙。哺時, 口呼一律, 句語和平, 怡然無怛化之意。夜到亥, 顧侍者, 曰:“吾今逝矣.”正席, 悠然而歿。嗚呼! 臨死委順, 豈所謂正終者耶? 是年九月, 葬于鼎谷先兆負卯之原, 會葬者四百餘人。公風神俊爽, 氣宇軒昂, 卓犖有丈夫風。性至孝, 爲養與祭, 必親春炊, 至年高位尊, 猶不怠, 歷典入州, 榮養至矣。時坐大夫人膝下, 作嬰兒戲, 以悅之。友敬伯氏, 至老彌篤, 得異味, 必先奉獻。仲姊早寡而貧, 每至官, 必奉而行。參判公諱辰, 必前數月, 豫備祭需, 祭之夕, 明衣達宵,

祭訖, 必詣松楸號哭, 逐月省墓, 到老不廢。與朋友交, 豁達無畦畛, 人
皆驩甚無厭。其居官, 尙廉謹, 務節用, 撫民以恩, 束吏以嚴, 所至多有
去思碑。厚於親舊, 不惜俸祿, 睦於宗族, 無別親疏。人之貧無以爲殮
者, 及嫁娶不能具禮者, 必極力營助, 雖重費, 亦無惜也。晚節尤好看
書, 常置《心經》·《禮記》於左右, 手不停披。及三子俱捷大小科, 盆懼盛
滿, 一以謙卑自牧。蓋公懿行淑範, 不可以一二計, 余爲銘, 患無以揄
揚不虞辭之溢也。夫人載寧康氏,　父曰用直,　大父曰察訪應哲。有婦
德, 奉舅姑盡誠, 禮事夫子俱至。年六十五終, 初窆于鼎谷南麓, 及公
葬, 合祔焉。…(중략)… 余與公同年生, 自弱冠, 從公遊, 今踰五十年。
知公者宜莫余若。孰謂公先逝。使余銘公之墓乎。悲夫。…(이하　명문
생략)…

〔何塘先生文集續集,　권1,　丘墓文〕

04. 남후

남후의 자는 재원, 호는 퇴촌, 본관은 의령이다. 인조 갑신년(1644)에 태어났다. 효종(孝宗: 顯宗의 오기) 임인년(1662) 사마시에 합격하고, 기유년(1669) 문과에 급제하였다. 집의(執義)를 거쳐 벼슬은 승지(承旨)에 이르렀다. 숙종 경오년(1690)에 죽었다.

헌납(獻納)으로 있으면서 박태보(朴泰輔)의 원통함을 풀어주고 관직을 회복해 줄 것을 청하니, 주상이 무엄하다며 책망하였다. 공은 굴하지 않고 숨김없이 맞서 말하자, 임금의 노여움이 조금 누그러졌다.

김만중(金萬重)의 죄명이 아직 벗겨지지 않았는데도 갑자기 예당(禮堂: 예조의 당상관)에 추천되자, 공은 이때 장령(掌令)이었는데 장계를 올려 그것을 남용된 특혜로 논하면서 전관(銓官)에 추고(推考)하기를 청하였다.

경오년(1690) 어머니의 봉양을 위하여 고을을 맡아 다스리기를 청하여 영광군수가 되었다. 이때 동래(東萊)의 관왜(館倭)가 불온한 움직임을 보일 조짐이 있자 공을 승진시켜 부사(府使)가 되게 하였는데, 변방의 고을에서는 부모를 편히 봉양하는 것을 허락하는 관례가 없다면서 사양하였으나, 특별히 부모를 받들도록 명하여 부임하였다. 공은 엄하고 명백하게 단속하니, 관왜가 마침내 숨죽였다.【협주: 정종로가 찬한 행장에 실려 있다.】

• 南垕

南垕, 字載元, 號退村, 宜寧人。仁祖甲申生。孝宗壬寅司馬, 己酉文科。歷執義, 至承旨。肅宗庚午卒

爲獻納, 請申朴泰輔[1]之冤, 復其官, 上責無嚴。公抗言不諱, 天怒

少霽。

金萬重[2]罪名未除, 遽擬禮堂。公時爲掌令, 論啓其澆濫, 請推銓官。

庚午, 爲養丐郡, 爲靈光。時東萊[3]舘倭[4], 有不靖之端, 陞公爲府使, 以邊郡便養無例辭, 特命奉親, 赴任。公約束嚴明, 倭遂屛息。【鄭宗魯 撰行狀】

보충

정종로(鄭宗魯, 1738~1816)가 찬한 묘갈명

동부승지 퇴촌 남공 묘갈명 병서

지난 숙종(肅宗) 기사년(1689)에 중궁(中宮: 인현왕후)이 사양하고 궁을 떠나 사저(私邸)에 있게 되었다. 그때 직간하여 죄를 얻은 자가 삼인(三人: 吳斗寅, 李世華, 朴泰輔)이었는데, 정재(定齋) 박태보(朴泰輔)는 그의 충성과

---

1   朴泰輔(박태보, 1654~1689): 본관은 潘南, 자는 士元, 호는 定齋. 증조부는 朴東善이며, 조부는 참판 朴炡이다. 아버지는 판중추부사 朴世堂이며, 어머니 宜寧南氏는 현령 南一星 의 딸이다. 南九萬의 생질이다. 仲父인 朴世垕에게 입양되었다. 백모 坡平尹氏는 尹宣擧의 딸이다. 尹拯의 생질이다. 부인 全州李氏는 李厚源의 딸이다. 16575년 사마시에 합격하고, 1677년 알성문과에 급제하였다. 예조좌랑으로 있을 때 남인의 모함을 받아 선천에 귀양갔 다가 복직되었다. 성품이 결백하여 아부를 하지 않았으므로 시기하는 자가 많았으나, 왕의 총애를 받았다. 이조좌랑으로 암행어사가 되어 호남지방을 시찰했을 때 폐단을 시정 하여 백성들로부터 손경을 받았다. 1689년 기사환국 때 인현왕후의 폐위를 반대하다가 심한 고문을 받고 진도로 귀양가던 중 노량진 사육신묘에서 객사하였다.

2   金萬重(김만중, 1637~1692): 본관은 光山, 아명은 船生, 자는 重淑, 호는 西浦. 증조부는 예학의 대가 金長生이며, 조부는 金槃이다. 아버지는 金益謙의 유복자이다. 또한 光城府院 君 金萬基의 아우로 숙종의 初妃인 仁敬王后의 숙부가 된다. 어머니 海平尹氏는 이조참판 尹墀의 딸이다. 부인 延安李氏는 李殷相의 딸이다. 1652년 진사시에 합격하고, 1665년 식년문과에 급제하였다. 이후 대제학까지 지냈으며 서인 계열에 속했다. 숙종 대의 환국정 치 속에서 유배와 관계 복귀를 반복하는 삶을 살았다. 주희의 논리를 비판하고 불교용어를 사용하는 등 진보적인 사상을 지녔고, 국문가사 예찬론을 펼치는 등 국문 시가와 소설에 대한 식견도 높았다.

3   東萊(동래): 부산광역시의 중앙부에 있는 東萊區 일대.

4   舘倭(관왜): 倭館에 거주하는 일본인.

굳은 절개가 더욱 두드러져 화(禍)를 입은 것이 더욱 혹독하였으니, 조정과 민간에서 원통히 여기지 않는 이가 없었다. 그러나 임금의 위세가 진동하고 겹겹이 서려 있었고 심지어 간언하는 자에게 흉악한 반역을 범한 죄로 다스린다는 교지까지 내려졌으니, 대신(大臣) 이하 많은 이들이 입을 다물고 감히 말하지 못하였다. 오직 고인(故人) 승지 남공(南公)만이 헌납(獻納)으로 있으면서 맨 먼저 장계를 올려 박태보의 관직을 회복해 줄 것을 청하니, 주상이 성난 목소리로 무엄하다고 책망하자 좌우에 있던 이들 모두가 놀라서 얼굴빛이 변하였으나, 공은 두려워하지도 않고 뜻이 꺾이지도 않아 굴하지 않고 숨김없이 맞서 말하였다. 이에 임금의 노여움이 조금 누그러졌고, 그 뒤에 마침내 박태보의 관직을 회복하도록 명하였는데, 대개 공이 당시 힘써 간쟁한 것이 그 단서를 연 것이었으니, 또한 옳지 않은가?

삼가 살피건대, 공의 휘는 남후(南垕), 자는 재원(載元)이다. 시조 김충(金忠)은 당(唐)나라 여남(汝南) 사람으로 당나라에서 벼슬하여 안렴사(按廉使)가 되었고, 천보(天寶: 당 玄宗의 연호, 742~756) 말년에 사신으로 일본(日本)을 다녀오다가 표류하여 신라(新羅) 영해부(寧海府) 축산포(丑山浦)에 이르게 되었는데, 이때 중국은 큰 난리(亂離: 安史의 난)가 일어나 천자가 도성을 떠나 피란하였으므로 동국(東國: 신라)에 머물며 벼슬하였다. 경덕왕(景德王)이 그가 본디 여남 사람이었기에 남씨(南氏) 성을 하사하고, 이름을 남민(南敏)으로 바꾸고, 영양백(英陽伯)에 봉하고, 시호를 영의(英毅)로 내렸다. 그 뒤로 자손들이 이를 따라 본관을 영양으로 하였다. 그 후세에 휘 남군보(南君甫)가 있었는데, 고려에 벼슬하여 관직이 밀직부사(密直副使)였고 의령(宜寧)으로 옮겨져 봉해졌으니 남씨의 본관이 나뉜 것은 이때부터 시작되었다.

4대를 내려와 휘 남을번(南乙蕃, 1320~1395)이 있었는데, 관직은 문하시중(門下侍中)이었고 의령부원군(宜寧府院君)에 봉해졌으며 시호는 경렬

(敬烈)이 내려졌으니, 바로 공의 9대조가 된다. 그 아들 휘 남은(南誾, 1354~1398)은 우리 태조(太祖: 이성계)를 도와 개국공신(開國功臣)에 책훈되고 의령군(宜寧君)에 봉해졌으며 시호는 강무(剛武)로 내려지고 묘정(廟庭: 종묘)에 배향되었다. 그 아들 휘 남경호(南景祜)는 판중추부사를 지냈고, 봉작(封爵)을 이어받았으며 시호는 안호(安胡)로 내려졌다. 그 아들 휘 남희(南嘻)는 훈련도정(訓鍊都正)을 지냈다. 그 아들 휘 남숙(南俶)은 삭녕군수(朔寧郡守)를 지냈고 이조판서에 추증되었으며 의평군(宜平君)에 봉해졌다. 그 아들 휘는 남예석(南禮錫, 1497~1565)은 부사과(副司果)를 지냈고 한성좌윤(漢城左尹)에 추증되었는데, 경성(京城)에서 데릴사위가 되어 문경(聞慶)으로 옮겼으며 곧 공의 고조부이다. 증조부 휘 남영(南嶸, 1548~1616)은 효행으로 서애(西厓) 류 선생(柳先生: 柳成龍)의 천거를 받아 뒤에 군수를 지냈고 좌참찬에 추증되었으며, 또 함창(咸昌)으로 옮겨 살았다. 조부 휘 남창조(南昌祖, 1603~1682)는 현감을 지냈다. 아버지 휘는 남극로(南極老)이다. 어머니 완산이씨(完山李氏)는 도사(都事) 이영광(李榮光)의 딸이고 계양군(桂陽君: 세종의 서자) 이증(李璔, 1427~1464)의 후손이다. 갑신년(1644) 9월 모일에 공을 낳았다.

어려서부터 외모가 준수하고 성격이 쾌활하였으며 눈빛은 새벽별처럼 빛났다. 8세 때에야 비로소 글을 배웠는데, 총명하고 영특하여 번거롭게 과정을 정해 독려하지 않아도 되었다. 15세 때에 책 상자를 짊어지고 소당(素堂) 권황(權愰, 1543~1641)의 문하에 들어갔는데, 같이 배우는 아이들과 희롱하는 이야기를 하지 않고 경전(經傳)의 뜻을 질문하면서 종일 단정히 앉아 외우고 읽었으며, 여가에는 사장(詞章)과 필획을 익혔다.

임인년(1662) 진사시에 합격하였고, 기유년(1669) 명경과(明經科)에 발탁되어 성균관에 속하였고, 신해년(1671)에 학유(學諭)가 되었다. 임자년(1672) 의정부 사록(議政府司錄)에 제수되었으며, 계축년(1673)에 박사(博士)로 옮겼고 전적(典籍)으로 승진하였다가 춘조낭(春曹郎: 예조 낭관)으로 다시 옮겼으며, 가을에는 대동 찰방(大同察訪)에 제수되었지만 동기(同氣: 동생 南至)의 상(喪) 때문에 나아가지 못하였다.

갑인년(1674) 다시 춘조낭(春曹郎: 예조 낭관)이 되었다가 기성(騎省: 병조)으로 전직되었고, 뒤이어 감찰(監察)로 옮겼다. 을묘년(1675) 무안 현감(務安縣監)에 제수되었다. 무안 고을은 풍속이 경박하고 사나워서 본래 다스리기 어려운 곳으로 일컬어졌다. 공은 호령이 엄하고 규율이 분명하니, 백성들과 아전들이 모두 두려워 움츠리며 감히 준동하지 못하였다. 이에, 학교를 세우고, 군졸과 역졸을 정비하고, 재물의 씀씀이를 아끼고, 법조항을 엄정히 적용하여 고을의 폐해가 많았던 정사를 일신하였다. 청렴과 결백으로 자신을 단속하여 털끝만큼의 사사로운 누도 자신에게 끼치지 않았다. 봄과 가을에는 노인을 공양하는 예를 거행하였고, 석채(釋菜: 음력 2월과 8월에 문묘에서 공자에게 지내는 제사) 및 사직(社稷)·성황(城隍) 등의 제사도 모두 친히 주관하였다. 이보다 앞서 얼음장을 떠내게 하는 부역(賦役)이 온 고을의 고질적인 폐단이었는데, 공이 녹봉을 내고 사람을 모아 읍내에 연못을 파서 시기에 맞춰 얼음을 떠내서 저장하게 하니, 백성들이 지금까지도 그 덕을 입고 있다. 정사년(1677)에 일로 파직되었다.

무오년(1678) 서용(敍用: 파직된 자의 재등용)되어 병조좌랑에 제수되었고, 예조로 옮겼다가 사헌부 장령으로 승진하였다. 뒤이어 사예(司藝)·봉상시 부정(奉常寺副正)으로 옮겼고, 겨울에 청주목사(淸州牧使)에 제수되었으나, 어떤 자가 말하기를, "공이 외직으로 나가는 것은 마땅하지 않다."라고 하니, 다시 장령에 제수되었다. 기미년(1679) 정언에 제수되었고, 뒤이어 도로 장령이 되었다. 이때 김만중(金萬重)의 죄명이 아직 벗겨지지 않았는데도 갑자기 그를 예조(禮曹: 예조 참의)에 추천하려는 논의가 있자, 공은 장계를 올려 그것을 남용된 특혜로 논하면서 전조(銓曹: 이조)에 넘겨 추고(推考)할 것을 청하였다가 임금의 엄한 꾸지람을 받았다.

경신년(1680) 사복시 정(司僕寺正)으로서 직강(直講)에 옮겼고, 다시 봉상시 정(奉常寺正)·종부시 주부(宗簿寺主簿)로 옮겼으며, 《열성어제(列聖御製)》 2권을 내사(內賜: 임금이 친히 내리는 일)받았고, 또다시 정언(正言)에 제수되었으나 혐의를 피하고자 하여 사직(司直: 감찰 조치)에 맡기고 고향으로 돌아왔다. 4월에 뜻밖의 정변이 갑자기 발발하고 시국이 크게 변하여 대간(臺諫)들이 잇달아 외직으로 전출되었고 공도 중화부사(中和府使)에 제수되었으나, 얼마 지나지 않아 대간들이 논핵하여 파직되었다.

공은 그로 인하여 벼슬에서 물러나 살 계획을 세웠는데, 그 집을 퇴촌(退村)으로 편액하고는 한가히 지냈고, 집안의 자제들 및 이웃 동네의 학동들을 가르치며 학업의 과정을 엄격하게 세우고 태만하거나 소홀히 하지 못하게 하였다. 여가가 나면 산언덕과 골짜기를 소요하며 스스로를 즐겼다. 병인년(1686)에 부친상을 당하여 장례를 치르고 제사를 받드는 것이 하나같이 《가례(家禮)》에 따라 반드시 정성스럽게 하고 반드시 미덥게 하며 3년을 하루같이 하였다.

기사년(1689) 조정에서 폐고(廢錮: 죄로 인해 벼슬에서 쫓겨나 금고 상태에 있는 것)된 이들을 불러들였는데, 공은 장악원 정(掌樂院正)의 자격으로 정언에 옮겨 제수되었다. 이때 양사(兩司: 사헌부와 사간원)에서 합계(合啓)한 일이 있었는데, 좌상 목내선(睦來善, 1617~1704)이 대간(臺諫)이 대신과 미리 의논하지 않았다면서 그 잘못을 말하고자 임금에게 뵙기를 청하였다. 공은 헌부(憲府)와 함께 연명으로 혐의를 피하여 말하기를, "대간이 사안에 따라 논핵하여 그 죄목을 조목조목 들어 말하는 것은 직분인데, 언제 일찍이 남의 지시를 받고 종종걸음치며 받들면서 오직 미치지 못할까만 두려워한 적이 있었습니까? 만약 반드시 대신에게 여쭙고 의논한 뒤에야 장계를 올려 아뢴다면 대신의 과오는 누가 다시 말하겠습니까?"라고 하였다. 좌상이 차자(箚子)를 올리자 그것이 받아들여져 주상에게 들어갔으며, 공 또한 상소를 올려 체직을 청하였으나 주상이 너그럽게 비답(批答)을 내리고 윤허하지 않았다. 얼마 되지 않아 일로 인하여 체직되었고, 집에서 지낸 지 거의 반년이 되었다. 대개 정재(定齋: 朴泰輔)가 간언하다 죽은 일은 이해 4월에 있었지만, 공은 말해야 할 자리에 있지 못해서 늘 분하고 울분을 품었다가 8월에 이르러 헌납(獻納)에 제수되자, 임금의 우레 같은 진노를 무릅쓰고 정재의 원통함을 드러내 아뢰었다.

경오년(1690) 또다시 장령에 제수되었고 집의(執義)로 승진하였으며, 이윽고 자급을 뛰어넘어 승정원 동부승지로 승진하였으나, 뒤이어 체직되어 부호군(副護軍)이 되었다. 이때 어머니의 나이가 이미 칠순이었으니, 공이 고을을 맡아 다스리기를 청하여 영광군수(靈光郡守)가 되었다. 마침 동래(東萊)의 관왜(舘倭: 왜관에 거주하는 일본인)가 불온한 움직임을 보일 조짐이 있었는데, 조정에서 그 일을 처리할 마땅한 사람을 찾지 못하고 어려워하자, 비국(備局)에서 맨 먼저 공을 천거하였다. 공은 변방의 고을에서는 부모를 편히 봉양하는 것을 허락하는 관례가 없다면서 여러 번 사양하였지만, 주상이 특별히 명하여 예외로 어머니를 봉양하게 하였다. 부임한 뒤로 관왜를 단속하며 한결같이 삼척(三尺: 법도)에 따르니, 관왜가 숨죽이고 감히 문밖으로 한걸음도 나오지 않았다. 당시 변방의 고을은 큰 기근이 들어서 굶어 죽은 시신들이 서로 마주할 정도로 즐비하였으나, 공은 여러 방면으로 조처하여 마음을 다해 진휼하고 구제하니, 떠돌며 빌어먹던 사람들이 돌아와 모이고 초췌하던 백성들이 점차 소생하였다.

8월 11일 관왜에게 연회를 베풀고 돌아오다가 해운대(海雲臺)에 이르러 폭질(暴疾: 갑작스런 병)을 만나 이튿날 죽었으니, 향년 47세였다. 관을 싣고 돌아오는 날, 고을의 백성들이 곡하며 전송하는 자가 거리를 메우고 들판에 가득하였다. 부음(訃音)이 알려지자, 주상이 특별히 부의(賻儀)

를 내리도록 명하였다. 10월에 상주(商州: 尙州) 은척(銀尺) 내 우산(牛山) 임좌(壬坐) 언덕에 장사 지냈다.

첫째부인 경주이씨(慶州李氏)는 신라의 원훈(元勳) 이알평(李謁平)의 후손으로 부사(府使) 이숭언(李崇彦)의 딸인데, 자태와 성품이 단정하고 현숙하며 순수하고 온화하여 남편을 섬기며 덕에 어긋남이 없었고, 공과 같은 언덕에 묻혔다. 둘째부인 안동 권씨(安東權氏)는 태사(太師) 권행(權幸)의 후손으로 정랑(正郎) 권덕연(權德衍)의 딸인데, 마음가짐이 유순하고 아름다웠으며, 첫째부인의 자녀들을 마치 자신의 자식처럼 사랑하여 보살폈으며, 막곡(幕谷) 자향(子向) 언덕에 묻혔다. …(중략)…

공의 풍채와 용모는 영걸스럽고 빼어났으며, 기품과 기상은 엄하고 굳세었다. 평소에 위엄 있게 보이려 애쓰지 않았으나, 사람들은 감히 고개를 들어 보지 못했다. 아랫사람을 대할 때에는 눈빛으로 제압하여 본 적이 없었는데, 일찍이 남의 연회(宴會)에 가서 시중드는 이에게 자리를 가지런히 하도록 돌아보자, 시중드는 이들이 고개를 들어 쳐다보는 것조차 모두 하지 못했다. 사헌부에 있을 때에는 아전들에게 불법으로 소를 도살한 자를 체포하도록 독려하였는데, 아전이 한 중신(重臣)의 집에서 소를 잡아 죽인 것을 알았지만 고기를 찾지 못하자, 담장을 사다리로 넘고 돌입하여 고기를 찾아 가지고 나왔으니, 그가 명령하면 시행되고 금하면 중지되는 것이 이와 같았다.

공은 성품이 고상하고 굳세어 권세 있는 요직에 있는 이를 가까이하지 않았으며, 남과 함께할 때에는 화복(禍福)에 따라 자기의 마음을 달리 먹지 않았다. 같은 종친 가운데 상국(相國) 남구만(南九萬, 1629~1711)과 판서(判書) 남용익(南龍翼, 1628~1692)이 당시에 권력을 잡고 있었지만, 공은 벼슬살이를 여러 해 하는 동안에 단 한번도 찾아가 보지 않았다. 상서(尙書) 이귀암(李歸巖: 李元禎, 1622~1680)은 같은 경상도 사람으로서 혼인한 정의가 있고, 또 그의 아들 참판 이담명(李聃命, 1646~1701)과는 동료였지만, 바야흐로 이공(李公: 이원정)이 이조(吏曹)의 전형을 잡고 있을 적에도 공은 절대 찾아보지 않았다. 하루는 조정의 반열에서 만나자, 이공이 말하기를, "그대가 이 늙은이를 찾아오지 않는 것은 무엇 때문인가? 지금 요행히 서로 만났으니 다정히 이야기를 나누지 않으련가?"라고 하니, 공이 "조정에서는 남의 자리를 지나 말하지 않는 법입니다."라고 하였다. 이공이 웃으며 일어나 말하기를, "그렇다면 내가 장차 찾아가서 이야기해야겠네."라고 하였다. 경신년(1680)에 이공(李公)이 무고를 당하여 강계(江界)로 귀양을 갔는데, 옥사(獄事)에 연루될까 하여 사람들이 감히 안부조차 묻지 못하였다. 공은 이때 중화부사(中和府使)를 맡고 있었는데, 이공의 아들이 유배지로 부친을 뵈러 간다는 소식을 듣고 나가 만나고는 필요한 물자를 도와주었다. 8월에 옥사가 다시 일어나 이공이 끝내 국문하는 대궐의 뜰에서 죽었다. 상구(喪柩)가 남쪽으로 내려올 때, 공은 마침 이미 집에 돌아와 있었으므로 집안의 모든 하인들에게 상여를 메고 고개를 넘도록 명하니, 이공의 집에서 더욱더 공의 의리에 감동하였다.

부모를 섬김에 효성과 공경이 지극하였으니, 첫닭이 울면 반드시 세수하고 머리를 빗은 다음 문안드리는 것을 날마다 한결같았고 한 시각도 어기지 않았다. 아버지를 여읜 후에 어머니의 나이가 많고 병이 깊어지자, 공은 밤낮으로 곁에서 모시며 탕약이나 미음을 반드시 손수 조제하여 올렸고 남에게 맡긴 적이 없었다. 어머니가 수근채(水芹菜: 미나리)를 좋아하였는데, 경성(京城)에서 나는 것은 이른 봄에 이미 여리고 맛이 좋으니, 공은 며칠 간격으로 사람을 모집해 이틀에 갈 길을 하루에 가도록 하고 사 오게 하여 어머니에게 올렸다.

일찍이 소당(素堂) 권황(權愰)에게 가르침을 받은 적이 있었기 때문에 힘을 다해 그 집안을 돌보아서 춥거나 배고픔에 이르지 않도록 하였으며, 제삿날이면 반드시 제수를 올렸고 종신토록 변함이 없었다. 항상 가난한 사람을 구하여 도와주는 것을 일삼았으니, 고을의 이웃에서 먹을 것을 기다리는 자가 매우 많았으나, 그들에게 부응하는 것이 미치지 못한 듯이 하였다.

항상 영달하여 높은 벼슬에 오르는 것을 두려워하였다. 맏아들 박사공(博士公: 南圖翼)이 과거에 급제했을 때 축하객이 자리에 가득하자, 공은 근심스런 얼굴빛으로 말하기를, "가득하면 덜어지고 겸손하면 더해지는 것이 천도(天道: 하늘의 이치)이다. 내가 이미 하대부(下大夫) 반열에 올랐는데, 네가 또 벼슬길에 나섰으니 어찌 삼가고 두렵지 않겠느냐? 너는 담담히 물러나 처세하여 남의 시샘을 사지 않도록 하는 것이 옳다."라고 하였다.

아아, 공은 타고난 자질이 매우 뛰어나 이른 나이에 이름을 드날렸으니, 장도(長途)에 오른 뛰어난 말이 어디에 간들 마땅하지 않겠는가만, 마침 세상의 도가 뒤집히는 때를 만났고 또한 당로자(當路者: 권세 있는 사람)가 이끌어주는 힘이 없었으니, 그간 조정에 선 것도 몇 년에 지나지 않았고 주현(州縣)을 맡아 다스린 것도 겨우 5번의 임기뿐이었다. 그러나 평생 몸가짐의 대체(大體)는 한결같이 강직함에서 나왔으니, 이로써 임금을 섬기며 대각(臺閣)에서 쟁론할 때면 그 풍채가 세상을 진동시켰고, 이로써 아랫사람을 다스리며 변방을 눌러 다스릴 때면 위엄 있는 소리가 멀리까지 두렵게 하였다. 심지어 박정재(朴定齋: 박태보)의 관직을 회복시켜 줄 것을 청한 것은 더욱 공의 탁월한 큰 절개였으니, 나는 이에 대해 옷깃을 여미고 공경히 감복한 지가 오래되었다.

공의 현손(玄孫) 남한조(南漢朝) 씨가 박사공(博士公: 南圖翼)이 모아 둔 글과 집안의 전승 기록과 들은 일을 가지고 순서를 매겨 1통을 엮어 나에게 보여주며 묘갈명을 지어 줄 것을 부탁하였다. 마침내 사양하지 못하고 삼가 위와 같이 서술하였다. …(이하 명문 생략)…

同副承旨退村南公墓碣銘 並序

往在肅廟己巳，中宮遜于私第。于時，以直諫得罪者三人，而定齋朴公泰輔，其忠烈尤盛，受禍尤酷，朝野莫不寃之。顧天威震疊，至有諫者罪犯兇逆之敎，大臣以下，多噤默不敢言。惟故承旨南公，以獻納首先發啓，請復其官，上厲聲責無嚴，左右皆失色，而公不慴不撓，抗言不諱。於是，天怒少霽，其後遂命復泰輔官，蓋公當日之力爭，有以啓之也，不亦韙哉。謹按公諱壆，字載元。始祖金忠，唐汝南人也。仕唐爲按廉使，天寶末，奉使日本，漂到新羅寧海府丑山浦。時中國大亂，天子播遷。因留仕東國。景德王以其本汝南人，賜姓南，改名敏，封英陽伯，諡英毅。子孫因籍英陽。後世有諱君甫，仕高麗官密直副使，移封宜寧，南氏之分籍始此。四世有諱乙蕃，官門下侍中宜寧府院君諡敬烈，是爲公九代祖。子諱誾，佑我太祖，策開國勳，封宜寧君，諡剛武，配享廟庭。子諱景祐，判中樞府事，襲封，諡安胡。子諱嘻，訓鍊都正。子諱俶，朔寧郡守，贈吏曹參判，宜平君。子諱禮錫，副司果，贈漢城左尹，自京贅移于聞慶，卽公高祖也。曾祖諱嶸，以孝被西厓柳先生薦，後官郡守，贈左參贊，又移卜于咸昌。祖諱昌祖縣監。考諱極老。妣完山李氏，都事榮光之女，桂陽君增之後也。甲申九月日生公。幼俊朗，目如曙星。八歲，始受書，聰明穎悟，不煩程督。十五，負笈于權素堂愰門，不與同學羣兒談戲，質問經義，終日端坐誦讀，暇肄詞章筆畫。壬寅中進士，己酉擢明經科，隷成均館，辛亥付學諭。壬子，除議政府司錄，癸丑，遷博士，陞典籍，移春曹郎，秋拜大同察訪，以同氣喪不赴。甲寅，又郎春曹，轉騎省，尋移監察。乙卯，除務安縣監。邑俗慓悍，素稱難治。公號令嚴約束明，民吏皆慴伏不敢動。於是，興學校，繕卒乘，節財用，謹科條，一新其弊政。淸白律己，秋毫不自累。春秋行養老禮，凡釋菜及社稷·城隍等祭，皆親行之。先是，伐氷之役，爲一境痼弊，公捐俸募人，開池邑中，使以時取氷而藏之，民至今賴焉。丁巳，以事罷。戊午，叙拜兵曹佐郎，遷禮曹，陞司憲府掌令。尋移司藝奉常副正，冬拜淸州牧使，有言:“公不宜出者.” 還拜掌令。己未，除正言，尋還掌令。時金

萬重罪名未除, 遽擬禮議, 公論啓其濫倖, 請推銓曹, 被嚴旨。庚申, 以司僕正, 遷直講, 移奉常正宗簿主簿, 內賜《列聖御製》二卷, 又拜正言, 因避嫌, 付司直, 還鄕。四月, 駭機猝發, 時事大變, 臺諫相繼補外, 公除中和府使, 無何爲臺論所構罷。公因爲退居計, 扁其室曰退村, 居閒, 敎授門內子姪及隣里學徒, 嚴立課程, 不使怠忽。暇則逍遙丘壑間以自適。丙寅, 丁外艱, 送終奉奠, 一依《家禮》, 必誠必信, 三年如一日。己巳, 朝廷收召廢錮, 公以掌樂正, 移拜正言。時兩司有合啓事, 而左相睦來善, 以臺諫不預議於大臣, 請對言其非。公與憲府, 聯名避嫌曰: "臺諫之隨事論列, 職也, 何嘗受人頤指, 趨走承順, 惟恐不及哉? 若必稟議大臣而陳啓, 則大臣之過, 誰復言之?" 左相呈箚引入, 公亦陳疏疏請遞, 上優批不許。未幾, 因事遞職, 家食將半歲。盖定齋之諫死, 在於是歲四月, 而公以未當言地, 常懷憤鬱, 及八月, 拜獻納, 冒雷霆爲暴其冤。庚午, 又拜掌令, 陞執義, 因超授承政院同副承旨, 尋遞付副護軍。時母夫人年已耋, 公丐郡得靈光。適東萊有舘倭不靖之端, 朝廷難其人, 備局首薦公。公以邊郡無便養例, 屢辭, 上不許, 特命格外奉親。旣赴任, 約束舘倭, 一遵三尺, 舘倭屛息, 不敢出門外一步。時邊邑大饑, 餓殍相望, 公多方設施, 盡心賙賑, 流丐還集, 凋瘵漸穌。八月十一日, 莅饗舘倭, 歸到海雲臺, 遇暴疾, 翌日卒, 享年四十七。返櫬之日, 邑民哭送者, 塡街滿野。訃聞, 上特命致賻。十月, 葬于商之銀尺內牛山壬坐原。前夫人慶州李氏, 新羅元勳謁平之後, 府使崇彦之女, 姿性端淑淳和, 事君子無違德, 葬與公同原。後夫人安東權氏, 太師幸之後, 正郞德衍之女, 秉心柔嘉, 撫愛前夫人子女如己出, 葬于幕谷子向原。…(중략)… 公姿貌英特, 神彩嚴毅。平居不事矜持, 而人不敢仰視。臨下未嘗開眼視人, 嘗赴人宴會, 顧侍者正席, 侍者仰視皆廢。其在憲府, 督吏捕犯屠者, 吏知一重臣家殺牛而肉不可得, 梯其墻突入, 捉肉而出, 其令行禁止類此。性亢高, 不近權要, 與人處, 不以禍福貳其心。同宗有相國九萬·判書龍翼, 爲時柄用, 公從宦屢年, 不一往見。李尙書歸儼公, 同道而有姻誼, 且與其子參判聃命, 爲儕友, 而方李公之秉銓, 公絶不相訪。

一日, 遇於班次, 李公謂曰:"君不見老夫, 何也? 今幸相遇, 可款話否?"
公曰:"朝廷不歷位而言." 李公笑而起曰:"然則我且往語矣." 庚申李公,
被誣謫江界, 獄事株連, 人不敢問。公時任中和, 聞其子赴覲謫所, 出見
助行李。八月, 獄事更起, 李公竟殞鞫庭。喪柩南下, 公時已歸家, 悉命
家僕擔昇踰嶺, 其家愈益感其義。事親孝敬備至, 鷄初鳴, 必盥櫛問寢,
日以爲常, 不失時刻。及旣孤, 母夫人年高病深, 公晝夜侍側, 藥餌粥
飮, 必手自調和, 未嘗假之人。母夫人嗜水芹茶, 京城之産, 早春已嫩
美, 公間數日募人, 倍道貿來以進之。以嘗受業於素堂, 極力恤其家, 俾
不至凍餒, 忌日必致需, 終身不替。常以賙窮賑貧爲事, 鄕隣待哺者甚
衆, 而應副如不及。每以榮進爲懼。長子博士公登第, 賀客滿座, 公愀
然曰:"滿損謙益, 天道也。吾旣躋下大夫列, 汝又釋褐, 豈不就畏乎?
汝以恬退處世, 免爲人所嫉可也."嗚呼! 公天資超邁, 早歲蜚颺, 長途逸
駕, 何往不宜, 而適値世道翻覆之會, 且無當路汲引之力, 前後立朝, 不
過數年, 仕州縣僅五考。然平生行己大致, 一出於剛直, 以之事君而爭
論臺閣, 則風彩振世, 以之御下而彈壓邊圉, 則威聲詟遠。至於請復朴
定齋官職, 尤是公卓犖大節也, 余爲之斂袵敬服夙矣。公之玄孫漢朝
氏, 以博士公所哀祵及家傳記聞, 纂次爲一通示余, 求爲之銘。遂不辭
而謹叙如右。…(이하 명문 생략)…

〔立齋先生文集, 권37, 碣銘〕

05. 류항

| 류항의 자는 직재, 본관은 문화이다.

　일찌감치 벼슬길을 사양하고서 낮에는 농사를 짓고 밤에는 글을 읽어 이웃 마을에서조차 그 얼굴을 보는 이가 드물었으나, 행실은 돈독하고 착실하였고 학문적 조예는 정밀하고 심오하였으니 한 고을의 본보기가 되었다. 주목(州牧)의 지방관이나 이웃 고을의 수령이 인사차 방문하러 집에 찾아오면, 그때마다 도롱이를 걸치고 호미를 든 채로 맞이하고서 하루 종일 이야기를 나누었지만 조금도 부끄러워하지 않았다.

　숙종 신사년(1701) 겨울에 동궁(東宮: 장희빈의 소생 李昀, 뒤의 景宗)을 보호해야 한다는 상소를 올렸는데, 그 말이 매우 절절하고 지극하여 대간(臺諫)의 준엄한 탄핵이 일어나 제주(濟州)로 유배되었다가 8년이 지나서야 비로소 사면을 받았다. 대개 포의(布衣: 관직이 없는 선비)의 신분으로서 당당하게 큰 말씀을 올린 사람은 이잠(李潛, 1660~1706)과 공뿐이었다. 【협주: 유사에 실려 있다.】

• 柳杭

| 柳杭, 字直哉, 文化人。

　早謝公車[1], 晝耕夜讀, 隣里罕見其面, 而踐履之篤實, 造詣之精微, 矜式一鄉。州牧隣倅, 造門禮訪, 則輒披簑荷鋤, 盡日談論, 不以爲恥。

　肅廟辛巳冬, 上保護東宮疏, 言甚切至, 臺論峻發, 謫濟州, 八年始蒙宥。盖布衣而抗大言者, 李潛[2]及公而已。【遺事[3]】

1　公車(공거): 중앙에서 치르는 과거 시험에 응시하는 것. 漢나라 때 지방 선비들이 과거 시험에 응시할 적에 公家, 즉 국가의 수레를 타고 서울로 왔으므로 이렇게 이른 것이다.

2   李潛(이잠, 1660~1706): 본관은 驪州, 자는 仲淵, 호는 剡溪·西山. 증조부는 李尙毅이며,
    조부는 李志安이다. 아버지는 도승지와 대사헌을 지낸 梅山 李夏鎭이며, 어머니 龍仁李氏
    는 李後山의 딸이다. 삼형제 중 둘째로 태어났다. 星湖 李瀷의 형이다. 1675년 사마시에
    합격하였다. 1680년 경신대출척으로 아버지가 평안북도 운산으로 유배되고, 2년 뒤 그곳
    에서 운명하자 과거를 완전히 포기하였다. 1706년에 상소를 올렸다. 김춘택이 禧嬪張氏)
    의 소생인 元子 李昀(뒤의 景宗)의 세자 책봉을 미루는 것이 원자를 제거하고 延礽君(뒤의
    英祖)을 후사로 삼기 위한 것이라고 여겼던 것이다. 이 상소는 당시 국정을 장악하고
    있던 노론계의 거센 반발과 숙종의 진노를 일으켜 그는 참혹한 국문을 당했는데, 9월
    18일부터 25일까지의 鞠問에서도 끝내 자신의 주장을 굽히지 않았던 그는 마침내 25일
    47세의 나이로 생을 마감하였다.

3   遺事(유사): 현재로서는 확인할 수 없음.

06. 이만부

이만부의 자는 중서, 호는 식산, 본관은 연안이다. 판중추 이관징(李觀徵)의 손자이다. 현종 갑진년(1664)에 태어났다. 벼슬은 별제(別提)를 지냈다. 영조 임자년(1732)에 죽었다.

그가 이기(理氣)의 분별 문제를 논하며 말하기를, "이(理)는 하나일 뿐이나 기질(氣質)에 깃들어 성(性)이 된다. 그러므로 그것이 발할 때 도심(道心)과 인심(人心)의 구분이 있고, 사단(四端)과 칠정(七情)의 구분이 있다. 배우는 자는 나누지 않을 수 없는 데로 나아가 본래 나뉘지 않았음을 알아야 하고, 본래 나뉘지 않은 데로 나아가 다시 나누지 않을 수 없음을 알아야 한다. 그런 뒤에야 하나이면서 둘이고, 둘이면서 하나인 오묘함이 드러나게 된다."라고 하였다.

천도(天道)에 경(敬)이 있다는 설을 논하며 말하기를, "천도는 성(誠)이요 성은 경이 아닌 것이 없고, 천도는 일(一)이요 일을 주(主)로 하는 것을 경이라 하니, 천도는 진실로 일찍이 경이 없었던 적이 없다. 무릇 성인(聖人)은 하늘이니, 성인의 학문은 경을 주로 하는데 천도에 경이 없다면, 이는 성인과 천도가 서로 같지 않음이 있는 것이다."라고 하였다.

주돈이(周敦頤)·장재(張載)·정호(程顥)·정이(程頤)·주자(朱子) 등 오현(五賢)의 진상(眞像: 진짜 모습 그대로의 형상)을 그려 사모함을 붙였으며, 동방(東方)의 이 퇴계(李退溪: 이황) 선생을 높이 존경하여 정주학(程朱學)의 적통(嫡統)을 이었다고 하였으며, 명나라 여러 유학자들이 진리를 어지럽힌 설을 깊이 미워하여 엄한 말로 분별하여 배척하였다.

항상 남들을 충서(忠恕: 성실과 관용)의 도리로 대하며 일찍이 말하기를, "나는 칠정(七情)에서 한 감정이 거의 발현되지 않으니, 마땅히 노해야 할 때도 노하지 않는다."라고 한 적이 있었다.

대대로 경성(京城)에서 살다가 영남(嶺南)에 유학을 하는 어진 선비들이 만든 좋은 풍속이 있음을 사랑하여 터를 잡고 살았다. 저술한 바가 매우 깊고 넓었으니, 《역통(易統)》·《사서강목(四書講目)》·《도동편(道東編)》·《노여론(魯餘論)》 등의 글이 있다. 고전적인 전서(篆書)와 팔분(八分) 또한 옛 서법을 매우 가까이 본뜬 것이었다.【협주: 정범조가 찬한 묘갈명에 실려 있다.】

우리 학문의 종장(宗匠: 경학에 밝고 글을 잘 짓는 사람)이요, 처사(處士) 가운데 이름을 온전히 보존한 사람이다.【협주: 이익이 찬한 행장에 있는 말이다.】

• 李萬敷

李萬敷, 字仲舒, 號息山, 延安人。判中樞觀徵[1]孫。顯宗甲辰生。官別提。英宗壬子卒。

其論理氣之辨, 曰:"理一而已, 而寓氣質而爲性。故其發有道心·人心之分, 四端·七情之分。學者就不能不分者, 而知有未始分, 就未始分者, 而知有不能不分。然後一而二, 二而一之妙可見."

---

1   觀徵(관징): 李觀徵(1618~1695). 본관은 延安, 자는 國賓, 호는 芹翁·芹谷. 증조부는 李澍이며, 조부는 李昌庭이다. 아버지는 李禂이며, 어머니 永川李氏는 李民寏의 딸이다. 부인 朔寧崔氏는 崔暐의 딸이다. 1639년 사마시에 합격하고, 1653년 별시문과에 급제하였다. 1660년 효종이 죽자, 효종의 계모인 趙大妃의 복상문제가 있을 때 당시 朞年說을 주장한 宋時烈 등 서인에 대하여 만3년설을 주장하다가 쫓겨난 남인 許穆 등을 구제하려다가 전라도도사로 좌천되었다. 1664년 다시 장령이 되고, 1672년 승지가 되었다. 1674년 숙종이 즉위하여 남인이 집권하자, 이듬해 대사성·대사헌을 지내는 한편, 經筵官이 되어 숙종의 신임을 얻었다. 1680년 冬至使로 청나라에 다녀왔고, 1689년 예조판서를 거쳐, 세자와 세손을 교육하는 輔養官에 임명되었다. 그 뒤 이조판서를 지내고 行判中樞府事로 致仕하고, 奉朝賀가 되었다. 1694년에 노론인 金春澤 등이 숙종의 폐비 민씨의 복위운동을 일으킴으로써 노론과 소론 일파를 제거하려던 남인들이 오히려 참화를 당한 갑술옥사가 일어나자, 앞서 1689년에 일어났던 기사환국 때의 發啓人(장계를 발의한 인물)으로 削黜되었다.

論天道有敬之說, 曰:“天之道誠, 而誠無不敬, 天之道一, 而主一之
謂敬, 天道固未嘗無敬也。夫聖人天也, 聖〈學〉主敬, 而天道無敬, 則
是聖人與天道, 有不相似也.”

繪周程張朱五賢眞像以寓慕, 推尊東方李退溪先生, 謂得程朱嫡統,
深惡明諸儒亂眞之說, 嚴辭辨斥。

常以忠恕接物, 嘗曰:“吾於七情, 幾闕一, 當怒而不怒也.”

世居京城, 而愛嶺南有儒賢善俗, 卜居。所撰述甚淵博, 有《易統》
《四書講目》《道東編》《魯餘論》等書。古篆八分亦逼古。【丁範祖[2]撰碣】

吾學之宗匠, 處士之完名。【李瀷[3]狀語】

보충

정범조(丁範祖, 1723~1801)가 찬한 묘갈명

별제 이공 묘갈명

공자의 문하에서 네 분야(四分野: 德行, 言語, 政事, 文學)로 분류한 제자
들은 천하에서 손꼽히는 영재들이었지만, 참으로 부자(夫子)의 도를 알
고 즐거워하여 종신토록 가슴에 새겨서 녹봉과 벼슬로도 그 뜻을 흔들

---

2 丁範祖(정범조, 1723~1801): 본관은 羅州, 자는 法世, 호는 海左. 증조부는 丁道恒이며,
   조부는 丁永愼이다. 아버지는 유학 丁志寧이며, 어머니 平山申氏는 申弼讓의 딸이다.
   부인 東萊鄭氏는 鄭瑾의 딸이다. 洪而憲·申聖淵·兪漢遇 등과 친교가 깊었다. 1759년 진사
   시에 합격하고, 1763년 증광문과에 급제하였다. 형조판서, 예문관과 홍문관의 제학 등을
   역임하였다. 시율과 문장에 뛰어나 사림의 모범으로 명성을 얻었고, 또 이로 인해 영조와
   정조의 총애를 받았다. 특히, 文體反正에 주력하던 정조에 의해 당대 문학의 제1인자로
   평가되어 70이 넘은 고령에도 불구, 오랫동안 문사의 임무를 맡았다.

3 李瀷(이익, 1681~1763): 본관은 驪州, 자는 子新, 호는 星湖. 증조부는 좌찬성 李尙毅이며,
   조부는 사헌부지평 李志安이다. 아버지는 대사헌 李夏鎭인데, 이하진의 첫째부인 龍仁李
   氏는 李後山의 딸이며, 둘째부인 安東權氏는 權大後의 딸이다. 이익은 안동권씨의 소생이
   다. 첫째부인 高靈申氏는 申必淸의 딸이며, 둘째부인 泗川睦氏는 睦天健의 딸이다. 부친이
   유배지에서 사망하고, 과거 응시가 거절되고, 형마저 옥사하자 성호에 은거하며 학문에
   정진했다.《성호사설》,《곽우록》,《이자수어》 등을 저술한 유학자이자 실학자이다.

수 없다고 여겨진 이는 오직 안회(顏回) 한 사람뿐이었다. 그러나 하물며 후세에 도덕은 얕고 욕심은 깊으니 진실로 호걸 같은 선비가 아니고서는 어찌 능히 영달과 이익의 길에서 깨끗이 벗어나 신선처럼 세상 만물 밖에 우뚝 설 수 있겠는가?

식산(息山) 이 선생(李先生: 이만부)은 가문이 극히 영화롭고 존귀하던 때에 종친과 형제들이 떨쳐 일어나 벼슬길을 얻고자 풍운지회(風雲之會)로 나아갔으나, 선생만 홀로 대공(大公: 아버지 李沃)에게 고하여 과거 공부를 폐하고 서호(西湖) 가에 은거하였다. 날마다 문을 닫고는 고개 숙여 글을 읽고 우러러 생각하였는데, 그가 학문한 바의 근원은 육경(六經)과 성인의 가르침을 근본으로 하고 백가(百家)의 여러 학설을 보조로 삼아 그것을 몸과 마음에 되비추었다.

그가 이기(理氣)의 분별 문제를 논하며 말하기를, "이(理)는 하나일 뿐이나 기질(氣質)에 깃들어 성(性)이 된다. 그러므로 그것이 발할 때 도심(道心)과 인심(人心)의 구분이 있고, 사단(四端)과 칠정(七情)의 구분이 있다. 배우는 자는 나누지 않을 수 없는 데로 나아가 본래 나뉘지 않았음을 알아야 하고, 본래 나뉘지 않았음에서 다시 나누지 않을 수 없음을 알아야 한다. 그런 뒤에야 하나이면서 둘이고, 둘이면서 하나인 오묘함이 드러나게 된다."라고 하였다. 또 천도(天道)에 경(敬)이 있다는 설을 논하며 말하기를, "천도는 성(誠)이요 성은 경이 아닌 것이 없고, 천도는 일(一)이요 일을 주(主)로 하는 것을 경이라 하니, 천도는 진실로 일찍이 경이 없었던 적이 없다. 무릇 성인(聖人)은 하늘이니, 성인의 학문은 경을 주로 하는데 천도에 경이 없다면, 이는 성인과 천도가 서로 같지 않음이 있는 것이다."라고 하였다. 그의 설은 전대(前代) 사람들의 말과 뜻을 뛰어넘어 있었으니, 염락(濂洛: 周敦頤와 程顥·程頤)의 여러 저술을 즐겨 읽었으며, 특히 두 정씨와 주자(朱子)의 학문을 깊이 믿고 귀의처로 삼았다. 늘 주돈이·장재(張載)·정호·정이·주자 등 오현(五賢)의 진상(眞像: 진짜 모습 그대로의 형상)을 그려놓고 흠모의 뜻을 담았으며, 동방(東方)의 이퇴계(李退溪: 이황) 선생을 추존(追尊)하여 정주학(程朱學)의 적통(嫡統)을 이었다고 하였으며, 명나라 여러 유학자들이 진리를 어지럽힌 설을 깊이 미워하여 준엄하게 논박하고 배척하였다. 학문이 성취되고 나자, 가르침을 받고자 하는 선비들이 문하에 가득하여 그들과 함께 강학하고 낭랑히 읊는 소리가 넘쳐흘러 향촌의 서당이 진작되었다.

만년에는 조정에 천거하는 이가 있어 장릉침랑(長陵寢郎: 장릉찰봉)에 제수되었으나 어명에 숙배하고 곧바로 돌아왔으며, 뒤이어 빙고별제(氷庫別提)로 승진하여 제수되었으나 나아가지 않았다. 선생의 도는 마음에 근본하여 모든 일의 실천에 적용되었고 논의와 저술에 드러났으며, 말로 드러내지 않으면서도 스스로 통하고 깊이 체득하여 어찌 그칠 수 있겠는가 하는 즐거움이 있었으니, 이것을 어찌 하찮은 외물 따위로 빼앗을 수 있었겠는가?

숙종 때 기사년(1689)과 갑술년(1694) 즈음에 조정의 판국이 바뀌자 조야의 선비와 대신들 가운데 문망(文罔: 글로 인한 禍)에 걸려 이름과 절조가 훼손되지 않은 이가 드물었으나, 선생은 마치 고니가 푸른 하늘로 솟아오르듯 하여 세속의 먼지와 더러움이 몸에 미치지 않았다. 이에 성호(星湖) 이공(李公: 李瀷)이 선생의 행장을 지어 이르기를, "우리 학문의 종장(宗匠: 경학에 밝고 글을 잘 짓는 사람)이요, 치사(處士) 중에서도 이름을 온전히 보존한 사람이다."라고 하였으니, 참으로 선생을 잘 알아본 사람이다.

선생의 휘는 이만부(李萬敷), 자는 중서(仲舒)이며, 자호(自號)는 식산(息山)이라 하였으니 상주(尙州)의 식산 아래에 살았던 까닭이다. 그 먼 조상은 당(堂)나라 종실의 중랑장(中郎將) 이무(李茂)인데, 소정방(蘇定方)을 따라 동방 정벌에 공을 세워 연안(延安)에 식읍을 받았으니, 연안이씨(延安李氏)는 이로부터 비롯되었다. 중간 세대에 현달한 인물이 많았다. 우리 조선의 태종(太宗) 때에 춘천부사(春川府使) 휘 이속(李續)이 있었는데, 속된 말[성호사설의 國婚揀擇에 의하면, '짚신을 삼는 데는 제날을 써야만 한다.(業草履, 合用草經.)'라고 말한 것으로 되어 있다.]을 쓰며 국혼(國婚)을 사양하여 아들과 함께 금고(禁錮)되고 관직에서 물러나 쓰이지 못하였다. 그로부터 7대를 지나 함경도 관찰사를 지내고 이조판서에 추증된 휘 이창정(李昌庭)은 바로 선생의 고조부이며, 증조부는 대군 사부(大君師傅)를 지내고 좌찬성에 추증된 휘 이심(李襑)이다. 조부는 이조판서를 지내고 치사한 봉조하(奉朝賀) 휘 이관징(李觀徵)인데, 청의(淸議: 청류의 공론)를 주도하며 당도자(當塗者: 권세 있는 무리)에 영합하지 않았으니, 세상에서 훌륭한 덕과 높은 명망이 있는 이를 일컬을 때면 반드시 공을 으뜸으로 꼽았다. 아버지는 예조참판 휘 이옥(李沃)인데, 호는 박천(博泉)으로 문집이 세상에 전해진다. 양대(兩代: 고조부와 증조부)에 내려진 추증은 판서공(判書公: 조부 이관징)의 귀함 때문이었다. 어머니 정부인(貞夫人) 전주이씨(全州李氏)는 이조판서 문간공 휘 이수광(李晬光)의 증손녀요, 영의정 정숙공 휘 이성구(李聖求)의 손녀이며, 승지 휘 이동규(李同揆)의 딸이다.

현종 5년(1664) 12월 22일에 태어났다. 선생은 남다른 자질이 있었다. 어렸을 때에 장로(長老)가 뜻을 말해보라고 명하자, 대답하기를, "정자(程子)와 주자(朱子)를 배우고 싶습니다."라고 하였으니, 대개 도학(道學)을 따르는 본성이었기 때문이다. 부모를 섬기며 지극히 효성스러웠으니, 기일을 맞으면 비록 나그네로서 먼 곳에 머물 때라도 반드시 신위(神位)를 설치하고 곡하였다. 여러 숙부들과 연령이 같았으나, 그들을 섬기는 것이 매우 정성스러웠다. 집안의 살림살이를 예(禮)로써 다스렸고, 친척과 족친을 인(仁)으로써 대하였다. 고향의 친구들에게 한결같이 충서(忠恕: 성실과 관용)의 도리로 대하며 일찍이 말하기를, "나는 칠정(七情)에서 한 감정이 거의 발현되지 않으니, 마땅히 노해야 할 때도 노하지 않는다."라고 한 적이 있었다.

산수(山水)를 좋아하여 나라 안의 흐르는 물과 우뚝 솟은 산을 두루 유람하며 마음과 정신을 맑게 씻어내고 가뿐히 돌아왔다. 영남에 유학을 하는 어진 선비들이 만든 좋은 풍속이 있음을 사랑하여 터를 잡고 살았다. 살던 곳은 반드시 그윽하고 깨끗하였는데, 정원과 연못의 꽃과 나무는 반드시 질서와 운치가 있었으며, 당(堂)과 실(室) 및 정자와 누각에는 반드시 이름과 뜻을 붙였으니, 일상에는 도(道)가 아닌 것이 없었다.

저술한 바가 매우 깊고 넓었는데, 그 중에서 큰 요체가 되는 것을 들면 《역통(易統)》·《사서강목(四書講目)》·《도동편(道東編)》·《노여론(魯餘論)》이다. 도(道)가 글로 인하여 드러났으니, 세상의 본보기로 세속을 깨우쳐 후학에게 은혜를 베풀지 않은 것이 없었다. 글은 고상하고 간결하며 법도가 있었고, 글씨체는 고전적인 전서(篆書)와 팔분(八分)을 따랐으며, 또한 옛 서법의 자취를 매우 가까이 본떠 이루어낸 것이 이와 같았다.

영조(英祖) 임자년(1732) 12월 18일에 죽었으니, 향년 68세였다. 숨을 거두는 즈음, 부축을 받아 앉아서 오현(五賢)의 진상(眞像)에 작별을 고하고는 집안의 여성들을 물리치고서 표연히 세상을 떠났으니 군자의 죽음이었다. 이듬해 2월 모일에 상주부 서북의 장산(長山) 좌묘(坐卯)의 언덕에 안장하였다.

의성김씨(義城金氏)에게 장가들었는데, 판결사 김정(金珽)의 손녀이자 사인 김이개(金爾楷)의 딸로 일찍 죽었다. 뒤에 풍산류씨(豐山柳氏)에게 장가들었는데, 서애(西厓: 류성룡) 선생의 증손녀, 지평(持平) 수암(修菴) 선생 휘 류진(柳袗)의 손녀, 장령(掌令) 휘 류천지(柳千之)의 딸로 아들이 없어서 선생의 동생 수찬(修撰) 이만유(李萬維)의 아들 이지빈(李之彬)을 데려다 후사로 삼았다. …(중략)…

이경유(李敬儒, 1750~1821)가 그 아버지[李承延, 1720~1806]의 명으로 선생의 행장을 받들어 가지고 와서 나 정범조(丁範祖)에게 그 묘에 새길 명문(銘文)을 지어 달라고 부탁하였다. 나 정범조는 일찍이 남몰래 선생

의 문학과 행의(行義)의 한두 가지를 들은 적이 있었는데, 높은 산을 우러
르고 밝은 길을 바라보는 듯한 사모의 마음이 있었다. 다만 늦게 태어나
선생의 문하에 나아가 가르침을 청하지 못한 것을 한스럽게 여겼다. 이
제 이경유의 청에 어찌 감히 사양하겠는가? …(이하 명문 생략)…

別提李公墓碣銘

孔門四科, 極天下之選, 而能眞知夫子之道, 爲可樂, 終身服膺, 祿仕
不能移其志者, 獨顏回一人。而況後世道德淺而嗜慾深, 苟非豪傑之
士, 烏能灑脫榮利之塗, 而仙擧物表哉? 息山李先生, 當門戶鼎貴時, 宗
黨昆弟踔厲, 以赴風雲之會, 而先生獨告于大公, 廢擧業, 隱居西湖之
上。日閉門, 俯讀仰思, 其爲學原, 本六經聖人之訓, 輔以百家諸說, 而
反之身心。其論理氣之辨, 曰: "理一而已, 而寓氣質而爲性。故其發有
道心人心之分, 四端七情之分。學者就不能不分者, 而知有未始分, 未
始分者而知有不能不分。然後一而二。二而一之妙可見." 又論天道有
敬之說, 曰: "天之道誠, 而誠無不敬, 天之道一, 而主一之謂敬, 天道固
未嘗無敬也。夫聖人天也, 聖學主敬, 而天道無敬, 則是聖人與天道,
有不相似也." 其說出前人言意之外, 樂觀濂洛諸書, 而尤篤信兩程氏
及朱子之學, 爲依歸。常繪周張程朱五賢眞像以寓慕, 追尊東方李退溪
先生, 謂得程朱嫡統, 深惡明諸儒亂眞之說, 嚴辭辨斥。學旣成, 束脩
之士盈門, 與之講誦洋溢, 鄕塾興動。晚歲, 有以薦干朝者, 拜長陵寢
郎, 肅命卽歸, 尋陞授氷庫別提, 不就。先生之道。本之心, 施諸事行,
形諸論述, 而默契深得者, 有烏可已之樂? 是豈區區外物, 可得以奪
哉? 當肅廟己巳甲戌之際, 朝局嬗變, 搢紳大夫鮮不罹文罔, 敗損名節,
而先生如鵠擧靑冥, 氛垢不及身。盖星湖李公爲之狀曰: "吾學之宗
匠。處士之完名." 誠善觀先生者也。先生諱萬敷, 字仲舒, 自號息山,
居尙州之息山下也。其遠祖唐宗室中郎將茂, 從蘇定方, 東征有功, 食
於延安, 延安之李始此。在中世, 多顯人。及我太宗時, 有春川府使諱
續, 坐用諺語, 辭國婚, 幷其子錮廢。七傳而爲咸鏡道觀察使贈吏曹判

書諱昌庭, 寔先生高祖, 而曾祖大君師傅贈左贊成諱裯。祖吏曹判書致政奉朝賀諱觀徵, 主淸議不附當塗, 世稱厚德重望, 必推公爲首。考禮曹參判諱沃, 號博泉, 有文集行于世。兩世之贈, 以判書公貴也。妣貞夫人全州李氏, 吏曹判書文簡公諱睟光之曾孫, 領議政貞肅公諱聖求之孫, 　承旨諱同揆之女。顯宗五年十二月二十二日生。先生有異質。兒時, 長老命言志, 對曰: "願學程朱子." 盖於道學性也。事親至孝, 遇諱日, 雖客寓遠方, 必設位哭。與諸父年等, 而事之甚謹。制壼政以禮, 遇親黨以仁。於鄕里故舊, 壹接以忠恕, 嘗曰: "吾於七情, 幾闕一, 當怒而不怒也." 喜山水, 周覽域內流峙, 恢滌襟靈, 泠然而返。愛嶺南有儒賢善俗, 卜居焉。所居必幽靓, 園池花木, 必有序致, 堂室亭樓, 必有名義, 日用無非道也。所譔述甚淵博, 而擧其大要者, 曰《易統》·《四書講目》·《道東編》·《魯餘論》。道之因文而著, 無非範世牖俗嘉惠後學者也。文章高簡有法, 字體古篆八分, 亦逼古緖餘而爲者如此。英宗壬子十二月十八日卒, 壽六十有八。易簀之際, 扶而坐, 辭五賢像, 屏婦人, 脩然而逝, 君子之終也。用明年二月某日, 葬于府西北長山坐卯之原。娶義城金氏, 判決事廷之孫, 士人爾楷之女, 早歿。後娶豐山柳氏, 西厓先生之曾孫, 持平修菴先生諱袗之孫, 掌令諱千之之女, 無子, 取先生弟修撰萬維男之彬爲嗣。…(중략)… 敬儒以其父命, 奉先生狀以來, 屬範祖銘其墓。範祖窃嘗聞先生文學行義之一二, 　而有高山景行之思。顧生晩不及摳衣其門爲恨。今於敬儒之請, 烏敢辭? …(이하 명문 생략)…

〔海左先生文集, 권28, 碣銘〕

07. 홍대구

| 홍대구의 자는 국보, 호는 동암, 본관은 부림(缶林)이다.

    부모를 섬김에 지극히 효성스러웠으니, 부모가 죽고 나서 비록 삼년상을 이미 마친 뒤에도 매일 새벽에 일어나 가묘(家廟: 사당)에 배알하고, 이어서 무덤에 찾아가 살폈다. 그가 오가는 길에는 풀 위의 이슬이 그로 말미암아 맺히지 않았으니, 사람들은 지극한 효성이 감응한 것이라 하였다.

    문을 닫고는 뜻을 구하며 옛 전적(典籍)을 깊이 탐구하였는데, 염계(濂溪: 周敦頤)와 낙양(洛陽: 程顥·程頤)의 여러 저술들, 그리고 성리학 제현(諸賢)들의 글 가운데 마음을 기울여 연구하지 않은 것이 없었으며, 《논어집주(論語集註)》·《맹자집주(孟子集註)》와 《중용장구(中庸章句)》·《대학장구(大學章句)》에 대해서도 모두 차기(箚記: 독서하며 적은 기록)를 남겼다. 《태극(太極: 태극도설)》에 대해서는 학설을 세워 이(理)와 기(氣)의 선후를 통찰하였고, 《서명(西銘: 張載)》에 대해서는 논변을 펼쳐 인(仁)의 본체가 지닌 광대함을 밝혀 드러냈다.

    《주역(周易)》을 읽은 것이 만 번에 이르러 말하기를, "내가 《주역》을 읽은 이래로 항상 선인의 법도를 따르고 이치의 저울에 비추어 살피니, 천하 만물이 모두 1부의 《주역》임을 보게 되었다."라고 하였다.【협주: 김이만이 찬한 행장에 실려 있다.】

• **洪大龜**

| 洪大龜[1], 字國寶, 號東庵, 缶林人。

---

1   洪大龜(홍대구, 1670~1754): 본관은 缶林, 자는 國寶, 호는 東庵. 증조부는 洪鎬이며, 조부는 洪汝河이다. 아버지는 영릉참봉 洪相文이며, 어머니 玉山張氏는 張鈝의 딸이다.

事親至孝, 及親歿, 雖三年之後, 每日晨起, 謁家廟, 仍往省墓。往來
之路, 草露爲之不結, 人謂誠孝所感。

杜門求志, 探討墳籍, 濂洛[2]羣書·性理諸家, 靡不潛心講究, 於論孟
集註·庸學章句, 皆爲箚記[3]。《太極》有說, 而洞見理氣之先後, 《西銘》
有辨, 而發明仁體之廣大。

讀《周易》, 至萬遍, 曰:"自我讀《易》, 參前倚衡[4], 見天地萬物皆一部
《易》."【金履萬[5]撰行狀[6]】

부인 豐山柳氏는 柳後昌의 딸이다.

2 濂洛(염락): 濂溪의 周敦頤와 洛陽의 程顥·程頤.

3 箚記(차기): 책을 읽으며 얻은 바를 그때그때 적어 놓음.

4 參前倚衡(참전의형):《論語》〈衛靈公〉에 "子張이 行에 대해 묻자, 공자가 대답하기를 '말이
   忠信하고 행실이 篤敬하면 오랑캐 나라에서도 행해질 수 있지만, 말이 충신하지 못하고
   행실이 독경하지 못하면 작은 마을에서라도 행해질 수 있겠느냐, 일어서면 그것이 앞에
   있고[參於前], 수레에 탔을 때면 그것이 멍에에 기대어 있음[倚於衡]을 볼 수 있어야 한다.'
   하였다." 한 데서 온 말로, 언제 어디서나 늘 함께함을 말한다.

5 金履萬(김이만, 1683~1758): 본관은 禮安, 자는 仲綏, 호는 鶴皐. 증조부는 金得善이며,
   조부는 金端이다. 아버지는 경주부윤 金海一이며, 어머니 驪州李氏는 진사 李殷鎭의 딸이
   다. 부인 同福吳氏는 吳始萬의 딸이다. 1713년 사마시에 합격하고, 그해에 증광문과에
   급제하였다. 1718년 典籍을 거쳐, 이듬해 병조좌랑이 되었다. 그 뒤 1727년 무안현감이
   되었다. 1740년 양산군수가 되었고, 1745년 掌令, 그 뒤 正言을 거쳐 사간·執義 등 청요직
   을 지냈으며, 1756년 국가에서 노인을 우대하는 정책에 따라, 통정대부에 올랐고 이어
   첨지중추부사에 이르렀다.

6 行狀(행장): 金履萬의 《鶴皐先生文集》과 洪大龜의 《東庵遺稿》에서 현재로서는 찾을 수
   없음. 김이만의 《학고선생문집》 권8에 〈洪東菴遺稿序〉가 실려 있으나, 원문의 내용을
   확인할 수 없다.

08. 권상일 희정공

> 권상일의 자는 태중, 호는 청대, 본관은 안동이다. 숙종 기미년(1679)
> 에 태어났다. 경인년(1710) 문과에 급제하였다. 양사(兩司)·필선(弼善)·
> 부제학(副提學)·이조참의(吏曹參議)를 거쳐 대사헌(大司憲)에 이르렀
> 다. 영조 기묘년(1759)에 죽었다.

약관(弱冠: 20세) 때에는 이미 위기지학(爲己之學)을 뜻으로 삼고 있었
으니, 독서로 제 몸을 수양했던 옛사람들의 가르침을 모아 《학지록(學知
錄)》이라 이름하고는 마음을 기울여 깊이 새기고 따랐다.

만경(萬頃: 전라북도 김제의 고을) 현령으로 있을 때 무신년(1728) 역변(逆
變: 박필현과 서제 박필충·박필호의 난)이 일어나 민간에서 변산(邊山)에 역
적의 무리가 있다는 소문이 돌자, 공은 영문(營門: 관찰사의 관아)에 몰래
글을 보내 그들의 허실을 탐지하게 한 뒤 성첩(城堞)을 수리하고 병사들
을 훈련시켜 온 고을이 평온하였다. 고을의 정사를 펼치면서 백성을 어
루만지고 학교를 일으키는 일을 근본으로 삼았으니, 감사(監司: 관찰사)가
공의 고과(考課)를 최상급으로 평가하며 말하기를, "글을 읽히며 백성을
다스리니, 정사가 이루어지고 교학이 진보하였다."라고 하였다.

신미년(1751, 辛亥年의 오기, 1731) 8월에 장령(掌令)이 되자, 사직하는
상소를 올려 '명분을 바르게 하는 일, 수령을 가려 뽑는 일, 학교를 세우
는 일, 과거의 폐단, 당론의 재앙'을 말하고, 끝으로 '군주의 마음을 바로
잡는 요체'를 말하였는데, 수천 글자에 달하는 상소문이 들어갔으나 비
답(批答)은 내려지지 않았다. 12월에 입시하니, 주상이 말하기를, "지난
번 상소는 말이 매우 절실하여 내가 그것을 가상히 여겼다."라고 하였다.
옥당(玉堂: 홍문관)에서 장계를 올려 말하기를, "권 아무개는 산림에서
글을 읽은 지 이미 오래되었으니, 청컨대 강연(講筵)에 함께 참여하게

하소서.”라고 하니, 주상이 이를 허락하였다.

입춘이 되자, 이전에 올린 사직 상소로 인하여 ‘정원인지(貞元仁智)의 도(道)’를 진술하고는 끝으로 아뢰기를, “전하께서는 온화하고 인자하며 관대하고 포용하는 것이 역대 임금들을 훨씬 능가하시나, 위엄 있게 근엄하며 과감히 결단하는 기운은 조금 부족하신 듯합니다. 단지 성상(聖上)의 타고난 성품이 원래부터 그렇게 정해져 있어서 그러하신 것이 아니라, 다만 탕평(蕩平)의 넓고 큰 전범을 한번 시행하여서 붕당의 과격하고 편벽된 폐단을 구제하고자 하셨기 때문에 그렇게 하지 않을 수 없으셨던 것입니다.”라고 하였다.

갑인년(1734)에 장령(掌令: 사헌부에 속한 벼슬)으로서 상소를 올려 청하기를, “장리(贓吏: 뇌물 수수나 공금 횡령한 벼슬아치)를 처벌하는 법을 엄히 하여 뇌물을 써서 관직을 얻는 길을 막고 관리의 출척에 사사로운 뜻을 제거하며, 네 가지[四維: 나라를 다스리는데 지켜야 할 원칙 禮義廉恥] 원칙을 바로 세워 인륜의 법도를 밝히소서.”라고 하자, 주상이 말하기를, “사헌부의 신하는 학문이 있는 선비이니 강연(講筵)에 동참하게 하는 것이 좋겠다.”라고 하니, 승정원(承政院)에서 장계를 올려 아뢰기를, “사헌부의 신하는 학문(學問)과 행의(行誼)로 영남 사람들이 크게 존중하는 사람입니다.”라고 하였다. 주상이 말하기를, “그의 상소와 승정원에서 아뢴 말을 살피니, 그는 인품이 두텁고 실한 인물임을 알겠다. 본디 산림에서 은거하고 벼슬을 사양하는 처사형 선비가 아닌 이상, 어찌 계속 물러앉으려 하였겠는가? 이제는 오래 머물도록 해야 할 것이다.”라고 하였다.

승지(承旨)로서 입시하자, 주상이 ‘우리 조선에서 문묘에 배향된 여러 성현들의 학문과 언행’에 대해 자세히 물었다. 이에 대답하기를, “김·정(金鄭: 金宏弼과 鄭汝昌)은 참혹한 화를 입은 나머지 문적이 흩어져 없어졌고, 조·이(趙李: 趙光祖와 李彦迪)의 행장(行狀)은 매우 상세하나 지은 글이 적어 후세 사람들이 한스러워 합니다. 이황은 동방의 학문을 집대성한 것으로 일컬어지는 성현인데, 문도(門徒)가 매우 많았으니 세상에 나아가 쓰인 자도 있고 산림에서 후학을 가르친 자도 있었는데, 학문의 길이 정대하여 이단(異端)으로 흘러들어 간 자가 없었습니다. 선조(宣祖) 때의 중흥을 이룬 신하들 중에 그의 문도가 많습니다.”라고 하였다. 주상이 또 묻기를, “잠을 편히 자려면 마땅히 무슨 공부를 해야 하느냐?”라고 하자, 공이 이에 《야기(夜氣)》·《숙야(夙夜: 夙興夜寐)》 두 잠(箴)을 들어 경계의 말을 아뢰었다. 주상이 또 구방심(求放心: 흩어져 달아난 마음을 찾는 일)의 요체를 묻자, 대답하기를, “신(臣)이 일찍이 체험한 바가 있었으니, 길을 가다가 위태로운 곳을 만나면 저절로 두려워져 다른 생각이 없었습니다. 이것으로 미루어보면 ‘경(敬)’이라는 글자는 오직 ‘외(畏: 두려워함)’에 가까운 것입니다.”라고 하니, 주상이 말하기를, “그 말이 참으로 옳다.”라고 하였다. 임금이 또 묻기를, “내가 지은 《심감(心鑑)》을 보지 않았느냐?”라고 하자, 대답하기를, “《심감》은 《자성편(自省編)》과 같았으나, 단지 ‘마음이 담담하고 고요해지면 단박에 일념도 생기지 않는다.’는 가르침에 대해서만은 따로 감회가 있습니다. 마음의 본체가 명경지수(明鏡止水: 밝은 거울과 고요한 물)같이 한 점 티끌이나 물결이 없게 되면 혈기(血氣)가 제자리를 따라 돌며 어지럽지 않을 것이니, 자연히 자야 할 때 잠자고 깨어야 할 때 깰 것입니다.”라고 하였다.

어필(御筆)로 재가되어 대사간(大司諫)에 제수되었고, 이어 부제학과 이조참의도 지냈는데, 주상이 경연(經筵)에 나온 신하들을 대할 때마다 혹은 사람됨이 후중하여 믿을 만하다고 일컬었고 혹 경서를 읽은 유자(儒者)이자 학문을 이룬 사람이라고도 일컬었다.

퇴도(退陶: 李滉) 선생이 제기한 사칠이기(四七理氣: 四端七情의 理氣論)의 이론이 있었는데, 어떤 이들이 그것을 가르고 쪼개는 것이 너무 심하다고 병통으로 여기자, 공은 염민(濂閩: 濂溪 周敦頤와 閩中 朱熹) 이래로 전해 내려오는 지결(旨訣: 학문의 요체)을 취하여 기(氣)를 그대로 이(理)로 인식하는 병통을 물리쳤다.

《초학지남(初學指南)》, 《관서록(觀書錄)》, 《근사록집해(近思錄集解)》, 《소대비고(昭代備考)》, 《가범(家範)》, 《역대사초(歷代史抄)》가 집안에 보관되어 있다.

항상 과거(科擧)가 사람의 심성과 마음씀을 어그러뜨린다고 하면서 후생들에게 글을 읽으며 농사를 짓도록 권하였고 과거 공부는 가르치지 않았다. 문회(文會) 또한 반드시 경전의 뜻을 강론하는데 힘썼고 문장을 겨루는 시장(試場)은 설치하지 않았다.【이상정이 찬한 행장에 실려 있다.】

• 權相一 僖靖公

權相一[1], 字台仲, 號淸臺, 安東人。肅宗己未生。庚寅文科。歷兩司·弼善·副提學·吏曹參議, 至大司憲。英宗己卯卒。

弱冠, 已有志於爲己之學, 輯古人讀書治己之訓, 名曰《學知錄》, 潛心佩服。

在萬頃[2], 當戊申逆變[3], 民間傳有邊山[4]賊, 公密書營門, 探其虛實, 修

1　權相一(권상일, 1679~1759): 본관은 安東, 자는 台仲, 호는 淸臺. 증조부는 權坵이며, 조부는 權以偁이다. 아버지는 權深이며, 어머니 慶州李氏는 부사 李達意의 딸이다. 첫째부인 宣城金氏는 진사 金可柱의 딸이고, 둘째부인 驪興李氏는 진사 李萬英의 딸이고, 셋째부인 眞城李氏는 통덕랑 李柔의 딸이다. 1710년 증광문과에 급제하였다. 1720년 예조 좌랑을 지냈다. 1722년 병조좌랑을 지내고, 1727년에는 만경현령이 되어 이듬해 일어난 李麟佐의 난을 사전에 탐지해 영문에 보고하고, 난을 토벌해 공을 세웠다. 1731년 영암군수와 사헌부 장령을 지내고, 1733년 양산군수·군자감 정에 임명되었으나 부임하지 않았다. 그해 《退溪言行錄》을 교열해 간행하고, 이듬해 상소해 민폐 근절책과 관기숙정 방안을 건의했다. 홍문관의 계청에 의해 경연에 참석해 소신을 진술했다. 1734년 울산부사가 되어 춘추관 편수관을 겸임하고, 鷗江書院을 창립해 학문을 진흥시켰으다. 1741년 시강원 필선에 임명되었으나 부임하지 않았고, 1745년 봉상시정, 이듬해 사헌부 헌납·사간원 사성·사헌부 집의·동부승지·형조 참의 등을 역임하고, 1748년 우부승지로 물러났다. 뒤에 대사간·判決事·홍문관 부제학·한성 좌윤·지중추부사·대사헌 등을 역임하고 기로소에 들어갔다. 李滉을 사숙해 〈四七說〉을 지어 理와 氣를 완전히 둘로 분리하고, 이는 본연의 성이며 기는 기질의 성이라고 주장했다.

堞鍊兵, 一境晏然。爲政, 以撫民興學爲務, 監司考最, 曰: "讀書治民, 政成學進."

辛未[5]八月, 爲掌令, 上〈辭〉疏, 言'正名分·擇守令·修學校·科擧之弊·黨論之禍', 末言'格君心之要.' 累數千言, 疏入不下。十二月入侍, 上曰: "向日陳疏, 語甚切實, 予用嘉之." 玉堂啓曰: "權某, 林下讀書已久, 請同參講筵." 上許之.

立春, 因辭疏, 陳'貞元仁智之道[6]', 末言: "殿下溫仁寬容, 逈出百王, 而莊嚴强果, 少欠分數。不但聖質本來爲然, 只欲一施蕩平廣大之典, 以救朋黨矯激之弊, 故不得不如此."

甲寅, 以掌令, 上疏請'嚴贓法, 杜賂遷, 去私意, 正四維, 明倫常.' 上曰: "憲臣是文學之士, 同講好矣." 政院啓曰: "憲臣, 學問行誼, 大爲嶺人所推重." 上曰: "見之, 可知其篤實之人。旣非山林高蹈之士, 安可一向退伏? 今須久留焉."

以承旨入侍, 上問'我朝從祀諸賢學問言行'之詳, 對曰: "金·鄭[7]慘禍之餘, 文籍散佚, 趙·李[8]行狀甚悉, 而少著文字, 爲後人之恨。李滉[9]可

---

2 萬頃(만경): 전라북도 김제시 만경읍 일대.

3 戊申逆變(무신역변): 1728년 李麟佐의 난을 일컫는 것이나, 호남지역에서는 朴弼顯과 그의 서제 朴弼忠·朴弼虎의 난을 지칭하는 것으로 보임.

4 邊山(변산): 전라북도 부안군 변산면 일대.

5 辛未(신미): 辛亥의 오기.

6 貞元仁智之道(정원인지지도): 정원은 《周易》〈乾卦〉의 '元亨利貞'에서 나온 말인데, 五行에서 貞은 겨울에, 元은 봄에 해당된다. 또 五常에서 仁은 봄에, 智는 겨울에 해당된다. 이때 절기가 겨울에서 봄으로 변화하는 입춘에 해당되었기 때문에 권상일이 天道와 人心을 가지고 治道를 논하면서 정원과 인지를 언급하였던 것이다.

7 金鄭(김정): 金宏弼과 鄭汝昌. 金宏弼(1454~1504)의 본관은 瑞興, 자는 大猷, 호는 簑翁·寒暄堂. 증조부는 예조참의 金中坤이며, 조부는 義盈庫使 金小亨이다. 아버지는 忠佐衛司勇 金紐이며, 어머니 淸州韓氏는 中樞副使 韓承舜의 딸이다. 부인 順天朴氏는 朴禮孫의 딸이다. 金宗直의 문인이다. 鄭汝昌(1450~1504)의 본관은 河東, 자는 伯勗, 호는 一蠹·睡翁. 증조부는 판종부시사 鄭之義이며, 조부는 판전농시사 鄭復周이다. 아버지는 함길도병마우후 鄭六乙이며, 어머니 慶州崔氏는 목사 崔孝孫의 딸이다. 부인 全州李氏는 李末生의 딸이다. 또한 金宗直의 문인이다.

8 趙李(조이): 趙光祖와 李彦迪. 趙光祖(1482~1519)의 본관은 漢陽, 자는 孝直, 호는 靜菴.

謂東方集大成之賢, 門徒甚盛, 出爲世用, 林下敎授, 門路正大, 不流異端。宣廟中興諸臣, 多其門徒也.”上又問:“安寢, 當用何工?”公因擧《夜氣》·《夙夜》兩箴以陳戒。又問‘求放心之要’, 對曰:“臣嘗有所驗, 行遇危險處, 則自然悚懼無他念。以此推之, ‘敬’字惟畏爲近之.”上曰: “此言誠是.”上又問:“見予《心鑑》否?”對曰:“《心鑑》如《自省編》, 而第於‘澹然而靜則頓無一念’之訓, 別有感焉。心體如明鏡止水, 無一點塵浪, 則血氣循軌而不亂, 自然當寢而寢, 當寤而寤矣.”

御筆除大司諫, 副提學·吏曹參議, 每對筵臣, 或稱篤實, 或稱讀書之儒·學問之人。

退陶先生有四七理氣之論, 而或病其分析已甚, 公取濂閩以來相傳

아버지는 감찰 趙元綱이다. 魚川察訪이던 아버지의 임지에서 무오사화로 유배 중인 金宏弼에게 수학하였다. 1510년 진사시에 장원 합격하고 성균관에 들어가 공부하던 중, 성균관에서 학문과 수양이 뛰어난 자를 천거하게 되자 유생 200여 명의 추천을 받았고, 다시 이조판서 安瑭의 천거로 1515년 造紙署司紙에 임명되었다. 같은 해 증광문과에 급제하여 홍문관에 들어갔으며 전적·감찰·정언·수찬·교리·전한 등을 역임하고 1518년 부제학을 거쳐 대사헌이 되었다. 사림의 지지를 바탕으로 도학 정치의 실현을 위해 적극적으로 활동했다. 천거를 통해 인재를 등용하는 현량과를 주장하여 사림 28명을 선발했으며 중종을 왕위에 오르게 한 공신들의 공을 삭제하는 위훈삭제 등 개혁정치를 서둘러 단행하였다. 사흘 후 기묘사화가 일어나 능주로 귀양갔으며 한달만에 사사되었다. 한편, 李彦迪 (1491~1553)은 경상북도 경주 출신으로 본관은 驪江, 초명은 李迪, 자는 復古, 호는 晦齋· 紫溪翁. 조부는 군 李壽會이다. 아버지는 생원 李蕃이며, 어머니 慶州孫氏는 鷄川君 孫昭의 딸이다. 金安老의 등용을 반대하다가 관직에서 쫓겨나 7년간 성리학 연구에 전념했다. 복지 후 좌찬성에 이르렀으나 을사사화가 발생하여 추구하는 역할이 주어지자 스스로 관직에서 물러났다. 이후 양재역벽서사건에 무고하게 연루되어 유배됐고 유배지에서 많은 저술을 남긴 후 세상을 떴다. 조선시대 성리학의 정립에 선구적인 인물로서 성리학의 방향과 성격을 밝히는 데 중요한 역할을 하였고, 朱熹의 주리론적 입장을 정통으로 확립하여 李滉에게 전해주었다.

9　李滉(이황, 1501~1570): 본관은 眞寶, 자는 景浩, 호는 退溪·退陶·陶叟. 조부는 李繼陽이며, 아버지는 李埴이다. 이식의 첫째부인 義城金氏는 金漢哲의 딸이며, 둘째부인 춘천박씨는 朴緇의 딸이다. 이황은 춘천박씨의 소생이다. 첫째부인 金海許氏는 許瓚의 딸이며 둘째부인 安東權氏는 權礩의 딸이다. 성균관 대사성, 대제학, 지경연 등을 역임한 문신이자 학자이다. 문과에 급제하여 관직에 진출했으나 1545년 을사사화 이후 고향 퇴계에 은거하여 학자의 삶을 살았다. 명유들과 토론하고《주자대전》등 주자학 관련서적을 주해· 편찬하고 후진들을 양성하여 영남학파 및 친영남학파를 포괄한 거대한 주리파 철학을 형성했다. 68세에 무진육조소와 《성학십도》를 써서 선조에게 바쳤다.

旨訣, 以斥認氣爲理之病。

有《初學指南》·《觀書錄》·《近思錄集解》·《昭代備考》·《家範》·《歷代史抄》藏于家。

常謂科擧乖人心術, 勸後生以讀書治農, 不敎擧業。文會[10]亦必以講論經旨爲務, 而不設試場。【李象靖撰行狀[11]】

---

10 文會(문회): 시문 따위를 창작하고 서로 비평하는 문학 모임.

11 李象靖의 《大山先生文集》 권50 〈行狀〉에 〈知中樞府事淸臺權公行狀〉이 실려 있으며, 한국고전번역원에서 번역문을 제공하고 있음.

09. 황익재

> 황익재의 자는 재수, 호는 백화재, 본관은 장수이다. 숙종 임술년(1682)에 태어났다. 임오년(1702) 문과에 급제하였다. 장령(掌令)을 거쳐 부사(府使)에 이르렀다. 영조 정묘년(1747)에 죽었다. 상주(尙州) 봉산사(鳳山祠)에 배향하였다.

무안(務安) 현감이었을 때 향림서숙(香林書塾) 및 양사재(養士齋)를 세워 선비들의 기풍이 크게 변하였다. 여러 차례 고을 수령을 거쳤고, 모두 치적이 있었다.

무신년(1728)에 공은 종성부사(鍾城府使)로 제수되어 장차 사은숙배하려고 상경하다가 길에서 만난 안무사(安撫使) 박사수(朴師洙)가 평소 공의 명성을 들었던 터라 곧바로 장계를 올려 천거하여 소모사(召募使)가 되었다. 공은 명을 받고 이리저리 달려가 여러 고을에 격문(檄文)을 보내어 알리고 충성과 의리를 독려하며 역적의 정세를 정탐하였으니, 계책이 많았다.

경술년(1730)에 역옥(逆獄)이 일어났을 때 무고를 당하여 의금부에 갇혔는데, 이는 역적의 진술서 속에 '아무 날 모의할 때 그 자리에 있던 자가 황순천(黃順天)인 듯하다.'라고 했기 때문이었으나, 그 날은 바로 공이 향리에서 길을 떠날 때 관아에 소장을 내어 가동을 풀어주도록 청했던 날이다. 곧 진상이 밝혀졌으나 대간(臺諫)의 계문(啓聞)이 있었기 때문에 구성(龜城)으로 유배되었다가 사면되었다. 금상 □□년에 그 손자(孫子: 증손자의 오기, 黃泰熙)의 상언(上言)으로 인하여 특별히 직첩(職牒)을 지급하고 서용(敍用)하도록 명하였다.【협주: 안정복이 찬한 행장에 실려 있다.】

• 黃翼再

> 黃翼再, 字再叟, 號白華齋, 長水人。肅宗壬戌生。壬午文科。歷掌令, 至府使。英宗丁卯卒。享尙州鳳山祠[1]。

　爲務安[2], 立香林書塾及養士齋[3], 士風丕變。累經郡邑, 俱有治績。

　戊申, 除鍾城[4]府使, 將肅命上京, 道逢安撫使朴師洙[5], 素聞其聲名, 卽啓薦爲召募使。公受命奔馳, 檄告列邑, 勉以忠義, 偵探賊情, 區畫甚多。

　庚戌獄, 被誣逮金吾, 盖逆招中'某日謀議時, 在坐者, 似是黃順天.'云, 而其日卽公自鄕離發時, 呈官請釋家僮之日也。旋得昭晰, 而以臺啓配龜城[6], 蒙宥。當宁□□年, 因其孫上言[7], 特命給牒敍用。【安鼎福[8]撰

1　鳳山祠(봉산사): 鳳山書院. 경상북도 상주시 화서면 사산리에 있는 서원. 盧守愼 (1515~1590), 沈喜壽(1548~1622), 成允諧, 金弘微(1557~1605), 曹友仁(1561~1625), 丁好善(1571~1632), 黃翼再(1682~1747)를 제향한 서원이다. 그 전신은 1551년 상주목사로 부임한 申潛(1491~1554)이 학문 진흥을 위하여 경상북도 상주 지역에 건립한 18개 서당 중 하나인 봉산서당이다. 봉산서당은 소재 노수신이 생전에 화서 지역 유생들에게 학문을 가르친 곳이다.

2　務安(무안): 전라남도 무안군 중앙부에 있는 고을.

3　立香林書塾及養士齋(입향림서숙급양사재): 安鼎福의 行狀에 따르면, 1711년 무안에 있을 때가 아니라 향림서숙은 1716년 昇平(순천)에 있을 때에, 양사재는 1723년 筬城(영광)에 있을 때에 세운 것임.

4　鍾城(종성): 함경북도 종성군 일대.

5　朴師洙(박사수, 1686~1739): 본관은 潘南, 자는 魯景, 호는 耐軒·耐齋. 증조부는 朴世冕이며, 조부는 朴泰定으로 昭顯世子의 사위이다. 생부는 朴弼英이며, 양부는 朴弼明이다. 생모 竹山安氏는 安鎭의 딸이며, 양모 韓山李氏는 李興稷의 딸이다. 첫째부인 礪山宋氏는 宋正明의 딸이며, 둘째부인 仁同張氏는 張泰亨의 딸이다. 1714년 사마시에 합격하고, 1723년 증광문과에 장원급제하였다. 안동부사를 거쳐 1728년 대사성, 영남안무사, 한성부우윤, 대사간, 대사헌, 판결사 등을 역임하엿다. 1729년 병조참판, 강화유수가 되었고, 1732년 형조참판, 황해도관찰사, 1734년 평안도관찰사, 1737년 호조판서, 1738년 예문관 제학 등을 역임하였다.

6　龜城(구성): 평안북도 구성군 일대.

7　其孫上言(기손상언):《正祖實錄》1785년 8월 8일 1번째 기사에 의하면 黃翼再의 증손자 黃泰熙가 상언하였음.

8　安鼎福(안정복, 1712~1791): 본관은 廣州, 자는 百順, 호는 順庵·漢山病隱·虞夷子·靈長

行狀】

보충

안정복(安鼎福, 1712~1791)이 찬한 행장

통정대부 종성도호부사 백화재 황공 행장

　백화재(白華齋) 황공(黃公)의 휘는 익재(翼再), 자는 재수(再叟)이다. 신라 때 시중(侍中) 휘 황경(黃瓊)의 후손으로, 고려 명종(明宗) 때 전중감(殿中監) 휘 황공유(黃公有)가 있었는데, 이의방(李義方)의 난을 피하여 장수현(長水縣)에서 살게 되면서 마침내 그곳을 관향(貫鄕)으로 삼았다. 우리 조선의 조정에 들어와 익성공(翼成公) 휘 황희(黃喜)가 있었으니, 재상으로서의 덕업(德業)이 우리 동방에서 으뜸이었고, 공에게는 10대조가 된다. 익성공의 둘째아들 전첨(典籤) 휘 황보신(黃保身)이 처음 상주(尙州)에 살게 되었는데, 자손들이 그로 인하여 그곳에서 살았다. 전첨의 증손자 이조참판 휘 황효헌(黃孝獻)은 문장과 절행으로 당시에 저명하였는데, 공은 그의 6세손이다. 증조부 휘 황집(黃緝, 1580~1658)은 의주부윤(義州府尹)을 지내고 6도(六道) 절도사(節度使)를 역임하였는데, 족제(族弟) 생원(生員) 휘 황면(黃緬, 1600~1670)의 아들 통덕랑(通德郎) 휘 황재윤(黃載胤, 1628~1671)을 양자로 삼았다. 통덕랑의 아들로 좌승지에 추증된 휘 황진하(黃鎭夏, 1652~1688)는 상산(商山) 김진익(金震釴)의 딸에게 장가들어 명릉(明陵: 숙종의 능호) 임술년(1682) 1월 28일에 상주(尙州)의 중모리(中牟里) 옛집에서 공을 낳았다. 분만하던 저녁, 어머니의 꿈에 익성공이 나타나 '아이가 태어났느냐?'라고 잇달아 2번이나 물었기 때문에 아명

山客·橡軒. 星湖 李瀷의 문인. 증조부는 빙고결검 安信行이며, 조부는 예조참의 安瑞羽이다. 아버지는 오위도총부 부총관 安極이며, 어머니 全州李氏는 李益齡의 딸이다. 부인 昌寧成氏는 成純의 딸이다. 경세치용의 남인 실학자이다.

(兒名)을 익재(翼再)라 하였는데, 자라서도 그대로 사용하였다.

공은 2세 때 어머니를 잃었고 7세 때에 아버지마저 여의었으며, 허약하여 병이 많았는데, 그로 인하여 배움을 받지 못하였다. 11세가 되어서야 글을 배우기 시작하였는데, 학업을 익히는 데 태만하지 아니하여 몇 년이 지나지 않아서 문리(文理)가 갑자기 트였고, 이사(二史: 사마천의《史記》와 반고의《漢書》)·칠서(七書)를 통하였다. 임오년(1702) 식년시(式年試)에 급제하였는데, 괴원(槐院: 승문원)에 선발되어 들어가 권지부정자(權知副正字)에 보임되었고, 차례를 따라 승진하여 저작(著作)과 박사(博士)가 되었다. 을유년(1705)에 봉상시 직장(奉常寺直長)을 겸임하였고, 뒤이어 성균관 전적(成均館典籍)으로 승진하였으며, 예조좌랑(禮曹佐郎)으로 옮겼다. 병술년(1706) 병조좌랑으로 옮겨졌다가, 9월에 평안도 도사(平安道都事)로 제수되었다. 서로(西路: 관서 지방)는 본디 노래를 잘 부르는 기생이 많아 화류관(花柳關)이라 불렸는데, 벼슬아치들 중에는 기생들을 가까이 하며 노느라 삼가지 않은 자가 앞뒤로 잇달았다. 공은 나이가 비록 젊었으나 일찍부터 여색을 경계하는 마음가짐이 매우 엄숙하여 모든 그러한 유혹을 단호히 물리쳤다. 지방을 순행하며 강학을 살피던 때, 어떤 고을의 수령이 이름난 미모의 기생을 단장시켜 수청을 들게 하였으나, 공이 거들떠보지도 않자 그 기생은 공의 풍모를 사모하다가 상심하여 죽었다. 여러 고을의 수령을 잇달아 지내는 동안에도 처음부터 끝까지 물들지 않았으니, 행실을 절제하는 고결함이 이와 같았다. 정해년(1707) 6월에 만기가 되어 서울로 돌아왔다.

7월에 충청도 도사(忠淸道都事)에 제수되어 과거시험을 주관하였다. 오래 전부터 사귄 벗들로부터 온 편지들이 구름처럼 쌓였으나, 공은 먹줄처럼 곧고 수준기(水準器)처럼 공평하기로 스스로 다짐하고서 그것을 모두 불에 태워 버렸다. 비방하는 말들이 벌레 떼처럼 셀 수 없을 정도로 많이 생겨났지만, 방(榜: 합격자 명단)이 나오자 골라 뽑은 것이 명확하고 공정하여 당대의 인사들이 일제히 칭송하였으나, 얼마 되지 않아 파직되었다.

무자년(1708) 겨울에 다시 춘관(春官: 예조)의 낭관(郎官)이 되었고, 이 듬해 봄에 외직으로 나가 전라도 도사(全羅道都事)가 되었다. 전례에 따라 조선(漕船: 조세 수송선)을 관장하였는데, 조세를 실은 배가 경창(京倉: 도성 창고)으로 들어갈 때 뱃사람으로 고용된 무리들은 중간에서 훔치고 창고의 아전들은 양을 공평하지 않게 재고서 도리어 조졸(漕卒)들에게 부족분을 책임지게 하였으니, 조졸들이 이 때문에 파산한 자가 많았다. 공은 평소 그 폐단을 알고 있어 창고 관리와 약속을 정하고 지키도록 경계하며 어길 경우 금제(禁制)하도록 엄히 하니, 두 가지 폐단이 다 혁파되자 조운(漕運)과 관련된 사람들이 크게 기뻐하였다. 감영(監營)에 돌아와서는 조목조목 조운의 이익 및 손해와 폐단을 열거해 상사(上使)에게 보고하여 이를 포구(浦口) 창고마다 게시하도록 하였고 범하는 자는 처벌이 있게 하였으니, 해안 지방 백성들이 지금까지도 그 혜택을 입고 있다. 겨울에 교체되어 돌아왔고, 경인년(1710)에 기성(騎省: 병조)의 낭관으로 다시 제수되었다.

신묘년(1711)에 무안 현감(務安縣監)이 되었는데, 잇단 기근을 만난 때이라 부임한 초기에 맨 먼저 고을 안의 어진 사대부들을 찾아가 구황책(救荒策)을 강구하였다. 촌락마다 드나들면서 몸소 순회하고 어루만지며 쌀을 나누고 죽을 먹여주었는데, 어미 비둘기가 새끼 비둘기를 기르듯이 똑같이 베풀었다. 온 고을의 수천 호(戶) 중에 굶주려 죽은 사람이 한 명도 없었으니, 고과(考課)가 여러 고을들 중에서 으뜸이었다. 어사(御史) 홍석보(洪錫輔, 1672~1729)가 포상하도록 아뢰었고, 품계에 맞게 제수하라는 명이 내려져서 나주(羅州) 조운(漕運)을 겸하게 되었다. 국법에 따르면, 기일에 맞춰 짐을 실었으나 배가 파손된 것은 그 죄를 사공에게만 묻고, 기한을 어겼으면 해당 관리를 문책하였다. 이때 이미 기한이 지났고 배 또한 부안(扶安) 해상에서 파손되어 있었는데, 부안 수령은 평소 공과 친분이 있어서 공이 죄를 입을까 염려하여 사실대로 보고하지 않으려 하자, 공이 말하기를, "마음을 속여 죄를 면하는 것은 내가 부끄럽게 여기는 일이다."라고 하며 곧바로 사실을 보고하여 스스로를 고발하였다. 마침 사면(赦免)이 있어 그 일은 거기서 그쳤다. 그가 일을 당해서도 구차하지 않았던 것은 이와 같은 경우가 많았다.

공은 일찍이 말하기를, "백성을 다스리는 데는 교화가 우선이며 반드시 학교를 세우는 것에서 시작해야 한다."라고 한 적이 있었으니, 자신의 녹봉(祿俸)을 덜어서 서재(書齋: 글 읽고 강학하는 곳)를 설치하고 사자(士子)들을 모아 학업을 익히게 하며 필요한 전지(田地)를 마련해 두었고 심부름할 하인도 두었다. 한가한 날이면 서재에 가서 종일토록 강론하였고, 사자들에게 실제로 행하는 것을 우선으로 하도록 힘썼다.

그 후로 승평(昇平: 順天)에서는 향림서숙(香林書塾)을 세웠고 오성(筑城: 靈光)에서는 양사재(養士齋)를 건립하였으니, 부임하는 곳마다 선비들의 기풍이 크게 바뀌었다. 고을 수령으로 있은 지 5년 동안 온갖 폐단을 모두 없앴고 을미년(1715)에 스스로 사임하여 돌아왔다. 병신년(1716) 순천부사(順天府使)에 제수되어 또 주자(朱子)의 사창법(社倉法)을 따라 뜻밖의 재난에 대비하게 하였는데, 후임자가 이를 폐지하자 고을 사람들이 한탄하였다. 무술년(1718) 겨울에 만기가 되어 돌아왔다. 신축년(1721) 다시 전적(典籍)에 제수되었고 임인년(1722) 종부시 정(宗簿寺正)에 제수되었으나, 모두 병으로 부임하지 못하였다. 계묘년(1723) 성균관 사예(成均館司藝)에 제수되었다가 군자감 정(軍資監正)에 전직되었고, 6월에 사헌부 장령에 제수되었다가 곧바로 교체되었다. 8월에 영광 군수(靈光郡守)로 제수되었다가 을사년(1725)에 파직되어 돌아왔다.

공의 재주와 식견은 무엇을 맡겨도 하지 못할 일이 없었으나, 특히 백성을 다스리는 일에 뛰어 났다. 3번이나 동장(銅章: 수령의 관인)을 찬 것이 모두 호남 지역이었다. 남도는 풍속이 교활하고 모질어 다스리기가 어려운 곳이었으나, 공은 성심으로 인도하며 너그러움과 엄정함을 알맞게 조절하고 세밀한 일까지 두루 살펴 다스려 털끝만 한 것도 빠뜨리지 않았으니, 아전들 중에 호랑이처럼 날뛰던 자들도 두려워 움츠렸고, 백성들 중에 여우처럼 교활한 자들도 길들여져 순화되었다. 그가 떠나가자 백성들이 구리를 부어 만들고 돌에 새겨 비를 세워서 그를 추모하였다.

무신년(1728) 통정대부(通政大夫)로 승진하여 종성부사(鍾城府使)가 되었다. 공은 수년 동안 파직되어 있은 뒤에 다시 기용해준 은혜로운 명에 감동하여 즉시 길을 떠나 충원(忠原: 忠州)에 도착했을 때, 청주(淸州)에서 역적의 변란이 일어났다는 소식을 듣고 길을 돌아 관동(關東)을 지나 지평현(砥平縣: 경기도 양평군 지평면)에 이르렀다. 이때 오명항(吳命恒, 1673~1728)은 도순무사(都巡撫使)가 되고 박사수(朴師洙, 1686~1739)는 영남안무사(嶺南安撫使)가 되어 남쪽으로 내려가고 있었다. 박공은 평소 공의 재주와 기량을 알던 터라 공을 만나자 크게 기뻐하며 장계를 올려 공을 천거하고 함께 길을 떠났는데, 안동(安東)에 이르러 공에게 소모사(召募使)의 명이 내려졌다. 공은 명을 받고 이리저리 달려가 여러 고을에 격문(檄文)을 보내어 알리며 충성과 의리를 독려하니, 사민(士民)들이 바람에 쏠리듯 호응하였다.

얼마 되지 않아 역적이 소멸되어 소모하는 일을 그만두었지만, 마치 그의 눈과 귀를 널리 배치한 것처럼 역적의 정세를 정탐하고 양사(兩使: 오공과 박공)에게 비밀리에 보고하여 요해처를 차단하며 역적의 세력을 궁지에 몰아넣는 데에는 공이 계책한 바가 많았다. 이로 인하여 두 공은 더욱더 공을 그릇으로 여겼다. 역적이 토평되고 복명(復命: 일처리 보고)하자, 사례를 베풀어 가자(加資)되었다.

당시 역적이 영남에서 일어났기 때문에 영남 사람 중에 무함(誣陷)을 입은 사람이 많았고, 공의 이름 또한 역적의 공초(供招: 죄인 진술서)에 나왔으나 공은 평소 전혀 교류도 없던 사이였다. 주상은 두루 살펴 알고서 불문에 부쳤지만, 공은 처지가 송구하여 거적을 깔고 엎드려 처분을 기다렸다. 이때 오공(吳公: 오명항) 및 영남 어사 이종성(李宗城, 1692~1759)이 입시(入侍)하여 공에게 공로만 있고 죄가 없음을 극력 아뢰자, 주상이 말하기를, "아무개 일은 역적이 이미 무고한 것임을 자복하였으니 이미 죄를 깨끗이 벗어난 상태이다. 처분을 기다리지 말라."라고 하고는 해조(該曹: 해당 관청)로 하여금 예전대로 등용하고 이어 원종공신(原從功臣) 1등에 녹훈하게 하였다.

공은 군함(軍啣)으로 경성(京城)에 머문 지 몇 달 만에 말미를 청해 고향으로 돌아왔는데, 이때부터 문을 닫고 손님을 사절하며 여생을 마칠 묘역을 마련할 계획을 세웠다. 이듬해 겨울 조정에서 군함을 지닌 사람이 향리에 있는 것을 금지하는 명을 내리자, 목사(牧使) 이정숙(李廷熽, 1674~1736)이 가동(家僮)을 가두며 공에게 매우 각박하게 길을 떠나도록 다그쳤다. 경술년(1730) 3월 20일에 공이 비로소 길을 떠나며 본관(本官: 목사 이정숙)에게 글을 올려 가동을 풀어주도록 청하고서 마침내 길에 올라 경성(京城)으로 들어갔다. 이때 무고(巫蠱: 무술로써 남을 저주하는 일)의 옥사(獄事)가 일어났다. 흉적(凶賊) 박도창(朴道昌: 군관)의 노비 만익(萬益)이 남의 사주를 받아 입막음을 하고자 박도창을 독살하였고 거짓 진술로 끌어대어 연루된 자가 많았다. 그가 진술하기를, "3월 20일에 저들이 박도창을 독살하기로 모의할 때 광주(廣州)의 세교(細橋)에서 황 순천(黃順天)도 그 자리에 같이하였으나 이름은 알지 못한다."라고 하였다. 순천은 바로 공의 13년 전의 관직이었으나, 그 뒤로 내외의 관직을 역임하였고 또한 광주(廣州)에 잠시도 머문 적이 없었으니 그 말이 거짓으로 속인 것임은 숨기기 어려운 것이었고, 더욱이 그가 말한 3월 20일은 바로 공이 향리에서 길을 떠난 날이었다. 위관(委官: 수사관)은 이를 제대로 살피지 않고 공을 잡아 문초하고 대질하도록 청하자, 왕부(王府: 의금부)가 조사하였으나 일이 허황한 거짓으로 밝혀졌고, 주상이 특별히 방면하라고 명하였다.

공은 혈혈단신(孑孑單身)으로 비록 재주로 선발되었는데도, 다른 뜻을 품고 죄를 들추어 내려는 자의 참소 또한 많았다. 전후로 고을 수령이 되었을 때 상관(上官)이 트집을 잡아내려고 하지 않은 짓이 없었으나 끝내 허물을 잡지 못하고 도리어 포상하도록 아뢰었으니, 공의 어질었음이 어떠했는지 알 수 있다. 이때에 이르러 문랑(問郞: 죄인을 추문하는 낭관) 조명익(趙明翼, 1691~1737)이 묵은 원한을 품고 기어이 해치고자 다그쳐 추궁하고 죄목을 꾸며 심문하였는데, 공은 변론하는 대답을 하면서 자세히 해명하는 가운데 말과 증거가 착오가 없었으니, 그의 계략이 이루어지지 못하였다. 한 달이 지난 뒤에도 대신(臺臣) 박필균(朴弼均, 1685~1760)·이수항(李壽沆, 1685~1746)을 사주하여 공을 유배시키도록 청하게 하자, 모두 성급하게 풀어주는 것은 옳지 못하다고 말하였지만, 주상이 윤허하지 않았다. 조명익이 언관(言官)이었을 때 또다시 국문(鞫問)할 것을 청했으나 윤허하지 않았다. 그 후에 헌납(獻納) 서명형(徐命珩, 1687~1750)이 사실에 근거가 없다는 이유로 정계(停啓: 奏啓하는 것을 멈추게 함)함으로써 일이 비록 풀리기는 했으나, 주상이 대간(臺諫)의 말을 어기기가 곤란하게 여겨 끝내 구성(龜城)으로 유배를 보냈지만, 주상의 본의는 아니었다. 공은 태연히 귀양길에 올랐고, 유배지에서 7년 동안 뜰 밖으로 한 걸음도 나가지 않았다. 날마다 성리학 책에 마음을 몰입하여 연구하면서 의리와 천명에 편안히 여겼으니, 자신이 천 리 밖의 변방에 있는 줄도 모를 만큼 태연히 지냈다.

병진년(1736)에 동궁(東宮)의 책봉례(冊封禮)로 인하여 사면되어 돌아왔다. 무오년(1738)에 직첩(職牒)을 주어 서용(敍用)하라는 명이 있었으나, 유배에서 풀려난 지 오래되지 않았다는 이유로 규정상 시행되지 못하였다. 이로부터 세상일에 대한 생각을 덮어버리고는 오로지 농사일을 밝히고 학문을 익히는 것만으로 스스로를 즐겼다. 성품이 본래 산수(山

水)를 좋아하였는데, 주계(朱溪: 茂朱, 1714년 이주)의 산수가 아름답다는 말을 듣고 면성(綿城: 務安)에서 돌아와 그곳에 가 집을 짓고 살면서 〈귀거래사(歸去來辭)〉를 차운(次韻)하여 벽에 걸어놓고 스스로 즐겼다. 다시 숭선(嵩善: 善山)으로 거처를 옮겼고, 만년에는 송추(松楸: 先塋) 아래에 작은 서재를 짓고 그 현판을 '백화(白華)'라 하였으니, 산의 이름과 생시(笙詩: 詩經의 小雅에 있는 笙의 시)의 뜻을 취한 것이었다. 화초를 심고 대나무를 심으며 수천 권의 서책을 간직하였는데, 벼슬길에 나가는 일을 제외하고는 지팡이와 신발이 한번도 산재(山齋)를 떠난 적이 없었고, 날씨가 좋고 경치가 아름다울 때에는 마음이 통하는 사람과 함께 물과 돌 사이를 거닐면서 술잔을 나누며 시를 짓기도 하였으나, 시사(時事)를 언급하는 자가 있으면 들은 체도 하지 않았다.

불행히도 가까운 혈육이 일찍 연달아 죽고 비록 운명에 맡겨 이치를 따라 감내하면서 생긴 숙환(宿患)이 깊어지고 이어졌는데, 임종하기 전날 저녁까지도 여전히 빈객을 접대하였고 편지에 답서를 쓰는 것도 평상시와 같았다. 이튿날 아침에 갑자기 병세가 위독해져 수봉(壽峯: 상주시 모동면 소재 마을)의 새로 지은 집에서 생을 마쳤으니, 바로 정묘년(1747) 12월 3일이었다. 사대부들이 부음(訃音)을 듣고 슬피 탄식하며 눈물 콧물을 흘리지 않는 자가 없었으며, 친척과 조문객으로 곡하러 온 자가 곡하는 것이 더욱 애통하였다. 이듬해 3월, 옥천(沃川) 환산(環山)의 묘향(卯向)에 장사 지냈으니, 이는 공이 생전에 자식의 묘터로 잡아두었던 곳이다.

아내 숙부인(淑夫人) 청송심씨(靑松沈氏)는 동지중추부사(同知中樞府事) 휘 심종(沈棕)의 딸인데, 성품이 온순하고 현숙하여 부인 덕을 갖추었고 하나하나의 동작이 부군의 뜻을 어기는 법이 없었다. 공보다 몇 해 먼저 태어났고 공보다 9년 후인 을해년(1755) 모월 모일에 죽었으며, 공의 묘에 합장하였다가 그 후에 묘지가 좋지 않다 하여 중모현(中牟縣) 풍우

정(風雩亭)의 건좌(乾坐)로 모두 이장하였다. 1남 1녀를 두었다. …(중략)…

공의 풍모는 단정하고 정결하며 자질은 정밀하고 강직하였으니, 본 사람이면 사랑하고 그릇으로 여기지 않는 자가 없었다. 집안에서 행실이 독실하였으니, 효도와 우애가 돈독하고 화목함은 천성에서 우러나왔다. 평생토록 부모의 얼굴을 알지 못하는 것을 지극한 통한으로 여겼으니, 기일이 되면 반드시 목욕재계하여 밤을 지새웠고, 몸소 제수를 마련하며 그 슬퍼하고 애통해 하는 모습이 마치 처음 상(喪)을 당한 것 같았다. 매번 생일을 맞이할 때면 자제들이 마련한 주안상을 물리쳐 들지 않은 채 온종일 슬픔을 머금었다. 그리고 둘째 숙부와 막내 숙부를 섬김에 정성과 효도가 모두 지극하였다. 둘째 숙부의 상(喪)을 당했을 때 공은 마침 승평(昇平)의 수령으로 있었는데, 부음(訃音)을 듣자마자 그날로 달려와 곡(哭)하였다. 유배지에 있을 때는 막내 숙부에게 봄가을 의복을 보냈는데 마치 집에 있을 때처럼 하였으며, 진귀한 음식을 얻기라도 하면 반드시 믿을 만한 인편을 찾아 내어 보내면서 거리가 멀고 형편이 어렵다고 하여 조금도 소홀하지 않았다. 그의 그지없는 효성은 사람들이 미칠 수 있는 바가 아니었다.

4촌 누이동생이 일찍 과부가 되어 가난하였는데, 공은 그녀를 데리고 살면서 그 자녀들을 자기 자식처럼 보살펴 시기를 놓치지 않고서 장가들이고 시집보냈다. 의리를 중히 여기고 재물을 가볍게 여겼으니, 가난한 자를 구제하고 궁색한 이들을 구휼해 주기를 마치 미치지 못할까 두려워하는 듯하자, 일가친척이나 친구들이 모두 공을 의지하고 중히 여겼다. 먼 일가친척 한 사람이 권세가에 빌붙어 공을 해치고자 하였으나, 공은 마치 알지 못하는 듯이 하여 정분이 전혀 변하지 않았고, 그가 죽자 직접 염습(殮襲)을 하여 조금도 꺼리거나 미워하는 마음이 없었으니, 사람들은 모두 칭송하고 감탄하였다.

항상 이르기를, "사당에서 신주를 묘소로 옮기고 나면 조상을 추모하는 정성이 소원해지고, 상복(喪服)의 기한이 끝나고 나면 친족과 도타이 지내는 정의가 끊어진다.”라고 하였는데, 마침내 ‘봉선(奉先)’과 ‘돈서(敦敍)’ 두 계(契)를 조직하고는 제전(祭田: 제사를 위한 전답)을 마련하고 재사(齋舍: 제사를 지내기 위해 지은 집)를 건립하였다. 10월 상순(上旬)에 9대조 이하의 선조들에게 해마다 제향하는 규례(規例)를 정하였고, 또한 한가한 날에는 일가친척들을 모아 환담을 나누었으니, 이는 모두 예법상으로야 당연한 바이나 세상 사람들은 행하기 어려워 하는 것이다.

그가 처신함에 있어서 자신의 단속을 아주 엄하게 하였으니, 평소 아침 일찍 일어나 세수하고 머리를 빗은 다음에 옷과 띠를 반드시 단정히 하였고 책상도 반드시 정돈하였다. 비록 제사를 마친 뒤 술자리를 베풀어 사적인 담소를 나누는 자리에서도 흐트러진 태도를 보인 적이 없었다. 집안을 다스림에 있어서는 집안의 형편을 헤아려 처리하였는데, 길사(吉事)나 흉사(凶事)에 필요한 것을 사전에 미리 준비하였고, 손님 맞이와 제사를 위한 물품 또한 모두 따로 마련하였으니, 때에 닥쳐서도 군색한 걱정이 없었다. 집안에서는 위엄과 사랑이 함께 지극하였으니, 노복들은 힘을 다해 일하면서도 엄숙한 분위기에 조용하였고, 환곡(還穀)을 갚는 곡식이 들어오면 반드시 가난한 사람들에게 먼저 나누어 주었다. 만년에는 가난하게 살면서도 단지 이로움과 혜택이 남들에게 미치도록 하는 것만 생각하였다. 그가 죽었을 때 묵은 궤짝을 열어 보았는데, 단지 심의(深衣: 유학자들이 입던 겉옷)와 낡은 조복(朝服)만이 1벌씩 남아 있었으니, 이에 사람들은 더욱 공이 여느 사람보다 한층 뛰어났음을 알게 되었다.

공의 시문은 평이하고 담박하면서도 조리가 분명하였는데, 붓을 잡자마자 글이 이루어져도 자연스럽게 이치가 통하고 사물의 실정에 절실하게 맞았으니, 평소 문장에 능한 것으로 일컬어지던 자들마저 스스로 미치지 못한다고 여겼다. 아직 정리되지 않은 상태로 미처 출간되지 못했지만, 유배되었을 때에 지은 《운결록(隕結錄)》·《자명록(自明錄)》·《서행일록(西行日錄)》이 집에 보관되어 있다. 일찍이 《퇴계집(退溪集)》을 살펴보며 주묵(朱墨)으로 표식을 하여 절요(節要)를 만들려 하였으나 끝내 이루지 못하였으니, 학자들이 이를 애석하게 여겼다.

공의 족질(族姪) 전적(典籍) 황침(黃沈, 1688~?)이 공의 유사(遺事)를 지었는데, 그 글에 이르기를, "일찍이 공의 소모사(召募使)였을 때 그 휘하에 따라다닐 적에 그 치밀한 재주와 기량을 보니, 장수도 될 만했고 재상도 될 만했었다. 그러나 만년에는 벼슬에서 밀려나 전원에 묻혀 지낸 산림에서의 경세적(經世的) 삶은 경학에 근원을 두고 인륜에 돈독하지 않은 것이 없었으니, 진실로 조정에 앉아 나라의 중책을 맡았다면 백성들에게 혜택을 입혀 세상에 모범이 되는 것은 필시 옛 사람들에게 뒤지지 않았을 것이다. 그러나 세속과 관계를 끊고 살아서 뜻을 품은 채 죽었으니, 뒤에 죽을 사람들은 여한이 남지 않을 수 없었다."라고 하였는데, 이를 본 사람들은 모두 실제의 기록이라 여겼다.

공의 부인은 나 안정복(安鼎福)의 돌아가신 어머니와 내종(內從: 고모의 딸)이었다. 때문에 나 안정복은 어릴 때부터 공의 언행을 익숙히 들었고, 또한 일찍이 머리를 쓰다듬어 준 은혜를 입은 적이 있었다. 그런데 지금 황태희(黃泰熙: 황익재의 증손자)가 공의 유사(遺事)를 가지고 와서 행장(行狀)을 지어 주기를 부탁하였다. 나는 글솜씨가 졸렬한데다 늙고 병들어서 공의 크고 훌륭한 덕을 모사할 수는 없지만, 문득 옛일을 생각하니 자신도 모르게 슬픈 감회가 북받쳐 유사를 간추려 글을 지으면서 내가 보고 들은 바를 보충하여 장차 붓을 잡을 자가 채택하기를 기다린다.

通政大夫鍾城都護府使白華齋黃公行狀

白華齋黃公, 諱翼再, 字再叟。新羅侍中諱瓊之後, 高麗明宗時, 有殿中監諱公有, 避李義方難, 居長水縣, 遂爲貫鄉。入國朝, 有翼成公諱喜, 將相德業, 冠冕吾東, 於公爲十世祖。翼成仲子典籤諱保身, 始居尙州, 子孫因居焉。典籤曾孫吏曹參判諱孝獻, 以文章節行, 著名當世, 公其六世孫也。曾祖諱緝, 義州府尹, 歷六道節度使, 取族弟生員諱緼之子通德郎諱載胤爲後。通德生贈左承旨諱鎭夏, 娶商山金震釴女, 以明陵壬戌正月二十八日, 生公於州之中牟里舊第。分娩之夕, 母夫人夢, 翼成公連問兒生乎者再, 故乳名翼再, 長而仍之。公二歲失恃, 七歲而孤, 淸羸多疾, 因以失學。十一歲, 始入學, 習業不怠, 不數年, 文理驟達, 通二史七書。壬午, 擢式年第, 選入槐院, 補權知副正字, 序遷著作博士。乙酉, 兼奉常直長, 尋陞成均典籍, 移禮曹佐郎。丙戌, 轉兵曹佐郎, 九月, 除平安都事。西路, 素多聲妓, 號爲花柳關, 爲官者, 狎遊不謹, 前後相望。公年雖少, 嘗嚴在色之戒, 一切麾斥。巡講時, 某邑倅餙名妹薦枕, 公不之顧, 妓慕公風儀, 傷懷而死。累典郡邑, 終始不染, 制行之高, 有如此者。丁亥六月, 秩滿還京。七月, 除忠淸都事, 掌考試。知舊竿尺雲委, 公常以繩直準平自期, 幷付于火。謗言蝟興, 及榜出, 簡擇明允, 人士翕然稱頌, 未幾罷。戊子冬, 再郎春官, 翌年春, 出爲全羅都事。例管漕船, 漕入京倉, 雇人輩之從中偸竊, 倉吏之槩量不平, 反責逋於漕卒, 漕卒之以此破産者多。公素知其弊, 與倉官約, 嚴其防禁, 二弊俱革, 漕人大說。及還營, 條列漕運利害, 稟告上, 使揭諸浦倉, 犯者有禁, 海民至今賴之。冬遞還, 庚寅, 再除騎省郎。辛卯, 爲務安縣監, 遇荐饑, 下車之初, 首訪境內之賢士大夫, 講究荒政。出入閭巷, 躬自巡撫, 分米饋粥, 鴻鳩均一。闔境數千戶, 無一捐瘠, 課最諸邑。御史洪錫輔褒聞, 有準職除授之命, 兼管羅州漕運。國法, 及期裝載而船破者, 罪止篙工, 否則責該官。時已過限, 船又破於扶安海上, 扶安守素善公, 恐公獲罪, 不以實報, 公曰:"欺心免罪, 吾所恥也."卽首實自劾。會有赦, 事得已。其臨事不苟, 多類是。公嘗言:"治民, 敎化爲先, 而必自興學始."捐廩置齋, 會士肄業, 供億有田, 給使有人。暇日到齋, 終日講說, 務以實行爲先。後於昇平, 立香林書塾, 筑城建養士齋, 所至士風丕變。在邑五年, 百弊俱祛, 乙未解歸。丙申, 除順天府使, 又依朱子社倉法, 以爲不虞之備, 後來者罷之, 邑人恨之。戊戌冬瓜歸。辛丑, 復拜典籍, 壬寅, 爲宗簿正, 皆病不赴。癸卯, 除成均司藝, 遷軍資正, 六月, 爲司憲掌令旋遞。八月, 爲靈光郡守, 乙巳罷還。公之才調見識, 無施不可, 而尤長於治民。三佩銅章, 皆在湖南。南俗獷悍難治, 公誠心誘導, 寬猛得宜, 綜理微密, 秋毫不遺, 吏之虎翼者懾伏, 民之狐黠者擾馴。及去, 鑄銅刻石, 立碑追思。戊申, 陞通政, 爲鍾城府使。公起廢於累年之後, 感激恩命, 卽爲發行到忠原, 聞淸州賊報, 迤路由關東, 抵砥平縣。時吳公命恒爲都巡撫使, 朴公師洙爲嶺南安撫使, 南下。朴素知公才器, 遇之大喜, 啓薦公, 與之俱行, 到安東, 有召募使之命。公受命奔馳, 檄告列邑, 勉以忠義, 士民風動。未幾賊就勦, 罷召募, 而若其廣布耳目, 偵探賊情, 密報兩使, 把截要害, 使賊勢窘蹙, 公之區畫多焉。由是二公益器之。賊平復命, 因謝加資。時賊起嶺南, 故嶺人多被誣, 公名亦出賊招, 而公之素昧也。上察知置不問, 公情地惶蹙, 席藁竢命。時吳公及嶺南御史李公宗城入侍, 力言公有功無罪狀, 上曰:“某事賊旣自服其誣, 則已在淸脫之中。勿待命。”令該曹依舊調用, 因錄原從勳一等。公以軍啣留京數月暇歸, 自是杜門謝客, 爲畢命松楸之計。翌冬, 朝有軍啣在鄕之禁, 邑牧李廷熽, 囚僮促行甚刻。庚戌三月二十日, 公始發行, 呈本官請放家僮, 遂登程入京。時巫蠱獄起, 凶賊道昌奴萬益被嗾, 欲滅口, 毒殺道昌, 而誣引株連者多。其言曰:“三月二十日, 渠輩謀毒道昌時, 廣州細橋, 黃順天參座而名不知。”順天卽公十三年前官銜, 而其後歷任內外, 且無暫住廣州之事, 則其誣罔難掩, 又所謂三月二十日, 卽公自鄕發行之日也。委官不察, 請拿公就理置對, 王府行查, 事歸虛謊, 上命特放之。盖公以孤子之身, 雖以才選, 而異趣之吹索亦多。前後作宰, 上官掎撫無不至, 終不能得, 竟以褒聞, 則公之賢可知已。至是, 問郞趙明翼, 挾宿憾, 必欲甘心, 盤詰構問, 公辨對詳明, 辭證不錯, 其計不售矣。踰月後, 喉臺臣朴弼均·李壽沆請竄, 皆以不可遽釋爲言, 不允。及明翼爲言官, 又請鞫, 不允。後獻納徐命珩, 以事實之無據, 停啓, 事雖得解, 上重違臺

言, 竟配龜城, 非上意也。公逌然就道, 在配七年, 不出庭外一步。日取
性理書, 潛心硏究, 安於義命, 不知身在關塞千里之外而恬如也。丙辰,
因東宮冊禮, 赦還。戊午, 有給牒叙用之命, 而以蒙放未久, 格不行。自
是世念韜冥, 惟以明農課學自適。性雅好山水, 聞朱溪山水之佳, 自綿
城歸, 築室居之, 次歸去來辭, 揭壁以自娛。復移嵩善, 晩結小齋于松
楸下, 顔以白華, 取山名與笙詩之義也。栽花種竹, 藏書數千卷, 宦遊
之外, 杖屨不離山齋, 良辰美景, 與會心人, 徜徉於水石之間, 命酒賦
詩, 有言及時事者, 若無聞也。不幸骨肉凋喪, 雖委命理遣, 而宿恙沈
綿, 易簀前夕, 猶能酬接賓客, 答應簡牘如常。翌朝忽劇, 考終于壽峯
新齋, 卽丁卯十二月三日也。士大夫聞者, 莫不齎咨涕洟, 親賓來哭者
哭甚哀。明年三月, 窆于沃川之環山卯向, 公所占葬子之地也。配淑夫
人靑松沈氏, 同樞諱棕女, 婉順有婦德, 一動一靜, 無違夫子。生先公
幾年, 後公九年乙亥某月某日卒, 葬祔公墓, 後以宅兆不利, 幷遷于中
車之風雩亭乾坐。有一男一女。…(중략)… 公風標端潔, 質性精剛, 見
者無不愛而器之。篤於內行, 孝友敦睦, 出於天性。平生以不識親顔爲
至痛, 遇忌日, 必齋沐達宵, 躬執奠需, 悲哀如始喪。每値生朝, 子弟設
酌, 却之不御, 含恤終日。事仲季父, 誠孝備至。仲父之喪, 公時任昇
平, 聞訃卽日奔哭。在謫時備送季父春秋衣服, 如在家時, 若得珍羞,
必討信便, 不以地遠計艱而少間。其不匱之孝, 非人可及也。有從妹早
寡而貧, 公擧育之, 撫其子女如己出, 婚嫁不失時。重義輕財, 賑貧恤
窮, 如恐不及, 宗族知舊, 皆倚以爲重。有一族人附勢而欲害公, 公若
不知, 情好無替, 及其死也, 躬紀殯殮, 少無形跡之意, 人皆稱歎。常
謂:"廟遷而追遠之誠疎, 服盡而敦親之誼絶."遂置'奉先·敦叙'兩契, 置
祭田建齋舍。十月上旬, 定九代以下歲享之規, 又以暇日聚族叙歡, 此
皆禮法之當然, 而世人之難行者也。其持身也, 律己甚嚴, 平居早起盥
櫛, 衣帶必勅, 几案必整, 雖燕私, 未嘗有倦怠之容。其治家也, 裁度有
無, 吉凶之需, 先事預辦, 賓祭之用, 亦皆別備, 無臨時窘束之患。家庭
之內, 威愛兼至, 僮僕效力, 肅穆無聲, 糴稅之入, 必先下戶。晩歲居

貧, 而惟以利澤之及人爲意。其歿也, 發舊篋, 惟深衣弊朝衣各一, 人皆於是乎益知公之加人一等也。公詩文平淡條暢, 操筆立成, 怡然理順, 切於事情, 素號能文者, 自以爲不及。在亂藁未出, 被謫時有《隕結錄》·《自明錄》·《西行日錄》藏於家。嘗就《退溪集》, 朱墨標識, 爲節要而未果焉, 學者惜之。公族子典籍沈, 撰公遺事, 有曰:"嘗從公召募節下, 觀其密勿才局, 可將可相, 而晚廢田間。山林經濟, 莫非根於經術, 篤於人倫, 苟使坐廊廟秉國勻, 其澤物範世, 未必多讓於古人。而與世抹摋, 齎志而歿, 後死者不能無遺恨。"見者以爲實錄。公之夫人, 於鼎福先妣爲內從。故鼎福自幼習聞公之言行, 亦嘗蒙撫頂之恩。今者黃生泰熙, 持公遺事, 屬以爲狀。余辭拙而老且病, 無以模寫盛德, 旋念舊事, 不覺愴感, 就遺事隤括成文, 而補以耳目所得, 以竢秉筆者採擇焉。

〔順菴先生文集, 권26, 行狀〕

10. 노계원

노계원의 자는 백춘, 호는 지음, 본관은 광산이다. 소재(蘇齋: 盧守愼)의 5세손이다. 숙종 을해년(1695)에 태어났다. 기해년(1719) 사마시에 합격하고, 학행으로 천거되어 참봉에 제수되었다. 영조 경신년(1740)에 죽었다. 상주(尙州)의 옥연사(玉淵祠)에 향사하였다.

식산(息山) 이만부(李萬敷)의 문하에서 배우고는 신진들을 가르쳐 이끄는 일을 자신의 책무로 삼았고, 초하루와 보름마다 문회(文會)를 열어 서로 읍(揖)하는 예를 행하였다. 《대학장구의견(大學章句疑見)》·《오행설(五行說)》·《정성서의(定性書義)》·《심의설(深衣說)》을 지었다.

풍원(豐原) 조현명(趙顯命)이 학문과 행실로 조정에 천거하여 참봉(參奉)에 제수되었으나, 부모와 떨어지기 싫어 벼슬을 사양하고 돌아왔다. 항상 "예(禮)는 마땅히 사례(四禮: 관혼상제)를 우선해야 한다."라고 여겨 비로소 상례(喪禮)를 닦기 시작하였으나, 일을 다 마치지 못하고 죽었다.

- 盧啓元

盧啓元[1], 字伯春, 號芝陰, 光山人。蘇齋[2]五代孫。肅宗乙亥生。己亥

1 　盧啓元(노계원, 1695~1740): 본관은 光山, 자는 伯春, 호는 芝陰·三秀菴. 증조부는 盧峻命이며, 조부는 盧思賢이다. 아버지는 盧夏績(1671~1699)이며, 어머니 坡平尹氏(1671~1728)는 진사 尹彙昌의 딸이다. 첫째부인 杞溪兪氏는 통덕랑 兪彦揆의 딸이며, 둘째부인 安東權氏는 權世徽의 딸이다. 李萬敷의 문하에서 수학하였다. 1719년 사마시에 합격하였다. 學行으로 천거받아 참봉에 임명되었으나 사퇴하고 학문연구에만 진력하였다.

2 　蘇齋(소재): 盧守愼(1515~1590)의 호. 본관은 光州, 자는 寡悔, 호는 伊齋·暗室·茹峰老人. 할아버지는 盧玤이다. 아버지는 활인서별제 盧鴻이며, 어머니 星州李氏는 李自華의 딸이다. 부인 廣州李氏는 李延慶의 딸이다. 이연경의 문인이다. 康惟善은 그의 동서이다. 을사사화 때 순천으로 유배되었다가, 양재역벽서사건에 연루되어 진도에서 귀양살이를 했다. 이언적에게 배우고, 이황, 김인후 등과도 학문을 논하였다. 충주의 팔봉서원 등에 제향되었다. 우의정, 좌의정, 영의정 등을 역임한 문신이자 학자이다.

司馬, 以學行薦授參奉。英宗庚申卒。享尙州玉淵祠。

受業於李息山萬敷之門, 以敎導新進爲己任, 朔望文會, 行相揖禮。
著《大學章句疑見》·《五行說》·《定性書義》·《深衣說》。
趙豐原顯命[3], 以學行薦于朝, 除參奉, 以離親解歸。常以爲"禮當以
四禮[4]爲先", 始修喪禮, 未卒業而卒。

---

3 趙豐原顯命(조풍원현명): 趙顯命(1690~1752). 본관은 豐壤, 자는 稚晦, 호는 歸鹿·鹿翁.
증조부는 趙珩이며, 조부는 趙相鼎이다. 아버지는 도사 趙仁壽이며, 어머니 光山金氏는
金萬均의 딸이다. 첫째부인 安東金氏는 金聖游의 딸이며, 둘째부인 漆原尹氏는 尹志源의
딸이다. 1713년 진사시에 합격하고, 1719년 증광문과에 급제하였다. 1721년 延礽君(뒤
영조)이 왕세제로 책봉되자 兼說書로서 세제보호론을 주창, 소론의 핍박으로 곤경에 처해
있던 왕세제 보호에 힘썼다. 영조 즉위 후 용강현령, 지평·교리를 역임하고 1728년 이인좌
의 난이 발생하자 四路都巡撫使 吳命恒의 종사관으로 종군하여 공을 세워 豐原君에 책봉
되었다. 1730년 경상도관찰사로 나가 영남의 남인을 무마하고 기민의 구제 진력하였다.
이어 전라도관찰사를 지낸 뒤 1734년 공조참판이 되면서부터 어영대장, 부제학, 이조·병
조·호조 판서 등의 요직을 두루 거쳤다.
4 四禮(사례): 冠禮·婚禮·喪禮·祭禮를 일컬음.

11. 강항

강항의 자는 이직, 호는 시북이다. 숙종 임오년(1702)에 태어났다. 영조 병오년(1726) 문과에 급제하여 벼슬은 지중추부사에 이르렀다. 금상(今上: 정조) 병오년(1786)에 회방(回榜)을 맞이하였고, 정미년(1787)에 죽었다.

당시 권세자 이항(李杭: 東平君에 봉해진 宗室)에 빌붙어 기회를 엿보던 세속의 무리들이 공을 꾀어 끌어들이려 하니, 공이 정색하고 말하기를, "사대부가 굶어 죽을지언정, 어찌 무덤 사이를 배회하는 자의 비루한 행실을 본받을 수 있겠는가?"라고 하고는, 끝내 그들과 교통하지 않았다.

일찍이 호조 좌랑(戶曹佐郎)으로서 염세(鹽稅)의 부정을 단속하러 호남에 간 적이 있었는데, 도백(道伯: 관찰사)과 수령들 가운데에는 법을 어긴 자가 많이 있었다. 그들이 평소 공과 친분이 있던 자들로 하여금 중재하도록 하여 공을 회유할 방도를 꾸몄으나, 공은 장부를 대조하여 철저히 다스리고 너그러이 용서하는 바가 없었는데, 당시 대간(臺諫)의 조사를 받아 파직되었다.

어느 해 어느 달, 공은 저보(邸報: 京邸吏가 고을에 보내는 통지문)를 통해 변란 소식[사도세자를 폐위하고 뒤주에 가두어 죽인 임오화변(壬午禍變)]을 듣고 놀라움과 비통함에 숨이 끊어지려 하였으나, 마침내 피눈물을 쏟으며 초(草)한 상소문에서 정면으로 간언하고 극력 직언하여 말하기를, "전하의 조정에는 전천추(田千秋: 漢武帝 때 능 참봉)와 같은 사람이 한 명도 없단 말입니까?"라고 하였다. 한번 죽을 것을 각오하고 길을 떠났으나, 함창(咸昌)에 이르러 일이 이미 바로잡을 수가 없음을 듣고는 마침내 통곡하고 돌아왔다. 평소에도 그 일을 생각하며 비통하여 눈물이 그치지 않았으니, 사람들은 그의 만년에 실명한 것이 이에 말미암은 것으로 여졌다.

회방년(回榜年: 문과 급제 후 60년이 되는 해)이 되자, 주상이 특별히 명하여 올라오게 하여 불러 볼 수 있도록 하였고, 이어 친히 지은 칠언절구시 1수를 하사하여 은총을 내렸으며, 역마를 지급하여 고향으로 돌아가게 하였다.【협주: 정범조가 찬한 행장에 실려 있다.】

• 姜杭

姜杭, 字而直, 號市北。肅宗壬午生。英宗丙午文科, 官知中樞。當宁丙午回榜, 丁未卒。

時權杭[1]附離時輩, 欲誘引公, 公正色曰: "士大夫卽餓死耳, 豈可效墦間[2]步耶?" 終不與通。

嘗以戶郎爲塩稅摘奸, 往湖南, 道伯及守令, 多有犯科者。令公素相知者, 爲緩頰[3]計, 公按簿深治, 無所饒貸, 卽爲時臺所覈罷。

某年某月, 公因邸報聞變, 驚痛欲絶, 遂沫血草疏, 抗言極諫, 有曰: "殿下朝廷, 無一田千秋[4]耶?" 決一死登途, 及至咸昌[5], 聞事已不可及, 遂痛哭而還。居常悲痛, 涕泣不已, 人以其晚年失明爲由於此。

1　杭(항): 李杭(?~1701). 東平君에 봉해진 宗室. 조부는 仁祖이고, 아버지는 崇善君 李澂이다. 禧嬪 張氏와 친하였고, 숙종의 총애를 받아 권세를 휘둘렀다. 1689년 왕비 민씨가 폐위되고 장씨가 왕비에 오른 뒤 주청사로 청나라에 가서 폐비사건을 설명하기도 하였다. 1701년 辛巳의 옥이 일어나 희빈 장씨가 사사되고 평소 장씨 일가와 친하였기 때문에 이 사건에 연루되었다. 결국 絶島에 유배되었다가 사사되었다.

2　墦間(번간): 이리저리 기웃거리며 관직을 구걸하는 행위를 비유하는 말.

3　緩頰(완협): 남을 대신해서 사정함. 중재함.

4　田千秋(전천추): 漢武帝에게 戾太子의 억울한 정상을 진달하여 부자간의 정리를 일깨웠던 直臣. 여태자는 武帝의 장자인 據로서 권신 江充과 사이가 나빠 그의 모함을 받게 되자, 擧兵하였다가 패하니 무제가 자결하도록 명하였다. 여태자가 죽은 후 田千秋가 무제에게 상소문을 올려 태자의 원통함을 말하니, 그때서야 무제가 자신의 잘못을 뉘우치고서 태자를 위하여 思子宮과 歸來望思臺를 지어 위로했다고 한다.

5　咸昌(함창): 경상북도 상주시 함창읍 일대.

及回榜[6], 上特命上來召見, 仍賜御製詩七絶以寵之, 給馹騎還鄉。
【丁範祖撰行狀】

보충

정범조(丁範祖, 1723~1801)가 찬한 행장

지중추부사 강공 행장

공의 성은 강(姜), 휘는 항(杭), 자는 이직(而直), 본관은 진주(晉州)이다. 고구려 병마도원수 휘 강이식(姜以式)은 그 시조이다. 신라와 고려 시대에 있어서 큰 덕을 지닌 높은 벼슬아치가 세대를 이어 서로 빛나듯이 이어졌으나, 보문각 대제학 휘 강회중(姜淮仲, 1360~1421)은 역성혁명(易姓革命: 조선 개국) 때 우리 태조(太祖: 李成桂)가 여러 차례 불렀으나 나아가지 않았다. 그 손자 대사간(大司諫) 휘 강형(姜詗, 1451~1504)은 폐왕(廢王: 연산군) 갑자년(1504)에 올곧은 도리를 지키다가 화를 입었고, 부인 김씨도 먹지 않고 따라 죽었는데, 중종(中宗) 정난(靖難: 반정) 이후 공에게 이조판서를 추증하였고 부인에게 정려를 내렸다. 그 아들 별제(別提)를 지내고 좌찬성에 추증된 휘 강영숙(姜永叔, ?~1504)도 공과 같은 날에 해를 입었다. 4대를 내려와 좌승지에 추증된 휘 강홍윤(姜弘胤)에 이르면 실로 공의 증조부이다. 그리고 조부 휘 강균(姜均)은 호조참판에 추증되었고, 그 기량과 식견은 고을 사람들이 높이 받들었다. 아버지의 휘는 강석우(姜碩遇)이며, 어머니 선성이씨(宣城李氏)는 이성일(李星逸)의 딸이다. 숙종(肅宗) 임오년(1702) 10월 26일에 공을 낳았다. 계부(季父: 막내 숙부)로 호조판서에 추증된 휘 강석기(姜碩耆)의 후사를 이었고, 숙모 영양최씨(永陽崔氏)는 최성(崔城)의 딸이다.

---

6   回榜(회방): 문과 급제 후 60년이 되는 해.

공은 어려서부터 영특하고 통달하였다. 영조(英祖) 병오년(1726) 식년 문과에 급제하였으며, 정미년(1727) 승문원(承文院)에 뽑혀 보임되어 부정자(副正字) 직을 담당하였다. 무신년(1728)에 역량(逆亮: 鄭希亮)이 반란을 일으켜 영남 일대가 크게 어지러워지자, 공은 두세 동지들과 함께 의병을 일으켜 역적을 성토하고자 하여 주야로 시의에 맞는 계책을 도모하였으나, 이미 정희량이 처형됨으로써 그 일은 마침내 그쳤다.

갑인년(1734)에 정자(正字)로 승진하여 권록(圈錄: 벼슬아치 선발시 해당 사람의 성명 위에 둥근 점을 찍은 책자로 인재 천거할 때 활용)을 담당했을 때, 김한철(金漢喆: 1701~1759, 외조부 姜履相, 1657~1719)이 그의 외숙을 통해 말을 전하여 본원(本院: 승문원) 선발에 들어갈 수 있도록 해주기를 청하였으나, 공은 공론에 따라 그를 국자감(國子監: 성균관)으로 배속하여 청을 거절하였다. 을묘년(1735) 저작(著作)으로 승진하였으며, 봉상시(奉常寺) 직장(直長)에 제수되었고, 병진년(1736) 성균관 전적(典籍)으로 옮겼다가 정사년(1737) 사헌부 감찰(司憲府監察)에 제수되었다. 얼마 지나지 않아 호조좌랑(戶曹佐郎)으로 옮겼고 왕명을 받들어 호남의 염세(鹽稅) 세입을 감찰하였는데, 도백(道伯: 관찰사)과 지주(地主)들 가운데 사사로이 연루된 자가 많았는데도 공은 장부를 대조하며 징수를 독촉하였다. 도백 윤득화(尹得和, 1688~1759)가 이를 못마땅하게 여겨, 여러 차례 공과 아는 사람들을 불러 두터운 이익을 미끼로 밈추게 하려 히였으나, 공은 듣지 않았다. 윤득화가 당시 대간을 사주해 흉마처럼 탄핵하도록 하여 공은 파직되었다.

계해년(1743)에 서용(敍用)되어 예조좌랑으로 제수되었고, 곧 평안도사(平安都事)로 옮겼다. 경오년(1750)에 생부상(生父喪)을 치렀다. 갑술년(1754) 영희전 영(永禧殿令)이 되었고, 을해년(1755)에 형조좌랑으로 옮겼다. 이 무렵 홍상한(洪象漢, 1701~1769)의 노비가 권세를 믿고 불법을 자행했는데, 공은 그를 잡아 다스리려 했으나 그 노비가 주인집에 숨었다.

공이 사람을 시켜 홍상한에게 완곡히 이르기를, "집의 노비가 포악하고 무도한데도 그를 금하지도 않고 또 숨겨주기까지 하니, 어찌 재상으로서의 사리와 체통이겠는가?"라고 하고는, 끝내 탐문하여 알아내 그를 붙잡아서 법에 처하였다. 이때 파렴치한 자가 역옥(逆獄: 尹志의 난인 을해옥사)을 빌미로 상국(相國) 이종성(李宗城, 1692~1759)을 모함하는 상소를 올리려 하며 공을 찾아와서 공의 뜻을 엿보니, 공이 그를 꾸짖으며 말하기를, "사실의 정황을 살피지 않고 사람을 모함하여 이익을 구함은 사대부가 차마 할 바가 아니다."라고 하였다. 그 사람은 분노하여 시중에 떠도는 말로 당로자(當路者: 요로에 있는 실권자)들을 자극하며 이르기를, "아무개가 진실로 간언하는 자리에 들어가게 되면 반드시 사람을 해칠 것입니다."라고 하였다. 얼마 되지 않아 또다시 벼슬에서 쫓겨나 서관(西關: 평안도)의 좌막(佐幕: 참모)이 되자, 공은 세상에 뜻이 없어 얼마 있다가 체직하고 돌아와 산수 속에 자유로이 몸을 맡겨 스스로 즐겼다.

임오년(1762) 5월에 저보(邸報: 京邸吏가 고을에 보내는 통지문)를 통해 중앙 조정의 소식[사도세자를 폐위하고 뒤주에 가두어 죽인 임오화변]을 듣고 눈물이 주르륵 흘러내렸다. 이윽고 분연히 말하기를, "나는 이미 몸을 나라에 바쳤으니, 비록 재야에 있더라도 나라에 변란이 생겼는데 감히 죽을 것을 잊겠는가?"라고 하고는 즉시 상소문을 지어 장차 경성(京城)에 가려 하였으나, 장헌세자(莊獻世子: 사도세자)의 서거했다는 소식을 듣고 마침내 중지하였다.

신묘년(1771) 나이 칠십에 첨지중추부사(僉知中樞府事)로 승진하였고, 금상(今上: 정조) 신축년(1781) 나이 팔십에 동지(同知: 동지중추부사)로 승진하였다. 병오년(1786) 대신(大臣)이 공의 회방년(回榜年: 문과 급제 후 60년이 되는 해)을 아뢰었다. 문과 회방은 우리나라 조정에서 오직 이상(貳相: 우참찬) 송순(宋純, 1493~1582)과 판서(判書) 이광적(李光迪, 1628~17117) 및 공뿐이었다. 주상이 이를 특별하게 여겨 특별히 가의대부(嘉義大夫: 종2품

상계)와 자헌대부(資憲大夫: 정2품 하계)를 연이어 제수하고 지의금부사(知義禁府事)에 임명하면서 전마(傳馬)를 타고 상경해 사은하게 하라고 명하였다. 대궐에 이르고 나자, 내시(內侍)에게 부축받아 전각(殿閣)에 오르도록 명하였고, 잠자리와 식사 및 기거의 형편을 물었는데, 공이 아뢰는 것이 주상의 뜻에 맞으니, 지중추부사(知中樞府事)에 제수하고 기사(耆社: 耆老所)에 들게 명하였으며, 선부(選部: 吏曹)에 신칙하여 빈자리가 나면 실제 관직에 제수하고 쌀과 비단, 땔감과 숯을 내려주도록 하였다. 때마침 식년문과(式年文科)의 창방(唱榜: 급제자의 이름을 방목에 적은 뒤 호명하는 의례)이 있었으니, 공에게 화모(花帽)·포대(袍帶)를 하사하고, 신은(新恩: 과거 급제자)의 예에 따라 사례하도록 명하였다. 또 헌거(軒車: 駟馬軒車의 준말로 수레)·구마(廐馬: 말)·어개(御盖: 왕실 덮개)·법악(法樂: 궁중의 연행 음악)을 하사하고, 숙종(肅宗)이 이광적(李光迪)에게 내린 시의 운(韻)을 차용한 어제시(御製詩)로 은총을 베풀었다. 귀향할 때에는 도신(道臣: 관찰사)으로 하여금 연회에 필요한 물품을 지급하도록 하였으니, 이는 우리나라 조정 이래로 유례가 없는 특별한 예우였다. 얼마 안 되어 정헌대부(正憲大夫: 정2품 상계)로 승진하였다. 정미년(1787) 12월 16일에 죽었으니, 향년 86세였다.

공은 일찍이 집안의 가르침을 이어받았고, 장성해서 여러 이름난 석학들을 종유하여 더욱 학문을 살고 닦았다. 집인에서의 행실이 조금도 흠이 없이 다 갖추었으니, 본생부(本生父: 강석우)와 숙부(叔父: 강석기)를 섬길 때 공은 꽃과 돌을 손수 가꾸고 잔치를 베풀어 손님과 벗들을 초대하면서 어버이의 마음을 흡족하게 하는 것이면 정성을 다하여 마련하지 않은 일이 없었다. 맏형과 둘째형을 우애와 공순함으로 섬겼으니, 잘못을 책망하는 꾸지람을 듣게 되면 머리를 숙여 받아들이면서 얼굴빛이 더욱 온화하였다. 여러 조카들을 매우 은혜롭게 살폈으니, 병을 앓으면 간호하였고, 재주와 학업에 힘쓰도록 권하는 것이 자기 친자식과 다름이 없었다. 둘째아들을 숙부에게 양자로 보냈으나 일찍 죽으니, 또 넷째아들을 양자로 삼게 하였다. 여러 고모 가운데 가난하고 의탁할 곳이 없는 이를 섬기는 것이 어머니 섬기듯이 하였고, 그 집안 살림을 돌보아 주며 아들딸들을 장가가고 시집갈 때를 놓치지 않도록 하였다.

오래된 벗들에게는 더욱 두터운 정을 베풀었으니, 일찍이 외지 벼슬살이를 할 때 고향 사람이 경성(京城)에서 천연두에 걸린 자가 있자 약을 먹이며 간호하였고, 그가 죽자 직접 염습하여 관에 넣어서 상여를 붙들고 고향으로 돌아왔다. 먼 곳에서 대를 이을 아들을 얻으려고 첩을 들이려 하나 가난하여 밑천을 마련하지 못하는 자가 있으면, 많은 재물을 빌려주어 도와주었고 자신의 전답을 팔아 대신 갚아 주었다. 공이 일찍이 종기를 앓은 적이 있었는데, 벗이 눈물을 흘리며 그 종기를 입으로 빨아내며 말하기를, "이 사람이 죽으면 우리들이 누구를 의지하겠는가?"라고 하였다. 공의 어진 마음과 의로운 기개가 사람을 깊이 감동시킨 것이 이와 같았다.

공은 절조를 지키는 것이 매우 확고하여 털끝만큼도 권세나 이익에 흔들리지 않았다. 김상성(金尙星, 1703~1755)이 공의 병을 듣고 날마다 약물을 보냈는데, 훗날 공을 만나 어떤 일로 부탁하는 것이 있자, 공이 사양하면 말하기를, "진실로 공의 후의(厚意)를 입었으나, 다만 재상(宰相)의 지시라 해도 할 수 없는 것이 있소이다."라고 하였다. 서관 막부(西關幕府)에 있었을 때, 김약로(金若魯, 1694~1753)가 도백(道伯: 관찰사)이었는데 공의 풍모와 언행을 훌륭하게 여겨 태연히 담소하며 때와 형세로 완곡히 말하자, 공이 웃으면서 말하기를, "선비는 지켜야 할 바가 있으니, 이른바 때와 형세라고 하는 것은 알 바가 아닙니다."라고 하였다. 김상철(金尙喆, 1712~1791)이 영백(嶺伯: 영남 관찰사)이 되었을 때 자주 공에게 선물을 보내고 안부를 묻다가 이조판서로 부름을 받아 가게 되자 편지를 보내어 만나기를 청하였으나, 공은 전관(銓官: 관리를 선발하는 일을 맡아보는 벼슬아치)을 만나는 것을 꺼림직하게 여겨 사양하고 가지 않았다. 대개 공의 재주와 계책, 식견과 도량은 당대 쓰이기에 충분했으나, 끝내 하급 관료를 전전하다가 생을 마친 것은 기꺼이 굽히고 변절하여 시류에 순응하려 하지 않았기 때문이다.

부인 풍양조씨(豊壤趙氏)는 조자경(趙自敬)의 딸이다. 시부모에게 순종하고 남편의 좋은 짝이 되어 부녀자로서 갖추어야 할 도리를 매우 잘 갖추어 종친들로부터 칭송을 받았다. 갑신년(1704)에 태어나 기사년(1749)에 죽었으니, 향년 46세였다. 정부인(貞夫人)에 추증되었다. 4남 2녀를 두었다. …(중략)…

강필장(姜必章: 강항의 장남, 1722~1798)이 공의 살아온 일과 행적을 조목조목 차례로 정리해 찾아와서 나 정범조(丁範祖)에게 행장을 지어줄 것을 청하였다. 이에 삼가 전례를 본받아 약간 덧붙인 것이 위와 같으니, 훗날 집필하는 이가 이를 채택할 만한 자료로 삼고자 한 것이다.

知樞姜公行狀

公姓姜, 諱杭, 字而直, 晉州人。高句麗兵馬都元帥諱以式, 其始祖也。在羅麗, 鉅德大官, 磊落相望, 寶文閣大提學諱准仲, 當革命時, 我太祖屢徵, 不就。其孫大司諫諱詗, 廢王甲子, 以直道被禍, 夫人金氏, 不食死。中廟靖難, 贈公吏曹判書, 旌夫人。子別提贈左贊成諱永叔, 與公同日遇害。傳至贈左承旨諱弘胤, 實公曾祖。而祖諱均, 贈戶曹參判, 器識爲一鄕重。考諱碩遇, 妣宣城李氏, 星逸女。肅廟壬午十月二十六日生公。嗣季父贈戶曹判書諱碩耈後, 妣永陽崔氏, 珹女。公幼而穎達。英廟丙午, 擢式年文科, 丁未, 選補承文院, 知副正字。戊申, 逆亮稱兵, 領表大亂, 公與二三同志, 倡義爲聲討, 計獻畫中機宜。而已亮就戮, 事遂已。甲寅, 陞正字, 當圈錄, 金漢喆爲其舅迻語, 囑入本院選, 公據公議分國子。乙卯, 陞著作, 拜奉常寺直長。丙辰。遷成均館典籍。丁巳。拜司憲府監察。俄移戶曹佐郎, 奉命監湖南塩稅稅入, 道伯地主私染者爲多, 而公按簿督徵。道伯尹得和病之, 屢募公所相識人, 啖厚利使止, 公不聽。尹嗾時臺騈, 公罷。癸亥, 叙拜禮曹佐郎, 尋移平安都事。庚午, 丁本生考憂。甲戌, 拜永禧殿令, 乙亥, 移刑曹佐郎。洪象漢奴, 倚勢不法, 公欲捕治之, 而奴匿其主家。公使諷洪, 曰: "家奴暴橫而弗之禁, 又匿之, 豈宰相事體乎?" 竟伺捕置之法。時有無恥者, 因逆獄, 欲疏陷李相宗城, 而來覘公, 公斥之曰: "不察情實, 陷人求利, 非士大夫所忍爲也." 其人恚蜚語激當路, 謂: "某苟入言地, 必禍人." 未幾又黜, 佐西關幕, 公無意於世, 既遞歸, 自放山澤以自娛。壬午五月, 聞邸報, 涕簌簌下, 因奮曰: "吾業已許身。雖在野, 國家有變, 敢忘死耶?" 立具疏, 將赴京, 聞莊憲世子薨逝, 遂止。辛卯, 以年七十, 陞僉知中樞府事, 今上辛丑, 以年八十, 陞同知。丙午, 大臣有以公回榜歲白。蓋文科回榜, 國朝唯宋貳相純, 李判書光迪及公而已。上異之, 特命陞嘉義資憲, 除知義禁府事, 命乘傳謝恩。既詣闕, 命內侍扶腋陞殿, 問寢食起居狀, 奏對稱旨, 除知中樞府事, 命入耆社, 飭選部, 待窠擬實職, 賜米帛薪炭。時值式年唱榜, 賜花帽袍帶, 命以新恩例謝。又賜軒車·廐馬·御盖·法樂, 用肅廟賜李光迪詩韻, 御製以寵之。及歸, 令道臣給醮需, 蓋國朝所未有之異數也。亡何, 陞正憲。丁未十二月十六日卒, 壽八十有六。公既蚤襲庭訓, 長從諸名碩游, 有麗澤益。內行醇備。其事本生父及叔父, 公治花石, 醮賓友, 凡所以適親意者。靡不殫誠措辦。事伯仲氏友恭, 遇督過則俯而受, 色益溫。視諸猶子甚恩, 捄護疾病, 勸課藝業, 無間於己子。以第二子, 子從父弟而尋殀, 則又以第四子, 子之。諸姑母之窮無依者, 事之如事母, 爲經紀其家務, 嫁娶諸男女, 使不失時。於故舊, 尤篤厚, 嘗旅宦, 有鄉中人在京遘痘者, 藥餌視護, 其死, 躬殮棺, 扶而歸。有求嗣遠地貧不辦者, 貸厚貲相助, 賣田以代償。公嘗病疽, 有友人爲涕泣, 吮其疽, 曰: "斯人死, 吾儕何恃?" 公之仁心義氣之感人深者如此。公持守甚確, 毫不爲勢利撓。金尙星聞公病, 日饋藥物, 後見公, 有以事托者, 公謝曰: "誠荷公厚意, 顧爲宰相指, 使有不能." 在西幕, 金若魯爲道伯, 偉公風儀言論,從容與語, 以時勢諷之, 公笑曰:"士自有守, 所謂時與勢, 非所知也."
金尙喆爲嶺伯, 數餽問, 以吏判赴召, 致書要相見, 公以私見銓官爲嫌,
辭不往。盖公之才猷識度, 足以需當世, 而卒浮沈下僚以沒齒者, 迨弗
肯屈折以循時也。配豊壤趙氏, 自敬女。協尊章, 宜夫子, 婦道甚備, 得
宗黨譽。生甲申, 卒己巳, 壽四十有六。贈貞夫人。有四男二女。…(중
략)… 必章叙次公事行來, 屬範祖爲狀。謹倣而爲點綴如右, 用備秉筆
者採擇焉。

〔海左先生文集, 권35, 行狀〕

12. 김희보

김희보의 자는 제중, 본관은 의성이다. 개암(開巖) 김우굉(金宇宏)의 후손이다. 숙종 갑오년(1714)에 태어났다. 영조 계유년(1753)에 죽었다. 금상(今上: 정조) 기유년(1789)에 지평으로 추증되었다.

어린 시절에 어머니가 간혹 병이나 근심이 있을 때면 그 낌새가 얼굴에 나타났는데, 공은 배가 고파도 울지 않았다. 사람들이 공에게 젖을 먹으라고 권하면, 공이 눈물을 흘리며 말하기를, "어머니께서 지금 아파하시는데, 어찌 차마 젖을 빨겠어요?"라고 하였다. 이를 본 사람들은 하늘이 낳은 효자라고 여겼다.

또래 아이들과 함께 글공부를 할 때면 말과 행동거지가 마치 노성(老成)한 사람과 같았다. 조목별로 규약을 정하였는데, 이를 지키지 않는 자가 있으면 곧바로 벌을 내리니, 아이들은 마치 엄한 스승을 대하듯 공경하고 두려워하였다.

무신란(戊申亂: 이인좌의 난) 때 숙부가 의병진에 나아가려 하였는데, 공이 15세 나이로 숙부를 대신해 나아가겠다고 간청하였다. 숙부가 허락하지 않자 먼저 스스로 몰래 가려 하였으니, 마을의 어른들이 감탄하여 말하기를, "조카가 숙부를 대신하려 하였으니, 목란(木蘭)이 아버지를 대신한 것보다도 어질도다."라고 하였다. 일찍이 말하기를, "선행만을 권면하는 것은 형제의 도리가 아니니, 허물이 있으면 부드럽게 타이르며 남이 그것을 알게 해서는 안 된다."라고 한 적이 있었다.

공이 죽은 뒤, 도백(道伯: 관찰사)이 그의 효행을 아뢰어 사헌부 지평(司憲府持平)에 추증되었다.【협주: 김이상이 찬한 행장에 실려 있다.】

• 金熙普

金熙普, 字濟仲, 義城人。開巖宇宏[1]後。肅宗甲午生。英宗癸酉卒。
當宁己酉, 贈持平。

幼時, 母夫人或有疾憂, 形于色, 飢而不啼。人勸之乳, 則泣曰: "母
氏方痛, 豈忍吮乳乎?" 見者以爲天生孝子。

與羣兒肄業, 言動擧止, 若老成。定爲條約, 有不遵者, 輒施罰, 羣兒
敬憚若嚴師然。

戊申亂, 叔父將赴義兵陣, 公年十五, 請替行。叔父不許, 先自潛行,
父老歎曰: "以姪替叔, 賢於木蘭[2]子." 嘗曰: "責善非兄弟之道, 有過則
從容規戒, 勿使人知之."

及卒, 道伯以孝聞, 贈司憲府持平。【金履常撰狀[3]】

보충

정종로(鄭宗魯, 1738~1816)가 찬한 행장

증 조봉대부 사헌부지평 김공 행장

공의 휘는 희보(熙普), 자는 제중(濟仲), 성은 김씨(金氏)이다. 그 본관이

1　宇宏(우굉): 金宇宏(1524~1590). 본관은 義城, 자는 敬夫, 호는 開岩. 경상북도 성주 출신.
증조부는 金從革이며, 조부는 金致精이다. 아버지는 부사 金希參이며, 어머니 淸州郭氏는
郭人和의 딸이다. 부인 南陽洪氏는 찰방 洪胤崔의 딸이다. 동생은 東岡 金宇顒이다. 이황
과 조식의 문인이다. 1552년 진사시에 장원 합격하고, 1566년 별시문과에 급제하였다.
여러 관직을 두루 지내다가 1573년 부수찬, 1578년 司僕寺正을 거쳐 동부승지·대사간·대
사성 등을 지내고 이듬해 병조참의·승지에 이르렀다. 그러나 李銖의 옥사로 곧 파직되었
다. 1582년 충청도관찰사가 되었다가 형조참의·장례원판결사·홍문관부제학 등을 역임하
였다. 이듬해 유생 朴濟로부터 음흉하다는 탄핵을 받아 외직으로 물러나 청송부사·光州牧
使 등을 지냈다. 1589년 관직에서 물러나 고향 성주로 돌아갔다.
2　木蘭(목란): 전쟁터에 나가게 된 아버지를 대신해서 男裝을 하고 12년 동안 종군하면서
戰功을 세운 여자
3　金履常이 지은 행장은 현재로서 확인할 수 없음. 다만 鄭宗魯가 찬한 행장이《立齋先生文
集》권44에〈贈朝奉大夫司憲府持平金公行狀〉이 실려 있다.

의성(義城)인 것은 신라(新羅) 경순왕(敬順王)의 아들 김석(金錫)이 봉읍을 받은 데에서 비롯되었다. 고려 시대에는 태자첨사(太子詹事) 김용비(金龍庇)가 백성들에게 공덕이 있어서 고을 사람들이 숭상하여 향사하였다. 11세손에 이르러 휘 김희삼(金希參, 1507~1560)이 있었으니, 삼사(三司)를 역임했고 호는 칠봉(七峯)이며, 학문과 행실로 천곡서원(川谷書院) 방사(傍祠: 別祠)에 제향되었다. 그 아들 휘 김우굉(金宇宏, 1524~1590)은 벼슬이 부제학(副提學)에 이르렀고 호는 개암(開巖)으로 속수서원(涑水書院)에 제향되었다. 그 아들 휘 김득가(金得可, 1547~1591)는 창녕현감(昌寧縣監)을 지냈고 청백리로 이름났으며 사복시 정(司僕寺正)에 추증되었다. 그 아들 휘 김률(金瑮, 1568~?)은 진사시에 합격하였고 부호군(副護軍)을 지냈으며 좌승지에 추증되었다. 그 아들 휘 김추임(金秋任, 1592~1654)은 희릉 참봉(禧陵參奉)을 지냈고 나의 선조 우복(愚伏: 정경세, 1563~1633) 선생 문하에서 종유하였다. 그 아들은 휘 김성직(金聲直), 손자는 휘 김여황(金汝璜), 증손자는 휘 김경렴(金景濂)이며, 현손 휘 김국채(金國采, 1688~1751)는 생원시에 합격하였고 공의 아버지이다. 어머니 재령강씨(載寧康氏)는 강유해(康有楷)의 딸로 남계(南溪: 康應哲, 1562~1635) 선생의 손녀이다. 숙종 갑오년(1714) 6월 5일에 공을 낳았다.

공은 태어나자마자 효심이 있었다. 바야흐로 젖먹이 시절에 어머니가 아픈 것을 보고는 곧 손으로 어머니의 이마를 짚어 보고 걱정스러운 기색을 띠며 젖을 빨지 않았고, 비록 배가 고파도 울지 않았다. 사람들이 젖을 빨라고 권하면 머리를 저으며 따르지 않았고, 병이 나은 뒤에야 비로소 젖을 빨았다. 머리를 땋아 늘어뜨릴 어린 아이였을 때, 부모가 간혹 회초리로 때리면 울고 나서는 반드시 웃었다. 사람들이 그 까닭을 묻자, 대답하기를, "나는 아팠기 때문에 울었지만, 아프면 잘못을 뉘우칠 것이니 또한 다행이 아니겠습니까? 그래서 웃은 것입니다."라고 하였다.

무신년(1728) 숙부 처사공(處士公)이 장차 창의진(倡義陣)에 나아가려

하였는데, 공이 당시 15세 나이로 숙부를 대신해 나아가겠다고 간청하였다. 처사공이 허락하지 않자, 장차 몰래 가려 하였으나 마침 변란이 평정되어 결국 가지 못하였다. 향리 어른들이 모두 감탄하여 혀를 차며 말하기를, "옛날 목란(木蘭: 전쟁터에 나가게 된 아버지를 대신해서 男裝을 하고 12년 동안 종군하면서 戰功을 세운 여자)은 자식으로서 아버지를 대신하였는데, 숙부를 대신하려 한 이 아이가 더욱 어질다."라고 하였다.

어머니가 일찍이 병으로 왼쪽 눈이 실명되려 한 적이 있었는데, 공이 밤낮으로 애태우고 눈물을 쏟으면서 지극한 정성으로 약을 구해 치료하여 어머니의 시력은 다시 밝아질 수 있었다. 더욱이 풍해(風咳: 풍으로 인한 기침) 때문에 병상에 누워 지낸 지 여러 해였으나 시중들고 보살피는 범절이 곡진하지 않은 바가 없었으니, 여름에는 베개 곁에서 부채질하여 시원하게 하였고, 잠자리에 누우려 하시면 반드시 먼저 누워 벼룩과 전갈을 유인하여 다 몰아낸 뒤에야 바로 자리를 바꾸고 주무시도록 청하였으며, 겨울에는 직접 아궁이에 불을 때어 그 온기를 따뜻하게 맞도록 하였다.

항상 공경하고 삼가며 조심하였는데, 온 마음은 오직 어버이에만 있었다. 선친이 일찍이 독한 이질을 앓아 그 증세가 매우 위독한 적이 있었는데, 맛있는 음식들이 모두 입맛에 맞지 않아 오직 꿩고기만 원하였다. 공이 바야흐로 꿩을 구하려 했으나 얻을 수가 없이 울고 있었는데, 갑자기 꿩 한 마리가 뜰의 나무에 올라 울자, 놀라움과 기쁨으로 돌을 던지니 꿩이 맞아 땅에 떨어져서 마침내 그 꿩으로 음식을 만들어 대접하였다. 사람들은 공의 효성이 감응한 것이라며 칭찬하였다.

기미년(1739) 어머니 상을 당하자, 공은 슬퍼함에 몸을 상할 정도로 예제(禮制)를 넘었으니, 물 한 모금도 입에 넣지 않은 것이 4일이나 되었고, 이미 소상(小祥)을 치른 뒤에도 여전히 채소와 과실을 먹지 않았다. 묘소가 7리 밖에 있었는데도 날마다 찾아가 곡하였는데, 비록 극심한 추위와 무더위에도 피하지 않았다. 신미년(1751) 아버지 상을 당하자, 몸이 상할 정도로 슬퍼한 것 또한 어머니 상 때와 같았다. 3년 뒤 5월 7일 독한 전염병을 이기지 못하여 죽었으니, 향년 40세였다. 개구암(開口 巖) 아래 향신(向辛: 북서 75도 방향)의 언덕에 장사하였다.

공은 타고난 성품이 독실하고 후덕하였으니, 그의 부모에게 효도한 것이 이미 이와 같았고, 아버지 대신 숙부를 섬기는 것도 아버지를 섬기 듯 하였다. 숙부가 가난하여 이불이 없자, 공이 자신의 이불을 드렸고, 얼마 지나지 않아 그 이불이 불에 타버리자 또 새로 만들어 드렸다. 공은 이불 없이 평생토록 지냈으면서도 자신을 가엾게 여기지 않았다. 막내 동생이 일찍이 등창이 나서 거의 죽을 뻔한 적이 있었는데, 공은 밤낮으로 곁에서 지키며 보살폈고, 약을 달일 때 더럽고 역한 재료가 많았으나 먼저 맛보지 않은 것이 없었으며, 심지어 입으로 고름을 빨아내기까지 하였다. 바야흐로 막내동생의 병세가 위중해지자, 한밤중에 재계하고 몸을 씻은 뒤 신령과 하늘에 기도하였는데, 마침내 온전히 살아날 수 있었다. 아버지 상을 당했을 때에 맏형 또한 병이 위독하였는데, 공이 정성을 다해 치료하고 구제하였으나 끝내 살리지 못하였으니 슬퍼 통곡 함이 더욱 극에 달하였다. 공이 죽은 것은 비단 독한 역병 때문만은 아니 었으니, 하늘이 효자를 도와주지 않음이 어찌 이에 이르렀단 말인가?

공은 덕성과 도량이 깊고 넓었으며, 풍모는 단정하고 엄숙하였다. 어 린 시절에는 동학들과 나무 아래에 단을 쌓고 학업을 익혔는데, 공이 규약(規約)을 정하여 말하기를, "불효하거나 우애롭지 못한 자는 내친다. 어른을 능멸하거나 동류를 모욕하며 공부를 게을리하는 자는 벌 중에 가장 중한 벌을 가하고, 같은 무리 사이에 다투는 자 및 벗을 참소하고 험담을 지어내는 자는 중간 벌을 가하며, 말이 혹 비루하고 도리에 어긋 나거나 행동이 혹 미친 듯이 날뛰는 자는 낮은 벌을 가한다."라고 하였 다. 규약이 이미 정해지자 그대로 시행하니, 동학들은 모두 공경하고 두려워하여 감히 소홀히 하지 못하였다. 장성해서는 학문을 즐겼으니, 도리를 행하고 나서 여력이 있으면 책을 마주하여 꼿꼿이 앉아 해를 보내지 않은 적이 없었다. 특히 《주역(周易)》을 깊이 음미하는 바가 있었고, 제가(諸家)들의 학술에도 두루 통하였으니, 이는 변화의 이치를 관찰하고 점괘를 음미하여 사물의 원리를 곡진히 살펴 그 쓰임을 이룸이 이와 같았던 것이다.

다만 중년에 죽어 뜻과 학업을 이루지 못하였으니, 애석하다. 심지어 이를테면 집안을 다스림이 엄격하면서도 법도가 있었고, 형제간에 우애하고 종친들을 대우하면서도 그 도리를 곡진하였고, 재물을 대하며 청렴하고 벗과는 신의를 지켜 사람들이 기쁘게 여겨 복종하지 않은 자가 없는 경우야 공에게는 단지 예사스런 일이니 생략해도 될 것이다.

부인 홍양이씨(興陽李氏)는 생원 이인지(李麟至, 1683~1746)의 딸, 월간(月澗: 李㙉, 1558~1648) 선생의 현손녀로 2남 1녀를 낳았다. …(중략)…

하루는 김연수(金鍊粹: 김희보의 손자)가 공의 동생 지헌공(持憲公)이 지은 유사(遺事)를 가지고 와서 보여 주며 말하기를, "할아버지의 지극한 행실에 이와 같은 것이 있었는데, 지난 정조(正祖) 기유년(1789)에 도백(道伯: 관찰사)이 고을의 여론을 모아 아뢰니, 특별히 사헌부 지평(司憲府持平)을 추증하였습니다. 바라건대 집사(執事)가 한마디 말로 행장을 지어 실제의 행적이 전해지도록 해 주십시오."라고 하였다. 내기 말하기를, "좋습니다. 천하에서 효도보다 더 숭상할 것이 없으니, 누군들 즐거이 이야기하지 않겠습니까?"라고 하고는, 마침내 글을 지어 차례를 위와 같이하였다.

贈朝奉大夫司憲府持平金公行狀

公諱熙普, 字濟仲, 姓金氏。其貫義城, 自新羅敬順王子錫受封始。高麗時, 太子詹事龍庇, 有功德於民, 邑人尙祠之。十一世有諱希參。

歷三司, 號七峯, 以學行亨川谷傍祠。子諱宇宏, 官至副提學, 號開巖, 享涷水院。是生諱得可, 昌寧縣監, 以淸白名, 贈司僕寺正。是生諱瑓, 進士, 副護軍, 贈左承旨。是生諱秋任, 禧陵參奉, 遊吾先祖愚伏先生門。子諱聲直, 孫諱汝璜, 曾孫諱景濂, 玄孫諱國采生員, 是爲公考。妣載寧康氏有楷之女, 南溪先生之孫。以肅廟甲午六月五日生公。公生卽有孝心。方飮乳, 見母夫人病, 卽以手扶額而有憂色, 不吮乳, 雖飢不啼。人勸之吮, 則掉頭而不從, 病已乃吮之。及髫齡, 父母或笞之, 則泣已必笑。人問其故, 對曰:“吾痛故泣, 然痛則懲, 不亦幸乎? 是以笑.” 歲戊申, 叔父處士公, 將赴倡義陣, 公時年十五, 請替行。處士公不許, 將潛行, 會亂定不果行。父老咸嘖嘖, 曰:“昔木蘭, 以子替父, 此子尤賢矣.” 母夫人嘗病左眼失明, 公夙夜煎泣, 至誠藥治, 得復瞭然。其以風咳, 在牀褥者積歲, 而侍護之節, 靡所不曲盡, 夏則扇枕使涼, 將袵必先臥, 引蚤蝎盡出, 而後方易席請寢, 冬則躬爇堗, 以適其溫煖。洞洞屬屬, 一心惟在於親。先公嘗患毒痢, 症甚篤, 甘旨皆不適口, 惟思雉肉。公方泣求之而不能得, 忽有一雉, 登庭樹而鳴, 驚喜投石, 雉應手墜, 遂以供。人以孝感稱之。己未, 丁內艱, 公哀毀踰制, 勺水不入口者四日, 旣小祥, 猶不食菜果。墓在七里外, 而日往哭, 雖祁寒盛暑不避也。辛未, 丁外憂, 哀毀亦如之。越三年五月初七日, 以毒癘不勝喪, 享年四十。葬于開口巖下向辛原。公天性篤厚, 其孝親旣如此, 替事叔父如父。叔父貧無衾, 公以己衾進之, 未幾見燒, 又製而進之。公則無衾, 以終身而不自恤。季氏嘗發疽幾死, 公晝夜扶護, 治藥多穢惡物, 無所不先嘗, 至爲之口吮膿汁。方其危篤, 中夜齋沐禱神天, 竟得全活。及其丁外憂, 伯氏又病革, 公竭誠療救而竟不救, 則哀痛愈極。其卒也, 不但虐癘爲也, 天之不相孝子, 乃至此哉? 公德器涵弘, 風儀莊重。兒時, 與同學築壇樹下而肄業焉, 公立約曰:“不孝不友者出之。凌長侮類而廢課者用上罰, 在醜而爭及讒朋造言者用中罰, 言或鄙悖·行或狂奔者用下罰.” 約旣定, 率而行之, 同學皆敬憚之, 不敢忽。及長嗜學, 行有餘力, 未嘗不對卷, 而兀兀窮年也。於易尤所玩味, 而旁通諸家術,

盖將觀變玩占而盡物理, 以致其用者如此。顧歿於中年, 志業不克遂, 惜哉。至如治家之嚴而有法, 友兄弟處宗黨而曲盡其道, 與夫臨財廉與友信, 人無不悅服者, 則在公特常事, 可略之也。配興陽李氏, 生員麟至之女, 月澗先生之玄孫, 生二男一女。…(중략)… 日鍊粹持公弟持憲公所撰遺事來, 示曰：“大父至行, 有若此者, 往在正廟己酉, 道伯採鄕議以聞, 特贈司憲府持平。願執事爲一言以狀之, 俾實蹟有傳焉.” 余曰：“諾, 天下莫尙者孝也, 孰不樂道之?” 遂撰次如右。

〔立齋先生文集, 권44, 行狀〕

13. 고유

고유의 자는 순지, 호는 추담, 본관은 개성이다. 경종 임인년(1722)에 태어났다. 영조 임술년(1742) 문과에 급제하였다. 양사(兩司)·필선(弼善)을 거쳐 승지에 이르렀다. 금상(今上: 정조) 기해년(1779)에 죽었다.

임술년(1742) 영조(英祖)가 친히 나와 선비들을 시험하였는데, 많은 선비들 가운데 한 사람이 용모와 행동거지가 단정하고 아담하며 공손히 걸어가는 모습을 보고 마음속으로 크게 남달리 보았다. 공이 과거에 급제하여 입시하자, 주상이 기뻐하며 말하기를, "그대가 과연 그 사람이로다."라고 하고는, 이윽고 머리를 숙여 당시 정사(政事)의 잘잘못을 물으니, 공이 조목조목 대답하여 주상의 뜻에 맞자, 주상이 가상히 여겼다. 그 뒤에 겸사(兼史)로서 입시하였을 때, 주상이 하교하기를, "아무개는 약관의 나이로 조정에 나왔는데 학문과 문장이 이와 같으니, 참으로 과거 급제자라 이를 만하다."라고 하였다. 또 기랑(騎郎: 병조좌랑)으로서 입시하였을 때, 주상이 하교하기를, "그 사람은 매우 굳세고 확고하도다. 내가 한 번 쓰고자 하나, 이제 과거에 급제한 지 이미 10여 년이 되었도다."라고 하고는, 이어 공이 과거에서 지은 글의 몇 구절을 외워 읊었다.

주상이 일찍이 복희(伏羲)·신농(神農)이 뱀의 몸이고 소의 머리로 묘사된 뜻을 물은 적이 있었는데, 공이 대답하기를, "거룩한 신의 탄생은 뭇사람들과 달라서 사관(史官)이 유사한 형상을 들어 그에 가깝도록 모의(模擬)한 것입니다. 이를테면 한고조(漢高祖)에 대해 융준용안(隆準龍顏: 우뚝 솟은 콧날과 용처럼 생긴 얼굴)이라 하거나, 당태종(唐太宗)에 대해 용과 봉황 같은 자태요 하늘의 해 같은 의표(儀表)라 한 것이 그것입니다."라고 하니, 주상이 말하기를, "옳도다."라고 하였다.

장령으로서 상소를 올려 천리(天理)와 인욕(人慾)의 분별, 함양(涵養)의 공부를 아뢰며 말이 매우 간절하였다. 주상이 기꺼이 받아들였으며, 이 윽고 탄식하여 말하기를, "이 사람이 늙었는가? 내가 아무개를 안 지 50여 년이나 되었도다."라고 하였다. 경상도사(慶尙道都事)로 있을 때에 윤동도(尹東度)가 관찰사였는데, 전지(田地)의 수확 정도를 조사하는 일 을 전적으로 공에게 맡겼는데도 뜰에 가득 쌓인 송사 문서를 판결하는 것이 신통하여 크게 놀라 감탄하였다.

창녕현감(昌寧縣監)이었을 때에 관찰사 조엄(趙曮)이 새로 조창(漕倉: 배로 운송할 곡식을 쌓아 둔 창고)을 설치하였는데, 백성에게 해가 될까 염 려하여 공이 힘써 간언했으나 듣지 않자, 이에 묘당(廟堂: 조정)에 공문서 를 보내어 허락을 받아내었으니 백성들이 그 덕을 입었다. 또 승려 남붕 (南鵬)이란 자가 있어 부유하면서 세력을 믿고 방자하게 불법을 저질렀 다. 공이 그를 가두고 조사하였다. 그때 재상 중에 편지를 보내어 해결해 주기를 바라는 이가 있어 위협하고 두렵게하는 말이 많았고, 관찰사 또 한 온갖 방법으로 살리려 하였으나, 공은 끝내 그를 곤장쳐 죽였다. 또 한 백성이 남의 금품을 받고 딸을 시집보낸 자가 있었는데, 이미 시집보 내고 나서 사위가 늙고 못생긴 것을 보고는 몰래 죽이고 흔적을 없앴다. 옥사가 오래도록 해결되지 않았는데, 공은 그 실상을 추궁하고 밝혀내어 사위 죽인 자를 죽였다. 초계(草溪)에 있는 염씨(廉氏)의 딸이 무고를 당 하여 관아에 호소하였는데, 수령이 이를 처리하지 않고 포졸에게 딸을 끌어내도록 하였다. 관속이 그 딸의 손을 잡고 나오게 하자, 염씨의 딸이 말하기를, "여자로서 남에게 손을 잡혔으니, 어찌 이 손을 쓰겠는가?"라 고 하고는 그 손을 자르고 죽었다. 사건이 알려지자, 조사해 보고하도록 명하여 공이 조사관이 되었다. 관찰사가 말하기를, "이 여자가 죽은 것은 정절이 아닙니다."라고 하였으니, 이는 고을 수령을 감싸려는 것이었다. 공이 정색하며 말하기를, "남이 자기 손을 더럽힌 것을 수치스럽게 여겨 서 스스로 죽었는데 정절이 아니라 한다면 어찌 되겠습니까? 공의 말은 세상의 교화를 권장하는 방법이 아닙니다."라고 하자, 관찰사가 깨닫고 마침내 사실대로 알려주었다.

안주(安州)의 들판에 있는 뽕나무들은 문충공(文忠公) 이원익(李元翼)이 안주를 다스릴 때 심어서 백성들에게 누에치기를 권한 것인데, 후에 점점 느슨해지고 해이해졌다. 공이 목사가 되어 예전의 제도를 살펴 다시 일으켰는데, 또 상사(上司)에게 보고해 허위로 잡혀 있던 호구(戶口) 8천 호 줄였다. 백성들이 칭송하기를, "예전에는 이공(李公)이 있었고, 지금은 고공(高公)이 있다."라고 하였다.

당시 어떤 재상이 공에게 자신을 찾아와 만나도록 넌지시 말하기를, "만나게 되면 힘써 줄 것이다."라고 하자, 공이 사양하며 말하기를, "권세 있는 자의 비위를 맞추는 것은 선비의 수치요, 얻고 얻지 못하는 것은 천명입니다."라고 하고는, 끝내 찾아가 만나지 않았다.

일찍이 전답 한 구획을 마련하여 노후를 계획하려 하였는데, 누군가 그것을 몰래 팔아버리자, 공은 그 문서를 불태우고 그 사람을 예전처럼 대우하였다.

문장은 풍부하고 유려하였으나 버리고 초고조차 남기지 않으며 말하기를, "세상 사람들이 문집이라 부르는 것을 본받아 나를 위한답시고 번거롭게 하지 말라."라고 하였다.【협주: 정범조가 찬한 묘갈문에 실려 있다.】

• 高裕

高裕, 字順之, 號秋潭, 開城人。景宗壬寅生。英宗壬戌文科。歷兩司·弼善, 至承旨。當宁己亥卒。

壬戌, 英廟親臨試士, 見多士中, 一人容止, 端雅拱而趨, 心甚異之。及公入格而入侍, 上喜曰: "若果其人也." 因俯詢[1]時政得失, 公條對稱旨, 上嘉之。後以兼史[2]入侍, 上敎曰: "某弱年登朝, 文學如此, 眞可謂及第矣." 又以騎郎入侍, 敎曰: "其人甚堅確矣。予欲一用, 而今登科已十年餘矣." 仍誦公科製數句。

上嘗問伏羲·神農蛇身牛首之義, 公對曰: "聖神之生。與衆異, 史氏類以近似模擬, 如漢高之隆準龍顔·唐宗龍鳳之姿·天日之表, 是也." 上曰: "善." 以掌令陳疏, 論理慾之辨·涵養之工, 言甚剴切。上嘉納, 因歎曰: "此人老耶? 予之知某, 五十餘年[3]矣." 爲慶尙道都事, 尹相東度[4]時爲觀察使, 專委公以檢田[5]之事, 訟牒盈庭, 剖斷如神, 大加驚歎。

爲昌寧縣監, 按使趙曮[6], 新設漕倉[7], 慮爲民害, 公力爭不聽, 乃移書廟堂得請乃已, 邑民賴之。有僧南鵬者, 富而有勢, 濫恣不法。公囚而戮之, 有時相以書捄解, 言多恐動, 方伯亦百計圖活, 公竟杖殺之。又有一民受人貨而以女妻之, 旣嫁, 而壻甚衰醜, 遂潛殺而滅迹。獄久不成, 公鉤覈得其情而殺之。草溪[8]廉氏女有被誣訴官者, 倅不爲理, 〈使

1　俯詢(부순): 머리를 숙여 물었다는 뜻으로, 상대방의 물음을 높이어 이르는 말.

2　兼史(겸사): 다른 관아의 벼슬아치가 겸임하던 춘추관의 사관 벼슬. 각 도별로 선악에 대한 상벌과 재난의 기록 따위를 자세히 적어 내사에 참고가 되도록 하려고 설치한 임시 벼슬이다.

3　五十餘年(오십여년): 二十餘年의 오기.

4　尹相東度(윤상동도): 尹東度(1707~1768). 본관은 坡平, 자는 敬仲, 호는 南厓·柳塘. 증조부는 장령 尹舜擧이며, 조부는 尹搢이다. 아버지는 판서 尹惠敎이며, 어머니 全州李氏는 李益壽의 딸이다. 부인 豐壤趙氏는 좌참찬 趙遠命의 딸이다. 1733년 진사시에 합격하고, 이듬해 해주판관으로 식년문과에 급제하였다. 1745년 사서·부수찬·헌납·교리를 거쳐 1748년 부교리·수찬, 1750년 장령, 1751년 부응교·도승지·대사간 등을 역임하였다. 1752년 경상도관찰사가 되었으나 그 이듬해 병으로 인하여 遞改되고, 1754년 대사성·대사간·부제학·승지를 거쳐 1758년 이후 대사헌·이조참판·부제학·청풍부사·호조판서를 역임하였다. 1761년 우의정, 1764년 좌의정, 1766년 영의정이 되었다.

5　檢田(검전): 해마다 종사 작황의 정도를 직접 조사하는 일.

6　趙曮(조엄, 1719~1777): 본관은 豐壤, 자는 明瑞, 호는 永湖. 증조부는 趙仲耘이며, 조부는 趙道輔이다. 아버지는 이조판서 趙商絅이며, 어머니 富平李氏는 李廷泰의 딸이다. 부인 豐山洪氏는 洪鉉輔의 딸이다. 혜경궁 홍씨의 고모부가 된다. 1738년 생원시에 합격하고, 1752년 식년문과에 급제하였다. 지평·수찬·교리 등을 역임하고 동래부사·충청도암행어사를 거쳤다. 1758년 경상도관찰사 지내고 대사헌·부제학·이조참의를 지냈다. 1763년 通信正使로서 일본에 다녀온 뒤, 대사간·한성부우윤, 예조·공조의 참판 및 공조판서를 차례로 역임하였고, 1770년 이조판서를 지냈다.

7　漕倉(조창): 漕運倉. 배로 운송할 곡식을 쌓아 둔 창고.

卒〉曳出之。官隸把其手以出, 廉女曰: “女子而爲人執手, 焉用手爲?” 斷而死。事聞, 命按覈, 公爲査官。觀察使曰: “是女之死, 非貞也.” 將以右倅。公正色曰: “恥人之汙其手而自殺, 非貞, 何如? 公言非所以勸世敎.” 觀察悟, 卒以實聞。

安州[9]田桑, 李文忠元翼[10]莅安時, 所樹而勸民蠶者, 後寢廢弛。公爲牧, 按舊修擧, 又報上司, 減虛戶八千。民爲之頌曰: “前有李公, 後有高公.”

有時宰諷公來見曰: “見當得力.” 公謝曰: “媚竈[11], 士之恥也, 得不得, 命也.” 終不往見。

嘗置士田一區, 爲終老計, 有人偸賣, 公火其卷, 而遇其人如初。

文辭瞻鬯, 棄而不藁曰: “毋效世所稱文集者而累我爲也.”【丁範祖撰碣】

---

8 草溪(초계): 경상남도 합천군 초계면 일대.

9 安州(안주): 평안남도 안주군 일대.

10 李文忠元翼(이문충원익): 李元翼(1547~1634). 본관은 全州, 자는 公勵, 호는 梧里. 증조부는 秀泉君 李貞恩이며, 조부는 靑杞守 李彪이다. 아버지는 咸川正 李億載이며, 어머니 東萊鄭氏는 감찰 鄭錙의 딸이다. 부인 延日鄭氏는 鄭樞의 딸이다. 1587년 이조참판 權克禮의 추천으로 안주목사에 기용되었다. 1592년 임진왜란이 발발하자 이조판서로서 평안도도순찰사의 직무를 띠고 먼저 평안도로 향했고, 宣祖도 평양으로 파천했으나 평양마저 위태롭자 영변으로 옮겼다. 이때 평양 수비군이 겨우 3,000여 명으로서, 당시 총사령관 金命元의 군통솔이 잘 안되고 군기가 문란함을 보고, 먼저 당하에 내려가 김명원을 元帥의 예로 대해 군의 질서를 확립하였다. 평양이 함락되자 정주로 가서 군졸을 모집하고, 관찰사 겸 순찰사가 되어 왜병 토벌에 전공을 세웠다. 1593년 정월 李如松과 합세해 평양을 탈환한 공로로 崇政大夫에 가자되었고, 선조가 환도한 뒤에도 평양에 남아서 군병을 관리하였다. 1595년 우의정 겸 4도체찰사로 임명되었으나, 주로 영남체찰사영에서 일하였다. 이때 명나라의 丁應泰가 經理 楊鎬를 중상모략한 사건이 발생해 조정에서 명나라에 보낼 陳奏辨誣使를 인선하자, 당시 영의정 유성룡에게 “내 비록 노쇠했으나 아직도 갈 수는 있다. 다만 학식이나 언변은 기대하지 말라.” 하고 자원하였다. 그러나 정응태의 방해로 소임을 완수하지 못하고 귀국하였다.

11 媚竈(미조): 권세 있는 사람에게 아부하거나 비위를 맞추는 행위를 비유적으로 이르는 말.

보충

정범조(丁範祖, 1723~1801)가 찬한 묘비명

동부승지 고공 묘비명

조정에서 버슬하는 자는 일찍이 군주로부터 알아주지 않음을 근심하였으나 군주가 그를 이미 알아보았고, 자신의 재주와 기예가 당대의 필요에 부족할까 근심하였으나 재주와 기예는 참으로 풍부히 쌓여 있었던 것이 이와 같았는데도 때때로 잇단 불운으로 뜻을 떨치지 못하고 배운 바를 펴지 못하는 자가 있다면, 시세와 천명이 그렇게 만든 것이 아니겠는가?

아, 슬프도다. 나의 벗 추담(秋潭) 고공(高公)이 바로 이 사람이다. 공의 휘는 고유(高裕), 자는 순지(順之), 추담은 그의 자호(自號)이다. 공은 21세 때 영조(英祖) 임술년(1742) 택궁시(澤宮試)에서 급제하였다. 이때 주상이 친히 나와 선비를 시험하였는데, 많은 선비들 가운데 한 사람이 용모와 행동거지가 단정하고 아담하며 공손히 걸어가는 모습을 보고 마음속으로 남다르게 여겼다. 공이 입시하자, 주상이 공의 손을 잡고 말하기를, "그대가 그 사람이로다."라고 하고는, 이윽고 머리를 숙여 당시 정사(政事)의 잘잘못을 물으니, 공이 조목조목 대답하여 주상의 뜻에 맞았다.

계해년(1743)에 승문원 정자(承文院正字)에 뽑혀 보임되었고, 그 뒤에 겸사(兼史)로서 입시하였을 때, 주상이 하교하기를, "고 아무개가 악관의 나이로 조정에 나아왔는데 학문과 문장이 이와 같으니, 참으로 과거 급제자라 할 만하다."라고 하였다. 또 기랑(騎郎: 병조 좌랑)으로서 입시하였을 때, 주상이 하교하기를, "내가 고 아무개를 한번 쓰고자 하는데, 이제 과거에 급제한 지 이미 10여년이 되었도다."라고 하고는, 이어 공이 과거에서 지은 글의 몇 구절을 외워 읊으며 또 하교하기를, "그 사람은 매우 굳세고 확고하도다."라고 하였다. 주상이 일찍이 복희(伏羲)와 신농(神農)이 뱀의 몸이고 소의 머리로 묘사된 뜻을 물은 적이 있었는데, 공이 대답하기를, "거룩한 신의 탄생은 뭇사람들과 달라서 사관(史官)이 유사한 형상을 들어 그에 가깝도록 흉내낸 것입니다. 이를테면 한고조(漢高祖)에 대해 융준용안(隆準龍顏: 우뚝 솟은 콧날과 용처럼 생긴 얼굴)이라 한 것과 당종(唐宗: 唐太宗)에 대해 용과 봉황 같은 자태요 하늘의 해 같은 의표(儀表)라 한 것이 그것입니다. 뱀과 소에 관한 이야기 또한 이와 같은 부류입니다."라고 하니, 주상이 말하기를, "옳도다."라고 하였다.

을유년(1765) 지평(持平)에 제수되자 현도(縣道: 시골에 있는 신하가 직접 승정원에 疏를 접수시키기 거북할 경우에는 지방의 현이나 도에 소를 접수시켜 대신 올리는 일)를 통해 사직소를 올렸는데, 대략은 대본(大本: 큰 근본)을 세워 지극한 치세를 이루는 것, 간쟁(諫諍)을 용납하여 언로(言路)를 여는 것, 많은 선비들을 예우하여 태학(太學)을 중히 여기는 것으로 세 가지 일에 대해 매우 간절하였고, 주상은 너그러운 비답(批答)을 내렸다. 뒤에 다시 장령(掌令)으로 입시하였을 때, 주상이 시신(侍臣)들에게 이르기를, "이 사람이 늙었는가?"라고 하고는, 이윽고 탄식하여 말하기를, "내가 아무개를 안 지 20여 년이나 되었도다."라고 하였다. 또다시 장령으로서 상소를 올려 천리(天理)와 인욕(人慾)의 분별, 함양(涵養)의 공부를 아뢰며 매우 간절하였는데, 주상이 기꺼이 받아들였다. 군주로부터 알아줌을 깊이 받은 자가 아니겠는가.

공이 벼슬아치의 일을 잠시 시험하였고, 그 일은 모두 본보기가 될 만하였다. 그가 경상아사(慶尙亞使: 慶尙都事)였을 때, 관찰사 윤동도(尹東度, 1707~1768)가 공에게 전지(田地)의 수확 정도를 조사하는 일을 전적으로 맡겼는데도 뜰에 가득 쌓인 송사 문서를 판결하는 것이 신통하여 관찰사가 놀라 탄복하였다.

창녕 현감(昌寧縣監)이었을 때, 관찰사 조엄(趙曮, 1719~1777)이 새로 조창(漕倉: 배로 운송할 곡식을 쌓아 둔 창고)을 설치하였지만 백성에게는 해가 되었는데, 공이 이를 간언하였으나 받아들여지지 않자 묘당(廟堂:

조정)에 공문서를 보내어 허락을 받아내었으니, 백성들이 그 덕을 입었다. 또 승려 남붕(南鵬)이란 자가 권세가를 끌어들여 제멋대로 간악하고 방탕한 짓을 하였는데, 이에 공이 곤장을 때려 죽였다. 그때 재상 중에 편지를 보내어 해결해 주기를 바라는 이가 있어서 위협하고 두렵게하는 말이 많았으나, 아랑곳하지 않았던 것이다. 또 백성 중에 남의 금품을 받고 딸을 시집보낸 자가 있었는데, 이미 시집보내고 나서 사위가 늙고 못생긴 것을 보고는 몰래 사위를 죽이고 그 시체를 숨겼으니, 사건의 진상이 드러나지 않아 의심만 있고 옥사를 마무리할 수 없었다. 공은 그 실상을 추궁하고 밝혀내어 사위를 죽인 자를 처형하였다. 또 가게에서 금을 잃고 호소하러 찾아온 자가 있자, 말하기를, "도둑이 대나무 울타리를 넘어 달아났습니다."라고 하였다. 공이 그 상황을 살피고 판결하기를, "무릇 대나무를 안에서 베었으면 끝이 안에 있을 것이고, 바깥에서 베었으면 끝이 밖에 있을 것인데, 이 대나무는 끝이 안에 있으니 도둑은 가게 주인이다."라고 하고는 한번 추궁하자마자 자복하였다.

초계(草溪)에 있는 염씨(廉氏)의 딸이 무고 당한 것을 관아에 호소하였는데, 수령이 처리하지 않고 포졸에게 딸을 끌어내도록 하여 포졸이 딸의 손을 잡고 끌어내자, 딸이 칼을 뽑아 그 손을 자르고 죽었다. 사건이 알려지자 조사하여 보고하라는 명이 있어서 공이 조사관이었는데, 관찰사가 말하기를, "이 여자가 죽은 것은 징질이 아닙니다."라고 하였으니, 이는 고을 수령을 감싸려는 것이었다. 공이 정색하며 말하기를, "남이 자기 손을 더럽힌 것을 수치스럽게 여겨서 스스로 죽기에 이르렀는데도 정절이 아니란 것입니까? 공처럼 말한다면, 세상의 교화를 권장하는 방법이 아닙니다."라고 하자, 관찰사가 깨닫고 마침내 사실대로 들려주었다.

안주 목사(安州牧使)였을 때, 안주는 변방과 가까워 풍속이 오랑캐와 같아 형제끼리도 간혹 다투어 송사하였다. 공이 인륜과 의리로 깨우쳐 감화시켜 변화되었다. 문충공(文忠公) 이원익(李元翼)이 일찍이 안주를 다스린 적이 있었는데, 관전(官田: 관청 소유의 땅)을 희사하여 뽕나무를 심고 백성에게 누에치기를 권하였지만 후에 점점 느슨해지거나 해이해졌다. 공이 그 옛 제도를 살피고 다시 일으켜 시행하였는데, 고을에 비축한 지 오래된 것으로 아전들에게 좀먹히던 것을 모두 깨끗이 조사하고 바로잡으며, 관봉(官俸: 관원의 봉급)으로 백성에게 폐가 되던 것을 혹 영구히 감면하고 혹 절반 면제하여 상사에게 보고해 허위로 잡혀 있던 호구(戶口) 8천 호를 줄였다. 이에 백성들이 칭송하기를, "예전에는 이공(李公)이 있었고, 지금은 고공(高公)이 있다."라고 하였다. 이는 공이 본래 학문과 문장을 근본으로 삼아 그것을 재주와 기예로 드러낸 것이니, 조정에서 그것을 베풀게 하여 널리 시험하였다면 그 이익이 어찌 크지 않았겠는가?

공이 조정에 나아간 이후 영조(英祖) 말년에 이르기까지 벼슬살이는 내직으로 성균관 전적·직강, 예조좌랑, 2번의 병조좌랑, 사헌부 지평, 3번의 장령, 사간원 헌납, 사복시 정에 그쳤고, 외직으로 연원찰방, 경상도사, 창녕현감에 그쳤을 뿐이다. 이때를 당하여 나라의 정권을 잡은 자들은 모두 임금의 외척과 세도가였고, 벼슬의 승진과 강등은 그들의 좋아함과 미워함에 따라 결정되었다. 공은 영남 출신으로 절개가 굳고 속세에 물들지 않았던 까닭에 벼슬길을 나그네의 길로 여겨 나아가거나 물러났는데, 영조가 매번 몸을 앞으로 당겨 앉을 정도였으니 헤어지기가 아쉬워 공을 쓰고자 하는 마음이 있었으나 이루지 못한 것은 시세(時勢)가 그렇게 만든 것이 아니겠는가?

금상(今上: 정조)이 동궁에 있을 때부터 이미 공에게 관심을 기울였고, 즉위하고 나서 잇달아 장악원 정(掌樂院正)과 사복시정(司僕寺正)을 제수하여 영조실록(英祖實錄) 낭청(郞廳)을 겸하게 하였으며, 사간으로 승진시켰다가 곧이어 승정원 동부승지로 발탁하였으며, 안주목사(安州牧使)로 제수하였다. 사람들은 모두 공이 장차 현달하게 쓰일 것이라 생각하였는데, 갑자기 죽은 것은 타고난 수명에 국한된 것이 아니겠는가? 비록 그러하나, 공이 지켰던 뜻은 높고 깨끗하였다. 일찍이 당후관(堂后官)으로 입시한 적이 있었는데, 권세를 잡은 재상이 공의 붓을 빌리려 하였으나 공이 주지 않자, 그 재상이 억지로 빌리려 하니, 공이 정색하여 말하기를, "이는 사필(史筆)이니, 다른 사람이 쓸 수 있는 것이 아닙니다."라고 하였다. 그리고 궐내에 있었을 때, 봉조하(奉朝賀) 홍봉한(洪鳳漢)이 앉은 자리가 공이 지나가야 할 길을 가로막아 앞으로 나아갈 수 없게 되자, 공이 천천히 말하기를, "공이 길을 막고 있으니, 후진(後進)을 나아가지 못하도록 하려는 것입니까?"라고 하니, 홍봉한이 자리를 옮겼다. 그리고 중시(重試: 과거에 급제하여 문무 당하관이 된 사람이 다시 보던 시험)를 보려고 했을 때, 요직의 재상이 뜻이 있어서 공에게 만약 만나러 찾아오면 마땅히 힘써 줄 것이라고 하자, 공이 사양하며 말하기를, "권세가의 비위를 맞추는 것은 선비의 수치요, 얻고 얻지 못하는 것은 천명입니다."라고 하였다. 이러한 도리를 지니고 앞으로 나아갔을 것이니, 설령 공이 천수(天壽)를 충분히 누렸더라도 시세가 변하지 않고 지조를 바꾸지 않았다면 순조롭게 현요직(顯要職)에 이르러 시행한 바가 있으리라고는 보장할 수 없다. 아, 슬프도다. 후세에 공의 생애를 논하는 자는 마땅히 공을 알 만한 바가 있을 것이다.

공은 어려서부터 총명하고 민첩하였다. 여종이 일찍이 한밤중에 방의 물건을 훔치러 들어온 적이 있었는데, 집안 사람들이 붙잡으려 하자, 공이 말하기를, "그냥 놀라게 하여 달아나게만 하고 널리 드러내어 소문내지는 말라."라고 하였다. 그리고 시냇가에서 놀다가 아이들이 땔나무를 베었는데 너무 무거워서 지지 못하는 것을 보고는 공이 말하기를, "어찌하여 합쳐 큰 다발로 묶어서 강물에 띄워 아래로 흘려보내었다가, 각자 나누어 가져가지 않는 것이냐?"라고 하였다. 또 밤에 혼자 길을 가는데, 공의 정신력을 시험하려는 자가 있어 눈을 희번덕거리며 곧장 앞으로 다가오자, 공이 태연히 말하기를, "그만하세요. 나는 그대를 알고 있습니다."라고 하였다. 이때가 겨우 예닐곱 살 때였고, 8세 때는 〈금인론(金人論)〉을 지었으니 학덕이 높은 어른들이 놀라고 신기하게 여겼다. 점차 자라면서 경서(經書)와 사서(史書) 및 제자백가서(諸子百家書)를 두루 통달하였으며, 16세 때 향시(鄕試)에 합격하였고, 20세 때 사마시(司馬試)에 급제하였다.

어버이를 사랑함에 지극한 정성이 있었으니, 9세 때 어머니상을 당하자 몸이 상할 정도로 슬퍼한 것이 성인과 같이 하였다. 아버지를 섬길 때에는 그 뜻과 인품을 거스르지 않고 따르기를 힘썼으며, 아버지가 병환이 위독하여 밤낮으로 하늘에 빌다가, 꿈에서 고하는 자가 있어 이르기를, "걱정하지 말라. 약이 이제 올 것이다."라고 한 듯하여 깨어나니, 우황(牛黃)을 보내어 온 자가 있어 시험삼아 드리자 곧 나았다. 이때 공은 종기가 배에 생겼는데, 허리띠와 종기가 맞붙어 고름이 질 정도였으나 아버지에게 병환이 있어서 걱정하였기 때문에 자기에게 있는 병은 돌아볼 겨를이 없었다.

집안 형편이 매우 군색하였으나, 누나와 누이가 가난하여 먹지 못할 지경에 이르자 이웃집에 나누어 살게 하고 굶주림도 배부름도 똑같이하였는데, 곡식 종자를 심은 밭의 곡식이 겨우 익으면 세 집이 번갈아 나와 베어 먹었으니, 이를 본 자들은 그 곡식이 공의 집에서 경작한 것인지조차 알지 못하였다. 집안을 다스림에는 언제나 부드럽고 안타까이 여기는 마음으로 하였으니, 비록 노복이라 할지라도 일찍이 함부로 매질한 적이 없었으며, 남의 허물을 덮어주는데 힘썼고 함께 선을 행하는 것을 즐거워하였다. 그러나 일의 시비가 의리의 큰 근본에 관계되는 지경에 이르러서는 그 논지를 세움이 굳세어 되돌리거나 굽히지 않았다.

평소에는 소탈하고 너그러워 세속의 일에 깊이 관여하지 않은 듯했으나, 지극히 뒤얽혀 풀기 어려운 일을 만날 때면 처리하는 것이 이치에

꼭 맞았으니, 마치 포정(庖丁)이 칼을 자유자재로 놀리듯 하였다. 재물과 여색에는 더욱더 욕심이 없고 마음이 깨끗하였으니, 일찍이 어느 한 곳에 전답(田畓)을 마련해 도구(菟裘: 은거할 곳)로 삼으려 했으나, 몰래 팔아 버린 자가 있었지만 그 문서를 불태우고 그 사람을 예전처럼 대우하였으며, 젊었을 때에는 아름다운 여자가 밤에 달려왔으나 물리치고 가까이하지 않았다. 풍모가 단정하고 중후하여 멀리서 바라보기만 해도 경외(敬畏)하였으니, 일찍이 접위관(接慰官)으로 왜인(倭人)을 동래부(東萊府)에서 연회를 베풀었을 때, 왜인들이 손을 이마에 대고 땅에 엎드려 절하며 말하기를, "군자(君子)로다."라고 하였다.

백성을 다스릴 때에는 오로지 성심으로 대하고 사랑하였으니, 형벌을 집행함에 있어서도 늘 자비로움과 연민이 깃들어 있었으므로 사람들을 깊이 감동시켰다. 창안(昌安: 창녕인 듯)에서 벼슬을 버리고 돌아오자, 백성들이 길을 막고 울부짖으며 머물러 주기를 청하였으며, 떠난 뒤에도 오래도록 잊지 못하였다. 공이 죽은 뒤, 상주(商州: 商山) 사인(士人)이 창녕 경내를 지나다가 숙박해야 하는 자가 있어 관례상 식비를 주려 하자, 주인이 사양하며 받지 않고 말하기를, "만일 옛 사군(使君: 수령)과 같은 고향 사람의 식비를 받는다면, 이는 나의 옛 사군을 잊는 것이오."라고 하였다. 이런 것들이 모두 공의 품성과 행실의 대략이니 기록하지 않아서는 안 될 것이다.

문장은 풍부하고 유려하며 조리가 있었으나, 도리어 그것을 내다버려 원고를 남기지 않고 여러 아들에게 말하기를, "세상 사람들이 문집이라 부르는 것을 본받아 나를 위한답시고 번거롭게 하지 말라."라고 하였다.

공의 선조는 송경(松京: 개성) 사람이다. 시조 휘 고영(高瑛)은 등국(滕國: 前朝 高麗)에서 판도판서(版圖判書)의 벼슬을 지냈다. 그 아들 휘 고사원(高士原)은 성조(聖朝: 조선)에 들어와 직제학(直提學)을 지냈고 문과에 급제하여 군수(郡守)를 지냈으며, 도승지(都承旨)에 추증되었다. 휘 고흥운(高興雲, 1523~1582)은 공의 7대조이다. 그 아들 휘 고인계(高仁繼, 1564~1647)는 문과에 급제하여 현감(縣監)을 지냈으며, 바른 도리를 행하여 이이첨(李爾瞻)을 거스르고 벼슬에서 물러나 전야(田野)에만 지내다가 죽었는데, 우복(愚伏) 정 선생(鄭先生: 鄭經世)이 시를 지어 애도하였고 사림이 사당(社堂)을 세워 제사를 지냈으니 상주(尙州)의 효곡서원(孝谷書院)이 바로 그것이다. 증조부 휘 고한익(高漢翊)은 선교랑(宣教郎)이었다. 조부 휘 고사석(高師錫)은 문학과 행실이 있었으나 일찍 세상을 떠났다. 아버지 휘 고규서(高奎瑞)이며, 어머니 의성김씨(義城金氏)는 김익남(金益南)의 딸이다.

경종(景宗) 임인년(1722) 정월 25일에 공이 태어났고, 금상(今上: 정조) 해년(亥年: 기해년, 1779) 7월 27일에 죽었으니, 향년은 58세였다. 그 해 10월, 상주 회산(檜山)의 자방(子方)을 등진 언덕에 장사하였다. 첫째부인은 숙부인(淑夫人)에 추증된 죽산전씨(竹山全氏)로 병조좌랑 전광제(全光濟)의 딸이며, 둘째부인 순천김씨(順天金氏)는 군수 김성흠(金聖欽)의 딸이다. 부인들의 행실이 순수하고 완전하여 남편일가로부터 칭송을 받았다. 공과 함께 합장되었다. …(이하 생략)…

同副承旨高公墓碑銘

仕於朝者, 嘗患不受知於人主, 而人主旣知之矣, 患吾之材術不足以需當世, 而材術誠富蓄矣。若是而往往有連蹇不振, 不得展布其所學者, 非時與命使然歟。嗟夫! 余友秋潭高公是已。公諱裕, 字順之, 秋潭, 其自號也。公年二十一, 擢英廟壬戌澤宮試。時上親臨試士, 見多士中一人, 容止端雅, 恭而趨, 心異之。及公入侍。上執其手曰:"若其人也."因俯詢時政得失。公條對稱旨。癸亥, 選補承文院正字, 其後以兼史入侍, 上教曰:"高某, 弱年登朝, 文學如此, 眞可謂及第矣."又以騎郎入侍, 教曰:"予欲一用高某。今登科已十餘年矣."仍誦公科製數句, 又教曰:"其人甚堅確矣."上嘗問伏羲神農蛇身牛首之義, 公對曰:

“聖神之生, 與衆異, 史氏類以近似模擬。如漢高之隆準龍顔, 唐宗龍鳳之姿天日之表, 是也。蛇牛之說, 亦類是也.”上曰:“善.”乙酉, 拜持平, 縣道陳辭疏, 大畧以立大本以成至治, 容諫諍以開言路, 禮多士以重太學, 三事惓惓焉, 上賜優批。後又以掌令入侍, 上謂侍臣, 曰:“此人老耶?”因歎曰:“予之知某, 二十有餘年矣.”又以掌令, 陳疏論理慾之辨·涵養之工, 甚覶切, 上嘉納焉。非受知人主者深乎? 公畧試之吏事, 而其事皆可爲法。其爲慶尙亞使, 觀察使尹東度, 壹委公以檢田事, 訟牒盈庭, 剖斷如神, 觀察爲驚歎。知昌寧, 觀察使趙曦, 新設漕倉, 爲民害, 公爭不得, 則移書廟堂得請, 民賴之。僧南鵬者, 招權勢, 恣爲奸濫, 公扺殺之。有時相抵書救解, 多恐動語, 不顧。民有受人之貨而嫁以女者。旣嫁。見壻衰醜。潛殺之而匿其屍。疑不能成獄。公鉤得其實, 戮殺壻者。有失金於店而來訴者, 曰:“盜由竹籬出.”公審其狀, 判曰:“凡竹內斬則尖在內, 外斬則尖在外, 是竹尖在內, 盜店主也.”一按卽服。草溪廉氏女, 訴誣於官, 守不爲理, 使卒曳出之, 卒把其手以出, 女拔刀斷手而死。事聞, 有按覈命, 而公爲査官, 觀察使曰:“是女之死, 非貞也.”盖欲右倅也。公正色曰:“耻人之汚其手也而至自殺, 非貞乎? 如公言, 非所以勸世敎也.”觀察悟, 卒以實聞。牧安州, 安近塞, 俗羯夷, 骨肉或爭訟。公諭以倫義, 使感化。李文忠公元翼, 嘗莅安, 捐官田樹桑, 勸民蠶, 後寢廢弛。公按其舊而修擧之, 府儲之歲久, 蠹于吏者, 悉刷釐之, 官俸之病民者, 或永減, 或半蠲, 報上司, 減虛戶八千。民爲之頌曰:“前有李公, 後有高公.”此公本原文學, 發之爲材術者, 使施之廟堂, 廣其試, 其利益, 豈不大矣乎。公自立朝, 至英廟末年, 仕歷, 內則止成均舘典籍·直講, 禮曹佐郞, 再爲兵曹佐郞, 司憲府持平, 三爲掌令, 司諫院獻納, 司僕正, 外則止連源察訪, 慶尙都事, 昌寧縣監而已。當是時, 秉國命者, 皆戚里世家, 而升沈視娿惡。公以嶺表孤介, 羈旅進退, 英廟每當前席, 有依戀欲用之意而未果, 非時勢使然歟。今上自在東宮, 已注意公, 及卽位, 連拜掌樂·司僕正兼英廟實錄郞廳, 陞司諫, 尋擢承政院同副承旨, 除安州牧使。人皆謂公且顯用矣, 而遽卒,

非壽命有以局之歟? 雖然, 公秉志峻潔。嘗以堂后入侍, 有柄相欲借公
筆, 不與。相欲强借之, 公正色曰:"此史筆, 非他人所可用也."在闕中,
奉朝賀洪鳳漢, 坐當公所由路, 不可前, 公徐曰:"公當路, 欲防塞後進
耶?"洪爲移坐。當赴重試, 有以要宰意, 語公若來見則當有力, 公謝
曰:"媚竈, 士之耻也, 得不得, 命也."持此道以往, 假令公享有大年,
時不變守不易, 則未保其馴致顯要, 有所施爲也。嗟夫! 後之論公世者,
當有以知公矣。公幼警敏。女奴常夜入室藏, 家人欲執之, 公曰:"驚之
使去, 勿暴揚也."遊川上, 見羣兒伐薪, 重不可負, 公曰:"何不合作大
束, 浮之川以下而各分去也?"夜獨行, 有欲試之者, 嗔目視直前, 公徐
曰:"毋! 我知爾矣."此在公六七歲時, 而八歲, 作〈金人論〉, 老宿驚
異。稍長, 博通經史諸子, 十六, 發鄕解, 二十, 中司馬。愛親有至性,
九歲, 遭母夫人喪, 哀毀若成人。事大人, 務順適其志體, 大人病劇, 晝
夜籲天, 夢若有告之者, 曰:"勿憂。藥今至矣."覺而有以牛黃饋者, 試
之卽愈。時公腫生腹, 衣帶與腫貼成膿, 盖憂在親疾, 故不省痛在己
也。家甚窶而致姊妹之貧不食者, 比屋居, 均飢飽, 穀種田者纔熟, 則
三家迭出刈食, 見者不知穀之爲公家耕也。御家和恕, 雖僕隷, 未嘗遽
加以鞭扑, 務掩人之過, 而樂與爲善。然至事是非係義理大防, 立論巘
巘不回撓。平居疎曠, 若不甚爲事務, 而遇至棼錯不可解, 剸割中理,
若庖丁之游刃。於貨色尤泊如, 嘗置一區土田, 爲菟裘計, 而有竊賣者,
火其券而遇其人如初, 少時有美女子夜奔, 而却不近。風儀端重, 望之
可敬, 嘗以接慰官, 讌倭萊府, 羣倭膜拜曰:"君子人也."其治民, 專以
推誠愛物, 寓惻隱於刑法之內, 故感人也深。其自昌安棄歸, 民遮道號
泣乞留, 旣去, 久之不忘。公歿後, 有商州士人之過宿昌境者, 例給食
錢, 主人辭不受曰:"苟受吾舊使君同鄕人之食錢, 是忘吾舊使君也."此
皆公秉性行己之大畧, 不可以不書者也。文辭瞻邕有理致, 顧棄不藁,
語諸子曰:"毋效世所稱文集者而累我爲也." 公之先松京人。始祖諱
瑛, 在勝國, 官版圖判書。子諱士原, 入聖朝, 官直提學, 文科郡守, 贈
都承旨。諱興雲, 爲公七世祖。而子諱仁繼, 文科縣監, 用直道, 忤李爾

瞻, 屛居田野以卒, 愚伏鄭先生作詩悼之, 士林祠而祭, 商州之孝谷書院是已。曾祖諱漢翊, 宣敎郎。祖諱師錫, 有文行早世。考諱奎瑞, 妣義城金氏, 盇南之女。景宗壬寅正月二十五日公生, 今上亥七月二十七日卒, 壽五十有八。用是年十月, 葬商州檜山坐子原。配贈淑夫人筑山全氏, 兵曹佐郎光濟女, 繼配順川金氏, 郡守聖欽女。婦行純備, 甚得夫黨譽。葬祔公。…(이하 생략)…

〔海左先生文集, 권25, 碑銘〕

영남인물고

嶺南人物考

예안

14. 금유

금유의 자는 □□, 호는 청원정, 본관은 봉화이다. 세종조(世宗朝: 태조
조의 오기인 듯) 문과에 급제하여, 벼슬은 관찰사를 지냈다.

공의 풍모는 수려하고 단정하였으며, 타고난 성품은 온화하고 품격이
있었으며, 효성스럽고 삼가는 행실과 청렴하고 고결한 절조는 한 시대의
본보기가 되었다. 제학(提學) 윤상(尹祥)과 함께 의리를 논쟁함에 조예가
깊고 정밀하였으니, 그 스승과 벗들의 학문적 연원을 살펴보면 김점필
(金佔畢: 金宗直)과 조매계(曺梅溪: 曺偉)의 학문은 모두 공의 가르침에서
비롯되었다.

호남에 안찰사로 떠나면서 감개하여 말고삐를 잡고 세상을 깨끗이
하려는 뜻을 품었는데, 수령들 가운데 탐관오리들은 공이 부임한다는
소식을 듣고서 먼저 인끈을 풀어놓고 달아났다.【협주: 유현록에 실려 있다.】

- 琴柔

琴柔[1], 字□□, 號淸遠亭, 奉化人。世宗朝文科, 官觀察使。

公風儀秀整, 姿稟溫雅, 孝謹之行, 氷蘖之操[2], 爲一代矜式。與尹提
學祥[3], 論辨義理, 造詣精探, 考其師友淵源, 金佔畢[4]·曺梅溪[5]之學, 皆

1 　琴柔(금유, 생몰년 미상): 본관은 奉化, 호는 淸遠亭. 증조부는 琴進高이며, 조부는 琴操니
　　자, 아버지는 知潭陽郡事 琴克諧이며, 어머니 楊州李氏는 李仁實의 딸이다. 아들은 승문원
　　교리 琴以詠이다. 부인 密陽朴氏는 朴天錫의 딸이다. 1396년 문과에 급제하여 영동현감·
　　사헌부 지평을 역임하였고, 대사간과 대사성 등 淸宦職을 거쳤다. 1419년 參議로서 강릉부
　　사에 임명되어 선정을 펼쳤고, 1425년 무렵에 知大丘郡事로 부임하였다. 이후 전라도관찰
　　사를 역임하였다. 金宗直, 曺偉의 학문에 영향을 미쳤다.
2 　氷蘖之操(빙얼지조): 빙얼은 飮氷食蘖에서 나온 말. 얼음을 마시고 나무의 움을 먹는다는
　　뜻으로, 청빈한 생활르 하면서 깨끗하게 절조를 지킨다는 말이다.

自公啓發。

出按湖南, 慨然有攬轡澄淸[6]之志, 守宰貪汚者, 聞公至, 先解印綬而去。【儒賢錄】

---

3   尹提學祥(윤제학상): 尹祥(1373~1455). 본관은 醴泉, 초명은 尹哲, 자는 實夫, 호는 別洞. 증조부는 尹忠이며, 조부는 尹臣端이다. 아버지는 예천군의 향리 尹善이다. 1392년 생원진사 양시에 합격하고, 1396년 식년문과에 급제하였다. 趙庸을 통해 정몽주의 학통을 이어, 특히 세종대에 성균관 교육에 종사해 왕조 초기의 중앙 학계에 성리학의 기운을 진작, 유지시키는 데 기여하였다.

4   金佔畢(김점필): 金宗直(1431~1492). 본관은 善山, 자는 孝盥·季昷, 호는 佔畢齋. 증조부는 金恩宥이며, 조부는 金琯이다. 아버지는 사예 金叔滋이며, 어머니 密陽朴氏는 司宰監正朴弘信의 딸이다. 첫째부인 昌寧曺氏는 울진현령 曺繼文의 딸이며, 둘째부인 南平文氏는 첨정 文克貞의 딸이다. 1453년 진사시에 합격하고, 1459년 식년문과에 급제하였다. 정몽주와 길재의 학통을 계승하여 김굉필·조광조로 이어지는 조선시대 도학 정통의 중추적 역할을 하였다. 사림파의 영수이자 학문적으로 유림의 태두이다. 생전에 지은 〈弔義帝文〉은 무오사화가 일어나는 원인이 되었다.

5   曺梅溪(조매계): 曺偉(1454~1503). 본관은 昌寧, 자는 太虛, 호는 梅溪. 증조부는 曺敬修이며, 조부는 曺深이다. 아버지는 울진현령 曺繼門이며, 어머니 文化柳氏는 柳汶의 딸이다. 7세에 이미 시를 지을 정도로 재주가 뛰어나 족숙 曺錫文이 불러 가숙에 머물러 독서하도록 하였다. 1472년 생원진사 양시에 합격하고, 1474년 식년문과에 급제하였다. 승문원, 예문관, 홍문관, 사헌부 지평, 시강원문학 등을 거쳐 함양군수가 되었다. 이어서 도승지, 호조참판, 충청도관찰사, 동지중부사를 역임하고, 1498년 聖節使로 명나라에 다녀오던 중, 무오사화가 일어나 의주에 유배되었다. 이후 순천으로 옮겨진 뒤, 유배가사의 효시로 일컬어지는 萬憤歌를 지었으며, 그곳에서 죽었다.

6   攬轡澄淸(남비징청): 난세를 구할 뜻을 품고 부임지로 출발하는 것을 이르는 말. 後漢 때 范滂이 冀州로 떠날 즈음 말고삐를 잡고서 개연히 천하를 맑게 할 뜻을 품었는데, 임지에 도착하자마자 탐관오리들이 그 풍도를 듣고는 인끈을 풀어놓고 떠나갔던 고사가 전해 온다.

15. 금이영

금이영의 자는 □□, 본관은 봉화이다. 관찰사 금유(琴柔)의 아들이다. 세종 정묘년(1447) 문과에 급제하였다. 한림을 거쳐 벼슬은 사인(舍人)에 이르렀다.

점필재(佔畢齋) 김 선생(金先生: 김종직)이 지어 준 시가 있으니, 이러하다.

선생의 품격과 기량은 예로부터 견줄 이가 없건만
어찌하여 벼슬 없이 들판에 여전히 방황하시는가?
기억컨대 일찍이 한원에서 뭇 인재들을 뒤이어
예조가 봉황들과 함께 하늘을 날아 노닐었도다.
선대의 유업이 계속하여 후손에게 전해졌거니와
선생은 하물며 백미와 같이 뛰어난 인물임에랴.【협주: 점필재집에 실려 있다.】

- **琴以詠**

琴以詠, 字□□, 奉化人。觀察使柔了。世宗丁卯文科。歷翰林, 至舍人。

佔畢齋金先生贈詩曰: "先生材調古無比, 胡爲白地¹仍彷徨? 憶曾翰苑踵群彦², 翳³以鳳凰衆翺翔。青氈⁴滾滾傳雲孫, 先生況乃白眉良⁵."

---

1 白地(백지): 농사가 제대로 되지 않아 거두어들일 것이 없게 된 땅. 여기서는 재능을 펼치지 못하고 평범하게 머무는 상황을 비유적으로 일컬은 것이다.

2 群彦(군언): 많은 영재.

3 翳(예): 翳鳥. 鳳과 비슷한 새를 말함.《山海經》에 "北海에 오색의 새가 있으니 한 번

【佔畢齋集[6]】

날면 한 마을을 가리기에 翳鳥라 하니라.(有五采之鳥, 飛蔽一鄕, 名曰翳鳥.)”라고 한 데서
나온다.

4 靑氈(청전): 청색의 모전. 晉나라 王獻之가 자기 집에 들어온 도둑에게 “청전은 우리 집의
舊物이니 그것만은 두고 가라.”고 한 데서 온 말. 家寶를 뜻하는데, 여기서는 곧 선대의
유업을 비유한 것이다.

5 白眉良(백미량): 馬氏 오형제 중 가장 뛰어났던 馬良의 눈썹에 흰털이 있었다는 고사에서
유래하여, 여럿 가운데 가장 뛰어난 사람을 비유하는 말.

6 金宗直의 《佔畢齋集》 詩集 권1에 실려 있음. 《續東文選》 권4 〈七言古詩〉에도 실려 있다.

16. 이우

이우의 자는 명중, 호는 송재, 본관은 진보이다. 예종 기축년(1469)에 태어났다. 성종 임자년(1492) 생원시에 합격하고, 연산군 무오년(1498) 문과에 급제하였다. 한림(翰林)·이랑(吏郎)·관찰사(觀察使)를 거쳐 벼슬은 판서에 이르렀다. 중종 즉위년(1506)에 승지로서 군(君: 靑海君)에 봉해졌으나, 훗날 삭훈되었다. 정축년(1517)에 죽었다. 예안(禮安)의 청계서원(淸溪書院)에 향사하였다.

공은 정신과 골격이 맑고 수려하였으며, 운치와 기품이 고상하고 심원하였으며, 성품이 온화하고 선량하면서 화평하고 너그러웠으며, 효성과 의리에 매우 독실하였다. 내면의 자질과 덕의 축적이 조정을 빛내기에 충분하였고, 학문과 문장이 국가의 큰 계책을 꾸미기에 넉넉하였으며, 인품과 법도가 세속의 풍조를 진정시키기에 족하였다. 평소 곁에 도서(圖書)를 두고 그것을 마치 맛있는 음식을 먹듯이 즐겨 읽었다. 문장은 맑고 풍부하면서 품위있고 우아하였는데, 특히 시에 뛰어났다. 그 당시 학덕과 재예가 빼어난 명사들을 마주하면 반드시 술을 권하고 시를 읊었는데 마음이 트이고 뜻이 흡족하여 자기 몸을 잊었으니, 비록 금석(金石)을 두드리고 치는 음악일지라도 이보다 나을 수 없었다.【협주: 이황이 찬한 묘비에 실려 있다.】

• 李堣

李堣, 字明仲, 號松齋, 眞寶人。睿宗己丑生。成宗壬子生員, 燕山戊午文科。歷翰林·吏郞·觀察使, 至參判。中宗卽位, 以承旨封君, 後削勳。丁丑卒。享禮安[1]淸溪書院[2]。

公神骨清秀, 韻致高遠, 溫良愷悌, 篤於孝誼。材蘊[3]足以揚明廷, 文學足以賁鴻猷, 風範足以鎭浮俗。平居, 左右圖史, 嗜之如芻豢[4]。爲文章, 清贍典雅, 尤長於詩。與一時名勝[5]相遇, 必命酒哦詩, 暢適忘形, 雖鼓金擊石之樂, 無以過也。【李滉撰碑】

보충

이황(李滉, 1501~1570)이 찬한 묘갈지

숙부 호조참판 부군 묘갈지

숙부 참판 부군의 성은 이씨이다. 그 선조는 진보(眞寶)에서 왜구를 피하여 안동(安東)으로 옮겨 살았다. 고조부 휘 이자수(李子脩)는 고려 말기에 홍건적을 토벌한 공으로 송안군(松安君)에 봉해졌고, 벼슬은 판전의시사(判典儀寺事)에 이르렀다. 증조부 휘 이운후(李云侯)는 군기시부정(軍器寺副正)을 지냈고, 사복시정(司僕寺正)에 추증되었다. 조부 휘 이정(李禎)은 일찍이 영변 판관(寧邊判官)으로 있다가 모련위(毛憐衛) 정벌에 종군하여 공을 세웠으며, 벼슬은 선산부사(善山府使)로 마쳤고, 병조참의에 추증되었다. 아버지 휘 이계양(李繼陽)은 성균관 진사였고, 가선대부 병조참판에 추증되었다. 참판(參判: 아버지)은 영양김씨(英陽金氏) 부사직 김유용(金有庸)의 딸에게 장가들어 다시 예안현(禮安縣) 온계리(溫溪里)로

---

1 禮安(예안): 경상북도 안동시 예안면 일대.

2 淸溪書院(청계서원): 경상북도 안동시 도산면 온혜리에 있었던 서원. 1667년에 지방 유림의 공의로 李滉의 아버지 李埴(1463~1502)과 이황의 숙부 松齋 李堣(1469~1517), 그리고 중형 溫溪 李瀣(1496~1550)의 학문과 덕행을 추모하기 위해 창건하였으나 흥선대원군의 서원철폐령으로 훼철되어 복원되지 못하고 있다.

3 材蘊(재온): 내면의 자질과 덕의 축적.

4 芻豢(추환): 풀을 먹는 소·말·양 등과 곡식을 먹는 개·돼지 등을 통틀어 이르는 말. 맛있는 음식을 일컫는 말이다.

5 名勝(명승): 名勝士. 학덕과 재예가 빼어난 名士.

옮겨 살았다.

　부군은 성화(成化) 기축년(1469) 4월 모일(某日)에 태어났다. 어려서부터 독서를 좋아하고 문장을 잘 지었으며, 나의 선친(先親: 李塙)과는 금과 옥 같은 귀한 형제가 되어 훈(壎: 흙피리)으로 불면 지(篪: 대나무 피리)로 화답하며 명성을 떨쳐 모두 성대하였으니, 영남의 학행이 뛰어난 선비들이 모두 추존하여 앞세웠다.

　임자년(1492) 생원시에 합격하였고, 홍치(弘治) 무오년(1498) 문과에 급제하였다. 승문원(承文院) 권지부정자(權知副正字)로 선발되어 들어갔으며, 기미년(1499) 예문관(藝文館) 검열(檢閱)로 옮겼고 대교(待敎)와 봉교(奉敎)를 거쳐, 신유년(1501) 가을 규례(規例)에 따라 성균관(成均館) 전적(典籍)으로 승진하였으며, 8월 사간원(司諫院) 정언(正言)에 제수되었고, 겨울 이조좌랑(吏曹佐郎)에 제수되었다. 갑자년(1504) 봄 사간원 헌납(獻納)으로 승진하였으며, 곧이어 병조정랑 지제교(兵曹正郎知製敎)로 옮겼으며, 을축년(1505) 승진하여 사헌부(司憲府) 장령(掌令)에 제수되었고 7월에 춘추관 기주관(春秋館記注官)을 겸하였다가 이어 봉상시 첨정(奉常寺僉正)으로 옮겼으며, 9월에는 사간원 사간(司諫)에 제수되었는데, 나머지 직임은 종전대로였다.

　정덕(正德) 병인년(1506) 여름 군기시 부정(軍器寺副正)으로 전임되었고, 7월 통정대부(通政大夫) 승정원 농부승지 지제교(承政院同副承旨知製敎)로 승진하여 춘추관 수찬관(春秋館修撰官)을 겸하였다. 9월 중종(中宗)이 즉위할 때 공로를 인정받아 분의정국공신(奮義靖國功臣)에 녹훈(錄勳)되어 청해군(青海君)에 봉해졌고, 가선대부(嘉善大夫: 종2품 하계) 승정원 우부승지(右副承旨)에 올라 경연참찬관(經筵參贊官)과 춘추관 수찬관(春秋館修撰官)을 겸하였다. 조정의 논의에서 승정원은 3품 관직인데도 지금 승지들의 품계가 모두 가선대부이니 사리에 맞는 일이 아니라고 여겼으니, 부군 또한 체직되었고 봉군(封君)은 조정되었다.(역자주: 중종 1년 1506

년 10월 8일과 10일 기사 참조)

그 해 겨울 부모가 연로하다는 이유로 외직을 청하여 진주목사에 제수되었다. 이때는 백성들이 막 물웅덩이나 불구덩이에서 벗어났으니, 선정(善政)을 목마르거나 굶주린 듯이 갈망하던 때였다.

부군은 정사(政事)를 맑고 간소하게 하였는데, 백성들과 더불어 편안하게 쉬는데 뜻이 있어 힘을 쏟아 옥사(獄舍)나 시장에 소란이 일지 않았고, 백성을 어루만지면서 덕으로 진작시켜 은혜와 신의가 진실로 흡족하여 백성들이 그를 부모와 같이 사랑하였다. 이에 주상이 특별히 표리(表裏: 옷감)를 하사하고 포상하여 장려하였다. 기사년(1509) 내직으로 들어와 동지중추부사(同知中樞府事)가 되었다가, 얼마 되지 않아 호조참판(戶曹參判)에 제수되어 도총부 부총관(都摠府副摠管)을 겸하였다. 경오년(1510) 여름 형조참판(刑曹參判)으로 옮겼으며, 겨울 외직으로 나가 강원도 관찰사(江原道觀察使)가 되었는데, 신미년(1511) 임기를 다 채우고 봉군(封君)이 확정되었다. 임신년(1512) 부모가 연로하다는 이유로 사직하고 고향으로 돌아왔는데, 이때부터 몸에 병이 생겨 문을 닫고 나가지 않았다. 이후 영해(寧海)와 김해(金海) 두 고을의 부사(府使)로 제수되었으나, 모두 부임하지 않았다.

갑술년(1514) 봄, 논의하는 자들이 이르기를, "정국(靖國: 反正)하던 날에 승지(承旨) 등은 공로가 없고 허물만 있었을 뿐이니, 훈자(勳資: 훈호와 품계)에 대해 다시 살펴주기를 청하나이다."라고 하여, 그대로 따랐다. 대개 이날 밤 변고가 있다는 소식을 들은 승정원 당직 승지는 마땅히 나가서 그 변고를 탐문해야 했는데, 동료 관원들이 밤에 밖으로 나가는 것을 꺼려 부군에게 그 일을 떠넘겼다. 부군이 어쩔 수 없어서 나갔는데, 밖으로 나간 뒤에는 궁궐의 안팎이 막히고 단절되어 다시 궁궐 안으로 들어갈 길이 없었으나 대의(大義: 중종 반정)가 이미 정해지고 말았다. 대신(大臣)들이 자전(慈殿: 대비)에게 아뢰어 명을 받들어야 했으나 승지 없이는 할 수가 없었던 까닭에, 마침내 부군이 그들과 함께 모두 동조(東朝: 대비전)에 나아가서 해를 받들 듯 왕을 추대하는 거사를 능히 이룰 수 있었다. 그 당시 사람들이 그 경위를 분별하지 못하고 사소한 일들을 주워 모아 말거리로 삼자, 부군은 본디 항상 하늘의 공을 탐내는 것을 부끄럽게 여겼으나 이때에 이르러서야 마음속으로 비로소 다행히 여기고 뜻을 굳혔다. 단지 암담하고 오점이 있는 말에 침묵만 할 수 없어 곧 상소를 올려 스스로 밝히니, 주상이 손수 쓴 교지를 내려 위로하고 답하였다.

이듬해 을해년(1515)에 안동부사(安東府使)로 제수되었으며, 병자년 (1516)에는 또 정사의 성적이 가장 좋아서 장려하는 유지(諭旨)를 내렸고 가선대부(嘉善大夫)의 품계를 재수여되었다. 정축년(1517) 11월 8일에 병으로 관아에서 죽었으니, 향년 49세였다. 향리의 수곡(樹谷)으로 돌아와 선영(先塋)의 동쪽에 장사하였다.

부군은 정신과 골격이 맑고 수려하였으며, 운치와 기품이 고상하고 심원하였으며, 성품이 온화하고 선량하면서 화평하고 너그러웠으며, 효성과 의리에 매우 독실하였다. 어머니를 섬길 때는 뜻을 받들어 순종하고 기쁘게 해드려 그 기쁨이 극에 달하였다. 아버지를 여읜 여러 조카들을 어루만져 가르치기를 자기 자식 같이 하였고, 사람을 대함에 언제나 온화하였고, 아무리 다급한 경우를 만나더라도 일찍이 빠르게 말하거나 당황하는 기색이 있는 것을 본 적이 없었다.

평소 곁에 도서(圖書)를 두고 그것을 마치 맛있는 음식을 먹듯이 즐겨 읽었으니, 비록 질병이 지루하게 오래 계속되어도 손에서 책을 놓지 않았다. 문장은 맑고 풍부하면서 품위있고 우아하였는데, 특히 시에 뛰어났다. 그 당시 학덕과 재예가 빼어난 명사들을 마주하면 반드시 술을 권하고 시를 읊었는데 마음이 트이고 뜻이 흡족하여 자기 몸을 잊었으니, 비록 금석(金石)을 두드리고 치는 음악일지라도 이보다 나을 수 없었다. 부군은 내면의 자질과 덕의 축적이 조정을 빛내기에 충분하였고, 학문과 문장이 국가의 큰 계책을 꾸미기에 넉넉하였으며, 인품과 법도가 세속의 풍조를 진정시키기에 족하였다. 불행히도 세상이 지극히 어지러운 때를 만나 포부를 펼칠 길이 없었고, 성상(聖上: 중종)이 용비(龍飛: 즉위)하였을 때에도 다시 부모의 연로함과 자신의 병 때문에 사직을 청하여 집으로 돌아가 봉양하고 한가히 지냈다. 이러한 일이 앞뒤로 이어졌으니 성상의 맑은 모습을 가까이할 날이 다시 있을 수 없었고, 무고한 비방이 일어나 부당하게 지목되는 일까지 또 뒤따라 억울하게 뒤집어썼으니 말해 무엇하겠는가?

부군은 충효의 일념을 반 걸음 걷는 짧은 순간에도 잊지 않았고, 뒤이어 성군(聖君)이 마침 뜻을 기울이려 하였으며, 어머니는 아직 무탈하여 강녕하였는데, 나이가 쉰 살도 되지 않아서 갑자기 세상을 떠났으니, 끝내 유한(遺恨)을 저승에서도 품지 않을 수 없게 되었다. 선을 행하면 복을 받는다는 이치가 이처럼 어그러지고 전도되었으니, 어찌 통분함을 견딜 수 있겠는가?

부군의 부인은 월성이씨(月城李氏)라 하는데, 생원 이시민(李時敏)의 딸이자 대사헌 이승직(李繩直)의 손녀로 정부인(貞夫人)에 봉해졌다. 부인은 절조가 바르고 마음이 고요하며 단정하고 한결같았으며, 온화하고 공손하면서 자애롭고 은혜로웠다. 시부모를 봉양하며 병수발할 때에는 몸소 음식을 마련하고 약을 달여 드렸는데, 겨울철에는 손이 거북 등껍질처럼 갈라 터졌다. 규방은 화목하고 공경스러워 마치 사람의 소리조차 들리지 않을 만큼 고요하였으며, 노비들은 마음을 다하여 섬기고 집 안팎의 많은 일들은 정돈되지 않은 것이 없었다. 부인은 아들 1명을 낳았으니 이수령(李壽苓)으로 황산 찰방을 지냈으며, 딸 2명을 낳았으니 함안군수 조효연(曹孝淵)·전의현감 오언의(吳彦毅)에게 각각 시집갔다. …(중략)…

온계(溫溪) 가에 선친이 손수 심은 소나무 숲이 있어 부군이 그 옆에 집을 짓고 살며 부모에 대한 그리움을 붙였는데, 그로 인하여 자호(自號)를 송재(松齋)라 하였다. 저술한 시문이 많았으나 흩어져 없어지고, 〈관동록(關東錄)〉·〈귀전록(歸田錄)〉이 남아 있어 지금 《송재집(松齋集)》 1권으로 합하여 엮었으며, 또 〈동국사략(東國史略)〉 2권이 있다.

부인은 부군이 죽은 지 20년 뒤에 죽었는데 부군과 같은 언덕에 장사지냈다. 겨우 탈상하자마자 찰방(察訪: 이수령)이 또 죽은 까닭으로 묘도(墓道)에 오래도록 비문이 있지 않았다. 이제 일가들과 뜻을 모아 비석을 세우기로 도모하였으니, 세계(世系: 가계)와 지행(志行: 뜻과 행실)의 대강을 기록하여 비석의 뒷면에 새긴다. 명문(銘文)을 짓는 일에까지는 이황(李滉)이 감히 할 바가 아니니, 후일의 군자를 기다릴 따름이다.

어느 해 어느 달 어느 날

조카 이황이 울면서 기록하다.

叔父戶曹參判府君墓碣識

叔父參判府君, 姓李氏。其先, 自眞寶避倭寇, 移居于安東。高祖諱子脩, 當麗季, 以討紅賊功, 封松安君, 官至判典儀寺事。曾祖諱云侯, 軍器寺副正, 贈司僕寺正。祖諱禎, 嘗爲寧邊判官, 從征毛憐衛有功, 仕終善山府使, 贈兵曹參議。考諱繼陽, 成均進士, 贈嘉善兵曹參判。參判娶英陽金氏副司直有庸之女, 又移于禮安縣之溫溪里。府君生於成化己丑四月日。少好讀書, 善屬文, 與吾先君, 金昆玉友, 壎唱篪和, 聲名俱盛, 嶺南秀士, 咸推先焉。壬子, 中生員, 弘治戊午, 登第。選入承文院權知副正字, 己未, 移藝文館檢閱。歷待敎·奉敎。辛酉秋, 例陞成均館典籍, 八月, 拜司諫院正言, 冬。拜吏曹佐郎。甲子春, 陞爲司諫院獻納, 俄遷兵曹正郎·知製敎, 乙丑, 進拜司憲府掌令, 七月, 兼春秋館記注官, 尋遷奉常寺僉正, 九月, 拜司諫院司諫, 餘如故。正德丙寅

夏, 遷軍器寺副正, 七月, 陞通政大夫承政院同副承旨·知製敎兼春秋
館修撰官。九月, 中廟卽位, 錄功爲奮義靖國功臣, 封靑海君, 秩嘉善
大夫, 承政院右副承旨兼經筵參贊官·春秋館修撰官。朝議謂政院三品
官也, 而今承旨階皆嘉善, 非事之宜, 府君亦遞封君。冬, 以親老乞外,
除晉州牧使。斯時也, 民新出於水火之中, 望治如飢渴。府君爲政淸
簡, 務在與民休息, 獄市不擾, 撫摩而振德之, 恩信孚洽, 百姓愛之如父
母。上特賜表裏嘉獎焉。己巳, 入爲同知中樞府事, 未幾, 拜戶曹參判
兼都摠府副摠管。庚午夏, 轉刑曹參判, 冬, 出爲江原道觀察使, 辛未
期滿, 封君。壬申, 以親老辭職還鄕, 仍身病, 杜門不出。除寧海·金海
兩府使, 皆不赴。甲戌春, 論者以爲："靖國之日, 承旨等無功而有過,
請追勳資。"從之。蓋是夜聞有變, 入直承旨, 當出偵變, 僚員以出外爲
憚, 而推之府君。府君不得已而出, 旣出, 內外隔絶, 無緣復入, 而大議
已定。大臣以稟命慈殿, 不可以無承旨, 遂與之俱詣東朝, 克成捧日之
擧。時人不辨其由, 而捃摭爲辭, 府君固常以貪天之功爲恥, 至是, 心
始幸而安焉。顧於黮闇之言, 不容默默, 乃上疏自明, 上賜手敎慰答
焉。越明年乙亥, 拜安東府使, 丙子, 又以政最加獎諭, 復授嘉善。丁丑
十一月初八日, 病卒于官, 享年四十九。歸葬于里之樹谷先塋之東。府
君神骨淸秀。韻致高遠。溫良愷悌。篤於孝義。事大夫人, 承順怡愉,
極其懽豫。撫敎諸孤姪, 猶己之子, 接物以和, 雖遇倉卒, 未嘗見其有
疾言遽色。平居, 左右圖史, 嗜之如芻豢, 雖疾病支離, 手不釋卷。爲文
章, 淸贍典雅, 尤長於詩。其與一時名勝相遇, 必命酒哦詩, 暢適忘形,
雖敲金擊石之樂, 無以過也。府君, 材蘊足以揚明廷, 文學足以賁鴻猷,
風範足以鎭浮俗。不幸而遭世罔極, 莫由展抱, 迨夫聖上龍飛, 則又以
親老身病, 乞養投閒。前後相踵, 無復有邇淸光之日, 而誣言指目, 又
從而橫被焉, 謂之何哉? 府君忠孝一念, 跬步不忘, 而後來聖君方垂意,
慈親尙無恙, 年未耆艾而奄忽喪逝, 終不免抱遺恨於冥冥。福善之理,
乖舛如此, 可勝痛哉? 府君配曰月城李氏, 生員諱時敏女, 大司憲諱繩
直之孫, 封貞夫人。夫人貞靜端一, 溫恭慈惠。養親侍疾, 躬調膳餌, 冬

月, 手爲之龜。閨庭雍穆, 若無人聲, 而婢僕盡心, 內外衆務, 無不整辦。夫人生一男, 曰壽芩, 黃山察訪。二女。咸安郡守曹孝淵·全義縣監吳彦毅。…(중략)… 溫溪之上, 有先人手植松林, 府君就其旁, 築室居之, 以寓桑梓之感, 因自號爲松齋。所著詩文多散逸, 有關東錄·歸田錄, 今合爲松齋集一卷, 又有東國史略二卷。夫人後於府君二十年而歿, 葬之同原。才免喪而察訪又歿, 以故, 墓道久未有刻文。今憑等圖議, 謹識世系志行之捗槩, 刻之碣陰。至如銘文之作, 則滉所不敢, 以竢夫後來之君子云。年月日, 姪滉, 泣書。

〔退溪先生文集, 권46, 墓碣誌銘〕

17. 이식

이식의 자는 곡기, 본관은 진보이다. 세조 계미년(1463)에 태어났다. 연산군 신유년(1501) 진사시에 합격하였다. 임술년(1502)에 죽었다. 좌찬성에 추증되었다. 예안(禮安)의 계현사(啓賢祠)에 향사하였다.

공은 어려서부터 남다른 자질이 있었고, 배우기를 매우 진심으로 좋아하였으며, 경서(經書)와 사서(史書) 및 백가서(百家書)를 연구하고 파헤쳤다. 동생 이우(李堣)와 함께 동년배로부터 추앙과 존경을 받았는데, 공은 더욱 박학하다고 일컬어졌다.

퇴계(退溪: 이황) 선생은 공의 아들이다. 공은 아들들을 훈계하여 말하기를, "나는 책에 대해서 먹을 때에도 함께 삼키고 잠잘 때에도 함께 꿈꾸었으며, 앉아 있을 때에도 같이 앉고 다닐 때에도 함께 다니며 일찍이 잠시라도 마음에서 잊어 본 적이 없었는데, 너희들은 유유히 허송세월만 하니 어찌 그 성취를 바랄 수 있겠느냐?"라고 하였다.【협주: 기대승이 찬한 묘갈명에 실려 있다.】

• 李埴

李埴, 字哭之, 眞寶人。世祖癸未生。燕山辛酉進士。壬戌卒。贈左贊成。享禮安啓賢祠[1]。

公少有異質, 嗜學篤志, 經史百家, 研究搜抉。與弟堣, 皆爲流輩所推服, 而公尤以博洽稱。

退溪先生, 公之子也。公嘗訓之曰: "吾於書, 食與俱嚥, 寢與俱夢, 坐與俱坐, 行與俱行, 未嘗頃刻而忘于懷, 汝悠悠度日, 何能望其成就

1　啓賢祠(계현사): 경상북도 안동시 도산면 온혜리에 있었던 청계서원의 사당 이름.

乎?"【奇大升²撰碣】

보충

기대승(奇大升, 1527~1572)이 찬한 묘갈명

증 숭정대부 의정부좌찬성 겸 판의금부사 이공 묘갈명

융경(隆慶) 3년(1569) 여름, 퇴계 선생이 기대승에게 편지를 보냈는데, 그 편지에 이르기를, "나 이황의 선친이 선형(先兄: 李瀣, 1496~1550)으로 인하여 가선대부에 추증되었네. 당시 묘 앞에는 비석 하나를 세워 놓아 대략 관향(貫鄕)과 세계(世系)를 새겨 두었는데, 돌에 흠집이 생기고 갈라져 있어 다시 세우려 마음먹었으나 도중에 집안의 불행을 만나 다시 세우려는 뜻을 능히 이루지 못하였네. 이어서 나 이황으로 인하여 여러 차례 추증이 더해지는 은혜를 입게 되었으니, 그 은혜는 나 이황 몸에 있어 실로 외람되어 감당할 수가 없었지만 이미 사양해도 되지 않아 절하고 받았네. 또한 이번 추증 은전도 받았으니, 묘도(墓道)의 표석(表石)을 이번 추증에 따라 새로 세우지 않을 수 없으나 이전에 새긴 것은 사실도 기재되지 않았고 게다가 명문(銘文)도 없다네. 삼가 엎드려 깊이 생각해 보건대, 선친은 뜻을 품고도 과거 시험을 보지 못해 이름이 역사 문헌에 오르시 못하였으니, 만약 나만 이렇게 지내어 묻혀버린다면 이는 더더욱 자식 된 마음에 끝없이 슬프고 아프게 여기는 바라네. 바라건대

---

2   奇大升(기대승, 1527~1572): 본관은 幸州, 자는 明彦, 호는 高峯·存齋. 증조부는 奇軸이며, 조부는 奇襸이다. 아버지는 안동김씨 소생으로 奇進이고, 어머니 晉州姜氏는 姜永壽의 딸이다. 부인 咸豐李氏는 李惟誨의 딸이다. 己卯名賢 奇遵이 그의 季父이다. 李滉의 문인이다. 이황과의 서신 교환을 통하여 조선유학사에 지대한 영향을 미친 四七論辨을 전개하였다. 1549년 사마시에 합격하고, 1558년 식년문과에 급제하였다. 1572년 성균관대사성에 임명되었고, 이어서 宗系辨誣奏請使로 임명되었으며, 대사간·공조참의를 지내다가 병으로 벼슬을 그만두고 귀향하던 도중에 古阜에서 객사하였다. 종계변무의 주문을 지은 공으로 광국공신에 책록되었고 德原君에 봉해졌다.

그대의 은혜로운 한마디의 글을 얻어 부디 세상에 드러나지 못하고 묻힌 선친의 자취를 드러내어 후손들에게 보일 수 있기를 바란다네. 삼가 정리해 놓은 행장 1통을 머리 조아리고 드리니, 그대는 사양하지 말게."라고 하였다. 나 기대승은 편지를 받고서 부끄럽고 겸연쩍어 능치 못하다고 하여 사양하려 하였으나, 가만히 생각건대 선생은 나 기대승을 부탁할 만하지 않다고 여기지 않고서 다행히도 선생의 선친 명문을 짓도록 부탁하니, 의리상 결코 사양할 수가 없었다.

삼가 살펴보건대, 선생의 선친은 숭정대부(崇政大夫) 의정부좌찬성(議政府左贊成) 겸 판의금부사(判義禁府事)에 추증된 이공(李公)으로 휘는 식(埴), 자는 기지(器之)이다. 그 선대는 진보(眞寶) 고을 사람인데, 5대조 이석(李碩)은 처음에 현리(縣吏)로 있다가 생원시에 합격하였고 밀직사(密直使)에 추증되었다. 고조부 휘 이자수(李子修)는 고려 말에 급제하여 벼슬이 통헌대부(通憲大夫) 판전의시사(判典儀寺事)에 이르렀고, 정세운(鄭世雲, ?~1362)을 따라 홍건적을 토벌하여 뛰어난 공을 세워 송안군(松安君)에 봉해졌으며, 왜구를 피해 안동(安東)으로 옮겨 살았다. 증조부 이운후(李云侯)는 중훈대부(中訓大夫) 군기시 부정(軍器寺副正)이었고, 사복시 정(司僕寺正)에 추증되었다. 조부 휘 이정(李禎)은 강개한 성품으로 큰 뜻이 있었는데, 세종조(世宗朝) 때 파저강(婆猪江)의 야인(野人: 여진족) 이만주(李滿住)가 누차 변방을 침범하자, 조정의 논의로 영변(寧邊)에 거진(巨鎭)을 처음 설치해 형세를 통제하고자 하여 공을 판관(判官)으로 선발해 부사(府使) 조비형(曹備衡, 1376~1440)을 돕게 하니 감독과 처리를 한 것이 합당하였고, 후에 다시 최윤덕(崔潤德, 1376~1445)을 따라 모련위(毛憐衛)를 정벌하는데 공을 세워 2등급의 관작을 하사받았으며, 선산부사(善山府使)로 관직을 마쳤고, 여러 차례 추증되어 가선대부(嘉善大夫) 호조참판에 이르렀다. 아버지 휘 이계양(李繼陽)은 경태(景泰) 계유년(1453) 진사(晉士: 기대승 자신의 아버지 이름자가 進이므로 휘하여 晉으로 쓴 것임)가 되어 예안현(禮安縣)으로 옮겨 온계리(溫溪里)에 살았다. 일찍이 과거 공부를 단념하고 산천의 정취에 뜻을 두어 즐겼으며, 오로지 자식들에게 독서에 전념하도록 가르쳤으며, 여러 차례 추증되어 자헌대부(資憲大夫) 이조판서 겸 지의금부사(知義禁府事)에 이르렀다. 어머니 영양김씨(英陽金氏)는 부사직(副司直) 김유용(金有庸)의 딸로 정부인(貞夫人)에 추증되었다. 천순(天順) 계미년(1463) 9월 12일에 공을 낳았다.

공은 어려서부터 남다른 자질이 있었고, 배우기를 매우 진심으로 좋아하였으며, 뜻을 굳게 세워 정성스럽게 부지런하며 목 마르고 굶주린 듯이 힘썼다. 문소 김씨(聞韶金氏)에게 장가들었는데, 장인 예조정랑 김한철(金漢哲, 1449~1495)이 요절하였다. 처가에는 장서(藏書)가 매우 많았는데, 장모 공인(恭人) 남씨(南氏)는 늘 여러 아들들이 글재주가 없는 것을 한탄하였으나, 공이 학문을 즐기는 것을 보고 기뻐하며 공에게 이르기를, "내 들으니 서적은 사사로운 물건이 아니라 공적인 기물이라 하니 반드시 유자(儒者)에 돌아가야 할 것인데, 우리 아들들은 이런 책들을 가질 만하지 못하다."라고 하면서, 마침내 모두 공에게 넘겨주었다. 이에 공이 말하기를, "옛 문헌을 상고(詳考)하는데 크게 힘을 기울일 수 있게 되었다."라고 하고는, 경서(經書)와 사서(史書) 및 백가서(百家書)를 연구하고 파헤치는데 밤낮으로 그치지 않았다. 학문이 성취되자 동생 이우(李堣)와 함께 동년배로부터 추앙과 손경을 받았는데, 공은 더욱 박학하다고 일컬어졌다. 이우는 후에 급제하여 벼슬이 참판에 이르렀다.

공은 아들들을 훈계하여 말하기를, "나는 책에 대해서 먹을 때에도 함께 삼키고 잠잘 때에도 함께 꿈꾸었으며, 앉아 있을 때에도 같이 앉고 다닐 때에도 함께 다니며 일찍이 잠시라도 마음에서 잊어 본 적이 없었는데, 너희들은 끝내 이와 같이 유유히 허송세월만 하니 어찌 성취를 바랄 수 있겠느냐?"라고 하였다.

공은 성품이 고상하고 강직하여 세속에 따라 영합하거나 굽히는 일이 없었으며, 문장을 짓는데 있어서도 또 과거 문체의 형식을 탐탁찮게 여겼기 때문에 과거에 나아갈 때마다 예조(禮曹)에서 보는 과거에는 번번이 떨어졌는데, 홍치(弘治) 신유년(1501)에 이르러서야 비로소 진사시에 합격하였다.

살던 곳의 남쪽에는 언덕이 하나 있었는데, 바로 영지산(靈芝山) 뒷자락으로 두 시냇물이 합류하며 구름 낀 산이 아스라이 있어 소요할 만하였다. 공이 그곳을 가리키며 가까운 사람들에게 말하기를, "만일 끝내 세상에 쓰임을 얻지 못하더라도, 내가 마땅히 이곳에 집을 짓고 학도들을 모아 학문을 가르칠 수만 있다면, 또한 내 뜻을 저버리지 않을 수 있을 것이다."라고 하였다. 그 이듬해 임술년(1502) 6월 13일 병에 걸려 정침(正寢)에서 죽었으니, 향년은 겨우 40세였다. 집 뒤의 용두산(龍頭山) 남쪽 기슭 수곡(樹谷)에 있는 선영 곁에 안장하였다.

부인 김씨는 2남 1녀를 낳았고, 또 계실(繼室) 춘천 박씨(春川朴氏)는 사정(司正) 박치(朴緇)의 딸로 5남을 낳았는데, 함께 정경부인(貞敬夫人)에 추증되었다. …(중략)…

나 기대승이 삼가 생각건대, 공은 뜻을 세운 것이 높았고 학문에 정진한 것이 부지런하여 스스로 옛사람들에게 부끄럽지 않을 만하였으나, 세상에 묻혀 있다가 갑자기 죽어 뜻을 한 세상에 조금도 베푸지 못하였으니, 참으로 깊이 슬퍼하고 길이 탄식할 만한 일이다. 그러나 선행이 쌓여 후손에게 이어지는 복(福)이 모여 심지어 이토록 번성함에 이르렀으니, 어찌 남모르게 쌓은 덕행에 대한 보답으로 이렇게 된 것이 아니겠는가? 곧 하늘이 공에게 누리도록 한 것은 박하다 하지 않고 오히려 후하다고 이를 만하다.

나 기대승이 거듭 생각건대, 선생의 편지에서 이르기를, "나 이황은 불행하게도 하늘이 가엽게 여기지 않아 태어난 지 돌도 되기 전에 아버지를 여의었네. 여러 아들들이 철이 든 이래로는 선친의 세대와 점차 멀어짐에 따라 한 때의 친척과 친구들이 거의 다 세상을 떠나 여쭐 길이 없었네. 이 때문에 모든 언행과 사실에 있어서 대부분 빠지고 기록되지 못했네."라고 하였으며, 또한 그 행장에서 이르기를, "선친(先親)은 평소에 자주 탄식하기를, '나의 여러 아들들 중에 능히 내 뜻을 따라 나의 학업을 이을 자가 있다면 나는 비록 하지 못했더라도 여한이 없다.'라고 하셨다네. 선친이 세상을 떠나셨을 때에 맏형은 겨우 장가를 들었지만 나머지 아들들은 모두 어린아이여서 장차 가문을 지키고 선친의 유업을 지킬 수 없었으나, 선비(先妣)는 과부로 40여 년을 살면서 부지런히 애쓰며 자식들을 길러냈고, 혼사의 때를 놓치지 않았으며, 더욱이 멀고 가까운 곳에 가 공부하도록 뒷바라지하는데 힘써서 반드시 학업을 성취하여 의로운 길로 인도하고자 하셨네. 숙부 참판공(參判公: 李堣)은 친자식처럼 돌보고 가르쳐 세상에 가문 명성을 수립하는 자가 있기를 바랐으나, 그 후에 여러 아들들이 가훈을 받들어 따라서 저승에 있는 선친의 바람을 위로하고 부응할 만한 자가 있지 않았네. 불초한 나 이황의 경우는 어머니가 사람을 알아보는 자애로운 지감(知鑑)으로 어리석고 꽉 막혀 세상에서 사람의 도리를 행하기에 어려울 것을 미리 염려하여 작은 벼슬이라도 그칠 줄을 알라고 깊이 당부하셨으나, 세상의 헛된 명성에 쫓겨 전전하다 이 지경에 이르렀으니 참으로 본래 도모한 바가 아니어서 선친의 남긴 가르침을 실추한 것이 심하다네. 다만 선친의 뜻과 행실을 끝내 한 가지도 전하지 못한다면, 이는 내가 거듭 불효를 짓는 것이 되네. 이에 감히 세계(世系)와 행실(行實)을 엮어 장차 당대의 군자에게 아뢰고 글을 받아 묘도(墓道)를 빛내어서 다함이 없는 슬픔을 드러내고자 하네."라고 하였다.

아, 선생의 말을 거듭거듭 되새겨 보니 그 뜻 또한 슬픈 일이라 하겠다. 나 기대승은 이에 대해서 또 감회가 있었다. 선생은 선친의 뜻을 되새겨 이어받고 모친의 자애로운 가르침을 깊이 따라서 벼슬길에 나선 이래로 여러 번 나아갔다가도 여러 번 물러나 깊숙한 곳에 은거하여 모습을 드러내지 않으며 오직 강학(講學)에만 힘써서 그 학문적 글과 교화적 말씀은 학자들의 입에서 입으로 전하여 외지 않는 것이 없었으니, 한 시대의 사람들 또한 이미 들어 알고 있다. 그러나 그 선친이 학업에 뜻을 둔 것과 선비의 지감(知鑑)으로 선생의 학문을 크게 여기는 계기가 되었고 그 마음을 이끌어주었다는 것은 세상 사람들이 반드시 알지 못하였을 것이다.

또 공은 비록 학업에 둔 뜻을 당시에 이루지 못했으나, 그 후손에게서 높은 지위에 올라 크게 칭송받는 것 또한 지극하니, 공은 또 무엇을 한하겠는가? 그리고 후세 사람들이 선생의 도(道)를 사모하면서 그 연원을 미루어 헤아려 본다면 반드시 공의 덕을 증험하게 되고, 그 덕의 축적과 드러나게 한 공(功)은 애당초 우연한 것이 아니었음을 알 수 있을 것이다. 그렇다면 공의 뜻과 행실이 장차 전해지지 않을까 염려할 것이 없다. 비록 그러하나, 어찌 쉽사리 속세의 사람들과 말할 수 있겠는가? 아, 슬프도다. 이어 명문(銘文)을 덧붙인다. …(이하 명문 생략)…

贈崇政大夫議政府左贊成兼判義禁府事李公墓碣銘

隆慶三年夏, 退溪先生, 致書於大升, 書曰: "滉先府君, 以先兄故, 追贈嘉善。當時已樹墓前一碣, 略刻鄕系, 而石有瑕泐, 圖欲改樹, 中遭家禍, 不克改焉。續因滉故, 累蒙加贈, 其在滉身, 固叩濫不敢當, 然旣辭之不得, 而拜受之矣。又乃受此贈典焉, 則墓道之表, 不可不改從今贈, 而前所刻者。不載事實。且無銘文。竊伏深惟先人, 齎志不試, 名不登史牒, 若只如此湮沒, 是尤人子之心, 所隱愴於無窮者。願得吾子一言之惠, 庶有發於潛閟之蹟, 以示來裔。謹將所次行狀一道, 拜稽以呈, 子其無庸辭焉。"升捧書厎悢, 欲辭以不能, 竊念先生不以大升爲不可敎。幸託以先世銘述。義固不可辭。謹按先生先考, 贈崇政大夫議政府左贊成兼判義禁府事, 李公諱埴, 字器之。其先眞寶縣人, 五世祖

碩, 始起縣吏, 中生員, 後贈密直使。高祖諱子脩, 麗季登第, 仕至通憲
大夫判典儀寺事, 隨鄭世雲, 討紅賊, 立奇功, 封松安君, 避倭寇, 居于
安東。曾祖云侯, 中訓大夫軍器寺副正, 贈司僕寺正。祖諱禎, 慷慨有
大志, 當世宗朝, 婆猪江野人李滿住屢犯邊, 朝議創置寧邊巨鎭, 以控
制形勢, 選公爲判官, 佐府使曹備衡, 董治得宜, 後復從崔潤德, 征毛憐
衛有功, 賜爵二級, 終于善山府使, 累贈嘉善大夫戶曹參判。考諱繼陽,
擧景泰癸酉晉士, 移居禮安縣之溫溪里。早屛擧業, 樂志林泉, 專以敎
子讀書爲事, 累贈資憲大夫吏曹判書兼知義禁府事。妣英陽金氏, 副司
直有庸之女, 贈貞夫人。以天順癸未九月十二日, 生公。公少有異質,
喜學甚篤, 志勵精勤, 劬如渴飢。娶聞韶金氏, 外舅禮曹正郞漢哲早
世。其家蓄書籍甚富, 外姑恭人南氏, 常恨諸子不文, 而喜公之嗜學也,
謂公:"吾聞書籍公器, 必歸儒者, 吾諸兒不足以有此." 遂盡以付公。公
曰:"得大肆力於稽古." 經史百家, 硏究搜抉, 晝夜不輟。業成, 與弟塤,
皆爲流輩所推服, 而公尤以博洽稱。塤後登第, 官至參判。公當訓子
曰:"吾於書, 食與俱嚥, 寢與俱夢, 坐與俱坐, 行與俱行, 未嘗頃刻而忘
于懷, 汝曹乃如此悠悠度日, 何能有望於成就乎?" 公性高抗, 不能隨俗
俯仰, 爲文又不屑擧子程式, 以故每擧輒屈於禮部, 弘治辛酉, 始中晉
士。居之南有一丘, 卽靈芝山後趾, 雙溪合流, 雲山縹緲, 可以盤旋
焉。公指而語所親曰:"吾苟終不遇, 吾當就此築室, 聚徒授業, 亦可以
不負吾志矣." 其明年壬戌六月十三日, 遘疾卒于正寢, 享年僅四十。葬
于舍後龍頭山南麓樹谷先塋之側。金氏生二男一女, 繼室春川朴氏, 司
正緇之女, 生五男, 俱贈貞敬夫人。…(중략)… 大升竊惟公之立志之超,
鑽學之勤, 自當無愧於古人, 而沈抑奄忽, 意不少施於一世, 眞可謂深
悲永嘆者。而餘慶所鍾, 至於如是之蕃, 則豈非潛德之報, 有以致之也
耶? 則天之所以餉公者, 可謂不薄而厚也。大升重惟先生之書, 有曰:
"滉險釁不吊, 生未周晬而孤。諸孤省事以來, 則寢遠於先人之世, 一時
親舊, 凋謝殆盡, 無從叩問。是以, 凡有言行事實, 率多遺闕未述." 又
其狀, 有曰:"先君平日, 屢嘆:'吾諸子中, 有能遵吾志繼吾業者, 吾雖

不倣, 不恨也.' 及先君沒, 伯兄甫授室, 餘孤竝稚孩, 將不得持門戶守先業, 而先妃夫人, 寡居四十餘年, 劬勞長育, 不失昏嫁, 尤務於資給遠邇, 必欲其成就學業, 而納之義方. 叔父參判公, 又養視敎誨如已子, 庶幾有立於世者, 而後來諸孤之遵奉家訓, 未有可以慰塞幽冥之望者. 至如滉之無似, 以先妃慈鑑之識, 預憂其愚滯難行於世, 深以小官知止爲戒, 而迫於虛名, 輾轉至此, 誠非本圖所及, 其墜失遺訓甚矣. 顧惟先人志行, 終竟無傳, 是重吾不孝也. 乃敢撰次世系行實, 將以扳控於當世之君子, 以賁墓道, 以申罔極之痛." 嗚呼! 三復先生之言, 其意亦可悲也. 而大升於此, 又有感焉. 夫以先生, 追惟先志, 深服慈訓, 出身以來, 屢前屢却, 潛深伏隩, 惟講學是務, 其文辭訓說, 學者無不傳誦之, 一世之人, 亦旣已聞知之矣. 至其先公之志業, 先夫人之鑑識, 有以大啓其緖, 而誘其衷焉, 則世之人, 未必知之也. 且公雖不倣於一時, 而其顯榮褒大於後來者, 亦至矣. 公又何恨? 而後之人, 慕先生之道, 而推其所自來, 則必有以驗公之德, 而知其積累開發之功, 初非偶然而已也. 則公之志行, 將不患其無傳也. 雖然, 是豈易與俗人言哉? 嗚呼怖矣! 仍系之以銘.

〔高峯先生文集, 권제3〕

18. 이현보 효절공

이현보의 자는 비중, 호는 농암, 본관은 영천이다. 세조 정해년(1467)에 태어났다. 연산군 을묘년(1495) 사마시에 합격하고, 무오년(1498) 문과에 급제하였다. 한림(翰林)·부제학(副提學)·관찰사(觀察使)를 거쳐 벼슬은 지중추부사에 이르렀다. 명종 을묘년(1555)에 죽었다. 예안(禮安)의 분강서원(汾江書院)에 향사하였다.

공이 검열(檢閱)로 있을 때 생각하기를, '사관(史官)은 임금의 언행을 기록하는 직책인데, 어좌(御座) 앞에서 너무 멀리 엎드려 있으면 임금의 동정을 미처 자세히 살피거나 들을 수 없어 그것들을 제대로 기록하기가 어렵다.'라고 여기고는 탑전에 조금 가까이 다가갈 수 있게 해달라고 청하였다. 일이 있을 때마다 직언을 하여 임금의 뜻을 거스르는 것이 많이 있었는데, 그 뒤에 폐주(廢主: 연산군)가 어떤 일로 노하여 말하기를, "저 검붉은 얼굴에 수염이 긴 자가 바로 예전에 검열이던 놈이냐?"라고 하고서 옥에 가두어 심문하고 귀양 보냈다.

공은 일을 당할 때마다 강직하여 굽힘이 없었고, 당시 사람들이 공을 '소주도병(燒酒陶甁)'이라 불렀으니, 겉모습은 거무스레하고 투박하나 마음은 맑고 뜨겁게 결연한 것을 일컬은 것이다.

병을 이유로 사퇴하고 고향으로 돌아가자, 의정(議政: 三政丞) 이하 온 도성이 나와 전송(餞送)하였는데, 도성문에서 제천정(濟川亭)에 이르기까지 장막이 줄지어 늘어섰고, 구경하는 사람들이 빽빽하였으니, 예전에 드문 성대한 일로 여겼다.

명농당(明農堂)을 짓고 벽에 도연명(陶淵明)의 〈귀거래도(歸去來圖)〉를 그려 걸었다. 벼슬에서 물러나 한가한 뒤에는 시내와 산골 사이에 몸을 맡겨 스스로를 즐겼는데, 사람들은 그가 재상(宰相)이었음을 알지 못하였다. 풍채와 기상은 맑고 소탈하여 부귀에 물든 세속의 기운이 한 점도 없었고, 가벼운 배에 짧은 노를 저으며 시중드는 아이에게 〈어부사(漁父詞)〉를 부르게 하여 흥을 부쳤으니 표연히 세속을 떠나 홀로 선 듯한 뜻이 있었다.

명종(明宗) 갑인년(1554)에 주상이 포상하려고 역마를 보내어 불러들이는 명을 내렸는데, 공이 전문(箋文)을 올려 사양하여 그것을 받아들이지 않고, 이어 간언을 받아들여 학문에 바로 세우는 도리를 아뢰었으며, 아울러 이단의 성쇠함과 새로운 법령 조목의 지나친 번다함에 대한 폐단을 논하였다. 처음 상소문을 초할 때에 자제들에게 각기 생각하는 바를 써보게 하고 그것을 살펴본 다음, 자신이 손수 초한 글을 보여주며 말하기를, "나는 벼슬 없는 선비가 상소를 올리는 것도 아니고, 또한 대각(臺閣)으로서 일을 논하는 것도 아니니, 늙은 신하의 말은 마땅히 이 정도로 그쳐야 한다."라고 하였다. 식견 있는 사람들이 그것을 보고 이르기를, "간결하고 마땅하니, 참으로 노성(老成)한 이가 임금에게 아뢰는 법도를 체득하여 드러냈다."라고 하였다.

공이 살았던 분천(汾川)은 산이 맑고 물이 아름다우며, 숲과 계곡이 깊고 울창하였다. 그 위에 집을 짓고는 어버이를 모시고 놀며 구경하는 곳으로 삼았으니, 바로 애일당(愛日堂)이다. 양친이 집에 살아 있고, 자손들이 앞에 가득하였다. 고을에는 장수하는 노인들이 많았는데, 일찍이 구로회(九老會)를 만들어서 부모의 마음을 기쁘게 한 적이 있었다. 안동(安東)에 있을 때에는 양로연(養老宴)을 크게 베풀어 양친을 모시고 내연(內筵: 여성이 참석하는 연회)과 외연(外筵: 남성이 참석하는 연회)을 주관하면서, 공이 자식으로서의 예를 직접 행하고 잔을 받들어 올려 장수를 축하하니, 그 모습을 본 이들이 감탄하였다.【협주: 이황이 찬한 행장에 실려 있다.】

공의 고조부(高祖父: 李軒)는 84세, 증조부(曾祖父: 李坡)는 76세, 조부(祖父: 李孝孫)는 또 84세, 아버지는 98세, 공은 89세, 어머니 권씨(權氏:

權謙의 딸) 또한 85세까지 장수하였다. 공이 69세 때, 부친(父親: 李欽)은 94세, 숙부(叔父: 李鈞)는 92세, 외숙(外叔: 權受益)은 82세였는데, 고을 사람들 가운데 나이 많은 사람을 모아 구로회(九老會)를 만들고는 색동옷을 입고 춤을 추어 기쁘게 해드리니 부모를 영화롭게 하는 효성이 성대하여, 보고 듣는 사람들이 크게 감동하였다. 공의 나이가 81세였을 때에는 둘째아들 이중량(李仲樑)이 영천(永川) 군수로 있으면서 구로회를 이어 열었으며, 84세였을 때에는 세 아들이 모두 부절(符節)을 차고 있었는데 조정에서 가까운 고을로 옮겨 제수하여 봉양을 편리하게 하니 공이 부모를 봉양하던 것처럼 공을 봉양하였다. 근세의 이름난 경대부(卿大夫) 가운데 복과 덕을 겸비하여 만년의 절개를 온전히 지킨 자로서 공을 으뜸으로 일컫는다.

처음으로 당상관에 승진하였을 때, 부모 앞에 나아가 갓을 벗고 옥관자를 붙여 다는데, 어머니가 손으로 만져보면서 말하기를, "옥관자에 구멍이 많으니 갓끈에 꿰기가 어렵지 않겠느냐?"라고 하니, 공이 농담으로 고하기를, "달기가 어렵지, 꿰는 것이야 어찌 어렵겠습니까?"라고 하자, 온 집안이 즐겁게 웃었다. 공은 절구시를 지어 읊조렸으니, 이러하다.

> 새로 내린 교서 먹도 아직 마르지 않았거늘
> 옥빛 찬란히 비추니 귀밑털이 서늘하구나.
> 어머니, 옥관자에 구멍 많다고 묻지 마소,
> 달기야 어렵지만 꿰기는 어렵지 않나이다.

공이 승지(承旨)로서 부모를 뵈러 돌아오게 되자, 어머니가 출발 날짜를 듣고 속언(諺語)으로 노래를 지어 시녀에게 가르치며 이르기를, "승지가 돌아오기를 기다렸다가 이 노래를 부르도록 하라."라고 하였다.

• 李賢輔 孝節公

李賢輔[1], 字棐仲, 號聾巖, 永川人。世祖丁亥生。燕山乙卯司馬, 戊午文科。歷翰林·副提學·觀察使, 至知中樞。明宗乙卯卒。享禮安汾江書院[2]。

公爲檢閱時, 以爲："史官記人主言動, 遠伏榻前, 動靜未詳, 記注難悉." 請稍近榻前。隨事直言, 多有忤旨, 其後廢主, 因事發怒曰："彼鐵面而鬚者, 乃舊時檢閱耶?" 下獄推配。

公遇事, 鯁直不撓, 時人號爲燒酒陶瓶, 謂外黯然而內淸烈也。

引疾東歸[3], 議政以下, 傾都出餞, 列幕自都門至於濟川亭[4], 觀者騈闐, 以爲罕古之盛事。

搆明農堂, 壁畫淵明〈歸來圖〉。退閑之後, 自放於溪山間, 人不知其爲宰相。風神瀟灑, 無一点富貴塵埃氣, 輕舟短棹, 令侍兒歌〈漁父詞〉以寄興, 飄然有遺世獨立意。

1　李賢輔(이현보, 1467~1555): 본관은 永川, 자는 棐仲, 호는 聾巖·雪鬢翁. 예안 출신. 증조부는 李坡이며, 조부는 李孝孫이다. 아버지는 참찬 李欽이며, 어머니 安東權氏는 權謙의 딸이다. 부인 安東權氏는 權孝誠의 딸이다. 洪貴達의 문인이다. 1498년 식년문과에 급제한 뒤 32세에 벼슬길에 올라 예문관검열·춘추관기사관·예문관봉교 등을 거쳐, 1504년 사간원정언이 됐다. 이때에 서연관의 비행을 탄핵했다가 안동에 유배됐으나 중종반정으로 지평에 복직된다. 밀양부사·안동부사·충주목사를 지냈고, 1523년에는 성주목사를 지냈다. 이후 병조참지·동부승지·부제학 등을 거쳐 대구부윤·경주부윤·경상도관찰사·형조참판·호조참판을 지냈다. 1542년 76세 때 지중추부사에 제수됐으나 병을 핑계로 벼슬을 그만둔다. 李滉·黃俊良 등과 교유했으며 고향에 돌아와서는 시를 지으며 한가롭게 보냈다.

2　汾江書院(분강서원): 경상북도 안동시 예안면에 있었던 서원. 1613년 이현보의 학덕을 추모하는 鄕賢祠로 건립, 1700년 서원으로 확대 개편되었다. 1717년 사우으로 강등되었다가, 1724년 다시 서원으로 승격되었다. 1868년 대원군의 서원 철폐령으로 훼철되었다가, 1967년 경상북도 안동시 도산면 가송길에 복원되었다.

3　東歸(동귀): 漢나라, 唐나라 시대에 모두 長安이 수도였던 관계로 중원과 강남 인사들이 고향을 찾아갈 때 흔히 동쪽으로 돌아간다고 하였기 때문에 귀향의 詩語로 쓰임.

4　濟川亭(제천정): 한강변 언덕에 있던 왕실의 별장 겸 정자. 서울특별시 용산구 한남동 일대에 고려시대부터 정자가 있었는데, 조선초까지 한강정과 한강루라 불렸다. 이것을 1456년에 제천정이라고 명명했다. 왕이 한강을 유람할 때 신하들을 위로하거나, 명나라에서 사신이 올 경우 연회를 베푸는 장소로 활용했다.

明宗甲寅, 有褒美驛召之命, 上箋辭謝, 因言聽諫典學之道, 並論異端消長·新條浩繁之弊焉。初, 方草疏, 令子弟書所懷而觀之, 仍示手草曰: "吾非布衣上書, 亦非臺閣論事, 老臣之言, 止當如此." 識者謂: "簡當, 眞得老成告君之體." 云。

所居汾川[5], 山明水麗, 林壑深邃。築室其上, 以爲奉親遊玩之所, 卽愛日堂也。雙親在堂, 子孫滿前。鄕多老壽之人, 嘗爲九老會, 以悅親心。在安東[6], 大設養老宴[7], 奉迎兩親, 主內外筵, 公執子弟禮, 奉觴上壽, 觀者嘆息。【李滉撰狀[8]】

公高祖壽八十四歲, 曾祖七十六歲, 祖又八十四歲, 父九十八歲, 公八十九歲, 母權氏亦八十五歲。公六十九歲時, 父年九十四, 叔父年九十二, 內舅年八十二。聚鄕人年高者, 爲九老會, 戲綵以娛之, 榮孝之盛, 聳動觀聽。及公年八十一, 仲男仲樑, 宰永川, 續成九老會, 八十四歲時, 三男俱佩符, 朝廷換授旁近邑以便養, 以公所以養親者養公。近世名卿, 福德兼而晚節全者, 稱公爲首。

初陞堂上, 卽於親前, 解巾懸着玉環, 母氏手摩問曰: "玉環多孔, 無乃貫纓難乎?" 公戲告曰: "懸之爲難, 貫何難乎?" 闔堂歡笑。公吟成絶句曰: "新降天書墨未乾, 玉光輝暎鬢毛寒。娜孃莫問環多孔, 懸是爲難貫不難." 以承旨歸覲, 母氏聞行期, 以諺語作歌, 敎婢兒, 曰: "待承旨來歌之."[9]

5　汾川(분천): 안동의 예안을 흐르는 낙동강의 지류였지만 마을이름이 된 곳.

6　安東(안동): 경상북도 북부에 있는 고을.

7　養老宴(양로연): 조선시대에 나라에서 노인을 공경하고 풍습을 바로잡기 위해 베풀던 잔치.

8　李滉撰狀(이황찬장): 李滉의 《退溪先生文集》 권48 〈行狀〉에 〈崇政大夫行知中樞府事聾巖李先生行狀〉으로 실려 있으며, 한국고전번역원에서 번역문을 제공하고 있음.

9　이 문단은 李賢輔의 《聾巖先生文集》 잡저 권3에 실려 있는 〈愛日堂戱歡錄〉의 일부임.

보충

이현보(李賢輔, 1467~1555)가 찬한 애일당 희환록

애일당 희환록

가정(嘉靖) 병술년(1526) 여름에 내가 장악원 정(掌樂院正)으로서 남방의 진해(鎭海) 등 여러 고을 관할 해역에서 해산물 운반선이 난파된 사건을 추국(推鞫: 사건의 심문·조사)하라는 명을 받고 파견되어 한 달이 지나도록 분주하였다. 일이 아직 끝나지 않았을 무렵 삼가 유서(諭書: 임금의 명령서)를 보니, 당상관으로 승진해 병조참지(兵曹參知)에 제수되어서 놀라고 당황하여 어찌할 바를 몰랐다. 이때 나의 부모가 예안(禮安) 고향에 있어서 달려가 이별을 고하니, 서로 마주보며 감격하여 목메었고 기쁨의 눈물도 함께 흘렀다.

경성(京城) 친구가 보낸 옥관자가 마침 도착하여 부모 앞으로 나아가 갓을 벗고 옥관자를 붙여 달았는데, 어머니가 손으로 만져보면서 말하기를, "옥관자에 구멍이 많으니 갓끈에 꿰기가 어렵지 않겠느냐?"라고 하니, 내가 농담으로 고하기를, "달기가 어렵지, 꿰는 것이야 어찌 어렵겠습니까?"라고 하자, 온 집안이 즐겁게 웃었다. 내가 그 뜻에 따라 절구시를 지어 읊조렸으니, 이러하다.

새로 내린 교서 먹도 아직 마르지 않았거늘
옥빛 찬란히 비추니 귀밑털이 서늘하구나.
어머니, 옥관자에 구멍 많다고 묻지 마소
달기야 어렵지만 꿰기는 어렵지 않나이다.

이는 아름다운 일화로 전해졌다.

이듬해 봄에 또 동부승지(同副承旨)로서 휴가를 받고 부모를 뵈러 내려오게 되었는데, 어머니가 나의 출발 날짜를 듣고 언문으로 노래를 지어 시녀(侍女)에게 가르치며 이르기를, "승지가 오기를 기다렸다가 이 노래를 부르도록 하라."라고 하였다. 그 노래는 이러하다.

먹기도 좋을시고 승정원 선반이야
놀기도 좋을시고 대명전 기슭이야
가기도 좋을시고 부모님 향하는 길이야.

대개 어머니는 일찍 부친을 여의고 외삼촌 문절공(文節公: 金淡, 1416~1464) 집에서 자라서 승지가 귀하고 영화로운 벼슬인 것을 알았으며, 또한 당시 부녀자들 사이에서 평소 하는 말을 기억하였으니 지금도 정원(政院) 관원의 아침저녁 식사를 '선반(宣飯)'이라 일컫는 것이 바로 그것이다. 내가 내려와 그 노래를 듣고 찬탄을 금치 못하고 그 노랫말의 뜻에 따라 짧은 절구시 지었으니, 이러하다.

입은 배불리 먹으니 궁중의 선반이야
몸은 노니나니 궁궐 뜰의 계단이로다.
남쪽으로 돌아오는 행색은 기쁨이러니
말을 달리니 어머니 향하는 길이로다.

이때 감사(監司) 동양(東陽) 신대용(申大用: 申鏛, 1480~1530)이 찾아와서 수연(壽筵; 회갑연)을 베풀고 이 사실을 들었는데, 신대용 또한 일찍이 부모를 여의어서 흠모하는 것이 더욱 간절하였으니, 온 정성을 다하여 술잔을 주고받으며 또한 절구시를 지었으니, 이러하다.

부모가 늙지 않고 장수를 누리니
백발의 두 어버이 경사연 열었네.

슬하의 효자가 새로 은총 받아서
관에 담비 꽂고 궁궐가에서 왔구려.

내가 과거에 급제하여 벼슬길에 들어서서 도성과 지방을 오간 지 거의 40여 년이 되었다. 그동안 두 분 어버이를 봉양하며 곁에서 모시고 즐겁게 한 것이 한두 가지 일이 아니지만, 오직 이 두 가지 일만은 가장 즐겁고 화평하며 기뻤다. 선한 농담과 아까운 말씀은 차마 헛되이 버리기 어려워서 연시(聯詩)로 작은 시첩(詩帖)을 만들고 아울러 동양의 시도 기록하여 애일당에 보관하였으니, 후손들이 이를 보고 느끼게 하려는 것이다.

愛日堂戱歡錄

嘉靖丙戌夏, 余以掌樂院正, 差受南方鎭海等官海錯船隻致敗推鞫之命, 經月奔馳。未及竣事, 伏覩諭書, 陞堂上, 拜兵曹參知, 驚惶罔措。時余之爺孃, 在禮安桑鄕, 馳往告別, 相對感泣, 喜淚俱垂。京友所送玉環適至, 卽於親前, 解巾懸著, 慈顔手摩問之曰: "玉環多孔, 無乃貫纓難乎?" 余戱告曰: "懸之爲難, 貫何難乎?" 闔堂歡笑。余因其意, 吟成絶句曰: "新降天書墨未乾, 玉光輝映鬢毛寒。爺孃莫問環多孔, 懸是爲難貫不難." 傳爲美談。越明年春, 又以同副承旨, 受由來覲, 慈氏聞余行期, 以諺語作歌, 敎其婢兒, 曰: "待承旨之來而歌之." 歌曰: "며디도도됴홀샤, 승령원선반야。노디도도됴홀샤, 대명면기슬갸。가디도도됴홀샤, 부모다힛길히야." 蓋慈氏早孤, 養于外叔文節公家, 知承旨貴顯, 且記其當時內間常語, 至今政院官員, 朝夕供餉, 稱爲宣飯是已。余來而聞之, 不勝贊歎, 因歌語成短絶, "口飽宮廚膳, 身遊靑瑣墀。南歸行色喜, 策馬向親闈." 時監司東陽申大用, 來設壽筵, 聞此事, 申也早失怙恃, 羨慕益切, 盡情酬獻, 亦成絶句, "椿萱不老占長年, 鶴髮雙垂具慶筵。膝下萊君新寵渥, 珥貂來自五雲邊." 余之捷科筮仕, 出入京外, 幾

四十餘年。其奉養雙親, 陪侍娛樂, 非一二事, 而惟此兩事, 最爲歡欣
和悅。戲謔之善, 咳唾之惜, 不忍虛擲, 聯成小帖, 竝錄東陽詩, 藏于愛
日堂, 使後裔觀感云。

〔聾巖先生文集, 雜著　권3〕

四十餘年。其奉養雙親, 陪侍娛樂, 非一二事, 而惟此兩事, 最爲歡欣
和悅。戲謔之善, 咳唾之惜, 不忍虛擲, 聯成小帖, 竝錄東陽詩, 藏于愛
日堂, 使後裔觀感云。

19. 김연

김연의 자는 자유, 호는 운암, 본관은 광주이다. 성종 정미년(1487)에 태어났다. 경오년(1510) 사마생원 양시에 합격하고, 기묘년(1519) 문과에 급제하였다. 중종조 탁영시에도 급제하였다. 한림(翰林)·양사(兩司)를 거쳐 벼슬은 관찰사에 이르렀다. 갑진년(1544)에 죽었다.

공이 과거에 급제했을 때, 그 시험을 주관했던 김모재(金慕齋: 金安國)는 공을 상제(上第: 으뜸)로 뽑지 못한 것을 한스럽게 여겼다.

공이 일찍이 김안로(金安老)를 미워하여 대각(臺閣)에 들어간 지 보름 동안 합문(閤門)에서 엎드려 항변하며 간쟁해 김안로를 벼슬에서 내친 적이 있었다. 김안로가 다시 조정에 들어오려 하자, 공은 회재(晦齋) 이 선생(李先生: 李彦迪)과 함께 불가하다고 고집하였다. 김안로의 당여(黨與)들이 더욱 원한을 품고 전한(典翰) 소봉(蘇逢)에게 공을 당성위(唐城尉: 洪礪)와 절친했다고 논박하도록 사주하여, 마침내 공은 외직으로 나가 경성판관(鏡城判官)이 되었다. 훗날 김안로가 패망하여 죽자, 곧바로 사간(司諫)으로 공을 불러 돌아오니, 주상이 위로하고 타이르며 말하기를, "그대가 간당들의 뜻을 거슬러 멀리 변방까지 나가 고생한 것을 알지 못하였으니, 내 마음에 편치 않은 점이 있다."라고 하였다. 이때 권간(權奸: 김안로, 許沆, 蔡無擇)들이 이미 제거되었으니, 공의 명성과 덕망은 더욱 드높아졌다.【협주: 채제공이 찬한 묘갈명에 실려 있다.】

늘 이농암(李聾巖: 李賢輔)의 염퇴(恬退: 세속적 영화에 뜻이 없어 벼슬을 내놓고 물러나는 것)를 사모하여 작은 암자를 얽어 짓고 '운암(雲巖)'이라 편액하고서 생을 마치려고 하였다.

공과 회재(晦齋) 이 선생(李先生: 李彦迪)은 도의(道義)로 교분을 맺었는데, 공이 죽자 회재가 제문(祭文)을 지었으니, "빼어난 기상은 산처럼

높고, 타고난 재능은 강건했으며, 충성과 효도에 뜻을 두었고, 바르고
곧은 지조 지켰네."라고 하였다.

• 金緣

金緣, 字子由, 號雲巖, 光州人。成宗丁未生。庚午司馬兩試, 己卯文
科。中宗朝, 擢英試[1]。歷翰林·兩司, 至觀察使。甲辰卒。

公登第時, 金慕齋[2]主其試, 以不擢爲上第爲恨。

公嘗嫉金安老[3], 入臺閣半月, 伏閤抗爭貶之。及安老復入, 公與晦
齋[4]李先生, 執不可。其黨益憾, 嗾典翰蘓逢[5], 以公爲唐城尉洪礪[6]切親

---

1   擢英試(탁영시): 중종 때 임시로 실시했던 과거. 문과에 羅世纘 등 12명, 무과에 金有淡
    등 23명을 선발하였다.

2   慕齋(모재): 金安國(1478~1543)의 호. 본관은 義城, 자는 國卿. 증조부는 金統이며, 조부
    는 金益齡이다. 아버지는 참봉 金璉이며, 어머니 陽川許氏는 許芝의 딸이다. 부인 全州李
    氏는 松林君 李孝昌의 딸이다. 金正國의 형이다. 金宏弼의 문인이다. 1501년 생원진사
    양시에 합격하고, 1503년 별시문과에 급제하였다. 1507년 문과중시에도 급제하였다. 경
    상도관찰사, 전라도관찰사, 예조판서, 대제학, 병조판서 등을 역임하였다.

3   金安老(김안로, 1481~1537): 본관은 延安, 자는 頤叔, 호는 希樂堂·龍泉·退齋. 증조부는
    金俟이며, 조부는 지중추부사 金友臣이다. 아버지는 工曹參議 金訴이며, 어머니 海平尹氏
    는 尹墀의 딸이다. 부인 仁川蔡氏는 蔡壽의 딸이다. 1501년 진사시에 합격하고, 1506년
    별시문과에 급제하였다. 직제학·부제학·대사간 등을 거쳤으며 일시 경주부윤으로 나갔다.
    1519년 기묘사화로 趙光祖 일파가 몰락한 뒤 발탁되어 이조판서에 올랐다. 아들 金禧가
    孝惠公主와 혼인해 중종의 駙馬가 되자, 이를 계기로 권력을 남용하다가 1524년 영의정
    南袞·沈貞, 대사간 이항 등의 탄핵을 받고 경기도 豊德에 유배되었다. 남곤이 죽자 1530년
    유배 중이면서도 대사헌 金謹思와 대사간 權輗를 움직여 심정의 탄핵에 성공하고, 이듬해
    유배에서 풀려나 다시 서용되어 都摠管·예조판서·대제학을 역임하였다. 그 뒤 이조판서
    를 거쳐 1534년 우의정이 되었으며, 이듬해 좌의정에 올랐다. 1531년 다시 임용된 이후부
    터 東宮(인종)의 보호를 구실로 실권을 장악해 許沆·蔡無擇·黃士佑 등과 함께 政敵이나
    뜻에 맞지 않는 자를 축출하는 옥사를 여러 차례 일으켰다. 鄭光弼·李彥迪·羅世纘·李荇·
    崔命昌·朴紹 등 많은 인물들이 이들에 의해 유배 또는 사사되었으며, 敬嬪朴氏와 福城君
    李嵋 등 종친도 죽음을 당했다. 또한 왕실의 외척인 尹元老·尹元衡도 실각당하였다. 1537
    년 중종의 제2계비인 文定王后의 폐위를 기도하다가 발각되어 중종의 밀령을 받은 尹安仁
    과 대사헌 梁淵에 의해 체포되어 유배되었다가 곧이어 사사되었다.

4   晦齋(회재): 李彥迪(1491~1553)의 호. 경상북도 경주 출신. 본관은 驪江, 초명은 李迪,
    자는 復古, 호는 晦齋·紫溪翁. 조부는 군 李壽會이다. 아버지는 생원 李蕃이며, 어머니

駁, 遞出爲鏡城判官。後安老敗死, 卽以司諫召還, 上慰諭曰：“不知爾忓奸, 遠勞千外, 於予心有不安者.”時權奸旣除, 公聲望爲蔚然。【蔡濟恭[7]撰碣】

常慕李聾巖恬退, 縛小菴, 扁以雲巖, 以擬終老。

公與晦齋李先生, 爲道義交, 及公歿, 晦齋以文祭曰：“鍾秀崧嶽, 稟才雄剛。志存忠孝, 操守正直.”[8]

보충
채제공(蔡濟恭, 1720~1799)이 찬한 신도비명

가선대부 강원도관찰사 겸 병마수군절도사 순찰사 김공 신도비명

慶州孫氏는 鷄川君 孫昭의 딸이다. 金安老의 등용을 반대하다가 관직에서 쫓겨나 7년간 성리학 연구에 전념했다. 복직 후 좌찬성에 이르렀으나 을사사화가 발생하여 추국하는 역할이 주어지자 스스로 관직에서 물러났다. 이후 양재역벽서사건에 무고하게 연루되어 유배됐고 유배지에서 많은 저술을 남긴 후 세상을 떴다. 조선시대 성리학의 정립에 선구적인 인물로서 성리학의 방향과 성격을 밝히는 데 중요한 역할을 하였고, 朱熹의 주리론적 입장을 정통으로 확립하여 李滉에게 전해주었다.

5   蘇逢(소봉, 1499~1563): 본관은 晉州, 자는 叔卿, 호는 仲菴. 증조부는 蘇效軾이며, 조부는 진사 蘇自坡이다. 아버지는 대사간 蘇世良이며, 어머니 南原楊氏는 楊培의 딸이다. 부인 順天金氏는 金世熙의 딸이다. 1519년 생원시에 합격하고, 1525년 식년문과에 급제하였다. 대사간, 부제학을 역임하였다.

6   洪礪(홍여, ?~1533): 중종과 敬嬪朴氏의 소생 惠靜翁主의 남편. 본관은 南陽. 증조부는 司果 洪貴演이며, 조부는 좌찬성 洪淑이다. 아버지는 충청도관찰사 洪敍疇이며, 어머니 全州李氏는 鐵城君 李鏗의 딸이다. 평범한 삶을 살았지만 '작서의 변'에 연루되었다고 김안로가 무고하여 억울한 죽음을 당하였다.

7   蔡濟恭(채제공, 1720~1799): 본관은 平康, 자는 伯規, 호는 樊巖·樊翁. 증조부는 蔡時祥이며, 조부는 蔡成胤이다. 아버지는 지중추부사 蔡膺一이며, 어머니 延安李氏는 李萬成의 딸이다. 첫째부인 同福吳氏는 직장 吳弼運이며, 둘째부인 安東權氏는 진사 權尙元의 딸이다. 1735년 향시에 합격하고, 1743년 식년문과에 급제하였다. 영조가 사도세자 폐위 비망기를 내리자 죽음을 무릅쓰고 막아냈고 영조 사후 형조판서로서 사도세자 죽음에 대한 책임자들을 처단했다. 남인계에 속하는 인물로 영조·정조의 두터운 신임을 받아 탕평정치의 한 축으로서 활약했다. 정통 성리학자였지만 양명학과 불교도 포용해야 한다고 주장했고 천주교에 대해서는 처단이 아닌 교화의 대상이라는 입장을 견지했다. 말년에는 주로 수원성역을 담당하다가 1798년 사직했다. 강화유수, 우의정, 영의정 등을 역임하였다.

8   李彦迪의 《晦齋集》 권6 〈祭文·祭金府尹緣文〉의 일부임.

김후조(金後凋: 金富弼, 1516~1577)와 김읍청(金挹淸: 金富儀, 1525~1582) 두 사람은 퇴도(退陶: 李滉) 노선생(老先生)의 문하에서 독실한 행실로 일컬어졌던 분들이다. 읍청공(挹淸公)은 일찍이 그의 선친 관찰공(觀察公: 金緣)의 가장(家狀)을 짓고서 선생에게 명(銘)을 부탁한 적이 있었는데, 선생이 그 행장을 받아 간직하다가 글을 미처 완성하기도 전에 태산이 무너지는 듯한 통한의 별세가 있었다. 삼가 생각건대, 선생은 외람되이 꾸미는 것을 경계하였으니, 진실로 평소에 마음으로 경모하고 감복했던 이가 아니면 일찍이 남에게 이생문(麗牲文: 碑文)을 지어 준 적이 없었다. 무릇 읍청공 같은 현인(賢人)이 선친의 덕행을 행장으로 지었다면 그것의 엄정함과 게다가 세밀함까지 알 수 있고, 선생이 한마디 말의 꾸밈이라도 신중히 여기는데도 그것을 받아 보관하였으니 공(公: 김연)의 말씀과 행실이 명(銘)을 짓는 법에 부응할 만했다는 것을 알 수 있었다. 공의 8대손 김형(金瑩, 1737~1813)이 대령(大嶺: 鳥嶺)을 넘어 도성으로 들어와 나 채제공(蔡濟恭)에게 200년 동안 상자에 간직되어 오던 가장을 맡겼다. 아아, 이 일이야말로 선생이 정중히 여겼던 일인데, 나 채제공이 몽매한 후학으로서 이 일에 함께 의논할 수 있다고 하여 분수에 넘치는 외람된 죄를 자초하겠는가? 비록 그러하나, 법도에 맞아 명(銘)을 지을 만하다면 명을 짓는 것이 선생의 뜻이리라. 하물며 이 일은 나 채제공에게 실로 영광스런 일이다. 그리하여 감히 그 가장을 살펴보고 차례대로 짓는다.

공의 휘는 김연(金緣), 자는 자유(子由), 자호(自號)는 운암(雲巖)이다. 김씨의 본관은 광주(光州)인데, 고려 시대에서 대대로 높은 벼슬을 지낸 명망가였으니 김광존(金光存)이라는 이가 지문하성사(知門下省事)를 지냈으며, 김진(金稹)이라는 이가 예문관 대제학을 역임하고 시호는 장영(章榮)이었다. 장영에게 김천리(金天利)라는 아들이 있었는데, 우리 조선을 섬겨 밀직부사(密直副使)가 되었다. 그 아들 김무(金務)는 공의 고조부로서 벼슬은 제용소감(濟用少監)을 지냈다. 증조부 김숭지(金崇之)는 목청전직(靑淸殿直)을 지냈고, 사복시 정(司僕寺正)에 추증되었다. 조부 김회(金淮)는 현감을 지냈고, 참의에 추증되었다. 아버지 김효로(金孝盧)는 처음으로 예안(禮安)에 터를 잡아 살아서 마침내 예안 사람이 되었다. 일찍이 탁월한 행실로 조정에 천거된 적이 있었으나 기묘사화(己卯士禍)를 만나 등용되지 못하고 국자감 생원으로 생을 마쳤으며, 이조참판에 추증되었다. 어머니 정부인(貞夫人) 양성이씨(陽城李氏)는 군수 이지(李持)의 딸이자 판중추부사(判中樞府事) 이순지(李純之)의 손녀이다. 성화(成化) 정미년(1467)에 공을 낳았다.

공은 배우기를 힘써서 일찍 성취하였다. 경오년(1510) 생원·진사 양시에 합격하였고, 기묘년(1519) 문과에 급제하였다. 그 시험을 주관했던 김모재(金慕齋: 金安國, 1478~1543) 선생은 공을 상제(上第: 으뜸)로 뽑지 못한 것을 한스럽게 여겼다. 괴원(槐院: 承文院)에 선발되어 소속되었고, 경진년(1520) 천거로 사관(史館: 春秋館)에 들어가 한림(翰林)이 되었다. 얼마 지나지 않아 세모(世母: 큰어머니)의 상을 당하여 심제(心制: 상복은 입지 않으나 喪期 동안 상을 치르는 마음으로 지냄)를 지키면서 삼년상을 마쳤으니 이는 자신을 길러 준 은혜 때문이었다. 뒤에 세부(世父: 큰아버지)의 상 또한 똑같이 하였다. 복제(服制)를 마친 뒤에 대교(待敎)를 거쳐 봉교(奉敎)로 승진하였다.

갑신년(1524) 사간원 정언에 제수되었다. 공은 평소 김안로(金安老, 1481~1537)의 간악함을 미워하여 대각(臺閣)에 들어간 지 보름 동안 합문(閤門)에서 엎드려 항변하며 간쟁하였고, 김안로가 벼슬에서 내쳐지고 유배되고서야 그쳤다. 이때 대신(大臣) 및 동전(東銓: 이조)과 서전(西銓: 병조)이 입을 모아 늠름하다고 칭찬하여 조만간 중용하려 했으나, 공은 도리어 진취(進取: 중용)를 달가워하지 않고 부모를 봉양하기 위해 외직을 청하여 의흥현감(義興縣監)에 제수되었다. 병술년(1526) 큰아버지의 상으로 인해 벼슬을 그만두었고, 무자년(1528) 전적(典籍)에 제수되었는데, 이때부터 공조정랑과 예조정랑으로 옮겼으며, 그 사이에 사헌부 지평으로 제수되었다. 경인년(1530)에 외직으로 나가 흥해군수(興海郡守)가 되었는데, 5년이 지나 어떤 일로 인하여 체직되었다. 부친상을 당하여 묘 옆에 여막을 짓고 슬픔을 극진히 하니, 고을 사람들이 감복하였다.

정유년(1537) 사예(司藝)를 거쳐 군자감 부정(軍資監副正)으로 전직되었다가 승진하여 사간원 사간에 제수되었다. 이보다 앞서 김안로의 당여(黨與) 채무택(蔡無擇)·심언광(沈彦光)이 앞장서 건의하여 김안로를 다시 조정으로 불러들이려 하자, 공이 회재(晦齋) 이 선생(李先生: 이언적)과 함께 불가하다고 고집하니, 그 당여들의 원한이 더욱 깊어졌다. 이때에 이르러 김안로가 다시 권병(權柄)을 잡는 자리에 등용되자 밤낮으로 몰래 공을 모함하려 획책했으나 도리어 구실을 삼을 만한 말이 없었다. 마침 당성위(唐城尉) 홍려(洪礪, ?~1533)가 김안로에게 모함을 받아 죽기에 이르렀을 때, 김안로가 마침내 전한(典翰) 소봉(蘇逢, 1499~1563)에게 공을 당성위와 절친했다고 논박하도록 사주하자, 공은 간관(諫官)에서 체직되어 군자감 판관(軍資監判官)으로 좌천되었고, 얼마 뒤에 외직으로 나가 경성판관(鏡城判官)이 되었다. 경성(鏡城)은 북쪽 변방으로 유배되는 땅이었다. 몇 달이 지나 김안로가 패망하여 죽자 곧바로 사간(司諫)으로 공을 불러 돌아오니, 중종이 위로하고 타이르며 말하기를, "그대가 간당들의 뜻을 거슬러 멀리 변방까지 나가 고생한 것을 알지 못하였으니, 내 마음에 편치 않은 점이 있다."라고 하였다. 이때 세 간신(三奸臣: 金安老, 許沆, 蔡無擇)이 이미 제거되었으니, 공의 명성과 덕망은 더욱 드높아졌다. 윤안인(尹安仁, ?~1538)이 전조(銓曹: 이조)를 맡고 있으면서 공에게 부탁하며 말하기를, "어찌 그 잔당들을 모조리 제거하지 않는가?"라고 하자, 공이 말하기를, "간사한 자들은 진실로 제거해야 하겠지만, 너무 지나친 것은 옳지 않습니다."라고 하니, 윤안인이 기뻐하지 않았다.

무술년(1538) 군자감 정(軍資監正)으로서 외직으로 나가 성주목사(星州牧

使)가 되었는데, 성주는 고향과 거리가 멀어 부모를 봉양하기에 불편하다며 소장을 올려 가까운 고을로 바꾸어 줄 것을 청하였다. 마침 탁영시(擢英試)에 급제하여 통정대부(通政大夫) 품계로 올라 영천군(榮川郡: 영주군)으로 바꾸어 제수되었고, 경자년(1540) 체직되어 돌아왔다. 이듬해 승정원에 들어가 우부승지에서 차례로 승진하여 우승지에 이르렀고, 임인년(1542) 특별히 가선대부(嘉善大夫)로 승진하여 강원도 관찰사에 제수되었다.

공은 그동안 고을을 다스릴 때면 모두 탁월한 치적이 있었다. 의흥현감으로 있을 때는 유교의 교화가 크게 일어나 예교가 미치지 않았던 풍속마저 상례(喪禮)·장례(葬禮)·조례(弔禮)·제례(祭禮)를 알게 되었으며, 흥해군수로 있을 때는 수륙절도사영(水陸節度使營)에서 공이 청렴함과 대쪽 같은 성품으로 스스로를 지키는 것을 두려워해 숨이 막혀 감히 한마디도 낼 수 없었으며, 영천군수(榮川郡守)로 있을 때와 같은 경우에 이르러서도 고향과 거리가 100리도 되지 않았으나 청렴과 절약에 더욱 힘쓰자 체납해 도피했던 자들은 완납하였고 송사하던 자들은 돌아가 조용해졌으며, 관찰사의 영문(營門)에 부임했을 때는 관리들의 임면에 사사로움이 하나도 없어서 모든 고을들이 그 엄정하고도 분명함에 감복하였다.

계묘년(1543) 좌천되어 첨지중추부사(僉知中樞府事)로 제수되었다. 갑진년(1544) 경주부윤(慶州府尹)으로 부임하여 9월 23일에 관사에서 죽었으니, 향년 58세였다. 병이 한창 위독해졌을 때에 다른 말은 하지 않고, 다만 말하기를, "동궁(東宮)은 온 나라 인심이 의지할 분인데, 근래 대윤(大尹)이니 소윤(小尹)이니 하는 말이 무슨 까닭으로 항간에 떠돈단 말인가? 나랏일이 장차 어찌될지 모르겠다."라고만 하였다. 공이 죽자, 온 고을 사람들이 눈물을 흘렸으니, 마치 포대에 싸인 아기가 젖을 잃은 듯하였다. 중종(中宗)이 특별히 부의(賻儀)를 예외로 더해 주고 예관을 보내 법식에 따라 제사를 지내게 하였으며, 인종(仁宗)도 동궁으로 있었을 때 또한 부의하였다.

공은 어버이를 효성으로 섬겼는데, 고을 수령으로서 봉양한 것만 있는 것이 아니라, 몸소 물고기를 낚아 공양하였다. 동생과 누이들에게 논밭을 나누어 주어 화목하게 하였고, 일가 친지들을 은혜로써 돈독히 하였다. 사람들을 대할 때는 너그럽고 인자함에 힘써서 뭇사람들을 용납하였으며, 일의 옳고 그름을 논할 경우에는 의연하여 빼앗을 수 없는 기운이 있었다. 고을을 다스릴 때는 공적인 것은 살찌게 하고 사적인 것은 여위게 하면서 물건 하나라도 사사로이 따라오지 않도록 하였다. 평소에는 베옷을 입었고, 책상조차 간소하고 다 갖추어지지 않아 초라하였으니, 이를 본 사람들은 그가 벼슬아치로서 입신한 사람인 줄 알지 못하였다.

일찍이 회재(晦齋) 선생과 도의(道義)로 교분을 맺었는데, 흥해 수령으로서 지나는 길에 여러 차례 옥산서재(玉山書齋: 경상북도 경주시 안강읍 소재)에 들러 서로 도우며 유익함이 많았고, 동도(東都: 경주) 부윤이 되었을 때에도 서로 강론하고 연마하여 더욱 친밀하였다. 성품이 가식적으로 꾸미기를 좋아하지 않았고, 스스로 재능을 감추어 숨기려 힘썼으나, 선량한 사람들 가운데 공을 아는 자들은 공보(公輔: 三公四輔, 재상)가 될 그릇으로 여기지 않는 이가 없었다.

늘 농암(聾巖) 이 선생(李先生: 李賢輔)의 염퇴(恬退: 세속적 영화에 뜻이 없어 벼슬을 내놓고 물러나는 것)를 사모하여 강가에 작은 암자를 얽어 짓고 '운암(雲巖)'이라 편액하였으며, 또 낙동강 가의 경치 좋은 곳에 터를 잡아 생을 마치려고 하였으니, 그가 좋아하던 바를 보면 또한 그 뜻을 알 수 있을 것이었다. 문집이 있었으나 전란에 흩어졌고 지금 집에 보관되어 있는 것은 겨우 몇 편뿐이니, 애석한 일이다.

부인 창녕조씨(昌寧曺氏)는 진사 조치당(曺致唐)의 딸이다. 시어머니 이 부인(李夫人)이 늘 여러 손자들에게 훈계하여 말하기를, "남자는 너희 아버지를 모범으로 삼고, 여자는 너희 어머니를 본보기로 삼는다면, 김

씨 집안이 거의 예에 가까울 것이다.”라고 하였다. 향년 74세로 병진년
(1556) 11월 9일에 죽었다. 공과 합장되었으니, 바로 안동(安東) 거인촌
(居仁村) 곤좌(坤坐)의 언덕이다. 2남 3녀를 낳았다. …(이하 생략)…

嘉善大夫江原道觀察使兼兵馬水軍節度使巡察使金公神道碑銘

金後凋·把淸二公, 在退陶老先生門, 以篤行稱焉者。把淸公嘗爲其
先考觀察公狀, 請銘於先生, 先生受而藏之, 文未出而有山頹之恨矣。
竊念先生戒存濫飾, 苟非心素景服, 未嘗爲人作麗牲文。夫以把淸之賢
而狀先德, 則其嚴且密可知, 以先生之重一言之飾而受而藏之, 則公之
言行之應銘法, 可知也已。公之八世孫瑩, 踰大嶺, 入京師, 託濟恭以
二百年巾衍之狀。嗟夫! 此先生之所鄭重者, 以濟恭之顓蒙後學, 其可
與議於斯, 以速僭踰之罪乎? 雖然, 法可銘而銘之, 先生志也。況是役
也, 於濟恭實有榮焉。乃敢按其狀而撰次之。曰公諱緣, 字子由, 自號
雲巖。金本光州人, 在麗奕世簪纓, 有曰光存, 知門下省事, 有曰積, 藝
文館大提學, 諡章榮。章榮有子曰天利, 事本朝爲密直副使。是生務,
於公高祖也, 官濟用少監。曾祖曰崇之, 穆淸殿直, 贈司僕正。祖曰淮,
縣監, 贈參議。考曰孝盧, 始卜居禮安, 遂爲禮安人。嘗以卓行擧于朝,
値己卯禍, 不果用, 以國子生員終, 贈吏曹參判。妣貞夫人陽城李氏,
郡守持之女, 判中樞純之之孫。以成化丁未生公。公力學蚤立。庚午,
中生進兩試, 己卯登第。主其試者, 金慕齋先生, 每以不擢公上第爲
恨。選隷槐院, 庚辰, 薦入史館爲翰林。未幾, 遭世母喪, 持心制, 以終
三年, 以鞠養恩也。後於世父亦如之。制闋, 由待敎, 陞奉敎。甲申, 拜
司諫院正言。公常嫉金安老奸, 旣入臺閣半月, 伏閤抗爭, 安老貶乃
已。時, 大臣及東西銓, 交口譽凜凜, 朝莫晉用, 公顧不樂進取, 爲養乞
外, 除義興縣監。丙戌, 因世父喪, 解官, 戊子, 授典籍, 自是遷工禮二
曹正郎, 間拜司憲府持平。庚寅, 出守興海郡, 居五年, 以事遞。丁父
憂, 盧墓盡哀, 鄕黨感服。丁酉, 由司藝, 轉軍資副正, 陞拜司諫院司
諫。先是, 安老黨蔡無擇·沈彦光倡議, 欲引安老入, 公與晦齋李先生,

執不可，　其黨憾盆深。至是，　安老復枋用，　日夕謀陰中公，　顧無以爲
說。會，唐城尉洪礪爲安老所構殺，　遂嗾典翰蘇逢，以公爲唐城切親駁，
遞諫官付軍資判官，　俄出鏡城判官。鏡，北塞禦魅之地也。居數月，安
老敗死，卽以司諫召公還，中廟慰諭曰：“不知爾忤奸，遠勞于外，於予
心有不安者。”時，三奸旣除，公聲望盆蔚然。尹公安仁，掌銓部，囑公，
曰：“盍盡鋤其餘黨？”公曰：“奸固可鋤，已甚則不可。”尹不悅。　戊戌，
以軍資監正，出星州牧使，以星距鄕遠，不便於養，上章乞換近邑。會，
登擢英試，陞通政堦，換授榮川郡。庚子，遞還。明年，入承政院，自右
副陞至右承旨，壬寅，特陞嘉善，拜江原道觀察使。公前後治郡，皆有
異績。在義興，儒化丕煽，使僻俗，知喪葬弔祭禮，在興海，水陸節度
營，憚公廉簡自守，噎不敢出聲，至若榮川，距鄕無百里，盆務清約節
省，逋者完，訟者歸，及莅按察營，黜陟無一私，列邑咸服嚴明。癸卯，
遞付僉中樞。甲辰，赴慶州府尹，以九月二十三日卒于官，壽五十八。
方疾革無他語，只曰：“東宮一國人心所屬，邇來大小尹之說，何故行於
下也？國家事殆不知稅駕。”及卒，一境涕泣，若襁兒失乳。中廟別加贈
賻，遣官祭如式，仁廟在東宮亦賻焉。公事親孝，非有專城養，躬釣魚
以供。囿弟妹以和，篤宗族以恩。待人務寬仁容衆，至事是非論議，有
毅然不可奪者。爲郡肥公瘠私，　不欲以一物隨。平居衣布衣，　廉几草
草，見者不知其爲宦達人也。嘗與晦齋先生，爲道義交，其宰興海，屢
過玉山書齋，資盆居多，及尹東都，講磨盆密如也。性不喜矯飾，務自
韜晦，然善類之知公者，莫不器之以公輔。常慕聾巖李先生恬退，瀕江
縛小菴，扁以雲巖，又卜洛上勝地，以擬終老，觀其所好，亦可以知其志
矣。有集逸於燹，今藏於家，只若干首，惜哉！配昌寧曹氏，進士致唐之
女。尊姑李夫人，每敎戒諸孫，曰：“男以而父爲法，女以而母爲則，金
氏其庶幾乎？”年七十四，以丙辰十一月九日卒。葬祔公，卽安東居仁
村坤坐原也。生二男三女。…(이하 생략)…

〔樊巖先生集，　권44，神道碑〕

20. 이중량

이중량의 자는 공간, 호는 하연, 본관은 영천(永川)이다. 농암(聾巖) 이현보(李賢輔)의 아들이다. 연산군 갑자년(1504)에 태어났다. 중종 무자년(1528) 사마시에 합격하고, 갑오년(1534) 문과에 급제하였다. 검열(檢閱)·설서(說書)·삼사(三司)·직제학(直提學)을 거쳐 벼슬은 관찰사에 이르렀다. 선조 임오년(1582)에 죽었다.

공의 타고난 성품은 순박하고 정직하였으며, 일을 처리함에 있어서는 치밀하였다. 침착하지 못하고 경솔하여 신중하지 못한 태도를 미워하였으니, 사람들 중에 경솔하고 방탕하며 게으른 자가 있으면 반드시 말하기를, "하늘이 사람을 낼 때 각자 맡은 바 할 일이 있거늘, 비록 능히 가치가 있는 진정한 사업을 모두 이룰 수는 없다 하더라도 농사를 짓는다면 반드시 벼 300단 거두기를 기약해야 하고, 사냥을 한다면 또한 모름지기 뜰에 오소리라도 걸어 두어야 하는데, 어찌 마땅히 마음을 쓰는 바가 없이 놀고 먹는 것을 편안하게 여길 수 있단 말인가?"라고 하였다.

일찍이 영천군수(永川郡守)가 되어 후한 덕으로 다스린 적이 있었는데, 명령을 내려 시행하며 백성들의 뜻을 따르고 번잡한 정사를 숭상하지 않아서 상하가 믿게 되어 민생과 물자가 모두 순조로이 풍족해졌으니, 지금까지도 '순리(循吏: 법도와 직분에 공정하게 다스린 지방관)'로 일컬어지고 있다.

공은 벼슬살이에 담담하여 평소 시내와 산을 좋아하였다. 거처하던 곳이 물과 바위의 경관이 매우 뛰어나 원림(園林)에 꽃과 대나무를 심어 가꾸고 연못가에 정자와 누각을 지어 꾸몄으며, 만년에 이르러 벼슬에서 물러나 누린 즐거움 또한 선친이 고상하게 속세를 벗어나 은거한 삶과 거의 가까웠다.【협주: 동생 이숙량이 찬한 묘지에 실려 있다.】

• 李仲樑

李仲樑, 字公幹, 號賀淵, 永川人。聾巖賢輔子。燕山甲子生。中宗
戊子司馬, 甲午文科。歷檢閱·說書·三司·直提學, 至觀察使。宣祖
壬午卒。

公天性朴直, 處事緻密。惡浮薄輕淺之習, 人有漫浪遊怠者, 必曰:
"天之生物, 各有所爲, 縱未能爲眞事業, 治農則必期取禾三百, 欲獵則
亦須庭有懸狟, 豈宜無所用心而恬於素食乎?"

嘗守永川郡, 莅以厚德, 發號令, 順民情, 不尙劘煩之政, 而上下孚,
人物遂[1], 至今以循吏[2]稱。

公恬於仕宦, 雅好溪山。所居泉石頗勝, 林園花竹, 池沼亭榭, 晚年
退休之樂, 亦庶幾先人之高蹈。【弟叔樑[3]撰誌】

보충

이숙량(李叔樑, 1519~1592)이 찬한 비문

통정대부 수강원도관찰사 겸 병마수군절도사 하연형 비문

공의 휘는 이중량(李仲樑), 자는 공간(公幹), 본관은 영천(永川)이다. 5대
조 이헌(李軒)은 처음 예안(禮安)의 분천리(汾川里)로 옮겨 살았고, 벼슬은
군기시 소윤(軍器寺少尹)에 이르렀다. 고조부 휘 이파(李坡: 이헌의 2남)는
의흥현감(義興縣監)을 지내고 통정대부 병조참의에 추증되었다. 증조부

---

1   人物遂(인물수); 백성이 생업에 편안히 종사하여 풍족해짐.

2   循吏(순리): 직분을 성실히 수행하는 선량한 관리.

3   叔樑(숙량): 李叔樑(1519~1592). 본관은 永川, 자는 大用, 호는 梅巖. 증조부는 통례문봉
     례 李孝孫이며, 조부는 인제현감 李欽이다. 아버지는 호조참판 李賢輔이며, 어머니는 충순
     위 權孝誠의 딸이다. 부인 廣州李氏는 충순위 李復新의 딸이다. 李滉의 문하에 나아가
     학문을 닦았다. 1543년 진사시에 합격하였으나 科業에는 뜻을 두지 않고 성리학의 연구에
     만 치중하였는데, 후일 천거에 의하여 王子師傅에 임명되었으나 부임하지 않았다. 1592년
     임진왜란 때에는 격문을 지어 의병의 궐기를 촉구하기도 하였으나 난중에 죽었다.

휘 이효손(李孝孫: 이파의 1남)은 통례문 봉례(通禮門奉禮)를 지내고 가선대부 이조참판에 추증되었다. 조부 휘 이흠(李欽: 이효손의 1남)은 인제현감(麟蹄縣監)을 지내고 자헌대부 의정부 좌참찬에 추증되었다. 아버지 휘 이현보(李賢輔: 이흠의 1남)는 숭정대부 행 지중추부사를 지냈으며, 시호는 효절공(孝節公)이다. 어머니 정부인(貞夫人) 권씨(權氏)의 본관은 안동(安東)으로 충순위(忠順衛) 권효성(權孝誠: 權有良의 2남)의 딸이다. 홍치(弘治) 17년(1504) 9월 19일 공을 낳았다.

자질이 후하고 국량이 넓어 차분하고도 조용하며 말수가 적었으니, 남의 잘잘못을 논하는 것을 좋아하지 않았다. 과거 공부에 힘써서 한 번도 낙방하지 않고 모두 이루었으니, 무자년(1528) 사마시에 합격하고 갑오년(1534) 문과 병과(丙科)로 급제하였다. 승문원에 배치되어 실무를 익히다가 예문관(藝文館)에 선발되어 검열(檢閱)로 들어갔고 병신년(1536) 대교(待敎)·봉교(奉敎)로 승진하였으며, 정유년(1537) 시강원 설서(侍講院設書)로 옮겼고, 승정원 주서(承政院注書)로 전직되었다가 일로 인해 면직되었다. 이윽고 어머니상을 당했는데, 기해년(1539) 복상(服喪)을 마친 뒤 다시 봉교가 되었고, 겨울에 성균관 전적으로 승진하였다. 경자년(1540) 병조좌랑에 제수되었으며, 신축년(1541) 사간원정언으로 옮겼고 겨울에 사헌부지평에 제수되었다가 병조정랑으로 옮겼다.

임인년(1542) 경기도사(京畿都事)를 거쳐, 계묘년(1543)에 부모가 연로하였으므로 영천군수(永川郡守)를 자청하였다. 부임하여서는 후한 덕으로 다스렸는데, 명령을 내려 시행하며 백성들의 뜻을 따르고 번잡한 정사를 숭상하지 않아서 상하가 믿게 되고 민생과 물자가 모두 순조로이 풍족해졌으니, 지금까지도 '순리(循吏: 법도와 직분에 공정하게 다스린 지방관)'로 일컬어지고 있다. 기유년(1549) 임기가 차서 내직으로 들어와 종부시 첨정(宗簿寺僉正)이 되었고, 삼척부사(三陟府使)에 제수되었다가 경술년(1550) 청송부사(青松府使)로 바뀌었는데, 부친이 계신 고향 가까이에서 봉양하기에 편하도록 하기 위해서였다. 갑인년(1554) 또 안동부사(安東府使)로 옮겼다가, 을묘년(1555) 여름에 부친상을 당하여 정사년(1557) 복상을 마친 뒤 사헌부 장령에 제수되었고 무오년(1558) 사간(司諫)을 거쳐 집의(執義)에 이르렀으며, 천거로 홍문관에 들어가 교리가 되었다가 기미년(1559)에 응교(應敎)가 되었고 직제학에 이르렀으며, 이어 본도(本道: 경상도) 재상어사(灾傷御史)로 파견되었다.

겨울에 승질(陞秩: 정3품 이상의 품계에 오르는 일)되어 승정원 동부승지가 되었고 경신년(1560) 우부승지가 되었으며, 가을에 예조참의가 되었다가 승정원으로 돌아와 좌부승지가 되었고, 신유년(1561) 우승지가 되었다. 임술년(1562) 외직으로 나가 상주목사(尙州牧使)가 되었으며, 계해년(1563) 경주부윤(慶州府尹)으로 옮겼다가 갑자년(1564) 군액(軍額: 그 지방에 부과된 軍役의 부담 인원)의 결원이 많다는 이유로 파직되었다.

정묘년(1567) 영해부사(寧海府使)에 제수되었다. 이 고을은 동해(東海)의 외진 곳으로 수자리를 살면서 지키는 것이 엄하지 않아 으레 무신(武臣) 가운데 쇠퇴한 자를 파견하였는데, 앞다투어 가혹하게 백성을 수탈하자 그로써 도망간 호구(戶口)가 과반이나 되어 군부(軍簿: 군의 장부)가 날로 비어 형편이 구제하기 어렵게 되었다. 공은 평소 그 폐단이 이서(吏胥)들 때문이라는 것을 알고 그 중 심한 자 한두 명을 맨 먼저 징계하고 이어서 잘못된 판결을 바로잡으니, 몇 달이 지나지 않아 떠돌던 무리가 편안히 살게 되고 공사(公私: 공적인 재정과 사적 백성 생활)가 모두 풍족해지자, 근세에 선정을 베푼 관리로 공을 가장 으뜸으로 일컬었다. 경오년(1570) 가을 임기가 차서 고향으로 돌아왔다가, 신미년(1571) 공조참의에 제수되었고 겨울에 강원도관찰사로 제수되었으며 임신년(1572)에 파직되었다. 이후로 비록 늘 군직(軍職)을 맡았으나, 벼슬길에 그다지 뜻이 없었다.

평소 시내와 산을 좋아하였는데, 거처하던 양양(襄陽)은 물과 바위의 경관이 매우 뛰어나 원림(園林)에 꽃과 대나무를 심어 가꾸고 연못의 언덕에 정자와 누각을 지어 꾸몄으니, 일일이 다 말하지는 못한다. 공의 여러 형제들은 다 글공부를 닦아 출세를 통해 부모를 영화롭게 하려는 뜻을 갖지 않은 사람이 없었으나, 그 이루려는 일을 펼쳐 또한 이 세상에서 시험한 자가 있었으니 오직 공뿐이었다. 이름난 벼슬을 차례로 역임하고 처음부터 끝까지 부모를 영화롭게 봉양하였으며, 한결같이 선친이 부모를 받들던 대로 봉양하였다. 만년에 이르러 벼슬에서 물러나 누린 즐거움 같은 경우도 또한 선친이 고상하게 속세를 벗어나 은거한 삶과 거의 가까웠다. 공이야말로 어버이의 뜻을 잘 계승하고 어버이의 일을 잘 따랐던 사람이라고 할 만하다.

타고난 성품은 순박하고 정직하였으며, 일을 처리함에 있어서는 치밀하였다. 침착하지 못하고 경솔하여 신중하지 못한 태도를 미워하였으니, 사람들 중에 경솔하고 방탕하며 게으른 자가 있으면 반드시 말하기를, "하늘이 사람을 낼 때 각자 맡은 바 할 일이 있거늘, 비록 능히 가치가 있는 진정한 사업을 모두 이룰 수는 없다 하더라도 농사를 짓는다면 반드시 벼 300단 거두기를 기약해야 하고, 사냥을 한다면 또한 모름지기 뜰에 오소리라도 걸어 두어야 하는데, 어찌 마땅히 마음을 쓰는 바가 없이 놀고 먹는 것을 편안하게 여길 수 있단 말인가?"라고 하였다. 시문을 매우 좋아하였는데, 그 문채는 화려하면서도 법도에 맞고 점잖았다. 타고난 기질이 우직하였고, 말솜씨는 어눌하였다. 스스로의 재능과 지혜가 남만 못하다고 여겨 늘 겸손하게 몸을 낮추어서 스스로를 단속하였다. 단 한 가지라도 영화와 은총이 있으면 번번이 분수에 넘침을 걱정하였다. 관직에 있든 집에 있든 잘한 일은 반드시 남에게 양보하고 허물은 반드시 자신에게 돌렸으니, 이는 대개 그 성품이 그러하였기 때문이다.

병이 위독해지자 여러 동생들이 달려와 문안하였는데, 밤낮으로 서로 마주하였으나 한마디도 집안일을 말하지 않았다. 비록 평소 아끼고 사랑하던 어린 자식들이 눈앞에 있었어도 돌보거나 처리하려는 생각을 하지 않고 태연하여 평소와 다름이 없었다. 임오년(1582) 3월 19일 정침(正寢)에서 죽었으니, 향년 79세였다.

공은 습독(習讀) 반사형(潘士澗)의 딸에게 장가들어 아들 하나를 낳았으니 이영승(李令承)이다. 이영승은 아들 일곱을 두었는데 이사원(李士愿), 이사약(李士約), 이사홍(李士弘), 이사민(李士敏), 이사순(李士純), 이사성(李士誠), 이사윤(李士潤)이다. 딸은 둘로, 장녀는 사인(士人) 조우인(曹友仁)에게 시집갔는데 조우인은 바야흐로 재주가 있다는 명성이 있으며, 차녀는 어리다. 이해 9월 2일 예천(醴泉) 효망산(孝望山) 갑좌경향(甲坐庚向)의 언덕에 장사지냈다.

通政大夫守江原道觀察使兼兵馬水軍節度使賀淵兄碑文

公諱仲樑, 字公幹, 永川人。五世祖諱軒, 始移居禮安之汾川里, 仕至軍器少尹。高祖諱坡, 義興縣監, 贈通政大夫兵曹參議。曾祖諱孝孫, 通禮門奉禮, 贈嘉善大夫吏曹參判。祖諱欽, 麟蹄縣監, 贈資憲大夫議政府左參贊。考諱賢輔, 崇政大夫行知中樞府事, 贈諡孝節公。妣貞夫人權氏, 籍安東, 忠順衛孝誠之女。以弘治十七年九月十九日生公。資質厚, 局量弘, 容默寡言, 不喜論人長短。力學業, 不一蹟而迄成立, 戊子中司馬, 甲午登丙科。分承文院, 選入藝文館檢閱, 丙申陞待教·奉教, 丁酉移侍講院說書, 轉承政院注書, 以事免。因丁內憂, 己亥服闋, 還奉教, 冬陞成均典籍。庚子拜兵曹佐郎, 辛丑移司諫院正言, 冬拜司憲持平, 遷兵曹正郎。壬寅由京畿都事, 癸卯爲親老, 乞守永川郡。至則莅以厚德, 發號施令順民情, 不尙剗煩之政, 而上下孚, 人物邃, 至今以循吏稱。己酉秩滿, 入爲宗簿僉正, 除三陟府使, 庚戌換靑松, 以近親鄕, 便於養也。甲寅又遷安東, 乙卯夏遭外艱, 丁巳服闋, 拜司憲府掌令, 戊午歷司諫, 至執義, 薦入弘文校理, 己未應敎, 至直提學, 因差本道灾傷御史。冬陞秩, 承政院同副承旨, 庚申右副承旨, 秋禮曹參議, 還左副承旨, 辛酉右承旨。壬戌出牧尙州, 癸亥移尹慶州, 甲子以軍額多窠罷。丁卯除寧海府使。乃東海僻土, 防戍不嚴, 例差武臣之衰敗者, 爭務割剝。以是逋戶過半, 軍簿日空, 勢至難救。公宿聞其弊, 由胥吏, 首懲其尤者一二, 繼以平反, 不數月流氓按堵, 公私俱足, 近世善治, 稱公爲最。庚午秩滿歸田, 辛未工曹參議, 冬拜江原道觀察使, 壬申見罷。自是雖常帶軍職, 而意疎仕宦。雅好溪山, 所居襄陽, 泉石頗勝, 修飾園林花竹池臺亭舍, 不一。公之兄弟, 諸人俱業文, 無非志於立揚顯親, 而其發於事業而亦有試於斯世者, 惟公而止。歷剔華秩, 始終榮養, 一以先人奉親者奉之。如晚節退休之樂, 亦庶幾先人之高蹈。公可謂善繼善述者也。天性朴直, 　處事緻密。惡浮薄輕淺之習。人有慢浪游惰者, 必曰:"天之生物, 各有所爲, 縱未能皆爲眞事業, 治農則必期取禾三百, 欲獵則亦須庭有懸貆, 豈宜無所用心而恬於素食乎?"頗喜詩文, 詞華典重。受氣魯, 言語訥。自以才智不若人, 慊然卑以自牧。有一榮寵, 輒憂過分。居官處家, 善必讓於人, 過必歸于己。蓋其性然也。疾革, 諸弟馳往省, 日夜相對, 無一言及家事。雖嘗憐愛稚少之在前, 無顧恤處置之念, 泰然無異平日。至壬午三月十九日卒于正寢, 享年七十有九。公娶習讀潘士泂女, 生一男曰令承。令承有子七人, 　曰士愿·士約·士弘·士敏·士純·士誠·士潤。二女長適士人曹友仁, 方有才名, 次幼。以是年九月初二日, 葬于醴泉孝望山甲坐庚向之原。

〔梅巖先生文集, 권1, 碣銘〕

21. 김생명

김생명의 자는 사호, 호는 눌재, 본관은 안동이다. 연산군 갑자년
(1504)에 태어났다. 진사였다. 학행으로 천거되어 경산훈도(慶山訓導)
에 제수되었다. 선조 정축년(1577)에 죽었다. 예안(禮安)의 마곡사(磨谷
社)에 향사하였다.

퇴도(退陶: 이황)의 문하에서 수학하였는데, 선생은 그가 굳은 뜻으로
힘써 배운다고 칭찬하였다. 겸손하고 검소하게 스스로를 지키면서 뜻이
견고하고 생각이 진지하여, 그와 함께 지내면 매우 유익함이 있었다.【협
주: 유사에 실려 있다.】

• 金生溟

金生溟[1], 字士浩, 號訥齋, 安東人。燕山甲子生。進士。以學行薦,
授慶山訓導。宣祖丁丑卒。享禮安磨谷社[2]。

遊退陶門下, 先生稱其篤志力學。謙約自守, 志堅思苦, 與之處甚有
益。【遺事[3]】

1　金生溟(김생명, 1504~1577): 증조부는 한성판관 金係權이며, 조부는 찰방 金永銖이다.
　　아버지는 진사 金珣이며, 어머니 安東金氏는 진사 金光粹의 딸이다. 부인 草溪卞氏
　　(1511~1578)는 참봉 卞孝儉의 딸이다.
2　磨谷社(마곡사): 磨谷書院. 경상북도 안동시 녹전면에 있었던 서원. 조선시대에 지방 유림
　　의 공의로 卞秀孫·金有庸·李完·金生溟·朴士熹·柳贇·尹義貞의 학문과 덕행을 추모하기
　　위해 창건하여 위패를 모셨다.
3　遺事(유사): 金生溟의《訥齋先生文集》에서 찾을 수 없음.

22. 이해 정민공

이해의 자는 경명, 호는 온계, 본관은 진보이다. 문순공(文純公) 이황(李滉)의 형이다. 연산군 병진년(1496)에 태어났다. 중종 을유년(1525) 진사시에 합격하고, 무자년(1528) 문과에 급제하였다. 한림(翰林)·이랑(吏郎)·사인(舍人)·전한(典翰)·직제학(直提學)·대사간·충청도관찰사·황해도관찰사를 거쳐 벼슬은 대사헌에 이르렀다. 명종 경술년(1550)에 장형(杖刑)을 맞고 귀양 도중 죽었다. 선조조(宣祖朝)에 복관(復官)되었고, 숙종 신미년(1691)에 이조판서로 추증되었다. 예안(禮安)의 청계서원(淸溪書院)에 향사하였다.

공의 덕성은 너그럽고 온후하였으며, 도량은 크고 넓었다. 형제에게 우애로웠으며, 집안일을 처리하면서 따뜻하고 화목하였다. 자제들이나 하인들이 잘못을 저질러도 노여움을 드러낸 적이 없었다. 둘째 형(역자 주: 李漪)이 일찍 죽자, 공은 조카 이재(李宰)를 데려다가 보살피고 가르쳐 성인으로 자립할 수 있게 하였다. 남과 함께 있으면 훈훈하고 다정하여 친해질 수 있었으며, 친구들에게 급한 일이 있으면 반드시 힘을 다해 도와주었으며, 평생 남을 해치려는 마음이 없었으니 사람들이 보기만 해도 길인(吉人: 善人)이자 군자(君子)임을 알았다.【협주: 동생 이황이 찬한 묘지명에 실려 있다.】

인종(仁宗)이 막 즉위하자 팔도의 백성들은 나라가 더할 나위 없이 잘 다스려지기를 기대하였으나, 우의정 이기(李芑)가 하는 일들은 흉악하고 사특한 것이 많았으니, 공은 대사헌으로서 그를 탄핵하였고 헌납 이치(李致)도 이에 참여하였다. 5년이 지나 공이 충청도 관찰사였을 때, 이홍남(李洪男)이 자기 아우 이홍윤(李洪胤)을 무고하며 역모를 품었다고 하여, 그 때문에 충주(忠州)가 어육이 되었고 옥사(獄事)가 많이 넘쳐났다.

조정에서 충주를 유신현(維新縣)으로 강등시키고 이치(李致)로 하여금 고을의 일을 관장하게 하였다. 이홍남이란 자는 일찍이 천조랑(天曹郎: 吏曹의 낭관)을 지내다가 그의 부친 이약수(李若水: 李若氷의 오기)가 사화(士禍)에서 죽은 일에 연좌되어 귀양 가 있었는데, 이때에 이르러 조정에서는 이홍남이 대의를 위하여 친족을 돌아보지 않았던 것으로 여기면서 그를 다시 등용할 것을 논의하였다. 그 고을 백성 최하손(崔賀孫)이란 자는 이홍남을 따라해 이익을 탐하고자 하였는데, 유배지에서 도망쳐 와 있었던 처지로 고을 사람들의 향회문(鄕會文)을 몰래 훔쳐서 장차 경성(京城)으로 달려가 고변하려다 발각되고 말았다. 이치가 이 일을 감영(監營)에 보고하여 심문할 것을 청하자, 공이 허락하고 그 실정을 캐내어 조정에 보고하려는 것뿐이었는데, 단 한 차례의 심문에서 최하손이 죽은 것은 공이 미처 요량하지 못한 일이었다. 이홍남이 관아의 뜰에 와서 자기 동생의 장부상 재산 기재가 적합한지 여부를 따지자, 공은 많은 사람들 앞에서 그에게 침을 뱉으며 모욕하였으니, 이홍남은 원망이 지극하지 않은 바가 없을 만큼 깊었다. 사간 이무강(李無疆)은 이기의 충견처럼 앞잡이 노릇을 하였다. 원호변(元虎變)이란 자는 이홍남의 처남이었는데, 이무강과 매우 가까이 지냈다. 그리하여 이홍남이 원호변 및 원호변의 숙부 대사간 원계검(元繼儉)을 사주하여 이무강에게 공을 무함하도록 하니, 이무강은 본래 공과 함께 사관(史官)으로 있었으나 공이 그의 행실을 천박하게 보고 일절 거들떠보지 않았으니 평소부터 공을 원망하였다. 원호빈의 모함을 듣고 난 뒤, 이를 빌미 삼아 이기의 환심도 사고 자신의 분함도 풀고자 하여 마침내 신나게 달려가 이기에게 고하니, 이기는 그것을 더욱 깊이 모의하였다. 이듬해 이기가 상소하여 구수담(具壽聃)의 지난 일을 논핵하자, 공은 탄식하여 말하기를, "대신(大臣)이 성상(聖上)의 총명을 어지럽히니, 시국이 위태롭지 않겠는가?"라고 하였다. 이기가 대각(臺閣)에 눈짓을 하니, 이무강과 원계검은 이에 호응하여 일어나 비로소 공이 이전 충청도 감영에 있을 때 역당(逆黨)의 전답과 노비들을 은밀히 돌려주었다고 무고하였으나, 이 말이 실체가 없자 또다시 공이 이치가 최하손을 곤장을 쳐 죽이도록 허락하여 역적을 비호하는 입을 막았다고 무고하였다. 이런 계략만으로도 오히려 옥사를 급히 하지 않자, 이에 공이 구수담과 서로 붕비(朋比: 붕당을 지어 자기 편을 두둔함)를 지었다고까지 말하였다. 구수담은 일찍이 간관(諫官)이 되어 이기(李芑)를 밀어내려 했는데, 이기가 불령(不逞)한 무리들을 끌어들여 구수담의 허물을 긁어모으게 하여서 죽일 것을 논하였고, 임금의 뜻을 저촉하는 말이 있는 것에 연루되어 있다면서 마침내 공을 그 당여(黨與)로 지목해 주상을 격노케 한 것이다. 이에, 공과 이치는 함께 조옥(詔獄: 관리 및 양반 계급의 범죄자를 가두던 의금부)에 갇혀 매우 혹독한 고문을 받았는데, 이치는 죽고 공 또한 생명이 위태로운 지경에 이르렀다. 어떤 사람이 말하기를, "만약 거짓으로라도 자복하면 죽지 않을 수도 있소."라고 하자, 공은 의연히 말하기를, "범한 것이 없거늘 거짓으로라도 자복해서 살 길을 도모하는 일은 내가 부끄러워하는 바이오."라고 하였다. 윤원형(尹元衡)이 추관(推官: 추국을 맡은 관원)이 되고서 억지로 공초(供招)를 갖추어 서명(署名)하도록 강요하자, 공은 얼굴빛이 평소와 다름없이 하고 천천히 말하기를, "이 일들은 모두 내가 아는 바가 아니니 감히 서명할 수 없소이다."라고 하고는, 옥중에서 상소를 지어 올리려고 했으나, 윤원형이 이를 막아 받아들여지지 않았다. 이윽고 주상이 그 억울함을 헤아리고 갑산부(甲山府)로 유배하도록 명하였는데, 들것에 메어서 가다가 양주(楊州)에 이르러 죽었다.

젊었을 때 일찍이 김안로(金安老)와 같은 마을에 살았는데, 김안로가 여러 번 끌어들이려 했지만 공은 끝내 그에게 굽히지 않았다. 이무강 등이 여기저기서 터무니 없는 말을 만들어 날조하여 화의 기미가 어떻게 닥칠지 예측할 수 없을 때, 도헌(都憲: 대사헌) 송세형(宋世珩)이 공을 만나려고 하였는데, 송세형은 이기에게 빌붙은 자였다. 어떤 이가 공에게 찾아가 만나서 화를 막으라고 권유하자, 공이 말하기를, "내가 그 사람됨을 알고 있다오. 하물며 죽고 사는 것은 하늘에 달렸는데, 그의 문 앞에 찾아가서 불쌍히 봐주기를 구걸하는 것은 또한 비루하지 않은가?"라고 하였다. 화복(禍福) 때문에 마음이 흔들리지 않은 것이 이와 같았다.

공이 죽고 몇 년이 지난 뒤, 이기는 파면되어 근심으로 죽고, 이무강 또한 귀양가서 죽었다. 선조(宣祖)가 원년에 비로소 공의 원한을 씻어주었으니, 하늘의 도리가 이에서 정해지게 되었다.

공은 퇴도(退陶: 이황) 선생의 형으로 어려서부터 뜻이 같고 도가 합치하여 당시에 금과 옥 같은 형제라고 일컬어졌다. 공이 도성으로 가서 벼슬살이할 때, 퇴도가 '함께 청산에 지내기를 기약하다(共約靑山).'라고 한 시를 남기자, 공은 일찍이 말하기를, "벼슬이 2품에까지 이르렀으니 포의(布衣)로서 영광이기는 하나, 나는 이것이 즐겁지가 않다."라고 하였으니, 그의 뜻이 품은 바를 알 만하였다.

• 李瀣 貞愍公

李瀣, 字景明, 號溫溪, 眞寶人。文純公滉兄。燕山丙辰生。中宗乙酉進士,　戊子文科。歷翰林·吏郞·舍人·典翰·直提學·大司諫·忠淸黃海監司, 至大司憲。明宗庚戌, 杖流道卒。宣祖朝復官, 肅宗辛未, 贈吏曹判書。享禮安淸溪書院。

公德性寬厚, 器量恢弘。友于兄弟, 其處家熙熙然。子弟婢僕有過, 未嘗刑于嗔恚。仲兄[1]早卒, 公取猶子宰[2], 撫視敎訓, 至于成立。其與人

1　仲兄(중형): 李瀣(1494~1532). 본관은 眞寶. 이황의 셋째 형. 李埴과 의성 김씨 사이의 소생 李潛, 李河, 계실 춘천박씨 사이의 소생 李瀣, 溫溪 李瀣(1496~1550), 李澄(1498~1582), 退溪 李滉이다.

2　宰(재): 李宰(생몰년 미상). 본관은 眞寶, 자는 和父. 증조부는 李繼陽이며, 조부는 李埴이다.

居, 薰然可親, 親舊之急, 必極力而濟之, 平生無害人之心, 人望之, 知其爲吉人君子矣。【弟滉撰誌】

仁宗初卽位, 八域想望至治, 而右相芑[3]所爲多凶罷, 公以大司憲劾之, 獻納李致[4]與焉。居五年, 公按忠淸節, 李洪男[5]誣告其弟洪胤[6]有逆謀, 魚肉忠州[7], 獄多濫。朝廷降忠州爲維新縣, 以李致知縣事。洪男者, 曾任天曹郎, 坐其父若水[8]死於禍, 被謫, 至是, 謂洪男以義滅親, 議

아버지는 李濿이며, 어머니 固城李氏는 李旱雨의 딸이다. 1546년 진사시에 합격하였다.

3   芑(기): 李芑(1476~1552). 본관은 德水, 자는 文仲, 호는 敬齋. 증조부는 李明晨이며, 조부는 知溫陽郡事 李抽이다. 아버지는 사간 李宜茂이며, 어머니 昌寧成氏는 成熺의 딸이다. 부인 光山金氏는 金震의 딸이다. 김종직의 문인이다. 좌의정 李荇의 형이다. 율곡 이이의 재종부이다. 명종이 즉위해 文定王后가 수렴청정을 하자, 윤원형, 윤원로, 윤춘년, 정순붕, 임백령 등과 손잡고 을사사화를 일으켰다. 이때 윤임·유관 등을 제거하고, 1547년 윤원형·尹仁鏡 등과 더불어 良才驛壁書事件(일명 丁未士禍)를 일으켜 지난날 윤원형을 탄핵한 바 있는 宋麟壽, 윤임 집안과 혼인 관계에 있던 李若水를 賜死하고, 李彦迪·鄭磁·盧守愼·鄭熿·柳希春·白仁傑·金鸞祥·權應挺·權應昌·李天啓 등 사림파 20여 명을 유배하였다.

4   李致(이치, 1504~1550): 본관은 德水, 자는 可遠, 호는 梅墅. 증조부는 李孝宗이며, 조부는 李璨이다. 아버지는 현감 李自夏이며, 어머니 全義李氏는 李繼福의 딸이다. 부인 星州李氏는 李麟壽의 딸이다. 1522년 사마시에 합격하고, 1540년 식년문과에 급제하였다. 성균관학유·사간원헌납 등을 역임하였다. 인종초 을사사화를 일으킨 李芑를 양사와 더불어 탄핵하여 파직시켰으며, 또한 외척이 정치에 참여하는 것이 옳지 않다고 주장하였다. 이기와 尹元衡이 이것을 원망하여 1547년 이기의 사주를 받은 李無彊에 의하여 대역죄로 몰려 투옥, 杖殺되었다.

5   李洪男(이홍남, 1515~1572): 본관은 廣州, 자는 士重, 호는 汲古子. 증조부는 李世佑이며, 조부는 李滋이다. 아버지는 左通禮 李若氷이며, 어머니 缶溪洪氏는 洪彦昇의 딸이다. 부인 原州元氏는 元繼蔡의 딸이다. 1538년 별시문과에 급제하여 공조좌랑을 역임하였다. 1546년 문과중시에 급제하였다. 이듬해 대윤파의 여당을 제거하기 위하여 소윤파 李芑·鄭順朋 등이 良才驛의 벽서사건을 빌미로 정미사화를 일으켰을 때 그의 아버지가 연루되어 賜死되고, 그도 연좌되어 영월에 유배되었다. 1549년 평소 사이가 좋지 않았던 동생 李洪胤이 조정을 비난하는 말을 하자, 동생이 모반을 도모한다고 무고하여 처형당하게 하였다. 이해 동생의 모반을 고발하였다는 공으로 소환되어 장단부사로 있을 때 백성을 학대한 죄로 파직되었다가 1561년 공조참의로 다시 기용되고, 1569년 동생을 무고한 사실이 분명하여 삭직되었다.

6   洪胤(홍윤): 李洪胤. 李洪男의 동생. 영의정 尹任의 사위이다. 윤임은 仁宗의 외숙이다.

7   忠州(충주): 충청북도 동북부에 있는 고을.

8   若水(약수): 若氷의 오기. 李若氷(1489~1547). 본관은 廣州, 자는 熹初, 호는 樽巖. 증조부는 李克堪이며, 조부는 李世佑이다. 아버지는 현감 李滋이며, 어머니 光州安氏는 사간 安彭命의 딸이다. 부인 缶溪洪氏는 洪彦昇의 딸이다. 1513년 생원시에 장원 합격하고,

復用。州民崔賀孫者, 欲襲洪男以饕利, 自謫籍逃, 竊取州人鄕會文, 將走京上變覺。李致上其事, 請訊問, 公可之, 擬待得其情聞諸朝, 初訊而賀孫斃, 非公所料也。洪男詣官庭, 推其弟籍産當否, 公於衆中唾之, 洪男怨無所不至。司諫李無疆[9], 芑鷹犬也。元虎變[10]者, 洪男妻兄, 而與無疆交甚切。於是, 洪男嗾虎變及虎變之叔父大諫繼儉[11], 捏公於無疆, 無疆故與公同史職, 而公薄其行, 不一顧, 固嘯公。旣得虎變, 欲籍是悅芑心, 逞己憤, 遂踴躍以告芑, 芑爲之謀益深。

明年, 芑上疏, 追論具壽聃[12], 公歎曰: "大臣熒惑聖聰, 時事不其殆

1514년 별시문과에 급제하였다. 1519년 기묘사화로 趙光祖가 유배될 때 형 李若水가 동료 유생 150여 명을 이끌고 조광조의 신원을 호소하다 옥에 갇히자, 이조정랑으로서 조광조와 이약수의 사면을 주청하다가 파직되었다. 1537년 다시 기용되어 예조정랑을 거쳐 한산군수로 있으면서 1539년에 연산군과 魯山君의 後嗣를 세울 것과 福成君의 신원을 청하다가 잡혀 들어와 삭직당하였다. 그리하여 충주 北村에 가서 살면서 스스로 호를 준암이라 하였다. 그 뒤 1543년 경기도의 災傷御史로 파견되었고, 이듬해 수원부사·종부시 정 등을 지냈다. 1547년 사복시 정으로 재직 중 소윤인 尹元衡·李芑 등이 鄭彦慤의 良才驛의 벽서고발사건을 계기로 대윤 일파를 숙청할 때, 대윤 윤임의 인척이라 하여 처형당하고 가산이 적몰되었다.

9 李無疆(이무강, 생몰년 미상): 본관은 陽城, 자는 景休. 증조부는 李重連이며, 조부는 李適이다. 아버지는 사직 李瑞建이며, 어머니 善山金氏이다. 부인 潘南朴氏는 朴讓의 딸이다. 1522년 진사시에 합격하고, 1536년 별시문과에 급제하였다. 정언, 장령 등을 거쳐 1548년 사성으로 함경도어사로 나갔다. 1550년 사간으로 있으면서 小尹 일파인 李芑 등의 사주를 받아, 具壽聃·許磁·宋純·李浚慶 등이 을사사화 때의 유배자들을 비호한다고 탄핵해 이들을 유배시켰다. 또 이기·李洪男의 사주를 받아 李致·李瀣·崔昌孫 등을 무고해 杖死하게 하였다. 이듬해 평안도어사로 다녀와서 직제학이 되었다가 예천의 문서 부정에 연루되어 파직되었다. 1560년 陳復昌이 제거되자, 허자·송순·이준경 등을 모함한 사실이 탄로나 함경도 경원에 귀양갔다가 그곳에서 죽었다.

10 元虎變(원호변, 1506~?): 본관은 原州, 자는 炳叔. 증조부는 元仲秬이며, 조부는 元順祖이다. 아버지는 대사헌 元繼蔡이며, 어머니 全州李氏는 李謙의 딸이다. 부인 晉州姜氏는 姜台壽의 딸이다. 1531년 생원시에 합격하고, 1538년 별시문과에 급제하였다.

11 繼儉(계검): 元繼儉(생몰년 미상). 본관은 原州, 자는 士禮, 증조부는 元孝而이며, 조부는 元仲秬이다. 아버지는 保功將軍 元順祖이며, 어머니는 張玉堅의 딸이다. 대사헌 元繼蔡의 동생이다. 1525년 진사시에 합격하고, 1533년 별시문과에 급제하였다. 1546년 執義, 다음 해 홍문관의 直提學·副提學을 역임하였다. 1548년 동부승지·좌부승지를 거쳐, 1550년 승정원의 도승지에 임명되었다. 이해 8월 이후 대사간·대사헌을 역임하였으며, 그 뒤에도 이조판서·贊成·판중추부사 등 고위관직을 두루 역임하였다. 1563년 당시의 권신 李樑이 파직, 유배되자 이량의 일당으로 지목받아 대사헌 李鐸, 대사간 姜士尙 등에게 탄핵을 받기도 하였다.

歟?” 芑昫臺閣, 無疆·繼儉應聲起, 始誣公前在忠營私漏逆黨田人, 語無實, 又誣公聽李致杖殺賀孫, 爲護逆滅口。計猶恐獄不急, 迺言公與具壽聃朋比。壽聃嘗以諫官欲擊去芑, 芑風輩不逞捃摭, 論以死, 以其所坐有觸上語, 遂指公爲其黨, 欲以激怒上。於是, 公與李致, 同下詔獄, 栲掠甚酷, 李致死, 公亦危及死。人或言: “若誣服, 得不死。” 公慨然曰: “無所犯而僞服求活, 吾所耻也。” 元衡[13]爲推官, 勒具供脅署, 公神色如平日, 徐曰: “事皆非所知, 不敢署。” 草獄中疏欲上, 元衡拒不入。已而, 上察其冤, 命流甲山府, 昇及楊州卒。

少嘗與金安老同里巷, 安老屢相汲引, 終不爲之屈。當無疆等, 旁午[14]搆捏, 禍機不測, 而都憲宋世珩[15]欲見公, 世珩附麗芑者。或勸公往

---

12 具壽聃(구수담, 1500~1549): 본관은 綾城, 자는 天老. 증조부는 具綱이며, 조부는 병조참의 具信忠이다. 아버지는 생원 具頤이며, 어머니 德水李氏는 현감 李宜榮의 딸이다. 형은 具壽福이며, 趙光祖의 조카사위이자 문인이다. 1519년 생원시에 합격하고, 1528년 식년 문과에 급제하였다. 1533년 부수찬으로서 經筵檢討官이 되어 기묘사화 때 화를 당한 사림파의 敍用을 주장하다가 파직당하고, 金安老의 모함으로 용천에 유배되었다. 1537년 김안로가 사사되자, 다시 서용되어 헌납·지평·교리·응교·직제학·강릉부사·부제학 등을 역임하였다. 1543년 대사간에 올라 尹任의 대윤과 尹元衡의 소윤이 각기 黨與를 이루어 대립함을 지적하였다. 이것이 문제가 되어 1546년 일시 파직되었다가 전라감사로 재서용된 뒤, 1548년에 대사헌이 되어 권신 李芑를 탄핵하다가 삭직되었다. 그리고 1550년 일찍이 柳灌을 변호한 바 있다고 하여 윤원형의 사주를 받은 대간의 탄핵으로 甲山에 유배되었다가 사사되었다.

13 元衡(원형): 尹元衡(1503~1565). 본관은 坡平, 자는 彦平. 증조부는 형조판서 尹繼謙이며, 조부는 尹頊이다. 아버지는 판돈녕부사 尹之任이며, 어머니 全義李氏는 李德崇의 딸이다. 부인 延安金氏는 현감 金安遂의 딸이다. 중종의 계비인 文定王后의 동생이다. 1528년 생원시에 합격하고, 1533년 별시문과에 급제하였다. 인종이 즉위하고 윤임 등 대윤의 탄핵으로 삭직되었다가 명종이 즉위하면서 득세하게 되었다. 1545년 을사사화를 일으켜 윤임·유관·유인숙 등 대윤을 제거하고 1547년 양재역벽서 사건을 계기로 대윤 잔당을 모두 숙청하였다. 1563년 영의정에 올랐으나 문정왕후가 죽자 관직을 삭탈당하고 강음에 은거하다가 죽었다.

14 旁午(방오): 여기저기. 사방.

15 宋世珩(송세형, ?~1553): 본관은 礪山, 자는 獻叔, 호는 盤谷. 증조부는 宋繼性이며, 조부는 宋復利이다. 아버지는 군수 宋演孫이며, 어머니는 金甫添의 딸이다. 형은 교리 宋世琳이다. 1524년 생원시에 합격하고, 1532년 별시문과에 급제하였다. 金安老 일당에게 배척되어 크게 진출하지 못하였다. 1537년 김안로 일당이 몰려나자 비로소 중용되어 이듬해 홍문관부수찬을 거쳐, 사간원정언·홍문관부교리·사헌부지평·사간원헌납 등 삼사의 요직

見以弭禍, 公曰: "我知其人矣。況死生在天, 造門乞哀, 不亦鄙乎?" 其不以禍福動其心, 如此。

公歿數年, 苫憂廢死[16], 無疆亦竄斃。宣廟初元, 始雪公寃, 天道於是乎定矣。

公退陶先生之兄也, 自少志同道合, 當世有金昆玉友之稱。方公之遊宦京師, 退陶有'共約靑山'之詩, 公嘗曰: "仕宦至二品, 布衣之榮, 然余無樂乎是矣." 其志之所存可知.[17]

보충

이황(李滉, 1501~1570)이 찬한 묘지명

가선대부 예조참판 겸 동지춘추관사 오위도총부 부총관 이공 묘지명 병서

공의 휘는 이해(李瀣), 자는 경명(景明)이다. 그 선대는 진보(眞寶) 고을 사람인데, 6대조 휘 이석(李碩)은 현리(縣吏)로 있다가 사마시에 합격하였고 밀직사(密直使)에 추증되었다. 그 아들 휘 이자수(李子修)는 고려 말에 급제하였고, 홍건적(紅巾賊)을 토벌한 공으로 송안군(松安君)에 봉해졌으며, 벼슬은 판전의시사(判典儀寺事)에 이르렀다. 고조부 이운후(李云侯)는 군기시 부정(軍器寺副正)이었고, 사복시 정(司僕寺正)에 추증되었다. 증조부 휘 이정(李禎)은 일찍이 영변판관(寧邊判官)으로 약산성(藥山城)을

을 두루 역임하고, 1542년 홍문관응교에 올랐다. 인종이 즉위하자 승정원으로 자리를 옮겨 우부승지·좌부승지를 역임하였다. 명종이 즉위하여 소윤일파가 득세하면서 을사사화를 일으키자, 이에 가담하여 推誠衛社保翼功臣에 책록되고 좌승지로 승진하였다. 이어서 예조참판으로 승진하고 壺山君에 봉해졌다. 1547년 외직으로 나가 전주부윤이 되었다가 이듬해 내직으로 돌아와 공조참판·대사헌을 역임하였다.

16　憂廢死(우폐사): 廢憂死의 오기.

17　仁宗初卽位~其志之所存可知(인종초즉위~기지지소존가지): 蔡濟恭의 《樊巖先生集》 권 45 〈神道碑·贈資憲大夫吏曹判書行嘉善大夫禮曹參判兼同知春秋館事五衛都摠府副摠管溫溪李公神道碑銘〉의 일부로, 한국고전번역에서 그 번역문을 제공하고 있음.

개척한 공적이 있었고, 선산부사(善山府使)로 관직을 마쳤으며, 청렴하고 신중하여 관리로서의 능력이 뛰어나다는 명성으로 가선대부(嘉善大夫) 호조참판에 추증되었다. 조부 휘 이계양(李繼陽)은 계유년(1453) 진사시에 합격하였으며, 사람됨이 담백하고 조용하여 은자(隱者)의 절조가 있었으며, 비로소 안동(安東)에서 예안현(禮安縣)으로 옮겨 온계리(溫溪里)에 터를 잡아 살았으며, 자헌대부(資憲大夫) 이조판서에 추증되었다. 아버지 휘 이식(李埴)은 뜻을 굳게하고 학문에 힘써 신유년(1501) 진사시에 합격하였으며, 숭정대부(崇政大夫) 의정부 좌찬성(議政府左贊成)에 추증되었다. 어머니는 정경부인(貞敬夫人)에 추증된 춘천박씨(春川朴氏)로 사정(司正) 박치(朴緇)의 딸이다.

공은 홍치(弘治) 병진년(1496)에 태어났다. 어려서부터 자질과 용모가 빼어나 또래아이들 가운데 단연 돋보였는데, 선친이 기특히 여겨 사랑하였지만 일찍 세상을 떠나자, 숙부 송재(松齋) 선생 휘 이우(李堣)가 더욱 애써 가르치고 훈계하여 원대한 경지에 이를 것으로 기대하였다. 그의 문장과 글씨는 사람들 가운데 그보다 앞서는 이가 없었다.

을유년(1525) 진사시에 합격하였으며, 무자년(1528) 처음으로 벼슬길에 나아가 승문원에 선발되어 들어갔고, 천거로 예문관 검열이 되었다. 임진년(1532) 봉교(奉敎)를 거쳐 성균관 전적으로 승진하였다. 계사년(1533) 시강원 사서, 사간원 정언, 공조·예조 좌랑을 역임하였고, 7월에 이조 좌랑으로 전임되었으며, 병신년(1536) 정랑으로 승진하였다. 6월에 의정부 검상(議政府檢詳)으로 제수되었고, 정유년(1537) 사인(舍人)이 되었다. 7월에 일본국에 가는 선위사(宣慰使)가 되었고, 9월에 홍문관 응교로 옮겼다가, 10월에 모친상을 당하였고, 기해년(1539) 복상(服喪)을 마친 뒤에 다시 사인이 되었다. 경자년(1540) 전한(典翰), 사간(司諫), 제용감 정(濟用監正), 사복시 정(司僕寺正)을 역임하였고, 신축년(1541) 사헌부 집의를 거쳐 전한(典翰)으로 옮겼다가, 직제학으로 승진하였다. 이해 하삼도(下三道: 경상도, 전라도, 충청도)에 큰 흉년이 들어 조정에서 명망 있는 신하를 뽑아 굶주린 백성을 구제하도록 파견하였으니, 공은 경상도로 갔다. 이때 공사(公私: 관청과 민간)의 곳간에 아직도 쌓아둔 곡식이 있었는데, 공은 계획을 잘 세워 조처함이 적절하였고, 마을 곳곳을 드나들며 수고로움을 마다하지 않았으니, 여러 고을이 소란하지 않으면서도 백성들이 크게 혜택을 입었다. 복명(復命: 일처리 결과 보고)한 뒤 통정대부 승정원 동부승지로 승진하였고, 계묘년(1543) 도승지가 되었다. 갑진년(1544) 가선대부 사헌부 대사헌으로 승진하였다가 5월에 서추(西樞: 同知中樞府使)로 체직되었고, 사간원 대사간, 예조 참판을 거쳐 다시 대사헌이 되었다. 을사년(1545) 서추(西樞)로 있다가 성절사(聖節使)로 연경(燕京)에 갔다. 병오년(1546) 장예원 판결사에 제수되었고, 정미년(1547) 외직으로 나가 황해도 관찰사가 되었고, 무신년(1548) 다시 서추(西樞)로 들어와 5위 도총부 부총관을 겸하였다. 그리고 한성 우윤이 되었다가 외직으로 나가 충청도 관찰사가 되었으며, 기유년(1549) 또다시 서추로 들어와 경술년(1550) 다시 우윤이 되었다.

이보다 앞서, 공이 두 번째로 대사헌이 되었을 때, 인종(仁宗)이 막 즉위하여 자나 깨나 훌륭한 보필을 생각하였는데 이기(李芑)가 우의정이 되어, 물의(物議: 외척 비리 및 부정 의혹으로 인한 비난)가 시끄럽자 양사(兩司: 사헌부·사간원)에서 그를 논박하여 체식시켰으니, 이기는 이로 말미암아 공에게 원한을 품었다.

공이 호서(湖西)에 관찰사로 부임해 있었을 때(역자주: 1548), 조정에서는 유신현(維新縣: 충주를 고친 이름) 사건 중 아직 처리되지 않은 불씨를 처리하는 것이 매우 급하였다. 유신현에 사민(徙民: 범죄 등으로 인하여 강제 이주된 사람) 최하손(崔賀孫)이 도망해 와서 있다가 기회를 틈타 술책을 부려 곧 방면되고자 하여, 본읍(本邑: 유신현) 품관(品官: 벼슬아치)들의 향회문자(鄕會文字)를 훔쳐서 장차 경성(京城)으로 달려가 고변하려 하였다. 품관이 이를 알고 그를 붙잡아서 고을에 고하였고, 현감 이치(李致)는 관찰사에게 보고해 그를 신문하여 처리하겠다고 청하였다. 공은 다만 보고에 의거해서 이문(移文: 공문서를 보냄)을 했을 뿐이었으나, 최하손은 곤장을 맞다 죽고 말았다.[18]

이홍윤(李洪胤)의 형 이홍남(李洪男)은 집안에 큰 어려움을 만나서 급하지도 않은 일을 급하게 처리하는 것(역자주: 모친상 중에 동생의 재물을 찾으러 온 일)이 있었다. 공은 이홍남이 문사(文士: 학문으로써 입신한 선비)이면서도 하는 짓이 이와 같자 사람들 앞에서 비웃었는데, 이홍남이 이를 듣고 크게 원한을 품었다.

사간(司諫) 이무강(李無疆)은 그의 숙부 이충남(李沖南)이 이기(李芑)와 동서간인 것으로 인하여 그 인연을 핑계삼아 줄을 대고 빌붙어 갑자기 요직에 올라서 이기의 충견처럼 앞잡이 노릇을 하였다. 무릇 이기와 원한이 있는 사람이면 팔뚝을 걷어붙이고 모함하여 곤경에 빠뜨렸으니, 그 세도는 불꽃이 맹렬히 타오르듯 강성했다.

그는 공과 사국(史局)에서 함께 벼슬하였는데, 공에게 지나가다가 들르기를 바랐으나. 공은 건성으로만 대답하고 여러 번 그의 집 문 앞을 지나가면서도 들어가지 않았다. 이에, 이무강은 공을 중상모략하여 이기도 기쁘게 하고 자신의 분함도 아울러 풀고자 하였다.

이홍남의 처남 원호변(元虎變)이 이무강과 서로 왕래하며 교제를 맺고

---

18 이 사건의 이해를 위해 《燃藜室記述》 권10, 〈明宗朝故事本末乙巳士禍〉와 《東閣雜記》 下, 〈本朝璿源寶錄二〉를 참조 정리하면, 다음과 같다. 1547년 양재역 벽서 사건에 연루되어 죽은 李若氷의 장남 李洪男은 아비의 죄로 인하여 자신은 영월로 귀양 가고 동생 李洪胤은 충주로 귀양 갔다. 이홍윤은 아비의 억울한 죽음에 대해 종종 분개하는 말을 하였는데, 평소 田地를 두고 다투어 사이가 좋지 않던 이홍남이 동생을 역모죄로 고변하여 이홍윤이 심한 고문 끝에 처형되었다. 이홍남의 고변 뒤에, 충주에서 귀양살이하던 최하손이란 자가 다시 이 일로 고변을 일으키려 하다가 유신 현감 이치에게 발각되었다. 당시 청홍도 관찰사로 있던 李澈는 이러한 보고를 들은 후 최하손을 엄히 치죄하도록 하였는데, 이치의 심문 과정에서 최하손이 곤장을 맞고 옥에서 죽었다.

있었다. 그리하여 이홍남이 원호변을 시켜 이무강에게 공을 무함하니, 이무강이 크게 기뻐하며 양사(兩司)를 앞장세워 공을 탄핵하였다. 이때 대사간 원계검(元繼儉)은 바로 원호변의 숙부였고, 대사헌 송세형(宋世珩)은 나라를 위험에 빠뜨릴 만하였고 권세에 영합하기를 좋아했으니, 서로 함께 결탁해 선동하였다. 처음에는 공이 사사로이 역적의 전답과 노비를 은밀히 되돌려 주었다고 모함했으나, 사헌부가 본도(本道: 충청도)에 이문(利文)하여 죄상을 끌어모으려 해도 아무런 실상이 없었다. 다음으로는 최하손의 사건을 들추어내면서 심지어 역적을 비호하였으니 역적과 다름없다는 말까지 있었는데, 이무강은 오히려 그것만으로 죄가 아주 무겁지 않을 수도 있다고 걱정하여 또다시 공이 구수담(具壽聃, 1500~1549)과 서로 붕비(朋比: 붕당을 지어 자기 편을 두둔함)를 지었다고 무고하였다.

금옥(禁獄: 의금부의 감옥)에 갇혀 이치(李致)와 함께 국문을 당했으니 매우 혹독하였다. 어떤 이가 공에게 거짓으로라도 자복하면 죄를 면할 수 있다고 권했으나, 공이 의연히 말하기를, "내가 범한 것이 아니거늘 거짓으로라도 자복해서 살 길을 도모하는 일을 내가 어찌 한단 말인가?"라고 하였다. 그 원통함을 통렬히 호소하는 상소문을 스스로 지어 올리려고 하였으나, 추관(推官: 추국을 맡은 관원)이 받아들이지 않았다. 이윽고 이치가 심문하는 뜰에서 죽었다. 이에 주상이 공을 갑산(甲山)으로 유배하도록 명하였다. 양사(兩司)에서 법대로 할 것을 청하였는데, 예닐곱 차례나 아뢰었으나 주상이 여전히 듣지 않았다. 공이 증세가 위독하여 들것에 메어서 가다가 양주 민가에 이르러서 죽었으니, 바로 그해 8월 14일로 향년 55세였다.

공의 덕성은 너그럽고 온후하였으며, 도량은 크고 넓었다. 형제에게 우애로웠으며, 집안일을 처리하면서 따뜻하고 화목하였다. 자제들이나 하인들이 잘못을 저질러도 노여움을 드러낸 적이 없었다. 둘째 형 이의(李漪)가 일찍 죽자, 공은 조카 이재(李宰)를 데려다 보살피고 가르쳐 성인으로 자립할 수 있게 하였다. 남과 함께 있으면 훈훈하고 다정하여 친해질 수 있었으며, 친지들에게 급한 일이 있으면 반드시 힘을 다해 도와주었으며, 평생 남을 해치려는 마음이 없었으니 사람들이 보기만 해도 길인(吉人: 善人)이자 군자(君子)임을 알았다.

저 최하손이라는 자는 한 고을 사람들의 생명을 희생시켜서라도 크게 이익을 취하려 했던 자이다. 심문하겠다는 것을 들어준 까닭은 그 실정을 캐내어서 조정에 보고하려는 것뿐이었는데, 어찌 단 한 차례의 심문에서 갑자기 죽으리라고 요량이나 했겠는가? 옛날 당나라 최인사(崔仁師)가 청주(青州)의 반역 옥사를 다스리면서 많은 억울한 자들을 바로잡으며 말하기를, "만에 하나 잘못 놓아 보낸 일이 있다 해도, 내 한 몸으로서 죄수 열 명의 죽음과 바꾸기를 원한다."라고 하였다. 공의 마음 씀씀이 또한 이와 같았다. 그 처신한 바가 비록 약간 미진한 점이 있어 보일지라도, 바로 이른바 '허물을 보면 그 어짊을 안다.'라고 한 것이다.

또한 공은 평소에 남들과 어울리고 좇아다니는 것을 좋아하지 않았다. 비록 구수담(具壽聃)과 같은 해에 같이 대과에 급제했을지라도 서로 왕래한 적이 없었다. 다만 구수담은 일찍이 대사간이 되어 이기(李芑)를 밀어내려 했으나 이루지 못하였다. 그해 여름에 논하는 자들이 이기의 지시와 사주를 받아 구수담을 논핵하여 죽였다. 이무강의 생각으로는, '구수담이 연루된 것은 임금을 범한 말이 있었기 때문이니, 오직 이것이면 임금의 노여움을 크게 격동시킬 수 있다.'라고 여겼다. 마침내 공을 그의 일당으로 지목하여 뜻밖의 화를 당할 처지에 밀어 넣었으니, 그의 흉악한 살기는 펄펄하여 반드시 사람을 죽여 가루로 만들고 난 다음 제 마음에 후련하려고 한 것이다.

아아, 공은 온후한 덕으로도 성스러운 조정에서 이러한 무리들을 만나 이 지경에까지 이르렀으니, 어찌 하늘의 뜻이 아니랴. 비록 그러하나 얼마 지나지도 않아서 나라의 여론이 안정되었는데, 그제야 비로소 이기

(李芑)의 죄가 드러나 재상에서 파면되어 근심과 두려움 속에서 죽었고, 이무강(李無疆) 또한 북방에 귀양 보내졌다가 죽었으니, 이것이야말로 사람들의 마음을 조금은 후련하게 할 만하였으나 아직 충분하다고 할 수는 없었다. 그리고 벼슬아치들 사이에서 공의 죽음을 언급하는 자가 있으면 팔을 부여잡고 크게 탄식하며 억울함을 일컬어 마지않는 이가 없었다.

융경(隆慶) 정묘년(1567) 금상(今上: 宣祖)이 즉위하여 을사년(1545)과 정미년(1547) 사화 이래로 사대부들이 무고하게 모함당한 사건들을 모두 깨끗이 씻어내도록 하였는데, 공의 억울함이 비로소 풀렸고 그제야 관직과 품계를 돌려주도록 명하였으니 그 은혜가 저승까지 미쳤을 것이다. 아아, 저 간악한 무리들의 추악한 자취는 한 번에 완전히 짓밟혀 사라졌고, 여러 어진 이들의 향기로운 자취는 묻으려 할수록 더욱 드러났다. 하늘의 도가 돌고 돌아 한번은 재앙이요 한번은 경사이나 오랜 세월이 지나서야 비로소 바로잡혔으니, 이루 다 탄식할 수 있으랴, 이루 다 말할 수 있으랴.

공의 부인 연안김씨(延安金氏)는 가인의(假引儀) 김복흥(金復興)의 딸로 5남 1녀를 낳았다. …(중략)…

그해(역자주: 공이 죽은 해) 12월 11일 예안현(禮安縣) 북쪽 연곡(燕谷) 동향(東向)의 언덕에 장사하였다. 묘지(墓誌)도 묻지 않았고 묘표(墓表)도 세우지 않았으니, 언젠가 베풀어질 만일의 요행을 바랐던 것이다. 18년 지난 후에야 오늘과 같은 은전이 있게 되었다. 병든 아우 이황(李滉)이 슬프고도 감격하여 눈물과 피로써 명(銘)을 짓는다. …(이하 명문 생략)…

嘉善大夫禮曹參判兼同知春秋館事五衛都摠府副摠管李公墓誌銘幷序

公諱瀣, 字景明。其先眞寶縣人。六世祖諱碩, 縣吏, 試司馬, 後贈密直使。是生諱子脩, 麗末登第, 以平紅賊功, 封松安君, 仕至判典儀寺事。高祖諱云侯, 軍器寺副正, 贈司僕寺正。曾祖諱禎。嘗爲寧邊判官, 開拓藥山城, 有勞績, 終于善山府使, 以淸愼吏幹著名, 贈嘉善大夫戶曹參判。祖諱繼陽, 癸酉進士, 恬靖有隱操, 始自安東, 卜居于禮安縣之溫溪里, 贈資憲大夫吏曹判書。考諱埴, 强志力學, 中辛酉進士, 贈崇政大夫議政府左贊成。妣贈貞敬夫人春川朴氏, 司正諱緇之女。公生於弘治丙辰。自幼姿狀丰秀, 迥出羣兒, 先君奇愛之, 早孤, 叔父松齋先生諱塌, 力加訓誨, 期以遠到。其文辭字畫, 人莫有與之先者。乙酉, 中進士, 戊子, 釋褐, 選入承文院, 薦爲藝文館檢閱。壬辰, 由奉教, 陞成均館典籍。癸巳, 歷侍講院司書·司諫院正言·工禮曹佐郎, 七月, 轉吏曹佐郎, 丙申, 陞正郎。六月, 拜議政府檢詳, 丁酉, 舍人。七月, 宣慰日本國使臣, 九月, 遷弘文館應敎, 十月, 丁內艱, 己亥, 服闋, 復舍人。庚子, 歷典翰·司諫·濟用司僕寺正, 辛丑, 由司憲府執義, 入典翰。陞直提學。是歲, 下三道大饑, 朝廷擇遣名臣賑飢民, 公往慶尙道。時公私猶有蓄積, 公爲之區畫得宜, 出入閭閻, 不憚勞勤, 列邑不擾而民甚賴。復命, 進通政大夫承政院同副承旨, 癸卯, 爲都承旨。甲辰, 進嘉善大夫司憲府大司憲, 五月, 遞西樞, 歷司諫院大司諫·禮曹參判, 復爲大憲。乙巳, 西樞, 以聖節使赴京。丙午, 授掌隸院判決事, 丁未, 出爲黃海道觀察使, 戊申, 入西樞, 兼五衛都摠府副摠管。以漢城右尹, 爲忠淸道觀察使, 己酉, 入西樞, 庚戌, 復右尹。先是, 當公之再爲大憲, 仁廟初卽位, 寤寐良弼, 而李芑爲右相, 物論譁然, 兩司駁遞之, 芑由是銜公。公在湖西, 朝廷治維新餘燼甚急。縣有徙民崔賀孫者逃來, 欲乘機逞術而已得放, 竊取本邑品官鄕會文字, 將走京上變。品官知之, 捕告于縣, 縣監李致, 報監司請訊治。公但依所報移文, 而賀孫杖斃。李洪胤之兄洪男, 遭家大難, 事有非所急而急者。公以洪男文士, 所爲如此, 對衆嗤之, 洪男聞之大憾焉。司諫李無彊, 因其叔父沖南與芑婭婿, 寅緣攀附, 驟躋顯要, 爲芑鷹犬。凡芑仇怨, 無不攘臂擠陷, 勢焰熾灼。與公同仕史局, 要公見過, 公謾應之, 屢過其門而不

入。無彊欲中公，以悅芑，兼快已憤。洪男妻兄元虎變，與無彊往來締
交。於是，洪男使虎變構公於無彊，無彊大喜，倡兩司以劾公。時大諫
元繼儉，卽虎變叔父，大憲宋世珩，性傾危，喜趨勢，相與鼓煽。初許公
私漏還逆人土田臧獲，憲府移文本道，捃摭無實狀。次發賀孫事，至有
庇護逆賊，與逆賊無異之言，無彊猶恐其罪不至重，又誣公與具壽聃相
朋比。下禁獄，與李致同鞫甚慘。或勸公誣服則可免，公慨然曰：“非吾
所犯，僞服而求活，吾豈爲哉？”自草疏痛訴其冤，欲上之，推官不聽
入。已而李致就訊庭殞絶。上乃命公流于甲山。兩司請依律，　日至六
七啓，上猶不聽。公危惙，擔輿而行，至楊州民家，熱作藥無效，遂卒，
是歲八月十四日也，享年五十五。公德性寬厚，器量恢弘。友于兄弟，
其處家熙熙然。子弟婢僕有過，未嘗形于嗔恚。仲兄潚早卒，公取猶子
宰，撫視敎訓，至于成立。其與人居，薰然可親，親舊之急，必極力而濟
之，平生無害人之心，人望之，知其爲吉人君子矣。彼賀孫者，欲以一
邑性命饕大利。其所以聽訊者，欲得其情而聞於朝耳，豈料其遽斃於一
訊哉？昔，唐之崔仁師，治靑州反獄，多所平反，曰：“萬一誤縱，願以一
身易十囚之死.”公之用心亦若是。其所處，雖若小疎，正所謂‘觀過知
仁’者矣。且公平日，不喜徵逐。雖與壽聃同年，未嘗相往來。第壽聃曾
爲大諫，欲擊去芑，不果。是年夏，言者受芑指嗾，論壽聃死。無彊意
謂：‘壽聃所坐，有觸上語，惟此可以震激天怒.’遂指爲其黨，納之於奇
禍之地，其凶氣勃勃，必欲虀粉人，而後快於其心。噫！以公之厚德，當
聖朝而遭此輩，以至於此，豈非天哉？雖然，曾未幾時，國論有定，乃始
暴芑罪，罷相憂悸而死，無彊亦投畀有北而死，斯則若可以少快人心者
乎未也。而搢紳之間，有語及公死者，無不扼腕太息，稱冤而不已。至
隆慶丁卯歲，今上卽位，凡乙巳丁未以來，士大夫誣衊，悉皆湔滌，而公
冤始雪，乃命給還爵秩，恩及泉壤焉。嗚呼！彼朋奸醜跡，一敗塗地，衆
賢芳塵，欲瘞彌彰。天道好還，一殃一慶，久而後乃定，可勝嘆哉？可勝
言哉？公配延安金氏，假引儀復興之女，生五男一女。…(중략)… 其年
十二月十一日，葬于禮安縣北燕谷東向之原。不誌竁，不表墓，以冀其

萬幸者。迨十有八年, 而有今日之恩。病弟滉, 且悲且感, 乃涕血而爲之。…(이하 명문 생략)…

〔退溪先生文集, 권47, 墓碣誌銘〕

萬幸者。迨十有八年, 而有今日之恩。病弟滉, 且悲且感, 乃涕血而爲之。…(이하 명문 생략)…

23. 이황 문순공

이황의 자는 경호, 호는 퇴계, 본관은 진보이다. 정민공(貞愍公) 이해(李瀣)의 동생이다. 연산군 신유년(1501)에 태어났다. 중종 갑오년(1534) 문과에 급제하고, 벼슬은 대제학·판중추부사를 지냈다. 선조 경오년(1570)에 죽었다. 영의정에 추증되었다. 선조(宣祖)의 묘정(廟庭)에 배향(配享)되었다. 광해군 경술년(1610) 문묘에 종향(從享)하였고, 예안(禮安)의 도산서원(陶山書院)에 향사(享祀)하였다.

선생이 명(命)하기를, "묘 앞에 비석을 세우지 말고, 다만 작은 빗돌에다 '퇴도만은진성이공지묘(退陶晩隱眞城李公之墓)'라고만 쓰거라."라고 하였다. 또 자기의 묘명(墓銘)을 지었으니, 이러하다.

나면서부터 매우 어리석고
장성해서는 병이 많았었네.
중년에는 어찌 학문을 좋아하게 되었으며
만년에는 어찌 관직을 외람되이 받았던가.
학문은 추구해도 오히려 아득하였고
벼슬은 사양해노 노리어 얽매였있네.
나아가 행하려 하면 비틀거려야 했으니
물러나 숨으려 하여 되레 뜻을 굳혔네.
나라의 은혜에 몹시도 부끄러우나
성현의 말씀이 진실로 두려웠었네.
산들은 높이높이 치솟아 있는데
강물은 끊임없이 흐르고 있구나.
벼슬을 버리고 평복으로 한가로이 소요하니

세간의 비방을 가벼이 여겨 마음이 놓였네.

내 품은 생각 여기서 그친다면

내 지은 패옥 누구와 음미하랴.

내가 옛사람의 마음을 생각하니

참으로 나의 마음과 부합하더라.

어찌 다가오는 세상을 알겠는가

지금 깨달음을 얻지 못하고서야.

근심 속에서도 즐거움이 있으며

즐거움 속에서도 근심이 있도다.

자연의 이치에 따라서 삶 마치니

더 이상 바랄 것이 무엇이겠는가.

대체로 말하건대, 공자(孔子)·맹자(孟子) 이후 수천 년의 세월 아래에서 그 도통(道統)을 이은 사람으로 중국에서는 오직 정자(程子)와 주자(朱子)뿐이며, 동국(東國: 조선)에서는 오직 퇴계(退溪)뿐이다.【협주: 채제공이 외람되이 기록한 글에서 실려 있다.】

• 李滉 文純公

李滉, 字景浩, 號退溪, 眞寶人。貞愍公瀣[1]弟。燕山辛酉生。中宗甲

---

1 瀣(해): 李瀣(1496~1550). 본관은 眞寶, 자는 景明, 호는 溫溪. 증조부는 李禎이며, 조부는 진사 李繼陽이다. 아버지는 식진사 李埴이며, 어머니 春川朴氏는 司正 朴緇의 딸이다. 부인 延安金氏는 金復興의 딸이다. 李滉의 형이다. 숙부 李堣에게 글을 배워 1525년에 진사시에 합격하고, 1528년 식년문과에 급제하였다. 1533년에 사간·정언 등을 거쳐 1541년 직제학에 올랐으며, 이어 慶尙道賑恤敬差官·좌승지·도승지 등을 역임하였다. 1544년에 첨지중추부사·대사헌·대사간·예조참판을 지내고, 이해 또다시 대사헌에 제수되었다. 인종이 즉위한 뒤에도 계속 대사헌으로 있으면서 권신 李芑를 우의정에 등용하려는 것을 반대하고 탄핵하였다. 이로 말미암아 이기의 원한을 사게 되었다. 1545년 강원도관찰사에 이어 1547년에 황해도관찰사, 1549년에 청홍도관찰사를 거쳐 1550년에는 한성부우윤이 되었다. 그러나 명종이 즉위하면서 소윤이 득세하자 이기의 심복인 사간 李無彊의 탄핵을

午文科,　官大提學·判中樞府事。宣祖庚午卒。贈領議政。廟庭[2]配享。光海庚戌, 從享文廟, 享禮安陶山書院[3]。

先生命:"墓前勿立碑, 只以小石題之, 曰'退陶晚隱眞城李公之墓'." 又作自銘曰:"生而大癡, 壯而多疾。中何嗜學? 晚何叨爵? 學求猶邈, 爵辭猶嬰。進行之踣, 退藏之貞。深慙國恩, 亶畏聖言。有山嶷嶷, 有水源源。婆娑初服, 脫略衆訕。我懷伊阻, 我佩誰玩? 我思古人, 實獲我心。寧知來世, 不獲今兮? 憂中有樂, 樂中有憂。乘化歸盡, 復何求兮?"[4] 槩論之, 孔孟以後數千百載之下, 得其統者, 在中國而惟程朱, 在東國而惟退溪而已。【蔡濟恭僭記】

받아 무고사건에 연좌된 具壽聃의 일파로 몰리게 되었다. 명종이 그의 결백함을 알고 특별히 甲山에 귀양보내는 것으로 그쳤지만, 귀양가는 도중에 楊州에서 병사하였다.

2　廟庭(묘정): 역대 국왕의 위패를 모신 종묘의 다른 이름. 그 국왕의 심복이었던 신하의 위패도 함께 모신다. 배향공신이라고 하는데, 생전의 업적을 종합적으로 평가하여 선발하는 것이 원칙이며, 선발되는 것은 대단한 영광이다.

3　陶山書院(도산서원): 경상북도 안동시 도산면 토계리에 있는 서원. 1574년 지방유림의 공의로 이황의 학문과 덕행을 추모하기 위하여 陶山書堂의 뒤편에 창건하여 위패를 모셨다. 1575년 선조로부터 韓石峰이 쓴 陶山이라는 편액을 받았다. 영남 유림의 정신적 중추 구실을 하였다.

4　이황의 自作銘에 대한 번역문은 奇大升의 《高峯全書》 제3권 〈退溪先生墓碣銘〉, 李廷馨의 《東閣雜記》 下 〈本朝璿源寶錄二〉, 李瀷의 《星湖全集》 제8권 〈海東樂府〉, 李肯翊의 《燃藜室記述》 제18권 〈宣祖朝故事本末·宣祖朝儒賢〉, 金誠一의 《鶴峯全集》 학봉속집 제5권 〈退溪先生史傳〉, 權鼈의 《海東雜錄》 5 〈本朝·李滉〉, 李德弘의 《艮齋集》 제7권 〈雜著·退溪先生墓誌敍〉에서 보임.

24. 박사희

박사희의 자는 덕명, 호는 묵재, 본관은 함양이다. 중종 무진년(1508)에 태어났다. 학행으로 의흥 훈도(義興訓導)에 제수되었다. 선조 무자년(1588)에 죽었다. 예안(禮安)의 마곡사(磨谷社)에 향사하였다.

공은 어려서부터 영특하였으니, 8세 때 《소학(小學)》을 배우며 온 마음을 기울여 외우고 익히느라 손에서 책을 놓지 않았다. 선친이 일찍이 칭찬하기를, "너는 나이 어리지만 배우기를 좋아하니 반드시 일찍 성취할 것이다."라고 한 적이 있었다. 장성한 뒤에는 경서(經書)와 사서(史書)를 널리 연구하여 얻은 지식이 날로 진보하였다. 지금 집안에 간직되어 있는 《성리서(性理書)》·《송사(宋史)》 등 여러 책자에는 아직도 공이 손수 주석을 하고 표점을 달아 둔 것이 있다.

선친이 일찍이 병환으로 누운 적이 있었는데, 공은 부모의 얼굴빛을 살피며 봉양함에 온 정성을 다하였으니, 곁에서 모시고 약을 달이며 밤낮으로 옷과 띠를 풀지 않았다. 선친은 그 진심 어린 마음을 가상히 여겨서 별도의 토지 한 구획을 주며 말하기를, "장차 자손들의 효도를 권면하려는 것이다."라고 하였다.

반룡산(蟠龍山) 아래 살았던 곳에 낙동강(洛東江)이 있어서 자호(自號)를 '반계'라 하였다. 이때 퇴도(退陶: 李滉) 선생이 도(道)를 도산(陶山)에서 강론하고 있었는데, 공이 책 보따리를 지고 와서 배알한 뒤 마침내 가야촌(佳野村)에 터를 잡아 살았던 곳이 도산과 20리가 떨어진 가까운 곳으로 밤낮 왕래하며 가까이 모시고 가르침을 받았다. 퇴도 선생은 일찍이 '서두르지 않고 학문을 실컷 음미하며, 마음을 깊이 가라앉혀 묵묵히 마음속에 새긴다.(優游厭飫, 沈潛默識)'는 여덟 글자로 그를 칭찬하고, 그의 서재를 '묵수(默邃)'라 편액한 것을 '묵재(默齋)'로 고쳐 부르도록 명한 적이 있었다.

집 북쪽에 요성산(堯聖山)이 있었기 때문에 작은 정자 하나를 짓고 '격양정(擊壤亭)'이라 이름하였다. 퇴도 선생이 손수 그 편액을 써주고, 시를 지어 이르기를, "그대의 경책이 시구에 보존되어 있음을 알았고, 매화와 대나무는 내가 오기만 기다렸다 말하네."라고 하였는데, 그 말미에 써 놓기를, "요성산 아래에 가야촌이 있으니, 곧 박덕명(朴德明) 군이 머무는 곳으로 그의 정자를 '격양'이라 이름하였다. 서두르지 않고 학문을 실컷 음미하며, 정신을 즐겁게 하여 마음을 수양하니, 태평 시절의 늙은이요 성군 시대의 은자로다. 내가 일찍이 이 정자를 드나든 적이 있었는데, 난간 앞에 매화와 대나무가 있었으므로 '매화와 대나무는 내가 오기만 기다렸다 말하네.' 일컬은 것이다."라고 하였다.

공은 타고난 성품이 순수하고 두터우며 덕성이 깊고 넓었다. 월천(月川) 조목(趙穆), 설월당(雪月堂) 김부륜(金富倫), 눌재(訥齋) 김생명(金生溟), 권옹(倦翁) 류빈(柳贇)과 더불어 귀의할 바를 얻었었으며, 덕행과 의리로 서로 교류하였다.【박운이 찬한 묘지에 실려 있다.】

• 朴士熹

朴士熹, 字德明, 號默齋, 咸陽人。中宗戊辰〈生〉。以學行授義興訓導。宣祖戊子卒。享禮安磨谷社。

公幼而岈嶷, 八歲受《小學》, 潛心講習。先公嘗稱曰﹕"汝年少好學, 必蚤成就." 及長, 博考經史, 聞見日進。今家藏《性理書》·《宋史》諸編, 猶有公手註點題[1]焉。

先公嘗寢疾, 公色養[2]殫誠, 扶護侍湯, 晝夜不解衣帶。先公嘉其誠,

---

1 點題(점제): 이야기 혹은 문장의 중심되는 뜻을 요약해 놓음.
2 色養(색양): 웃는 얼굴로 부모에게 효도를 다함.

以別庄給之曰: “將以勵子孫之孝也.”

　所居蟠龍山[3]下, 有洛江, 自號蟠溪。是時, 退陶先生, 講道陶山, 公負
笈來謁, 遂卜居佳野村, 近陶山二十里, 日夕來往, 親炙[4]師訓。退陶嘗
以‘優游厭飫[5], 沈潛〈默識〉’八字許之, 命扁其齋曰‘默邃’, 改稱‘默齋’.

　宅北有堯聖山[6], 搆一小亭, 名曰擊壤。退陶先生手寫其扁, 贈詩曰:
“知君警責存詩句, 說着梅花[7]待我來.” 題其尾曰: “堯聖山下佳野村, 卽
朴君棲息之所, 名其亭曰‘擊壤’. 優游厭飫, 怡神養性, 太平老夫, 聖世
逸民。余嘗往來於斯亭, 檻前有梅筠, 故曰‘說着梅筠待我來.’云”

　公天資醇厚, 德性淵宏。與趙月川穆[8]·金雪月堂富倫[9]·金訥齋生溟[10]·
柳倦翁贇[11], 依歸得所, 德義相與。【朴䕺[12]撰誌[13]】

3　蟠龍山(반룡산): 경상북도 예천군 다인현에 있는 산. 현재 경상북도 의성군 다인면이다.

4　親炙(친자): 스승에게 가까이하여 몸소 그의 가르침을 받음.

5　優游厭飫(우유염어): 서두르지 말고 천천히 하되 싫증이 날 만큼 수없이 반복함.

6　堯聖山(요성산): 경상북도 안동시 녹전면 신평리에 있는 산.

7　梅花(매화): 梅筠의 오기.

8　趙月川穆(조월천목): 趙穆(1524~1606). 본관은 橫城, 자는 士敬, 호는 月川. 경상북도
　예안 출신. 아버지는 참판 趙大春이며, 어머니 安東權氏는 權受益의 딸이다. 李滉의 문인
　이다. 1552년 생원시에 합격했으나, 대과를 포기하고 학문과 수양에만 전념하였다. 이후
　여러 벼슬에 제수되었으나 거의 다 사양하였다. 다만 1576년 봉화연감에 제수되었을
　때도 사직소를 냈으나 허락되지 않아 봉직하면서 향교를 중수하였을 뿐이다. 주된 업적은
　이황에 대한 연구와 소개이다. 이황이 세상을 떠난 뒤 문집의 편간, 사원의 건립 및 봉안
　등에 힘썼다.

9　金雪月堂富倫(김설월당부륜): 金富倫(1531~1598). 본관은 光山, 자는 惇叔, 호는 雪月堂.
　증조부는 현감 金淮이며, 조부는 생원 聾叟 金孝盧이다. 아버지는 생원 金綏이며, 어머니
　順天金氏는 金粹洪의 딸이다. 첫째부인 密陽朴氏는 朴純의 딸이며, 둘째부인 平山申氏는
　申壽民의 딸이다. 이황의 문인이다. 1555년 생원시에 합격하고 1572년 遺逸로 천거되어
　集慶殿參奉에 제수되었으나 부임하지 않았다. 1585년에 전라도 同福縣監으로 부임하여
　향교를 중수하였다. 1592년 임진왜란이 일어나자 가산을 털어 鄕兵을 도왔고 봉화현감이
　도망가자 假縣監이 되어 선무에 힘썼으며 경상도관찰사 金睟에게 적을 막는 三策을 올렸
　다. 만년에 관직에서 물러난 뒤 향리에 설월당이라는 정자를 짓고 후진을 양성하는 데
　전념하였다.

10　金訥齋生溟(김눌재생명): 金生溟(1504~1577). 본관은 安東, 자는 士浩, 호는 訥齋. 증조부
　는 한성판관 金係權이며, 조부는 찰방 金永銖이다. 아버지는 진사 金珣이며, 어머니 安東
　金氏는 진사 金光粹의 딸이다. 부인 草溪卞氏(1511~1578)는 참봉 卞孝俅의 딸이다.

11　柳倦翁贇(류권옹빈): 柳贇(1520~1591). 본관은 豐山, 자는 美叔, 호는 倦翁. 아버지는

보충

박운(朴薰, 1535~1596)이 찬한 묘지

묘지

묵재(默齋) 박공의 휘는 사희(士熹), 자는 덕명(德明), 그 선대는 함양(咸陽) 사람이다. 상조(上祖: 중시조) 휘 박선(朴善)은 고려 조정에서 벼슬하여 예부상서에 이르렀다. 그 후로 마침내 가문이 크게 현달하였는데, 휘 박신유(朴臣蕤)라 한 이가 있었으니 호남의 역적 이연년(李延年)을 정벌하여 공을 세워 은청광록대부(銀青光祿大夫) 상주국(上柱國)의 관직을 지냈고, 공에게 10대조이다. 이 사실은《동사(東史)》및 이익재(李益齋: 李齊賢)의 《역옹패설(櫟翁稗說)》에 실려 있다. 그 아들 휘 박지문(朴之文)은 사림랑(詞林郎)·검교(檢校)·군기소감(軍器少監)을 지내고 처음 나주(羅州)에 살았는데, 고려에서 이조(李朝)로 들어와 벼슬이 대대로 끊이지 않았다. 증조부 휘 박근(朴勤)에 이르러 의흥위 부사직(義興衛副司直)을 지냈는데, 나주(羅州)에서 예천(醴泉)으로 옮겨 살았다. 조부 휘 박효상(朴孝商)은 통례원 인의(通禮院引儀)를 지냈다. 아버지 휘 박형(朴馨)은 조산대부(朝散大夫)로 장수훈도(長水訓導)였다. 훈도는 판서 정구령(鄭龜齡)의 손녀이자, 돈용교위(敦勇校尉) 정양명(鄭揚名)의 딸을 아내로 맞았는데, 공을 다인현(多仁縣)의 집에서 낳았으니, 실로 정덕(正德) 무진년(1508)이다.

승훈랑 柳公智이며, 어머니 英陽金氏는 金承祖의 딸이다. 1554년 생원시에 합격하고, 1561년 진사시에도 합격하였다. 그러나 벼슬에 뜻을 두지 않았으며, 오직 독서와 수양에만 전념하였다. 또한, 性理大全과 經傳의 요점을 뽑아《大全節要》를 만들어 퇴계 李滉에게 질의하였다.

12 朴薰(박운, 1535~1596): 본관은 咸陽, 자는 士秀, 호는 病栢堂. 아버지는 朴從鱗이다. 퇴계 이황의 제자. 사마시에 합격하였고, 퇴계 이황의 旨訣과 心法을 정확하게 이해를 하여 문학과 행실이 뛰어나 세상 사람들의 모범이 되었고, 성품 堅確하여 도의에 어긋나는 행동은 하지 않았고 불의를 보면 굴하지 않고 바로 잡기에 온 힘을 기울였다. 여러 차례 조정에서 불렀으나 벼슬에 오르지 않았다.

13 朴士熹의《默齋先生逸稿》권2 〈附錄·墓誌〉로 실려 있음.

공은 어려서부터 영특하였으니, 8세 때《소학(小學)》을 배우며 온 마음을 기울여 외우고 익히느라 손에서 책을 놓지 않았다. 훈도공(訓導公)이 일찍이 칭찬하기를, "너는 나이 어리지만 배우기를 좋아하니 반드시 일찍 성취할 것이다."라고 한 적이 있었다. 장성한 뒤에는 경서(經書)와 사서(史書)를 널리 연구하여 입으로 씹듯이 반복해 익히며 깊이 깨달아 얻은 지식이 날로 진보하였다. 지금 집안에 간직되어 있는《성리서(性理書)》·《송사(宋史)》 등 여러 책자에는 모두 공이 손수 주석을 하고 표점을 달아 둔 것이 있다.

순수한 효성은 타고나 부모의 얼굴빛을 살피며 봉양함에 온 정성을 다하였다. 훈도공이 일찍이 몇 달 동안 병환으로 누운 적이 있었는데, 공이 곁에서 모시고 약을 달이며 밤낮으로 게으르지 않았다. 훈도공이 그 진심 어린 마음을 가상히 여겨서 별도의 토지 한 구획을 주며 말하기를, "내가 이것을 주는 까닭은 장차 자손들의 정성과 효도를 권면하려는 것이다."라고 하였다.

여러 차례 향시(鄕試)에는 급제하였으나 성시(省試: 覆試)에는 뜻을 이루지 못하자 마침내 과거를 사양하고 물러나서는, 마음을 가라앉혀 몸가짐을 삼가고 지키며 오로지 옛사람의 학문에만 뜻을 두었다.

반룡산(蟠龍山) 아래 살았던 곳에 낙동강(洛東江)이 있어서 자호(自號)를 '반계'라 하였으니, 주천(酒泉: 醴泉의 옛 이름) 사람들이 지금까지도 그를 '반계선생'이라 불렀다. 이때 퇴도(退陶: 李滉) 노선생(老先生)이 도(道)를 도산(陶山)에서 강론하고 있었다. 공은 100리 밖에서 책 보따리를 지고 암헌(巖軒: 도산서원의 巖棲軒)을 찾아와 배알한 뒤, 마침내 가야촌(佳野村)에 터를 잡아 살았다. 가야촌은 예안(禮安) 송라(松蘿)의 서쪽에 있고 도산(陶山)과 20리밖에 떨어지지 않은 가까운 곳이었다. 공은 밤낮 왕래하며 가까이서 모시고 스승의 가르침을 받았다. 퇴도 선생은 일찍이 '서두르지 않고 학문을 실컷 음미하며, 마음을 깊이 가라앉혀 묵묵히 마음속에 새긴다.(優游厭飫, 沈潛默識)'는 여덟 글자로 그를 칭찬하고, 그의서 재에 '묵수(默邃)'라 편액한 것을 '묵재(默齋)'로 고쳐 부르도록 명한 적이 있었다.

무신년(1548) 여름, 학행으로 천거되어 장사랑(將仕郎) 의흥훈도(義興 訓導)에 제수되었으나 나아가지 않았다. 기유년(1549) 봄에는 종사랑(從 仕郎)에, 가을에는 승사랑(承仕郎)에, 기미년(1559)에는 무공랑(務功郎)에, 경신년(1560)에는 선무랑(宣務郎) 신녕훈도(新寧訓導)에 제수되었으나, 모 두 나아가지 않았다.

집 북쪽에 요성산(堯聖山)이 있어서 작은 정자 하나를 짓고 '격양정(擊 壤亭)'이라 이름하였다. 퇴도 선생이 손수 그 편액을 써주고, 시를 지어 이르기를, "그대가 스스로를 경계하는 뜻이 시구에 담겨 있음을 알았고, 매화와 대나무는 내가 오기만 기다렸다 말하네."라고 하였고, 그 말미에 써 놓기를, "요성산 아래에 가야촌이 있으니, 곧 박덕명(朴德明) 군이 머 무는 곳이다. 그의 정자를 '격양'이라 이름한 것은 요임금 시절에 노인들 이 격양가(擊壤歌)를 부르며 태평을 즐기던 뜻을 취한 것이다. 서두르지 않고 학문을 실컷 음미하며, 정신을 기쁘게 하여 마음을 수양하는 모습 이야말로 태평 시절의 늙은이요 성군 시대의 한적한 은자로다. 내가 일 찍이 이 정자를 드나든 적이 있었는데, 난간 앞에 매화와 대나무가 있었 으므로 '매화와 대나무는 내가 오기만 기다렸다 말하네.' 일컬은 것이 다."라고 하였다.

만력 무자년(1588)에 집에서 세상을 마쳤으니, 향년은 81세였다. 고을 서쪽 화리곡(禾里谷) 신좌(辛坐)의 언덕에 장사하였다.

부인 초계변씨(草溪卞氏)는 대사간 변계손(卞季孫)의 증손녀이자, 별시 위(別侍衛) 변효창(卞孝昌)의 딸이다. 아들은 1명으로 박몽담(朴夢珊)이라 하였으며, 딸은 4명으로 장녀는 참판 전식(全湜)에게, 다음은 김운(金雲) 에게, 다음은 진사 김팽조(金彭祖)에게, 마지막은 문명주(文命周)에게 출가하였다.

아아! 공은 타고난 성품이 순수하고 두터우며 덕성이 깊고 넓었으니, 젊어서부터 세속의 화려함을 멀리하고 귀의할 바를 얻어 도리와 의리로써 갈고 닦았으며 화로와 망치로 쇠를 단련하듯 연마하였다. 그 말함이 삼가고 조심스러웠으며 그 행실이 돈독하고 성실하였는데, 나이가 들수록 학문은 더욱 깊어졌고 살림이 더욱 넉넉하지 않았어도 뜻은 오히려 더욱 굳어졌다.

공이 함께 교유했던 현명한 이들 중에는 월천(月川) 조목(趙穆), 설월(雪月) 김부륜(金富倫), 눌재(訥齋) 김생명(金生溟), 권옹(倦翁) 류빈(柳贇)과 같은 이들이 있었으니, 특히 덕행과 의리로 서로 교류하였다. 비록 그 궁함과 통달함이 천명에 달려 있다고 하더라도, 공이 가진 재능이나 뜻을 일부도 펼쳐 보이지 못하였으나 늙어서까지 몸과 마음을 잘 기르고 보양하였으니, 그가 누린 즐거움의 경중에는 까닭이 따로 있는 것이다. 세상에는 반드시 이를 제대로 분별할 자가 있을 것이다.

墓誌

默齋朴公, 諱士熹, 字德明, 其先咸陽人也。上祖諱善, 仕麗朝, 位禮部尙書。其後遂大顯, 有諱臣蓊, 征湖南賊李延年有功, 官銀靑光祿大夫上柱國, 於公十代祖也。事載《東史》及李益齋《櫟翁稗說》。子諱之文, 詞林郞·檢校·軍器少監, 始居羅州, 由麗入李朝, 簪組不絕。至曾祖諱勤, 官義興衛副司直, 自羅州遷醴泉。祖諱孝商, 通禮院引儀。考諱馨, 朝散大夫·長水訓導。訓導娶判書鄭龜齡孫, 敦勇校尉揚名之女, 生公于多仁縣里第, 實正德戊辰也。公幼而岐嶷, 八歲受小學, 潛心講習, 手不釋卷。訓導公嘗稱: "汝年少嗜學, 必蚤成就。"及長, 博考經史, 口咀心得, 聞見日進。今家藏《性理書》·《宋史》諸篇, 俱有公手註點題焉。純孝出天, 色養殫誠。訓導公嘗寢疾數月, 公扶護侍湯, 晝夜不懈。訓導公嘉其誠意, 以一區別庄給之曰: "吾所以給此者, 將以勵子孫

之誠孝也." 累擧鄕解, 不利省試, 遂謝去之, 沈潛愼守, 專意古人之
學。所居蟠龍山下有洛江, 自號蟠溪, 酒泉人至今稱之以蟠溪先生。是
時, 退陶老先生, 講道陶山。公百里負笈來謁于巖軒, 遂卜居佳野村。
村在禮安松蘿之西, 近陶山二十里。公日夕來往, 親炙師訓。退陶先
生, 嘗以'優游厭飫, 沈潛默識'八字許之, 命扁其齋曰'默邃', 改稱'默
齋'。戊申夏, 以學行薦, 授將仕郎義興訓導, 不赴。己酉春, 授從仕郎,
秋授承仕郎, 己未授務功郎, 庚申授宣務郎新寧訓導, 皆不赴。以宅北
有堯聖山, 搆一小亭, 名曰'擊壤亭'。退陶先生, 手寫其扁, 贈詩曰: "知
君警策存詩句, 說着梅筍待我來." 題其尾曰: "堯聖山下有佳野村, 卽朴
君德明棲息之所, 而名其亭曰擊壤, 取堯時老人擊壤之義也。優游厭
飫, 怡神養性, 太平老夫, 聖世逸民。予嘗往來於斯亭。檻前有梅筍, 故
曰'說着梅筍待我來'云." 萬曆戊子, 考終于家, 享年八十一。葬于縣西
禾里谷辛坐之原。配曰草溪卜氏, 大司諫季孫之曾孫, 別侍衛孝昌之
女。子男一人曰夢珊, 四女, 長適參判全湜, 次金雲, 次進士金彭祖, 次
文命周。於乎! 公天姿醇厚, 德性淵宏, 早謝芬華, 依歸得所, 劘之以道
義, 薰之以鑪錘。其言也訒, 其行也篤, 年彌高而學彌進, 居愈約而志愈
確。其同遊諸賢, 有若趙月川穆·金雪月富倫·金訥齋生溟·柳倦翁贇, 尤
以德義相與。雖其窮通有命, 不得展布其一二, 而頤養自老, 所樂之輕重
有在矣。世必有辨之者。

〔默齋先生逸稿, 권2, 附錄〕

25. 김부필

김부필의 자는 언우, 호는 후조당, 본관은 광산이다. 관찰사 김연(金緣)의 아들이다. 중종 병자년(1516)에 태어났다. 정유년(1537) 사마시에 합격하고, 천거로 참봉에 제수되었다. 선조 정축년(1577)에 죽었다.

공은 일찍부터 가정의 가르침을 이어받고 만년에 도산(陶山)에 가서 가르침을 받아 행실이 법도에 맞도록 엄격히 삼갔고 근본이 돈독하도록 힘써 실행하였다. 3번이나 사관(祠官: 참봉)에 조용(調用)되었으나 모두 나아가지 않았고, 산림과 계곡을 소요하며 세상에 알려지거나 출세하는 것을 구하지 않았으니, 선생이 시를 지어 공을 칭찬하였다.

동생 읍청(挹淸: 金富儀)과 내외 종형제들이 같은 향촌에 함께 살면서 우애하며 화목하게 지냈다. 언제나 좋은 시절에 아름다운 경치가 있을 때면 번번이 서로 오가고 서로 뒤따르면서 시를 읊고 술을 마시며 노래하여 그 즐거움을 다하였다. 또 계회(稧會; 여러 사람이 모여 친목을 다짐)를 만들어 은혜와 신의를 강론하거나 혼례·상례(喪禮)·길흉사에 이르기까지 두루 구원하지 않는 일이 없었으니, 실로 공이 앞장서서 이끌었던 것인데 사람들이 '인리(仁里: 어진 마을)'라고 일컬었다.【협주: 박성이 찬한 묘지명에 실려 있다.】

• 金富弼

金富弼, 字彦遇, 號後凋堂, 光山人。觀察使緣[1]子。中宗丙子生。丁

---

1 緣(연): 金緣(1487~1544). 본관은 光山, 자는 子由, 호는 雲巖. 증조부는 金崇之이며, 조부는 金淮이다. 아버지는 金孝盧이며, 어머니 陽城李氏는 李持의 딸이다. 부인 昌寧曺氏는 진사 曺致唐의 딸이다. 1510년 생원진사 양시에 합격하고, 1519년 문과에 급제하였다. 1524년 정언이 되어, 당시 권신으로 횡포를 부리던 金安老의 비행을 논박하여 파직시켰다. 그 뒤 김안로 일당인 沈彦光·蔡無擇 등이 김안로를 복직시키려 하자, 李彦迪과 함께 이를

| 酉司馬, 薦授參奉。宣祖丁丑卒。

　公早承庭訓, 晚游陶山, 制行嚴謹, 惇本務實。三調祠官[2], 而皆不就, 婆娑林壑, 不求聞達, 李先生詩以贊之。
　與弟挹淸[3]公·羣從昆季, 同居一社, 友愛敦睦。每良辰美景, 輒來往追隨, 詩酒咏歌, 以盡其歡。又修禊會, 講恩信, 昏喪吉凶, 莫不周救, 實公所唱率, 人謂之仁里。【朴惺[4]撰誌】

보충

박성(朴惺, 1549~1606)이 찬한 묘지

후조당 묘지

　공의 성씨는 김씨, 휘는 부필(富弼), 자는 언우(彦遇), 본관은 광산(光山)이다. 고려 때 지문하성사(知門下省事) 김광존(金光存)의 후손이다. 지문하성사 이후 대대로 문벌이 빛났다. 증조부 휘 김회(金淮)는 음성현감을 지냈고 병조참의에 추증되었다. 조부 휘 김효로(金孝盧)는 성균 생원이

끝까지 반대하여 김안로의 미움을 샀다. 1531년 김안로가 다시 실권을 잡으면서 반대파를 제거할 때 鏡城通判으로 좌천되었다. 그러나 1537년 김안로가 주살되고, 그 일당이 축출되면서 사간으로 다시 발탁되었다. 이어 1542년 동부승지 및 우부승지를 역임하면서, 국왕의 측근에서 특히 農政에 관심을 보였다. 강원도관찰사를 거쳐 1544년 경주부윤에 임명되어, 임지에서 죽었다.

2　祠官(사관): 제사를 담당하는 관직 또는 직유에 잇는 사람. 參奉을 일컫는다.

3　挹淸(읍청): 金富儀(1525~1582)의 호. 본관은 光山, 자는 愼仲, 호는 挹淸亭. 金緣의 둘째 아들이고 金富弼의 동생이다. 부인 安東權氏는 權習의 딸이다.

4　朴惺(박성, 1549~1606): 본관은 密陽, 자는 德凝, 호는 大菴. 증조부는 朴成林이며, 조부는 감찰 朴純이다. 아버지는 생원 朴思訥이며, 어머니 光山金氏는 관찰사 金緣) 딸이다. 부인 驪州李氏는 승지 李光軫의 딸이다. 裵紳에게 수학하고, 鄭逑를 사사하였다. 1592년 임진왜란이 일어나자, 招諭使 金誠一의 참모로 종사했고, 정유재란 때 趙穆과 상의해 의병을 일으켜서 體察使 李元翼의 막하에 들어갔다. 그 뒤 周王山城의 대장으로 활약하였다. 임진왜란이 끝난 뒤 世子師傅로 임명되었으나 부임하지 않았다. 뒤에 司圃署司圃가 되었다가 공조좌랑을 지내고, 安陰縣監이 되었다.

었고 가선대부 이조참판 겸 동지의금부사(同知義禁府事)에 추증되었다. 참판공은 결백하고 정대한 마음으로 스스로를 지켰으며 그 품행 또한 더욱 빼어났는데, 처음 예안(禮安) 오천(烏川)으로 옮겨 터를 잡으면서 마침내 그 고을 사람이 되었다. 아버지 휘 김연(金緣)은 가선대부 강원도 관찰사 겸 병마수군절도사였는데, 효성이 두텁고 형제에게 우애로웠으며 마음씨가 너그럽고 도량이 넓었다. 벼슬살이를 할 때 청렴하고 신중하여 세상에 이름난 대신(大臣)이었다. 어머니 정부인(貞夫人) 창녕조씨(昌寧曺氏)는 진사 조치당(曺致唐)의 딸인데, 바르고 얌전하였으며 시부모를 섬김에 효부로 이름났다. 명나라 정덕(正德) 11년 병자년(1516)에 공을 예안 고을 오천리의 집에서 낳았다.

공은 부모에게 효도하고 형제간에 우애하며 마음가짐과 행동이 참되고 성실하였는데, 성품이 굳세고 곧으며 의지가 변함없이 굳건해 어려서부터 또래아이들과 달랐다. 조금 자라서는 가정의 가르침을 이어받아 몸가짐을 닦고 단속하여 부모 곁에 지내며 자식으로서 허물이 적게 되었다. 정미년(1547, 정유년의 오기인 듯, 1537) 사마시에 급제하여 국상(國庠: 성균관)에 나아가니, 명성이 널리 알려졌다.

갑진년(1544)에 부친상을 당하여 슬퍼하는 것이 의례(儀禮)보다 지나쳐 몸을 훼손하였으니, 죽만 먹고 지내다가 몸이 마르고 수척하여 거의 상례(喪禮)를 견디지 못할 정도였는데, 고을 사람들이 그 효심을 칭찬하였다. 복상(服喪)을 마친 뒤로 마침내 과거 공부를 싫어하고, 오로지 노모를 봉양하고 제사를 받드는 일에 힘썼다. 병진년(1556)에 모친상을 당했는데, 슬퍼하여 수척한 것이 마른 가시처럼 서 있는 듯하였고, 상례를 치르는 범절은 부친상 때와 똑같았다. 행실이 법도에 맞도록 엄격히 삼갔고 근본이 돈독하도록 힘써 실행하였으니, 먼 조상을 추모함에 비록 추운 한겨울이라도 반드시 목욕하여 몸을 깨끗이 하는 것은 늙도록 폐하지 않았는데, 제사를 마친 뒤에는 늘 근심스러운 얼굴로 정성이 극진하지 못하였을까 마음속으로 두려워하고 한스러워하였다. 형제들을 마치 자신의 손발처럼 사랑하였고, 친척을 대할 때는 더욱 곡진하게 하지 않은 적이 없었으니, 대개 타고난 성품이어서 그러한 것이었다.

이때 퇴도(退陶: 이황) 이 선생(李先生)이 벼슬에서 물러나 도산(陶山)으로 은거하여 도학(道學)을 가르치며 밝혔는데, 공은 나이를 따지지 않고 만년에 옷자락을 걷어잡고 찾아가 스승으로 모시고서 유편(遺篇: 옛 선현의 글)을 강론하고 질의하였다. 이로부터 견문이 더욱 넓어져 깨닫는 바가 있었다. 3번이나 사관(祠官: 참봉)에 조용되었으나 모두 나아가지 않고, 산림과 계곡을 소요하며 세상에 알려지거나 출세하는 것을 구하지 않았으니, 선생이 시를 지어 공을 칭찬하였다. 뜻을 묻고 배우는데 두어 일찍이 해이하거나 소홀히 한 적이 없었으면서도 오히려 깨달음이 늦은 것을 한탄하였다. 선한 이를 보면 반드시 칭찬하여 권장하였고, 악한 이를 보면 미워하는 것 또한 너무 심하지는 않았다. 일처리는 평범하게 하였으니, 세상을 놀라게 하는 일처리는 탐탁하게 여기지 않았다.

평소 집에서 지낼 때에는 날이 샐 무렵이면 반드시 의관을 갖추고 가묘(家廟: 사당)에 배알한 다음에 물러나와 서실(書室)에 앉아 시간을 보내다가 밤이 되어서야 잠자리에 들었으며, 병중에 있을 때에도 또한 그렇게 하였다. 공의 동생 읍청(挹淸: 金富儀)과 내외 종형제들이 모두 행실이 어질면서 같은 향촌에 함께 살고 있었는데, 화합과 화목에 독실하여 언제나 좋은 시절에 아름다운 경치가 있을 때면 번번이 서로 오가고 서로 뒤따르면서 시를 읊고 술을 마시며 노래하여 그 즐거움을 다하였다. 또 계회(稧會; 여러 사람이 모여 친목을 다짐)를 만들어 은혜와 신의를 강론하거나 혼례·상례(喪禮)·길흉사에 이르기까지 두루 구원하지 않는 일이 없었으니, 실로 공이 앞장서서 이끌었던 것이다. 군자들이 모두 감탄하여 '인리(仁里: 어진 마을)'라고 일컬었고, 간혹 탄식하며 공을 흠모해 마지않는 자들도 있었다.

향리(鄕里)에 있을 때에는 현명한 이와 어리석은 이, 귀한 자와 천한 자를 대우하는데 각기 그 사람에게 마땅한 도리를 다하였는데, 누구에게 라도 그른 일이 있으면 반드시 정색하여 꾸짖었으니, 사람들이 모두 공을 공경하고 두려워하여 감히 의롭지 않은 일로 범하려 하지 않았다. 종친과 외척 및 향리에 형편이 어려운 자가 있으면 곧 도와 구제하였다. 자제들을 가르칠 때는 반드시 어버이에 대한 효도[孝], 형제끼리의 우애[悌], 임금에 대한 충성[忠], 벗 사이의 믿음[信]을 급선무로 하여 항상 타이르기를, "학문은 마땅히 효제(孝悌)를 근본으로 삼아야 한다."라고 하였으며, 또 말하기를, "사람의 마땅한 도리에 가깝지 않은 것은 해(害)가 됨이 가장 크니, 저절로 본성에서 우러나와 선(善)을 행하는 것이 바로 꾸밈없는 본래의 마음이다. 만약 꾸미는데 힘쓴다면 비록 선을 행하더라도 또한 거짓이다. 너희들은 마땅히 남모르게 독실히 닦고, 남에게 보이기 위해 억지로 꾸미거나 과격하게 펼치려 하지 말라."라고 하였다.

그의 뜻이 사문(斯文)에 더욱 독실하여 역동서원(易東書院)과 도산서원(陶山書院)을 창건할 때에 주관하며 모든 일을 계획하고 실행하는데 마음과 힘을 다하여 온갖 수고를 마다하지 않았으니, 비록 심한 추위와 더위, 비가 올지라도 역사(役事) 감독하는 일을 폐하지 않았다. 그가 어진 이를 존경하고 인재를 기르는 일에 늙어서도 게을리하지 않은 것이 이와 같았다.

평소 우아한 취미가 있었는데, 소나무와 잣나무를 즐겨 감상하고는 '후조(後凋)'로 자호(自號)하였으며, 매화를 사랑하여 시를 읊었으니 때로는 퇴계 선생과 서로 시를 주고받았는데, 선생은 공의 청아한 정취를 매우 높이 여겼다. 조정에서 공을 유일(遺逸)로 6품의 벼슬에 서용하려 하였으나, 끝내 저지하는 자가 있어서 식자들은 한스러워하였다.

만년에 고질적인 병을 앓아 병세가 깊어지고 오랫동안 낫지 않아 몸져누었는데, 동생 읍청(挹淸)이 마침 또 중풍을 맞자 공은 눈물을 흘리면서 구호하며 마치 자신의 몸에 아픔과 병이 있는 듯이 여겼을 뿐만이 아니었으니, 비록 옛사람들이 형제의 아픔을 나누었다고 하더라도 이보다 더하지는 못하였을 것이다. 얼마 지나지 않아 누이의 상을 당하였는데, 통곡하여 상심하는 것이 심하였고 소식(素食)하기를 한 달을 넘겨서 더욱 수척해져 도저히 구원하지 못할 지경에 이르렀으니, 우애가 독실하고 지극하지 않았다면 능히 이와 같을 수 있었겠는가?

부인은 상서시 직장(尙瑞寺直長) 하취심(河就深)의 딸인데, 불행히도 자식이 없었다. 동생의 아들 김해(金垓)를 양자로 들여 후사를 맡겼다.

만력(萬曆) 정축년(1577) 겨울 10월 12일 병으로 죽었으니, 향년 62세였다. 그해 12월 13일에 치소(治所) 북쪽 거인리(居仁里) 금학산(金鶴山) 아래 동향의 언덕에 장사하였는데, 관찰사(觀察使: 부친 金緣)의 묘에서 10여 걸음 떨어진 곳이다.

아아! 공에게는 옛 간의대부(諫議大夫)와 같은 기풍이 있었으니, 상대백부(霜臺栢府: 서릿발 같이 준엄하고, 겨울의 측백처럼 청절의 사헌부를 일컬음)에 두었다면 백관(百官)들을 엄정하게 바로잡고 쇠퇴한 기강을 진작할 수 있었을 것이나, 운수가 때를 만나지 못하여 끝내 세상에서 뜻을 펼쳐볼 기회가 있지 않았으니, 개탄스러워 길이 탄식하는 것이 어찌 오로지 그 한 몸의 형통하지 못한 것만이겠는가? 비록 그렇다고 하더라도, 공은 대대로 이어온 이름난 가문의 사제로 문헌(文獻)의 고장에 태어나시 퇴도(退陶) 선생의 가르침을 받아 바른 길로 나아갔다. 동생으로는 읍청(挹淸: 金富儀) 같은 어진 이를 두어서 화락하고 즐거워하였으며, 심지어 당형제(堂兄弟: 4촌 형제)로 산남(山南: 金富仁)과 같은 청렴하고 신중한 자와 설월당(雪月堂: 金富倫)과 같은 온순하고 인정이 두터운 자를 두었으며, 외제(外弟: 고종4촌)로 일휴당(日休堂: 琴應夾, 1526~1596) 같은 효성과 우애가 돈독한 자와 면진재(勉進齋: 琴應壎, 1540~1616)처럼 형을 따르면서 어긋남이 없는 자를 두었다. 난(蘭)과 옥(玉) 같은 인재들이 한 뜰에 나란히 태어나 덕 있는 이들이 한 집안에 모였으니, 천하의 지극한 즐거움에 무엇이 이보다 더하겠는가? 하늘이 공에게 베푼 복락(福樂)이 가장 후했으니, 공에게 인색한 것과 견준다면 과연 어느 것이 가볍고 어느 것이 무겁겠는가?

공은 일찍이 박성(朴惺) 내가 학문에 뜻을 두었을 때 변변찮게 여기지 않고서 아끼고 길러준 은혜가 가장 깊었으니, 돌이켜 생각할 때마다 훈계하던 말씀을 아직까지 감히 잊지 못한다. 공이 죽은 지 이제 30년이 되었으나 아직까지도 그 행적을 기록하는 자가 있지 않으니, 아름다운 자취가 묻혀 장차 사라져서 전해지지 못할까 두려워하여 감히 고질적인 병을 무릅쓰고 떨쳐 일어나 오로지 마음과 도리를 다하여 그 성씨 계보와 수행한 업적의 대략을 간략히 서술하고 돌에 새겨 깊은 곳에 간직하려 한다. 마침내 눈물을 흘리며 이 글 짓고, 다음과 같이 명(銘)을 쓴다. …(이하 명문 생략)…

後凋堂墓誌

公姓金氏, 諱富弼, 字彦遇, 光山人。高麗知門下省事光存之後。知省事以降, 赫世簪弁。曾大父諱淮, 陰城縣監, 贈兵曹參議。王父諱孝盧, 成均生員, 贈嘉善大夫吏曹參判兼同知義禁府事。參判公介潔自守, 操行卓異, 始移居于禮安烏川, 遂爲縣人焉。皇考諱緣, 嘉善大夫江原道觀察使兼兵馬水軍節度使, 孝友寬大, 居官淸愼, 爲世名卿。妣貞夫人昌寧曹氏, 進士致唐之女, 端莊貞固, 事舅姑以孝稱。有明正德十有一年丙子, 生公于邑里之第。公孝悌篤實, 剛直堅貞, 自幼異於群兒。稍長, 承庭訓修飭, 居親旁, 少子弟之過。丁未, 中司馬, 遊國庠, 名譽著聞。甲辰, 罹外艱, 哀毁過禮, 歠粥悴瘠, 殆不勝喪, 鄕黨稱其孝。服闋, 遂厭科業, 一以養老奉祭爲務。丙辰遭內艱, 哀瘠柴立, 喪節一如前喪。制行嚴謹, 悙本務實, 其追遠盡齊誠, 雖盛寒, 必沐浴致潔,

至老不廢, 祭畢, 每愀然誠未至, 慊恨于中。愛兄弟如手足, 待親戚靡
不曲盡, 盖天性然也。于時, 退陶李先生, 退隱陶山, 倡明道學, 公不計
年歲, 晚暮摳衣函丈, 講質遺篇。自是見聞益廣, 有所得焉。三調祠官,
皆不就, 婆娑林壑, 不求聞達, 先生詩以贊之。志存問學, 未嘗弛忽, 而
猶以晚悟爲恨。見善必嘉獎, 嫉惡亦不已甚。處事平常, 不屑爲駭俗之
事。其燕居, 昧爽必冠帶, 拜家廟, 退坐書室, 至夜就寢, 其在疚疾亦
然。公弟揖淸, 與內外從昆季, 咸有賢行而同居一社, 篤於雍睦, 每良
辰美景, 輒來往追隨, 詩酒咏歌, 以盡其懽。又修禊會, 講恩信, 昏喪吉
凶, 莫不周救, 實公所唱率也。君子咸咨嗟稱仁里, 或有嘆慕不能已
者。其在鄕黨, 待賢愚貴賤, 各盡其分, 人有枉曲, 必正色責之, 皆敬畏
莫敢以非義犯。宗戚及鄕閭, 有貧匱者, 輒賑救之。敎子弟, 必以孝悌
忠信爲先務, 常敎勅曰:"學問當以孝悌爲本." 又曰:"不近人情, 爲害最
大, 自然爲善, 乃是眞情。若務飾, 則雖善亦僞也。爾輩宜闇然篤修, 愼
毋矯激爲也." 其志尤篤於斯文, 易東·陶山之創院也, 幹主經營, 盡心
力不憚勞, 雖祈寒暑雨, 不廢董役。其尊賢育才, 老而不倦類此。素有
雅趣, 耽賞松栢, 以後凋自號, 愛梅吟詩, 時與先生酬唱, 先生多其淸
致。朝家以遺逸, 將叙六品, 卒有沮止者, 識者恨之。暮年患痼疾沈綿,
弟揖淸適又中風, 公涕泣救護, 不啻若恫瘝在己, 雖古人分痛, 不能過
也。未幾, 遭妹服, 慟傷甚, 食素踰月, 益德敗以至不救, 非友愛篤至,
能若是乎? 配尙瑞直長河就深之女, 不幸無嗣。養弟男曰垓, 以後事托
焉。萬曆丁丑冬十月十有二日病卒,　享年六十二。其年十二月十三日
乙未, 葬于治北居仁里金鶴山下東向之原, 去觀察墓十餘步。嗚呼! 公
有古諫議之風, 使置諸霜臺栢府, 則可以整肅百僚, 振作頹綱, 而命之
不遇, 終未有施設於世, 所可慨然長嘆者, 豈惟一身之窮阨哉? 雖然, 公
以故家子弟, 生文獻之邦, 得退陶爲之就正焉。以弟則有揖淸之賢而和
樂且湛, 至如堂兄弟, 有山南之淸謹, 雪月之惇厚, 其外弟, 則曰休孝友
敦篤, 勉進從兄無違。蘭玉幷生于庭, 德星聚于一門, 天下至樂, 孰加
焉? 天之所與公樂最厚, 其與所嗇於公者。果孰輕而孰重歟? 公嘗以惺

志學, 不謂無似, 愛育最深, 追思謦咳, 迄未敢忘。公之歿, 今三十年矣, 尚未有識其行者, 懼潛懿將泯無傳, 敢撥沈痾, 專情義, 略叙其姓系·行業梗槩, 刻而掩諸幽。遂流涕而爲之銘曰。…(이하 명문 생략)…

〔大菴先生集, 권3, 墓誌銘〕

26. 김부인

김부인의 자는 백영, 호는 산남, 본관은 광산(光山)이다. 명종 기유년 (1549) 무과에 급제하여 벼슬은 병사(兵使)를 지냈다. 선조 갑신년 (1584)에 죽었다.

공은 어려서부터 글공부를 하였고 퇴계(退溪: 이황)의 문하로 들어가 학문에 더욱 힘썼다. 일찍이 두 차례 향시(鄕試)에 합격하였으나 무예까지 두루 익히고서 무과에 급제하였다. 선전관으로서 빈청(賓廳)에 나아가 《좌씨춘추(左氏春秋)》를 강론할 때면, 번번이 능통하니 명성이 마침내 널리 떨쳐졌다.

창성부사로 제수되었는데, 병사(兵使) 김문수(金文秀: 金秀文의 오기)를 따라 서해평(西海坪)을 정벌하였다. 인사 이동이 있었는데, 통정대부로 승진하여 마침내 경상좌병사에 제수되었다.

공은 책읽기를 좋아했는데, 특히 특히《자경편(自警編)》에 힘을 기울였고 늙도록 손에서 놓지 않았다. 주상이 옛날 장수 중에 스승으로 본받을 만한 자가 누구인지 물은 적이 있었는데, 공이 조충국(趙充國)으로 대답하자, 주상이 기뻐하고 가상하게 여겨 술을 내려 사랑하였다.

공은 일찍이 경학의 책 읽기에 몰두하였고 과거 공부는 그에 비해 본뜻이 아니었으니, 공은 이윽고 붓을 내려놓고서 만인을 대적하는 병학에 힘썼네. 허리띠 늦추고 갖옷 가볍게 입어도 찬란하기가 마치 신인과 같았으나, 그 당시는 태평성대를 맞은 시기라 변방 요새에는 전쟁의 먼지가 없었네. 병법의 책략 아직 시험치 못하였고 칼집의 보검 부질없이 울 뿐이었으니, 군중(軍中)의 대장인가 하면 세속 밖의 서생일네라.【협주: 김응조가 찬한 묘갈명에 실려 있다.】

• 金富仁

金富仁, 字伯榮, 號山南, 光山人。明宗己酉武科, 官兵使。宣祖甲申卒。

公少業文, 遊溪門, 學益力。常再中鄉解, 旁習武藝, 登武科。以宣傳官, 詣賓講廳[1], 《左氏春秋》, 輒通, 名譽遂著。

拜昌城府使, 從兵使金文秀[2], 征西海坪[3]。有政, 陞通政, 遂除慶尙左兵使。

公喜讀書, 尤著力《自警編[4]》, 至老不掇。上嘗問古將可師法者, 公以趙充國[5]對, 上嘉悅, 賜酒寵之。

公旣耽書, 餘事科業, 公旣投筆, 敵萬是學。緩帶輕裘[6], 燁如神人, 遭時太平, 邊塞無塵。韜鈐[7]未試, 匣劍空鳴, 軍中大將, 物外書生。【金應祖[8]撰碣】

---

1 詣賓講廳(예빈강청): '詣賓廳, 講'의 오기.

2 金文秀(김문수): 金秀文(?~1568)의 오기. 본관은 高靈, 자는 成章. 중종 때 무과에 급제하고, 永建萬戶, 동래 부사를 역임하고, 1565년 평안도 병마절도사가 되어 여러 번 胡人의 침입을 격퇴하여 북변 방어에 공을 세웠다.

3 西海坪(서해평): 慈城江口 부근의 胡人 부락.

4 自警編(자경편): 송나라 趙善璙가 자기 자신을 警戒하는 데에 도움이 되는 宋代 諸公의 언행을 모아 기록한 책. 제1책 學問類에서부터 제5책 政事類까지 총 5책으로 구성되어 있다. 세종이 이 책에 매우 감명을 받아 《治平要覽》을 편찬하게 하였고, 成宗 때에는 梁誠之의 상소로 이 책을 간행한 바 있다.

5 趙充國(조충국): 漢武帝 때부터 흉노를 무찔러 명성을 떨쳤으며, 宣帝 때에 營平侯에 봉해진 인물. 論策에 능하여 그가 올린 글 모두가 經世의 글로 중시될 정도로 문무를 겸비한 명장이었다.

6 緩帶輕裘(완대경구): 학문을 갖춘 名將임을 뜻하는 말. 晉나라 장수 羊祜가 군대를 맡고 있으면서 갑옷을 입지 않은 채 항상 가벼운 옷을 입고 허리띠를 느슨히 풀어 놓고 있었는데도 군사들이 모두 그 덕에 감복하였다는 고사에서 나온 말이다. 장수의 여유가 있고 한가한 풍모를 형용한다.

7 韜鈐(도검): 옛날 병서인 《六韜》와 《玉鈐篇》을 합칭한 것으로, 병서를 일컬음.

8 金應祖(김응조, 1587~1667): 본관은 豊山, 자는 孝徵, 호는 鶴沙·啞軒. 안동 출신. 증조부는 훈련원부정 金義貞이며, 조부는 장례원사의 金農이다. 아버지는 산음현감 金大賢이며, 어머니 全州李氏는 守義副尉 李續金의 딸이다. 부인 義城金氏는 金汯의 딸이다. 柳成龍과

보충

김응조(金應祖, 1587~1667)가 찬한 묘갈명

절충장군 수경상좌도병마절도사 김공 묘갈명 병서

공의 휘는 김부인(金富仁), 자는 백영(伯榮), 신라 왕자 김흥광(金興光)이 광산(光山)을 본관으로 삼아 이어진 광산김씨(光山金氏)이다. 휘 김광존(金光存)이라는 이가 있어 고려에서 벼슬하여 관직이 문하성사(門下省事)에 이르렀다. 고조부 휘 김숭지(金崇之)는 목청전직(穆淸殿直)을 지내고 사복시 정(司僕寺正)에 추증되었고, 전해 내려오면서 음성현감에 이조참판으로 추증된 휘 김회(金淮), 성균관 생원에 이조참판에 추증된 휘 김효로(金孝盧), 성균관 생원에 호조참판으로 추증된 김수(金綏)에 이르렀다. 정부인(貞夫人)에 추증된 순천김씨(順天金氏)에게 장가들어, 정덕(正德) 임신년(1512)에 공을 낳았다.

어려서부터 글공부를 하였고, 관례(冠禮)를 한 뒤에는 퇴계(退溪)의 문하로 들어가 학문에 더욱 힘썼으니, 일찍이 두 차례 향시(鄕試)에 합격하였다. 이미 그러하였지만 무예까지 두루 익히고서 가정(嘉靖) 기유년(1549) 무과에 급제하였다. 빈청(賓廳)에 나아가 《좌씨춘추》를 강론할 때면 번번이 능통하니 명성이 마침내 널리 떨쳐져, 선전관으로 선발되어 비변사 낭청을 겸하였다. 잠시 뒤에 외직으로 나가 해주(海州)와 강릉(江陵)의 동판(通判)이 되었으며, 계해년(1563) 낙안군수(樂安郡守)에 제수되었다. 정묘년(1567) 내직으로 들어와 호조 정랑이 되었고, 무진년(1568)에 창성부사(昌城府使)로 옮겼다. 병사(兵使) 김수문(金秀文)을 따라 서해평(西海坪) 정벌에 공을 세워 통정대부(通政大夫)에 승진했다가 인산첨사(麟山僉使)로 전직하였다. 신미년(1571)과 계유년(1573)에는 길주(吉州)와

張顯光의 문인이다. 1613년 생원시에 합격하고, 1623년 알성문과에 급제하였다. 선산도호부사·사간원사간·홍문관응교·한성부우윤 등을 지냈다.

정주(定州) 두 고을의 목사(牧使)로 지냈고, 병자년(1576) 진주목사에 제수되었다. 도헌(都憲: 대사헌) 이준민(李俊民)이 공이 떠나는 것을 아쉬워하여 교체를 청하니, 마침내 경상좌도병사에 제수되었다. 이때 안일하게 지낸 지 오래되어 해이했는데, 공은 관내 여러 고을들을 엄격히 단속하여 군사 훈련을 엄하게 하고 무기를 잘 정비하게 하면서 몸소 순시하며 근면함과 게으름을 권면하고 경계하니, 아는 사람들이 많이 칭찬하였다. 정축년(1577) 제주(濟州)와 경원(慶源)의 목사에 제수되었으나 모두 나아가지 않았다. 위장(衛將: 五衛將)·첨지(僉知: 첨지중추부사)에 제수되었으나, 뜻밖의 일에 연루되어 구금되었다가 이내 석방되었고, 영해부사(寧海府使)가 되었다. 임오년(1582) 번호(藩胡: 두만강 북쪽 변경의 여진족)가 경원(慶源)을 함락시켰다는 소식을 듣고 말을 달려 대궐에 이르렀는데, 사태가 정리되자 곧 돌아왔다. 돌아오고 나자, 안변부사(安邊府使)에 부임하라는 명이 있었으나 나아가지 않았다.

갑신년(1584) 11월에 병으로 죽었다. 부음이 전해지자, 주상이 예관(禮官)을 보내어 제사를 지내게 하고 본도(本道: 경상도)에게 부의(賻儀)를 보내도록 하였다. 이듬해 2월 안동(安東) 방존(方存) 수리곡(修理谷) 곤좌(坤坐)의 언덕에 장사지냈는데, 아내 정부인(貞夫人) 이씨(李氏)의 묘 오른쪽이다.

아아, 공은 몸가짐이 맑고 검소하였는데, 관직에 있을 때는 근면하고 삼가서 가는 곳마다 폐단을 빗질하듯 바로잡고 백성들의 가려움을 긁어주었으니, 마침내 지부(地部: 호조)에 들어가 맡았고 외직으로 나가 번곤(藩閫: 지방 군사 최고위직)을 전담하면서 훌륭한 명성과 공적을 남겼다. 낙안군수로 있을 때 토착 백성 중에 윤원형(尹元衡)에게 인척으로 연줄이 닿는 자가 권세를 믿고 자주 부세(賦稅)를 갚지 않는 일이 있었는데, 공이 순사(巡使: 순찰사)에게 보고하여 징수하면서 조금도 탕감해 주지 않았다. 정주목사로 있을 때 백성 중에 형제가 송사로 다투는 일이 있었는데, 공이 그들에게 의리를 자세히 설명해 주고 이어서 자리를 마련하여 술과 음악을 베풀어 주니, 형제가 지극히 감격하여 눈물을 흘렸다.

책읽기를 좋아했는데, 특히 《자경편(自警編)》에 힘을 기울였고 늙도록 손에서 놓지 않았다. 창성부사가 되어 사은숙배하던 날, 주상이 불러들여 보고서 옛날 장수 중에 스승으로 본받을 만한 자가 누구인지 물으니, 공이 조충국(趙充國)으로 대답하자, 주상이 기뻐하고 가상하게 여겨 술을 내려 위로하여 보냈다. 전투에 임하여 적의 상황을 헤아리는 것이 남들의 일반적 생각을 뛰어넘었으니 유장(儒將: 유자적 자질을 겸비한 무장)의 풍도가 있었다. 일찍이 꿈에서 시 1수를 읊었으니, "공명도 탐하지 않고 부귀도 부럽지 않아, 선친의 집에 머물면서 풍월을 벗 삼고, 나라가 무사할 때면 그저 한가로이 지내며 세월을 보내리라."라고 한 적이 있었는데, 과연 공의 만년과 부합하였다.

부모에게 효성스러웠으니, 을묘년(1555)에 대고(大故: 부친상)를 당하자 슬퍼함과 상례(喪禮)를 극진히 갖추었다. 조상을 받드는데 더욱 삼갔고 자녀를 훈계하는데 엄하였다. 종친들과 돈독하였고 형제자매를 보살폈으며, 재산을 나누면서 서로 등지는 말이 전혀 없었다. 관직에 있으면서 부지런히 수리하고 정비하는 것은 한갓 예삿일이었을 뿐이다.

부인은 같은 고을 사람 영천이씨(永川李氏)인데, 효절공(孝節公) 농암(聾巖) 이현보(李賢輔) 신생의 딸로, 규중의 법도를 매우 잘 갖추었으니 집안의 가풍이 그러했기 때문이다. 공과 같은 해에 태어나 공보다 7년 먼저 죽었다. 네 아들을 두었으니, 장남 김호(金壕)는 어모장군(禦侮將軍), 차남 김전(金㙐)은 통사랑(通仕郎), 삼남 김탄(金坦)은 충순위(忠順衛)를 지냈으며, 사남 김기(金圻)는 순릉참봉(順陵參奉)을 지내고 사헌부 감찰에 추증되었다. 모두 학문과 행실이 있어서 집안의 내외 자손들이 번성하고 이어졌으니, 별도로 자손록(子孫錄)이 있다.

공의 증손자 전(前) 참봉 김확(金確)이 공의 묘도(墓道)에 표석(表石)이 없는 것을 민망하게 여겨 여러 종친들과 의논하였는데, 선조의 뜻을 따라 비석은 세우지 않고 묘갈(墓碣: 작은 비석)만 세우기로 하였으니, 가히 오래도록 후손이 있다고 이를 만하다. 명(銘)으로 이른다.

문과 무는 아울러 쓰여야 하니
하나라도 빠뜨려서는 아니 되나,
하나에만 정진하기도 대개 어려운데
문무 겸비하기는 더욱 드문 일일러라.

공은 일찍이 경학의 책 읽기에 몰두하였고
과거 공부는 그에 비해 본뜻이 아니었으니,
공은 이윽고 붓을 내려놓고서
만인을 대적하는 병학에 힘썼네.

문무를 겸비해 훌륭한 명망으로
마침내 병마절도사가 되었으니,
높은 깃발과 큰 군기를 세우고
범 모양 병부(兵符) 용 그린 부절(符節) 찼네.

허리띠 늦추고 갖옷 가볍게 입어도
찬란하기가 마치 신인과 같았으나,
그 당시는 태평성대를 맞은 시기라
변방 요새에는 전쟁의 먼지 없었네.

병법의 책략 아직 시험치 못하였고
칼집의 보검 부질없이 울 뿐이었으니,

군중(軍中)의 대장인가 하면

세속 밖의 서생일네라.

한가로이 노닐며 여생을 마쳤으니

어찌 공의 평소 품었던 뜻이었으랴만,

수리산에는

그 기백이 울창하게 서려 있네.

만고의 좋은 묘역은

소가 편히 누울 만한 땅일러니,

공의 몸은 이곳에 의탁하였고

공의 기백은 하늘에 있도다.

折衝將軍守慶尙左道兵馬節度使金公墓碣銘 幷序

公諱富仁, 字伯榮, 新羅王子興光, 籍光山, 爲光山金氏。有諱光存, 仕高麗, 官至門下省事。高祖諱崇之, 穆淸殿直贈司僕寺正, 傳陰城縣監贈吏曹參判諱淮, 成均生員贈吏曹參判諱孝盧, 至成均生員贈戶曹參判諱綏。聘贈貞夫人順天金氏, 以正德壬申生公。少業文, 旣冠, 遊溪門, 學益力, 嘗再中鄕解。旣乃旁習武藝, 登嘉靖己酉武科。詣賓廳, 講左氏春秋, 輒通, 名譽遂著, 選爲宣傳官, 兼備邊司郞廳。俄出爲海州・江陵通判, 癸亥, 除樂安郡守。丁卯, 入戶曹爲正郞, 戊辰, 遷昌城府使。從兵使金秀文, 征西海坪, 有功, 陞通政, 轉麟山僉使。辛未・癸酉, 爲吉定二州牧使, 丙子, 拜晉州。李都憲俊民, 惜其去, 啓遞, 遂除慶尙左道兵使。時恬嬉日久, 公嚴飭列邑, 使之嚴組練繕器械, 親自巡視, 勸懲其勤怠, 識者多之。丁丑, 授濟州・慶源, 皆不赴。拜衛將・僉知, 坐無妄逮繫, 已而得釋, 爲寧海府使。壬午, 聞藩胡陷慶源, 馳赴闕, 事定卽歸。旣歸, 有安邊之命, 不赴。甲申十一月, 病卒。訃聞, 上命禮官致祭，命本道致賻。以明年二月，葬于安東方存修理谷坤坐之原，內相貞夫人李氏墓右。嗚呼！公律身淸儉，居官勤謹，所至垢櫛而痒疤，遂入掌地部，出專藩閫，蔚有聲績。其在樂安，土民有戚抵尹元衡者，怙勢多逋負，公申巡使徵之不少貸。在定州，民有兄弟爭訟者，公爲之陳說義理，仍賜坐設酒樂，民至感泣。喜讀書，尤著力《自警編》，至老猶不掇。昌城陛辭日，上引見，問古將可師法者，公以趙充國對，上嘉悅，賜酒慰遣之。及其臨陣料敵，出人意表，有儒將風。嘗夢吟一闋曰：“不貪功名，不羨富貴，居先人之廬而以風月爲侶，當國家無事之時，聊優游以卒歲.”果與公晚節符合。孝於親，當乙卯，遭大故，哀禮備至。謹於奉先，嚴於訓子。敦宗而撫弟妹，析産而無間言。當官而勤修繕，特其餘事也。配同縣永川李氏，孝節公聾巖李先生賢輔女，閫儀甚備，家法然也。與公同年生，先公七年卒。生四男，長壕，禦侮將軍，次墺，通仕郞，次坦，忠順衛，次圻，順陵參奉贈司憲府監察。有學行，內外雲仍繁衍，別有子孫錄。公之曾孫前參奉確，憫公墓道無表，謀諸宗黨，遵先志不碑而碣之，可謂長有人。銘曰：文武竝用，闕一不可，專攻蓋難，兼備尤寡。公旣耽書，餘事科業，公旣投筆，敵萬是學。全才令望，遂仗閫鉞，高牙大纛，虎符龍節。緩帶輕裘，燁如神人，遭時太平，邊塞無塵。韜幹未試，匣劍空鳴，軍中大將，物外書生。優游終老，豈公素志，修理之山，鬱苒其氣。萬古佳城，一片牛眠，公身托此，公氣在天。

〔鶴沙先生文集，권7，墓碣銘〕

27. 이숙량

이숙량의 자는 대용, 호는 매암, 본관은 영천이다. 효절공(孝節公) 이현보(李賢輔)의 아들이다. 중종 계묘년(1543) 진사시에 합격하고 벼슬은 사부(師傅)에 이르렀다. 예안(禮安)의 연경서원(研經書院)에 향사하였다.

공은 퇴계(退溪: 이황)의 문하에서 가르침을 받았는데, 선생이 일찍이 그에게 편지를 보내 이르기를, "요즘 평범한 일상생활에서 스스로 깨달은 바가 어떠한가? 세속의 험한 의론에 마음을 빼앗기지 말고 마침내 큰 학문적 과업을 구명(究明)하는 것이야말로 간절히 바라는 바라네. 그대는 본래의 역량이 이미 앞으로를 위한 여지를 많이 가지고 있으니, 오직 힘쓰는데만 달려 있을 따름이네."라고 한 적이 있었다.

문순공(文純公: 이황)의 《절요주서(節要朱書: 朱書節要)》를 공이 곧 손으로 직접 베껴 쓰면서 깊이 체득하고 묵묵히 궁구하였다. 선생이 정유일(鄭惟一)에게 보낸 편지에 이르기를, "오직 이대용(李大用: 이숙량)만이 《주서(朱書)》에 깊이 공력을 들이고 있다."라고 하였다.

연경리(研經里)의 화암(畫巖)에 서원을 창건하였는데, 《육경(六經)》을 강송하고 도덕의 학술을 밝히는 곳으로 삼았다. 공이 기문(記文)을 지어 선생에게 보여 질정을 청하니, 선생이 그 기문 말미에 써서 말하기를, "그 글이 청아하면서 넉넉하고, 유려하면서 올바르며, 사적을 서술함이 상세하고, 뛰어난 경치를 기록함이 참으로 실하다."라고 하였다.

임진왜란이 일어나자, 의병 일으키는 일을 도모하고 적을 방어할 계책을 한창 강구하던 도중에 죽었다. 월천(月川) 조목(趙穆)이 제문을 지어 곡하기를, "재주도 있고 행실도 갖춘 빼어난 유림이여. 의병을 일으키려 꾀하다가 갑자기 세상을 떠났도다."라고 하였다.【협주: 유사에 실려 있다.】

• 李叔樑

李叔樑[1]，字大用，號梅巖，永川人。孝節公賢輔子。中宗癸卯進士，官師傅。享禮安研經書院[2]。

公受業于退溪之門，先生嘗與書曰：“比來，自覺日用事如何? 勿爲世俗險議所奪，卒究大業，是所懇冀。足下[3]本來分數[4]，已是多占地步[5]，惟在勉之.”

文純公之《節要朱書[6]》也，公輒手自傳寫，深體而默究之。先生與鄭惟一[7]，書曰：“惟李大用，深用力於《朱書》.”

創建書院於研經里[8]之畫巖[9]，以爲誦《六經》·明道術之所。作記以質

1　李叔樑(이숙량, 1519~1592): 본관은 永川, 자는 大用, 호는 梅巖. 증조부는 李孝孫이며, 조부는 인제현감 李欽이다. 아버지는 호조참판 李賢輔이며, 어머니 안동권씨는 權孝誠의 딸이다. 부인 廣州李氏는 忠順衛 李復新의 딸이다. 예안 汾川에서 농암 이현보의 여섯째아들로 태어나 평생을 처사로 지냈다. 1543년 진사시에 합격한 후, 몇 차례 대과에 응시를 하였으나 실패하자 곧 과거를 그만두고 일찍이 퇴계의 문하에 들어가 학문과 강학활동에 전념하였다. 후일에 유일로 천거되어 王子師傅로 제수된 적이 있으나 부임은 하지 않았다.

2　研經書院(연경서원): 대구광역시 북구에 있었던 조선전기 이황을 추모하기 위해 창건한 서원. 1564년 지방유림의 공의로 李滉의 학문과 덕행을 기리기 위하여 生祠堂을 창건하였다. 이황이 죽은 뒤 1613년 그의 위패를 모셨으며, 1660년 '研經'이라고 사액되어 서원으로 개편되었다. 1622년 鄭逑, 1676년 鄭經世를 추가 배향하였다. 1639년에는 別祠를 건립하여 全慶昌을 모셨으며, 1647년 李叔樑을 그곳에 추가 배향하였다. 선현배향과 지방교육의 일익을 담당하여 오던 중, 대원군의 서원철폐령으로 1868년에 훼철된 뒤 복원하지 못하였다.

3　足下(족하): 주로 편지에서 상대방을 높여 이르는 말.

4　分數(분수): 사물을 분별하는 지혜. 각자가 지켜야 할 한계.

5　地步(지보): 여지. 도달한 정도. 발판. 좋지 않은 형편.

6　節要朱書(절요주서): 朱書節要. 퇴계 이황이 《朱子大全》의 서간 중에서 중요 부분을 발췌하여 편찬한 유학서.

7　鄭惟一(정유일, 1533~1576): 본관은 東萊, 자는 子中, 호는 文峯. 증조부는 鄭蘭元이며, 조부는 鄭光佑이다. 아버지는 鄭穆蕃이며, 어머니 慶州李氏는 李弘準의 딸이다. 첫째부인 淸風金氏는 金應福의 딸이고, 둘째부인 全州李氏는 李商輔의 딸이며, 셋째부인 安東權氏는 權橃의 딸이다. 李滉의 문인이다. 1552년 생원시에 합격하고, 1558년 문과에 급제하였다. 진보·예안의 현감을 거쳐 영천군수 등을 지냈다. 그 뒤 설서·정언·직강·지평·이조좌랑 등을 역임한 뒤 대사간·승지 등을 지냈다.

8　研經里(연경리): 대구광역시 북구 연경동과 동구 지묘동 일대에 있었던 옛 지명.

9　畫巖(화암): 대구광역시 북구 연경동과 동구 지묘동 경계지에 있는 바위.

之, 先生書其記後, 曰: "其文, 淸而贍, 婉而正, 敍事詳而記勝實."

壬辰之亂, 謀擧義兵, 方講禦寇之策, 中道而卒。趙月川穆, 爲文哭之曰: "有才有行, 儒林之秀。謀猷義擧, 奄然長逝."【遺事[10]】

---

10 1938년 간행한 李叔樑의 《梅嚴先生文集》 권2 〈부록〉에 〈遺事〉가 실려 있으나, 그것은 영남인물고가 묶여진 뒤의 글이라서 번역하지 않음. 〈유사〉를 지은 이가 이숙량의 11대손 李㝚淵(1840~1926, 자는 啓民, 호는 志齋)이기 때문이다.

28. 김택룡

김택룡의 자는 시보, 호는 와운자, 본관은 예안이다. 명종 정미년
(1547)에 태어났다. 진사였고 천거로 참봉에 제수되었다. 문과에 급제
하여 벼슬은 문학(文學)에 이르렀다. 선무원종공신록(宣武原從功臣錄)
에 녹훈되었다.

공은 처음 조월천(趙月川: 趙穆)에게서 배웠고, 후에는 퇴도(退陶: 李滉)
의 문하에 드나들며 《심경(心經)》을 배우고 읽었는데, 평생 공력을 들인
바가 매우 많았다. 선생이 세상을 떠난 뒤, 꿈에서 평소 강론하던 모습과
같아서 기쁘게 절하고는 시를 지었으니, 이러하다.

꿈속에서 선생에게 절하니
운대의 가을 기운은 맑아라.
그 풍모는 여전히 옥빛과 같았고,
말과 웃음 마치 금석 울림 같아라.

도를 강론하는 것은 지난날 일이고,
옷깃 여미는 것 오늘 밤 그리움이네.
깨어나니 미리 경계하는 깊은 말이어서
단정히 앉아 새벽닭 울음을 기다리네.

수행과 접대의 임무를 맡았을 때, 명나라 유격장군(遊擊將軍) 가상(賈
祥)을 전송하기 위해 의주(義州)에 이르자, 왕일룡(王一龍)이 시를 지어
주었으니, 이러하다.

그대는 하늘 떠받치는 벽옥 봉우리 같은 이로

계책은 찬란하고 문장 솜씨 또한 으뜸일러니,

정히 이 나라 치안이 이루어지도록 기약할 때이라

이름 숨기고 위수 동쪽의 낚시질을 허락치 않으리.

바다 밖의 흉적들이야 비록 자취를 감추었고

성안의 이리와 범 같은 자는 아직도 횡행하나,

훗날 언젠가 다시 정돈하여 산하가 의구할 때면

나라 중흥 도운 그대의 공에 온전히 힘입었으리.

【협주: 도산급문록에 실려 있다.】

• 金澤龍

金澤龍[1], 字施普, 號臥雲子, 禮安人。明宗丁未生。進士, 薦授參奉。文科, 官文學。錄宣武原從功。

公始學趙月川, 後遊退陶之門, 受讀《心經》, 平生用力甚多。先生易簀[2]後, 夢拜悅若平日講論, 有詩云: "夢裏拜先生, 雲臺[3]秋氣清。儀形[4]

---

1   金澤龍(김택룡, 1547~1627): 본관은 義城, 자는 施普, 호는 臥雲子. 증조부는 부사과 金崇
    祖이며, 조부는 護軍 金夢石이다. 아버지는 참봉 金楊震이며, 어머니 安東金氏는 金礪光의
    딸이다. 부인 眞城李氏는 李義綱의 딸이다. 1576년 사마시에 합격하고 이어 경릉참봉을
    거쳐, 1588년 식년문과에 급제하고 세자시강원 문학을 역임하였다. 1595년 병조좌랑이
    되고, 이어 선조 앞에서 《周易》을 강의하였다. 같은 해 헌납·직강을 거쳐 이듬해 지평·兼司
    書를 역임하고, 전라도 광양·운봉에서 적을 무찌른 공으로 공적이 널리 세상에 알려지게
    되었다. 1600년 典籍을 거쳐 강원도도사·전라도도사 등을 역임하였다. 李滉의 문인 趙穆
    에게서 배웠는데 이황의 문하생들과도 교유하였다. 한편, 許傳(1797~1886)의 《性齋先生
    文集》 권24 〈墓碣銘·操省堂金公墓碣銘〉에 김택룡의 묘갈명이 실려 있으나, 허전의 생몰
    년을 고려하건대 영남인물고가 묶여진 뒤의 글이라서 번역하지 않았다.
2   易簀(역책): 학덕이 높은 사람의 죽음이나 임종을 이르는 말.
3   雲臺(운대): 이황의 〈陶山十二曲〉 가운데 제7곡인 天雲臺를 가리키는 듯. 도산서원 내에
    있다.
4   儀形(의형): 행동하는 태도나 몸가짐.

猶玉色, 言笑宛金聲。講道當時事, 摳衣此夜情。覺來深警惕, 危坐待
鷄鳴."

伴儐[5], 天朝游擊將軍賈祥[6]送, 至義州[7], 王一龍贈詩曰："君是擎天碧玉
峰, 謀猷赫奕擅文宗, 正期致治安江左, 未許潛名釣渭東。海外鯨鯢雖遁
匿, 城中狼虎尙縱橫, 他時重整山河舊, 全仗中興佐國功."【陶山及門錄】

보충
도산급문제현록

김택룡

자는 시보, 호는 조성당, 본관은 예안으로, 예안에 살았다. 가정(嘉靖)
정미년(1547)에 태어났다. 처음 월천(月川: 趙穆)에게 배웠고, 나중에 퇴계
선생의 문하에 드나들었다. 사한(詞翰: 문장)으로 이름났는데, 사마시에
합격하였고, 성균관의 천거로 재랑(齋郞: 참봉)에 제수되었으며, 문과에
급제하였다. 임진공신록에 정란(靖亂) 1등, 선무(宣武) 2등에 책봉되었고,
벼슬은 헌납에 이르렀다. 한천사(寒泉祠)에 향사하였다.

金澤龍

字施普, 號操省堂, 禮安人, 居禮安。生嘉靖丁未。始學〈於〉月川, 後
遊先生門。以詞翰名, 中司馬, 以館薦除齋郞, 後登第。壬辰錄靖亂一
等, 宣武二等, 官至獻納。享寒泉祠。

〔陶山及門諸賢錄，권3〕

---

5   伴儐(반빈): 조선시대에 공식적인 자리에서 사신이나 귀한 손님을 맞이하여 예의를 갖추
    어 수행하고 국경 등 목적지까지 안내하며 의례를 진행하는 일.

6   賈祥(가상): 1597년 정유재란이 일어나자 아버지 賈維鑰과 아들 賈琛과 참전한 명나라
    장수.

7   義州(의주): 평안북도 북서단에 있는 고을.

29. 김부의

김부의의 자는 신중, 호는 읍청정, 본관은 광산(光山)이다. 관찰사 김연(金緣)의 아들이다. 명종 을묘년(1555)에 진사가 되었고, 유일(遺逸)로 천거되어 참봉에 제수되었다.

공은 일찍이 퇴도(退陶: 이황)를 종유하였는데, 아침저녁으로 강론하고 밝히는 것이 예절·의리·충성·성실[禮義忠信]이 아닌 것이 없었다. 선생은 그의 기질이 순박하고 참되다며 칭찬하자, 문인들이 묻기를, "아무개가 일찍이 과거를 포기한 것은 어떻습니까?"라고 하니, 선생은 말하기를, "그 사람은 착실하다."라고 하였다. 역동서원(易東書院)의 창건을 마쳤을 때, 고을의 어진 어른들이 많지 않은 것은 아니지만 선생이 공을 산장(山長: 서원의 원장)으로 삼았으니, 그를 소중하게 여기는 것이 대개 이와 같았다.

성품이 검소하여 나이 쉰이 넘어서도 비단옷을 입으려 하지 않았는데, 자제들이 좋은 옷 입은 것을 보면 공은 얼굴을 찌푸리면서 가르쳐 훈계하기를, "선친은 벼슬이 재상에 이르렀어도 늘 무명베옷을 입었는데, 너희들은 가난한 선비이면서 반드시 좋은 옷을 입으려 하니, 참으로 자제로서의 도리에 맞지 않는다."라고 하였다.【협주: 박성이 찬한 묘갈명에 실려 있다.】

• 金富儀

金富儀, 字愼仲, 號挹淸亭, 光山人。觀察使緣子。明宗乙卯進士, 以遺逸薦授參奉。

公蚤從退陶游, 朝夕所講明者, 莫非法禮義理。先生稱其氣質醇實,

門人問曰: "某早棄場屋, 如何?" 先生曰: "其人篤實." 易東書院[1]成, 鄕
賢長者不爲不多, 而以公爲山長[2], 其見重類此。

性儉素, 年過五十, 不肯衣帛, 見子弟着美衣服, 則公顰蹙敎戒曰:
"先考位至宰相, 常服綿布, 爾輩以寒士必着好衣, 甚非子弟之道."【朴惺
撰碣】

보충

박성(朴惺, 1549~1606)이 찬한 묘갈명

읍청공 묘갈명

읍청공(挹淸公, 1525~1582)은 이미 죽어 장례까지 치렀는데, 금하양(琴
河陽: 하양현감 琴應夾, 1526~1596)이 마침내 그 행적을 묘지명으로 지어
무덤의 광 안에 넣었다. 그 뒤 적자(嫡子) 한림공(翰林公: 金垓, 1555~1593)
이 불행히도 요절하였고 남은 자제들은 너무 어렸기 때문에, 묘표(墓表)
에는 아직까지 글을 지을 사람이 있지 않았다. 덕이 묻혀서 잊혀져 사라
질까 두려웠으니, 병폐가 있어 글이 거칠고 비루함을 헤아릴 겨를도 없
이 감히 성씨, 가계, 고향, 덕행, 포부, 업적을 대략이나마 서술한다.

공의 휘는 부의(富儀), 자는 신중(愼仲), 성은 김씨(金氏), 본관은 광산(光
山)이다. 김광존(金光存)이라는 이가 있어 고려에서 지문하성사(知門下省
事)를 지냈는데, 공에게 12대조이다. 대대로 현달한 사람이 있어 명문가
가 되었다. 음성현감을 지냈고 병조참의에 추증된 김회(金淮)의 증손자,

---

1 易東書院(역동서원): 경상북도 안동시 송천동에 있는 서원. 고려 말기의 학자 禹倬
(1263~1342)의 학문과 덕행을 추모하기 위해 1570년 퇴계 이황 선생의 발의로 인근의
사족과 수령들의 협조를 받아 예안을 포함한 안동지역에서 최로로 건립된 서원이다. 1684
년에 사액을 받은 후 대원군의 서원철폐 때 훼철되었다가, 1969년 현 위치에 이건 복원되
었다.

2 山長(산장): 벼슬을 하지 아니하고 산중에 묻혀 사는 학식과 도덕이 높은 선비로 서원의
원장.

성균관 생원으로 이조참판에 추증된 김효로(金孝盧)의 손자, 가선대부
강원도관찰사를 지낸 김연(金緣)의 둘째아들이다. 참판공(參判公: 김효로)
은 행실이 탁월하여 남달랐으며, 처음 예안(禮安)의 오천(烏川)으로 옮겨
살았다. 관찰공(觀察公: 김연)은 기개가 바위처럼 엄정하고 도량이 너그
러워 청덕이 비길 데 없었다. 어머니 정부인(貞夫人) 창녕조씨(昌寧曹氏)
는 진사 조치당(曹致唐)의 딸로, 분수를 지켜 경박하지 않으면서 바르고
우아하였으니, 부모를 효성스럽게 섬겼고 행동거지가 조심스러웠으며
일처리가 빈틈없이 부지런하였다.

공은 조상의 빛나는 공덕을 이어받아 지극히 순수하고 온화하면서
유쾌하였으며, 길러준 은혜를 보답함에 법도와 예의의 규범에서 벗어남
이 없었으니, 어려서부터 허물이 적었다. 갑진년(1544) 부친상을 당했을
때, 형 후조공(後凋公: 김부필, 1516~1577)이 거상(居喪) 절차를 엄격하고
고통스럽게 치르느라 상례를 거의 감당하지 못할 지경이었으나, 공은
나이가 겨우 약관이었는데도 상례에 따라 상제 노릇하기를 형과 똑같이
하였다. 온화한 얼굴빛과 공손한 모습으로 어머니를 섬기면서 아침저녁
으로 문안을 드리기에 조금도 게으르지 않았으며, 형도 예의와 공경을
다하여 섬겼다.

을묘년(1555) 사마시에 합격하였고, 병진년(1556) 모친상을 당했을 때
형세가 슬퍼하여 몸이 여위었는데 이전의 부친상 때와 같이 진심을 다했
다. 안동(安東)의 양곡(陽谷)에 선대로부터 물려받은 재산이 있었는데, 공
에게 나누어 주었는데도 공은 차마 형을 떠나지 못하여 형의 집 옆에
집을 짓고 살면서 날마다 형을 찾아보며 우애롭고 화락하였으니, 때로
문장을 논하거나 때로 이치와 의리를 변론하느라 날이 저무는 줄도 알지
못했다.

우애와 형제애를 미루어 돈독하고 화목하였으니 인척 및 친사촌과
외사촌 형제 대여섯 명이 한 마을에 같이 살면서 덕행을 쌓도록 권면하

며 잘못을 바로잡았는데, 아침저녁으로 강론하는 것이 예절·의리·충성·성실[禮義忠信]이 아닌 것이 없었고, 마침내 예의의 풍속을 이루어 처음 시작할 때처럼 끝까지 신중하였다. 좋은 절기나 아름다운 풍경을 만나면 장소를 가리지 않고 함께 모여 웃고 이야기하며 술을 마시고 시를 읊으며 즐거움을 다한 후에 헤어졌다.

공은 일찍이 퇴도(退陶: 이황)의 문하에서 배웠는데, 정성스러운 마음으로 가르침을 새겨 잊지 않았으니, 일을 처리하다가 의심스러운 것이 있으면 반드시 여쭙고 결단하여 실행하였다. 선생은 그의 기질이 순박하고 참되다며 칭찬하자, 문인들이 묻기를, "아무개가 일찍이 과거를 포기한 것은 어떻습니까?"라고 하니, 선생은 한참 지난 후에 말하기를, "그 사람은 착실하다."라고 하였다. 처음 역동서원(易東書院)의 창건을 마쳤을 때, 고을의 어진 어른들이 많지 않은 것은 아니지만 선생이 반드시 공을 산장(山長: 서원의 원장)으로 삼자, 공이 굳게 사양했으나 허락하지 않았다. 그를 소중하게 여기는 것이 대개 이와 같았다. 어떤 어린 하인이 민가에서 뽕을 따다가 뽕나무 주인에게 떠밀려 떨어져 죽자, 공은 고의로 죽인 것이 아니라고 판단하여 그대로 둔 채 죄를 묻지 않았다. 이때 선생의 문하에서 살인 사건과 관련하여 서로 다투며 소란을 일으키는 자가 있어 선생이 이 일을 끌어와 그들을 제지하였다.

마음이 평온하여 소란스럽지 않고 욕심이 적었는데, 세속적 이익과 손해에 마음을 두지 않았으니 살림이 자주 궁핍해도 또한 태연하게 지냈다. 생업에 특별히 마음을 쓰지도 않으면서 작은 시냇가에 띠집을 짓고 아침 일찍 일어나 세수한 뒤 문을 닫고 책을 보았으며 잠시도 관대를 벗지 않았다. '읍청(挹淸)'이라는 편액은 실로 선생이 이름을 지어 붙인 것이다. 선생이 죽은 뒤에는 더욱 마음 속 깊이 사모해 마지않아 선생의 가르침을 저버린 것을 깊이 한스럽게 여겼는데, 벗들과 담론할 때면 반드시 끊임없이 선생을 칭송하였다. 선생의 제사를 지낼 때면 재계(齋戒)

를 극진히 하였으니, 비록 한겨울에도 목욕재계하는 일을 폐하지 않으면서 항상 말하기를, "제사를 지낼 때 마음이 혹시라도 달아날까 반성하고 두려워하지 않을 수 없다."라고 하였다.

성품이 검소하여 나이 쉰이 넘어서도 오히려 비단옷을 입으려 하지 않았는데, 자제들이 좋은 옷 입은 것을 보면 반드시 얼굴을 찌푸리면서 기뻐하지 않고 가르쳐 훈계하기를, "선친 관찰공은 벼슬이 재상에 이르렀어도, 평상복은 대부분 무명베를 썼다. 너희들은 가난한 선비이면서 반드시 좋은 옷을 입으려 하니, 참으로 자제로서 도리에 맞지 않는다."라고 하였다. 평소에는 공손하고 삼가며 사람을 대함에 경계를 두지 않았고 겉으로 온화하나 속은 강직하였으니, 희롱하거나 경솔한 기색을 보인 적이 없었다. 책을 몹시 사랑하여 땅을 팔아 책을 살 정도였는데, 새 책을 구하게 되면 반드시 매만지면서 펴보고 접기를 그치지 않았다.

병자년(1576) 후조공(後凋公)이 고질적인 병을 앓게 되자, 공은 날마다 약시중을 드는 것이 고생스럽고 힘들어도 게으르지 않았는데, 조정에서 유일(遺逸)로 사섬시 참봉(司贍寺參奉)에 제수하였으나 사양하고 나아가지 않았다. 그러나 겨울에 공이 풍질(風疾)을 앓아 문밖을 나갈 수가 없었으니, 형제가 지척에서 서로 바라보면서도 볼 수가 없었다. 형은 동생의 병을 걱정하였고 동생은 형의 병을 염려하였으니, 아픔을 나누는 한결같은 마음은 조금도 내려놓은 직이 없있다. 징축년(1577) 겨울에 후조공이 죽자, 공은 울부르짖으며 몹시도 통곡하여 자신도 모르게 깊은 병이 몸에 들어 거의 위태로웠다가 목숨을 겨우 보전하였다. 잇달아 형과 두 누나의 상(喪)을 당하였는데, 병이 있다고 하여 상례를 조금도 줄이거나 자제하지 않았다. 초하룻날이면 반드시 부축을 받아서라도 정당(正堂)에 나가 제사 자리를 정하고 종일토록 곡(哭)하였다. 비록 앉거나 누울 때 사람의 도움이 필요했을지라도 제삿날이면 새벽에 일어나 세수하고 의관을 정제하여 앉은 뒤 제사가 마쳤음을 고한 뒤에야 누웠다. 손님이 병문안하러 오면 또한 의관을 정제하고 맞이하였다.

승사(承祀: 조상의 제사를 책임지고 받듦)하게 된 뒤, 제사 의식 중에서 옛 관습을 그대로 따르기만 하고 아직 고쳐지지 않은 것이 있어서 자제들이 고치기를 청하자, 공이 말하기를, "선사(先師: 先聖先師 공자)가 지자(支子: 장자 이외의 아들)로도 제사에 참여하도록 하였기 때문에 몹시 크게 대의를 해치는 것이 아니라면 고쳐서 제례를 행하지 않아야 할 터이니, 이것은 우리들이 마땅히 따라 지켜야 할 바이다. 나는 지자(支子)로서 종가 제사를 잇게 되었는데, 하루아침에 아버지와 형이 하던 것을 갑자기 고친다면 이미 예의 본뜻을 잃는 일이다. 비록 절차가 예(禮)에 맞는다 하더라도 어찌 족히 좋다고 말할 수 있겠는가? 너희들에게 있어서는 마땅히 고쳐야 할 것을 고치는 것 또한 해롭지 않을 듯하다."라고 하였다.

관찰공(觀察公: 아버지 金緣)이 일찍이 죽담(竹潭)이라는 곳에 정자를 지어 노년에 물러나 거처할 곳으로 삼으려고 했으나 뜻을 이루지 못한 적이 있었는데, 공의 형제는 이를 그지없이 한스러운 일로 여겼다. 경진년(1580) 여름, 공은 병든 몸을 이끌고 양곡(陽谷)으로 가서 있는 힘을 다하여 집을 짓고 선친의 뜻한 바대로 이름을 붙였다. 이는 늙고 병들어 거의 죽을 지경이 되자 반드시 선친의 뜻을 이룬 뒤에야 말리라 한 것이 었는데, 영원히 사모하는 마음이 더욱 돈독하고 지극한 까닭이었겠지만 미처 그 정자에 한번이라도 올라 옛 뜻을 펼쳐 오래 품은 소원을 풀어보지 못하였으니, 슬프기 그지없다.

공은 가정(嘉靖) 을유년(1525) 8월 정유일에 태어나 만력(萬曆) 임오년(1582) 4월 병오일에 세상을 떠났으니, 향년 58세였다. 사우(士友)들이 슬퍼하지 않는 자가 없었다. 그해 가을 7월 병진일에 고을 서쪽 지례촌(知禮村)의 남향 언덕에 장사지냈는데, 참판공(參判公: 조부 김효로)의 묘에서 6,7백 보 남짓 떨어진 곳이다.

첫째부인 안동권씨(安東權氏)는 정랑(正郎) 권습(權習)의 딸이다. 둘째부인은 가평이씨(嘉平李氏: 加平李氏)인데, 그 부친은 충의위(忠義衛) 이치(李恥)이다. 사자(嗣子: 가계를 잇는 아들) 김해(金垓)는 권씨의 소생으로 자질이 남달라 힘써 배우고 옛것을 좋아하였다. 기축년(1589) 대과에 급제하여 한림에 선발되어 보임되었으나, 끝내 파직되고 몇 년이 지나 죽었다. 손자 4명은 김광계(金光繼)·김광실(金光實)·김광보(金光輔)·김광악(金光岳)이며, 딸 3명 중에 장녀는 박회무(朴檜茂)에게, 차녀는 류암(柳嵓)에게 시집갔고, 막내딸은 아직 시집가지 않았다.

아아, 공의 자연스럽게 어우러져 온화한 기운은 하늘로부터 타고난 것으로 남들이 미치기 어려운 바가 있었다. 경악(經幄: 임금이 학문을 연마하거나 신하들과 국정을 협의함)의 자리에 두었더라면, 족히 중화(中和: 치우치지 않은 균형적 상태)의 덕을 기르고 이룩하여 한 시대의 치세를 보필하였을 것이나, 자연 속에서 늙고 죽어 세상에 잠시라도 시험해 보지 못했으니 공이 끝내 쓰이지 못한 것은 운명이라 해야 할 것이다. 그것이 세상의 도리에는 어떠하다고 말할 수 있겠는가?

공의 어진 덕행으로도 천수를 누리지 못한 것은 뜰에 보배로운 나무가 한창 무성하다가 홀연히 또 시들고 떨어진 것이니, 하늘이 공에게 준 바는 유독 어찌 그리도 후하기만 하다가, 그에게서 인색하게도 거두어 가는 것은 하나같이 어찌 이와 같은 지경에 이르렀단 말인가? 비록 그러하나 공의 여러 손자들이 학문에 힘쓰고 행실을 닦아 신대의 가르침을 잊지 않고 있으니, 공의 덕이 드러남은 진실로 이에 달려 있다. 김광계 등은 더욱 힘쓸지어다. 경건히 공의 사적을 기록하고 이어 명문(銘文)을 붙인다. …(이하 명문 생략)…

挹淸公墓碣

挹淸公旣卒且葬。琴公河陽, 遂銘其行, 納諸壙。其後, 嗣子翰林公, 不幸夭折, 諸孤稚弱, 墓表迄未有識焉。懼潛德將沈泯, 未暇揆病廢荒陋, 敢略叙其氏系·州里·德行·志業。則公諱富儀, 字愼仲, 姓金氏, 光山人。有曰光存, 仕高麗知門下省事, 於公爲十二代祖。世有顯人爲聞家。陰城縣監贈兵曹參議諱淮之曾孫也,　成均生員贈吏曹參判諱孝盧之孫也, 嘉善大夫江原道觀察使諱緣之次子也。參判公摻行卓異, 始移居禮安烏川。觀察公巖峩寬偉, 淸德絶倫。妣貞夫人昌寧曹氏, 進士致唐之女, 端莊貞雅, 孝愼精謹。公胚胎前光, 眞淳和樂, 育養食恩, 不離法禮繩準, 自幼少寡過。甲辰, 遭外艱, 兄後凋公, 喪節嚴苦, 殆不勝喪, 而公年甫弱冠, 執喪一如兄。以愉色婉容, 事母夫人, 定省不少懈, 事兄盡其禮敬。中乙卯司馬, 丙辰丁內艱, 兄弟毁瘠, 自致如前喪。安東陽谷有先業, 分付於公, 而公不忍離兄, 築室兄舍之傍, 日逐省兄, 怡怡湛樂, 或論文, 或辨說理義, 不知日之將暮。推友弟敦睦, 姻與堂表, 昆季六五人, 同居一社, 勉德業, 規過失, 朝夕所講明者, 莫非禮義忠信, 遂成禮俗, 愼終如始。遇佳辰美景, 隨處共集, 笑談觴詠, 盡懽而罷。公早從退陶遊, 誠心佩服, 臨事有疑, 必稟決行之。先生稱其氣質淳實, 門人問曰: "某早棄場屋, 如何?" 先生良久曰: "其人着實." 初易東書院訖工, 鄕賢長者, 不爲不多, 而先生必以公爲山長, 公固辭不許。其爲所重, 類皆如此。有童奴採桑民家, 桑主挑擲墮死, 公謂非故殺, 置而勿問。時先生門中, 有以殺人相侵擾者, 先生引此事止之。恬靜寡慾, 不以外物得失經心, 屢至空匱, 亦晏如也。不肯加意産業, 結茅小澗之上, 夙興盥洗, 杜門看書, 未嘗蹔脫冠帶。扁以挹淸者, 宲先生命名也。先生歿後, 益感慕不止, 深以孤負教育爲恨, 與朋友談論, 必亹亹稱先生也。臨祭極其齊潔, 雖盛冬不廢沐浴, 常曰: "祭時心或走作, 不可不省惕焉." 性儉素, 年過五十, 猶不肯衣帛, 見子弟着好衣, 則必嚬蹙不悅, 教戒曰: "先考觀察公, 位至宰相, 而常服多用綿布。爾輩以寒士, 必着好衣, 甚非子弟之道." 平居恂恂, 不設畦畛, 外和內剛, 未見有戲慢之色。酷愛書籍, 至賣田以買書, 其得新書, 必撫摩舒卷不已。丙子, 後凋公患痼疾, 日侍藥辛勤不怠, 朝家以遺逸, 授司瞻寺參奉, 辭不就。冬公罹風疾, 不能出戶外, 兄弟咫尺相望而不得見。兄憂弟病, 弟懼兄疾, 分痛一念, 未嘗少弛。丁丑冬, 後凋公卒, 號慟甚, 不自覺沈痾着身, 幾危而獲保。連遭兄及二姊喪, 不以病稍加節抑, 朔日則必扶出正堂, 爲位哭以終日。雖坐臥須人, 祭日則晨起盥漱, 整衣冠以坐, 告祭畢然後就臥。有賓客來候, 亦整衣冠以待。及承祀後, 祭禮有因循未改者, 子弟請改, 則曰：“先師, 以支子與祭, 非大段害義, 則不爲改禮, 此吾輩所當遵守也。我以支子, 入承宗祀, 一朝遽改父兄所爲, 已失禮之本意。雖度數合禮, 何足云乎? 在汝則改其所當改, 亦未爲害也.”觀察公嘗欲搆亭竹潭, 爲退老地, 有志未就, 公兄弟以爲無窮之恨。庚辰夏, 公輿疾往陽谷, 殫力立屋子, 以先志名。盖衰病垂死, 必遂先志而後已, 所以永慕者益篤至, 而未及一登其亭, 以抒舊意償夙願, 其可悲也已。公生以嘉靖乙酉八月丁酉, 卒以萬曆壬午四月丙午, 享年五十八。士友莫不哀之。以其年秋七月丙辰,　葬于縣西知禮村南向之原,　距參判墓餘六七百步焉。元配安東權氏。正郞習之女也。後娶嘉平李氏, 其考忠義衛耻也。嗣子曰垓, 權氏出也, 有異稟, 力學好古。己丑登第, 選補翰林, 遂罷數年而歿。孫男四人, 曰光繼·光實·光輔·光岳, 三女長適朴檜茂, 次適柳岊, 季未行。嗚呼! 公冲融和氣, 得於天分, 自有人所難及者。使置諸經幄, 則足以養成中和之德, 輔相一代之治, 而終老林壑, 不得少試於時, 公之窮則命矣。其於世道, 爲何如也? 以公賢德, 不克壽考, 庭有寶樹, 方峻茂而忽又凋零, 天之所畀, 獨何其厚, 而其所嗇者一何至此歟? 雖然, 公之諸孫, 勤學餙行, 不墜先訓, 其發之也, 固於是乎在。光繼輩其勉之哉。敬列其事, 旣而系之以銘。…
(이하 명문 생략)…

〔大菴先生集, 권3, 墓誌銘〕

30. 금보

금보의 자는 사임, 호는 매헌, 본관은 봉화이다. 중종 신사년(1521)에 태어났다. 명종 병오년(1546) 진사시에 합격하였다. 선조 을유년(1585)에 죽었다.

공의 붓놀림 솜씨가 한 시대를 통틀어 가장 뛰어났으며, 매암(梅巖) 이숙량(李叔樑)·춘당(春塘) 오수영(吳守盈)과 함께 선성(宣城: 경북 안동시 예안면의 옛 이름)의 삼필(三筆)이라 불렀고, 공이 그 으뜸이었다. 농암(聾巖) 이 선생(李先生: 이현보)의 장례 때, 그의 여러 아들들이 퇴계(退溪: 이황) 선생에게 신도비(神道碑)의 글을 써주시기를 청하였으나, 선생이 이를 공에게 사양하였다. 선생은 부친 찬성공(贊成公: 좌찬성 李埴, 1469~1536)의 묘갈문(墓碣文) 또한 공에게 부탁하여 쓰게 하였다.

퇴계 선생의 묘비는 조정의 명으로 세워졌는데, 여러 문인들이 생각하기를, '이 비문은 기고봉(奇高峯: 奇大升)이 아니면 지을 수 없고 공이 아니면 쓸 수 없다.'라고 여겼다. 공은 마침내 그 글씨를 썼다.

옛사람의 명언과 선행을 자리 옆에 써 붙여 놓고, 언제나 말하기를, "마음을 다스리는 데는 '경(敬)' 한 글자를 얻어야 하고, 사람을 대하는 데는 '성(誠)' 한 글자를 얻어야 하며, 집안을 다스리는 데는 '화(和)' 한 글자를 얻어야 한다."라고 하였으니, 이것은 몸가짐을 단속하기 위해 써 둔 세 글자의 글귀였다. 공이 본원을 함양하여 쌓은 공력을 이에서 알 수 있다.【협주: 금업이 찬한 글에 실려 있다.】

• 琴輔

琴輔, 字士任, 號梅軒, 奉化人。中宗辛巳生。明宗丙午進士。宣祖乙酉卒。

公筆藝妙絶一世, 與李梅巖叔樑·吳春塘守盈[1], 號爲宣城[2]三筆, 而公爲首。聾巖李先生之葬也, 其諸孤請書神道碑于退溪先生, 先生讓于公。先生考贊成公碣文, 亦屬於公而書之。

退溪先生墓碑, 依朝命治之, 諸門人以爲: '此碑非奇高峯不可撰, 非公不可書.' 公遂書之。

古人名言善行, 書諸座右, 常曰: "治心得一'敬'字, 接人得一'誠'字, 理家得一'和'字." 此爲書紳[3]三字符。公之涵養本源之功, 於此可見矣。【琴㠎[4]撰】

보충
금업(琴㠎, 1557~1638)이 찬한 묘지명

묘지명 병서

공의 휘는 금보(琴輔, 1521~1584), 자는 사임(士任), 호는 백률당(栢栗堂), 뒤에 매헌(梅軒)으로 호를 고쳤다. 금씨(琴氏)로서 봉화(奉化)를 관향으로 삼은 자들은 모두 고려태사(高麗太師) 영렬공(英烈公) 휘 금의(琴儀, 1153~1230)를 시조로 하였으며, 후세에 이름난 사람이 많았다. 공의 증

---

1 吳春塘守盈(오춘당수영): 春塘 吳守盈(1521~1606). 본관은 高敞, 자는 謙仲, 호는 春塘·桃巖. 증조부는 吳榮이며, 조부는 현감 吳碩福이다. 아버지는 현감 吳彦毅이며, 어머니 眞城李氏는 李堣의 딸이다. 부인 全州柳氏는 柳應賢의 딸이다. 李滉의 문인이다. 1555년 진사시에 합격하였고, 1605년 壽職으로 용양위 부호군이 되었다. 글씨를 잘 써서 琴輔·李叔樑 등과 함께 '宣城三筆'로 불렸다.

2 宣城(선성): 경상북도 안동시 예안면의 옛 지명.

3 紳(신): 사람됨이나 몸가짐이 점잖고 교양이 있으며 예의 바른.

4 琴㠎(금업, 1557~1638): 본관은 奉化, 자는 彦愼, 개명 琴忭. 호는 晚修齋. 증조부는 琴致韶이며, 조부는 琴憲이다. 아버지는 현감 琴蘭秀이며, 어머니 橫城趙氏는 趙大椿의 딸이다. 부인 順興安氏는 安恪의 딸이다. 외숙 趙穆의 문인이다. 1589년 진사시에 합격하고, 1601년 식년문과에 급제하였다. 내직으로 성균관전적을 거친 후 사간원정언에 세 번, 병조좌랑과 병조정랑에 각각 여섯 번, 분병조정랑에 한 번, 內資寺正에 한 번, 사헌부장령에 세 번, 分承旨(대비전인 서궁의 승지)에 한 번 제수되었다. 외직으로는 흥해군수, 김해부사, 창원도호부사를 역임하고 나중에 용양위부호군에 제수되었다.

조부 휘 금회(琴准)는 은진현감(恩津縣監), 조부 휘 금계(琴啓)는 군위현감(軍威縣監), 아버지 휘 금원수(琴元壽, 1485~1569)는 첨지중추부사(僉知中樞府事)를 지냈다. 어머니 안동김씨(安東金氏)는 장령(掌令) 김영수(金永銖, 1446~1502)의 딸이다. 정덕(正德) 16년 신사년(1521)에 봉화 괴촌(槐村)의 집에서 공을 낳았다.

영특함이 보통 아이와 달라 겨우 7세에 알고 깨닫는 것이 성인과 같았으니, 노는 데 마음을 두지 않은 채 이미 글을 읽고 이해하며 글씨를 쓸 줄 알았다. 숙부(叔父: 혈연상 백부이지만, 부계 어른을 높여 부르는 확장된 호칭으로 쓰임) 군수공(郡守公: 沔川郡守 琴元福, 1480~1561)이 공을 기특하게 여기고 사랑하여, 일찍이 배와 밤을 준 적이 있었는데, 공이 말하기를, "숙부께서 이것으로 저의 울음을 그치게 하려는 것입니까? 만약 붓과 벼루, 종이와 먹을 주신다면 마땅히 절하고 받을 것입니다."라고 하자, 군수공이 공의 머리를 어루만지고 기뻐하여 말하기를, "이 아이는 의당 우리 집안을 빛낼 것이다."라고 하면서, 이에 문방(文房)의 여러 도구들을 상으로 내려 학업을 도우니, 문예(文藝)가 날로 성취되고 필법(筆法)도 아울러 진전하였다. 첨지공(僉知公: 아버지 금원수)이 일찍이 공에게 당액(堂額) 및 선현(先賢)들의 격언(格言)을 쓰도록 명하여 벽에 나누어 붙인 적이 있었는데, 손님들로 첨지공을 방문하여 문안드린 자들이 그 글씨를 보고 대단히 놀라며 기이하게 여겨 글씨를 청하는 자들이 날마다 이어졌다.

가정(嘉靖) 병오년(1546) 사마시에 합격하고 태학(太學)에서 5년 동안 수학했으나, 다시는 과거에 응하지 않고 오로지 이 학문에만 뜻을 두었다. 이때 퇴계(退溪: 이황) 선생이 도산(陶山)에서 도를 강론하였는데, 공이 옷자락을 걷어잡고 문하에 나아가 가르침을 청하자, 선생은 가르치고 지도하는 것이 친절하였으니 제자들과 차이가 없었다. 공이 처음에는 한서(寒棲: 퇴계가 50세 때 토계 가에 지은 암자) 곁에 살다가, 만년에는 온계리(溫溪里: 경상북도 안동시 도산면 온혜리의 옛 지명)의 송내(松內)에 살터를 잡았는데, 계상서당(溪上書堂)과 몇 리 떨어진 가까운 곳이어서 아침저녁으로 드나들며 직접 뵙고서 지결(旨訣: 가르침의 요체)을 전수받았고, 물러나서는 같은 문하의 여러 벗들과 더불어 도의(道義)를 서로 연마하였으니, 견문이 나날이 더욱 넓어지고, 학문의 조예가 나날이 더욱 깊어졌다.

공의 필법은 정묘하였는데, 선생 또한 아끼고 중히 여겼으니 때로 병풍과 족자에 붓을 휘둘러 써서 따로 간직해 두었다가 공이 오기를 기다렸다. 선생의 부친인 찬성공(贊成公: 좌찬성 李埴, 1469~1536)의 갈문(碣文) 글씨를 일찍이 공에게 부탁한 적이 있었고, 게다가 선생이 죽은 뒤에는 도산신판(陶山神版)을 쓰는 것 또한 모두 공에게 부탁하였다. 묘도(墓道)의 정민(貞珉: 비석)을 세울 때, 여러 문하생들이 생각하기를, '이 비문은 고봉(高峯: 奇大升)이 아니면 지을 수 없고 매헌(梅軒: 琴輔)이 아니면 쓸 수 없다.'라고 여겼다. 동시대의 이매암(李梅巖: 李叔樑, 1519~1592)·오춘당(吳春塘: 吳守盈, 1521~1606)과 함께 '계문 삼필(溪門三筆)'이라 불렸고, 공이 그 으뜸이었다. 관찰사 이청(李淸, 1483~1549)이 해영(海營: 황해도 감영)에 있으면서 일찍이 공의 묵적(墨蹟)을 수양관(首陽館: 황해도 감영의 내아)에 간행토록 명하여 서북의 선비들로 하여금 그 필법을 취하여 익히게 하였다. 글씨 쓰는 한 가지 기예(技藝)는 공에게 있어서 경중을 따질 만큼 중요하지 않았으나, 그 글씨 속에 정신이 깃들어 있는 바는 또한 그것의 한 단면을 볼 수 있다.

공은 평생 스스로 숨겨 감추기를 힘써서 시문의 재주로 자임(自任)한 적이 없었으나, 학문이 넉넉하고 깊어 여유로웠으며 시 또한 맑고 빼어났으니, 술 한 잔을 마시고 시 한 수를 읊는 사이에도 쇠와 돌이 울리는 듯 맑고 굳센 운치가 있었다. 모름지기 좋은 절기나 아름다운 풍경을 만나면 맑은 시내와 빼어난 바위를 벗하여 뜻을 같이하는 이들과 글을 짓고 술 마시는 일을 즐겼으니, 초연하기가 속세를 벗어날 생각을 하고 있는 듯했다. 퇴계 선생이 그간 청량산(淸凉山)을 유람할 때마다 모두 공이 함께였다. 그것은 지혜로운 자는 물을 좋아하고 어진 자는 산을 좋아하는 지취(志趣)를 북돋우는 방법이었고, 증점(曾點)이 기수(沂水)에서 목욕하고 바람 쐬며 읊조리던 기상을 얻도록 하는 것이었다.

공은 효성과 우애에 독실하였으니, 부모의 곁에 있으면서 공손하고 조심스러운 태도로 공경하였고, 형제 간에는 화락하였다. 삼년상을 치르는 동안 눈물을 흘리며 슬퍼하면서 한번도 이를 드러내어 웃지 않았으며, 종족(宗族)을 대하면서 친소(親疏)에 따라 차이를 두지 않았으며, 자손들을 가르칠 때는 반드시 공손하고 삼가게 하였다. 옛사람의 명언과 선행을 얻으면 자리 옆에 써 붙여 놓고 입으로 외우며 마음으로 깨달았다. 일찍이 말하기를, "칠정(七情) 가운데 오직 욕정(欲情)만이 가장 제어하기 어려우니, 욕심을 덜 수 있으면 마음이 절로 고요해지고 일이 저절로 간략해진다."라고 한 적이 있으며, 또 말하기를, "마음을 다스리는 데는 '경(敬)' 한 글자를 얻어야 하고, 사람을 대하는 데는 '성(誠)' 한 글자를 얻어야 하며, 집안을 다스리는 데는 '화(和)' 한 글자를 얻어야 한다."라고 한 적이 있었다. 이는 모두 몸소 겪고 체험한 말이니, 공이 본원을 함양하여 쌓은 공력을 이에서 알 수 있다.

읍재(邑宰: 예안 현감) 곽황(郭𧲚, 1530~1569)이 공의 박학(博學)과 독행(篤行)으로 조정에 천거하려 하자, 공이 서신을 보내어 이를 제지하고 이르기를, "금보(琴輔) 저는 어려서부터 부모에게 효도를 다하지 못했고, 스승에게 배움을 지키지 못하였으니, 바야흐로 삼가 몸을 돌아보며 조심하고 두려워할 겨를도 없는데, 어찌 감히 이름을 도둑질하고 벼슬을 탐할 생각을 하겠습니까? 만일 취할 만한 것이 있다면, 본디 사람이 스스로 마땅히 해야 할 일을 한 것일 뿐이지, 애초에 벼슬을 하려고 배운 것은 아니었습니다."라고 하였다. 월천(月川: 趙穆, 1524~1606)·일휴(日休: 琴應夾, 1526~1596) 등 제공(諸公)이 이를 듣고 말하기를, "우리들이 공에게 부끄러움을 느끼지 않을 수 있겠는가?" 공의 말은 대단히 명예를 구하는 이들에게 깊이 경계하고 두려워해야 할 것이라 할 만하였다.

만력(萬曆) 갑신년(1584) 병으로 집에서 세상을 마쳤으니, 향년 64세였다. 그해 9월 20일 용두산(龍頭山) 대흥당(大興堂) 묘향(卯向)의 언덕에 장사지냈다. 의인(宜人) 이씨(李氏)와 합장하였으니, 곧 퇴계 선생의 종자(從子: 조카) 이인(李寅: 퇴계의 맏형인 李潛의 아들)의 딸이다. 아들이 없어 조카 금윤고(琴胤古, 1559~1641)를 후사(後嗣)로 삼았는데, 지금 군자감 판관(軍資監判官)이다. 손자 6명은 금시문(琴是文)·금시무(琴是武)·금시정(琴是正)·금시양(琴是養)·금시율(琴是律)·금시여(琴是呂)이다.

판관(判官: 금윤고)이 나를 외람되게 같은 문하(門下)에 속한 친척이라는 이유로 묘지명을 부탁하였는데, 나는 진실로 정중한 일이어서 감히 가벼이 허락할 수가 없었다. 그러나 다만 생각건대, 공은 나의 선친과 같은 문하의 벗이었고, 금업(琴㦫) 나와 조부 항렬이었기에, 문 앞에 달려가 뵙기를 기다리며 예를 올렸던 때마다 보았던 공의 후한 덕과 단정한 모습은 후학들에게 본보기가 될 만했고, 매번 깨우쳐 주시는 가르침을 받을 때마다 스스로 헛되이 돌아가지 않은 것에 다행으로 여겼던 것을 아직도 기억하여 마음에 새겨 간직하고 있으니, 어찌 감히 잊을 수 있겠는가. 이제 판관의 청을 끝내 사양할 수 없는 바가 있었다. 마침내 예전에 들은 바를 정리하고, 명(銘)을 지으니 다음과 같다. …(이하 명문 생략)…

만력 31년(1603) 음력 2월 일
후학 통훈대부행 사헌부 집의 지제교 금업 삼가 묘지명 짓다.

墓誌銘 幷序

公諱輔, 字士任, 號栢栗堂, 後改號梅軒。琴氏之籍於奉化者, 皆出於高麗太師英烈公諱儀, 而後世多聞人。公曾祖諱淮恩津縣監, 祖諱啓軍威縣監, 考諱元壽僉知中樞府事。妣安東金氏, 掌令永銖之女。以正德十六年辛巳, 生公於奉化槐村之第。英秀異凡兒, 甫七歲, 知覺如成人, 不事嬉戲, 已解讀書寫字。叔父郡守公, 奇愛之, 嘗授以梨栗, 公曰：“叔父以此, 欲止我啼耶? 若筆硯紙墨之賜, 則當拜而受之.”郡守公撫頂, 喜曰：“此兒當光吾門矣.”遂賞文房諸具, 資以課習, 文藝日就, 筆法兼進。僉知公, 嘗命書堂額及先賢格言, 分揭壁上, 賓客之過候僉知公者, 見其字畫而驚異之, 求書者日相踵。嘉靖丙午, 中司馬, 遊太學五年, 不復應擧, 專意此學。是時, 退溪先生, 講道陶山, 公摳衣請業於門下, 先生敎誨親切, 無間子弟。公始居于寒棲之側, 晚卜于溫溪之松內, 距溪堂數里而近, 朝夕往來, 面受旨訣, 退而與同門諸友, 道義相磨, 聞見日益博, 造詣日益深。公筆法精妙, 先生亦愛重之, 有時揮染屛簇, 藏而待之。先生考贊成公碣文書字, 嘗屬託於公, 且於先生易簣之後, 陶山神版之書, 亦皆見推於公。墓道貞珉。諸門人以爲：‘此碑非高峯不可撰。非梅軒不可書.’同時李梅巖·吳春塘, 幷號爲溪門三筆, 而公爲首。監司李公淸, 在海營, 嘗命刊公墨蹟於首陽館, 使西北之士, 取以模法焉。臨池一藝, 不足輕重於公, 而其精神所寓, 亦可見其一端矣。公平生務自韜晦, 未嘗以詞藻自任, 而學問紆餘, 詩亦淸絶, 一觴一詠之間, 鏗然有金石之韻。凡遇良辰美景, 淸流秀石, 與同志文酒爲樂, 蕭然有出塵之想。先生前後淸凉之遊, 皆與之共焉。其所以助發仁智之趣, 而有以得浴沂風詠之氣像也。公篤於孝友, 在親側油油翼翼, 兄弟怡怡如也。執喪三年, 泣血未嘗見齒, 遇宗族無間親疎, 敎子孫必以恭謹。得古人名言善行, 書諸座右, 口諷而心會焉。嘗曰：“七情之中, 惟欲最難制, 省欲則心自靜而事自簡.”又曰：“治心得一‘敬’字, 接人得一‘誠’字, 理家得一‘和’字.”此皆身親經歷之言, 公之所以涵養本源之功, 於此可知矣。邑宰郭趪, 以公博學篤行, 將薦剡, 公抵書止之曰：“輔自少違孝於親, 負學於師, 方竊附躬懍惕之不暇, 豈敢作盜名叨爵之計哉? 設有所可取, 固人自爲其所當爲耳, 元非爲仕而爲學者也.”月川·日休諸公, 聞曰：“吾輩得無爲公所懘乎?”公之言, 大可爲干名人所深警畏者也。萬曆甲申, 以疾終於家, 享年六十四。其年九月二十日, 葬于龍頭山大興堂卯向之原。宜人李氏同窆, 卽先生從子寅之女。
無子以姪子胤古爲后, 今爲軍資監判官。孫男六人, 是文·是武·是正·
是養·是律·是呂。判官以余忝在門親, 屬以幽堂之誌, 余固鄭重而不敢
輕爲之許諾。第念公於先人爲同門友, 而於懍尊祖行也, 尙記趨候門
屛, 厚德端容, 俱可以矜式後生, 而每承提警, 自幸其不虛歸也, 銘佩于
心, 其敢忘諸? 今於判官之請, 終有所不得辭者。遂跧次舊聞而爲之銘
曰。…(이하 명문 생략)… 萬曆三十一年仲春日, 後學通訓大夫行司憲府
執義知製敎琴懍謹誌。

〔梅軒先生文集 附錄, 墓誌銘〕

31. 오수영

오수영의 자는 겸중, 호는 춘당, 본관은 고창이다. 중종 신사년(1521)에 태어났다. 진사시에 합격하였다. 선조 병오년(1606)에 죽었다.

공은 곧 송재(松齋) 이우(李堣)의 외손이다. 장성하여서는 퇴계(退溪) 선생에게 가르침을 받았는데, 몸가짐이 단정하고 엄숙했으며, 의리에 정밀하고 심오하니 선생이 자주 칭찬하였다. 시율(詩律)과 필법(筆法)에 뛰어났는데, 붓의 힘이 힘차고 굳세며 오묘하고 절묘하여 당시 사람들이 그를 일컬어 '선성(宣城: 경상북도 안동시 예안면의 옛 지명) 삼필(三筆)'이라고 하였다.

지은 시문이 매우 많았는데, 병화(兵火)에 휩쓸려 소실되었고 지금 시집 4권이 남아 있다.

• 吳守盈

吳守盈, 字謙仲, 號春塘。高敞人。中宗辛巳生。進士。宣朝丙午卒。

公卽松齋李公堣之外孫。及長, 受業於退溪先生, 儀容整肅, 義理精深, 先生亟稱之。長於詩律·筆法, 遒勁[1]妙絶, 一時晴謂[2]宣城三筆。

所著詩文甚多, 而蕩佚於兵燹, 今有詩集四卷。■[3]

---

1   遒勁(주경): 그림이나 글씨에서 붓의 힘이 매우 굳세고 강함.

2   晴謂(청위): 稱謂의 오기인 듯.

3   柳㙫(류규, 1730~1808)의 《臨汝齋先生文集》 권7〈行狀·春塘吳公行狀〉과 金㙆(1739~1816)의 《龜窩先生文集續集》 권5〈墓碣銘·春塘吳公墓碣銘 幷序〉가 있으나, 행장은 1804년에, 묘갈명은 1806년 지은 것이기에 영남인물고가 묶여진 뒤의 글이라서 번역하지 않음.

32. 조목

조목의 자는 사경, 호는 월천, 본관은 횡성이다. 중종 갑신년(1524)에 태어났다. 학행으로 천거되어 교관(敎官)에 제수되었다. 삼도도사(三道都事)를 거쳐 공조참판에 이르렀다. 선조 병오년(1606)에 죽었다. 예안(禮安)의 도산서원(陶山書院)에 향사하였다.

퇴계(退溪) 이 선생(李先生: 李滉)이 도학(道學)을 동남(東南: 영남) 지역에서 창도하자, 당시 걸출한 인재와 훌륭한 선비들이 배움을 청하는 자들이 매우 많았고, 선생이 가장 중심이 되는 인물이었다. 선생의 아름다운 자질은 퇴계(退溪)를 만나 이루어졌고, 퇴계의 도학(道學)은 선생을 만나 빛이 났다.

경오년(1570) 이 선생이 죽자, 공은 기년복을 입었고 3년 동안 소식(素食)을 하였다.

계축년(癸丑年: 계유년의 오기, 1573) 공이 부친상을 당하여 묘소 곁에 여막을 짓고 1년 동안 죽을 먹으면서 소금은 먹었으나 장은 먹지 않았으니, 뼈만 앙상하여 거의 지탱할 수 없을 지경이었다.

의정부와 이조(吏曹)가 함께 의논하여 학행으로 널리 알려진 자로 5명을 천거하어 아뢰있는데, 신생이 그 가운데 첫째였다.

합천군수로 있었을 때, 조정이 일본과 강화(講和)를 논의하자, 선생은 선위사(宣慰使) 이덕형(李德馨)이 보낸 편지에 답하여 말하기를, "이여수(李汝受)가 재상의 자리에 있으면서도 또한 이와 같은 일을 한단 말인가?"라고 하였는데, 여수는 아계(鵝溪: 李山海)의 자(字)이고, 선위사는 이산해의 사위이다.

군자감 주부(軍資監主簿)에 제수되었을 때, 상소를 올려 이르기를, "강화(講和)한다는 말에 통분함을 이기지 못하겠습니다. 어찌 백만의 군대를 거느리고 와서 우리 백성들을 도륙하고, 우리의 능침(陵寢: 왕과 왕비의 무덤, 성종과 중종의 능)을 파헤치면서, 우리의 영토 안에 가득히 있으며 물러가지 않았는데도 이를 강화라 할 수 있습니까? 옛 사람 중에서 일려 일성(一旅一成)으로 중흥을 이룬 자가 있었으니, 덕을 닦아 하늘을 감동시키고 어진 정사를 베풀어 백성들을 어루만지는 것으로서 오랑캐를 물리치는 근본으로 삼으소서.”라고 하였다.

장례원 정(掌隷院正)으로 제수하는 전지(傳旨)에 이르기를, “지금 경연(經筵)하는 자리에 나아와《주역(周易)》을 강론하는데, 의리의 정확하고 미세한 이치를 아는 자가 적다. 들건대, 그대는 자연 속에서 한가로이 지내며 머리가 하얗게 세도록 경학(經學)을 깊이 연구하고 역학(易學)에 파고들어 공부한 것이 가장 많다고 하는데, 특별히 장악원 정에 제수하니 강석(講席)에 참여토록 하라.”라고 하였다. 그 후로 또다시 경학을 교정하는 당상관으로 부름을 받은 것이 네 차례나 되었지만, 병으로 나아가지 못하였다.

공은 일찍이 말하기를, “《대학(大學)》은 단지 ‘지행(知行)’ 두 글자일 뿐이다.”라고 한 적이 있는데, 격물(格物)·치지(致知)는 ‘지(知)’에 속하게 하고, 성의(誠意)·정심(正心)·수신(修身)은 행(行)에 속하게 하며, 제가(齊家)·치국(治國)·평천하(平天下)는 지행을 미루어 발휘하는 이치로 삼았다. 만일 글자 하나 문구 하나라도 의심나는 곳이 있으면 반드시 이 선생에게 찾아가 직접 여쭙고 철저히 꿰뚫어 이해한 뒤에야 그만두었다. 이 선생이 선별해 뽑아 기록한《주자서절요(朱子書節要)》를 일찍이 보고 그 중에서 후학들에게 더욱 절실한 것을 또다시 뽑아 한 책을 만들었으니 보고 반성하는 자료로 삼았다. 심지어 난리가 일어나 이리저리 피난할 때에도 오히려 가르치기를 잊지 않고 말하기를, “육수부(陸秀夫: 남송의 충신이자 유학자)가 배안에서도 여전히 강학하였다.”라고 하면서 강독을 그치지 않았다.

선생의 성품은 매우 근엄하고 깊이 두터워 행실과 실천이 바르고 성실하면서도 본래 제 모습대로 자연스러워 억지로 꾸미는 것을 일삼지 않았는데 대개 하늘로부터 부여받은 것이 이와 같았고, 어린 나이에 또한 스승에게 나아가서 의지하고 귀의할 수 있어 귀로 듣고 눈으로 본 것이 모두 전례(典禮)에 맞아서 말하고 행동하는 모든 것이 오직 스승에게서 본대로만 하지 않은 것이 없었으니, 선생의 사람됨은 애쓰지 않고서도 이루었다고 말할 수 있다.【협주: 정온이 찬한 묘비명에 실려 있다.】

• 趙穆

趙穆, 字士敬, 號月川, 橫城人。中宗甲申生。以學行薦授敎官。歷三道都事, 至工曹參判。宣祖丙午卒。享禮安陶山書院。

退溪李先生, 以道學倡東南, 一時魁人碩士之摳衣者甚衆, 先生其領袖[1]矣。先生之美質, 得退溪而有成, 退溪之道學, 得先生而有光。

庚午, 李先生易簀, 公服朞, 行素三年。

癸丑[2], 公丁先公憂, 廬于墓, 朞而啜粥, 塩而不醬, 骨立幾不能支。

政府·吏曹同議, 以學行著聞者五人薦聞[3], 先生其首也。

在陜川時, 朝廷與日本講和, 先生答李宣慰德馨[4]之書, 曰: "李汝受,

---

1   領袖(영수): 가장 중심이 되는 인물. 우두머리. 대표자.

2   癸丑(계축): 癸酉의 오기.

3   薦聞(천문): 신하 등이 인재를 임금에게 추천하여 아뢰는 일.

4   李宣慰德馨(이선위덕형): 宣慰 李德馨(1561~1613). 본관은 廣州, 자는 明甫, 호는 雙松·抱雍散人·漢陰. 증조부는 부사과 李守忠이며, 조부는 李振慶이다. 아버지는 지중추부사 李民聖이며, 어머니 文化柳氏는 縣令 柳禮善의 딸이다. 영의정 李山海의 사위이다. 1592년 임진왜란 때 북상 중인 왜장 고니시[小西行長]가 충주에서 만날 것을 요청하자, 이를 받아들여 單騎로 적진으로 향했으나 목적을 이루지 못하였다. 왕이 평양에 당도했을 때 왜적이 벌써 대동강에 이르러 화의를 요청하자, 단독으로 겐소와 회담하고 대의로써 그들의 침략을 공박했다 한다. 그 뒤 정주까지 왕을 호종했고, 請援使로 명나라에 파견되어 파병을 성취하였다. 돌아와 대사헌이 되어 명군을 맞이했으며, 이어 한성판윤으로 명장 李如松의 接伴官이 되어 전란 중 줄곧 같이 행동하였다. 1593년 병조판서, 이듬해 이조판서로 훈련도감 당상을 겸하였다. 1595년 경기·황해·평안·함경 4도체찰 부사가 되었으며, 1597년 정유재란이 일어나자 명나라 어사 楊鎬를 설복해 서울의 방어를 강화하였다.

居相位, 亦作此等事耶?” 汝受, 鵝溪[5]之字, 而宣慰, 其婿也。

除軍資主簿, 陳疏曰:“講和之說, 不勝憤痛。豈有率百萬之師, 屠戮我生靈, 隳毀我陵寢, 彌漫不去, 而謂之講和乎? 古人有一旅一成中興者[6], 請修德以格天, 施仁以撫民, 以爲攘夷之本.”

除掌隸院正, 有旨[7]曰:“目今筵中, 進講《周易》, 義理精微, 知者盖寡。聞爾閒居林下, 白首窮經, 從事易學, 用工最多云, 特除掌樂正, 俾參講席.” 後又以經學校正堂上被召者四, 以病不能赴。

公嘗曰:“《大學》, 只是‘知行’二字爾.” 以格·致屬之知, 誠·正·修屬之行, 齊·治·平爲推行之理。如有一字一句有疑處, 必就李先生面稟, 貫通而後已。嘗就李先生所抄錄《朱子書節要》中, 又抄其尤切於後學者爲一冊, 以備觀焉。至於亂離奔竄之際, 猶不忘敎誨曰:“陸秀夫[8]在舟中, 猶講學.” 講讀不輟。

그리고 스스로 명군과 울산까지 동행, 그들을 慰撫하였다. 그해 우의정에 승진하고 이어 좌의정에 올라 훈련도감 도제조를 겸하였다. 이어 명나라 제독 劉綎과 함께 순천에 이르러 통제사 李舜臣과 함께 적장 고니시의 군사를 대파하였다.

5 鵝溪(아계): 李山海(1539~1609)의 호. 본관은 韓山, 자는 汝受, 호는 終南睡翁. 증조부는 李長潤이며, 조부는 李穉이다. 아버지는 內資寺正 李之蕃이며, 어머니 宜寧南氏는 南脩의 딸이다. 부인은 楊州趙氏이다. 土亭 李之菡이 숙부이며, 漢陰 李德馨이 둘째 사위이다. 1588년 우의정이 되고, 1590년 종계변무의 공으로 광국공신에 책록되었다. 동인이 남인·북인으로 갈릴 때 북인의 영수로 활약했다. 1590년 정철이 세자책봉 문제를 일으키자 탄핵하여 유배보냈고, 서인의 영수급 대신들까지 파직·귀양보냄으로써 동인의 집권을 확고히했다. 북인이 다시 분당할 때 강경파인 대북파 영수가 되었다.

6 一旅一成中興者(일려일성중흥자): 一旅는 군사 500명이고, 一成은 사방 10里의 땅으로 최소한의 병력과 보잘것없는 땅을 말함. 夏나라의 少康은 일려와 일성으로 有窮氏를 멸하고 하나라를 중흥시켰다. 宋나라의 陸秀夫가 항쟁 도중 천자가 죽자 흩어지려 하는 대중을 독려하면서 말하기를 “옛사람 중에서 일려 일성으로 중흥을 이룬 임금이 있었다. 지금 百官과 有司가 모두 갖추어져 있고 士卒이 수만 명이니, 만약 하늘이 宋나라의 국운을 끊어버리려 하지 않는다면 어찌 나라를 다스릴 수 없겠는가?(古人有以一旅一成中興者. 今百官有司皆具, 士卒數萬, 天若未欲絶宋, 此豈不可爲國邪?)”라고 하였다.

7 有旨(유지): 조선시대 승정원의 담당 승지를 통하여 명령을 받는 이에게 전달된 王命書.

8 陸秀夫(육수부, 1236~1279): 남송 시대의 충신이자 유학자. 적군에게 쫓겨 배를 타고 도망가면서도 《大學》을 써서 講學하기를 권장하였는데, 옆에 있던 사람이 나라가 망하는 마당에 講經이 무슨 소용이냐고 하자, 이 도가 없어지면 나라를 찾은들 무슨 소용이냐고 반문하고 강을 끝낸 다음 바다에 빠져 죽었다고 한다.

先生性謹嚴深厚, 踐履端實, 任眞天然, 不事矯餙, 盖其得於天者如
是, 而早歲又得依歸, 耳濡目染, 皆在典禮之內, 發言行事, 莫不惟師之
視, 先生之於爲人, 可謂不勞而成矣。【鄭蘊[9]撰碑】

보충

정온(鄭蘊, 1569~1641)이 찬한 신도비명

월천 조 선생 신도비명 병서

　퇴계(退溪) 이 선생(李先生: 李滉)이 도학(道學)을 동남(東南: 영남) 지역
에서 창도하자, 당시 걸출한 인재와 훌륭한 선비들이 와서 배움을 청하
는 자들이 매우 많았고, 선생이 가장 중심이 되는 인물이었다. 선생의
휘는 목(穆), 자는 사경(士敬), 성씨는 조씨(趙氏)이다. 그 선조는 횡성(橫
城)을 본관으로 하는데, 휘 조익(趙翌)이라는 이가 있어 고려 광종(光宗)
때 벼슬하여 관직이 한림학사에 이르렀다. 이후로 이름난 재상과 높은
벼슬아치가 역사서에 끊이지 않고 쓰였으며, 선생에 이르기까지 대개
20여 대 남짓 되었다. 증조부 휘 조윤손(趙胤孫)은 사온서 직장(司醞署直
長)을 지내고 통훈대부(通訓大夫) 통례원 좌통례(通禮院左通禮)에 추증되
었고, 조부 휘 조경(趙瓊)은 통정대부(通政大夫) 승정원좌승지(承政院左承
旨) 겸 경연참찬관(兼經筵參贊官)에 추증되었으며, 아버지 휘 조대춘(趙大
椿)은 가선대부(嘉善大夫) 이조참판 동지의금부사(同知義禁府事)에 추증되

　鄭蘊(정온, 1569~1641): 본관은 草溪, 자는 輝遠, 호는 桐溪·鼓鼓子. 증조부는 별제 鄭玉堅
이며, 조부는 좌승지 鄭淑이다. 아버지는 진사 鄭惟明이며, 어머니 晉州姜氏는 장사랑
姜謹友의 딸이다. 부인 坡平尹氏는 충의위 尹劼의 딸이다. 1606년 진사시에 합격하고,
1610년 별시문과에 급제하였다. 임해군옥사에 대해 全恩說을 주장했고, 영창대군이 강화
부사 鄭沆에 의해서 피살되자 격렬한 상소를 올려 정항의 처벌과 당시 일어나고 있던
폐모론의 부당함을 주장하였다. 이에 광해군은 격분하여 李元翼과 沈喜壽 등의 반대에도
불구하고 국문할 것을 명하고 이어서 제주도에 위리안치하도록 하였다. 그 뒤 인조반정
때까지 10년 동안 유배생활을 하였다.

있는데, 3대에 추증된 은혜는 선생이 귀하게 되었기 때문이다.

조씨 집안이 처음에는 문경현(聞慶縣)으로 옮겼다가 중간에는 예천군(醴泉郡)으로 옮겼는데, 참판공(參判公: 아버지 조대춘)이 동지중추부사 권수익(權受益, 1452~1544)의 딸에게 장가들어 또다시 예안현(禮安縣)으로 옮겼다. 가정(嘉靖) 갑신년(1524) 3월 23일에 월천리(月川里) 집에서 선생을 낳았다.

선생은 나면서부터 비범한 자질이 있었으니, 5세 때 참판공의 품에 안겨서 구두로 《대학(大學)》을 배웠고, 12세 때 경학(經學)을 모두 익혔으며, 15세 대 비로소 퇴계의 문하에 나아가 가르침을 받았다. 이때부터 학문을 좇아 읽어 보지 않은 것이 없었고, 몸가짐은 언제나 예법을 따랐으니, 퇴계 선생이 큰 그릇으로 보아 중히 여겼다.

병오년(1546) 모친상을 당하였고, 임자년(1552)에 생원시에 합격하여 계축년(1553) 반궁(泮宮: 성균관)에 들어가 공부하였다. 집안이 가난하고 부모가 늙어서 과거 공부에 온 힘을 다해 힘썼지만 급제하지 못하고 말하기를, "우리 도가 여기에 있는데, 어찌하여 꼭 과거를 보아야 하리오?"라고 하고는 마침내 과거 공부를 폐하였다. 스승의 문하에서 오로지 뜻을 한 곳으로만 기울여 게을리하지 않고 더욱 부지런히 힘써서 세상의 대유(大儒)가 되었다.

병인년(1566) 이조(吏曹)가 공릉 참봉(恭陵參奉)으로 천거하였으나 나아가지 않았고, 무진년(1568) 성균관 천거로 집경전 참봉(集慶殿參奉)에 제수되어 부임했다가 얼마 되지 않아 사직하고 돌아왔다. 경오년(1570) 이 선생(李先生: 이황)이 죽자, 선생은 1년 동안 소복(素服)을 입었으며, 3년 동안 내당에도 들어가지 않았고, 잔치에도 참여하지 않았다. 임신년(1572) 동몽교관(童蒙教官)을 제수하였으나 나아가지 않았다. 계유년(1573) 참판공(參判公: 아버지 조대춘)의 상을 당하여 묘소 곁에 여막을 짓고 1년 동안 죽을 먹으면서 소금은 먹었으나 장은 먹지 않았으니, 뼈만 앙상하여 거의 지탱할 수 없을 지경이었다. 그 뒤에 정부(政府)가 이조(吏曹)와 함께 의논하여 학행(學行)으로 널리 알려진 자로 5명을 천거하여 아뢰었는데, 선생이 그 가운데 첫째였다. 을해년(1575) 품계를 뛰어넘어 종부시 주부(宗簿寺主簿)·조지서 사지(造紙署司紙)·공조좌랑(工曹佐郎)에 제수되었고, 병자년(1576) 또다시 사지(司紙)를 제수하였으나 모두 나아가지 않았다. 10월 봉화현감(奉化縣監)에 제수되어 사직하는 상소를 올렸으나 윤허하지 않자, 선생은 비로소 부임하였다가 오래지 않아 파직되어 돌아왔다. 경진년(1580) 공조좌랑·전라도사(全羅都事)·경상도사(慶尙都事)·의령현감(宜寧縣監)에 제수되었고, 신사년(1581) 고령현감(高靈縣監)에 제수되었으나 모두 응하지 않았다. 4월 충청도사(忠淸都事)에 제수되었으나 8월에 버리고 돌아왔다. 임오년(1582) 신녕현감(新寧縣監)에 제수되었으나 모두 나가지 않았다.

갑신년(1584) 영덕현령(盈德縣令)에 제수되자 부임하는 길에 상소를 올렸는데, 첫머리에 임무를 감당하기 어렵다는 뜻을 아뢰고, 이어서 권세를 믿고 횡포를 부리는 자들에 의해 쌓이고 묵혀진 옥사와, 주모자를 잡는다며 함부로 무고한 백성들까지 마구 체포하는 억울함을 간절히 아뢰었다. 또 조정이 바야흐로 북벌(北伐)을 논의하는 것은 계책이 아니라면서 근본을 튼튼히 하는 것이 옳다고 심도 있게 말하였다. 또 아뢰기를, "삼사(三司)의 종관(從官: 諫官)이 말 때문에 죄를 얻어 북쪽으로 귀양 간 자가 세 사람[三人: 朴謹元·宋應漑·許篈]이나 되는데, 이는 그들을 죽이는 것과 다름없습니다."라고 하였으니, 말이 매우 올곧았다.

을유년(1585) 공조좌랑에 제수하여 교정청 낭청(校正廳郎廳)을 겸하게 하니, 사은숙배한 뒤에 상소를 올려 면직을 바랐으나 윤허되지 않았다. 공조정랑으로 승진하자 정장(呈狀: 귀향을 청하는 문서)을 내고 남쪽으로 돌아왔는데, 전생서 주부(典牲署主簿)에 제수된 것이 두 차례, 교정청 낭청(校正廳郎廳)으로 즉시 부르라는 교지가 있었던 것이 네 차례였으나 모두 병으로 사양하였다. 11월 또다시 공조정랑에 제수하여 이전처럼 낭청을 겸하게 하니 그제야 비로소 부름에 나아갔지만, 병술년(1586) 2월 상소를 올려 사퇴를 청했으나 윤허받지 못했고, 3월에야 사직하고 돌아왔다. 상서원 판관(尙瑞院判官)·금산군수(錦山郡守)에 제수되었고, 정해년(1587) 단양군수(丹陽郡守)·장원서 장원(掌苑署掌苑)에 제수되었고, 두 차례 공조정랑에 제수되었는데, 모두 사은숙배하지 않았고, 겨울에 합천군수(陜川郡守)로 제수되어 비로소 부임하였다가 경인년(1590)에 사직하고 돌아왔는데, 짐보따리가 아주 조촐하여 서책(書冊)만 네다섯 짐뿐이었다.

　임진년(1592) 제용감 첨정(濟用監僉正)에 제수되었으나 부임하지 않았다. 여름 4월, 왜구가 졸지에 들이닥쳐 향해 가는 곳마다 앞에 거칠 것이 없어서 바싹 경도(京都: 한양)를 위협하니, 양궁(兩宮: 宣祖와 세자 광해군)이 서쪽 지방으로 피난가서 국사를 어떻게 해볼 수가 없게 되자, 선생이 동지들과 함께 높은 곳에 올라 북쪽을 바라보며 통곡하고 내려왔다. 당시 조정이 일본(日本)과 강화(講和)를 논의하자, 선생은 선위사(宣慰使) 이덕형(李德馨)이 보낸 편지에 답하여 말하기를, “이여수(李汝受)가 재상의 자리에 있으면서도 또한 이와 같은 일을 한단 말인가?”라고 하였는데, 여수는 이산해(李山海)의 자(字)이고, 선위사는 이산해의 사위이다. 선생이 화의(和議)를 처음부터 끝까지 옳지 않다고 여겼다. 이듬해(1593) 거가(車駕)가 용만(龍灣: 義州)에서 돌아온다는 소식을 듣고, 선생이 바야흐로 길을 나서서 주상이 탄 가마의 빛을 우러러보려고 도모하였으나 병 때문에 실행하지 못하였다.

　갑오년(1594) 흡곡현(歙谷縣: 강원도 통천군)에 제수되었는데, 선생이 전일의 계획[환궁하는 주상의 모습을 보려 한 것]을 이루고자 억지로 일어나 길을 나섰지만, 도성에 들어서자 기한이 지났다는 이유로 체직되었다. 군자감 주부(軍資監主簿)에 제수되었을 때 상소를 올려 사의를 표명하며 체직되기를 청하였는데, 첫머리에서 자신이 영외(嶺外)에 엎드려 있어

난리에 달려가지 못하였고, 거가(車駕)가 도성으로 돌아왔는데도 맞이하지 못하였다는 뜻을 아뢰었다. 또 이르기를, "또 강화(講和)하려 한다는 말을 듣고 더욱 통분함을 이기지 못하겠습니다. 어찌 백만의 군대를 거느리고 와서 우리 백성들을 도륙하고, 우리의 종묘사직을 뒤집어엎고, 우리의 능침(陵寢: 왕과 왕비의 무덤)을 파헤치면서, 우리의 영토 안에 가득히 있으며 물러가지 않았는데도 이를 강화라 할 수 있습니까? 옛 사람 중에서 일려 일성(一旅一成)으로 중흥을 이룬 자가 있었는데, 지금 나라가 비록 이미 파괴되어 황폐할지라도 저 일려 일성에 견준다면 어찌 백 배가 되지 않겠습니까? 엎드려 바라건대, 전하는 덕을 닦아 하늘을 감동시키고 어진 정사를 베풀어 백성들을 어루만지는 것으로서 오랑캐를 물리치는 근본으로 삼으소서."라고 하니, 주상이 칭찬하는 비답을 내리고 도성에 머물며 벼슬을 하도록 하였는데, 선생은 즉시 남쪽으로 돌아갔다. 주상이 이를 가상히 여겨 직위를 올리도록 명하였다.

　10월에 공을 특별히 봉정대부(奉正大夫) 장례원 정(掌隷院正)으로 제수하는 전지(傳旨)에 이르기를, "지금 경연(經筵)하는 자리에 나아와 《주역(周易)》을 강론하는데, 의리의 정확하고 미세한 이치를 아는 자가 적다. 듣건대, 그대는 자연 속에서 한가로이 지내며 머리가 하얗게 세도록 경학(經學)을 깊이 연구하고 역학(易學)에 파고들어 공부한 것이 가장 많다고 하는데, 특별히 장악원 정(掌樂院正)에 제수하니 강석(講席)에 침여토록 하라."라고 하였는데, 병으로 사양하였다. 을미년(1595) 봄에 또다시 급히 부르는 전지가 있었는데, 선생이 상소하여 면직을 아뢰었다. 5월에 양양 부사(襄陽府使)로 제수되었으나 부임하지 않자, 본도(本道: 경상도)로 하여금 음식물을 지급하도록 하였다. 또다시 장악원 정과 사섬시 정(司贍寺正)을 제수하였다. 기해년(1599) 제용감 정(濟用監正)에 제수되었고, 신축년(1601) 사재감 정(司宰監正)에 제수되었으며, 또 경서(經書) 교정청 낭청(校正廳郎廳)으로 전지를 내려 급히 불렀다. 임인년(1602) 상의원 정(尚衣院正)

과 예빈시 정(禮賓寺正)에 제수되었다. 또 특별한 어명으로 당상관(堂上官)에 승직되어 절충장군(折衝將軍) 의흥위 부호군(義興衛副護軍)에 제수되었다가 공조참의로 옮겼다. 교정청 당상으로 부름을 받은 것이 네 차례였으나, 모두 병으로 나아가지 않았다. 갑진년(1604) 가을, 특별히 가선대부(嘉善大夫)로 품계가 오르고 용양위 상호군(龍驤尉上護軍)에 제수되었으며, 얼마 지나지 않아 공조참판으로 옮겼는데, 모두 나아가 사은숙배하지 못하였다. 이때 선생은 병을 앓은 지가 이미 2개월이나 되었다.

병오년(1606) 겨울 10월 29일 갑자일에 정침(正寢)에서 죽었으니, 향년 83세였다. 부음(訃音)이 전해지자, 주상이 크게 놀라고 슬퍼하면서 예관(禮官)을 보내 조문하고 전례(奠禮)를 행하게 하였으니, 이는 특별한 은전(恩典)이었다. 반궁(泮宮: 성균관)의 많은 선비들이 모여서 곡(哭)할 때에 소복(素服)을 입었으며, 영남 지역의 향교와 서원에서도 모두 전례를 행하고 부조를 하였다. 이듬해 1월 아무날에 부용산(芙蓉山) 남쪽 건좌손향(乾坐巽向)의 언덕에 장사하였으니, 선영을 따른 것이었다.

선생의 성품은 매우 근엄하고 깊이 두터워 행실과 실천이 바르고 성실하면서도 타고난 제 모습대로 자연스러워 억지로 꾸며 보이는 것을 일삼지 않았는데 대개 하늘로부터 부여받은 것이 이와 같았고, 어린 시절에 또한 스승을 만나 의지하고 귀의할 수 있어 귀로 듣고 눈으로 본 것이 모두 전례(典禮)의 안에 있어서 말하고 행동하는 모든 것이 오직 스승에게서 본대로만 하지 않은 것이 없었으니, 선생의 사람됨은 애쓰지 않고서도 이루었다고 말할 수 있다.

참판공을 봉양할 때 아침저녁으로 보살펴 드리는 것을 오직 부지런히 하며 온화한 낯빛으로 기쁘게 해드리는 일을 다하는데 정해진 틀이나 방식에 얽매이지 않았는데, 집안이 매우 가난하여 비록 맛있는 음식을 끊임없이 올리지 못하였으나 결코 의롭지 않은 방식으로는 남에게 구한 적이 없었다. 평소에는 날이 채 밝기 전에 일어나 의관(衣冠)을 정제하고 사당(祠堂)에 나아가 두 번 절하는 예를 행한 뒤, 서실로 돌아와 앉아 책상 앞에서 책을 보면 잠자고 먹는 것도 잊는 지경에 이르렀다.

일찍이 배우는 자들에게 일러 말하기를, “《소학(小學)》은 곧 모든 경전의 기틀을 이루는 책이니, 진실로 이 책을 통달할 수 있다면 성인이 되는 근본이 여기에 있다.”라고 한 적이 있었고, 또 말하기를, “《대학(大學)》은 단지 ‘지행(知行)’ 두 글자일 뿐이다.”라고 하였다. 격물(格物)·치지(致知)는 ‘지(知)’에 속하게 하고, 성의(誠意)·정심(正心)·수신(修身)은 행(行)에 속하게 하며, 제가(齊家)·치국(治國)·평천하(平天下)는 지행을 미루어 발휘하는 이치로 삼았다.

만일 글자나 문구에 의심나는 곳이 있으면 반드시 이 선생에게 찾아가 직접 여쭈었는데, 간혹 조목조목 나열하여 질문하기도 하여 반드시 끝까지 꿰뚫어 이해한 뒤에야 그만두었다. 이 선생이 선별하여 뽑아 기록한 《주자서절요(朱子書節要)》 가운데에서 후학들에게 더욱 절실한 것만 또다시 골라내어 한 책을 만들었으니 보고 반성하는 자료로 삼았으며, 특히 《심경(心經)》을 좋아하여 입으로 외우고 마음으로 체득하였다. 《황명통기(皇明通記: 陳建이 찬한 편년체 명나라 사서)》를 읽다가 돈황(墩篁: 篁墩의 오기, 程敏政의 호, 1445~1499)이 시제(試題)를 팔아 넘긴 일과, 〈도일편(道一編: 정민정의 글)〉의 설(說)을 보고서야 비로소 그 사람됨과 학문을 의심하게 되어 그것을 적어서 이 선생에게 여쭈었는데, 선생이 이를 계기로 〈심경후론(心經後論)〉을 지었으니, 스승과 제자 사이에서 서로 보완하고 이롭게 한 바가 이와 같았다.

일찍이 설문청공(薛文淸公: 명나라 理學家 薛瑄)의 《독서록(讀書錄)》을 읽고 중요한 어구마다 권점(圈點: 동그라미)을 찍어서 책상에 놓아둔 적이 있었고, 또 유원성(劉元城: 송나라 劉安世)의 “말을 함부로 하지 않는 데서부터 시작해야 한다.”라는 말을 취하여 일찍이 스스로 그 요점을 간추린 적도 있었다. 항상 소책자를 두고서 선현(先賢)들이 자신에게 절실히 훈계한 말을 적었는데,《곤지잡록(困知雜錄)》이라 이름을 붙였다. 마음가짐과 몸가짐에 대해서는 일찍이 각성하고 성찰하지 않은 적이 없었으니, 혹시라도 사리에 어두워 풀어져 방탕해지는 경지로 떨어질까 두려워한 까닭이 대부분 이와 같았다.

책이라면 읽지 않은 것이 없었고 구입하지 않은 것이 없었으니, 밤마다 반드시 촛불을 밝히고 향을 사른 다음《근사록(近思錄)》·《주자대전(朱子大全)》과 여러 성리서(性理書)들을 읽었고 간혹《도연명집(陶淵明集: 東晉 陶潛)》·《격양집(擊壤集: 송나라 邵雍)》·《염락풍아(濂洛風雅: 원나라 金履祥이 찬한 시집)》등의 시를 외우기도 하였는데, 음성이 온화하고 장중하여 또렷이 들을 수 있었다. 심지어 난리가 일어나 이리저리 피난할 때에도 오히려 가르치기를 잊지 않고 말하기를, "육수부(陸秀夫: 남송의 충신이자 유학자)가 배안에서도 여전히 강학하였으니, 아침에 도를 들으면 저녁에 죽어도 괜찮다."라고 하면서 강독을 그치지 않았다.

벼슬살이에 대하여는 본래 뜻이 없었으니, 해마다 제수되고 달마다 승진하여 옮긴 것이 40여 관직에 이르렀으나 실제로 관직에 나아간 것은 얼마 되지 않았지만, 간혹 나아가더라도 또한 오래 머물지 않았다. 번번이 호문정공(胡文定公: 胡安國)의 "추위·더위·굶주림·배부름을 스스로 헤아려 조절할 줄 알아야 한다."라는 말을 거론하여 스스로 경계하였기 때문에 나아가기를 어렵게 하고 물러서기를 쉽게 한 행적은 부당한 방법을 쓰지 않은 채 정정당당하고 명백하여 의심할 만한 바가 없었다.

산림에 있을 때는 당시의 세상일을 말한 적이 없었는데, 사람들이 간혹 와서 세상일을 이야기하면, 말하기를, "산림에 있으면 마땅히 산림에 대하여 말을 해야지, 시사(時事)가 무슨 상관이 있는가?"라고 하였으니, 진실로 이른바 침묵으로도 충분히 포용한 사람이라 할 수 있다. 그러나 국가에 큰일이 있을 때에는 또한 깊이 걱정하고 통렬히 꾸짖지 않은 적이 없었으니, 서애(西厓) 류 상국(柳相國: 柳成龍)과는 같은 문하의 의리가 있었지만 서애가 영상(領相)으로 있으면서 강화(講和)에 관한 논의를 주도한다는 소문을 듣고 곧 서신을 보내 이르기를, "상국이 평소에 성현(聖賢)의 글을 읽고서 끝내 얻은 것이 단지 이 '강화오국(講和誤國: 강화는 나라를 그르친다.)'이란 네 글자인 것인가?"라고 하였다. 말이 매우 준엄하고 단호하였으니, 선생이 뜻을 두고 추구한 일을 이에서 볼 수 있다.

선생은 안동권씨(安東權氏) 참봉 권개세(權盖世)의 딸에게 장가들었는데, 태사(太師) 권행(權幸)의 후손이다. 1남 3녀를 낳았다. …(중략)…

나 정온(鄭蘊)은 나이가 약관이었을 즈음에 일찍이 한번 선생을 찾아뵙고 평상 아래에서 절한 적이 있었다. 그 후덕하고 단정한 모습을 보고 이미 흠모하고 감복하는 마음을 이기지 못하였으나, 어찌 선생의 그 심오한 경지를 엿보고 헤아릴 수 있었겠는가? 이번에 선생의 표손(表孫: 외손) 김확(金碻, 1583~1665)·김연(金研)이 묘도에 새길 명문(銘文)을 분수에 넘치게도 나 정온에게 부탁하였다. 나이도 많고 글솜씨도 없으니, 어찌 세상에 드러나지 않고 숨겨져 있는 선생의 덕을 만에 하나라도 드러낼 수 있겠는가? 그러나 김군의 청을 의리상 사양만 할 수 없는 바가 있어서 삼가 행장의 글에 의거하여 그 대강을 가려 뽑았고, 이어 그것에 대해 해석을 덧붙여 말하니 이러하다. "선생의 아름다운 자질은 퇴계(退溪)를 만나서 이루었고, 퇴계의 도학(道學)은 선생을 만나서 빛이 났다. 선생이 아니었다면 어찌 퇴계의 가르침을 통한 언미를 받을 수 있었겠으며, 퇴계가 아니었다면 어찌 선생의 깨달아 밝혀낸 바를 보전할 수 있었겠는가. 이 때문에 내가 선생의 언행(言行)과 업적에 대하여 대부분 생략하고 자세히 기록하지 않은 것이니, 뒷날 선생을 보는 자로 하여금 먼저 퇴계를 살펴 그 도학의 근원을 얻도록 하고자 함이다." …(이하 명문 생략)…

月川趙先生神道碑銘 幷序

退溪李先生, 以道學唱東南, 一時魁人碩士之來摳衣者甚衆, 而先生其領袖矣。先生諱穆, 字士敬, 姓趙氏。其先橫城人, 有諱翌, 仕高麗光宗朝, 官至翰林學士。自是名公巨卿, 史不絶書, 至先生蓋二十餘世。曾祖諱胤孫, 司醞署直長, 贈通訓大夫通禮院左通禮, 祖諱瓊, 贈通政大夫承政院左承旨兼經筵參贊官, 考諱大椿, 贈嘉善大夫吏曹參判同知義禁府事, 三世推恩, 以先生貴也。趙氏初移于聞慶縣, 中移于醴泉郡, 參判公娶同知權受益女, 又移于禮安縣。以嘉靖甲申三月二十三日, 生先生于月川里第。先生, 生有異質, 年五歲, 在參判公懷中, 口受《大學》, 十二, 盡學經學, 十五, 始就退溪門下受學。自是, 縱學無不觀, 律身動以禮, 退溪先生, 深器重之。丙午, 丁內艱, 壬子, 中生員試, 癸丑, 遊泮宮。以家貧親老, 黽勉爲擧業, 不得則曰:"吾道在此, 何必科爲?"遂廢擧。專意師門, 不懈益勤, 爲世大儒。丙寅, 吏曹薦爲恭陵參奉, 不赴, 戊辰, 以館薦除集慶殿參奉, 赴任, 未幾辭還。庚午, 李先生易簀, 先生素行素, 三年不入內, 不與宴。壬申, 除童蒙敎官, 不起。癸酉, 丁參判公憂, 廬于墓, 期而啜粥, 鹽而不醬, 骨立幾不能支。其後, 政府與吏曹同議, 以學行著聞者五人薦聞, 先生其首也。乙亥, 超授宗簿寺主簿·造紙署司紙·工曹佐郎, 丙子, 又除司紙, 皆不就。十月, 除奉化縣監, 陳辭疏, 不允, 先生始就任, 未久罷歸。庚辰。除工曹佐郎·全羅慶尙都事·宜寧縣監, 辛巳, 除高靈縣監, 皆不應。四月, 除忠淸都事, 八月, 棄歸。壬午, 除新寧縣監, 皆不出。甲申, 拜盈德縣令, 在道陳疏, 首陳難任之意, 繼以豪强積滯之獄, 元惡濫抄之冤, 愷切陳奏。又以朝廷方議北征, 爲非計, 深以固本爲得。又曰:"三司從官, 以言獲罪, 投諸有北者三人, 此與殺之無異。"云, 言甚讜直。乙酉, 除工曹佐郎兼校正廳郎廳, 肅恩後, 陳疏乞免, 不允。遷工曹正郎, 呈狀南歸, 除典牲主簿者再, 以校正廳郎廳, 有旨趣召者四, 皆病辭。十一月, 又除工曹正郎, 兼郎廳如前, 始就召, 丙戌二月, 拜章乞退, 未蒙允, 三月, 辭還。除尙瑞判官·錦山郡守, 丁亥, 除丹陽郡守·掌苑署掌苑, 兩除工曹正郎, 皆不謝。冬, 除陜川郡守, 始赴任, 庚寅, 辭歸, 行李蕭然, 書冊四五擔而已。壬辰, 除濟用僉正, 不赴。夏四月, 倭寇卒至, 所向無前,逼迫京都, 兩宮西幸, 國事無可爲者, 先生與同執, 登高望北, 痛哭而下。時朝廷, 與日本講和, 先生答李宣慰德馨書, 曰：“李汝受, 居相位, 亦作此等事耶?”汝受, 山海之字, 而宣慰, 其壻也。先生於和議, 終始爲非。越明年, 聞車駕還自龍灣, 先生方圖起程, 仰望輦轂之光, 而以病未果行。甲午, 除歙谷縣, 先生欲遂前日之計, 强起作行, 旣入城, 以過限遞。除軍資監主簿, 陳章辭遞, 首陳身伏嶺外, 未得赴難, 車駕還都, 未克迎候之意。又曰：“且聞講和之說, 尤不勝痛憤。豈有率百萬之師, 屠戮我生靈, 蕩覆我宗社。隳毀我陵寢。彌滿境上不去。而謂之講和哉? 古人有以一旅一成中興者, 今我國家雖已殘破, 視彼一旅一成, 豈不百倍乎? 伏願殿下修德以格天, 施仁以撫民, 以爲攘夷狄之本.”上優答, 使留仕, 先生卽南歸。上嘉歎之, 令陞職。十月, 特除奉正大夫掌隸院正, 有旨曰：“目今筵中, 進講《周易》, 而義理精微, 知者蓋寡。聞爾閑居林下, 白首窮經, 從事易學, 用功最多云, 特除掌樂正, 俾參講席.”云, 以病辭。乙未春, 又趣召有旨, 先生陳疏免。五月, 除襄陽府使, 不赴, 令本道賜食物。又除掌樂司瞻正。己亥, 除濟用正, 辛丑, 除司宰正, 又以經書校正廳郎廳, 有旨趣召。壬寅, 除尙衣禮賓正。又以特旨, 陞堂上, 拜折衝將軍·義興衛副護軍, 遷工曹參議。以校正廳堂上, 被召者四, 皆以病不行。甲辰秋, 特陞嘉善, 拜龍驤尉上護軍, 俄遷工曹參判,　皆不克赴謝。時先生遘疾已二朔。丙午冬十月二十九日甲子, 考終于寢, 享年八十有三。訃聞, 上震悼, 遣禮官, 致弔奠, 蓋殊典也。泮中多士, 會哭用素, 嶺南校院, 皆行奠賻。明年正月某日, 葬于芙蓉山南乾坐巽向之原, 從先兆也。先生性謹嚴深厚, 踐履端實, 任眞天然, 不事矯飾, 蓋其得於天者如是, 而早歲又得依歸, 耳濡目染, 皆在典禮之內, 發言行事, 莫不惟師之視, 則先生之於爲人, 可謂不勞而成矣。奉養參判公, 定省惟勤, 色養無方, 家甚貧, 雖甘旨不繼, 而未嘗以非義干人。平居, 未明而起, 整冠襟, 詣祠堂, 行再拜禮, 退坐書室, 對案看書, 至忘寢食。嘗謂學者曰：“《小學》, 乃諸經之機括, 苟能通透是書, 作聖根基在此矣.”又曰：“《大學》, 只是‘知行’二字爾.”以格致屬之

知, 誠正修屬之行, 齊治平爲推行之理。如有字句有疑處, 必就李先生面稟, 或條列以問, 必通貫後已。嘗就李先生所抄錄《朱子書節要》中, 又抄其尤切於後學者爲一冊, 以備觀省焉, 尤愛《心經》, 口誦而心體之。及讀《皇明通記》, 見墩篁賣題之事, 道一編之說, 而始疑其爲人爲學, 乃錄稟於李先生, 先生於是, 作〈心經後論〉, 師生之間, 互相補益如此。嘗覽薛文靖《讀書錄》, 手圈其要語, 置諸几案, 又取劉元城“自不妄語始”之語, 嘗自隲括。常置小冊子, 書前賢切己訓誡之語, 名曰《困知雜錄》。其於心身上, 未嘗不提撕省察, 恐其或墮於昏茫放倒之域者多此類。於書無不讀, 無不購, 夜必明燭炷香, 讀《近思錄》·《朱子大全》·性理諸書, 或誦淵明擊壤集·《濂洛風雅》等詩, 聲音和壯, 了了可聽。至於亂離犇避之際, 猶不忘敎誨曰：“陸秀夫, 在舟中, 猶講學, 朝聞道夕死可矣.”講讀不撤。其於仕宦, 本無意, 年除月遷, 至於四十餘官, 而就職者無幾, 或就之而又不久留。每擧胡文定“寒溫飢飽, 自知斟酌”之語, 以自戒故, 其難進易退之迹, 光明正大, 無可疑者。其在山林, 未嘗談當世之事, 人或來言則曰：“在山林則當作山林之語, 時事何與焉?”眞所謂其默足以容者也。然國有大事, 則亦未嘗不深憂而痛斥之, 與西崖柳相國, 有同門之義, 聞西崖在領台, 主講和之議, 乃抵書曰：“相國平生讀聖賢書, 畢竟所得, 只此‘講和誤國’四字耶?”辭甚峻截, 先生之志業, 於此可見矣。先生娶安東權氏, 參奉蓋世之女, 太師幸之後也。生一子三女。…(중략)… 蘊年在弱冠, 嘗一拜先生於床下矣。觀其厚德端儀, 已不勝其歆服, 而何能窺闖其閫奧哉? 今也, 先生之表孫金碻·金硏, 誤以墓隧之銘, 託於蘊。年老且無文, 何能發幽光之萬一? 然金君之請, 義有所不可辭者, 謹依狀文, 撮其梗槪, 而仍爲之說曰：“先生之美質, 得退溪而有成, 退溪之道學, 得先生而有光。非先生, 何以受退溪之磨琢, 非退溪, 何以保先生之發明也? 是以, 余於先生之言行事業, 多略而不詳者, 欲使後之觀先生者, 先觀退溪而得之也.”…(이하 명문 생략)…

〔桐溪先先文集, 권4, 碑銘〕

33. 윤의정

윤의정의 자는 이직, 호는 지령, 본관은 파평이다. 중종 을유년(1525)에 태어났다. 마곡사(磨谷祠)에 향사하였다.

류서애(柳西厓: 柳成龍)·정약포(鄭藥圃: 鄭琢)와 도의지교(道義之交)를 맺어 함께 어울려 즐기며 시문을 지어 서로 화답하였다.

정사(精舍)를 짓고서 향리의 자제들과 함께 경전과 역사서를 강론하였는데, 그 서당을 '마곡(磨谷)'이라 이름하였으니 주부자(朱夫子)의 '강마유지(講磨有地: 학문을 강론하고 연마하는 데는 마땅한 장소가 있어야 한다.)'라는 뜻을 취한 것이다.

• 尹義貞

尹義貞, 字而直, 號芝嶺, 坡平人。中宗乙酉生。享磨谷祠[1]。

與柳西厓[2]·鄭藥圃[3], 爲道義交, 追遊唱和。

1　磨谷祠(마곡사): 경상북도 안동시 녹전면에 있었던 서원. 卞秀孫·金有庸·李完·金生溟·朴士熹·柳贇·尹義貞의 학문과 덕행을 추모하기 위해 창건하여 위패를 모셨다. 1868년 대원군의 서원철폐령으로 훼철된 뒤 지금까지 복원하지 못하였다.

2　西厓(서애): 柳成龍(1542~1607)의 호. 본관은 豊山, 자는 而見. 의성 출생. 증조부는 柳子溫이며, 조부는 柳公綽이다. 아버지는 황해도관찰사 柳仲郢이며, 어머니 安東金氏는 진사 金光粹의 딸이다. 첫째부인 全州李氏는 현감 李坰의 딸이며, 둘째부인 仁同張氏는 張潤蕖의 딸이다. 퇴계 李滉의 문인이다. 金誠一과 동문수학했으며 서로 친분이 두터웠다. 이조판서, 좌의정, 영의정 등을 역임하였다.

3　藥圃(약포): 鄭琢(1526~1605)의 호. 본관은 淸州, 자는 子精, 호는 栢谷. 예천 출신이다. 증조부는 현감 鄭元老이며, 조부는 생원 鄭僑이다. 아버지는 鄭以忠이며, 어머니 淸州韓氏는 韓從傑의 딸이다. 부인은 亘濟潘氏이다. 李滉과 曺植의 문인이다. 1552년 생원시를 거쳐 1558년 식년문과에 급제하였다. 1565년 정언을 거쳐 예조정랑·헌납 등을 지냈다. 1572년 이조 좌랑이 되고, 이어 도승지·대사성·강원도 관찰사 등을 역임하였다. 1581년 대사헌에 올랐으나, 장령 鄭仁弘·지평 朴光玉과 의견이 맞지 않아 사간원의 계청으로 이조 참판에 전임되었다. 1582년 進賀使로 명나라에 갔다가 이듬해 돌아와서 다시 대사헌

搆精舍, 與鄕里子弟, 講討經史, 名其堂曰磨谷, 取朱夫子講磨有地
之義也。

<hr>

에 재임되었다. 그 뒤 예조·형조·이조의 판서를 역임하고, 1589년 謝恩使로 명나라에
다시 다녀왔다. 1592년 임진왜란이 일어나자 좌찬성으로 왕을 의주까지 호종하였다. 1594
년에는 郭再祐·金德齡 등의 명장을 천거하여 전란 중에 공을 세우게 했으며, 이듬해 우의
정이 되었다. 1597년 정유재란이 일어나자 3월에는 옥중의 李舜臣을 伸救하여 죽음을
면하게 하였으며, 水陸併進挾攻策을 건의하였다.

34. 금응협

금응협의 자는 협지, 호는 일휴당, 본관은 봉화이다. 중종 병술년(1526)에 태어났다. 명종 을묘년(1555) 진사시에 합격하고, 천거로 사부(師傅)에 제수되어 벼슬은 익찬(翊贊)에 이르렀다. 선조 기축년(1589, 병신년의 오기, 1596)에 죽었다.

공은 어려서 퇴도 선생의 문하에 드나들며 유학하였는데, 같은 문하의 여러 친구들 조월천(趙月川: 趙穆, 1524~1606)·김학봉(金鶴峯: 金誠一, 1538~1593)은 모두 그를 공경하면서 두려워하였다. 서애(西厓) 류 선생(柳先生: 柳成龍)이 그의 자제를 훈계하며 말하기를, "너희들은 《소학(小學)》을 굳이 들여다 볼 필요가 없고, 다만 일휴(口休)의 사람됨만 보아라. 그것이 《소학》 그대로이니, 그의 한마디 말과 한가지 행동 모두 후세의 모범이 될 만한데, 용모(容貌)의 단정함과 자품(資稟)의 순수함이며 재학(才學)의 아름다움은 내가 본 사람 중 오직 그 한 사람뿐이었다."라고 하였다.

갑술년(1574) 조정의 신하들이 공의 행의(行義)를 듣고 집경전 참봉에 제수하였고, 이어 왕자사부(王子師傅)로 제수하였으나, 모두 나아가지 않았다. 정해년(1587) 유일(遺逸)로 품계를 뛰어넘어 6품직에 서용(敍用)하고, 하양현감에 제수하였다. 그가 관직에 있을 때 일을 간결하게 처리하면서도 소홀함에 빠지지 않았으며, 청렴하면서도 모서리처럼 드러내지 않았다. 무릇 시행과 폐지는 모두 점진적으로 하여 자신의 공로를 드러내지 않아서 아전과 백성들의 사모함은 오래될수록 더욱 간절하였다.【협주: 이준이 찬한 행장에 실려 있다.】

김학봉이 시를 지어 주었으니, 이러하다.

나는 일휴당에 사는 이를 사랑하나니

반평생 영욕은 자신과 상관없다 하네.

증삼은 당초 집안 가난하여 벼슬했으나

화정은 되레 부모 모실 벼슬길 사양했네.

제향 전각에서 1년 동안 성덕 우러렀고

퇴계 문하에서 오늘 그 남긴 자취 잇네.

여럿 함께 사니 더욱 천륜의 즐거움 있어

서로 마주하여 화락하게 도의 참맛 느끼네.

• 琴應夾

琴應夾[1], 字夾之, 號日休堂, 奉化人。中宗丙戌生。明宗乙卯進士, 薦授師傅, 至翊贊。宣祖己丑[2]卒。

公早遊退陶先生門, 同門諸友趙月川·金鶴峯, 皆敬憚之。西厓柳先生, 戒其子弟, 曰: "汝輩勿觀《小學》, 只見日休之爲人。這是《小學》樣子, 其一言一行, 皆可爲後世模範, 而容貌之正, 姿稟之粹, 才學之美, 則以余所見一人而已。"

甲戌, 朝臣以公行義聞, 授集慶殿參奉, 旋拜王子師傅, 皆不赴。丁亥, 以遺逸超敍六品職, 除河陽縣監。其居官也, 簡不病忽, 廉不露隅, 凡施罷皆以漸不收聲, 而吏民之思, 愈久愈切。【李埈[3]撰行狀[4]】

1　琴應夾(금응협, 1526~1596): 증조부는 성주판관 琴衎이며, 조부는 인동현감 琴致湛이다. 아버지는 琴梓이며, 어머니 光山金氏는 金孝盧의 딸이다. 부인 禮安李氏는 진사 李英의 딸이다. 1555년 사마시에 합격하고, 1574년 그의 行義가 조정에 알려져 집경전 참봉을 제수받았다. 1587년 遺逸로 河陽縣監에 제수되었으나, 부모의 봉양을 이유로 사직하였다. 李滉의 문하에서 수학하였으며, 忠信篤敬과 躬行實踐에 힘썼다.

2　己丑(기축): 丙申의 오기.

3　李埈(이준, 1560~1635): 본관은 興陽, 자는 叔平, 호는 蒼石. 증조부는 李兆年이며, 조부는 李琢이다. 아버지는 李守仁이며, 어머니 高靈申氏는 申守涇의 딸이다. 첫째부인 善山文氏는 文秀民의 딸이며, 둘째부인 綾城具氏는 具忠胤의 딸이다. 柳成龍의 문인이다. 李堜의

金鶴峯贈詩, 曰: "我愛日休堂裡人, 半生榮辱不關身。曾參初爲家貧仕, 和靖[5]還忘[6]祿養親。漢廟一年瞻聖烈, 溪門今日襲遺塵。羣居更有天倫樂, 相對怡怡味道眞."[7]

보충

이준(李埈, 1560~1635)이 찬한 행장

행장

공의 성씨는 금씨(琴氏), 휘는 응협(應夾), 자는 협지(夾之), 본관은 봉화(奉化)이다. 고려 때 집현전 태학사 금의(琴儀)라는 이가 있었으니, 공의 먼 조상이다. 성주판관 금간(琴衎)은 친증조부, 사도시 첨정 금치담(琴致湛)은 친조부, 예안현 훈도 금재(琴梓)는 친아버지이다. 어머니 단인(端人) 광주김씨(光州金氏)는 이조참판에 추증된 김효로(金孝盧)의 딸이다. 가정(嘉靖) 병술년(1526) 8월 계미일에 예안(禮安) 오천리(烏川里) 집에서 공을 낳았다.

어려서부터 행동거지가 이미 성인과 같았는데, 함부로 웃거나 말하지도 않았고 예(禮)가 아닌 일이나 부정한 여색은 일찍이 들은 적도 본 적도 없었으니, 이는 타고난 성품이 그러했기 때문이다. 장성해서는 퇴

동생이다. 1582년 생원시를 합격하고, 1591년 별시문과에 급제하였다. 임진왜란과 정묘호란 때 여러 차례 의병을 모았다. 예조정랑, 수찬, 첨지중추부사, 승지, 부제학 등을 역임하였다. 선조대에서 인조대에 이르는 복잡한 현실 속에서 국방과 외교를 비롯한 국정에 대해 많은 時務策을 제시했으며, 정경세와 더불어 유성룡의 학통을 이어받아 학계에 중요한 위치를 차지하였다. 또한, 정치적으로는 남인세력을 결집하고 그 여론을 주도하는 중요한 소임을 하였다.

4 行狀(행장): 李埈의 《蒼石先生文集》에 실려 있지 않으나, 《日休勉進兩先生聯稿》 권1 〈日休堂先生遺稿〉의 〈부록〉에 실려 있음.

5 和靖(화정): 송나라 尹焞의 호. 程頤의 문인으로, 여러 차례 천거를 받았으나 벼슬길에 나가지 않았다.

6 忘(망): 金誠一의 《鶴峯逸稿》에는 辭임.

7 이 시는 金誠一의 《鶴峯逸稿》 권1 〈시〉에 실려 있음.

도 선생의 문하에 드나들며 배웠는데, 집안이 가난하고 부모가 연로하여 과거 공부를 하지 않을 수 없었으니 을묘년(1555) 사마시에 합격하였다. 만력(萬曆) 갑술년(1574) 조정의 신하가 공에게 행의(行義)가 있음을 주상에게 아뢰어 집경전 참봉에 제수되었다. 임기를 다 채우고 나자, 경릉(敬陵: 추존왕 덕종의 능)과 창릉(昌陵: 예종의 능) 두 능의 참봉과 왕자사부(王子師傅)에 제수되었으나 모두 나아가지 않았다. 정해년(1587) 조정에서 일민(逸民: 학문과 덕행이 있는 은일지사)으로 발탁해 품계를 뛰어넘어 6품직을 주어서 하양현감(河陽縣監)에 제수하였는데, 얼마 지나지 않아 부모가 연로하다는 이유로 사직하고 돌아왔다. 을미년(1595) 익위사 익찬(翊衛司翊贊)에 제수되었으나 나아가지 않았다.

병신년(1596) 2월 4일에 병환으로 집에서 죽었으니, 향년 71세였다. 3월 을유일에 고을 서쪽 지례촌(知禮村) 훈도공(訓導公: 아버지 琴梓) 묘의 오른쪽 기슭에 좌북향남(坐北向南: 북쪽을 등지고 남쪽을 향함)의 언덕에 장사지냈다. 부인 예안이씨(禮安李氏)는 진사 이영(李英)의 딸로 후사가 없었다. 공이 죽은 지 몇 년 뒤에 의인은 문족(門族: 종친) 봉사(奉事) 금순선(琴順先)의 아들 금발(琴撥, 1573~1642)을 후사로 삼았으니, 공의 뜻을 따른 것이었다.

금발은 사헌부 지평 이공(李珙, 1533~1612)의 딸에게 장가들었는데, 2남 2녀를 낳았으니, 아들은 금호겸(琴好謙)·금처겸(琴處謙)이며, 딸은 김시익(金時翼)·김방렬(金邦烈)에게 시집갔다. 진사 금호겸은 의금부 도사 김지선(金止善)의 딸에게 장가들었는데, 4남을 낳았으니 금이노(琴以魯)·금이보(琴以普)·금이절(琴以晢)·금이철(琴以哲)이다. 금처겸은 지평 류진(柳袗, 1582~1635)의 딸에게 장가들었는데, 후사가 없어 금이보를 후사로 삼았다.

공은 용모가 단정하고 타고난 성품이 순수하였으니, 마치 난새와 고니처럼 푸른 대와 오동 위에 서 있는 듯하였고, 금과 옥처럼 정수하고 윤택하는 듯하였다. 그 학문을 함에는 퇴도 선생이 솔선하여 도학(道學: 성리학)을 밝힐 때부터 문하에서 사방의 학자들과 경서를 가지고 의심나는 곳을 물으며 다투어 스스로 갈고 닦았다. 공은 영묘한 재주와 독실한 학문으로 마루에 올라 안방에 들어가듯 오묘한 이치를 바로 깨달았고, 스승의 덕화에 감화되어 맛있는 고기를 맛보듯 진정한 도리를 체득하였으니, 들이는 노력은 절반이면서도 거둔 성취는 곱절이 되었다. 선생이 죽은 뒤에는 후학들 사이에 폐단이 생겨 실지로 행하는데 힘쓰지 않고 점점 입과 귀로만 하는 것[뜻을 탐구하지 않고 들은 것을 그대로 읊는 천박한 학문]을 숭상하자, 공은 통렬히 스스로를 채찍질하여 힘쓰며 진실하게 내면을 향하여 충신독경(忠信篤敬: 말은 진실되고 믿음직해야 하며 행동은 돈독하고 공경스러워야 함)을 근본으로 삼고 몸소 행하여 실천하는 것을 일로 삼았다. 글을 읽고 뜻을 설명하는 것이 명료하고 간단하면서 번거롭게 군더더기 말을 늘어놓지 않고 오로지 스스로 터득하는데 힘썼는데, 특히 《심경(心經)》·《근사록(近思錄)》 등의 책에 힘을 기울여 손수 초록해 베껴 써서 학문 공력을 집중시키는 요긴한 계기로 삼았으니, 공의 학문이 비로소 크게 진전하였다.

집에 거처할 때는 날이 밝기 전에 일어나 가묘(家廟)에 배알하고 물러난 뒤 방안에 단정히 앉았으며 기대거나 의지한 적이 없었다. 훈도공(訓導公: 아버지 琴梓)은 일찍 세상을 떠났지만, 단인(端人: 어머니 광주김씨)은 나이가 90세 넘도록 여전히 아무런 탈이 없었으니, 공은 과부된 누이·어린 동생과 함께 모두 어머니 슬하에서 봉양하며 뜻을 받들어 따르는데 곡진하여 다하지 않음이 없었다. 매일 의관을 정제하고 들어가 침상 아래에서 절한 뒤, 직접 머리를 빗고 얼굴을 씻겨 드렸으며, 손수 맛있는 반찬을 집어 드렸다. 비록 관아나 개인에게 빚을 졌을지라도 맛좋은 음식을 갖추어 올렸으며, 벗들이 찾아오면 반드시 단인 앞에서 술상을 차려 기쁘게 해드리는 일을 거의 50년이 되도록 게을리 하지 않았다. 설날 아침에 윷놀이 같은 놀이를 할 때, 형제들이 서로 윷말을 다투며 떠들썩하게 즐기면 단인은 흡족하여 웃었다. 기축년(1589) 어머니상을 당했을 때, 공의 나이 64세였는데도 날마다 묘소 곁에 지내며 예제(禮制)를 넘어 지나칠 정도로 슬퍼하여 몸이 상하자, 사람들은 모두 공을 위태하게 여겼으나 조금도 쇠약해지지 않았다. 제사를 드릴 때는 정성으로 하였으며, 비복(婢僕)을 다스릴 때는 장엄하였으며, 가정에서는 엄숙하고 화목하였다.

도리를 생각하는 독실함은 아무도 흠잡는 말을 할 수 없었다. 이씨의 여동생(李氏妹: 부인 예안이씨의 여동생, 공의 처제)이 일찍 과부가 되어 자식이 없자, 공은 염려해 마지않아서 전답과 집을 마련해주고 그 살림을 돌보아 주었다. 동생 금응훈(琴應壎, 1540~1616)과는 늙도록 한 집에서 지내며 우애가 더욱 돈독하였다. 현감공이 일찍이 몇 리 떨어진 곳에 터를 잡고 살려고 한 적이 있었는데, 공이 울면서 말하기를, "우리 형제 두 사람이 어찌 차마 잠시라도 떨어져 살겠느냐?"하고 하자, 현감공 또한 차마 하지 못하고 곁에 집 한 채를 지어 살았다. 고종4촌·외4촌 형제 6명이 같은 마을에 함께 살며 집을 이웃하고 담이 이어졌는데, 우애와 형제애를 미루어 돈독하고 화목하였으니, 덕업을 쌓도록 권면하며 잘못을 바로잡았는데, 아침저녁으로 강론하고 밝히는 것이 예절·의리·충성·성실[禮義忠信]이 아닌 것이 없었고, 분별하고 설명하는 것은 모두 의리에 관계된 것으로 정교하였다. 번번이 좋은 절기나 아름다운 풍경을 만나면 장소를 가리지 않고 함께 모여 웃고 이야기하며 술을 마시고 시를 읊으며 즐거움을 다한 후에 헤어졌는데, 마침내 예의의 풍속을 이루었다. 향리가 그 덕에 교화되었고 멀리 있는 사람이나 가까이 있는 사람이나 모두 그 어짊을 일컬었으니, 동네 풍속의 아름다움이 이로 인하여 성대해졌다. 한강(寒岡) 정 선생(鄭先生: 鄭逑)이 일찍이 사람들에게 공을 칭찬하며 말하기를, "무릇 한 집안에 비록 어진 부형(父兄)이 있다 할지라도 또한 모두가 선하기는 어렵거늘, 오천(烏川) 같은 곳은 군자가 아닌 사람이 없었으니, 이것이 하기 어렵다고 하는 까닭이다. 그러므로 인물의 아름다움을 논하는 자는 반드시 선성(宣城)을 칭송하고, 풍속의 아름다움은 또한 반드시 오천을 으뜸으로 삼아야 한다."라고 하였다.

공은 일찍이 시를 지어 스스로 경계하였는데, 독서(讀書)·경신(敬身: 자신의 몸을 공경함)·조심(操心: 마음을 돌봄)·신언(愼言: 말을 신중히 함)·제분(制忿: 화를 절제함)·미방(彌謗: 비방을 그침)·정가(正家: 집안의 도를 바르게 함)·목인(睦婣: 친인척과 화목함)이라 하였으니, 모두가 몸소 자기 자신에게 가까이 두고 일러 둔 말이었다.

남들과 교제하는 것에 있어서 반드시 지극한 성의를 다하면서 일찍이 얕보게 대하고 우러러 대하거나 박하게 대하고 후하게 대한 적이 없었으며, 길흉사에 조문하거나 경하할 때에도 반드시 모두 극력으로 두루 도왔다. 내한(內翰) 김해(金垓)는 공의 종질(從姪: 외사촌의 아들)로 임진년(1592)에 부부가 함께 죽고 자녀 일고여덟 명이 모두 어린 나이로 남아 있게 되자, 공이 장례를 치러주었고 남겨진 아이들을 돌보는 것이 자기 자식들과 다름이 없었으니, 사람들이 모두 감복하였다.

남에게 잘못이나 허물이 있으면 반드시 자상하게 가르치고 일러 주었으나 조금도 가차가 없었다. 일찍이 말하기를, "친척 사이에 간혹 뜻이 어긋나는 일이 있으면 면전에서 깨우치게 할 따름이지 마음에 얽매어 담아두어서는 안 된다. 그렇지 않으면 서로가 멀어진 것이 길가는 남과 다를 바가 없게 된다."라고 한 적이 있었다. 이 때문에 이웃 사람들이 두려워하면서도 사랑하여 감히 잘못된 일을 하지 않았으며, 심지어 무당이나 박수에게 빌며 바라는 일 또한 감히 하지 못하였다.

관직에 있을 때는 일을 간결하게 처리하면서도 소홀함에 빠지지 않았으며, 청렴하면서도 모서리처럼 드러내지 않았다. 무릇 시행과 폐지는 모두 점진적으로 하여 자신의 공로를 드러내지 않아서 아전과 백성들의 사모함은 오래될수록 더욱 간절하였다.

무릇 주관하는 것이면 반드시 효과를 따지며 적절히 조처하니, 호통 치며 닦달하지 않아도 일이 쉽게 이루어졌다. 일찍이 재우(齋宇: 조상의 제사를 지내기 위해 마련된 건물) 짓는 일을 감독하면서 세워진 기둥을 보고 말하기를, "어떤 기둥은 몇 푼 정도 긴 듯하다."라고 한 적이 있었는데, 목공이 믿지 못하다가 재어 보니, 과연 그러하였다. 더욱이 학교를 짓는 일에 마음을 다하였는데, 노 선생(老先生: 이황)이 일찍이 우 좨주(禹祭酒: 禹倬)를 기려 낙수(洛水: 낙동강) 가에 역동서원(易東書院)을 창건하고 학자들이 모여 공부하는 장소로 삼으려 하자, 재물을 내어 역사(役事)를 도와 완공하기에 이르기까지 공의 힘이 가장 컸다.

같은 문하의 여러 친구들 이를테면 조월천(趙月川: 趙穆, 1524~1606)·김학봉(金鶴峯: 金誠一, 1538~1593) 두 선생은 모두 그를 공경하면서 두려워하였다. 서애(西厓) 류 선생(柳先生: 柳成龍)이 그의 자제를 훈계하며 말하기를, "너희들은 《소학(小學)》을 굳이 들여다 볼 필요가 없고, 다만 일휴(日休)의 사람됨만 보아라. 그것이 《소학》 그대로이다."라고 하였다. 또 일찍이 사람을 논하며 공에 이르러 감탄하며 말하기를, "대개 사람은 어진 이라고 해서 반드시 능한 것은 아니고, 능한 이라고 해서 반드시 어진 것은 아닌데, 일휴(日休) 같은 이는 가히 그것을 겸하였다고 할 수 있다. 당시에 중하게 여긴 바가 이와 같았으니, 그의 한마디 말과 한가지 행동 모두 후세의 모범이 될 만한데, 용모(容貌)의 단정함과 자품(資稟)의 순수함이며 재학(才學)의 아름다움은 내가 본 사람 중 오직 그 한 사람뿐이었다."라고 하였다.

돌아보건대, 어리석은 내가 어찌 공을 족히 알 수 있으리오? 궤장(几杖: 편안한 의자와 지팡이)을 잡아 받든지 오래였는지라, 다만 듣고 본 바의 대강을 엮어 공을 노산(魯産: 공자의 걸출한 제자들이 노나라 출신이었듯 퇴계의 걸출한 제자임을 일컬음)이라 이르는 말이 결코 허위가 아님을 밝히려 한다.

가선대부 원임 홍문관 부제학 이준이 삼가 짓다.

行狀

公姓琴氏, 諱應夾, 字夾之, 奉化人。高麗時, 有集賢殿太學士曰諱
儀者, 公遠祖也。星州判官諱衍實曾祖, 司䆃寺僉正諱致湛實祖, 禮安
訓導諱梓實考。妣端人光州金氏,　贈吏曹參判諱孝盧之女。以嘉靖丙
戌八月癸未, 生公于禮安烏川里第。自髫齔時, 舉止已如成人, 不妄笑
語, 非禮之事, 不正之色, 未嘗接於耳目, 蓋其天性然也。及長, 遊退陶
先生門。家貧親老, 不免習舉子業, 乙卯, 中司馬。萬曆甲戌, 廷臣有以
公行義, 聞于上, 授集慶殿參奉。任滿, 除敬昌兩陵, 王子師傅, 皆不
赴。丁亥, 朝廷拔尤逸民, 超授公六品職, 除河陽縣監, 未幾, 以親老辭
歸。乙未, 除翊衛司翊贊, 不赴。丙申二月四日, 疾卒于家, 享年七十
一。三月乙酉, 葬于縣西知禮村, 訓導公右麓, 坐北向南之原。配宜人
禮安李氏, 進士英之女, 無嗣。沒幾年, 宜人取門族奉事順先子撥爲后,
遵公志也。撥娶司憲府持平李珙之女, 生二男二女, 曰好謙·處謙, 女金
時翼·金邦烈。進士好謙, 娶義禁府都事金止善之女, 生四男, 曰以魯,
曰以普, 曰以哲, 曰以哲。處謙, 娶持平柳衫之女, 無后, 繼子以普云。
公容貌端正, 資稟純粹, 如鸞鵠之停峙也, 金玉之精潤也。其爲學也,
自退陶先生倡明道學, 四方學子, 執經問難, 爭自琢磨。以公英妙之才,
篤實之學, 升堂而覩奧, 熏德而嚌胾者, 事半而功倍。及先生既沒, 末
學弊生, 不務實行, 漸尙口耳, 公痛自策勵, 眞實向裏, 以忠信篤敬爲
本, 躬行實踐爲事。讀書講義, 明白簡約, 不煩辭說, 專務自得, 尤用力
於《心經》·《近思錄》等書, 手自抄寫, 爲夾輔用工之地, 而公之學, 始大
進矣。其居家, 未明而起, 拜於家廟, 退而端坐, 未嘗傾倚。訓導公早
世, 端人年過九十, 尙無恙, 公與寡妹·穉弟, 皆在膝下, 奉養承順, 靡不
曲盡。每日整衣冠, 入拜牀下, 親梳髮洗面, 手執甘旨。雖負債公私, 而
膳羞備珍, 朋友之過, 必置酒盡歡於端人之前者, 幾五十年而不怠。如
元朝擲骰等戲, 兄弟爭道强聒, 端人逌然而笑。及己丑丁憂, 公年六十
四, 日居墓側, 哀毀逾禮, 人皆爲公危之, 而不小衰。饋稷黍以誠, 御婢
媄以莊, 家庭之間, 肅穆如也。恩義之篤, 人無間言。李氏妹, 早寡無

子, 公念之不已, 爲置田宅, 經紀其産業。與弟縣監公, 老而同室, 友愛彌篤。縣監公, 嘗欲卜居于數里之地, 公泣曰：“吾兄弟二人, 豈忍須臾離也。”縣監公亦不忍, 則爲營一室於傍。堂表昆季六人, 同居一社, 接屋連墻, 推友弟, 敦睦婣, 勉德業, 規過失, 朝夕所講明, 無非禮誼忠信, 所辨說, 率皆義理精致。每遇嘉辰美景, 隨處相會, 談笑觴詠, 盡歡而罷, 遂成禮俗。鄕里化其德, 遠近稱其賢, 洞風之美, 於斯爲盛。寒岡鄭先生, 嘗稱之於人曰：“凡人一家, 雖有賢父兄, 亦難於盡善, 若烏川則無非君子者, 此所以爲難。故論人物之懿者, 必稱宣城, 而風俗之美, 則又必以烏川爲首焉。”公嘗作詩以自警, 曰讀書, 曰敬身, 曰操心, 曰愼言, 曰制忿, 曰彌謗, 曰正家, 曰睦婣, 而皆身親切己之言。其待人接物, 必以至誠, 未嘗有所低昂薄厚, 吉凶弔慶, 必皆極力周救。金內翰垓, 於公爲從姪, 壬辰夫婦俱沒, 子女七八人, 皆在幼稚。公爲營葬事, 撫存諸孤, 無異己出兒, 人皆感服。人有過失, 必敎告諄切, 不少假借。嘗曰：“親戚間, 或有拂意事, 面諭而已, 不當係滯在心。不然其違, 路人無幾。”以此隣里, 畏而愛之, 不敢爲過擧, 至於巫覡, 祈禱之事, 亦不敢作。其居官, 簡不病忽, 廉不露隅。凡施罷, 皆以漸收聲, 而吏民之思, 愈久而愈切。凡所營幹, 必計功調度, 不費呵督, 而事易集。嘗董役齋宇, 見竪柱, 曰：“某柱, 長似幾分”, 木工不信, 度之果然。尤致心於學校, 老先生嘗爲禹祭酒, 創建易東書院于洛水之上, 爲學者藏修之所, 出財助役, 以至訖事, 公力居多焉。同門諸友, 如趙月川·金鶴峯兩先生, 皆敬憚之。西厓柳先生, 戒其子弟, 曰：“汝輩勿讀《小學》, 只見日休之爲人。這是《小學》樣子。”嘗論人及公, 嘆曰：“凡人, 賢者未必能, 能者未必賢, 如日休, 可謂兼之矣。其爲一時所重如此, 蓋其一言一行, 皆可爲後世模範。而至其容貌之正, 資稟之粹, 才學之美, 則以余所見, 一人而已。”顧愚何足以知之? 以其操几杖之久也, 聊綴所耳目大者, 以白魯産之不誣云。嘉善大夫原任弘文館副提學李垓謹撰。

〔日休勉進兩先生聯稿, 권1, 日休堂先生遺稿 附錄〕

35. 금난수

금난수의 자는 문원, 호는 성성재, 본관은 봉화이다. 중종 경인년(1530)에 태어났다. 명종 병오년(1546) 진사시에 합격하고 벼슬은 현감을 지냈다. 선조 기해년(1599, 갑진년의 오기, 1604)에 죽었다.

공은 조월천(趙月川: 趙穆)을 따라 배웠는데, 월천이 말하기를, "그대는 나의 친구이기도 하니, 마땅히 찾아가서 선생을 뵙게나."라고 하였다. 공은 마침내 도산(陶山)에 찾아가서 학문하는 방도를 들을 수 있었고, 이를 받들어 두루 실천해 행여라도 실추시키지 않았으니, 이를 본 사람들은 모두 그가 충후독실(忠厚篤實: 충직하고 인정이 두터우며 성실함)한 사람임을 알았다.

정유년(1597) 천조(天朝: 명나라)의 장사(將士)들이 길을 나누어 남하하였는데, 물자를 조달하는 수레가 제대로 이어지지 못하였다. 공은 본읍(本邑: 예안) 수성장이 되어 군사 업무를 조치하고 계획하는데 있어서 지극히 하지 않음이 없었고, 천사(天使: 명나라 장수)를 접대하고 지원하여 성읍이 온전히 보전될 수 있었다.【협주: 류근이 찬한 묘갈명에 실려 있다.】

- 琴蘭秀

琴蘭秀, 字聞遠, 號惺惺齋, 奉化人。中宗庚寅生。明宗丙午進士, 官縣監。宣祖己亥[1]卒。

公從趙月川學, 月川曰: "君, 吾友也, 宜往拜李先生." 公遂詣陶山, 得聞爲學之方, 奉以周旋, 罔或失墜, 見之者皆知爲忠厚篤實人。

丁酉, 天朝將士, 分路南下, 飛輓[2]不繼。公爲本邑守城將, 措畫軍務,

---

1 己亥(기해): 甲辰의 오기.

靡不用極, 接濟天使, 城邑獲全。【柳根[3]撰碣】

보충
류근(柳根, 1549~1627)이 찬한 묘갈명

묘갈명

공의 휘는 난수(蘭秀), 자는 문원(聞遠), 성은 금씨(琴氏)이다. 그 계통은 삼한벽상공신(三韓壁上功臣) 금용식(琴容式)의 세보(世譜)에서 나왔다. 그 뒤로 수태보(守太保)·문하평장사(門下平章事)·태학사(太學士)·판이부사(判吏部事)를 지내고 관직에서 물러난 영렬공(英烈公) 금의(琴儀)는 3번이나 예위(禮闈: 고려시대 예부에서 시행한 과거의 최종 시험)를 관장하여 뽑은 인재가 모두 당세에 이름난 사람들이었으니, 상국(相國) 이규보(李奎報)가 묘지명에 이르기를, "옥순(玉笋: 과거를 통해 배출한 급제자)의 성(盛)함이 근고(近古)에 없었던 일이다."라고 하였다. 12대를 내려와 휘 금숙(琴淑)에 이르면 공에게 고조부가 되는데, 대대로 살던 봉화현(奉化縣)에서 예안(禮安)으로 옮겨 터를 잡았다. 증조부 휘 금증(琴嶒: 琴淑의 6남)은 경진

---

2   飛輓(비만): 蜚輓. 풀을 날려 보내고 좁쌀을 이끌어오다는 蜚芻輓粟에서 나온 말로, 먼 곳의 군사적 보급이나 먼 길을 오가며 물자를 조달하는 어려움과 노고를 비유함.

3   柳根(류근, 1549~1627): 본관은 晉州, 자는 晦夫, 호는 西坰. 증조부는 柳彭壽이며, 조부는 柳潤이다. 아버지는 진사 柳榮門이며, 어머니 竹山安氏는 安世彦의 딸이다. 진사 柳光門에게 입양되었다. 黃廷彧의 문인이다. 1570년 생원진사 양시에 합격하고, 1572년 별시문과에 급제하였다. 1591년 좌승지로서 建儲問題로 鄭澈이 화를 당할 때 일파로 몰려 탄핵을 받았으나, 文才를 아끼는 선조의 두둔으로 화를 면하였다. 이듬해 임진왜란이 일어나자 의주로 임금을 호종했으며, 예조참의·좌승지를 거쳐 예조참판에 특진되었다. 1593년 도승지로 京城安撫使가 되어 민심을 수습하고, 이어 한성부판윤에 올라 사은부사로 명나라에 다녀와 경기도관찰사가 되었다. 1601년 예조판서가 되어 동지사로 다시 명나라에 다녀왔고, 1603년에는 충청도관찰사가 되었다. 대제학에 이어 좌찬성이 되었다. 광해군 때 대북파가 국경을 농단하고 1613년 폐모론까지 일어나자, 괴산으로 물러나 庭請에 참여하지 않아 관작이 삭탈되었다가, 1619년 복관되었다. 1623년 인조반정으로 다시 기용되었으나 나가지 않았다.

년(1460) 무과에 급제하여 훈련원 습독(訓鍊院習讀)을 지냈다. 조부 휘 금치소(琴致詔)는 부사정(副司正)을 지냈다. 아버지 휘는 금헌(琴憲)이며, 어머니 영양남씨(英陽南氏)는 남식(南軾)의 딸이다. 가정(嘉靖) 경인년 (1530) 2월 13일 갑술일에 공을 낳았다.

공은 스스로 말을 할 수 있을 때 벌써 글을 읽을 줄 알았다. 17세에 어머니상을 당하였다. 관례(冠禮: 성년에 이른 남자가 상투를 틀고 갓을 쓰던 儀禮)를 마친 뒤, 월천(月川) 조목(趙穆, 1524~1606)을 따라 퇴계(退溪) 이선생(李先生: 이황)의 문하에서 배웠는데, 월천이 가장 선배로 공에게 일러 말하기를, "그대는 나의 친구이기도 하니 마땅히 찾아가서 선생을 뵙게나."라고 하였던 것이다. 이때 선생은 관직에서 물러나 고향으로 돌아왔는데, 배우기를 원하는 사람이 있어도 번번이 병을 핑계로 사양하였다. 공이 하루는 선생의 집 앞에 이르러 거의 달포가 되도록 떠나지 않자, 선생은 그의 뜻을 가상하게 여겨 비로소 그와 더불어 학문에 나아갔다. 공은 이조참판에 추증된 조대춘(趙大春, 1487~1573)의 딸에게 장가들었으니, 곧 월천의 누이였다.

공은 동계서실(東溪書室)을 짓고 학문을 닦는 곳으로 삼았는데, 선생이 '성성(惺惺)'이라는 그의 호를 편액으로 써 주었다. 공은 부친의 명으로 인하여 과거 공부를 폐하지 않았으니, 신유년(1561)에 사마시에 합격하였다. 을해년(1575) 부친상을 당하여 상례(喪禮)와 장례(葬禮)를 일체 예문(禮文: 예법에 관한 글)대로 따라 마쳤으나, 그럼에도 여막을 3년 동안 지키며 아침저녁으로 무덤에서 곡하였다. 기묘년(1579) 제릉 참봉(齊陵參奉)에 제수되었고, 신사년(1581) 집경전 참봉(集慶殿參奉)으로 바뀌었으며, 계미년(1583) 경릉 참봉(敬陵參奉)에 제수되었고, 을유년(1585) 장흥고 봉사(長興庫奉事)로 옮겼으며, 정해년(1587) 직장(直長)으로 승진하였다. 기축년(1589) 장례원 사평(掌隷院司評)으로 전임하였는데, 경인년(1590) 고향으로 돌아왔다.

임진왜란 때, 공은 비록 집에 있었으나 왜적들과는 이 세상에 함께 살지 않겠다고 맹세하였다. 정유년(1597) 왜적이 다시 준동하자 천조(天朝; 명나라)의 장사(將士)들이 길을 나누어 남하하였는데, 물자를 조달하는 수레가 제대로 이어지지 못하니 군수물자가 거의 떨어지게 되었다. 영남에 본디 많았던 선비들이 곳곳에서 다투어 일어나 곡식을 모았는데, 이 덕분에 군량을 대줄 수 있었다. 공도 다방면으로 부지런히 애써 그 비용을 도왔다.

병신년(1596) 성주 판관(星州判官)에 제수되었으나 나아가지 않았다. 기해년(1599) 봉화현감에 제수되었는데, 이듬해 파직되어 돌아왔다. 향년 75세로 집에서 죽었다.

공의 타고난 자질은 순수하고 후덕하였으며, 기상은 드높고 고양되어 있었다. 이미 의지하여 나아갈 바를 깨달아 학문하는 방도를 들을 수 있었고, 이를 받들어 두루 실천해 행여라도 실추시키지 않았으니, 그를 본 사람들은 모두 그가 선한 사람임을 알았다.

공의 부모에 대한 효성은 천성에서 우러나온 것이니, 밤에는 잠자리를 보살피고 아침에는 문안 인사하며, 겨울에는 따뜻하게 하고 여름에는 시원하게 하는 일에 반드시 그 정성을 다하였다. 비록 매우 가난하였으나 봉양하는 모든 일에는 반드시 온 힘을 다하였으며, 탕약이 염려스러우면 반드시 먼저 맛보고 올렸다. 우애가 각별하여 누이가 과부로 지내게 되자 옷가지와 음식을 나누어 주었으며, 자식들을 가르칠 때는 반드시 의에 입각하여 단속하게 함으로써 모두 스스로 설 수 있게 하였다.

친족과 이웃에게도 도타워 모두 그들이 기꺼이 기뻐하는 마음을 얻었다. 일찍이 선생이 정한 온계동약(溫溪洞約: 1568)을 가져와 손수 깨끗이 베껴 쓰고 몇 조항을 더하였다. 또한 가사(歌詞) 5장을 지어 때때로 같은 마을 사람들을 모아놓고 되풀이하여 깨우쳐 알리니, 사람들이 모두 깊이 느껴 깨달았다.

평소 일동(日洞: 경상북도 안동시 도산면 가송리)의 산수를 사랑하여 일찍이 취벽(翠壁: 푸른 벼랑) 곁에 몇 칸의 정사(精舍)를 지은 적이 있었는데, 바로 고산(孤山)과 마주하였다. 이에 스스로를 '고산주인(孤山主人)'이라 불렀다. 매화, 국화, 소나무, 측백나무를 많이 심었는데, 앞에는 깊은 못이 있었으니 작은 배를 갖추어 두고 흥취가 일 때면 곧 배를 띄워 오르내렸다. 본성이 나무 심기를 좋아하였으니, 집 뒷산 및 동계원(東溪院: 경상북도 안동시 예안면 부포리 동계에 있던 浮羅院)의 들판에 푸른 소나무를 심어 울창한 숲을 이루었다.

공은 계묘년(1603)부터 거듭 중병에 걸려 날로 점점 야위어 갔는데, 그럼에도 일찍 일어나 의관 정제하는 일을 하루도 폐한 적이 없었다. 갑진년(1604) 2월 12일 계사일에 여러 아들들에게 명하여 손자 금약허(琴若虛: 琴㦖의 아들)의 관례(冠禮)를 행하도록 하고, 또 이르기를 "성대한 예를 평상복 차림으로 볼 수 없다."라고 하였으니, 병을 무릅쓰고 관대(冠帶)를 갖추어 예가 행해지는 것을 지켜 보았다. 이튿날 아침에 세숫물을 들이게 하였는데, 말이 어눌해지며 누웠다가 조용히 세상을 떠났으니, 바로 공이 태어난 날이었다.

공은 4남 1녀를 두었는데, 장남 금경(琴憬)은 기축년(1589) 생원시에 합격하여 일찍이 사섬시 봉사(司贍寺奉事)로 지냈으며, 차남 금업(琴㦖)은 기축년 신사시에 합격하고 신축년(1601) 문과에 급제하여 지금 병조정랑이며, 삼남 금개(琴愷)는 신묘년(1591) 생원시에 합격하고 신축년(1601) 문과에 급제하여 지금 예조정랑이며, 사남 금각(琴恪)은 재주가 있고 문장이 뛰어났으나 18세에 공보다 먼저 죽었으며, 딸은 사인(士人) 이광욱(李光郁)에게 시집갔다. 측실의 소생으로 2남을 두었는데, 금서(琴惰)과 금운(琴惲)이다. 그해 8월 19일 공을 백운지(白雲池) 선영 뒤, 간좌곤향(艮坐坤向)의 언덕에 장사하였다. …(중략)…

을사년(1605)에 공을 선무원종공신(宣武原從功臣)으로 녹훈하였고, 공

에게 통정대부 승정원 좌승지 겸 경연참찬관으로 추증되었는데, 이는
정유재란 때 공로가 있었기 때문이다.

공이 죽은 지 7년 뒤, 공의 세 아들 금경·금업·금개가 가승(家乘)을
가지고 와서 나 류근(柳根)에게 공의 명문(銘文)을 청하였다. 류근은 같은
문하생으로서 일찍이 왕래하며 매우 친숙하였으니, 의리상 감히 사양할
수 없었다. …(이하 명문 생략)…

숭록대부 진원부원군 호조판서 류근이 짓다.

墓碣銘

公諱蘭秀, 字聞遠, 姓琴氏。系出三韓壁上功臣諱容式之世譜。其
後, 守太保·門下平章事·太學士·判吏部事, 致仕英烈公諱儀, 三掌禮
闈, 所得皆當世聞人, 李相國奎報, 誌其墓曰"玉笋之盛, 近古未有." 十
二世至諱淑, 於公爲高祖, 世居奉化縣, 徙禮安。曾祖諱嶒, 中庚辰武
科。爲訓鍊院習讀。祖諱致韶副司正。考諱憲, 妣英陽南氏軾之女。嘉
靖庚寅二月十三日甲戌生公。公自能言, 已知讀書。十七丁母憂。旣
冠, 從趙月川穆, 學退溪李先生之門。惟月川最先進, 謂公曰: "君吾友
也。宜往拜先生." 時先生解職還鄉, 人有願學者, 輒辭以疾。公日踵先
生之門, 幾月餘不去, 先生嘉其志, 始與之進。公娶贈吏曹參判趙公大
春之女, 卽月川之妹也。公築東溪書室, 以爲藏修之所, 先生以惺惺扁
其號。公以親命, 不廢擧業, 辛酉中司馬。乙亥遭外艱, 喪葬一遵禮文,
猶守廬三年, 昕夕哭墓。已卯授齊陵參奉, 辛巳換集慶殿參奉, 癸未除
敬陵參奉, 乙酉遷長興庫奉事, 丁亥陞直長。已丑轉掌隷院司評, 庚寅
歸故鄉。壬辰之變, 公雖家居, 誓不與賊俱生。丁酉賊再動, 天朝將士,
分路南下, 蜚輓不繼, 軍興幾乏。嶺南素多士類, 處處爭起募粟, 賴此
繼餉。公多方拮据, 以助其費。丙申, 除星州判官, 不赴。已亥, 授奉化
縣監, 翊年罷歸。享年七十有五, 終于家。公姿稟純厚, 意氣激昂。旣
能知所依歸, 得聞爲學之方, 奉以周旋, 罔或失墜, 見之者, 皆知爲善

人。公孝於親, 出於天性, 定省溫凊, 必盡其誠。雖甚貧乏, 凡所以致養者, 必竭其力, 如遇藥憂, 必先嘗而進。篤於友愛, 有姊寡居, 必分衣食, 敎諸子, 必以義方, 俾皆有立。睦於族隣, 皆得其歡心。嘗取先生所定溫溪洞約, 手自淨寫, 添入若干條。又作歌詞五章, 時聚同里人, 反覆曉諭, 人皆感悟。雅愛日洞山水, 嘗就翠壁之傍, 搆數椽精舍, 正與孤山相對。仍自號孤山主人。多植梅菊松檜, 前有深潭, 具小舟, 遇興輒下上。性好種樹, 於屋上山及東溪院坪, 植以蒼松, 鬱然成林。公自癸卯, 再嬰重病, 日漸廋削, 猶且夙興整衣冠, 未嘗一日廢。甲辰二月十二日癸巳, 命諸子, 行孫兒若虛冠禮, 且曰:"盛禮, 不可以褻服見." 力疾具冠帶, 觀行禮。翼朝, 命進盥水, 因語澀而臥, 寂然而逝, 卽公以降之辰也。公生四男一女, 男長憬己丑中生員, 嘗官爲司贍寺奉事, 次懍中己丑進士, 辛丑登文科, 今爲兵曹正郞, 次愷中辛卯生員, 辛丑登文科, 今爲禮曹正郞, 又其次恪, 有才甚文, 年十八先公歿, 女適士人李光郁。側室子二, 曰惰曰惲。是歲八月十九日, 葬公于白雲池先塋之後艮坐坤向之原。…(중략)… 乙巳歲, 以公錄宣武原從功臣, 贈公通政大夫承政院左承旨兼經筵參贊官, 蓋以丁酉之變, 有勞故也。公歿之七年, 公之三子憬若懍若愷, 以家乘授根, 請銘公。以根同門生, 嘗往來甚熟, 義不敢辭。…(이하 명문 생략)… 崇祿大夫晉原府原君。戶曹判書柳根撰。

〔惺齋先生文集, 권4, 附錄〕

36. 김부륜

김부륜의 자는 돈숙(惇叔: 惇敍의 오기), 호는 설월당, 본관은 광주(光州)이다. 중종 신묘년(1531)에 태어났다. 진사시에 합격하고 벼슬은 현감을 지냈다. 선조 무술년(1598)에 죽었다.

16세 때, 책을 읽다가 명도 선생(明道先生: 程顥)이 16세 때에 주무숙(周茂叔: 周敦頤)과 도를 논한 데에 이르러 개연히 도를 구하려는 뜻을 품고 탄식하여 말하기를, "내 나이 또한 이와 같도다."라고 하였다. 이에 책심시(責沈詩: 스스로 책망하는 시)를 짓고는 책보따리를 메고 도산(陶山)으로 찾아갔다. 스승의 가르침을 돈독히 믿고 참으로 힘써 실천할 줄 알아 자신을 단속하고 행실을 제어함으로써 언제나 예법으로 스스로를 지켰다.

《심경(心經: 송나라 陳德秀가 편찬)》·《태극도(太極圖: 태극도설, 송나라 周敦頤의 저서)》를 가지고 의리상의 의문 항목을 세우기에 이르러서는《계몽전의(啓蒙傳疑: 이황이 주희의 역학계몽을 풀이한 책)》를 되풀이하여 대조하고 검증하기 위해서 질문 항목을 세워 의문 나는 것을 질의하였는데, 선생은 자주 그를 칭찬하며 말하기를, "정자(程子)와 주자(朱子)는 사제간으로 서로 주고받은 심법(心法)이 이와 같았는데, 지금 족하(足下: 그대)는 또 능히 여기에 의문이 미쳐 뜻을 세운 독실함이 이와 같으니, 그 도달할 경지를 끝내 헤아릴 수 있겠는가?"라고 하였다.

외직으로 나가 동복 현감(同福縣監)이 되었는데, 공성묘(孔聖廟)를 고쳐 지었고, 녹봉을 내놓아 서책 800권을 구입하여 서적궤에 보관하고는 학령(學令)을 만들어 친히 이끌며 권면하여 타일렀으니, 선비들의 풍속이 크게 바뀌었다.

임진년(1592) 왜적이 깊숙이 침입하자, 공은 집안 재산을 털어 향병을 후하게 도왔고, 관찰사에게 편지를 보냈는데 왜구를 막는 세 가지 대책을 논한 글은 충정 어린 분노로 사람을 감동시켰다. 얼마 지나지 않아 봉화(奉化)의 수령이 관아를 버리고 도망치자, 공이 사격(使檄: 使命으로 관에서 내린 임명의 명령)을 받고 임시로 봉화현의 성을 지켰다. 주상이 공의 공적을 듣고 특별히 명하여 현감으로 삼으니, 떠돌며 고달팠던 백성들이 다시 옛 마을로 돌아와 마치 난리를 겪지 않은 것과 같았다.

공이 밖으로 나가 감화와 도야를 받고자 하면 대현(大賢)의 문하를 종유하였고, 안으로 들어와서 강론하고 연마하고자 하면 맏형 산남공(山南公: 金富仁, 1512~1584)·둘째형 양정공(養正公: 金富信, 1523~1566)과 4촌형 후조공(後凋公: 金富弼, 1516~1577)·읍청공(挹淸公: 金富儀, 1525~1582)이 있었으니, "노(魯)나라에서 군자가 없었다면 이 사람이 어디에서 이러한 덕을 취하였겠는가?"라고 한 것이야말로 이를 두고 하는 말이 아니겠는가? 한강(寒岡) 정 선생(鄭先生: 鄭逑)이 일찍이 말하기를, "오천(烏川) 한 마을에 군자가 아닌 사람이 없다."라고 한 적이 있었다.【협주: 채제공이 찬한 묘갈명에 실려 있다.】

• 金富倫

> 金富倫, 字惇叔[1], 號雪月堂, 光州人。中宗辛卯生。進士, 官縣監。宣祖戊戌卒。

年十六閱書, 至明道先生[2]十六與周茂叔[3]論道, 慨然有求道之意, 歎曰: "吾年亦類是矣." 作責沈詩[4], 負笈陶山。篤信師敎, 眞知力踐, 律身

1　惇叔(돈숙): 惇敍의 오기.

2　明道先生(명도선생): 程顥(1032~1085). 北宋의 理學家이자 교육자이며 理學의 기초를 다졌고 洛學의 대표자이다. 정호는 동생 程頤와 함께 周敦頤에게 배웠으며 二程이라 불린다. 훗날 朱熹가 계승하고 발전시켜 程朱學派로 불린다.

3　周茂叔(주무숙): 周敦頤(1017~1073). 본명은 周敦實이며, 세칭 濂溪先生이라 불린다. 理學思想의 시조이자 대표적인 철학자이며, 문학가이다.

4　責沈詩(책심시): 責沈이란 춘추시대 楚나라 沈諸梁을 책망한다는 말. 당대의 賢者를 모르

制行, 動以禮法自持。

　將《心經》·《太極圖》, 義理疑目,《啓蒙傳疑》, 反復參證, 設爲問目,
以質其疑, 先生亟加稱詡曰: "程朱師弟之間, 相授受心法如此, 而今足
下, 又能疑及於此。立志之篤如此, 其所至終可量耶?"

　公出爲同福, 建聖廟, 捐俸購書八百卷, 庋諸龕, 著學令, 躬率勸諭,
士風丕變。

　壬辰寇深, 公傾家財, 厚助鄕兵, 貽觀察使書, 論禦寇三策, 忠憤動
人。未幾, 守奉化者, 棄官逸, 公被使檄, 假守縣城。上聞公績, 特命爲
縣監, 凋瘵者還復舊里, 如不知喪亂。

　公出而薰陶, 則遊大賢之門, 入而講磨, 則有伯氏山南公·仲氏養正
公[5]·從氏後凋公·挹淸公, "魯無君子, 斯焉取斯[6]"者, 其斯之謂歟! 寒岡[7]
鄭先生, 嘗曰: "烏川一里, 無非君子人."【蔡濟恭撰碣】

　　고 살아온 자신의 과문함과 고루함을 자책하고 반성한다는 뜻이다. 북송의 학자 陳瓘이
　　당대의 대학자인 程顥를 몰라보고 范祖禹에게 물은 일을 부끄럽게 여긴 끝에, 심제량이
　　공자를 몰라보고 자로에게 그의 인물됨을 물었다는《논어》〈述而〉의 고사를 인용하여
　　責沈文을 지었던 데서 유래하였다.

5　養正公(양정공): 金富信(1523~1566). 본관은 光山, 자는 可行, 호는 養正堂. 아버지는
　　생원 金綏이며, 어머니 順天金氏는 金粹洪의 딸이다. 부인 長水黃氏는 목사 黃怡의 딸이
　　다. 형이 雪月堂 金富倫이다. 퇴계 이황의 문인이다. 1558년 사마시에 합격하였다.

6　魯無君子, 斯焉取斯(노무군자, 사언취사):《論語》〈公冶長〉의 "공자가 자천을 두고 이르기
　　를, '군자답다, 이 사람이여. 노나라에 군자가 없었다면 이 사람이 어디에서 이러한 덕을
　　취하였겠는가?'라고 하였다."에서 나오는 말.

7　寒岡(한강): 鄭逑(1543~1620)의 호. 본관은 淸州, 자는 道可. 증조부는 철산군수 鄭胤曾이
　　며, 조부는 사헌부감찰 鄭應祥이다. 아버지는 忠佐衛 副司孟 鄭思中이며, 어머니 星州李氏
　　는 李煥의 딸이다. 仲兄 鄭崑壽는 문과에 급제하여 병조와 형조의 참판, 의정부좌성 등을
　　지냈다. 향시에 합격했으나 문과에 응시하지 않고 1563년 이황과 1565년 조식을 스승으로
　　학문 연구에 전념하였다. 특히 예학에 조예가 깊어《가례집람보주》등 많은 예서를 편찬했
　　다. 國家禮와 私家禮를 하나의 체계 속에 종합적으로 정리하려는 주자의 총체적인 예학을
　　추구하였다. 벼슬자리를 사양하다가 비로소 1580년 창녕현감으로 관직생활을 시작하여
　　1584년 동복현감, 1584년 교정청낭청, 1592년 통천군수, 1593년 우부승지를 거쳐 장례원
　　판결사, 강원도관찰사, 형조참판 등을 지냈다. 1603년《南冥集》을 편찬하는 과정에서
　　鄭仁弘이 이황과 李彦迪을 배척하자 그와 절교하였다. 1608년 臨海君의 역모사건이 있자
　　관련자를 모두 용서하라는 소를 올리고 대사헌직을 그만두고 귀향하였다.

보충

채제공(蔡濟恭, 1720~1799)이 찬한 묘갈명

설월당 김공 묘갈명

나 체제공(蔡濟恭)이 일찍이 퇴도(退陶) 노 선생(老先生: 李滉)의 유집(遺集)을 읽은 적이 있었는데, 당대에 문하로 모여든 선비들이 학문을 닦을 때는 덕성을 함양하였고, 의심나는 것을 질문할 때는 하늘과 사람의 마땅함에 이르기까지 궁구하였으며, 온화하면서도 당당한 언행의 풍모가 여전히 그 유집 속에 온전히 다 있음을 보았다. 아아, 선비가 그 시대에 태어나 선생을 귀의할 곳으로 삼을 수 있었던 이들이 영광스럽고도 다행스럽지 않았겠는가? 삼가 저절로 한탄스럽나니 내가 뒤늦게 태어나 허망하게 서성이면서도 본받아 따를 바가 없었던 것인데, 지금 설월당(雪月堂) 김공(金公)의 행장(行狀)을 대함에 어찌 삼가 거듭 마음을 다하지 않을 수 있겠는가?

공의 휘는 김부륜(金富倫), 자는 돈서(惇敍)로 노 선생의 고제(高弟: 뛰어난 제자)이다. 16세 때, 책을 읽다가 명도 선생(明道先生: 程顥)이 16세 때에 주무숙(周茂叔: 周敦頤)과 도를 논한 데에 이르러 그로 말미암아 개연히 도를 구하려는 뜻을 품고 탄식하여 말하기를, "내 나이 또한 이와 같도다."라고 하였다. 이에 책심시(責沈詩: 스스로 책망하는 시)를 짓고는 책보따리를 메고 도산(陶山)으로 찾아갔다. 이때부터 밤낮으로 선생에게서 직접 가르침을 받아 부지런히 배우며 조금도 게으르지 않았다. 《심경(心經: 송나라 陳德秀가 편찬)》·《태극도(太極圖: 태극도설, 송나라 周敦頤의 저서)》에서 의문 나는 부분이 있으면 쟁론하였으며, 마음속에는 한 가지라도 말로만 남아 있어서는 안 되었으므로 끝까지 깊이 추구하고 연구하게 되면 질문 항목을 세워 질의하였으며, 상(喪)을 치를 때는 상례와 장례의 절차를 물었으며, 《주자서절요(朱子書節要: 이황이 주자의 주요 서간문을 선별하여 엮은 책)》에서도 의문이 일어나면 조목조목 나열하여 여쭈었으며,

의리상의 의문 항목을 세우기에 이르러서는 《계몽전의(啓蒙傳疑: 이황이 주희의 역학계몽을 풀이한 책)》를 되풀이하여 대조하고 검증하기 위한 조목이 한두 가지가 아니었다. 선생은 자주 그를 칭찬하며 매번 긴 편지로 회답하면서 이르기를, "정자(程子)와 주자(朱子)는 사제 간으로 서로 주고받은 심법(心法)이 이와 같았는데, 지금 족하(足下: 그대)는 또 능히 여기에 의문이 미쳐 강구하여 깨닫고자 하네."라고 하고는, 또 말하기를, "족하는 나이가 젊고 기력이 왕성한데 학문에 나아가는 부지런함과 뜻을 세운 독실함이 이와 같으니, 그 도달할 경지를 끝내 헤아릴 수 있겠는가?"라고 하였으며, 또 말하기를, "《회재(晦齋: 晦庵의 오기)서절목(晦庵書節目: 주자서절요)》에서 의문이 난 바가 지극히 상세하니, 깊이 연구하고 정밀히 사유하지 않았다면 어찌 여기에 이를 수 있었겠는가? 간절히 거듭거듭 가르침이 내려지기를 바라노니, 혹여라도 빠뜨리거나 소홀함이 없을 것이다."라고 하였으며, 또 이르기를, "보내온 편지에 듣고 배운 바를 일상에서 수양하고 실천하는 데에 미루어 증험하며, 생각한 바가 매우 치밀하였고, 분별하여 파악한 바가 매우 치밀하였으니, 공력을 들인 것이 절실하였음을 볼 수 있었네."라고 하였다. 공이 참판공(參判公: 아버지 金綏) 상을 당했을 때 5월부터 죽만 먹으면서 겨울에 이르자, 선생이 섶처럼 바싹 야윈 모습을 근심하며 편지를 보내어 권면하였다. 공이 《계몽(啓蒙: 啓蒙傳疑, 이황의 역학계몽을 해설한 주해서)》의 의심 나는 곳을 고증해 내자, 선생이 그 오류를 깨닫고서 모두 고쳤다. 공이 〈독서유감(讀書有感)〉이란 시를 지었을 때에 선생이 엄정하게 평정하여 칭찬하며 장려한 것이 매우 극진하였는데, 이윽고 또 문봉(文峯) 정유일(鄭惟一, 1533~1576)에게 보낸 편지에 이르기를, "김돈서(金惇敍: 김부륜)는 학문을 하는 데에 매우 힘써서 매사에 옳음을 구하니, 참으로 얻기 쉽지 않은 사람이다."라고 하였다. 대체로 공의 효성과 우애가 돈후한 것은 본래 천부적이었으나, 스승의 가르침을 돈독히 믿고 참으로 힘써 실천할 줄 알아 자신을 단속하고 행실을 제어함으로써 언제나 예법으로 스스로를 지켰으니, 묻지 않아도 도산(陶山: 이황)의 제자임을 알 수 있었다.

융경(隆慶) 임신년(1572) 유일(遺逸)로 천거되어 집경전 참봉(集慶殿參奉)에 제수되었고, 만력(萬曆) 을해년(1575) 전생서 참봉(典牲署參奉)에 제수되었는데, 모두 사은숙배하지 않아 체직되었다. 경진년(1580) 또 문소전 참봉(文昭殿參奉)에 제수되었으며, 얼마 뒤에 승진하여 돈녕부 봉사(敦寧府奉事)로 옮겼다가 정릉(靖陵: 中宗의 능)의 석역(石役)을 관장하도록 차출되면서 말을 하사받는 은전을 입었다. 제용감 직장(濟用監直長)·내섬시 주부(內贍寺主簿)로 전임되었고, 외직으로 나가 동복 현감(同福縣監)이 되었다. 관아에 도착하고 난 뒤에 공성묘(孔聖廟)를 고쳐 지었고, 녹봉을 내놓아 서책 800권을 구입하여 서적궤에 보관하고는 학령(學令) 수십 조목을 만들어 친히 이끌며 권면하여 타일렀으니, 선비들의 풍속이 바뀌었고 백성들 또한 크게 화합하였다. 임기가 차서 돌아오자, 고을 사람들이 돌에 새겨 그 공덕을 기렸다.

임진년(1592) 왜적이 깊숙이 침입하자, 공은 집안 재산을 털어 향병을 후하게 도왔고, 관찰사 김수(金睟, 1547~1615)에게 편지를 보냈는데 왜구를 막는 세 가지 대책을 논한 글로 앞뒤를 아울러 수천 마디에 달하는 말은 충정 어린 분노로 사람을 감동시켰다. 얼마 지나지 않아 봉화(奉化)의 수령이 관아를 버리고 도망치자, 공이 사격(使檄: 使命으로 관에서 내린 임명의 명령)을 받고 임시로 봉화현의 성을 지켰다. 이듬해 주상이 공의 공적을 듣고 특별히 명하여 현감으로 삼았다. 떠돌며 고달팠던 백성들이 다시 옛 마을로 돌아와 마치 난리를 겪지 않은 것과 같았다. 1년이 지난 뒤에 사직을 청해 교체되어 돌아왔다.

무술년(1598) 9월 13일에 정침(正寢)에서 죽었는데, 태어난 해 가정(嘉靖) 신묘년(1531)으로부터 향년 68세였다. 안동(安東) 방잠리(方岑里) 모향(某向)의 언덕에 장사 지냈는데, 바로 참판공의 묘 뒤편이다.

공은 어려서부터 지극한 성품이 있었으니, 12세 때 모친상을 당하자 예제(禮制)를 지킴에 있어 허물이 없었다. 하루는 참판공을 모시고 밥을 먹는데, 시중드는 자가 잘못하여 공에게 고깃국을 올리자 공이 눈물을 흘리며 울기를 그치지 않으니, 참판공이 가엾게 여기면서도 기특하게 여겼다. 온 마음을 오로지 학문에만 기울였을 때, 밖으로 나가 감화와 도야를 받고자 하면 대현(大賢)의 문하를 종유하였고, 안으로 들어와서 강론하고 연마하고자 하면 맏형 산남공(山南公: 金富仁, 1512~1584)·둘째 형 양정공(養正公: 金富信, 1523~1566)과 4촌형 후조공(後凋公: 金富弼, 1516~1577)·읍청공(挹淸公: 金富儀, 1525~1582)이 있었다. "노(魯)나라에서 군자가 없었다면 이 사람이 어디에서 이러한 덕을 취하였겠는가?"라고 한 것이야말로 이를 두고 하는 말이 아니겠는가? 한강(寒岡) 정 선생(鄭先生: 鄭逑)이 일찍이 말하기를, "오천(烏川) 한 마을에 군자가 아닌 사람이 없다."라고 한 적이 있었으니, 참으로 알고 하는 말이었다. 학문의 조예는 본래 후생들이 살펴 헤아릴 수 있는 바가 아니나, 삼가 사문(師門)의 기대와 칭찬 및 한강 노 선생이 칭찬과 감탄으로 보건대 그 덕이 이미 이루어져 뚜렷이 드러나 있음을 알 수가 있다. 그 문장의 전아함과 필법의 강건함 같은 것이야 어찌 족히 공에게 중하겠는가?

공의 본관은 광주(光州)인데, 신라 왕자 김흥광(金興光)의 후예이다. 왕자의 손자 김길(金吉)이 고려 태조(太祖: 王建)를 도와 공을 세워 벼슬이 삼중대광 사공(三重大匡司空)에 이르렀다. 자손들이 대대로 임금을 보필하는 고관이 되었는데, 우리 조선에 들어와 휘 김천리(金天利)라는 이가 있어 밀직부사를 지냈으니, 공에게 6대조이다. 증조부 휘 김회(金淮)는 현감을 지내고 병조 참의에 추증되었다. 조부 휘 김효로(金孝盧)는 성균관 생원으로 이조참판에 추증되었는데, 처음으로 예안(禮安) 오천리(烏川里)에 거주하였다. 일찍이 탁월한 행실로 조정에 천거되어 발탁될 형세였으나, 기묘사화를 만나 끝내 이루어지지 못하였고, 사림들이 사당을 세워 제사를 지냈다. 아버지 휘 김수(金綏)는 성균관 생원으로 호조참판에 추증되었고 호는 탁청(濯淸)이다. 퇴도(退陶: 이황)가 양세(兩世: 조부 김효로와 부친 김수)의 묘명을 지었다. 어머니 순천김씨(順天金氏)는 판서에 추증된 김수홍(金粹洪)의 딸로 정부인(貞夫人)에 추증되었다. 공의 첫째부인 밀양박씨(密陽朴氏)는 감찰(監察) 박순(朴純)의 딸로 자식이 없었으며, 둘째부인 평산신씨(平山申氏)는 부호군(副護軍) 신수민(申壽民)의 딸로 1남 3녀를 두었다. …(중략)…

지금 명(銘)을 청한 이는 7세손 김시찬(金是瓚)이다. 공은 늘 시냇가에 정자를 지어 학문을 닦는 장소로 삼았는데, 퇴도가 손수 '설월당(雪月堂)'이라는 세 글자를 써서 주었으니, 이로써 자호(自號)로 삼았다고 한다. …(이하 명문 생략)…

雪月堂金公墓碣銘

濟恭嘗讀退陶老先生遺集, 見一時及門之士, 爲學則涵養德性, 質疑則窮到天人, 闇闇侃侃之儀, 依然盡在是矣。嗚呼! 士生斯世, 得先生爲歸者, 豈不榮且幸哉? 竊自恨吾生也後, 悵悵焉靡所型範, 今於雪月堂金公之狀, 安得不三致意也? 公諱富倫, 字惇敍, 老先生之高弟也。年十六, 閱書至明道先生十六, 因周茂叔論道, 慨然有求道志, 歎曰: "吾年亦猶是." 於是, 作責沈詩, 負笈陶山。自是日夕親炙, 勤苦靡懈。《心經》·《太極圖》, 有疑則難焉, 心中不可有一事之語, 推究到底, 則設問目質焉, 居喪則以喪葬儀節問焉, 朱子書節要, 起疑則條列稟焉, 以至義理疑目, 啓蒙傳疑, 反復參証, 其條非一。先生, 亟加稱詡, 每以長牘, 見復而有曰: "程朱, 師弟之間, 相授受心法如此, 而今足下, 又能疑及於此, 欲講而得之." 又曰: "足下, 年富力强, 向學之勤, 立志之篤, 如此, 其所至終可量耶?" 有曰: "晦齋書節目所疑, 極其詳悉, 非深究精思, 何以及此? 深望反覆垂諭, 庶無闕略." 有曰: "來諭旨, 以所聞推驗於日用操術之間, 思索儘細, 察識儘密, 可見用工之切." 公之丁參判公

憂也, 自五月歠粥至冬, 則先生悶其柴瘠, 貽書勉之。公之考《啓蒙》疑處, 先生覺其誤, 並改之。公之賦〈讀書有感〉詩也, 先生評隲嘉奬殊甚。已又與鄭文峯惟一書曰:"金惇敍, 爲學甚力, 每事必求是處, 甚不易得."蓋公之孝友敦厚, 固得之天賦, 而篤信師敎, 眞知力踐, 律身制行。動以禮法自持。不問可知爲陶山弟子也。隆慶壬申, 薦遺逸, 除集慶殿參奉, 萬曆乙亥, 除典牲署參奉, 皆不謝而遞。庚辰, 又除文昭殿參奉, 俄遷敦寧府奉事, 差管靖陵石役, 被錫馬典。轉濟用直長·內贍主簿, 出爲同福縣監。旣到官, 改建孔聖廟, 捐俸購書八百卷, 庋諸龕。著學令數十條, 躬率勸諭, 士風變, 民亦大和。及秩滿歸, 刻石以頌焉。壬辰, 倭寇深, 公傾家財, 厚助鄕兵, 貽觀察使金晬書, 論禦寇三策, 上下數千言, 忠憤動人。未幾, 守奉化者棄官逸, 公被使檄, 假守縣城。明年, 上聞公績, 特命爲縣監。凋瘵者, 還復舊里, 如不知喪亂。居一年, 辭遞歸。戊戌九月十三日, 終于寢, 距其生嘉靖辛卯, 得年六十八。葬于安東方岑里某向之原, 實參判公墓後也。公幼有至性, 十二, 遭太夫人憂, 執禮罔愆。一日, 侍食參判公, 侍者誤以肉羹進於公, 公涕泣不已, 參判公憐而奇之。及其專心問學, 出而薰陶, 則遊大賢之門, 入而講磨, 則有伯仲氏山南·養正公, 從氏後凋·挹淸公。"魯無君子, 斯焉取斯"者, 非此之謂耶? 寒岡鄭先生, 嘗曰:"烏川一里, 無非君子人."誠知言也。學問造詣, 固非後生所可窺度, 而竊以師門期詡, 寒老稱歎, 觀之, 其斐然成德, 可知也已。若其文章之典雅。筆法之遒健, 何足爲公重也? 公光州人, 新羅王子興光之裔也。王子之孫吉, 佐麗太祖有功, 位三重大匡司空。子孫世爲宰輔, 入本朝, 有諱天利, 密直副使, 於公六代祖也。曾祖諱淮, 縣監贈兵曹參議。祖諱孝盧, 成均生員, 贈吏曹參判, 始居禮安烏川里。嘗以卓行, 薦于朝, 將顯, 値己卯禍, 作不果, 士林立祠以祀之。考諱綏, 成均生員, 贈戶曹參判, 號濯淸。退陶銘兩世墓。母順天金氏, 贈判書粹洪之女, 贈貞夫人。公先娶密陽朴氏, 監察純之女, 不育, 繼娶平山申氏, 副護軍壽民之女, 有一男三女。…(중략)… 今乞銘者, 七世孫是瓚也。公常構溪上亭, 爲藏修所, 退陶手書雪

月堂三字以與之, 仍以自號云。…(이하 명문 생략)…

〔樊巖先生集, 권52, 墓碣銘〕

37. 금응훈

금응훈의 자는 훈지, 호는 면진재, 본관은 봉화이다. 금응협(琴應埃: 琴應夾의 오기)의 동생이다. 중종 경자년(1540)에 태어났다. 선조 경오년(1570) 진사시에 합격하여 벼슬은 현감을 지냈다. 광해군 병진년(1616)에 죽었다.

퇴계의 문하에는 당시 뛰어난 인재들이 덕을 살피고 학문을 묻는 이가 많았다. 그러나 만약 정밀하고 날카로운 식견과 독실한 학문을 논하자면, 오직 공을 으뜸으로 꼽았다.

창석(蒼石) 이준(李埈)이 일찍이 《계몽(啓蒙: 啓蒙傳疑, 이황의 역학계몽을 해설한 주해서)》·《기학결(氣學訣)》을 가지고서 의심스럽고 모호한 점을 짚어 내어 물은 적이 있었는데, 묻는대로 메아리처럼 즉각 답하여 듣는 자가 지루함을 잊었다. 창석이 감탄하여 말하기를, "나 이준이 공에 대해 아는 것이 적지만, 그 미처 알지 못한 바는 또한 어찌 한정할 수 있겠는가?"라고 하였다.

형 일휴(日休: 금응협)와 함께 한서암(寒捿菴) 곁에 집을 짓고는 아침저녁으로 가까이 모셔 직접 가르침을 받았는데, 손수 '면진(勉進)'이라는 두 글자 써서 그 재실(齋室)의 이름으로 삼았고, 스승의 가르침을 몸에 새겨 받들며 미묘하고 오묘한 뜻을 연구하였다. 우복(愚伏) 정경세(鄭經世)와 《주역(周易)》과 《계몽의의(啓蒙疑義)》를 강론하고 질정하였다.【협주: 이준이 찬한 행장에 실려 있다.】

• 琴應壎

琴應壎, 字壎之, 號勉進齋, 奉化人。應埃弟。中宗庚子生。宣祖庚午進士, 官縣監。光海丙辰卒。

溪門, 一時英材, 考德問業者多矣。而若論精切之識, 篤實之學, 則獨推公爲前例[1]。

李蒼石埈, 嘗持《啓蒙》與《氣學訣》, 拈出所疑晦者, 叩之, 隨問響答, 聽者忘倦。蒼石歎曰: "埈於公, 知之者少, 而其所未知者, 又何限也?"

與兄日休, 築室寒栖菴[2]側, 日夕親炙, 手書'勉進'二字, 名其齋, 佩服師教, 研究微奧。鄭愚伏經世[3], 講質《周易》及《啓蒙疑義》。【李埈撰行狀[4]】

보충

이준(李埈, 1560~1635)이 찬한 유사

유사

공은 일휴(日休: 琴應夾)의 동생으로 휘는 금응훈(琴應壎), 자는 훈지(壎之), 호는 면진(勉進)이다. 가정(嘉靖) 경자년(1540)에 태어났다.

경오년(1570) 사마시에 합격하였다. 갑오년(1594) 조정 대신의 천거로 사관(祠官: 사당을 관리하거나 제사를 맡은 관원)에 제수되었다. 을미년(1595) 벼슬의 등급을 뛰어넘어 공에게 6품계를 주어 영춘현감(永春縣監)으로 제수되었는데, 체직되어 고향으로 돌아왔다. 다시 제천현감(堤川縣監)에

---

1 前例(전례): 앞줄. 맨 앞. 선두.

2 寒栖菴(한서암): 퇴계 이황이 1551년 경상북도 안동시 도산면 토계리 시냇가에 지은 초가집. 이곳에서 제자들을 가르치며 학문에 전념했으며, 이후 이곳 동북쪽에 溪上書堂, 陶山書堂을 차례로 지었다.

3 鄭愚伏經世(정우복경세): 愚伏 鄭經世(1563~1633). 본관은 晉州, 자는 景任. 증조부는 鄭繼咸이며, 조부는 鄭銀成이다. 아버지는 좌찬성 鄭汝寬이며, 어머니 陜川李氏는 李軻의 딸이다. 첫째부인 全義李氏는 部將 李海의 딸이며, 둘째부인 眞寶李氏는 충순위 李潔의 딸이다. 柳成龍의 문인이다. 1578년 생원진사 양시에 합격하고, 1586년 알성문과에 급제하였다. 예조판서, 이조판서, 대제학 등을 역임하였다.

4 行狀(행장): 李埈의 《蒼石先生文集》에 실려 있지 않으나, 《日休勉進兩先生聯稿》 권2 〈勉進齋先生遺稿〉의 〈부록〉에 〈遺事〉로 실려 있음.

제수되었는데, 재임하면서 크게 잘 다스렸으니, 고을 사람들이 돌을 세워 그 덕을 드러내어 기렸다. 경자년(1600) 의흥현감(義興縣監)에 제수되었는데, 때마침 퇴도(退陶: 이황) 선생의 문집을 간행하려는 즈음이어서 서애(西厓: 柳成龍)·월천(月川: 趙穆) 제공(諸公)들이 공이 아니면 불가하다고 여겨 그 일을 감독토록 하였으므로, 마침내 부임하지 않았다.

병진년(1616) 6월 6일에 병으로 집에서 죽었으니, 향년 77세였다. 지례촌(知禮村) 선영(先塋)의 자좌오향(子坐午向) 언덕에 장사하였다.

퇴계(退溪) 선생이 계상(溪上: 경상북도 안동시 도산면 토계리)에서 도를 강론하자, 당시의 뛰어난 인재들이 공손하게 제자의 예를 갖추고는 덕을 살피고 학문을 묻는 이가 많았다. 그러나 만약 정밀하고 날카로운 식견과 독실한 학문을 논하자면, 오직 장공(長公: 형 금응협)을 으뜸으로 꼽았다. 공도 이때 총명함이 드러나던 나이에 화락하고 까다롭지 않은 자질로 또한 선생의 문하에 들어가서 직접 섬길 수 있었다. 당시에 학문의 참된 요체가 전해진 것은 이미 매우 확실하였으며, 또 장공과 함께 한 집에서 지내며 서로 간에 절차탁마한 것이야 어떠했겠는가?

아아, 공의 학문적 조예가 깊었으니, 어찌 나 이준(李埈)이 얕은 식견으로 짐작이나 할 수 있겠는가? 그러나 단지 볼 수 있는 것으로 말하자면, 집안에서는 어진 아버지와 형제들을 두어 사람들의 흠잡는 말이 없었음을 즐거워하였으며, 스승의 문하에서는 말수를 줄여 신중하면서 가르침의 오묘한 뜻을 듣고 터득하였으며, 백성을 다스릴 때는 반드시 혜택을 널리 베풀었으며, 사람을 대할 때는 거리감이나 경계심을 두지 않았으니, 이 몇 가지에서도 그 평생을 헤아릴 수 있을 것이다.

산장(山長: 서원 원장)으로 10여 년을 지내며 후학을 권장하여 나아가게 한 공로가 매우 많았다. 나 이준(李埈)이 일찍이 《계몽(啓蒙: 啓蒙傳疑, 이황의 역학계몽을 해설한 주해서)》·《기학결(氣學訣)》을 가지고서 의심스럽고 모호한 점을 짚어 내어 물은 적이 있었는데, 묻는대로 메아리처럼 즉각

답하여 듣는 자가 지루함을 잊었다. 아아, 나 이준이 공에 대해 아는 것이 적지만, 그 미처 알지 못한 바는 또한 어찌 한정할 수 있겠는가?

공의 첫째부인 장수황씨(長水黃氏)는 통정대부 여주목사(驪州牧使) 황이(黃怡)의 딸로 자식이 없었다. 둘째부인 안동권씨(安東權氏)는 사헌부 집의에 추증된 권대기(權大器, 1523~1587)의 딸로 아들 1명을 낳았다. 금람(琴攬)은 칠원윤씨(漆原尹氏)에게 장가들었는데, 가선대부 행 황해도관찰사 윤조원(尹調元)의 딸이다. 손자 5명 가운데 오직 금용겸(琴用謙)·금상겸(琴尙謙)·금신겸(琴信謙)만이 살아 있다고 한다.

가선대부 원임 홍문관 부제학 이준 삼가 찬하다.

遺事

公日休之弟也, 諱應壎, 字壎之, 號勉進。嘉靖庚子生。庚午, 中司馬。甲午, 以廷臣薦, 拜祠官。乙未, 超授公六品階, 除永春縣監, 遞歸。復拜堤川縣監, 居官大治, 鄕人立石表德。庚子, 拜義興縣監, 時方刊退陶先生集, 西厓·月川諸公, 以爲非公不可, 監董其事, 遂不赴任。丙辰六月六日, 疾卒于家, 享年七十七。葬于知禮村先塋子坐午向之原。退溪先生, 講道溪上, 一時英材, 賓賓然執弟子禮。以考德問業者多矣。而若論精切之識·篤實之學, 則獨推長公爲前列。公是時以英妙之齡·樂易之資, 亦得以登先生之門, 而逮事之。當時眞諦之傳, 旣甚的, 而又與長公, 同室而處, 其相與切劘者, 爲如何哉? 嗚乎! 公之造詣之深, 豈埈淺見所可窺測? 而獨以可見者言, 在親庭, 則樂有賢父兄而人無間言, 在師門, 則訥於言語而得聞奧旨, 臨民, 則必推惠澤, 待人, 則不設藩町, 於茲數者, 可以卜其平生也。爲山長十餘年, 獎進後學之功, 甚多。埈嘗持《啓蒙》·《氣學訣》, 拈出所疑晦者, 叩之, 隨問響答, 聽者忘倦。嗚呼! 埈於公, 知之者少, 而其所未知者, 又何限也? 公前娶長水黃氏, 通政大夫驪州牧使怡之女, 無子。後娶安東權氏, 贈司憲府執義大器之女, 生一子。攬娶漆原尹氏, 嘉善大夫行黃海道觀察使調元之女。孫男五人,　惟用謙·尙謙·信謙在云。嘉善大夫原任弘文館副提學李埈謹撰。

〔日休勉進兩先生聯稿, 권2, 勉進齋先生遺稿, 附錄〕

38. 이안도

이안도의 자는 봉원, 호는 몽재, 본관은 진보(眞寶)이다. 문순공(文純公) 이황(李滉)의 손자이다. 중종 신축년(1541)에 태어났다. 명종 신유년(1561) 진사시에 합격하고 벼슬은 직장(直長)을 지냈다. 선조 갑신년(1584)에 죽었다. 예안(禮安)의 동계서원(東溪書院)에 향사하였다.

공은 선생의 문하에서 자라 시를 배우고 예를 배우며 뛰어나게 일찍 성취하였다. 당시 명망 있는 인사들로서 선생을 흠모하던 이들이 공과 벗이 되기를 원하면서 오로지 혹시나 남보다 뒤질까 두려웠다.

공이 타고난 성품이 순수하고 두터웠으며, 마음씀씀이가 화락하고 너그러웠으며, 다른 사람과 동료가 되었을 때는 비록 무인(武人)이나 소관(小官)이더라도 진심을 다하여 대하지 않은 사람이 없었고, 소홀히 하거나 게으른 기색이 없었으니, 모두들 말하기를, "참으로 충실하고 신의 있는 사람이다."라고 하였다. 공의 아버지가 의성 현령(義城縣令)을 지내다가 임소에서 병에 걸렸다. 공은 이 소식을 듣고 밤낮으로 치달려 갔는데, 가는 도중에 부친이 회생하지 못했다는 소식을 듣고는 끝내는 3년상을 다 치르지 못하고 이듬해에 죽었다.【협주: 류근이 찬한 묘갈명에 실려 있다.】

• 李安道

李安道, 字逢原, 號蒙齋, 眞寶人。文純公滉孫。中宗辛丑生。明宗辛酉進士, 官直長。宣祖甲申卒。享禮安東溪書院。

公生於先生之門, 學詩學禮[1], 嶷然早成, 一時名流之景仰[2]先生者, 願與之爲交, 惟恐或後。

公天分醇厚, 襟懷樂易, 與人爲同僚, 雖武人小官, 莫不推誠[3]相待, 無簡勿[4]怠倦之色, 咸曰: "眞忠信人." 先公在義城, 任所遘疾. 公聞之, 星夜馳往, 在途聞變, 竟不勝喪. 翌年卒. 【柳根撰碣[5]】

보충

류근(柳根, 1549~1627)이 찬한 묘갈명

묘갈명

퇴도(退陶) 이 선생(李先生: 李滉) 문순공(文純公)에게 적손(適孫: 적통의 맏손자)으로 이안도(李安道)라는 이가 있었으니, 만력(萬曆) 갑신년(1584)에 죽어 예안(禮安) 건지산(搴芝山) 선생 묘소의 동쪽에 장사지냈다. 공의 부인 권씨(權氏: 權紹의 딸)가 일찍이 서천군(西川君) 정곤수(鄭崑壽, 1538~1602)에게 묘갈명을 청한 적이 있었는데, 본문만 이루어지고 정공이 세상을 떠났다. 권씨는 나 류근(柳根, 1549~1627)이 선생의 문하가 되어 일찍이 군자들과 종유(從遊)하였다는 이유로 여러 차례 마음을 다하여 말하기를, "서천군이 원래 묘갈명으로 이미 지은 글이 있으니, 이를 묘지문으로 삼고자 합니다. 바라건대 공의 한마디 말을 얻어서 묘갈명으로 삼아 세상에 드러내고 싶습니다."라고 하였는데, 나 류근이 굳이 사양하여 말하기를, "기어이 저의 말을 얻고자 한다면, 묘지명을 짓게 해주소서."라고 하였다. 권씨는 거의 수십 차례 되풀이하여 말하기를, "미망인이 하나의

---

1   學詩學禮(학시학례): 시를 배우고 예를 배움. 주자는 시를 배우면 사리에 통달하고 심기가 화평해진다고 하였고, 예를 배우면 品節에 자세하고 밝아지며 덕성이 굳게 정해진다고 하였으니, 유교적 교육의 이상이다.

2   景仰(경앙): 덕망이나 인품을 사모하여 우러러봄.

3   推誠(추성): 진실한 마음을 다함.

4   勿(물): 忽의 오기.

5   李安道의 문집 《蒙齋先生文集》 권3 부록에 〈묘갈명〉으로 실려 있음.

숨결이라도 아직 남아 있는 한, 다만 후사를 세우는 일 및 묘갈을 세우는 것을 이루고자 하는 것인데, 이승에서든 저승에서든 잊을 수 없으니 공은 이를 어찌 차마 거절할 수가 있겠나이까?"라고 하였다. 병오년(1606) 권씨가 죽었을 때, 나 류근이 만사(挽辭) 속에 그 뜻을 끝내 저버리지 않겠다고 대략 언급하였는데, 이제 11년이 지나서야 비로소 묘갈명을 짓는다.

공의 자는 봉원(逢原), 호는 몽재(蒙齋)이다. 공의 아버지 이준(李寯, 1523~1583)은 군기시 첨정(軍器寺僉正)을 지냈는데, 바로 퇴도 선생의 맏아들이다. 공의 어머니 금씨(琴氏)는 고려 태학사 금의(琴儀)의 후손으로 훈도(訓導) 금재(琴梓)의 딸이다. 가정(嘉靖) 신축년(1541) 6월 4일에 공을 낳았다.

공은 선생의 문하에서 자라 시를 배우고 예를 배우며 뛰어나게 일찍 성취하였다. 21세 때 신유년(1561) 생원시에 합격하였다. 경오년(1570) 겨울 12월에 선생이 죽었고, 신미년(1571) 봄에 공이 모친상을 당했는데, 부자(父子: 이준과 이안도)가 함께 묘 옆에 여막을 짓고 지냈다. 상복(喪服)을 벗게 되자, 선비들의 여론이 선생의 손자가 관직에 나아가는 것을 더는 미룰 수 없다고 여겼다. 갑술년(1574) 목청전 참봉(穆淸殿參奉)에 제수되었고, 승진해 풍저창 부봉사(豊儲倉副奉事)로 옮겼으며, 상서원 부직장(尙瑞院副直長)에 승진되었고, 사온서 직장(司醞署直長)으로 전임하였는데, 낮은 벼슬살이도 하찮게 여기지 않았고 빈빈이 높은 평판이 널리 알려졌다.

계미년(1583)에 공의 아버지가 의성 현령(義城縣令)을 지내다가 병에 걸렸다. 공은 이 소식을 듣고 밤낮으로 치달려 갔는데, 가는 도중에 부친이 회생하지 못했다는 소식을 들었다. 공은 이 세상에서 더할 수 없는 큰 슬픔을 겪은 나머지, 바로 이듬해 8월 7일에 끝내 3년상을 다 치르지 못하게 되었으니, 향년 44세였다.

공은 타고난 성품이 순수하고 두터웠으며, 마음씀씀이가 화락하고 너그리웠으며, 배우기를 즐기고 선한 일을 좋아하였으며, 의로운 일을 행하는 데 주저함이 없었는데, 늘 스스로 미치지 못한 듯이 여겼다. 공이 비록 과거에 응시하는 것을 폐하지는 않았지만, 그가 하고자 한 바는 위기지학(爲己之學)이었다. 당시 명망 있는 인사들로서 선생을 흠모하던 이들이 모두 공과 벗이 되기를 원하면서 오히려 혹시나 남보다 뒤질까 두려워하였다. 그러나 공은 한사코 겸손하고 물러나면서 옷의 무게도 감당하지 못하는 듯하였으나, 확충하여 터득하는 데에 이르면 숨길 수가 없었다. 공이 다른 사람과 동료가 되었을 때, 비록 무인(武人)이나 음관(蔭官)이더라도 진심을 다하여 대하지 않은 사람이 없었고, 한 터럭만큼도 소홀히 하거나 게으른 기색이 없었으니, 모두들 말하기를, "참으로 충실하고 신의 있는 사람이다."라고 하였다. 공은 마음에 새겨 두고 잊지 아니한 것이 이와 같았으므로, 효도하고 우애로우며 돈독하고 화목함은 사람들이 미칠 수 있는 바가 아니었다. 이는 비록 자질이 참으로 남보다 뛰어난 점이 있었을지라도, 또한 어찌 가정에서 친히 가르침을 받아 보고 감화된 결과가 아니겠는가?

부인 권씨는 참으로 안동(安東)을 본관으로 한 대성(大姓)으로 옥당 교리(玉堂校理) 권달수(權達手, 1469~1504)의 손녀이자, 부사(府使) 권소(權紹)의 딸이다. 공은 아들 1명이 있었으나 일찍 죽었고, 공 또한 불행히도 일찍 세상을 떠나자, 선생의 문하 제공(諸公)들은 선생의 후사(後嗣)를 일찍 정하지 않으면 안 된다고 생각하였다. 그들의 생각은 대체로 공의 동생 부사(府史) 이영도(李詠道, 1559~1637)가 제사를 주관하게 하려는 것이었다. 권씨가 개연히 말하기를, "제공은 일찍이 저의 시조부인 선생에게 배웠으면서 어찌 끊어진 대를 잇게 하는 의리를 생각하지 않는 것입니까? 지금은 제가 죽기 전이어서 검소한 제물이라도 받들어 제사를 올릴 수 있습니다. 남편에게 동생이 있는데, 지금 아들 하나를 두었으나 이 아이가 장자(長子)라서 남의 후사가 되는 것은 옳지 않습니다. 만약 또 아들을 낳는다면 그 아이를 데려다 저희 후사로 삼는 것이야 무슨 문제가 있겠습니까?"라고 하였다. 그 말은 조리가 정연하였으니, 제공들은 능히 그 뜻을 꺾을 수 없었다. 계사년(1593)에 공의 동생이 둘째아들을 낳자마자 후사로 삼았으나 얼마 안 되어 죽었고, 을미년(1595)에 또 셋째아들을 낳자 마침내 후사로 삼을 수 있었다.

권씨는 남편의 상(喪)을 당한 후 밤낮으로 울부짖으며 곡하다가 혼절하고 깨어난 것이 여러 번이었다. 아침저녁으로 부축을 받아야 일어났는데도 반드시 전(奠)을 올리는 데 필요한 도구들을 살폈으니, 이는 오로지 후사가 정해지지 않았기 때문이었다. 장사지내고 난 뒤에는 바로 콩을 삶아 그 물만 마셨으며, 1년이 지나서야 비로소 조를 삶아 그 즙을 마셨다. 입에 쌀 한 톨도 넣지 않았으며, 겨울에도 솜옷 한 조각 걸치지 않은 채 거적에서 자고 흙덩이를 베었다. 머리도 손질하지 않고 띠도 풀지 않은 채 한결같이 초상 때와 같이 지킨 것이 거의 23년이나 되었다. 이윽고 후사를 세우고 나서야 마침내 자리에서 일어나지 못하고 죽었는데, 공의 묘소 왼쪽에 장사지내라고 유언하였다. 예로부터 부인들 가운데 정절과 열행으로 칭송받은 이야 어찌 한정할 수 있겠는가? 그러나 이토록 탁월한 이는 듣지 못하였다. 만력(萬曆) 갑인년(1614)에 명하여 《신속삼강행실도(新續三綱行實圖: 동국신속삼강행실도)》를 찬했는데, 권씨는 열녀로 등재되었으며, 병진년(1616) 가을에 유사(有司)에게 명하여 정문을 세우게 하였다.

사자(嗣子: 가계를 잇는 아들) 이억(李嶷)은 지금 벌써 성인이 되어 광주목사(光州牧使) 성안의(成安義, 1561~1629)의 딸에게 장가들었고, 아들과 딸을 두었다. …(이하 생략)…

충근정량효절협책호성공신 보국숭록대부 진원부원군 류근이 짓다.

墓碣銘

退陶李先生文純公, 有適孫曰安道, 卒於萬曆甲申, 葬于禮安牽芝山先生塋域之東。公配權氏, 嘗乞銘于西川君鄭公崑壽, 文成, 鄭公逝矣。權氏以根, 獲登先生門, 嘗從君子遊, 屢屢致意曰: "西川, 固已撰碣銘, 欲以此誌于墓。願得公一言, 碣于隧, 以昭于世。" 根固辭曰: "必欲得吾言, 請爲誌銘。" 權氏, 反復殆數十, 曰: "未亡人一息尚存。但欲成就立後一事及墓碣, 幽明不可忘, 公何忍辭之?" 丙午, 權氏云亡, 根於挽辭中, 略及終不負之意, 今十有一年而始爲之銘。公字逢原, 號蒙齋。公考寯, 軍器寺僉正, 卽先生之胤子也。公妣琴氏, 高麗太學士儀之後, 訓導梓之女。以嘉靖辛丑六月四日生公。公生于先生之門, 學詩學禮, 嶷然夙成。年二十一, 中辛酉生員。庚午, 冬十二月, 先生易簀, 辛未春, 公居母憂, 父子幷廬于墓。服闋, 士論以爲先生之孫, 不可不速入官。甲戌, 授穆淸殿參奉, 遷豐儲倉副奉事, 陞尙瑞院副直長, 轉司醞署直長, 不卑小官, 輒有聲稱。癸未歲, 大人宰義城縣, 遘疾。公聞之, 星夜馳往, 在途聞不救。公遭此終天之痛, 乃於翌年八月七, 竟不勝喪, 年四十四。公天分醇厚。襟懷樂易。嗜學好善。勇於爲義。常若不及。公雖不廢應擧, 其所欲爲者, 爲己之學。一時名流之景仰先生者, 咸願與之爲友, 猶恐或後。公方且謙謙, 退然若不勝衣, 至其充然有得, 則不可掩也。其與人爲同僚, 雖武人蔭官, 莫不推誠相待, 無一毫簡忽怠倦之色, 咸曰: "眞忠信人。" 公之宅心如此故, 孝友敦睦, 人所不可及。是雖資質固有過人者, 亦豈非家庭親炙觀感之效哉? 權氏實安東大姓, 玉堂校理達手之孫, 府使紹之女。公生一男早夭, 公不幸早世, 先生門下諸公, 多以爲先生之後嗣, 不可不早定。其意蓋欲以公之弟府使詠道, 主祀。權氏慨然曰: "諸公嘗學于吾舅大父先生, 奈何不念繼絶之義乎? 今吾未死之前, 可以奉蘋蘩。所天有弟, 今有一男, 此則長子, 不可爲人後。若又生男, 取以爲吾後, 何不可之有?" 其言有倫序, 諸公莫能奪。癸巳, 公之弟, 生次子, 卽立爲後, 旋夭折, 乙未, 又生第三子, 遂以爲後。權氏自遭喪, 日夜號哭, 絶而蘇者數矣。朝夕扶而

起, 必視奠具, 徒以繼嗣未定之故。旣葬, 乃煮豆呷其水, 過朞, 始煮粟
啜其汁。口不入一粒稻米,　冬不掛一片絲絮,　寢苫枕塊。不理髮不解
帶, 一如初喪者, 垂二十三年。旣立後, 遂不起, 令葬于公墓左。自古婦
人之以貞烈稱, 何限? 未聞若是之卓爾者。萬曆甲寅, 命撰《新續三綱
行實》, 權氏與於烈女, 丙辰秋, 命有司旌門。嗣子嶷, 今已成人, 娶光
州牧使成安義之女, 生男女。…(이하 생략)… 忠勤貞亮効節協策扈聖功
臣輔國崇祿大夫晉原府院君柳根撰。

〔蒙齋先生文集, 권3, 附錄〕

39. 김기

김기의 자는 지숙, 호는 북애, 본관은 광산이다. 명종 정미년(1547)에 태어났다. 유일(遺逸)로 천거되어 참봉에 제수되었다. 선조 계묘년(1603)에 죽었다.

공의 겉모습에서 풍기는 품격은 높고 맑았으며, 성정에서 드러나는 기상은 온화하고 단아하였다. 둘째형 구봉공(九峰公)과 함께 계상(溪上)으로 찾아가 가르침을 청하였는데, 스승의 가르침을 돈독히 믿고 부지런히 배우며 힘써 실천하였다. 만년에 월천(月川) 조목(趙穆)에게 배웠는데, 왕래하며 강론하고 학문을 연마하여 조예가 더욱 깊었다.

임진왜란이 일어나자, 공은 4촌동생 근시재(近始齋) 김해(金垓)와 의병을 일으켰다. 공은 정제장(整齊將)이 되어 소모(召募)하는 일을 겸하였는데, 격문을 지어 권유하고 군량을 거두어 비축하였다. 또 방악(方岳: 方伯)에게 편지를 올려서 왜적을 토벌하는 방략을 구체적으로 진술하였다. 강화하려는 논의가 있다는 소식을 듣게 되자, 비분강개하여 〈견분(遣憤)〉시를 지었으니, 이러하다.

종묘가 재가 되니 망극하게 통탄스럽고
도성이 폐허 되니 영원하게 복수할진대,
누가 화라는 한 글자를 알았더란 말인가
예로부터 사람을 그르치는 방책이었다네.

태조(太祖: 이성계) 어용(御容: 초상화)을 동도(東都: 경주)에서 병란을 피하여 본현(本縣: 예안현) 백동서당(栢洞書堂: 柏洞書堂)으로 옮겨 봉안하였을 때, 안집사(安集使)가 공을 가관(假官: 임시 관리)으로 차출하자, 공은

정성을 다해 힘써 호위하였으니, 감히 임시로 맡겨진 직책이라고 해서
잠시도 소홀하지 않았다.【협주: 이세택이 찬한 행장에 실려 있다.】

• 金圻

金圻, 字止叔, 號北厓, 光山人。明宗丁未生。以遺逸薦除參奉。宣
祖癸卯卒。

公標致高潔, 氣像恬雅。與仲兄九峯公[1], 請業於溪上, 篤信師敎, 勤
學力行。晚從趙月川穆, 往復講磨, 造詣益深。

壬辰之亂, 公與從弟近始齋㙒, 倡起義旅。公爲整齊將兼召募事, 作
文勸諭, 收峙兵糧。又上書方岳[2], 指陳討賊方畧。及聞和議, 作〈遣憤
詩〉曰:“灰廟終天痛, 墟都永世讐, 誰知和一字, 從古誤人謀.”

太祖御容, 自東都避兵, 移安本縣栢洞書堂, 安集使差公假官, 恪勤
護守, 未敢以任假而少懈也。【李世澤[3]撰行狀】

---

1 九峯公(구봉공): 金圾(1538~1575). 본관은 光山, 자는 子厚, 호는 九峯. 퇴계 문하에서
  가르침을 받았다. 첫째부인 密陽朴氏는 참판 朴亨麟의 손녀이며, 둘째부인 安東權氏는
  참봉 權名世의 딸이다.
2 方岳(방악): 사방의 諸侯를 통괄하는 사람을 뜻하는데, 各道의 監司를 지칭함.
3 李世澤(이세택, 1716~1777): 본관은 眞城, 자는 孟潤, 호는 釣隱. 예안 출신. 李滉의 8대손
  이며, 증조부는 李英哲이며, 조부는 李檗이다. 아버지는 감역 李守恒이며, 어머니 順興安
  氏는 安老石의 딸이다. 1750년 사마시에 합격하고, 1753년 정시문과에 급제하였다. 검열·
  교리를 거쳐 1762년 우부승지에 오르고 그 이듬해 대사간이 되었다. 대사간을 제수받았을
  때, 신임사화의 죄인인 李眞師를 停啓하지 않았다 하여 유배되었었다. 도승지 洪名漢,
  병조판서 李之億 등이 임금의 뜻에 따라 정계에 응할 것을 권하였으나 끝내 따르지 않았다.
  이에 蔡濟恭이 서찰을 내어 이세택이 정계에 응하지 않았음을 칭찬하였다 한다. 1768년
  인동부사로 있을 적에 殺獄을 미연에 방지하지 못하였다고 탄핵을 받고 단양에 유배되었
  는데, 이 때부터 時派로서 僻派의 탄압을 받았다. 그 뒤 정조가 즉위하자, 대사헌이 되어
  벽파 鄭厚謙 등을 규탄하여 죄상을 밝혔다.

보충

이세택(李世澤, 1716~1777)이 찬한 행장

행장

공의 휘는 김기(金圻), 자는 지숙(止叔), 본관은 광산(光山)이다. 고려의 지문하성사(知門下省事) 김광존(金光存)의 후손이다. 고조부 휘 김회(金淮)는 승의랑(承議郎) 음성현감(陰城縣監)을 지냈고, 통정대부 병조참의에 추증되었다. 증조부 휘 김효로(金孝盧)는 성균관 생원으로 가선대부 이조참판에 추증되었는데, 처음 예안(禮安) 오천촌(烏川村)에 와서 살기 시작하였고, 우리 선조(先祖) 퇴계(退溪: 이황) 선생이 그 묘갈명을 지었다. 조부 휘 김수(金綏) 또한 성균관 생원으로 가선대부 호조참판에 추증되었고, 우리 선조 또한 그의 묘지를 지었다. 아버지 휘 김부인(金富仁)은 절충장군 수경상좌도(守慶尙左道) 병마절도사를 지냈으며, 호는 산남(山南)이다. 일찍이 우리 선조의 문하에서 수학하여 문예(文藝)로 이름이 났는데, 향시(鄕試)에는 여러 차례 합격하였으나 남궁(南宮: 南宮試로 대과)에는 뜻을 이루지 못하였다. 만년에 이르러 무과에 급제하였으나 본뜻은 아니었다. 어머니 정부인(貞夫人) 영천이씨(永川李氏)는 농암(聾巖) 효절공(孝節公) 이현보(李賢輔)의 딸이다. 가정(嘉靖) 26년 정미년(1547) 5월 23일 계유일에 오천리 집에서 공을 낳았다.

어려서는 남다른 자질이 있었고, 성품 또한 지극히 효성스러웠다. 조금 자라서는 책 읽기를 좋아하고 대의(大義)에 밝았으며, 둘째형 구봉공(九峰公) 김전(金㙉, 1538~1575)과 함께 옷자락을 걷어잡고 우리 선조에게 가르침을 청하였다. 스승의 가르침을 돈독히 믿고 부지런히 배우며 힘써 실천하였으니, 일찍이 과거시험 공부를 폐하고 날마다 성리학 서적을 연구하여 자고 먹는 것까지 잊을 정도였다. 관례(冠禮)를 마치자, 우리 선조가 편지를 보내어 그의 자(字)를 지어주었으며, 또 의심스러운 예(禮) 등을 질문한 것에 답한 편지도 있었다. 경오년(1570)에 우리 선조가 죽어

산이 무너지는 듯한 아픔을 당하여 미처 그 은혜로운 가르침을 끝까지 구명하지 못하자, 소식(素食)을 하고 거친 옷에 상복 띠를 매어 소상(小祥) 때까지 지냈다. 이어 월천(月川) 조목(趙穆)에게 배웠는데, 왕래하며 강론하고 학문을 연마하여 조예가 더욱 깊었다. 그 사이에 일찍이 산남공(山南公: 아버지 김부인)의 부임지를 따라 간 적이 있었는데, 동쪽 서쪽 북쪽 산과 바다의 명승지를 두루 돌아다니며 마음껏 유람하고 감상하여 읊조린 시편이 많이 있으니 성정(性情)의 바름에서 우러나오지 않은 것이 없었다.

무인년(1578) 어머니 정부인의 상을 당했을 때 너무 슬퍼하여 몸을 상한 나머지 거의 목숨을 잃을 뻔하였고, 묘 아래에 여막을 지어 지키며 상제 절차를 끝까지 마쳤다. 이윽고 또 산남공을 자기 집으로 옮겨 모시며 날마다 곁을 떠나지 않고 시중들면서 정성을 다해 맛있는 음식을 갖추어 봉양했는데, 갑신년(1584) 산남공이 죽자 상례 치르는 일과 여묘살이를 하나같이 이전의 모친상과 같이 하였으며, 3년 동안 여막 밖으로 나간 적이 없었다. 상기를 마친 후에도 여전히 그리워하는 마음이 절절하였으니, 일가붙이들과 향리 사람들이 모두 그의 지극한 효성은 쇠도 돌도 꿰뚫을 만하다며 칭찬했다고 한다.

성품은 분잡하거나 화려함을 좋아하지 않아 그저 고요하고 담담하게 스스로를 지켰는데, 일체 세간의 영화와 명성은 진혀 마음에 두지 않았으며, 특히 재물과 이익 및 생업은 초탈하여 몸을 더럽히는 것처럼 보았다. 아내 황씨 집안이 본래 부유하였는데, 그 나누어 준 것이 매우 많았으나 하나라도 자신의 소유로 취하지 않았다. 비록 자주 끼니를 걸러 보통 사람이면 견뎌내지 못할 지경에 이르렀어도 태연히 지냈다.

자신을 단속하고 행실을 절제하는 데는 겸손하고 검약하며 스스로 물러나고 사양할 줄 알았으며, 사람을 대하고 세상일을 접하는 데는 너그럽고 인자하며 충직하고 남을 잘 이해하였다. 결코 남들보다 도드라지고 별나게 보이려는 행동을 하지 않았으나, 의리를 분별하는 곳에 이르러서는 의연하여 조금도 흔들려 변하지 않았으며 또한 화가 오든 복이 오든, 이익이 생기든 손해가 되든 그것 때문에 혹시라도 그의 지조를 바꾸는 일은 없었다.

임진왜란이 일어나 여러 고을들이 연달아 무너지고 대가(大駕)가 도성을 떠나 피란하자, 공은 4촌동생 근시재(近始齋) 김해(金垓, 1555~1593)와 함께 눈물을 뿌리며 분개하면서 고을 사람들을 규합하고 의병을 일으켜 정제장(整齊將)이 되어 소모(召募)하는 일을 겸하였는데, 격문을 지어 권유하고 군량을 거두어 비축하였다. 또 방악(方岳: 方伯)에게 편지를 올려서 왜적을 토벌하는 방략을 구체적으로 진술하였는데, 그 말이 격렬하고 절실하였다. 조정에서 강화하려는 논의가 있다는 소식을 듣게 되자, 비분강개하여 〈견분(遣憤)〉 시를 지었으니, 이러하다.

종묘가 재가 되니 망극하게 통탄스럽고
도성이 폐허 되니 영원하게 복수할진대,
누가 화라는 한 글자를 알았더란 말인가
예로부터 사람을 그르치는 방책이었다네.

난리 초에 집경전(集慶殿)의 태조(太祖: 이성계) 어용(御容: 초상화)을 동도(東都: 경주)에서 병란을 피하여 본현(本縣: 예안현) 백동서당(栢洞書堂: 柏洞書堂)으로 옮겨 봉안하였을 때, 안집사(安集使)가 공을 가관(假官: 임시 관리)으로 차출하자, 공은 정성을 다해 힘써 호위하면서 군졸들도 돌보아 주었으니, 감히 임시로 맡겨진 직책이라고 해서 잠시도 소홀하지 않았다.

전쟁이 겨우 진정되자, 곧바로 같은 문하의 제공(諸公)들과 함께 우리 선조의 문집을 수습하고는 잘못을 바로 잡아 다시 고쳐 베껴 각 서원에 나누어 보관하였고, 여강서원(廬江書院: 뒤의 虎溪書院) 사림에도 통문(通文)을 보내어 등사본(謄寫本)을 전하도록 권유하였다. 무술년(1598)에 도산서원(陶山書院)에서 판각하고 간행하기 위한 준비를 의논하여 갖추었는데, 월천(月川: 조목)이 공을 산장(山長: 서원의 원장)으로 추대하고 그 일을 맡겨 주관하도록 하였다. 공은 온 정성을 다하여 계획을 세워 처리하였는데, 많은 선비들을 모아서 오류를 다른 글과 비교하여 교정하며 한 글자 한 획도 감히 놓치고 지나가지 않았으니, 모두 손수 종이 위에 표시를 하여 바로잡았다. 사문의 선배 한 선비가 무심코 문집을 책상 위에 소리가 나게 올려 놓자, 공은 얼굴빛을 엄정히 하여 그 불경함을 꾸짖었다. 서원의 산장 임무를 교체되지 않고 맡았는데, 경자년(1600)에 이르러서야 비로소 인쇄가 마무리되어 사방에 배포되었다. 이 일은 비록 당시 제현(諸賢)들이 사문을 위해 함께하였지만, 그 일을 맡아 완성하는 데는 공의 공로가 가장 컸다.

만년에 마을 북쪽 송석대(松石臺)와 불고대(弗告臺) 사이에 정사(精舍)를 짓고 편액을 북애(北厓)라 하였는데, 좌우에 책을 쌓아 놓고 마음을 가라앉혀 깊은 이치를 연구하며 밤낮으로 부지런히 힘써 학업을 궁극적으로 이루고자 하였다. 후생들을 이끌어 학문으로 나아가도록 가르치는 데 조금도 게으르지 않았으니, 그를 따르며 배운 학도들이 매우 많았다. 겉모습에서 풍기는 품격은 높고 맑았으며, 성정에서 드러나는 기상은 온화하고 단아하였으니, 사람들은 감히 바르지 않은 일로 범할 수 없었다. 곤궁한 처지에 처해 있으면서도 운명을 편안히 받아들여 처음부터 끝까지 한점의 사사로운 티끌조차 마음에 품지 않았다.

임인년(1602) 유일(遺逸)로 천거되어 순릉참봉(順陵參奉)에 제수되었는데, 부임하여 사례하고는 그대로 머물러 있은 지 겨우 몇 달 만에 벼슬을 버리고 돌아왔다. 이때 월천(月川: 趙穆, 1524~1606)이 부름을 받들어 서쪽 도성으로 가려 하자, 공이 작별시를 지었으니, 이러하다.

칠십이면 벼슬에서 바로 물러날 나이라 했거늘

추위 무릅쓰고 멀리 가는데 어찌 헛된 일이랴만,

원숭이도 놀라고 학도 서럽나니 빨리 돌아오소서

세상 구제하려 어찌 밤낮으로 힘쓰는 현자 없으랴.

이 시에서도 그의 은근한 뜻을 짐작할 수 있다.

처음 공이 사관(祠官: 祭官)으로 부임하였을 때, 마침 도산서원의 산장(山長: 서원의 원장)이었는데도 산장의 자리를 비워두고 대신할 사람을 추천하지 않은 채 돌아와 복직하기를 기다렸다가 다시 제생(諸生)들에게 길을 이끌어 주며 우리 선조의 남기신 가르침을 강론하여 익히도록 하였는데, 훌륭하게 인재를 양성하고 학문을 일으켜 세우는 효과가 있었다. 그가 학문을 권면하는 시에 이르기를, "세월은 문틈 사이로 달리는 말 같으니, 젊다고 한가로이 놀기만 즐기지 마라. 우리 선비의 대업 부지런한 배움뿐이니, 고명한 경지에까지 죽어도 쉬지 말지라."라고 하였다. 또한 후세의 풍속과 교화가 날로 점점 경박해지는 것을 개탄하여 향약(鄕約)을 초안하며 대략 여씨(呂氏: 呂大臨)가 남긴 향약의 법을 본떴는데, 벌칙 조항은 우리 선조가 제정한 향립약조(鄕立約條: 향촌에 세운 약속 조목)를 전적으로 따르면서 주자(朱子)가 매월 초하루에 정례적으로 열도록 한 월회(月會)의 규범을 참고하여 교화·양성·권장·인도의 방법을 정하였다. 당시 여론은 한 마음으로 추대하여 유림의 사표(師表)로 기대하지 않음이 없었다.

불행하게도 우연히 병마가 찾아와 해를 넘기도록 병세가 깊어졌는데 그래도 강론하고 토론하는 공부를 폐하지 않았다. 병이 위독해지자 스스로 만시(挽詩)를 지었는데, 마음을 비워 죽음을 슬퍼하는 뜻이 없었다. 마침내 계묘년(1603) 12월 4일 을유일에 정사(精舍)에서 죽었으니, 향년 57세였다. 부음이 전해지자 원근의 인사들이 그를 위해 애도하지 않음이 없었다. 갑진년(1604) 1월 5일 병진일 유언에 따라 양장산(羊場山) 묘향(卯向) 언덕에 장사하였다. 장사하던 날, 마침 도산서원의 세알(歲謁: 연례 제향)이 있어 겹쳤는데, 월천이 특별히 세알을 뒤로 미루고 사당에 나아가 참배하는 예를 행하였으며, 서원 유생들이 모여 와서 제물을 바치며 조문하였다. 도산서원에서 원임(原任: 전임 산장)에게 제물을 바치며 조문을 올리는 관례는 바로 공으로부터 시작되었다고 한다. 정미년(1607) 선무원종공(宣武原從功)으로 책훈되어 사헌부 감찰에 추증되었다.

부인 회산황씨(檜山黃氏)는 사간(司諫) 구암공(龜巖公) 황효공(黃孝恭)의 손녀이자, 통사랑(通仕郎) 황익(黃釴)의 딸이다. 빼어난 덕성을 갖추고 아름다움을 겸비하여 능히 부덕(婦德)의 떳떳한 규범을 이루어 드러내었다. 공과 같은 언덕에 장사 지냈다. 세 아들을 두었다. …(중략)…

공이 세상을 떠난 뒤에 아들들 또한 잇달아 일찍 죽었고, 문인(門人)들과 학도(學徒)들도 또 미처 유사(遺事)를 수습하여 선행을 기록한 글을 짓지 못하였는데, 여러 차례 회록(回祿: 화재로 인한 재난)을 겪어 집안에 보관하고 있던 문적이 다 타 버리고 남아 있는 것이 전혀 없었다. 세대가 점점 멀어지고 사적이 흐릿해져 아름다운 행실과 훌륭한 덕업을 더 이상 상고할 수 없게 되었으니, 어찌 후손들의 그지없는 한이 아니겠는가?

이에, 공의 6세손 김흠(金欽, 1731~?)이 비로소 옛 종이 속에서 시문(詩文) 몇 수를 찾아 모았으며, 이윽고 또 세공(諸公)들의 뇌문(誄文)과 제문(祭文)을 수집하여 잘못을 바로 잡아 다시 2책으로 베껴 가지고 찾아와서 나 이세택(李世澤)에게 보여주며 교감하는 일을 맡게 하였고, 또 알문(謁文: 행장)에 그 행실과 업적을 서술하고자 하였다. 이는 본래 나 이세택 같은 졸렬한 재주로 받들어 감당할 바가 아니나, 다만 오로지 우리 두 집안의 선조(先祖) 사이에 백세지의(百世之誼: 오랜 세월이 지나도 변하지 않는 신뢰와 의리)가 있었음을 생각해야 했다. 하물며 나의 고조부 별좌부군(別坐府君: 李崒, 1583~1615)이 젊었을 때 공에게 가르침을 받아서 지금도 연명(聯名)의 제문이 부록에 실려 있으니, 사사로운 의리를 헤아려 보건대 참으로 감히 사양할 수 없는 바가 있었다.

삼가 편중(篇中: 본문 중)의 제목 설명과 연조(年條: 어떠한 해에 무슨 일이 있었다는 나타내는 조목) 등을 취하고, 산남공(山南公: 金富仁)의 묘갈(墓碣) 및 계문록(溪門錄)과 본현지지(本縣地誌: 예안현 지지) 등에 기록된 바를 참고하여 대략 위와 같이 엮었지만, 몹시 거칠고 간략하여 허술한 점이 많음은 진실로 면하기 어려운 바이다. 덕성과 품행의 아름다움에 이르러서는 더욱이 감히 함부로 지어내어 미화하여 묘사함으로써 옳지 못한 죄를 범하지 않으려 하였으니, 우선 여러 선배들의 만사(挽詞)와 제문에서 그 대강만을 뽑아 정리하여 말한다.

조월천(趙月川: 趙穆, 1524~1606)의 제문에 이르기를, "지숙(止叔)이 이 경지에 이르렀으니, 세상에 어찌 이런 사람이 있으랴?"라고 했으며, 권회곡(權晦谷: 權春蘭, 1539~1617)의 만시(挽詩)에 이르기를, "한가한 정취는 구름처럼 아득히 멀고, 시적 사유는 물처럼 자연스레 흘렀네."라고 하였고, 제문에 이르기를, "그대 머물던 곳을 찾으니 시냇물 소리 집안에 가득하고, 그대의 사업 물으니 오직 퇴계 문집이 책상에 있도다."라고 하였으며, 박대암(朴大菴: 朴惺, 1549~1606)의 제문에 이르기를, "효성과 우애의 가풍을 이어받아, 궁벽한 고을의 몽매한 무리를 깨우쳤네."라고 하였고, 만시(輓詩)에 이르기를, "깊은 서리 내린 텅 빈 골짜기에서 난초 향기 더욱 짙어지고, 눈이 가득 덮은 찬 소나무 숲에서 학은 홀로 잠들어 있네."라고 하였으며, 김계암(金溪巖: 金坽, 1577~1641)의 제문에 이르기를, "타고난 자질 담담하고 우아하였으며, 학문을 탐구함에 깊고 해박하였으니, 옛 성현들 예법의 마당에서 조용히 거닐었으며, 세간의 부질없는 화려한 습속에는 초연하였도다."라고 하였고, 또 말하기를, "담백하여 사사로운 욕심이 없고, 의연하여 감히 흔들 수 없었으며, 명아주 국조차 잇대지 못하고, 짧은 베옷 기워 입었을지라도, 번잡한 세상 근심에는

아예 고개를 돌렸고, 바깥세상 어떤 것도 마음 어지럽히지 못했다."라고
하였다. 이제 이들 만사와 제문을 통해 글귀와 뜻 사이에서 옛 모습을
찾아볼 수 있으니, 공의 평소 풍모와 덕스러운 용모를 어렴풋이나마 떠
올릴 수 있고, 또한 그가 행한 바를 대강이나마 짐작할 수 있다.

공은 집안 대대로 내려오는 효성과 근신의 기풍을 이었고, 어려서부
터 스승에게 훈도를 받았다. 타고난 자품이 본래 아름다웠고 마음을 확
충하여 양성하는데도 도리가 있었으니, 알고 행하는 바가 함께 나아가면
서 겉과 속이 한결같았다. 집에서는 인륜의 도리를 돈독히 행하였고,
고을에서는 성실한 규범을 보였다. 가슴과 마음이 밝고 깨끗하고, 기품
과 태도도 맑고 우아하였으니, 세속적 번거로움 밖에서 깨끗이 처신하였
고, 깊고 고요한 곳에 숨어 학문과 덕을 닦았으며, 가난을 편안히 여기고
학업을 즐겼다. 후대의 이름난 인물들을 말할 것도 없고, 비록 당시 우리
고향의 여러 선배들을 두고 말하더라도 또한 쉽게 많이 볼 수 있는 인물
이 아니었다.

그의 문장 같은 경우는 단지 공에게 여가의 일일 뿐이었으며, 또한
화려한 수사와 아름다운 문채로 사람의 눈을 현혹하는 그런 것도 아니었
다. 담담하고 원만하여 막힘이 없었고 소박하되 조금도 꾸미지 않았으
니, 진실로 덕 있는 이의 말이었다. 애석하게도 그것들이 불타 재가 될
때에 모두 흩어져 사라지고 지금 남아 있는 바가 이와 같이 적막하고
쓸쓸한데, 만약 나 이세택처럼 부족한 견문과 얕은 식견으로 어리석게
정리한다면 후세에 전하지 못할까 두려우니, 차라리 이대로 보관하여
옛 자취를 보존함이 낫겠다. 또한 안목을 갖춘 자가 교정하고 편수하기
를 기다릴 뿐이다.

금상(今上: 영조) 52년 을미년(1776) 음력 2월 해질 무렵
후학 가의대부 전 항 사헌부 대사헌 이세택 삼가 짓다.

行狀

公諱圻, 字止叔, 光山人。高麗知門下省事光存之後。高祖諱淮, 承議郎陰城縣監, 贈通政大夫兵曹參議。曾祖諱孝盧, 成均生員, 贈嘉善大夫吏曹參判, 始來寓居于禮安烏川村, 吾先祖退溪先生, 銘其碣。祖諱綏, 成均生員, 贈嘉善大夫戶曹參判, 吾先祖, 又誌其墓。考諱富仁, 折衝將軍, 守慶尙左道兵馬節度使, 號山南。早遊吾先祖門, 以文藝名, 累擧鄕解, 不諧於南宮。晩登武科, 非本意也。妣貞夫人永川李氏, 聾巖孝節公賢輔女。以嘉靖二十六年丁未五月二十三日癸酉, 生公于烏川里第。幼有異質, 性又誠孝。稍長, 好讀書, 通大義。與仲兄九峰公坱, 摳衣請業於吾先祖。篤信師敎, 勤學力行, 早廢公車之業, 日硏究性理之書, 至忘寢食。旣冠, 吾先祖貽書命之字, 又有答問疑禮等書。庚午, 遭山頹痛, 未及卒究嘉惠, 素食素衣帶以過小祥。仍從趙月川穆, 往復講劘, 造詣益深。間嘗隨往山南公任所, 歷遍東西北山海名勝地, 極意遊賞, 多有吟詠諸篇, 無非出於性情之正者。戊寅, 遭貞夫人喪, 哀毁幾滅性, 廬守墓下, 以至終制。旣又移奉山南公於己舍, 日侍側不離, 備盡旨物之養, 甲申山南公卒, 持喪廬墓, 一如前喪, 三年未嘗出廬外。比外除, 猶孺慕切切, 宗族鄕里, 皆稱其誠孝可貫金石云。性不喜紛華, 惟以恬靜自守, 一切世間榮耀名聲, 了不攖懷, 尤灑灑於財利産業, 視之若浼。內子黃氏家素豊饒, 其分與者甚厚, 而一不取以自有。雖至屢空, 人不堪, 而處之晏如也。持身制行, 謙約退遜, 待人接物, 寬仁忠恕。絶不爲嶄截崖異之事, 而至於辨別義理處, 則毅然無所擾渝, 亦不以禍福利害而或變其操焉。壬辰倭亂, 列邑奔潰, 大駕播越, 公與從弟近始齋垓, 雪涕奮愾, 糾率鄕人, 唱起義旅, 爲整齊將, 兼召募事, 作文勸諭, 收峙兵糧。又上書方岳, 指陳討賊方略, 言極激切。及聞朝廷有講和議, 則慷慨作〈遣憤〉詩, 曰: "灰廟終天痛, 墟都永世讐, 誰知和一字, 從古誤人謀." 亂初, 集慶殿太祖御容, 自東都避兵, 移安本縣栢洞書堂, 安集使差公假官, 恪勤護守, 眷恤軍卒, 未敢以任假而少懈也。干戈甫定, 卽偕同門諸公, 裒拾吾先祖文集, 繕寫分藏各院, 通文

廬江士林, 勸令傳謄。戊戌, 議厖鋟梓於陶山書院, 月川推公爲山長,
委任敦事。公殫誠經紀, 會多士讐校訛謬, 一字一畫, 不敢放過, 皆手
自標識紙頭而釐正之。有一斯文先輩, 偶置文集於案上而有聲, 公正色
責其欠敬。帶院任三年不遞, 至庚子, 始訖印, 布四方。此雖當時諸賢
所共爲師門盡誠者, 而其經理完就, 公之功居多焉。晚搆精舍於村北松
石弗告二臺間, 扁以北厓, 左右圖書, 潛心玩蹟, 日夕孜孜, 期以究竟事
業。引進後生, 敎誨不倦, 其從遊學徒甚衆。標致高潔, 氣像恬雅, 人莫
敢干以非正。固窮安命, 終始無一點累介於襟懷。壬寅, 以遺逸尉薦,
除順陵參奉, 赴謝留直, 僅數朔棄歸。時月川承召, 將西行。公作別詩
曰:"七十今方致仕年, 衝寒遠赴豈徒然, 猿驚鶴怨歸須早, 濟世寧無夙
夜賢。"此又可見其微意也。始公之赴祠官也, 方爲陶山山長, 而虛任
席, 不薦代, 須其還復, 仍導迪諸生, 講習吾先祖緖餘, 蔚有作成興起之
效。其勉學詩有云:"歲月奔馳似隙駒, 莫將年少樂優遊, 吾儒大業惟勤
學, 期到高明死不休。"又嘗慨後世風敎日漸偸弊, 草成鄕約, 略倣呂氏
遺法, 罰條則專用吾先祖所定鄕立約條, 而參以朱子月朝會之規, 以著
敎養勸導之方。一時輿望, 翕然推重, 無不以儒林師表期之。不幸偶嬰
二竪, 經年沈淹, 猶不廢講討之工。及至疾革, 作自挽詩, 曠然無怛化
意。乃以癸卯十二月初四日乙酉, 考終于精舍, 享年五十七。訃至, 遠
近人士, 莫不爲之悼惜。甲辰正月五日丙辰, 從遺命, 葬于羊場山卯向
之原。葬之日, 値陶山歲謁, 月川特爲退行謁廟, 而書院儒生來會致奠,
陶院之致奠原任, 自公始云。丁未, 以宣武原從功, 贈司憲府監察。配
檜山黃氏, 司諫龜巖公孝恭之孫, 通仕郎釴之女也。配德合美, 克著壼
彜。葬同原。生三子。…(중략)… 公旣下世, 諸子亦相繼早歿, 門人學
徒, 又未及收拾遺事, 撰成記善之狀, 而屢經回祿, 家藏文籍, 蕩然無復
存者。世代寢遠, 事蹟黮昧, 美行懿德, 無從而可考見, 豈非後人無窮
之憾也? 迺者公六世孫欽, 始搜鳩詩文若干首於古紙中, 旣又裒輯諸公
誄侑文字, 繕寫二冊, 來示世澤, 俾任勘校之役, 又欲謁文叙其事行。
此固非世澤譾陋所可堪承, 而第惟念吾兩家先故, 有百世之誼焉。矧吾

高祖別座府君, 少從公受學, 今有聯名祭文載在附錄, 揆之私義, 誠有
所不敢辭者。謹就篇中題註年條,　參考山南公墓碣及溪門錄本縣地誌
等所記, 略爲排纘如右, 草率疎漏, 固所難免。至於德性儀刑之美, 尤
不敢杜撰形容, 以犯不韙之罪, 姑以諸先輩挽祭文, 最其大槩而言之。
趙月川祭文曰：“止叔而至於斯, 世寧有斯人耶？”權晦谷挽詩曰：“閒情
雲共遠, 詩思水同流.”祭文則曰：“尋君所止, 溪聲滿堂, 問君事業, 退
集在林.”朴大菴祭文曰：“承孝悌之遺風, 啓窮鄉之羣蒙.”輓詩則曰：
“霜深空谷蘭愈馥, 雪漲寒松鶴獨眠.”金溪巖祭文曰：“天姿恬雅, 問學
詳博, 從容乎古人禮法之場, 絶意於世間浮華之習.”又曰：“淡乎無欲,
毅然難犯, 藜羹不繼, 短褐穿結, 囂囂然掉頭於世慮, 外間無一物來亂
其靈源.”今以此訪蠁於字句言意之間, 有足以想像公平日風猷德容之
彷彿, 而亦可槩見其行治矣。蓋公襲家世孝謹之風, 蚤受薰陶於函丈。
姿品旣美, 充養有道, 知行幷進, 表裏如一。居家而篤倫理之行, 處鄉
而著誠實之則。而胸襟皎潔, 氣度淸雅, 灑然措躬於物累之外, 藏修幽
敻, 安貧樂業。卽毋論後來名勝, 雖以當時吾鄉諸先輩言之, 亦未易多
見也。若其文辭, 特公餘事耳, 又非有藻繢華采之炫煌人眼目者。而冲
淡圓融, 樸而不雕, 眞箇是有德者言也。惜乎其盡爲蕩佚於煨燼之際,
今其所餘, 若是寂寥, 如使如世澤謏聞淺見, 謬下鼈次, 恐無以傳於後,
無寧依此藏弆,　以存故蹟。且待具眼者勘整編修云爾。上之五十二年
乙未仲春小晦。後學嘉義大夫。前行司憲府大司憲李世澤謹狀。

〔北厓先生文集, 권4, 附錄〕

40. 김해

김해의 자는 달원, 호는 근시재, 본관은 광주(光州)이다. 읍청정(挹淸亭) 김부의(金富儀)의 아들이다. 명종 을묘년(1555)에 태어났다. 천거로 참봉에 제수되었는데, 나아가지 않았다. 선조 무자년(1588) 사마시에 합격하고 문과에 급제하여 벼슬은 한림을 지냈다.

공은 행실과 의리로 이름이 널리 알려져 무성하게 영남의 촉망을 받았다. 별시문과에서 급제자의 이름을 부르자, 온 신료들이 조정에서 축하하였다.

역모자가 공을 모함하여 끌어들인 적이 있었는데, 의금부의 기병들이 갑자기 시골집에 들이닥치자 집안사람들은 아연실색하며 두려워하였지만 공은 안색 하나 변하지 않았다. 옥사(獄事)에 나아갔으나 사건은 끝내 실체가 없었다.

공은 어려서부터 개연히 성현(聖賢)의 학문에 뜻을 두었고, 퇴도(退陶: 이황)를 사숙(私淑: 직접 가르침을 받지 않고 마음속으로 본받아 스스로 배움)하였다. 서실에 조용히 앉아서 글을 읽고 깊은 생각에 잠기었는데, 무언가 깨달음이 있으면 재빨리 기록해 두었고, 모호한 바가 있으면 월천(月川: 조목)·학봉(鶴峯: 김성일)·서애(西厓: 류성룡) 등 여러 선생을 찾아가 질문하였다. 특히, 예서(禮書)를 즐겨 읽었고, 천문(天文)·지지(地誌)·병모(兵謀: 병법)·의복(醫卜: 의술과 점술) 등에 관한 서적도 두루 통하였으니, 사람들은 그 깊이를 헤아릴 수 없었다.

임진년(1592) 공은 고향 마을에 있으면서 눈물을 뿌리며 소매를 떨치고 일어나 의병을 일으켜 이끌자, 사람들이 공을 추대하여 대장으로 삼았다. 공은 여러 동지들을 군사적으로 편제하여 통솔하였는데, 이정백(李庭柏: 李庭栢의 오기)·배용길(裵龍吉)을 좌우의 부장(副將)으로 삼으니 의로운 명성이 크게 떨쳤다. 초유사(招諭使) 학봉(鶴峯) 김 선생(金先生: 金誠一)에게 편지를 보내었는데, 그 글의 취지가 강개하고 비장하였다. 안동(安東)에 진을 치고서 예천(醴泉)의 왜적들을 크게 무찔렀으며, 또 생포한 왜적의 우두머리를 관찰사의 감영에 바쳤다. 섣달 그믐밤에 시를 지었으니, 이러하다.

외로운 등불의 객사에는 쇠갑옷이 차갑거늘
사람들 오늘 밤이 한해의 마지막이라 하네.
이 하루가 능히 두 귀밑머리 희게 할지라도
백년인들 오직 일편단심만 그대로 있을지라.

선조(宣祖)가 특별히 충절을 포상하고 수찬에 추증하였다.【협주: 채제공이 찬한 묘갈명에 실려 있다.】

• 金垓

金垓, 字達遠, 號近始齋, 光州人。挹淸亭富儀子。明宗乙卯生。薦除參奉, 不赴。宣祖戊子司馬, 文科, 官翰林。

公以行義著聞, 蔚爲山南之望。及柝別試第, 百僚賀于庭。
逆竪誣引公, 緹騎[1]猝及鄕盧, 家人失驚, 公不色變。及赴獄, 事竟無實。
自少慨然志聖賢, 私淑退陶。靜坐書室, 俯讀仰思, 有得則疾書, 有晦則就月川·鶴峯·西厓諸先生而質焉。尤喜讀禮書, 旁通天文·地誌·兵謀·醫卜之書, 人不得窺其際。

---

1 緹騎(제기): 漢나라 때 執金吾에 소속된 병사를 이르는 말. 죄인을 호송하는 의금부의 병사이다..

壬辰, 公在田里², 灑泣, 投袂而起, 倡率義旅, 衆推公爲大將。公部勒³諸同志, 以李公庭柏⁴·裵公龍吉⁵爲左右副, 義聲大振。貽書招諭使鶴峯金先生, 辭旨悲壯慷慨。立安東壘, 膊醴泉⁶賊, 又生獲酋, 獻觀察營。當除夕, 賦詩曰："孤燈旅舍鐵衣寒, 人道今宵歲已闌。一日能添雙鬢白, 百年惟有寸心舟。"宣祖特褒忠, 贈修撰。【蔡濟恭撰碣】

보충

채제공(蔡濟恭, 1720~1799)이 찬한 묘갈명

예문관 검열 증 홍문관 수찬 근시재 김공 묘갈명

근시재(近始齋) 김공(金公)의 휘는 해(垓), 자는 달원(達遠)이다. 그 선조는 광주(光州)를 본관으로 하는데, 고려 태조(太祖: 왕건)를 도와 사공(司空)에 오른 자로 김길(金吉)이라 한다. 그 후로 마침내 크게 현달하였으니, 휘 김광존(金光存)이라 하는 이가 있어 지문하성사(知門下省事)를 지

---

2 田里(전리): 자기가 태어나서 자란 곳.

3 部勒(부륵): 부서를 정하여 인원을 배치함.

4 李公庭柏(이공정백): 李庭栢(1553~1600)의 오기. 본관은 眞城, 자는 汝直, 호는 樂琴軒. 증조부는 李壎이며, 조부는 李演이다. 參奉 李希顏의 아들로 李希雍에게 입양되었다. 친어머니 義城金氏는 金禮範의 딸이다. 첫째부인 原城邊氏는 邊永澄의 딸이며, 둘째부인 牙山蔣氏는 蔣文友의 딸이다. 鶴峯 김성일가는 내외종이었다. 퇴계 이황의 문하에서 수학하였으며 남치리, 권호문 등 여러 문인들과 교류하며 학문의 폭을 넓혔다. 1588년 생원시에 합격하여 참봉에 제수되었으나 나아가지 않았다. 1592년 임진왜란이 일어나자 의병을 일으켜 의병대장에 추대되었으며 裵龍吉 등과 함께 醴泉 龍宮으로 진격하여 왜적을 물리쳤다. 이듬해 다시 密陽과 凝川지방에서 활약하였으나 병을 얻어 돌아왔다.

5 裵公龍吉(배공용길) 裵龍吉(1556~1609). 본관은 興海, 자는 明瑞, 호는 琴易堂·藏六堂. 증조부는 생원 裵巘이며, 조부는 裵天錫이다. 아버지는 관찰사 裵三益이며, 어머니 英陽南氏는 南蓋臣의 딸이다. 부인 光山金氏는 金墩의 딸이다. 金誠一의 문하에서 수학하였으며, 이어 柳成龍·趙穆·南致利 등을 사사하였다. 1575년 사마시에 합격하고, 1585년 성균관에 입학하였으며, 1592년 임진왜란이 일어나자 안동에서 의병을 일으켜 金垓를 대장으로 추대하고 그의 부장으로 활약하였다. 1594년 세마, 시직, 부솔을 지냈다. 1602년 별시문과에 급제하였다. 1606년 사헌부감찰 등을 역임한 뒤 1608년 충청도도사를 지냈다.

6 醴泉(예천): 경상북도 북부에 있는 예천군 일대.

냈으며, 휘 김진(金縝)은 예문관 대제학을 지냈고 시호는 장영(章榮)으로 공에게 8대조가 된다. 성조(聖朝: 조선)에 들어와 휘 김천리(金天利)는 밀직부사를 지냈다. 그로부터 3대를 내려와 현감을 지내고 참의(參議)에 추증된 자의 휘는 김회(金淮)로 공의 고조부이다. 증조부 휘 김효로(金孝盧)는 생원으로 참판에 추증되었고, 조부 휘 김연(金緣)은 강원도 관찰사를 지냈는데, 김씨가 예안(禮安)으로 옮겨 살면서 자손들로 하여금 예안 사람이 되도록 한 것은 참판공 때부터 시작되었다. 관찰공에게 두 아들이 있었는데, 장남의 휘는 김부필(金富弼, 1516~1577), 호는 후조당(後凋堂), 국자감 생원이었고, 차남의 휘는 김부의(金富儀, 1525~1582), 호는 읍청정(挹淸亭), 또한 국자감 생원이었으니, 모두 퇴도(退陶: 李滉) 선생을 스승으로 섬겨 가르침을 받았다. 조정에서 여러 차례 불렀으나 나아가지 않았고 학문에 독실하며 수양에 힘써서 세상에 널리 알려졌다.

공은 읍청공의 아들이다. 어머니 안동권씨(安東權氏)는 정랑(正郞) 권습(權習)의 딸이다. 공이 태어난 지 7일 만에 어머니가 죽자, 후조공이 매우 지극히 보살펴 길러주었다. 대여섯 살 무렵 일찍이 병을 앓은 적이 있었는데, 유모가 공을 안고 오줌을 누이자, 공이 화를 내며 꾸짖기를, "어찌 사당을 향해 이리 할 수 있단 말인가?"라고 하였으니, 그의 남다른 자질이 이와 같았다.

장성한 뒤에는 책을 읽고 몸가짐에 힘써 오직 고례(古禮)를 받들어 행하였다. 정축년(1577) 후조공의 심제(心制: 상복을 입지 않고 마음으로 치르는 상)를 지켰는데, 3년을 마치도록 게으르지 않았다. 임오년(1582) 부친상을 당하여 몸이 상할 정도로 슬퍼함이 심하였는데, 사람들이 그 효성에 감동하지 않는 이가 없었다.

정해년(1587) 천거하는 이가 있어 광릉 참봉(光陵參奉)에 제수되었으나 나아가지 않았다. 이듬해 또 사직서 참봉(社稷署參奉)에 제수되었는데, 곧이어 사마시에 합격하여서 사직을 청하여 체직되었다. 또 그 이듬해

다시 연은전 참봉(延恩殿參奉)에 제수되었는데, 곧이어 별시 문과에 급제
하였다. 이보다 앞서, 공은 행실과 의리로 이름이 널리 알려져 무성하게
영남의 촉망을 받았으니, 사람들이 그의 등용을 기대하였었다. 과거 급
제자의 이름을 부르자, 온 신료들이 조정에서 축하하였다. 괴원(槐院: 승
문원)에 선발되어 배속되었고, 얼마 있다가 추천으로 예문관에 들어가
한림(翰林)이 되었다. 얼마 지나지 않아 동료가 사초(史草)를 불태운 일로
인하여 죄를 받아 파직되었는데, 공은 실제로 그 일에 참여하지 않았다.
때마침 역모자가 공을 모함하여 끌어들인 적이 있었는데, 의금부의 기병
들이 갑자기 시골집에 들이닥치자 집안사람들은 아연실색하며 두려워
하였지만 공은 안색 하나 변하지 않았다. 옥사(獄事)에 나아갔으나 실체
가 없었으니, 다만 관작만 삭탈된 채 집으로 돌아왔다.

그로부터 4년이 지난 만력(萬曆) 임진년(1592)에 천도를 거스른 왜적
이 마구 날뛰어 나라의 운명이 주상의 파천에 이르렀는데, 공은 이때
고향 마을에 있으면서 눈물을 뿌리고 하늘에 맹서하며 소매를 떨치고
일어나 의병을 일으켜 이끌자, 사람들이 공을 추대하여 대장으로 삼았
다. 공은 여러 동지들을 군사적으로 편제하여 통솔하였는데, 이정백(李
庭柏: 李庭栢의 오기)·배용길(裴龍吉)을 좌우의 부장(副將)으로 삼으니 의로
운 명성이 크게 떨쳤다. 이에 초유사(招諭使) 학봉(鶴峯) 김 선생(金先生:
金誠一)에게 편지를 보내어 의병을 일으키게 된 상황을 매우 자세히 밀했
는데, 그 글의 취지가 강개하고 비장하여 읽는 이들 모두 눈물을 흘렸다.
안동(安東)에 진을 치고서 예천(醴泉)의 왜적들을 크게 무찔렀으며, 이윽
고 또 생포한 왜적의 우두머리를 관찰사의 감영에 바쳤다. 의병의 무리
들을 마주할 때면 번번이 눈물을 흘리며 말하기를, "나는 이미 의를 드높
여 오랑캐놈들을 멸하기로 기약하였으니, 이기고 지는 것은 비록 미처
미리 헤아릴 수 없으나, 오직 한번 죽어 나라에 보답할 뿐이다."라고
하였다. 계사년(1593) 섣달 그믐밤에 시를 지었으니, 이러하다.

> 외로운 등불의 객사에는 쇠갑옷이 차갑거늘
> 사람들 오늘 밤이 한해의 마지막이라 하네.
> 이 하루가 능히 두 귀밑머리 희게 할지라도
> 백년인들 오직 일편단심만 그대로 있을지라.

마침내 의병의 진영(陣營)을 밀양(密陽)으로 이동시켰다.

이때 단인(端人) 이씨(李氏)가 죽었으나 상을 치르지 못하고 있다는 소식을 듣고, 잠시 말을 내달려 고향으로 돌아와 하룻밤을 묵고는 지체없이 서둘러 말을 몰아 돌아가다가 미처 군진에 이르기도 전에 병이 들어 경주(慶州)의 객사로 되돌아왔는데 바로 6월 19일이었으니, 그가 태어난 가정(嘉靖) 을묘년(1555)으로부터 향년 39세였다. 의병의 온 군사들이 우레처럼 울부짖으며 곡(哭)을 하였고, 원근의 사람들이 친척인 듯 슬퍼하였다.

아아, 신하된 자가 나라를 위해 목숨을 바치는 것이야말로 정녕 세상에서 우뚝 솟은 고귀한 충절로 그보다 숭상할 것이 있을 수 없다. 그러나 진실로 일이 모두 이치에 부합하여 죽을 수 있어서 죽는 것이 아니라면, 옛 사람들은 그것을 일절(一節: 단 하나의 고귀한 절의)이라 불렀다. 공과 같은 사람은 평소 학문에 독실했던 조행(操行)을 참작해 보면, 그 죽음이 어찌 아무런 근본 없이 그러하였겠는가?

공은 어려서부터 개연히 성현(聖賢)의 학문에 뜻을 두었으니, 집안의 가르침을 익혀 실천하였고, 퇴도(退陶: 이황)를 사숙(私淑: 직접 가르침을 받지 않고 마음속으로 본받아 스스로 배움)하였다. 순수하고 아름다운 자질에 박문약례(博文約禮: 널리 배우고 예로써 단속함)의 공부를 겸하였기 때문에, 서실에 조용히 앉아서 글을 읽고 깊은 생각에 잠기었는데, 무언가 깨달음이 있으면 재빨리 기록해 두었고, 모호한 바가 있으면 월천(月川: 조목)·학봉(鶴峯: 김성일)·서애(西厓: 류성룡) 등 여러 선생을 찾아가 질문하였다. 특히, 예서(禮書)를 즐겨 읽었는데, 매번 비지(賁趾) 남치리(南致利, 1543~1580) 선생과 함께 그 절차와 형식의 같고 다름에 분별하고 논쟁하였다. 역대 치란(治亂)의 자취까지 그 요지를 파악하여 꿰뚫지 못하는 것이 없었는데, 천문(天文)·지지(地誌)·병모(兵謀: 병법)·의복(醫卜: 의술과 점술) 등에 관한 서적도 두루 통하였으니, 날마다 일삼는 바가 있으나 사람들은 그 깊이를 헤아릴 수 없었다.

이러한 연유로 그것이 밖으로 발현되어 쓰인 것이니, 부모를 섬길 때면 지극한 효성으로 하였고, 조상을 받들 때면 지극한 정성으로 하였다. 종친에게 돈독히 대하니 종족들이 화목해야 함을 품게 하였고, 고을 사람들을 가르치니 고을 사람들이 본받게 하였다. 혼례에서는 반드시 친영(親迎)의 의례를 실천하였고, 곤궁한 이에게는 재물을 아낌없이 베풀어 주었다. 애쓰지 않아도 사람들이 스스로 따랐고, 구하지 않아도 명예가 절로 널리 퍼졌다. 이는 대개 참되게 알고 실제로 행한 바에서 확장되어 드러나지 않은 것이 없었다. 이로써 보건대, 공이 위태로움을 보고 목숨을 바쳐 마땅히 죽어야 할 곳에 죽었으니, 처음부터 체(體: 근본)가 온전하였고 용(用: 실천)이 완비되지 않은 적이 없었음이 분명하다. 그런데도 좋지 못한 때를 만나 끝내 대업(大業)을 이루지 못하였으니, 하늘은 무슨 까닭이란 말인가?

을미년(1595) 선조(宣祖)가 특별히 공에세 홍문관 수찬을 추증하였으니, 충절을 표창하려는 것이었다. 공의 묘는 모두 3번 옮겨졌는데, 마지막으로 안동(安東) 금학산(金鶴山) 임좌(壬坐)의 언덕에 장사 지냈다.

공이 지은 시문(詩文)은 격조가 높고 우아하며 문리가 밝고 시원스레 통하였는데, 내용과 형식이 모두 갖춰져 있었다. 그 중에서도 사칠변(四七辨: 사단칠정에 대한 변론)은 퇴도(退陶: 이황) 선생의 이발(理發)과 기발(氣發)의 취지를 명확히 밝혀내고, 후대 유학자들의 절충을 선호하고 분별을 싫어하는 병통을 깊이 배척하였으니, 이는 더욱이 백세 뒤에라도 의

혹될 바가 없다고 하였다.

부인 진성이씨(眞城李氏)는 이재(李宰)의 딸이자 이의(李漪)의 손녀이며, 퇴도 선생에게는 질손녀(姪孫女: 從孫女)가 된다. 곧고 정숙하며 유순하여 종친들이 모두 탄복하였다. 공보다 1개월 먼저 죽었으니, 향년 42세였다. 같은 무덤에 합장하였다. 모두 4남 3녀를 낳았다. …(이하 생략)…

藝文館檢閱贈弘文館修撰近始齋金公墓碣銘

近始齋金公, 諱垓, 字達遠。其先光州人也。佐麗太祖, 位司空者曰吉。其後遂大顯, 有諱光存, 知門下省事。諱積。藝文館大提學, 諡章榮, 於公八世祖也。入聖朝, 諱天利, 密直副使。三傳而官縣監贈參議者諱淮, 高祖也。曾大父諱孝盧, 生員贈參判, 大父諱緣, 江原道觀察使, 金氏之移居禮安, 使子孫爲禮安人, 自參判公始。觀察公有二子, 長曰富弼, 號後凋堂, 國子生員, 次曰富儀, 號挹淸亭, 亦國子生員, 皆師事退陶先生。屢徵不起, 以篤學向上著焉。公挹淸公之子也。妣安東權氏, 正郎習之女。公生七日, 夫人歿, 後凋公顧復甚至。甫五六歲, 嘗有疾, 乳媼抱使旋, 怒罵曰: "何得向祠廟爲?" 其異質如此。旣長, 讀書毖躬, 惟古禮是將。丁丑, 持後凋公心制, 終三年不懈。壬午, 罹父憂毁甚, 人莫不感其孝。丁亥, 有薦者, 除光陵參奉, 不赴。明年, 又除社稷署參奉, 旋中司馬, 辭遞。又明年, 又除延恩殿參奉, 旋中別試第。先是, 公以行義著聞, 鬱爲山南望, 人遲其登庸。及坼號, 百僚賀于廷。選隸槐院, 俄薦入藝文館爲翰林。未幾, 因同僚焚史草, 坐罷, 公實不與也。時有逆竪誣引公, 緹騎猝及鄕廬, 家人失驚惒, 公不色變。及赴獄事, 無實, 只削秩以歸。越四年萬曆壬辰, 逆倭猖獗, 國步播遷, 公時在田里, 灑泣誓天, 投袂以起, 倡率義旅, 衆推公爲大將。公部勒諸同志。以李公庭栢·裵公龍吉, 爲左右副, 義聲大振。於是, 貽書招諭使鶴峯金先生, 言起兵狀甚悉, 辭旨忼慨悲壯, 讀者皆涕焉。立安東壘, 膊醴泉賊, 已又生獲酋獻觀察營。對衆輒泣, 語曰: "吾旣抗義, 期滅醜奴,

成敗雖未可逆覩, 惟有一死報國耳." 當癸巳除夕, 賦詩曰:"孤燈旅舍鐵衣寒。人道今宵歲已闌。一日能添雙鬢白, 百年惟有寸心丹." 遂移壁密陽。聞端人李氏歿, 喪不成, 暫馳還一宿, 便趣駕歸。未至軍疾作, 復于慶州逆旅, 六月十九日也, 距其生嘉靖乙卯, 得年三十九。一軍號哭如雷, 遠近聞者, 如悲親戚。嗚呼! 爲人臣, 爲國效死, 固天地間卓行, 不可尙已。然苟非事皆合理, 可以死而死者, 古人謂之一節。若公者, 參之以平日篤學之操, 其死也豈無所本而然哉? 公自少慨然志聖賢之學, 服習庭訓, 私淑退陶。以粹美之資, 兼博約之工, 靜坐書室, 俯讀仰思, 有得則疾書, 有晦則就月川·鶴峯·西厓諸先生而質焉。尤喜讀禮書, 每與賁趾南先生致利, 辨論節文同異。以及歷代治亂之迹, 無不領略貫穿, 旁通天文·地誌·兵謀·醫卜之書, 日有所事而人不得窺其際。以故發而爲用者, 事親則至孝也, 奉先則至誠也。敦宗族則宗族懷, 敎鄕黨則鄕黨式。於婚禮, 必復親迎之儀, 於困窮, 不惜施與之財。不勞而人自服, 不求而譽自洽。蓋莫非眞知實踐之推也。以是觀之, 公之見危授命, 死得其所, 未始非體全用備也明矣。時丁不辰, 不克卒大業, 天曷故焉。乙未, 宣廟特贈公弘文館修撰, 所以褒忠也。公之墓凡三遷, 卒葬於安東金鶴山壬坐之原。公爲詩文, 典雅明暢, 文質備具。其中四七辨, 發明退陶理發氣發之旨, 深斥後儒好合惡離之病, 尤可以百世以俟而不惑云。配眞城李氏, 宰之女, 漪之孫, 於退陶先生爲姪孫女, 貞靜柔順, 親黨咸服。先公一月而卒, 壽四十二。窆同穴。凡生四男三女。…(이하 생략)…

〔樊巖先生集, 권52, 墓碣銘〕

41. 임흘

임흘의 자는 탁이, 호는 용담, 본관은 풍천이다. 명종 정사년(1557)에 태어났다. 선조 임오년(1582) 진사시(進士試: 生員試의 오기)에 합격하여 벼슬은 동몽교관(童蒙教官)을 지냈다. 광해군 경신년(1620)에 죽었다.

공은 박소고(朴嘯皐: 朴承任)에게 학업을 질정 받았고, 늦게 조월천(趙月川: 趙穆)·정한강(鄭寒崗: 鄭寒岡의 오기, 鄭逑)의 문하에 종유하였는데, 선생들은 모두 그릇으로 중히 여겼다. 용담(龍潭)에 집을 짓고 이로써 호를 삼고는 글을 짓고 책을 읽으면서 스스로를 즐겼다.

임진년(1592), 공은 교서관 정자(校書館正字) 류종개(柳宗介) 및 김중청(金中淸), 윤흠신(尹欽臣: 尹欽信의 오기인 듯)·윤흠도(尹欽道) 형제와 함께 의병을 일으켰으니, 이른바 내성병(奈城兵)이었다. 류공(柳公)을 대장으로 추대하고 공은 부장(副將)이 되었는데, 군대를 장현(獐峴: 노루재)으로 이끌고 가서 살부령(薩夫嶺) 아래 복병을 두었지만, 류공 및 윤흠신(尹欽臣: 尹欽信) 형제가 죽었다. 공은 흩어진 병사들을 다시 수습하여 한림(翰林) 김해(金垓)의 의병진으로 나아가 투신하고 병력을 합쳐 진격할 계획을 세웠다. 김공(金公: 김해)이 죽자, 공은 그 군중(軍衆)을 대신 거느리고서 문경(聞慶)에서 한번 싸우고, 당교(唐橋)에서 다시 싸워서 적을 베어 죽이거나 사로잡은 바가 많았다. 그러나 얼마 지나지 않아 공은 부친상을 당하여 떠났다.

전옥서 참봉(典獄署參奉: 전생서 참봉의 오기인 듯)에 제수되었는데, 조정의 형편이 평온하지 못하고 어지러워지는 것을 보고, 상소를 올려 권귀(權貴)를 탄핵하고 돌아왔다. 광해군조에 동몽교관(童蒙教官)에 제수되었으나 나아가지 않았으니, 대개 이이첨(李爾瞻) 등이 반드시 나라를 그르칠 것을 알았기 때문에 그러하였던 것이다. 이로부터 더욱 세상에 뜻을

두지 않고 문을 닫아걸고서 글 읽기에 힘쓰며 유유히 세월을 보냈다.【협
주: 안정복이 찬한 묘지명에 실려 있다.】

• **任屹**

任屹, 字卓爾, 號龍潭, 豊川人。明宗丁巳生。宣祖壬午進士[1], 官童
蒙敎官。光海庚申卒。

公質業于朴嘯皐[2], 晚遊趙月川·鄭寒崗[3]之門, 諸先生皆器重之。築
室龍潭, 因以自號, 以書史自娛。

壬辰, 公與敎書正字柳宗介[4]及金中淸[5]·尹欽臣[6]·欽道[7]兄弟, 倡義旅,

---

1 進士(진사): 生員의 오기.

2 朴嘯皐(박소고): 朴承任(1517~1586). 본관은 潘南, 자는 重甫, 호는 嘯皐. 증조부는 사온
   서 영 朴秉鈞이며, 조부는 부사직 朴磬이다. 아버지는 朴珩이며, 어머니 禮安金氏는 金萬
   鎰의 딸이다. 부인 醴泉權氏는 집의 權五紀의 딸이다. 李滉의 문인이다. 1540년 식년문과
   에 급제하였다. 승문원·예문관·승정원·홍문관 등 여러 청요직을 역임하였다. 풍채가 뛰어
   나고 과묵했으며 항상 자신을 드러내기를 꺼려하였다. 많은 서적을 읽었는데 특히《논어》
   와 주자서를 탐독하였다. 그의 성리학적 견해는 주로 이황의 학설을 따라 주리론의 경향을
   보였다.

3 寒崗(한강): 寒岡의 오기.

4 柳宗介(류종개, 1558~1592): 본관은 豊山, 자는 季裕. 지금의 안동시 예안면에서 태어났
   다. 조부는 승훈랑 柳公智이다. 아버지는 柳贇(1520~1591)이며, 어머니 牙山蔣氏는 蔣世
   蕃의 딸이다. 부인 奉化琴氏는 琴文筍의 딸이다. 月川 趙穆의 문인이다. 1579년 진사시에
   합격하고, 훈도로서 1585년 식년문과에 급제하였다. 이어 교서관정자가 된 뒤 성균관전적
   관직 생활을 하다가 아버지가 세상을 떠나자 고향에 돌아와 있을 때인 1592년 임진왜란을
   당하였다. 이때 士族들이 적에게 대항하지 않고 피난하자, 의병 600여 명의 대장이 되어
   소천면 화장산 전피현에서 왜군 선발대를 섬멸하고 본진 3000명과 싸우다가 의병이 전멸
   되었는데 금산의 700의총 다음 가는 큰 전쟁터였다. 그는 왜군에게 사로 잡혔다가 죽음을
   맞았다.

5 金中淸(김중청, 1566~1629): 본관은 安東, 자는 而和, 호는 晩退軒·苟全. 증조부는 金世殷
   이며, 조부는 金廷憲이다. 아버지는 折衝僉知中樞府事 金夢虎이며, 어머니 潘南朴氏는
   소고 박승임의 형인 朴承仁의 딸이다. 첫째부인 長水黃氏는 사과 黃賀의 딸이며, 둘째부인
   永川李氏는 奉事 李永承의 딸이다. 趙穆의 문인으로 학문이 뛰어났다. 1610년 식년문과에
   급제하였다. 1613년 성균관전적·예조좌랑·정랑을 역임하였고, 이듬해에는 聖節使의 서
   장관으로 명나라에 다녀왔다. 1615년 세자시강원문학이 되었으며, 사간원정언으로 폐모
   론에 반대하는 李元翼을 탄핵하라는 대북파 鄭仁弘의 부탁을 거절하자 파면되었다. 1616

所謂奈城兵也。推柳公爲大將，公副之，引軍獐峴[8]，設伏于薩夫嶺下，柳公及尹欽臣兄弟死之。公再收散卒，投金翰林垓陣，合兵，爲進取計。金公歿，公代領其象，一戰於聞慶[9]，再戰於唐橋[10]，多所斬獲。未幾，丁父憂去。

除典獄署[11]參奉，見朝著不靖，上疏斥權貴而歸。光海朝，除童蒙教官，不出，盖知爾瞻[12]等，必誤國而然也。自此益無意於世，杜門勅書，優游卒歲。【安鼎福撰誌】

년 신안현감에 이어 1621년 승정원 승지로 宣諭使가 되어 영남을 순행하였다. 이후 散職에 머물렀으며, 인조반정 후에는 조정에 나아가지 않았다.

6 尹欽臣(윤흠신): 尹欽信(?~1592)의 오기

7 欽道(흠도): 尹欽道(1567~1592). 본관은 醴泉, 자는 弘之. 윤흠신의 동생. 1592년 임진왜란 때 형 윤흠신과 더불어 참의 류종개, 처사 임흘과 의병을 일으켜 적을 토벌하다가 전몰했다.

8 獐峴(장현): 노루재. 경상북도 봉화군의 법전면 어지리와 소천면 현동리 사이에 있는 고개이다.

9 聞慶(문경): 경상북도 북서부에 있는 고을.

10 唐橋(당교): 경상북도 상주시 함창읍 윤직리에 있는 다리.

11 典獄署(전옥서): 典牲署의 오기.

12 爾瞻(이첨): 李爾瞻(1560~1623). 본관은 廣州, 자는 得興, 호는 觀松·雙里. 증조부는 李秀薰이며, 조부는 李範이다. 아버지는 李友善이며, 어머니 晉州柳氏는 柳惟一의 딸이다. 1582년 사마시에 합격하고, 1593년 광릉참봉을 지냈다. 1594년 별시문과에 급제하여 典籍에 승진한다. 1599년 이조정랑이 되고, 1608년 문과중시에 장원하였다. 宣祖의 後嗣 問題로 대북·소북이 대립하자 대북의 영수로 鄭仁弘과 함께 광해군의 옹립을 주장하면서, 당시 선조의 뜻을 받들어 永昌大君을 옹립하려는 柳永慶 등 소북을 논박하였다. 이로 인해 선조의 노여움을 사서 갑산에 유배당했다가, 이해 2월 선조가 갑자기 죽고 광해군이 즉위하면서 일약 예조판서에 올랐다. 이어 대제학을 겸임하고 廣昌府院君에 봉해졌다. 권세를 장악한 이이첨은 정인홍과 함께 심복을 끌어들여 대북의 세력을 강화하는 한편, 臨海君 李珒과 유영경을 사사되게 하는 등 소북 일파를 숙청하였다. 1612년 金直哉의 誣獄을 일으켜 宣祖의 손자 晉陵君 李泰慶 등을 죽였다. 이듬해 강도죄로 잡힌 朴應犀 등을 사주하여, 영창대군을 옹립하려 했다고 무고하게 하여 영창대군을 庶人으로 떨어뜨려 강화에 안치시키고 金悌男 등을 사사시켰다. 이듬해 영창대군을 살해하고, 1617년 仁穆大妃의 폐모론을 발의해 이듬해 대비를 西宮(경운궁. 곧 지금의 덕수궁)에 유폐하는 등 (生殺置廢를 마음대로 자행하였다. 1623년 인조반정으로 광해군이 폐위되자 가족을 이끌고 영남 지방으로 도망가던 중 광주의 利甫峴을 넘다가 관군에게 잡혀 참형되었다.

보충

안정복(安鼎福, 1712~1791)이 찬한 묘갈명

동몽교관 용담 임공 묘지명 병서

공의 휘는 흘(屹), 자는 탁이(卓爾), 성은 임씨(任氏)이다. 시조 임온(任溫)은 송(宋)나라 소흥부(紹興府) 사람으로 중국의 이름난 가문 출신이다. 6대를 내려와 임주(任澍)에 이르러 송나라가 망하자 원나라에 편입되어 공주를 수행하여 동쪽으로 왔으니, 곧 팔학사(八學士) 가운데 한 사람이 었는데, 고려에 그대로 머물러 있으면서 벼슬은 어사대부(御史大夫)를 지냈고, 풍주(豊州)를 관향으로 하사받았다. 대대로 높은 벼슬이 이어졌 는데, 휘 임산보(任山寶)에 이르러 우리 조선에 들어와 한성부윤(漢城府尹)이 되었으니, 공에게 7대조가 된다. 증조부 휘 임유겸(任由謙, 1456~1527)은 공조판서를 지냈고 시호는 소간(昭簡)인데, 중종조(中宗朝) 의 명신이었다. 조부 휘 임건(任楗)은 함양군수를 지냈다. 아버지 휘 임태신(任泰臣)은 선무랑(宣務郎)이었다. 어머니 봉화금씨(奉化琴氏)는 현감 금응종(琴應鍾)의 딸이다. 가정(嘉靖) 정사년(1557)에 도성의 집에서 공을 낳았다.

어려서부터 남다른 자질이 있었고 효성과 우애가 독실하였으며, 장성 해서는 재능과 문예가 비길 데 없이 뛰어났다. 임오년(1582) 생원시에 합격하였는데, 이때 사론(士論)이 서로 엇갈려 붕당의 소심이 보이고 있 었다. 공은 성품이 드높고 당당하여 세속을 따라 굽히고 살려고 하지 않아, 선무공(宣務公: 부친 임태신)을 모시고서 안동부(安東府) 내성현(乃城縣: 지금의 奉化)으로 남하하여 용담(龍潭)에 집을 짓고 이로써 호를 삼았 다. 시내와 산을 단장하여 41개의 경관을 조성하고 경관마다 각기 시를 지었으며, 날마다 글을 짓고 책을 읽으면서 스스로를 즐겼다. 박소고(朴嘯皐: 朴承任, 1517~1586) 선생에게 드나들며 학업을 질정하였는데, 선생 이 공을 깊이 기대하고 인정하였다.

임진년(1592) 왜놈들이 대거 침입해 들어왔는데, 영남 지방이 가장 먼저 그 병화를 입어 여러 고을이 와해되자, 공은 스스로 대대로 내려오며 국가의 녹을 받는 신하로서 차마 가만히 앉아 볼 수 없어 비분강개하여 눈물을 뿌리며 교서관 정자(校書館正字) 류종개(柳宗介) 및 김중청(金中淸), 윤흠신(尹欽臣: 尹欽信의 오기인 듯)·윤흠도(尹欽道) 형제와 함께 힘을 합쳐 의병을 일으키기로 도모하였다. 처음 춘양(春陽)에서 의병을 일으켜 수백여 명을 불러 모았으니, 이른바 내성병(奈城兵)이었다. 류공(柳公)을 대장으로 추대하고 공은 부장(副將)이 되었는데, 16개 조목의 약속 사항을 정하여 동지들을 격려하며 말하기를, "유언비어를 퍼뜨리지 말 것, 놀라 날뛰지 말 것, 시끄럽게 떠들지 말 것, 해괴하게 장난하지 말 것, 아랫사람이 윗사람을 능멸하지 말 것, 천한 사람이 귀한 자를 능멸하지 말 것, 공을 자랑하지 말 것, 어려움을 회피하지 말 것, 사소한 차이에 좌우되지 말 것, 기분에 따라 등 돌리지 말라."라고 하였고, 나머지 6개 조목은 군대 내에서 갖추어야 할 태도와 모습에 관한 것이었다. 또 군대를 지휘하기 위한 명령의 7개 조목을 사졸(士卒)들에게 엄하게 경계하여 말하기를, "북소리를 들으면 싸우되 징소리를 들으면 멈추라. 북소리가 끊이지 않으면 전진만 있을 뿐 후퇴하지 않아야 하며 감히 후퇴하는 자는 참한다. 징소리를 2번 들은 뒤에야 물러서며, 후퇴함에 뒤진 자는 참한다. 군사 기밀을 누설한 자는 참한다. 약속 회합에 늦게 도착한 자는 참한다. 백성의 물건을 사사로이 취한 자는 비록 작더라도 반드시 벌한다. 명령을 따르는 자는 상을 줄 것이나 명령을 따르지 않는 자는 벌한다."라고 하였다. 조목의 약속이 간결하고 합당하였으니, 비록 옛 명장일지라도 이보다 나을 것이 없었다. 온 군사들이 숙연하여 감히 어기지 못하고 날로 모집하여 훈련하는 것을 일삼았다.

왜적이 관동(關東)에서 넘어 들어와 곧바로 소천(小川: 경상북도 봉화군 소천면 일대)으로 향하자, 공은 이웃 고을 및 안집사(安集使)·절도사(節度

使)에게 편지를 보내어 구원을 요청하였다. 26일, 군대를 장현(獐峴: 노루재, 경상북도 봉화군의 법전면 어지리와 소천면 현동리 사이에 있는 고개)으로 이끌고 가서 살부령(薩夫嶺) 아래 복병을 두었는데, 적을 만나 약간 베어 죽이거나 사로잡았다. 29일, 왜적들이 병력을 보충해 오자, 류공(柳公: 류종개)이 말하기를, "구원병이 이르지 않았고 적의 기세가 매우 날래니, 나라를 위해 한번 죽을 날이 바로 오늘이다."라고 하였는데, 선봉이 두 왜적을 쏘아 죽이자 왜적이 조금 물러났다. 마침내 기세를 타고 뒤를 쫓아 골까기 안으로 들어갔으나, 적의 복병이 나타나고 지형까지 험하여 돌진할 수가 없었는데, 류공 및 윤흠신(尹欽臣: 尹欽信의 오기인 듯) 형제, 김인상(金麟祥)·군관(軍官) 권경(權擎) 등은 힘껏 싸우다가 죽었으며, 공과 김중청(金中淸)은 간신히 몸만 빠져 나왔다.

공은 흩어진 병사들을 다시 수습하여 왜적을 토벌할 계획을 세웠는데, 전 검열(前檢閱) 김용(金涌)이 병사 100여 명을 수습하여 왔고 김용의 동생 김철(金澈)이 승병 50여 명을 수습하여 합류하였다. 공이 대장이 되어 김용을 좌부장(左副將)으로 삼고 이화(李嶪)를 우부장으로 삼았는데, 병사(兵使: 병마절도사)의 군대에 제약을 받아 떨칠 만한 형세가 아니었다. 이때 학봉(鶴峯) 김공(金公: 김성일)이 방백이었는데, 공이 편지를 보내어 군사를 보내달라고 청하였으나, 김공이 이미 체직되고 난 다음이었다. 이에 한림(翰林) 김해(金垓)의 의병신으로 나아가 두신하고 병력을 합쳐 진격할 계획을 세웠다. 계사년(1593), 또 김공(金公: 김해)이 경주(慶州) 진중에서 전사하자, 공은 그 군중(軍衆)을 대신 거느리고서 문경(聞慶)에서 한번 싸우고, 당교(唐橋)에서 다시 싸워서 적을 베어 죽이거나 사로잡은 바가 많았다. 그러나 얼마 지나지 않아 공은 부친상을 당하여 떠나고, 김용도 대가(大駕)를 따라 서쪽으로 갔으니, 공을 이루지 못한 것이 참으로 애석한 일이다.

아, 공은 재야에 묻혀 살던 일개 선비로서 갑작스레 모인 오합지졸을 거느리고 한창 멧돼지처럼 날뛰며 돌진해 오는 적을 상대하였으니, 머지 않아 참혹하게 무너지리라는 것은 공이 알고 있는 바였으나 분연히 몸을 돌보지 않고 한번의 죽음으로 나라에 목숨을 바치려고 하였다. 비록 기상 (旂常: 공신들의 이를 새겨 기록하던 깃발)에 기록될 만한 공적은 없었으나 그의 충의가 어린 간담은 해와 달을 꿰뚫고 푸른 하늘을 뒤흔들 만하였다.

김 의장(金義將: 김해)이 죽은 뒤 자식들이 모두 어렸는데, 공이 그 가운 데 한 아들 김광보(金光輔, 1587~1634)를 데려다 가르치고 길러 자립하도 록 하였으니, 김씨의 자손들이 지금까지도 공의 집안 사람들을 부를 때 아재라 하거나 형이라 하며 친척처럼 대하였다. 그가 벗을 돈독히 대하 는 것이 이와 같았다.

만년에 용담(龍潭)에서 예안(禮安)의 온계(溫溪)로 옮겨 살았는데, 그곳 은 나부촌(羅浮村)이라 불렸다. 강산이 매우 뛰어나 '소금강(小金剛)'이라 일컬어졌으며, 산과 물 그리고 바위와 대마다 각기 그 격을 논하고 이름 을 붙인 것이 모두 20개 경관 남짓이었다. 또 '나부산인(羅浮山人)'이라 불렸으니 여생을 마칠 뜻을 두었기 때문이었다.

한참 세월이 흐른 뒤 전생서 참봉(典牲署參奉)에 제수되었는데, 선조 (宣祖) 말년에 조정의 형편이 평온하지 못하고 어지러워지자, 공은 나아 가 숙배한 뒤 상소를 올려 권귀(權貴)를 탄핵하고 돌아왔다. 이때 시를 지었으니, 이러하다.

피를 쏟고 간을 쪼개어 대궐에 아뢰었나니
벼슬 버리고 떠나는 모습에 마음이 괴롭네.
솔바람 계수나무 향기로운 나부촌 아래에서
누가 외로운 구름 붙잡아 학과 짝하게 하리.

광해군조에 동몽교관(童蒙敎官)에 제수되었으나 나아가지 않았으니,

대개 이이첨(李爾瞻) 등 간사하고 흉악한 무리들이 반드시 나라를 그르칠 것을 알았기 때문에 그러하였던 것이다. 이로부터 더욱 세상에 뜻을 두지 않고 문을 닫아걸고서 글 읽기에 힘쓰며 유유히 세월을 보냈다. 만력(萬曆) 경신년(1620) 11월 19일에 죽었으니, 향년 64세였다. 예안현(禮安縣)의 용두산(龍頭山) 아래 분상동(汾上洞) 자좌(子坐) 언덕에 장사 지냈다.

공은 부모를 사랑하는 마음이 천성에 뿌리를 두어서 풍수지탄(風樹之嘆: 나무는 고요히 있고 싶으나 바람이 그치지 않듯, 부모를 봉양하고 싶으나 부모는 기다려주지 않는 탄식)의 슬픔이 마음을 휘감아 항상 봉양을 다하지 못한 것을 한으로 여겼으니, 제사 지낼 때면 반드시 정성과 공경을 다하기에 힘써 기일 전부터 목욕재계하였으며, 제수는 반드시 직접 살폈고 제기도 반드시 몸소 닦았는데, 늙어서도 전혀 흐트러지지 않았다.

그의 학문은 박소고(朴嘯皐: 朴承任)에서 출발하여 뒤에 조월천(趙月川: 趙穆)·정한강(鄭寒岡: 鄭逑)을 스승으로 삼아 익힌 것인데, 세 선생은 모두 퇴계 문하의 고제자(高弟子: 학식과 품행이 뛰어난 제자)였다. 세 선생은 모두 그를 그릇으로 중히 여겼다. 특히 예학(禮學)에 조예가 깊어 관혼상제(冠婚喪祭)의 모든 예에 대해 어려운 대목을 따져 묻고 논의하였으니, 한강 선생이 크게 칭찬하였다. 당대 제현(諸賢)들이 이를테면 김학봉(金鶴峯: 金誠一)·정약포(鄭藥圃: 鄭琢)·조지산(曹芝山: 曺好益)·정우복(鄭愚伏: 鄭經世)·김계암(金溪巖: 金坽)이 그를 사우(師友)로 교유하였으니, 공의 견문이 넓었음과 학문이 독실했음을 알 수 있다.

평소 성현(聖賢)의 격언(格言)을 취하고 ‘정리항송(靜裏恒誦: 평온한 상태에서 항상 읊조림)’이라 이름붙인 것이 모두 250구절이었으니, 모두 마음을 지키고 몸을 단속하는 말로 밤낮 소리를 내어 읊으며 스스로를 경계하였다. 당호(堂號)에도 구방(求放: 흩어진 마음을 찾음)·양심(養心: 마음을 기름)·주일(主一: 마음을 한곳에 집중함)의 의미를 담은 말이 있었으니, 스스로를 다스리는 엄격함이 또 이와 같았다.

문장으로는 공의 인물됨과 가치를 더하거나 덜어낼 수 없으나, 평생 동안 저술한 것이 매우 많았는데도 모두 회록(回祿: 화재로 인한 재난)에 흩어져 없어졌으니 임란일기(壬亂日記) 4권 또한 면하지 못하였다. 지금 남아 있는 것은 겨우 몇 편의 글과 용담나부잡영(龍潭羅浮雜詠) 몇 편의 시가 있을 뿐이다. 공은 자못 기이한 글자를 좋아하여 자설(字說) 1편이 있다고 한다.

부인 진성이씨(眞城李氏)는 참판 송재(松齋) 이우(李堣)의 증손녀이자, 첨정(僉正) 이빙(李憑)의 딸이다. 남편을 섬기는데 부덕(婦德)을 어김이 없었고, 자식이 없어 4촌동생 군수 임진(任振)의 아들 임지경(任之敬)을 계자(繼子)로 삼아 후사를 이었다. …(중략)…

공이 죽은 지 지금까지 230년이 지났고 문헌으로도 징험할 수 없었는데, 후손 임상덕(任象德)과 종손(宗孫) 임정진(任鼎鎭)이 흩어져 없어지고 남은 자료에서 수습하여 원장(元狀: 행장의 초안)을 만들었다. 임정진 군이 북쪽으로 길을 떠나 도성에 들어가 학사(學士) 정범조(丁範祖)에게 원장의 검토를 받았고, 판윤(判尹) 이헌경(李獻慶)에게 묘갈문을 청하였으며 또 나 안정복(安鼎福)에게 묘지명을 부탁하였다. 나 안정복은 이미 나이도 많고 정신도 흐릿하니 어찌 감히 이를 감당하랴만, 안정복의 9대조 익헌공(翼憲公: 安潤德, 1468~1535)이 공의 소간공(昭簡公: 任由謙, 1456~1527)과 함께 기사회(耆社會: 七老契會)에 들어가 지금까지도 성대한 일로 전해오고 있어 선대의 교분이 이와 같았는데, 어찌 감히 글재주가 없다고 하여 사양하겠는가? 삼가 원장(元狀)에 의거하고 또 전해 내려오는 믿을 만한 글들을 채집하여 위와 같이 차례로 서술하였다. …(이하 명문 생략)…

童蒙敎官龍潭任公墓誌銘 幷序

公諱屹, 字卓爾, 姓任氏。始祖溫, 宋紹興府人, 爲中華名族。六世至澍, 宋亡任元, 陪公主東來, 卽八學士之一也, 留在高麗, 官御史大夫, 賜貫豊州。歷世簪纓, 至諱山寶, 入我朝爲漢城府尹, 於公爲七代祖。曾祖諱由謙, 工曹判書, 昭簡公, 中宗朝名臣。祖諱楗, 咸陽郡守。考諱泰臣, 宣務郞。妣奉化琴氏, 縣監應鍾之女。以嘉靖丁巳, 生公于京第。幼有異質, 篤於孝愛, 及長, 才藝超絶。壬午, 中生員試, 時士論携貳, 有朋黨之漸。公性高亢, 不欲隨俗俯仰, 奉宣務公, 南下安東之奈城, 築室龍潭, 因以爲號。粧點溪山, 爲四十一景, 景各有詩, 日以文史自娛。往來質業于朴嘯皐先生, 先生期許之深。壬辰, 倭奴大擧入寇, 嶺南先受兵, 列邑瓦解, 公自以世祿之臣, 不忍坐視, 慷慨雪涕, 與校書正字柳宗介及金中淸·尹欽臣·欽道兄弟, 協謀倡義。始自春陽起兵, 召募得數百餘人, 所謂奈城兵也。推柳公爲大將, 公副之, 定約束十六條, 激厲同志, 曰:“無訛言, 無驚動, 無喧嘩, 無戲誕, 無以下凌上, 無以賤凌貴, 無伐功, 無辭難, 無以異同爲喜怒, 無以喜怒爲向背。”餘六條, 軍中體貌也。又軍令七條, 嚴勅士卒, 曰:“聞鼓則戰, 聞錚則止。鼓聲不絶, 有進無退, 敢退者斬。錚聲再聞然後退, 退而後者斬。漏洩軍機者斬。期會後至者斬。私取民間物者, 雖小必罰。用令者賞, 不用令者罰。”條約簡當, 雖古名將, 無以踰也。一軍肅然, 無敢違越, 日以召募訓鍊爲事。倭自關東踰入, 直向小川, 公移書鄰邑及安集節度兩使, 請救。二十六日, 引軍獐峴, 設伏于薩夫嶺下, 遇賊, 畧有斬獲。二十九日, 賊添兵而來, 柳公曰:“援兵不至, 賊勢銳甚, 爲國一死, 正在今日。”先鋒射殺兩倭, 賊稍退。遂乘勢追逐入谷中, 伏發地險, 不得馳突, 柳公及尹欽臣兄弟, 金麟祥·軍官權擎等, 力戰死之, 公及金中淸, 僅以身免。公再收散卒, 爲討賊之計, 前檢閱金涌, 收兵百餘而來, 涌弟澈, 收僧兵五十餘, 附之。公爲大將, 涌爲左副, 李嶫爲右副, 而扼於兵使軍, 無可振之勢。時鶴峯金公爲方伯, 公投書, 請濟師, 而金公已遞。遂投金翰林垓義陣, 合兵爲進取計。癸巳, 金公又戰歿于慶州陣, 公代領其衆, 一戰於聞慶。再戰於唐橋, 多所斬獲。未幾, 丁父憂去, 金公涌隨駕而西, 功未成, 惜哉。噫! 公以林下匹士, 率倉卒烏合之衆, 當方張豕突

之賊, 不日糜爛, 公所知也, 奮不顧身, 欲以一死殉國。雖無旂常可紀之績, 其忠肝義膽, 可以貫日月而摩蒼旻矣。金義將死後, 諸子皆幼, 公取其一子光輔, 敎養成立, 金氏子孫, 至今呼公家, 稱叔稱兄, 若親戚焉。其篤於朋友如此。晚來自龍潭移居禮安之溫溪, 有羅浮村。江山絶勝, 有小金剛之名, 山水巖臺, 各有品題, 几二十景。又號羅浮山人。有終焉之志。居久之, 除典牲署參奉, 宣廟末年, 朝著不靖, 公出肅, 上疏斥權貴而歸。有詩曰:"瀝血刳肝叫紫宸, 掛冠行色爲傷神。松風桂樹羅浮下, 誰絆孤雲伴鶴身."光海朝, 除童蒙敎官不出, 盖知爾瞻等奸凶, 必誤國而然也。自此益無意於世, 杜門劬書, 優遊卒歲焉。萬曆庚申十一月十九日卒, 壽六十四。葬于縣之龍頭山下汾上洞子坐原。公愛親之心, 根於天性, 痛纏風樹, 恒以不及致養爲恨, 祭祀務盡誠敬, 先期齋沐, 奠需必親檢, 祭器必親滌, 至老不衰。其學出於朴嘯皐, 後師趙月川·鄭寒崗, 三先生皆溪門高弟也。三先生皆器重之。尤深於禮學, 冠婚喪祭, 皆有問難, 寒岡先生, 大加稱詡。一時諸賢, 如金鶴峯·鄭藥圃·曹芝山·鄭愚伏·金溪巖師友之, 公之聞見之廣, 學問之篤, 可知矣。平居, 取聖賢格言, 名靜裏恒誦, 几二百五十言, 皆持心飭身之語, 夙宵諷誦以自警。堂號有求放·養心·主一之語, 自治之嚴又如是。文章不足爲公輕重, 而平生著述甚富, 皆散佚于回祿之災, 壬亂日記四卷, 亦未免焉。今所存只有若干文, 龍潭羅浮雜詠若干詩而已。公頗好奇字, 有字說一篇云。聘眞城李氏, 松齋公參判塤之曾孫, 僉正憑之女。事夫子無違德, 無子, 以從弟郡守振子之敬爲嗣。…(중략)… 公之歿距今二百三十年, 文獻無徵, 後孫象德·宗孫鼎鎭, 收拾散佚之餘, 爲元狀。鼎鎭君, 北走入京, 受狀于丁學士範祖, 請碣文於李判尹獻慶, 又託甕銘于鼎福。鼎福老洫昏耄, 何敢承當? 而鼎福九世祖翼憲公, 與昭簡公。爲耆社會, 尙今傳爲盛事, 契分如此, 烏敢以不文辭? 謹依元狀, 又採傳信文字, 序次如右。…(이하 명문 생략)…

〔順菴先生文集, 권24, 墓誌〕

42. 이영도

이영도의 자는 성여, 호는 동암, 본관은 진보(眞寶)이다. 문순공(文純公) 이황(李滉)의 손자이다. 명종 기미년(1559)에 태어났다. 벼슬은 목사(牧使)를 지냈다. 인조 정축년(1637)에 죽었다. 원종공신(原從功臣)으로 녹훈되었고, 승지에 추증되었다.

어릴 때부터 성품이 돈후하여 남달리 뛰어나니, 문순공이 말하기를, "훗날 우리 대를 이을 자는 이 아이다."라고 하였다. 아버지 첨정공(僉正公: 李寯)이 죽자, 두 형(二兄: 李安道와 李純道)이 모두 상례(喪禮)를 견디지 못하여 죽고 공만 홀로 여묘살이를 하였다. 송언신(宋言愼)이 일찍이 사명을 받들어 영남에 간 적이 있었는데, 곡하고 조문하고는 떠나서 복명(復命: 임무 수행 결과 보고)을 마치자, 주상이 말하기를, "남쪽 지방에 무슨 일이 있던가?"라고 하니, 대답하기를, "다른 일은 없었으나, 고(故) 유신(儒臣: 李滉) 이황(李滉)의 아들 이준(李寯)이 죽었는데, 그의 아들 둘은 모두 지나치게 슬퍼하여 몸이 상해 죽었고, 막내아들 이영도(李詠道)가 야윈 몸으로 여막에 지내면서 곡하여 또한 차마 볼 수가 없었습니다."라고 하였다. 주상이 이를 듣고 탄식한 뒤, 상복을 벗을 때까지 기다렸다가 차례를 따지지 말고 벼슬을 주라고 명하였다.

임진년(1592), 공이 남쪽으로 돌아와 의병으로 참가하였다. 이듬해 연원도 찰방(連原道察訪)이 되었는데, 당시 충주(忠州) 목사(牧使)가 결원이어서 공이 겸임하였다. 7개월 만에 충주 백성들이 크게 기뻐하여 상소를 올려 비록 임시일지라도 공을 목사로 삼아달라고 청하였다. 한창 군사들이 기근을 겪고 있을 때 재력을 다하여 굶주림을 구제한 뒤, 사람들을 모아 수천 경(頃)의 전답(田畓)을 경작하여 곡식 1만 곡(斛)을 수확하였다. 이 고을에 비축이 있게 된 것은 이때부터 시작되었다.

전란을 치르며 고갈된 이후로 호조(戶曹)가 일이 많아 적임자를 구하였기 때문에 공을 천거해 좌랑(佐郎)이 되었다. 다음 달에 경리(經理: 經略朝鮮軍務 楊鎬)가 압록강을 건너 용만(龍灣: 義州)으로 병력을 이끌고 와서 군량의 조달을 묻자, 비국(備局)이 유능하다며 특별히 공을 파견하였다. 편의(便宜: 상황에 맞는 대책)를 조목조목 나열하여 응대하는 것이 치밀하니, 경리가 공을 매우 현명하다고 여겼다. 복명(復命: 임무 수행 결과 보고)하자, 주상이 대면하여 위로하고 이어 술을 하사하였으니, 사랑하고 대우한 것이 매우 특별하였다. 이때 명나라 대군이 남쪽으로 내려오자, 조정의 논의에서 공이 군수물자를 마련하는 책략에 능력이 뛰어나다고 하며 미리 파견하여 군량을 준비하도록 하였다. 공이 안동(安東)에 도착해 물자를 조달해 수송하도록 하고, 직접 명나라 대군을 따라 동도(東都: 경주)로 가서 군량 공급이 떨어지지 않도록 하였다.

을묘년(1615) 영천에서 돌아왔는데, 세도(世道)가 날로 어지러워짐을 보고 벼슬에 뜻이 없어 여러 차례 관직에 임명되었으나 모두 나아가지 않았다. 인조 반정 후에 원주목사가 되었다.

백씨와 중씨가 일찍 죽어서 자식이 없어서 공이 당연히 종주(宗主)가 되어야 했으나, 공은 백씨(伯氏: 이안도)의 종손으로서 이어지던 제사가 끊기는 것을 차마 받아들이지 못하였다. 공은 임시로 대신 제사를 모시다가 자신의 아들이 장성하자 백씨의 후사가 되도록 하였다.【협주: 허목이 찬한 묘갈에 실려 있다.】

• 李詠道

李詠道, 字聖與, 號東巖, 眞寶人。文純公滉孫。明宗己未生。官牧使。仁祖丁丑卒。錄原從功, 贈承旨。

公自爲兒時, 敦厚特異, 文純公嘗曰: "異日綿吾世者, 此兒也。" 僉正公歿, 二兄[1]皆不勝喪死, 而公獨守廬。宋公言愼[2], 奉使嶺南, 哭吊而去, 旣復命, 上曰：“南中有何事？”對曰：“無他事, 故儒臣李滉之子寯死, 而其二子皆哀毀死, 少子[3]詠道, 纍然[4]居廬而哭, 亦不忍見也.”上聞之嘆息, 命俟其服闋, 官之不次。

壬辰, 公南歸, 爲義兵從事。明年, 爲連原丞, 時忠州牧使缺, 公兼任。七月州民大悅, 上書借公爲牧使。方師旅飢饉之餘, 殫財力以賑飢, 募民耕數千頃田, 得穀萬斛。州有積儲始此。

板蕩之後, 以地部多事須得人, 擧公爲郞。後月, 經理渡兵龍灣, 問兵食, 備局以能特遣公。條列便宜, 應對詳密, 經理大賢之。及復命, 上面勞之, 賜醞, 寵待之殊甚。時大軍南下, 廷議以公長於籌畫, 先遣之以備餉。公至安東, 調度轉輸, 身從大軍於東都, 給饋餉不乏。

乙卯, 自榮川歸, 見世道日非, 無意仕宦, 屢官不就。仁祖反正, 爲原州牧使。

伯兄皆早世而無子, 公當爲主, 公不忍其伯氏之乏祀也。公攝祀, 而待其子長, 令爲後於伯氏。【許穆撰碣】

---

1 二兄(이형): 李安道(1544~1584)와 李純道(1554~1584)를 가리킴.

2 宋公言愼(송공언신): 宋言愼(1542~1612). 본관은 礪山, 초명은 宋承誨, 자는 寡尤, 호는 壺峰. 증조부는 宋壽이며, 조부는 陽川縣令 宋末璟이다. 아버지는 부사 宋瑋이며, 어머니는 좌참찬 愼時復의 딸이다. 李滉의 문인으로 柳希春과 盧守愼의 문하에도 출입한 바 있다. 1567년 사마시에 합격하고, 1577년 알성문과에 급제하였다. 1586년 호남에 순무어사로 파견된 뒤 부수찬을 거쳐 전적, 수찬, 장령 등을 차례로 역임하였다. 1589년 기축옥사 때 鄭汝立과 연루되어 부교리에서 면직되었다. 그 뒤 평안도 관찰사가 되었으나 1592년에 삭직되었다. 임진왜란이 일어나자 공조참판이 되어 평안도 순찰사·함경도 순찰사를 겸하면서 군병 모집에 힘썼다. 1596년 동면순검사로 다시 등용된 뒤 대사간, 병조판서, 이조판서를 역임하였다.

3 少子(소자): 막내아들.

4 纍然(누연): 지치고 허약한 모습.

보충

허목(許穆, 1595~1682)이 찬한 묘음기

동암공 묘음기

공은 휘는 이영도(李詠道), 자는 성여(聖與), 별호는 동암(東巖)이다. 성은 이씨(李氏)로 본관은 진보현(眞寶縣)으로 삼은 사람이다. 조부 휘 이황(李滉)은 판중추부사를 지내고 영의정에 추증되었으며, 시호는 문순(文純)이다. 아버지 휘 이준(李寯)은 군기시 첨정(軍器寺僉正)을 지냈다. 어머니 봉화금씨(奉化琴氏)는 사도시 첨정(司䆃寺僉正) 금치담(琴致湛)의 손녀이고, 훈도(訓導) 아무개[琴梓]의 딸이다.

가정(嘉靖) 38년 기미년(1559)에 공이 태어났다. 어릴 때부터 성품이 돈후하여 남달리 뛰어나니, 문순공이 말하기를, "훗날 우리 대를 이을 자는 이 아이다."라고 하였다. 13세 때 어머니 금부인(琴夫人)이 죽자, 곡하고 울며 슬퍼하는 모습과 상을 치르는 예절을 마치 성인과 똑같이 하였다. 그로부터 다시 13년 뒤에 아버지 첨정공이 죽자, 두 형(二兄: 李安道, 1541~1584, 李純道, 1554~1584)이 모두 상례(喪禮)를 견디지 못하여 죽고 공만 홀로 상례를 지키며 여묘살이를 하였다. 송언신(宋言愼)이 일찍이 사명을 받들어 영남에 간 적이 있었는데, 그 고을에 들어가 곡하고 조문하고는 떠났다. 복명(復命: 임무 수행 결과 보고)을 마치자, 주상이 말하기를, "남쪽 지방에 무슨 일이 있던가?"라고 하니, 대답하기를, "다른 일은 없었으나, 고(故) 유신(儒臣: 李滉) 아무개의 아들 아무개[李寯]가 죽었는데, 그의 아들 둘은 지나치게 슬퍼하여 몸이 상해 죽었고, 막내아들 아무개가 야윈 몸으로 여막에 지내면서 곡하여 또한 차마 볼 수가 없었습니다."라고 하였다. 주상이 이를 듣고 탄식한 뒤, 이어 상복을 벗을 때까지 기다렸다가 차례를 따지지 말고 벼슬을 주라고 명하였다. 31세가 되던 해, 일찍이 군자감 참봉(軍資監參奉)에 제수되었었고 여러 차례 전임되었다가 마침내 제용감 봉사(濟用監奉事)가 되었다.

임진년(1592)의 난을 당해서 주상이 도성을 버리고 서쪽 지방으로 급히 피란할 때, 백관(百官)들이 대부분 도보로 주상을 따라가게 되자, 주상이 이를 딱하게 여기고 시종(侍從)이 아니면 따르지 말도록 하였다. 이 때문에 공은 남쪽으로 돌아와 안동 의병으로 참가하였다. 이듬해(1593) 9월 연원도 찰방(連原道察訪)이 되었는데, 당시 충주(忠州) 목사(牧使)가 결원이어서 공이 겸임하였다. 7개월 만에 충주 백성들이 크게 기뻐하여 상소를 올려 비록 임시일지라도 공을 목사로 삼아달라고 청하였다. 이때 큰 난리를 당하여 여러 고을들이 모두 무인(武人)을 써서 군대의 일을 다스렸는데, 공은 찰방으로서 충주 판관(忠州判官)을 겸임하여 목사의 일을 섭행하였다. 한창 군사들이 기근을 겪고 있을 때 재력을 다하여 굶주림을 구제한 뒤, 사람들을 모아 수천 경(頃)의 전답(田畓)을 경작하여 가을에 대풍이 들어 곡식 1만 곡(斛)을 수확하였다. 전란을 치르며 고갈된 이후로 이 고을에 비축이 있게 된 것은 이때부터 시작되었다. 병신년(1596) 체차되어 떠났고, 이후 여러 차례 제수하는 명이 있었으나 모두 나아가지 않았다.

이듬해(1597) 5월, 호조(戶曹)가 일이 많아 적임자를 구하였기 때문에 공을 천거해 좌랑(佐郎)이 되었다. 다음 달에 경리(經理: 經略朝鮮軍務 楊鎬)가 압록강을 건너 용만(龍灣: 義州)으로 병력을 이끌고 와서 군량의 조달을 묻자, 비국(備局)이 유능하다며 특별히 공을 파견하였다. 공이 편의(便宜: 상황에 맞는 대책)를 조목조목 나열하여 응대하는 것이 치밀하니, 경리가 공을 매우 현명하다고 여겼다. 이 사실이 알려지자, 특별히 정랑(正郎)으로 승진되었다. 복명(復命: 임무 수행 결과 보고)하자, 주상이 대면하여 위로하고 이어 술을 하사하였으니, 사랑하고 대우한 것이 매우 특별하였다. 이때 명나라 대군이 남쪽으로 내려오자, 조정의 논의에서 공이 군수물자를 마련하는 책략에 능력이 뛰어나다고 하며 미리 파견하여 군량을 준비하도록 하였다. 공이 안동(安東)에 도착해 우선 여러 고을에 이문(移文: 공문을 보냄)하여 물자를 조달해 수송하도록 하고, 직접 명나라 대군을 따라 동도(東都: 경주)로 가서 군량 공급이 떨어지지 않도록 하였다. 가을에도 판적랑(版籍郎: 版籍司 낭관)으로서 본도(本道: 경상도)의 재해 상황을 조사하였다.

이듬해(1598) 현풍현감(玄風縣監)이 되었는데, 1년 만에 치적의 공으로 나라에서 표리(表裏: 겉옷과 안감)를 하사받았다. 또 1년 뒤에는 김제군수(金堤郡守)로 승진하였고, 4년 뒤에는 청송도호부사(靑松都護府使)로 승진하였다. 광해군 4년(1612)에 이르러서는 사복시 첨정(司僕寺僉正)이 되었고, 이어 군기시 부정(軍器寺副正)으로 승진하였다. 얼마 있다가 외직으로 나가 영천군수(榮川郡守: 영주군수)가 되었다가 을묘년(1615) 영천에서 돌아왔는데, 세도(世道)가 날로 어지러워짐을 보고 벼슬에 뜻이 없어 여러 차례 관직에 임명되었으나 모두 나아가지 않고 10년 동안 스스로를 지켰다.

인조(仁祖)가 반정한 해(1623) 익산군수(益山郡守)가 되었고, 기사년(1629) 선공감 첨정(繕工監僉正)이 되었으나 사례하는 절차를 마친 뒤 은혜에 감사하고 곧 물러났다. 경오년(1630) 봄에 내섬시 정(內贍寺正)이 되었고, 그해 겨울에 원주목사(原州牧使)가 되었다. 유력자가 남과 장지(葬地)를 두고 다투었지만 자신의 요구가 관철되지 않자, 이에 노하여 모함하니 결국 공이 관직에서 물러났다. 병자년(1636) 8월 군자감 정(軍資監正)이 되었으나, 노쇠했다 하여 나아가지 않았다.

이듬해 2월 26일에 세상을 떠났으니, 나이 79세였다. 그해 10월에 문순공(文純公) 묘소의 왼쪽 남향 언덕에 장사하였다. 숙인(淑人) 권씨(權氏)는 충정공(忠定公) 권벌(權橃)의 손녀이다. 아들 둘을 두었는데, 장남은 이기(李岐)이고 차남은 이의(李嶷)이다. …(중략)…

애초 종가(宗家)에 후사가 끊어지자 집안의 여러 조카들이 모두 말하기를, "백부(伯父)와 중부(仲父)가 모두 일찍 죽어서 자식이 없으니, 숙부

(叔父)님께서 당연히 종주(宗主)가 되어야 합니다.”라고 하였지만, 공은 백씨(伯氏: 이안도)의 종손으로서 이어지던 제사가 끊기는 것을 차마 받아들이지 못하였다. 공은 임시로 대신 제사를 모시다가 이의(李嶷)가 장성하자 백씨의 후사로 삼게 하였다.

공은 평소 일가친척들에게 돈독하였고, 벗을 사귀는 데에 충실하였으며, 남과 더불어 선행하는 것을 좋아하였다. 관직에 있을 때는 직분을 다하였는데, 지위가 높고 낮음을 따지지 않았다. 무릇 여섯 차례 주군(州郡)의 수령이 되었는데, 명령이 제대로 시행되고 정사가 잘 다스려지도록 하여 오로지 백성을 편안하게 하고 물자를 이롭게 하는데 마음을 두었으니, 떠난 뒤에는 모두 그를 그리워하는 마음이 남아 있었다.

공이 죽은 지 12년 만에 선무원종(宣武原從)으로 책록되어 승정원 좌승지에 추증되었다.…(이하 명문 생략)…

東巖公墓陰記

公諱詠道, 字聖與, 別號東巖。姓李氏, 本眞寶縣人。大父諱滉, 判中樞府事, 贈領議政, 諡文純。父諱寯, 軍器寺僉正。母奉化琴氏, 司宰寺僉正致湛之孫, 訓導某之女。嘉靖三十八年己未九月十一日, 公生。自爲兒時, 敦厚特異, 文純公曰: “異日, 綿吾世者, 此兒也。”十三, 琴夫人歿, 其哭泣之哀, 居喪之節, 一如成人。又十三年, 僉正公歿, 有二兄, 皆不勝喪死, 公獨守喪居廬。宋公言愼, 嘗奉使嶺南, 入其鄕, 爲之哭弔而去。旣復命, 上曰: “南中有何事?” 對曰: “無他事, 故儒臣某之子某死, 而其二子, 皆哀毁死, 有少子某, 累然居廬而哭, 亦不忍見也。”上爲之歎息, 仍命俟其服闋, 官之不次。旣三一年, 除軍資監參奉, 累轉濟用監奉事。及壬辰之亂, 上西狩急, 百官多徒步從上, 上悶之, 非侍從, 令勿從也。以故, 公南歸, 爲安東義兵從事。明年九月, 爲連原道察訪, 時忠州缺牧使, 公兼任。七月, 州民大悅, 上書借公爲牧使。時當大亂, 列邑皆用武人, 以治兵, 公以察訪兼州判官, 攝牧使事。方師旅飢饉,

旣殫財力以賑飢, 募人耕數千頃田, 秋大熟, 得穀萬斛。板蕩之後, 州有積儲始此。丙申, 遞去, 後累有除命, 皆不就。明年五月, 以戶曹多事須得人, 舉公爲佐郎。後月, 經理渡兵龍灣, 問兵食, 備局以能特遣公。公條列便宜, 應對詳密, 經理大賢之。事聞, 特陞正郎。復命, 上面勞之, 仍賜醞, 寵待之殊甚。時大軍南下, 廷議以公長於籌畫, 先遣之以備餉。公至安東, 先移列邑, 調度轉輸, 身從大軍於東都, 給餽餉不乏。秋, 仍以版籍郎, 驗災於本道。明年, 爲玄風縣監, 一年以治理, 賜表裏。又一年, 陞金堤郡守, 四年, 陞靑松都護府使。及光海四年, 爲司僕寺僉正, 仍陞軍器寺副正。尋出爲榮川郡守, 乙卯, 自榮川歸, 見世道日亂, 無意仕宦, 累官皆不就, 自守十年。仁祖反正之年, 爲益山郡守, 己巳, 爲繕工監僉正, 謝恩卽去。庚午春, 爲內贍寺正, 其冬, 爲原州牧使。有有力者, 爭人葬地, 怒其不售, 卒爲所中去。丙子八月, 爲軍資監正, 以老不就。明年二月廿六日歿, 年七十九。其十月, 葬于文純公墓左南向之原。淑人權氏, 忠定公橃之孫也。有二男, 長岐, 次嶷。…(중략)… 初宗家絶嗣, 諸弟子皆曰:"伯仲皆早世而無子, 令叔當爲主." 公不忍伯氏之乏祀也。公攝祀事。嶷旣長。令爲後於伯氏。公平生篤於宗族, 忠於交友, 好與人爲善。當官盡職, 不問卑顯。凡六爲州郡, 令擧而事修, 一以便民利物爲心, 去後皆有遺愛焉。公旣歿十二年, 以宣武原從。追贈承政院左承旨。…(이하 명문 생략)…

〔記言別集, 권24, 丘墓文〕

43. 이홍중

이홍중의 자는 임보, 호는 구암, 본관은 진보이다. 문순공(文純公) 이황(李滉)의 종현손(從玄孫)이다. 선조 정축년(1577)에 태어났다.

임진왜란 때 공은 나이 16세로 몸을 떨치고 일어나 의병진(義兵陣)에 나아갔으니, 당시 사람들이 종동(終童: 漢나라 終軍)에 견주었다.

광해군 때에 성시(省試: 성균관 시험)를 보러 가다가 한강에서 이강(李茳) 형제를 만났는데, 이강이 술잔을 들어 그에게 권하며 말하기를, "그대가 우리와 함께 일을 한다면, 공명을 이루는 것은 마치 지푸라기를 줍는 것처럼 쉬울 것이오."라고 하자, 공은 술잔을 내던지고 일어나 지름길을 잡아 고향으로 돌아와 버렸다. 이강 형제는 과연 나란히 급제하여 돌아오는 길에 공을 찾아왔으나, 공은 피하고 만나지 않았다. 이로부터 과거 공부를 폐하고, 《노론행의(魯論行義)》를 지으며 남은 여생을 마쳤다.【협주: 읍지에 실려 있다.】

• 李弘重

李弘重[1], 字任甫, 號龜巖, 眞寶人。文純公滉從玄孫。宣祖丁丑生。

壬辰之亂, 公年十六, 挺身赴倡義陣, 時人比之終童[2]。
光海朝, 赴省試, 遇李茳[3]兄弟於漢江, 茳擧酒屬之曰: "若與我同事,

---

1 李弘重(이홍중, 1577~1645): 본관은 眞寶, 자는 任甫, 호는 龜巖. 증조부는 李完이며, 조부는 진사 李宗道이다. 아버지는 교수 李仁迪이며, 어머니 沃川金氏는 봉사 金天紀의 딸이다. 부인 羽溪李氏는 직장 李纘의 딸이다.

2 終童(종동): 漢나라 武帝 때의 終軍. 문학과 언변이 매우 뛰어나 弱冠의 나이로 諫大夫에 발탁되었다. 南越王에게 漢의 內屬이 될 것을 설득하여 관철시킴으로써 황제로부터 큰 총애를 받았다. 이때 사신으로 가면서 긴 밧줄[長纓]을 요청해 남월왕을 묶어 오겠다고 호언장담했던 인물이다. 나이가 어린데도 기개가 대단한 사람을 비유할 때 흔히 사용한다.

取靑雲⁴如拾芥⁵." 公擲杯而起, 徑路還鄉。洤兄弟, 果聯第, 歸訪公, 公避不見。自是廢擧業, 著《魯論行義》, 以終餘年。【邑誌】

3　李洤(이강, 1573~1623): 본관은 永川, 자는 馨甫. 농암 李賢輔의 동생인 李賢佑의 4세손이다. 조부는 李忠樑이다. 아버지는 영춘현감 李德弘이며, 어머니 英陽南氏는 南應乾의 딸이다. 1603년 진사시에 합격하고, 1615년 식년문과에 급제하였다. 당시 형 李岦과 동생 李慕도 함께 급제하였으며, 동생 李葳은 1616년 알성문과에 급제하였다. 사관과 대교, 봉교, 부교리 등을 거쳐 1617년 사서, 정언, 수찬을 지냈다. 수찬으로 있을 때 李爾瞻과 許筠, 金闓 등과 어울려 仁穆大妃의 폐모론에 동조하였다. 1618년에 허균의 역모에 연루되어 파직되었고 이어 위리안치되었다가 인조 즉위 뒤 처형되었다.

4　靑雲(청운): 푸른 구름이라는 뜻이나, 높은 관직이나 입신양명을 일컫는 말.

5　拾芥(습개): 풀개비를 줍는다는 뜻으로, 일이 매우 쉬움을 비유하는 말.

44. 김령

김령의 자는 자준, 호는 계암, 본관은 광주(光州)이다. 설월당(雪月堂)
김부륜(金富倫)의 아들이다. 선조 정축년(1577)에 태어났다. 광해군 임
자년(1612) 문과에 급제하여 벼슬은 사간을 지냈다. 인조 신사년(1641)
에 죽었다.

임진년(1592)에 류서애(柳西厓: 柳成龍) 선생이 체상(體相: 전쟁 발발시 군
무를 맡아보던 최고의 軍職 體察使)으로서 막부(幕府)를 영남에 설치하였는
데, 공은 16세의 서생으로서 도보로 찾아가 만났다. 이때 천조(天朝: 명나
라)의 총병 오유충(吳惟忠)과 유격 노득공(盧得功)이 함께 행영(行營)에 있
었는데, 선생(先生: 金坽)의 풍모와 행동거지를 보고서 내심 깊이 감복하
여 공경하는 마음을 품고 선생을 불러 함께 이야기를 나누었고 돌아간
뒤에도 편지를 보내어 정중한 뜻을 전하였으니, 감히 타국의 유생으로
여기지 않았던 것이다.

을묘년(1615) 승정원 주서가 되었는데, 이때 북인이 권력을 농단하자,
선생이 탄식하여 말하기를, "기미를 보아 실행할 일이지, 어찌 날이 저물
기를 기다리겠는가?"라고 하고는, 곧 관직을 버리고 돌아왔다. 무오년
(1618)에 이르러 윤리가 무너시고 기강이 막히는 사태가[仁穆大妃의 幽閉]
벌어지자, 선생은 즉시 문을 닫고 세상과 절연하였다. 서로 알고 지내던
자 가운데 시의(時議)에 영합한 자들이 문 앞까지 찾아와 만나기를 청하
였는데, 선생은 거절하고 들이지 않았다. 몇 년 뒤에 승정원에서 일기를
수정하도록 독촉하니, 공이 부득이하게 성 밖까지는 갔으나 그곳에서
일기를 수정하여 올리고는 끝내 성 안에 들어가지 않은 채 돌아왔다.

인조가 즉위한 뒤, 조정에서는 공이 혼탁한 세상 물결에 홀로 맞섰다
하여 품계를 뛰어넘어 6품직에 서용(敍用)하고 사헌부 지평에 제수하였

는데, 부름에 응하여 길을 나섰으나 도중에 병을 이유로 돌아왔다.

갑자년(1624) 이괄(李适)이 반란을 일으키자, 선생은 서쪽으로 달려가 상경하였으나 도성의 교외에 이르러 이괄의 목이 베어졌다는 소식을 듣고서야 돌아왔다. 이때 교외에 머물러 있던 아들 김요형(金耀亨, 1604~1644)이 상소를 올려 자신의 아버지가 병으로 직임을 맡을 수 없다고 아뢰니, 주상이 비답을 내려 장려하고 타일렀다. 이에, 대신(臺臣) 김시양(金時讓)이 탄핵하여 말하기를, "김령(金坽)은 과거 급제자로 산림(山林)의 인사가 아니면서도 아들에게 대신 상소하게 한 것입니다. 성상이 비답을 내린 것은 지나친 장려였으니, 청컨대 김령을 파직하고 도로 비지(批旨: 비답)를 거두소서."라고 하였으나, 주상은 허락하지 않았다. 의주 판관(義州判官)에 제수되었는데, 이때 여러 훈귀(勳貴)들은 선생이 자기들과 함께 하지 않는 것을 보고서 미워하여 일부러 먼 곳의 관직을 주고 공이 어떻게 처신하는지를 살펴 법으로 옭아매려 하였다. 그러나 주상은 시종일관 너그럽게 포용하였다. 얼마 되지 않아 예조정랑(禮曹正郎)으로 제수하였다가 병으로 교체되자, 조정의 논의는 더욱 소란스러워졌다. 오리(梧里) 이 상국(李相國: 李元翼)은 갑자기 병이 생긴 상황을 아뢰는 상소를 올리도록 권하였으나, 공은 상소를 갖추고도 또한 끝내 올리지 않았다. 이때부터 병으로 다리를 쓰지 못한다고 일컬으며 병석에 누워 지냈는데, 집안 사람들조차 또한 병의 연유가 무엇인지 알지 못하였다. 원근의 인사들 및 사개(使价: 사신)와 수재(守宰: 수령)들이 잇달아 찾아와 문안하였는데, 공은 병이 깊어 예를 갖출 수 없다면서 앉은 채로 만났다. 여러 훈귀들은 공이 병에 걸렸다고 속이는 것으로 의심하여 사사로이 본도(本道: 경상도) 관찰사에게 공의 동정을 살피게 하였는데, 관찰사는 추종(騶從: 수행원)을 물리치고 곧장 공의 집으로 찾아갔고, 공 또한 앉은 채로 맞이하였다. 관찰사는 공이 남의 도움을 받아야만 일어나 앉는 것을 보고서 돌아와 보고하기를, "공의 병은 핑계가 아니다."라고 보고하였다 한다.

계유년(1633) 홍문관에 이름이 올랐는데, 훈귀들은 공이 여러 차례 관직에 제수되고도 나아가지 않아 신하로서의 예를 저버렸다면서 이를 가로막았다. 이후에도 연이어 춘방(春坊: 세자시강원)과 양사(兩司: 사헌부·사간원)에 제수되었는데, 모두 나아가지 않았다.

병자년(1636) 임금이 남한산성(南漢山城)으로 거둥하고 여러 도의 군사들이 잇달아 패하여 궤멸되자, 고을 사람들이 의병을 일으켰고 공은 가산을 기울여 군량을 도왔다. 주상이 남한산성을 나와 항복했다는 소식을 듣고 서쪽을 향해 통곡하며 슬픔과 분노가 그치지 않았다.

젊은 시절에 일찍이 지리 자료를 모아 엮어 천하도(天下圖)를 만들고, 그것을 가리키며 탄식하기를, "이를 마주하니, 흉금이 자못 탁 트이게 하는구나."라고 한 적이 있었다. 누각에 올라 시를 지어 말하기를, "누각 앞의 굽이진 산봉우리들은 온통 개밋둑 같고, 하늘 끝의 높이 솟은 곳에 서야 비로소 산이 있네."라고 하였으니, 이를 아는 이들이 그에게 우뚝 서고 홀로 행하는 기상이 있다고 하였다.

일찍이 여러 사문(斯文)들과 시국의 일을 논한 적이 있었는데, 혹자가 그의 출처(出處: 관직에 나아가고 물러남)를 꾸짖듯 물어도 선생은 묵연히 응답하지 않았다. 거듭 다그쳐 묻자, 천천히 말하기를, "과부가 남편이 의롭지 못하다고 해서 절개를 바꿀 수는 없다네."라고 하였다. 이에 제공(諸公)들은 모두 선생의 뜻이 어디에 있는지를 알게 되었다.

선생은 침상에 누워 지낸 지 18년 동안 문밖을 나서지 않았으며, 일어나 앉거나 용변을 보는 것조차 항상 남의 도움을 받았으니, 이는 선생의 뜻이 곧 백이(伯夷)의 마음이었으나, 곁에서 엿보던 자들조차 그의 마음과 자취를 헤아릴 수 없었다.

가법(家法)이 평소 엄격하였으니, 자제들이 곁에 서서 모시며 한겨울의 추위나 한여름의 무더위에도 감히 물러나지 않았다. 수암(修巖) 류진(柳袗, 1582~1635) 공이 겨울에 찾아왔을 때, 선생은 공을 붙잡아 두고 술을 마시며 이야기를 나누다가 밤이 깊도록 곁에서 시중드는 사람이 보이지 않자, 류공이 괴이하게 여겼다. 잠자리에 들게 되었을 때, 선생이 요를 깔아달라고 부르자, 네 아들이 일제히 "네."하고 들어왔다. 이는 밖에서 숨을 죽이고 마치 아무도 없는 것처럼 서 있었으면서도 들어오라는 명이 없이는 감히 들어오지 않았던 것이니, 류공은 이에 탄복하였다. 선생이 지내는 곳은 궤안(几案: 책상)이 늘 깔끔하게 정제되어 있었으며, 서가에 놓인 성경현전(聖經賢傳)은 마치 엄한 스승을 모신 것 같았다. 용변을 본 뒤에는 손을 씻고 책을 펼쳤으며, 1권을 다 읽으면 거두어 갈무리한 뒤에야 다시 다른 책을 읽고 나면 또 이와 같이 하였는데, 책상 위에는 오직 1권의 책만 놓여 있을 뿐이었다. 손님이 오면 반드시 그 책을 엎어 놓아 사람들이 무슨 책인지 알지 못하게 하였으니, 평소에 자취를 숨기고 드러내지 않은 것이 이와 같았다.

정동계(鄭桐溪: 鄭蘊, 1569~1641) 선생이 관찰사로서 선생(先生: 金坽)의 병을 문안하러 와 선생과 함께 묵었는데, 한밤중에 아무도 없자 곧 선생을 부축하여 일으켜 몇 걸음을 이리저리 거닐었다. 동계가 탄식하여 말하기를, "나는 공을 위하여 한 가지 방책도 마련해주지 못하였으니, 평생의 부끄러움으로 남게 되었네. 우리 임금에게 공이 있다는 것은 무왕(武王)에게 백이(伯夷)가 있었던 것과 같도다."라고 하였다.

숙종(肅廟)이 조정의 신료들의 아룀에 따라 특별히 도승지에 추증하고, 교지를 내려 말하기를, "지조가 확고하고 기풍과 절개가 고결하였으니, 사림의 본보기가 된다."라고 하였다.【협주: 이광정이 찬한 묘비에 실려 있다.】

묘갈명에 일렀으니, 이러하다.

선생은 대체 어떤 경지에 거하였는가?
이를 일컬어 인이라 하겠는가, 청이라 하겠는가?

그 자취는 없애고 그 마음은 달아걸었으니

오직 정신으로만 만날 수 있을 뿐

겉으로 드러난 자취로는 찾기 어렵도다.

옛사람이여, 참으로 옛사람이여!

어찌 그리 근심은 멀리까지 미치고 생각은 깊었던가.

【협주: 권유가 찬한 글에 실려 있다.】

• 金坽

金坽[1]字子峻, 號溪巖, 光州人。雪月堂富倫子。宣祖丁丑生。光海壬子文科, 官司諫。仁祖辛巳卒。

壬辰, 柳西厓先生, 以體相開府嶺中, 公以十六歲書生, 徒步往謁之。天朝摠兵吳惟忠[2]·游擊盧得功[3], 同在行營, 見先生容止, 深敬之, 引與語, 旣歸, 以書致意, 不敢以外國儒生視之也。

乙卯, 爲承政院注書, 時北人用事, 先生嘆曰: "見機而作, 豈俟終日?" 乃棄歸。至戊午, 倫紀斁閉, 先生卽杜門。有相知者, 附麗時議, 至門求見, 先生拒不納。後數年, 政院督修日記, 公不得已至城外, 修

---

1   金坽(김령, 1577·1641): 본관은 光山, 자는 子峻, 호는 溪巖 증조부는 광산김씨 예안 입향조 金孝盧이며, 조부는 金綏이다. 아버지는 현감 金富倫이며, 어머니 平山申氏는 부호군 申壽民의 딸이다. 부인 南陽洪氏는 승문원 정자 洪思濟의 딸이다. 1612년 문과에 급제하였다. 권지승문정자가 되고 1615년 승정원 주서로 승진했으나 대북당이 집권함을 보고 즉시 버슬을 버리고 귀향하였다. 평생 病廢人으로 자처하며 不事二君의 절개를 지켰다.

2   吳惟忠(오유충): 명나라 무신. 임진왜란과 정유재란 때 조선에 원군으로 파견되어 참전하였다. 1593년 파병 당시 우군 유격장군으로, 제4차 평양 전투 때 앞장서 적의 총탄을 맞았음에도 불구하고 군사들을 독려해 사기를 높였다. 정유재란 당시에는 충주를 지키는 임무를 맡았다.

3   盧得功(노득공): 명나라 무신. 임진왜란 정유재란 때 조선에 원군으로 파견된 유격장이다. 정유재란 때 제독 董一元이 이끄는 中路軍 소속으로 참전하여 泗川城에서 싸우다 전사하였다.

上日記, 不入城而歸。

　仁廟改紀[4], 朝廷以公獨立頹波中, 超叙六品, 除司憲府持平, 赴召,
中道引疾歸。

　甲子, 适[5]叛, 先生奔赴西上, 及郊, 聞适授首, 乃還。留子耀亨[6], 上書
言其父病, 不任職, 上下批獎諭。臺臣金時讓[7], 駁[8]駁之曰：“金坽, 科甲
中人, 非山林, 而使子代疏。聖批過獎, 請罷坽, 還收批旨。”上不許。除
義州判官, 時諸勳貴, 覘先生不與己, 惡之, 試授遠官, 觀公如何行止,
繩之以律。上終始優容。尋拜禮曹正郎, 病遞, 朝議益譁然。梧里李相
國, 勸令陳疏暴病狀, 公具疏, 亦不果上。自此稱病瘵, 委身枕席, 家人
亦不知病何自也。遠近人士及使价·守宰, 踵來候謁, 公謝病深不能爲
禮, 坐見之。諸勳貴疑公僞病, 私於本道方伯, 偵公動靜, 方伯屛騶從,
直詣公家, 公亦坐見。方伯見公須人坐起[9], 還報：“公之病, 非托。”云。

4　改紀(개기): 紀綱을 바꿔 바로잡는다는 뜻으로, 환국 또는 반정을 일컫는 말.

5　适(괄): 李适(1587~1624). 본관은 固城, 자는 白圭. 병조참판 李陸의 후손이다. 1623년
　　인조반정에 공을 세웠는데, 포도대장을 지내다가 金瑬와 반목하여 平安兵使로 寧邊에
　　있게 되자 이에 불만을 품고 1624년 韓明璉과 군사 1만 2천여 명과 함께 반란을 일으켜
　　서울로 쳐들어와 興安君을 새로운 왕으로 추대하였으나, 불과 하루 만에 관군에게 패하여
　　도망치다가 부하에게 피살되었다.

6　耀亨(요형): 金耀亨(1604~1644). 본관은 光山, 자는 伯達, 호는 杜門子. 아버지는 金坽이
　　며, 어머니 南陽洪氏는 승문원 정자 洪思濟의 딸이다. 부인 安東權氏는 權泰一의 딸이다.
　　평생 도의를 닦으며 살았다. 정묘호란과 병자호란 때 서기로서 의병장을 보좌하였다.

7　金時讓(김시양, 1581~1643): 본관은 安東, 초명은 金時言, 자는 子中, 호는 荷潭. 증조부는
　　金彦默이며, 조부는 金錫이다. 아버지는 비안현감 金仁甲이며, 어머니 南陽洪氏는 庶尹
　　洪以坤의 딸이다. 부인 慶州李氏는 李大遂의 딸이다. 1605년 식년문과에 급제하였다.
　　1611년 전라도 도사로 향시를 주관할 때 試題에 왕의 失政을 비유한 문제를 출제했다
　　하여 種城에 유배되었다가 1616년 寧海로 이배되었다. 1623년 인조반정으로 풀려나와
　　예조 좌랑·병조 정랑·수찬·교리를 역임하였고, 이듬해 이괄의 난이 일어나자 이원익의
　　종사관으로 활약했다. 1627년 정묘호란이 일어날 징후가 보이자 평안도관찰사 겸 체찰부
　　사에 임명되었고 이어 병조판서가 되었으며, 의정부의 의논에 따라 도원수와 四道都體察
　　使를 겸하였다. 그러나 왕의 뜻을 어기고 척화를 주장해 영월에 유배되었다가 풀려나,
　　1634년 지중추부사에 敍用되었다. 그 뒤 한성판윤을 거쳐 호조판서 겸 동지춘추·世子左副
　　賓客이 되었다가 9월에 다시 도원수에 임명되었다. 이듬해 강화유수로 나갔다가 병으로
　　사직하였다.

8　駁(철): 駁의 오기.

癸酉, 錄弘文館, 勳貴以公屢除官不至, 無人臣禮, 沮之。連除春坊·
兩司, 皆不就。

丙子, 上幸南城, 諸道兵相繼敗歿, 鄕人倡義, 公傾家財, 以助兵食。
聞上出城, 西向慟哭, 悲憤不已。

少日, 嘗裒輯地誌, 爲天下圖, 指點而歎曰:“對此, 敎胸襟較豁.”登
樓賦詩曰:“樓前崱屴[10]渾如垤, 天際穹窿始有山.”識者謂其有特立獨
行[11]底氣像。

嘗與諸斯文, 語及時事, 或諱其出處, 先生悄然不應。强之, 徐曰:
“嫠婦不可以夫不義而改節.”於是, 諸公咸知先生之志之所在也。

先生坐床褥十八年, 不出戶外, 起居便旋, 常待於人, 盖先生之志, 卽
伯夷之心, 而左右窺覘者, 莫得以測其心與跡。

家法素嚴, 子弟侍立, 祁寒盛暑, 不敢退。修巖[12]柳公袗, 冬月來訪,
先生留與飮話, 至夜分, 無侍側者, 柳公怪之。及就寢, 先生呼袗, 四子
齊唯而入。盖侍外屛氣若無人, 不命之入, 不敢入也, 柳公歎服焉。先
生之居處, 几案必明淨, 尊閣經傳若嚴師。便旋之後, 盥手對卷, 旣了
一書, 收而藏之, 更閱他書, 又復如之, 案上只留一卷書而已。客至, 必
反其面, 使人不知爲何書, 其平日韜晦如此。

鄭桐溪先生, 以方伯, 問先生病, 與之同宿, 中夜無人, 卽扶起先生,
徘徊數步。桐溪歎曰:“吾不能爲公一着, 貽愧平生。吾王之有公, 武王

9　坐起(좌기): 起坐의 오기.

10　崱屴(외뢰): 산이 높고 굽이진 모양. 바위가 겹겹이 쌓이고 험준한 모습.

11　特立獨行(특립독행): 우뚝 서서 홀로 행한다는 뜻으로, 세속을 따르지 않고 스스로 믿는
　　바를 행하는 것을 일컬음.

12　修巖(수암): 柳袗(1582~1635). 본관은 豊山, 자는 季華. 아버지는 영의정 柳成龍이다.
　　1610년 사마시에 합격하였다. 1612년 해서지방에서 金直哉의 誣獄이 일어났을 때에 무고
　　를 당하여 5개월간 옥고를 치렀다. 1616년에 遺逸로 천거되어 洗馬에 제수되었으나 사양
　　하였다. 1623년 인조반정 뒤 다시 학행으로 천거되어 봉화현감이 되었다. 1624년 형조정
　　랑을 거쳐 1627년 청도군수가 되었다. 1634년 지평으로 있을 때 장령 姜鶴年이 당시
　　서인정권의 정책을 크게 비판하여 심한 논란이 일어났는데, 이때 강학년을 두둔하여 대간
　　들로부터 공격을 받았다.

之有伯夷也."

　肅廟, 因廷臣陳白, 特贈都承旨, 下旨曰: "志操之確, 風節之高, 爲士林矜式."【李光庭[13]撰碑[14]】

　碣銘曰: "何居乎先生? 斯之謂仁耶? 淸耶? 泯其跡閟其心, 可以神會, 難以事尋。古之人! 古之人! 何其憂遠而思深哉?"【權愈[15]撰】

13　李光庭(이광정, 1674~1756): 본관은 原州, 자는 天祥, 호는 訥隱. 조부는 문과도사 李時馣이다. 아버지는 李後龍이며, 어머니는 公州李氏이다. 백부 李先龍의 양자로 갔다. 1699년 진사가 되었으나, 생부모와 양부모 喪을 연이어 당하자, 과거시험을 포기하고 태백산 자락 小川山으로 들어가 젊은이를 가르치면서 문장가로서의 일생을 보냈다.

14　원전의 내용은 〈묘비〉가 아니라 〈행장〉에 실려 있는 것임.《訥隱先生文集》 권18 〈溪巖金先生行狀〉이다. 행장이 매우 방대한 분량이라서 이 책자에 번역하여 수록하지 못했다.

15　權愈(권유, 1633~1704): 본관은 安東, 자는 退甫, 호는 霞溪. 증조부는 權若이며, 조부는 목사 權劼이다. 아버지는 權儒이며, 어머니 晉州鄭氏는 鄭百亨의 딸이다. 부인 韓山李氏는 李行源의 딸이다. 1665년 별시문과에 급제하였다. 1689년 기사환국으로 남인이 집권하자, 대사간, 예문관대제학 등 요직을 맡았다. 지경연사에 올랐으나, 1694년 갑술옥사로 서인이 정권을 장악할 당시 유배되었다. 그의《霞溪集》이 전한다고 하나 확인할 수 없다. 권유가 찬한 묘갈명은《國朝人物考》 34 〈休逸·金坽墓碣銘〉에 실려 있다.

45. 김광계

김광계의 자는 이지, 호는 매원, 본관은 광주(光州)이다. 검열 김해(金垓)의 아들이다. 선조 경진년(1580)에 태어났다. 인조조 관직에 제수되었으나 나아가지 않았다. 병술년(1646)에 죽었다. 집의(執義)에 추증되었다.

대암(大庵) 박성(朴惺, 1549~1606)을 종유하여 거경궁리(居敬窮理: 마음을 경에 두고 이치를 궁구하는 수양법)의 방도를 전해 들었고, 이윽고 또 한강(寒岡: 鄭逑)과 여헌(旅軒: 張顯光) 두 선생에게 나아가 질정(質正)을 받았으니, 사림 사이에서 명성이 자자하였다. 광해군의 정치가 어지러워지는 것을 보고 은거하여 자신의 지조를 지켜 살고자 하였으며, 인조반정 이후에도 또한 다시는 과거에 나아가지 않았는데, 관찰사가 수암(修巖) 류진(柳袗, 1582~1635)에게 선비를 찾자 류공이 공을 적임자로 답하였다.

병자호란에서 굴욕적인 강화를 맺은 이후로 연이어 관직에 제수하는 명이 있었으나 모두 나아가지 않았다. 북경(北京)이 함락된 뒤로는 세태를 돌아보며 자나깨나 탄식하였고 누차에 걸쳐 조정의 부름에도 사양하여 산림에 굳게 은거하였으니, 이는 결코 세상을 잊는 데 과감해서가 아니라 그 마음속에 깊은 뜻이 있었던 것이다.【협주: 이가환이 찬한 묘갈명에 실려 있다.】

- **金光繼**

金光繼, 字以志, 號梅園, 光州人。檢閱垓子。宣祖庚辰生。仁祖朝, 除職不就, □□□。丙戌卒。贈執義。

從朴大庵悺, 得聞窮理居敬[1]之方, 已又就正于寒岡·旅軒[2]兩先生, 士林間有聲譽。見光海政亂, 隱居求志, 及仁祖反正, 亦不復上公車[3], 方伯訪士於柳修巖袗, 柳公以公對之。

丙子講和後, 連有除命, 皆不起。盖自北京淪陷[4], 顧瞻窀歎, 屢辭徵辟[5], 固守山樊, 非果於忘世, 盖有微意[6]在也。【李家煥[7]撰碣[8]】

1　窮理居敬(궁리거경): 성리학의 핵심 수양법. 사물의 이치를 끝까지 탐구하고 마음을 엄숙하고 차분하게 유지함을 의미한다.

2　旅軒(여헌): 張顯光(1554~1637)의 호. 본관은 仁同, 자는 德晦. 조부는 張繼曾이다. 아버지는 張烈이며, 어머니 京山李氏는 제릉참봉 李彭錫의 딸이다. 첫째부인 冶爐宋氏는 宋淨의 딸이며, 둘째부인 載寧李氏는 李玄逸의 딸이며, 셋째부인 淸州鄭氏는 鄭适의 딸이다. 과거에 뜻을 두지 않고 학문에 힘써 李滉의 문인과 曺植의 문인들 사이에 학덕과 실력을 인정받았으며, 수많은 영남의 남인 학자들을 길러냈다. 柳成龍 등의 천거로 여러 차례 내외의 관직을 받았으나, 대부분 사퇴하였고 그 중에서 부임한 것은 報恩縣監과 義城縣令의 외직과 내직으로는 공조좌랑, 사헌부장령, 형조참판, 의정부우참찬 등이다. 광해군 때 합천군수 등에 제수되었으나 모두 사양하였고, 인조반정 이후 조정에서 학문적 권위를 인정한 山林에 꼽혔다. 인조조에도 사헌부 지평·집의 등에 여러 번 제수되었으나 모두 사퇴하고 학문에 전념했다. 李适의 난 때 사헌부 장령에 제수되어 취임하였고, 이후 형조참판, 대사헌 등에 제수되어 마지못해 취임했으나 사퇴하고 고향으로 되돌아갔다. 1636년 병자호란 때는 우참찬에 임명되고 의병을 일으켜 청나라군과 교전하는 한편 군량과 군자물품의 조달과 지원을 주도했으나, 패전 후 실망하여 포항의 입암산에 들어가 은거하였다.

3　公車(공거): 과거 시험에 응시함. 관직에 나아가기 위한 등용문을 뜻한다.

4　淪陷(윤함): 적의 수중에 떨어짐. 함락됨.

5　徵辟(징벽): 임금이 초야에 있는 사람을 예를 갖추어 불러서 벼슬을 시키는 것.

6　微意(미의): 겉으로 드러내지 않는 깊은 속뜻. 특히, 병자호란 이후 명나라의 멸망을 보며 절개를 지킨 선비들의 심경을 나타낼 때 자주 쓰인다.

7　李家煥(이가환, 1742~1801): 본관은 驪州, 자는 廷藻, 호는 錦帶·貞軒. 증조부는 이조참판 李夏鎭이며, 조부는 李沈이다. 아버지는 李用休이며, 어머니 晉州柳氏는 柳憲章의 딸이다. 부인 海州鄭氏는 鄭運維의 딸이다. 星湖 李瀷의 종손자이다. 성균관 대사성, 승문원 정자, 예조정랑, 사간원 대사간, 공조판서 등을 역임한 문신이자 학자이다. 남인 채제공에 의해 발탁되고, 정조로부터 학자로서 인정을 받아 대사간·대사성까지 올랐다. 하지만 천주교 신자라는 공격을 받고 신유박해 때에 심문을 받다가 죽었다.

8　묘갈문은 金緣(1487~1544), 金富弼(1516~1577), 金富儀(1525~1582), 金垓(1555~1593), 金光繼(1580~1646), 金純義(1645~1714) 등 6인의 시문집《烏川世稿》의《梅園遺稿》권4 부록에 실려 있음.

보충

이가환(李家煥, 1742~1801)이 찬한 묘갈명

묘갈명

오늘날 사람들이 예안(禮安)을 추로지향(鄒魯之鄕: 공자와 맹자의 고향 같은 도학의 고장)으로 여기는데, 애초에는 작은 고을이라 그다지 일컬어지지 않았었다. 이곳으로 와서 살기 시작한 이들은 도산 이씨(陶山李氏)와 오천 김씨(烏川金氏)라고 한다. 김씨는 광주(光州)를 본관으로 하는데, 신라 왕자 김흥광(金興光)의 후예로 신라와 고려 시대에 현달한 인물들이 있었다. 우리 성스러운 조선에 들어와 휘 김효로(金孝盧)라는 이가 있었으니, 바로 비로소 예안에 와서 거주한 사람인데 드러나지 않은 깊은 덕과 남달리 뛰어난 행실을 지니고 있었다. 그 아들 휘 김연(金緣)은 문과에 급제하여 관찰사를 지냈고 호는 운암(雲巖)인데, 경학에 밝고 바른 도리를 실천하여 정릉(靖陵: 중종) 시대에 명성이 드러났다. 그 아들 휘 김부의(金富儀)는 생원을 지냈고 호는 읍청(挹淸)인데, 형 후조당(後彫堂) 김부필(金富弼)과 함께 퇴계(退溪) 문하의 고제(高弟: 뛰어난 제자)였다. 그 아들 휘 김해(金垓)는 검열(檢閱)을 지냈고 호는 근시재(近始齋)인데, 젊어서부터 명망이 높았으며, 임진왜란 때 본도(本道: 경상도) 의병장이 되어 활약하다가 군중(軍中)에서 죽었고 홍문관 수찬으로 추증되었다. 대체로 4대에 걸쳐 5명의 현인이 나왔는데, 후세 사람들이 모두 세사하며 받들었다. 김씨는 후조당 형제부터 퇴도(退陶: 이황)에게 이미 가르침을 받았고, 근시재가 다시 퇴도의 조카 진사 이재(李宰: 이황의 셋째형인 李漪의 아들)의 딸에게 장가들어 매원선생(梅園先生)을 낳았다.

휘는 김광계(金光繼), 자는 이지(以志)이다. 능히 조상의 빛나는 업적을 마음속에 품어 계승하였으며, 묻고 배우는데 게으르지 않았고 벼슬길에 나아가고 물러나는데 의를 기준으로 삼았다. 어렸을 때 할머니가 고기를 주자, 사양하며 말하기를, "항렬이 낮고 나이 어린 자가 고기를 먹는 것은 어른들이 허락하지 않은 일입니다."라고 하였다. 미처 성동(成童: 15세 된 사내아이)이 되기 전에 어머니와 아버지의 상(喪)을 거듭 당하였는 데, 상례(喪禮)를 치르는 것이 마치 성인과 같았다. 상복을 벗고 난 뒤에 대암(大庵) 박성(朴惺, 1549~1606)을 종유하여 거경궁리(居敬窮理: 마음을 경에 두고 이치를 궁구하는 수양법)의 방도를 전해 들었고, 이윽고 또 한강 (寒岡: 鄭逑)과 여헌(旅軒: 張顯光) 두 선생에게 나아가 질정(質正)을 받았 다. 광해군의 정치가 어지러워지는 것을 보고 은거하여 자신의 지조를 지켜 살고자 하였으며, 인조반정 이후에도 또한 다시는 과거에 나아가지 않았다.

정묘년(1627) 서쪽 변방에 변란이 일어나자, 여헌이 호소사(號召使)로 서 공에게 격문을 보내어 본현(本縣: 예안현)의 의병을 거느리게 하였는 데, 출병하려던 차에 군사가 해산되어 이에 그만두었다. 무진년(1628) 관찰사가 수암(修巖) 류진(柳袗, 1582~1635)에게 선비를 찾자 류공이 선생 을 적임자로 답하니, 마침내 주상에게 서면으로 아뢰어 이미 조정으로 나아갈 수 있는 당당한 길이 열렸으나, 공은 할머니의 나이가 많다는 이유로 사양하고 돌아왔다. 병자년(1636) 의병을 일으켜 기천(基川: 풍기) 에 이르렀는데, 주상이 출성(出城: 항복)하였다는 소식을 듣고는 서쪽을 바라보며 통곡하고 돌아왔다.

이후로는 연이어 관직에 제수하는 명이 있었으나 모두 나아가지 않고, 낙동강 가를 찾아 도를 이야기하며 학문을 강론하였다. 평소에 말하기 를, "척량(脊梁: 등뼈, 즉 꼿꼿한 자세)이 겉으로 꼿꼿하고 정신이 안으로 깨어 있는 것이란 겉과 속을 함께 길러주는 수양이다."라고 하였으며, 또 말하기를, "아는 것이 행하는 것과 겸하여 나아가야 하나, 행하는 것이 아는 것에 비해 중요하다는 것은 주로 행하는 것에 힘을 쏟는 것이 다."라고 하였다. 글을 읽고 깊은 생각에 잠기며 낮에 힘써 행한 바를 밤에 터득하였으니, 또한 그것은 스스로를 수양하는 데 세운 규칙이었다. 늘 행하는 것이 새벽이면 반드시 사당에 절하였으며, 제사면 반드시 목욕하고 옷을 갈아 입었으며, 집 안에서도 마치 귀한 손님을 대하듯 조심하였다. 어진 이들은 그를 기뻐하였고 그렇지 못한 이들은 그를 보고 스스로 힘썼다. 온종일 하는 말이 시서(詩書)를 벗어나지 않았고, 예를 지켜 나아가고 물러나는 큰 절개에 있어서는 더욱 두드러져 볼 만하였다. 북인(北人)이 정국을 좌우한 이후로 세상의 도리가 다시는 어찌해 볼 수 없음을 알았다. 북경(北京)이 함락된 뒤로는 세태를 돌아보며 자나 깨나 깨달아 탄식하였고, 학사(鶴沙) 김응조(金應祖)에게 보낸 편지에 한(漢)나라와 송(宋)나라 고사를 인용하며 당연히 강좌(江左: 양자강 동쪽의 명나라)의 연호를 사용해야 한다고 하였다. 누차에 걸쳐 조정의 부름에도 사양하여 산림에 굳게 은거하였으니, 이는 결코 세상을 잊는 데 과감해서가 아니라 그 마음속에 깊은 뜻이 있었던 것이다.

　아, 근시재는 자신의 몸을 돌보지 않으며 나라를 위해 목숨을 바치고자 온 힘을 다하다가 죽었고, 선생은 도를 지키고 정절을 이행하며 몸을 깨끗이하다가 생을 마감하였으니, 그 자취는 비록 다르나, 각자가 처했던 시대적 상황에 비추어 본다면 귀결은 하나였던 것이다. 학문에 의해 전해 받은 바가 있고 의리를 강론함이 평소부터 정밀하지 않았다면, 어찌 이 경지에 이를 수 있었겠는가?

　선생은 목릉(穆陵: 선조) 경신년(1580) 8월 모일에 태어나 장릉(長陵: 인조) 병술년(1646) 5월 18일에 죽었으니, 향년 67세였다. 그해 8월 모일에 안동부(安東府) 북쪽 거인산(居仁山) 경좌(庚坐)의 언덕에 장사하였다. 그 후 손자 김대(金岱)가 나이가 들어 받은 관작 덕분에 사헌부 집의(司憲府執義)에 추증되었다.

　부인 숙인(淑人) 광주이씨(廣州李氏)는 대상(大相: 大臣) 이극균(李克均, 1437~1504)의 후손으로 생원 이산악(李山岳)의 딸이다. 선생보다 2년 먼저 죽었는데, 같은 언덕에 장사하였다.

아들이 없어 아우(金光實, 1585~1651)의 아들 김렴(金磏, 1612~1659)을 후사로 삼았다. 김렴은 외아들 김순의(金純義, 1645~1714)를 두었다. 김순의는 두 아들을 두었는데, 장남 김대(金岱, 1665~1687)는 동지중추부사를 지냈고, 차남 김교(金嶠)는 지금 공의 유문(遺文)과 유사(遺事)를 찬하였다. 김대의 손자 김영(金瑩, 1737~1813, 金道元의 아들)이 나를 찾아와 묘갈명을 지어달라고 간청하였다. 김영의 아들은 김상유(金商儒)이다. …(이하 명문 생략)…

성상 21년 정사년(1797) 11월
자헌대부 전공조판서 겸 오위도총부도총관 여주 이가환이 찬하다.

墓碣銘

今人視禮安爲鄒魯, 其始小縣, 未甚稱。始來居之, 爲陶山李氏與烏川金氏云。金氏, 光州人, 新羅王子興光之後, 在羅麗代有顯人。入聖朝, 有諱孝盧, 卽始來居禮安者也, 有隱德卓行。是生諱緣, 文科觀察使, 號雲巖, 以經術直道, 顯靖陵世。是生諱富儀, 生員, 號挹淸, 與兄後彫堂富弼, 並爲退門高弟。生員生諱垓, 官檢閱, 號近始齋, 少有重名, 壬辰之難, 爲本道義兵將, 卒于軍, 贈弘文館修撰。凡四世五賢, 後人皆俎豆之。金氏, 自後彫堂兄弟, 旣受業於退陶, 而近始齋, 復娶退陶從子進士宰女, 生梅園先生。諱光繼, 字以志。爲能胚胎前光, 問學不倦, 出處以義。幼時, 大母與之肉, 辭曰：“卑幼啖肉, 大人所不許也。” 未成童, 荐遭內外艱, 執喪如成人。旣服闋, 從朴大庵惺, 得聞窮理居敬之方, 己又就正於寒岡·旅軒兩先生。見光海君政亂, 隱居求志, 及仁祖反正, 亦不復上公車。丁卯, 西鄙告警, 旅軒, 以號召使檄公, 領本縣義兵, 將行, 兵罷遂止。戊辰, 方伯訪士於修巖柳公袗, 柳公以先生對, 遂申聞之, 旣壯道, 以大母年高, 辭歸。丙子, 倡義旅至基川, 聞上出城, 西望痛哭而歸。是後, 連有除命, 皆不起, 尋洛江之濱, 談道講學。

其雅言則曰: "脊梁外硬, 精神內惺者, 表裡交養也." 曰: "知行兼進, 而
行比知爲重者, 主力行也." 俯讀仰思, 晝爲宵得, 又其自修之節度也。
其常行, 則晨必拜廟, 祭必沐浴更衣, 閨門之內, 如嚴賓焉。賢者悅之,
不肖者勉之。終日言不出乎詩書, 執禮而出處大節, 尤卓然可觀。自北
人用事以後, 知世道之無復可爲。自北京淪陷, 顧瞻悟歎, 與金鶴沙應
祖書, 引漢宋故事, 以爲當用江左年號。其累辭徵辟, 固守山樊, 非果
於忘世, 蓋有微意在也。嗚呼! 近始齋, 忘身殉國, 盡瘁以歿, 先生蹈道
履貞, 潔身長往, 其跡雖殊, 自其所値之時而觀之, 其歸一也。非學有
所受, 講義素精, 惡能及此哉? 先生, 生以穆陵庚辰八月日, 卒以長陵丙
戌五月十八日, 春秋六十七。以其年八月某日, 葬于安東府北居仁山庚
坐。厥後, 以孫岱高年爵, 贈司憲府執義。配贈淑人廣州李氏, 大相克
均後, 生員山岳女。先先生二年卒, 葬與同原。無子, 取弟之子礦爲
後。礦有一子純義。純義有二子, 曰岱, 同知中樞府事, 次曰嶠, 今撰次
公遺文·遺事者。岱之孫瑩, 來乞銘者。瑩之子商儒。…(이하 명문 생
략)…上之二十一年丁巳十一月日資憲大夫前工曹判書兼五衛都摠府
都摠管驪州李家煥撰。

〔梅園遺稿, 권4, 附錄〕

46. 이명익

이명익의 자는 만리, 호는 반초당, 본관은 진보이다. 인조 기축년 문과에 급제하였다. 한림·설서(說書)·대사간을 역임하고 벼슬은 충청도 관찰사까지 지냈다.

일찍이 향해(鄕解: 향시)에 합격한 적이 있었는데, 회위(會圍: 會試)를 볼 날이 많이 남지 않았는데도 꼼짝 않고 앉아 여전히 전처럼 글을 읽고 있자, 어머니가 말하기를, "어찌하여 행장을 꾸리지 않느냐?"라고 하니, 공이 말하기를, "향시 합격은 이미 요행일 뿐이니, 요행이 거듭되기를 바랄 수는 없습니다."라고 하였다. 그래도 어머니가 강권하자, 공이 감히 어기지 못하고 일거에 마침내 대과(大科)에 급제하였다.

도당(都堂: 의정부)에서 모여 권점(圈點)을 찍을 때 문간공(文簡公) 조경(趙絅, 1586~1669)이 공의 이름을 거론하였는데, 민종도(閔宗道, 1633~1693)가 속여 말하기를, "늙고 병들었습니다."라고 하였다. 이보다 앞서 공이 대각(臺閣)에 있었을 때, 성균관 유생을 벌주는 일을 논하도록 부탁하였으나 공이 들어주지 않았었는데, 민종도가 원한을 품고 있었다가 끝내 공을 모함한 것이다. 나중에 문간공이 공을 직접 만나 보고는 탄식하기를, "그 사람이 나를 속였구나."라고 하였다.

충청도 관찰사가 되어 고을 수령 중에 세력만 믿고 고과(考課)가 좋지 못한 10여 명을 파직시켰다. 이때 절도사 김익훈(金益勳)이 장차 공주진(公州鎭)에서 군사 훈련을 하려 하면서 징과 북을 울리며 들어오겠다고 아뢰자, 공이 말하기를, "체통상 마땅히 이와 같아서는 안 되는 것이오."라고 하였다. 이에, 김익훈이 통제받는 것을 부끄럽게 여겨 곧장 충주진(忠州鎭)으로 향하려 하자, 공이 말하기를, "병졸들이 이미 모였는데, 모였다가 그냥 돌아가면 거의 거짓으로 올리는 봉화에 가깝지 않은가?"라고 하고는, 마침내 진영장(鎭營將)과 함께 훈련을 시행한 뒤, 장계를 올려 김익훈을 파직시켰다. 공에게 유감을 품은 무리가 이 기회를 틈타 대각(臺閣)을 부추겨 탄핵하도록 하니, 공이 상소를 올려 사건의 전말을 소상히 밝혔다. 광주목사로 재임 후에 물러나 돌아올 때, 요직에 있는 자가 뒤늦게 트집을 잡아 공격하려고 암행어사에게 공이 관직에 있었을 때 저지른 과오를 샅샅이 뒤지도록 부탁하였는데, 결국 단 한 가지의 일도 문제로 삼을 만한 것이 없자, 암행어사가 탄식하여 말하기를, "사람들의 말을 어찌 믿을 만하다 하겠는가?"라고 하였다.

영남의 조세를 멀리 가흥(可興: 충추시 가흥리 소재 漕倉)까지 수송하는 일은 영남 백성에게 고질적인 폐단이 되어 내려왔는데, 상황에 맞게 바꿀 수 있도록 건의하는 상소를 올렸고, 이를 영남의 예닐곱 개 고을에 전달하게 하여 단양강(丹陽江)으로 나아가 납세하게 하니, 폐단의 열에 일고여덟은 사라졌다. 더 나아가 영남의 조세는 부과 기준이 일정하지 않아 백성들이 괴로워했는데, 상서(尙書) 이원정(李元禎)에게 건의하여 양호(兩湖: 충청과 호남)의 대동법(大同法)을 적용하니, 백성들이 지금까지 그 혜택을 입고 있다.

공은 10세 때에 《노론(魯論: 논어)》 1권을 통째로 보지도 않고 잘 외웠다. 과거 시험이 치러지는 곳에 출입할 기회가 있었을 때는 동관(童丱: 志學 이전의 어린 아이)이었는데, 내구(內舅: 외숙) 정칙(鄭杙)이 시험장에 게시된 책제(策題: 시험문제)를 베껴서 가져오라고 하였다. 공은 그것을 한번 눈으로 훑어보고 곧바로 돌아와서는 사람을 시켜 붓을 들고 받아 적게 하고서 즉시 그대로 외웠다. 정공(鄭公)이 말하기를, "잘못된 곳은 없겠느냐?"라고 하였는데, 다시 대조해 보니 한 글자도 어긋나지 않았다. 그 자리에 있던 사람들이 놀라 말하기를, "거의 옛날 장수양(張睢陽: 당나라 張巡)과 버금가도다."라고 하였다.【협주: 채제공이 지은 묘갈명에 실려 있다.】

• 李溟翼

李溟翼, 字萬里, 號反招堂, 眞寶人。仁祖己丑文科。歷翰林·說書·
大司諫, 止忠淸道觀察使。

嘗參鄕解, 會圍[1]無多日, 堅坐讀書猶舊, 太夫人曰: "盍束裝爲?" 公
曰: "解已幸, 幸不可累." 太夫人强之, 公不敢違, 一擧遂大闡[2]焉。

都堂會圈[3]時, 趙文簡公絅[4], 擧公名, 閔宗道[5]紿曰: "老且病矣." 前時,
公在臺閣, 囑公論罰館儒, 公不聽, 宗道嗛卒慁之。後文簡得見公, 歎
曰: "人其欺余矣."

按忠臬, 黜守宰怙勢無良者十數人。時節度使金益勳[6], 將行公州鎭

---

1   會圍(회위): 초시 합격자에게 보이는 과거.

2   大闡(대천): 크게 열린다는 뜻으로 大科에 급제함을 말함.

3   都堂會圈(도당회권): 都堂의 圈點. 의정부에서 홍문관의 교리·수찬을 임명하기 위해 議
     政·參議·參贊·吏曹判書 등이 모여, 都堂錄에서 적합한 사람의 이름 위에 권점을 찍은
     뒤, 그 권점의 수를 헤아려 임금에게 올리면, 득점의 순위대로 교리·수찬에 임명되었다.

4   趙文簡公絅(조문간공경): 文簡公 趙絅(1586~1669). 본관은 漢陽, 자는 日章, 호는 龍洲·
     柱峯. 증조부는 折衝將軍 趙壽崑이며, 조부는 공조좌랑 趙玹이다. 아버지는 奉事 趙翼男이
     며, 어머니 文化柳氏는 柳愷의 딸이다. 부인 安東金氏는 金瓚의 딸이다. 尹根壽의 문인이
     다. 1612년 사마시에 합격했으나 광해군의 亂政으로 대과를 단념, 거창에 은거하였다.
     1623년 인조반정 후 遺逸로 천거되어 고창 현감·경상도사에 계속하여 임명되었으나 모두
     사양하다가 이듬해 형조좌랑·목천현감 등을 지냈다. 1626년 식년문과에 장원급제하였다.
     1627년 정묘호란과 1636년 병자호란 때 척화를 주장하였다. 1643년 통신부사로 일본에
     다녀왔다. 이조와 형조의 판서 등을 거쳐 1650년 청나라가 査問使의 척화신에 대한 처벌
     요구로 영의정 李景奭과 함께 의주 白馬山城에 안치되었다가 이듬해 풀려나와, 1653년
     회양부사를 지내고 포천에 은퇴하였다.

5   閔宗道(민종도, 1633~1693): 본관은 驪興, 자는 汝曾. 증조부는 閔韐이며, 조부는 대사헌
     閔應協이다. 아버지는 좌찬성 閔點이며, 어머니 安東金氏는 판중추부사 金時讓의 딸이다.
     부인 全州李氏는 李翥의 딸이다. 1662년 증광 문과에 급제하였다. 이듬해 예문관대교가
     되고, 1664년 봉교를 거쳐 1665년 지평·정언 등을 역임하였다. 이듬해 다시 중시 문과에
     급제하였다. 1668년 세자시강원문학이 되었으며, 1674년 병조참지가 되었다.

6   金益勳(김익훈, 1619~1689): 본관은 光州, 자는 茂叔, 호는 光南. 조부는 金長生이다.
     아버지는 참판 金槃이며, 어머니 安東金氏는 첨추 金進礪의 딸이다. 金萬重의 숙부이다.
     부인 安東金氏는 金瑄의 딸이다. 음보로 등용되어 의금부도사, 남원부사, 사복시 첨정
     등을 역임하고, 1667년 사도시 정이 되었다. 조카인 金萬基의 딸이 숙종비로서, 숙종이
     즉위한 뒤 권력을 누렸다. 1680년 金錫胄의 주도로 경신대출척을 일으켜 조정에서 남인들

操, 裹以金鼓入, 公曰：“體不當如是.” 益勳恥受制, 直向忠州鎭, 公曰：
“戎卒旣會, 會且歸矣, 不幾近於僞烽乎？” 遂與鎭營將行操, 啓罷益勳
職。羣憾得斯會, 憑臺閣爲言, 公疏暴事始末。自光州歸, 當路者欲追
齕[7], 囑繡衣[8]鉤官過, 乃無一事可假, 繡衣歎曰：“人言寧足信乎？”

　嶺稅之遠輸可興[9], 自來爲嶺民痼瘼, 建白通變, 使傳嶺六七邑, 就丹
陽江納稅, 弊去十七八。嶺賦無常法, 民病之, 與李尙書元禎[10]建議, 用
兩湖大同法[11], 民至今賴之。

　公十歲, 能背誦[12]《論語》一部。及入試闈, 方童卯, 內舅鄭公伬[13], 命

을 숙청하는데 적극 참여하였으며, 이후 숙종의 깊은 신임에 힘입어 광주부윤, 좌윤, 형조
참판, 어영대장 등의 요직을 두루 역임하였다. 이 시기에는 특히 김석주 등과 함께 훈척의
세력으로서 宋時烈 등과 협력관계를 바탕으로 병권을 장악하고 정국을 주도하였다. 그러
나 1689년 기사환국으로 남인이 재집권하자 무고한 사람을 많이 죽였다는 죄목으로 투옥
되었다가 죽었다.

7　追齕(추흘): 뒤쫓아 헐뜯음.

8　繡衣(수의): 임금의 특명을 받아 지방에 파견된 임시 벼슬인 어사가 입던, 수놓은 옷.
어사또를 달리 부르던 말이다.

9　可興(가흥): 可興倉. 충청북도 충주시 가흥리에 설치했던 창고. 조선시대 세곡(곡식) 보관
및 수송 거점인 漕倉으로, 충청도와 경상도 지역에서 거둔 세곡을 남한강을 따라 서울까지
운반하는 데 중요한 역할을 했다.

10　李尙書元禎(이상서원정): 尙書 李元禎(1622~1680). 본관은 廣州, 자는 士徵, 호는 歸巖.
증조부 李熙復이며, 조부는 李潤雨이다. 아버지는 李道長이며, 어머니 安東金氏는 金時讓
의 딸이다. 부인 碧珍李氏는 李彦英의 딸이다. 鄭逑의 문인이며, 큰 학자였던 할아버지
李潤雨에게도 수학하였다. 1648년 사마시에 합격하고, 1652년 증광문과에 급제하였다.
검열·교리를 지내고 1660년 사은사의 서장관으로 청나라에 다녀와 이듬해 동래부사가
되었다. 1670년 청나라에 사은부사로 다녀왔으며, 1673년 도승지, 1677년 대사간·형조판
서를 지냈다. 1680년 이조판서로 있을 때에 경신대출척으로 초산에 유배가던 도중에
불려와 장살당하였다.

11　大同法(대동법): 공납을 토지 결수에 따라 쌀·포·동전 등으로 통일 징수하는 조세 제도.

12　背誦(배송): 책을 보지 않고 구두로 내용을 외워 읊는 것.

13　鄭公伬(정공칙): 鄭伬(1601~1663). 본관은 淸州, 자는 仲則, 호는 愚川·臥雲翁. 안동 출생.
증조부는 鄭彦輔이며, 조부는 鄭枓이다. 아버지는 鄭士信이며, 어머니 永川李氏는 관찰사
李光俊의 딸이다. 첫째부인 淸州韓氏는 韓汝洞의 딸이며, 둘째부인 高靈朴氏는 朴成范의
딸이다. 광해군의 폭정을 비관하여 과거 응시를 포기하고 글만을 읽다가, 1627년 진사가
되고 이어서 참봉에 올랐다. 1636년 병자호란 직전에 〈論時事言罪〉를 지어 국가의 장래를
걱정하였는데, 경상좌도의 병영 이전 등 7개항의 시폐를 개혁할 것을 요구하고, 왕도정치
를 시행해야만 나라가 평안하고 백성도 안락을 누릴 수 있다고 주청하였다.

膽策題來。公一過眼即返, 使人把筆, 立誦之。鄭公曰: "得無誤處乎?" 更勘, 不差一字。一座驚曰: "殆古之張睢陽[14]也."【蔡濟恭撰碣】

보충

채제공(蔡濟恭, 1720~1799)이 찬한 묘갈명

통정대부 수 충청도관찰사 겸 병마수군절도사 순찰사 공주목사 이공 묘갈명

공의 휘는 명익(溟翼), 자는 만리(萬里), 성은 이씨(李氏), 호는 반초당(反招堂)이다. 퇴도(退陶: 李滉) 노선생(老先生)의 방계 후손이고, 나은(懶隱) 이동표(李東標, 1654~1700) 선생의 숙부이다. 나은은 숙종 기사년(1689: 기사환국에 의한 남인 집권)에 의로운 논의를 펴는데 굽히지 않고 강직하여 사림의 영수로 일컬어졌다. 후세 사람들이 만약 단지 나은이 존경할 만하다는 것만 알고, 그를 가르쳐 이끌며 성취시켜 이와 같은 경지에 이르도록 있게 한 바탕이 모두 공의 힘이었음을 알지 못한다면, 그것이 연원을 제대로 소급하여 논하는 것이라 할 수 있겠는가?

공은 자질이 특별히 뛰어나고 총명함이 매우 남달랐으니, 일찍 깨달아서 신동(神童)으로 불렸고 학문에 힘쓰면서도 효성과 우애를 먼저 하였다. 벼슬길에 나가 조정에 서게 되자 두려워하지도 않고 의기소침하지도 않으며 오직 의리만 살폈으니, 조정의 국면이 여러 차례 바뀌는 와중에도 끝내 완전한 사람의 모습을 갖출 수 있었다. 가르침이 가정에서 행해져 비로소 집안과 나라를 빛낼 영광의 기틀을 잉태했으니, 이 또한 성대하다 하지 않겠는가?

공은 인조(仁祖) 기축년(1649) 문과에 급제하였다. 마침 향해(鄕解: 鄕

---

14 張睢陽(장수양): 당나라 玄宗 때 충신 張巡. 충신으로 잘 알려져 있지만, 학문을 매우 좋아하여 널리 통달했고, 한번 본 것은 잊지 않을 정도로 비법함 암기력을 지녔던 인물이기도 하다.

試)에 합격했을 때였는데, 회위(會闈: 會試, 초시에 합격자에게 보이는 과거)까지 남은 날이 많이 남지 않았는데도 꼼짝 않고 앉아 여전히 전처럼 글을 읽고 있었다. 어머니가 말하기를, "어찌하여 행장을 꾸리지 않느냐?"라고 하자, 공이 말하기를, "향시 합격한 것만으로도 이미 요행일 뿐이니, 요행이 거듭되기를 바랄 수는 없습니다."라고 하였다. 그래도 어머니가 강권하자, 공은 감히 어기지 못하고 일거에 마침내 대과(大科: 문과)에 급제하였다.

괴원(槐院: 승문원)에 선발되어 들어가 정자(正字)가 되었는데, 당후(堂后: 승정원 주서)의 직무를 임시로 대행하였다. 이때 효종(孝宗)이 새로 즉위하여 복수와 설욕을 이루려는 뜻이 확고해 탁지(度支: 호조)의 신하와 함께 빈틈없이 은밀해야 할 계책을 세웠는데, 말이 자못 밖으로 새어나갔다. 주상이 몹시 노하여 그 죄를 전적으로 기주관(記注官)에게만 있다고 여겨 법에 맡겨 처리하도록 하였다. 사헌부의 신하가 공을 변호하여 풀려나게 하려 했으나 하지 못하였는데, 상국(相國) 이경여(李敬輿)·이시백(李時白)이 연명(聯名)으로 차자(箚子)를 올려 간하고 또 어전에서 간쟁하기까지 힘을 다한 끝에야 비로소 영월군(寧越郡)으로 유배되는 데에 그쳤다.

계사년(1653)에 사면되었고, 이듬해 천거로 한림(翰林)에 제수되었다. 얼마 안 되어 승진해 대교(待敎)로 옮겨 설서(說書: 세자시강원 소속)를 겸하였다. 한림 이숙(李翻, 1626~1688)과 함께 사국(史局: 史官廳)의 대천(代薦: 후임자 추천)을 상의했으나 의논이 합치하지 않아 서로 상소를 올려 자신의 입장을 밝히니, 대각(臺閣)에서 둘 다 파직시킬 것을 청하였는데, 주상이 전교를 내려 말하기를, "이숙은 문답한 것들을 모조리 숨겼으니, 어찌 사대부로서 이미 뱉은 말을 도로 삼키는 경우가 있단 말이냐?"라고 하였다.

기해년(1659) 다시 대교에 제수되었다. 이때 현종(顯宗)이 저위(儲位: 세자)에 있으면서 처음으로 강연(講筵)을 열었을 때, 공은 실록(實錄)을

봉안하라는 명을 받들어 장차 심도(沁都: 강화도)로 가야 했기에 상소를
올려 시강원(侍講院)의 겸직을 해제해 줄 것을 청하자, 주상이 강연 자리
에 나아간 뒤에 하직 인사하고 떠나도록 명하였으니 이례적인 대우였다.
현종 1년 경자년(1660) 봉교(奉敎)를 거쳐 감찰(監察)로 승진하였고, 형조
정랑으로 옮겼다. 얼마 후 의성현령(義城縣令)에 제수되었는데, 부임하여
흉년을 만나자 상소를 올려 백성들의 부역을 덜어주었다. 몇 년간 재임
하며 치적으로 표리(表裏: 안감과 겉감)를 하사받았으나, 계묘년(1663) 관
직을 버리고 돌아왔다.

　이후로 내직으로는 병조 좌랑·정랑·참지·참의, 예조·공조 두 조의 참
의, 사헌부 지평, 사간원 정언·사간·대사간, 시강원 필선, 종부시 정을
지냈고, 은대(銀臺: 승정원)에서는 동부승지에서 좌승지에 이르렀으며,
같은 관직을 여러 번 지낸 경우도 많았다. 옥서(玉署: 홍문관)의 경우에는
일찍이 도당(都堂: 의정부)의 권점(圈點: 벼슬아치 후보자의 이름 아래 둥근
점을 찍는 일)에서 문간공(文簡公) 조경(趙絅, 1586~1669)이 공의 이름을 거
론하며 추천하려 한 적이 있었는데, 민종도(閔宗道, 1633~1693)가 속여
말하기를, "늙고 병들었습니다."라고 하였다. 이보다 앞서 공이 대각(臺
閣)에 있었을 때, 민종도가 성균관 유생을 벌주는 일을 논하도록 부탁하
였으나 공이 들어주지 않았었는데, 민종도가 원한을 품고 있었다가 끝내
공을 모함한 것이 이와 같았다. 나중에 문간공이 공을 직접 만나 보고는
탄식하기를, "그 사람이 나를 속였구나."라고 하였다. 공이 배옥(緋玉:
당상관)으로 승진한 것은 산릉도감(山陵都監: 국상에서 산릉 조성에 관한 일을
담당하던 임시기구)의 도청(都廳)으로 힘쓴 공로 덕분이었다.

　외직으로는 고산 찰방(高山察訪), 충청도 도사, 함경도 도사, 공산 판관
(公山判官), 충주 목사, 충청도 관찰사, 광주 목사(光州牧使)에 제수되었는
데, 고산 찰방과 함경도 도사는 모두 나아가지 않았다. 충주 목사로 막
부임하려던 참이었는데, 권세 있는 집안에서 상여를 운반하며 이 고을

지나면서 고을 경계까지 잘 호위하여 지나가게 해준다면 마땅히 품계를 올려주겠다고 공공연히 말하자, 공이 말하기를, "이런 소리를 듣고도 어찌 부임할 수 있겠는가?"라고 하고는 즉시 사직하여 체직되었다.

대사간으로 있을 때는 숙종(肅宗) 시대였는데, 재변(災變)을 계기로 상소를 올려 수령들이 백성들을 수탈하는 것과 관청의 체계가 혼잡한 것을 논하며, 요체는 임금의 한결같은 마음에 귀결된다고 하면서 《대학(大學)》의 격물치지(格物致知: 사물의 이치를 깊이 탐구하여 참된 지식에 이름)와 《중용(中庸)》의 명선성신(明善誠身: 선을 밝게 알고서 자기 몸을 참되게 함)을 거듭거듭 개진하여 처음부터 끝까지 천백 마디에 이르렀으니, 주상이 우악한 비답(批答)으로 칭찬하고 격려하였다.

좌승지로 있을 때는 왕명을 받들어 교서를 지어서 8도에 훈유(訓諭)를 널리 알렸는데, 그 대략 이르기를, "감사(監司) 된 자가 탐오하고 잔학한 수령 하나조차 파직했다는 말을 들은 적이 없다. 전최(殿最: 관리의 실적을 평가해 중앙에 보고하는 것)에서 파직을 청한 경우도 단지 문서와 장부의 자잘한 일들만 들어 그 책임을 면하려 하였고, 더러 장계를 올려 파직을 청하는 경우가 있어도 '병이 중하다.'는 말만 할 뿐이었으니, 내가 한 도(道)를 전적으로 맡겨서 고과(考課)에 따라 승진시키거나 파직하게 한 것이 과연 어디에 있겠는가?"라고 하였다. 충청도 관찰사가 되어서는 앞서 한 말을 실천하시 못할까 염려하였는데, 수령 중에 세력민 믿고 고과가 좋지 못한 10여 명을 파직하였으니, 눈을 흘기며 원망하는 자가 많았다.

이때 절도사 김익훈(金益勳, 1619~1689, 김장생의 손자이자 김만중의 숙부)이 장차 공주진(公州鎭)에서 군사 훈련을 하려 하면서 징과 북을 울리며 들어오겠다고 아뢰자, 공이 말하기를, "공주는 관찰사가 있는 감영(監營)이니, 체통상 마땅히 이와 같아서는 안 되는 것이오."라고 하였다. 이에, 통제를 따르지 않고 곧장 충주진(忠州鎭)으로 향하려는 지경에 이르자,

공이 말하기를, "병졸들이 이미 모였는데, 모였다가 그냥 돌아가면 거의 거짓으로 올리는 봉화에 가깝지 않은가?"라고 하고는, 마침내 진영장(鎭營將)과 함께 훈련을 시행한 뒤, 장계를 올려 절도사를 파직시켰다. 공에게 유감을 품은 무리가 이 기회를 틈타 대각(臺閣)을 부추켜 탄핵하도록 하니, 공이 상소를 올려 사건의 전말을 소상히 밝혔지만 얼마 지나지 않아 체직되어 돌아왔다. 이후 좌승지로서 상소를 올려 말하기를, "신(臣)은 옳은 도리를 믿고 그대로 곧게 행하여 직무 수행이 부진한 자는 모두 하고(下考)에 두었고, 탐관오리는 보이는대로 장계를 올려 파직을 청하였사온데, 원망과 비방이 때로 일어나 서로 헐뜯고 배척하더니 종국에는 또 신에게 품은 한을 기어이 풀고자 하는 자들이 온갖 방법으로 무함하고 뜬소문을 퍼뜨렸으니, 탄핵하는 상소문이 나오리라는 것을 신은 이미 예상하고 있었습니다."라고 하였다.

목사로 부임하였을 때는 혹은 상소를 올려 부세를 탕감해주도록 청하기도 하고, 혹은 상황에 따라 시행을 중지하기도 하여 가는 곳마다 어질고 유능하다는 명성이 자자했다. 광주목사로 재임 후에 물러나 돌아올 때, 요직에 있는 자가 뒤늦게 트집을 잡아 공격하려고 암행어사에게 공이 관직에 있었을 때 저지른 과오를 샅샅이 뒤지도록 부탁하였는데, 결국 단 한 가지의 일도 문제로 삼을 만한 것이 없자, 암행어사가 탄식하여 말하기를, "사람들의 말을 어찌 믿을 만하다 하겠는가?"라고 하였다. 특히 영남의 조세를 멀리 가흥(可興: 충추시 가흥리 소재 漕倉)까지 수송하는 일은 영남 백성에게 고질적인 폐단이 되었는데, 상황에 맞게 바꿀 수 있도록 건의하는 상소를 올렸고, 이를 영남의 예닐곱 개 고을에 전달하게 하여 단양강(丹陽江)으로 나아가 납세하게 하니, 폐단의 열에 일고여덟은 사라졌다. 더 나아가 영남의 조세는 부과 기준이 일정하지 않아 백성들이 괴로워했는데, 상서(尙書) 이원정(李元禎)에게 건의하여 양호(兩湖: 충청과 호남)의 대동법(大同法: 공납을 토지 결수에 따라 쌀·포·동전 등으로 통일 징수하는 조세 제도)을 적용하니, 백성들이 지금까지 그 혜택을 입고 있다.

공은 71세로 정묘년(1687) 12월 12일에 예안(禮安)의 고향집에서 생을 마쳤다. 처음에는 원당(元堂)에 장사하였다가 이후 모두 세 번 이장한 뒤, 남양리(南陽里) 축방(丑方)을 등진 언덕에 최종 장사하였다. 부인 권씨(權氏)를 그 묘에 부장(祔葬)하였다. 주상이 예관(禮官)을 보내어 법식대로 제사를 지내게 하였다.

공은 만력(萬曆) 정사년(1617)에 예안의 온계리(溫溪里)에서 태어났다. 10세 때에 《노론(魯論: 논어)》 1권을 통째로 보지도 않고 잘 외웠는데, 참판공(參判公: 아버지 李之馨)이 노비를 따로 주어 총애하였다. 과거 시험이 치러지는 곳에 출입할 기회가 있었을 때는 동관(童丱: 志學 이전의 어린아이)이었는데, 내구(內舅: 외숙) 정칙(鄭侙, 1601~1663)이 시험장에 게시된 책제(策題: 시험문제)를 베껴서 가져오라고 하자, 공은 그것을 한번 눈으로 훑어보고 곧바로 돌아와서는 사람을 시켜 붓을 들고 받아 적게 하고서 즉시 그대로 외웠다. 정공(鄭公)이 말하기를, "잘못된 곳은 없겠느냐?"라고 하였는데, 다시 대조해 보니 한 글자도 어긋나지 않았다. 그 자리에 있던 사람들이 놀라 말하기를, "거의 옛날 장수양(張睢陽: 당나라 張巡)과 버금가도다."라고 하였다.

일찍이 청량산(淸涼山)에 들어가 글을 읽은 적이 있었는데, 밤이 깊으면 번번이 찬물을 정수리에 부어 졸음을 쫓고 상투를 끈으로 묶어 매달아 두었으니, 처음부터 끝까지 한결같이 하였다. 날마다 함께 기거하던 이들이 이를 본받고자 하였으나, 며칠이 지나지 않아 모두 병이 나고 하지 못하였으니, 평생토록 몸가짐을 바로하고 행실을 절제한 것은 실로 독실하게 배우고 강구한 것의 결과였다.

일찍 아버지를 여의고 어머니를 받들어 모실 때는 어머니의 뜻과 마음을 제대로 헤아려 봉양하는데 빠짐이 없었으며, 상(喪)을 당했을 때는 죽을 먹으면서 묘 옆에 여막을 짓고 3년을 끝까지 마쳤는데, 승려 한 사람과 지내며 아침저녁으로 슬퍼하고 살폈다. 선조를 받드는 일에도 언제나 그 정성을 다하였다.

수곡(樹谷)의 재사(齋舍)는 퇴옹(退翁: 李滉)이 창건한 곳이고 문장 또 벽에 걸려 남아 있었지만, 세월이 오래되어 기울고 허물어졌다. 공이 이를 중수하여 새롭게 하고 나서 기문(記文)을 예전처럼 걸어 놓았으며, 계현사(啓賢祠: 우탁 등 5인을 기리는 사당, 현재 낙동서원 내에 보존)의 토지와 노비를 계획하여 마련함으로써 머나먼 장래를 도모하였다.

기일(忌日)이나 증상(烝嘗: 종묘 제사의 하나로 가을에 올리는 제사)을 만나면 비록 늙어서도 목욕재계하고 제사를 지냈으며, 친하고 친하지 않은 것을 따지지 않은 채 궁한 이를 구휼하고 의리에 맞게 베풀었으며, 집안의 재물을 일가친척들과 함께 나누어 썼다.

자제들을 가르칠 때는 매우 엄하였으니, 반드시 새벽에 세수하고 빗질한 뒤 늘어서서 절하게 하였으며, 자제들이 상복(上服: 격식을 갖춘 차림) 차림이 아니면 감히 만나주지 않았으며, 물가에 가서 머리를 감고 몸을 씻도록 신칙하고 방안에 세면도구를 두지 못하도록 하며 말하기를, “아이들을 안일하게 키울까 두렵다.”라고 하였다. 임종할 때는 나은공(懶隱公: 李東標)에게 유언처럼 당부하여 말하기를, “우리 가문의 기대는 오직 너에게 달려 있으니, 내가 미처 겨를이 없어 이루지 못한 일을 네가 이어라.”라고 하였다. 아아, 집안 내에서 기대하고 엄히 훈계하였으며, 죽은 뒤의 행적으로 미루어 생전의 뜻을 알 수 있다면, 후대에 인물을 논하는 이들이 여기에서 가학의 연원을 알아보지 않을 수 있겠는가?

공의 선계(先系)는 진보(眞寶)에서 나왔다. 고려 말에 휘 이석(李碩)이라는 이가 있었으니, 현리(縣吏) 신분에서 출발하여 생원이 되었고 밀직사(密直使)에 추증되었다. 그 아들 휘 이자수(李子脩)는 문과에 급제하였고 홍건적을 평정하여 송안군(松安君)에 봉해졌다. 4대를 내려와 이르면,

휘 이우(李堣)는 학문으로 등용되어 관직이 아경(亞卿: 참판)에 이르렀으며 호는 송재(松齋)이다. 2대를 내려와 이르면, 휘 이빙(李憑)은 첨정(僉正)을 지냈고 태복시 정(太僕寺正)에 추증되었으며, 그는 아우 휘 이충(李冲)의 아들 휘 이일도(李逸道)를 후사로 삼았으니, 봉사(奉事)를 지냈고 좌승지에 추증되었다. 그 아들 휘 이지형(李之馨)은 생원이었고 이조참판에 추증되었는데, 공의 아버지이다. 어머니 청주정씨(清州鄭氏)는 정사의(鄭士毅)의 딸로, 거듭 추증되어 정부인(貞夫人)에 봉해졌다. 3대에게 추증된 것은 공이 귀해졌기 때문이다.

공은 모두 두 번 장가들었는데, 첫째부인 안동권씨(安東權氏)는 권상충(權尚忠)의 딸이자 권충재(權冲齋: 權橃) 선생의 현손녀로, 시어머니를 섬김은 효성과 공경으로 모셔 칭송이 자자했고, 살림을 꾸리는데 부지런히 애쓴 것으로 이름이 났으니, 정부인에 추증되었다. 둘째부인 고창오씨(高敞吳氏)는 오익렬(吳益烈)의 딸로 정부인에 봉해졌고, 원당리(元堂里)에 장사하였다. 공은 2남 8녀를 두었다. …(중략)…

이진동(李鎭東: 이명익의 현손, 1732~1815)이 위포(韋布: 평민의 신분)로서 상소를 올려 영남에서 무신년(1728)에 창의(倡義)한 일을 진달하자, 주상이 입시(入侍)하도록 명하여 그의 행동거지와 용모를 보고는 여러 차례 하교하기를, "재상의 그릇이다. 재상의 그릇이다."라고 하였다. 나는 본래 그 사람을 흠모하었는데, 그가 멀리서 나를 찾아와 공의 명(銘)을 부탁하니, 내가 어찌 감히 사양하겠는가? …(이하 명문 생략)…

通政大夫守忠淸道觀察使兼兵馬水軍節度使巡察使公州牧使李公墓碣銘

公諱溟翼, 字萬里, 姓李氏, 號反招堂。退陶老先生之傍裔, 懶隱先生東標之叔父也。懶隱, 當肅宗己巳, 清議矯矯, 爲士林領袖。後之人, 若徒知懶隱之爲可敬,   而不知其訓迪成就有以致此者皆公之力也。其可曰尙論淵源也哉? 公資質特美, 聰明絶異, 夙悟則以神童名, 力學則以孝友先。出而立於朝, 不懾不沮, 惟義是視, 當朝局嬗變, 卒爲完人。敎行家庭, 載胎家國之光, 不亦盛哉? 公中仁祖己丑文科。方其決鄕解也, 會闈無多日, 堅坐讀書猶舊。太夫人曰: "盍束裝爲?" 公曰: "解已幸, 幸不可累." 太夫人强之, 公不敢違, 一擧遂大闈焉。選入槐院爲正字, 攝簪堂后筆。時, 孝廟新卽位, 銳意復雪, 與度支臣, 有密勿計, 語頗洩。上怒甚以爲罪全在記注, 下之理。憲臣救解不能得, 相國李公敬輿·李公時白, 聯箚諫, 又於前席爭之力, 始得配寧越郡。癸巳, 蒙宥, 明年, 薦授翰林。未幾, 遷待敎兼講院說書。與翰林李翻, 商史局代薦, 議不合, 互陳疏以明, 臺閣請並罷。上敎曰: "李翻, 全諱問答, 安有士夫出言反食者乎?" 己亥, 復拜待敎。時, 顯廟在儲位, 始開講, 公奉實錄奉安命, 將往沁都, 疏請解講院兼銜, 上命進講後辭陛, 異數也。顯廟元年庚子, 由奉敎陞監察, 移刑曹正郎。俄除義城縣令, 至則値歲饑, 上疏蠲民役。居數年, 以治行, 有表裏賜, 癸卯, 棄官歸。自是內而爲兵曹佐郎·正郎·參知·參議, 禮工二曹參議, 憲府持平, 諫院正言·司諫·大司諫, 講院弼善, 宗簿寺正, 銀臺則自同副至左承旨, 一官而屢經者多。玉署則嘗於都堂圈, 趙文簡公絅, 擧公名以薦, 閔宗道紿曰: "老且病矣." 前時公在臺閣, 宗道囑論罰館儒, 公不聽。宗道嗛卒甚之如此。後文簡得見公, 歎曰: "人其欺余矣." 其陞緋玉, 以山陵都廳勞也。外而爲高山察訪, 忠淸·咸鏡兩道都事, 公山判官, 忠州牧使, 忠淸道觀察使, 光州牧使。高山·咸鏡並不赴。忠州行將赴任, 有要人家, 運喪過是州, 宣言善護過州界當陞秩, 公曰: "聞此尙可赴乎?" 卽辭遞。其在大司諫, 當肅宗世, 因災異疏。論守令之剝民, 官方之淆雜, 要歸人主一心, 以大學之格物致知, 中庸之明善誠身, 反復開陳, 上下千百言, 上優批以獎之。在左承旨, 奉旨草敎, 宣諭八路, 略曰: "爲監司者, 未聞以貪汚殘虐, 黜一守令。殿最所罷, 只擧文簿細事, 塞其責, 或有啓罷, 曰: '病重而已.' 予之專授一方, 使之黜陟臧否者, 果安在哉?" 及按忠臬, 恐前言不踐, 黜守宰怙勢無良者十數人, 睯睯者衆矣。時, 金節度使益勳,將行公州鎭操鍊, 稟以金皷入, 公曰:"公州, 觀察營也, 體不當如是." 乃至不受制, 直向忠州鎭, 公曰:"戎卒旣會, 會且歸矣, 不幾近於僞烽乎?"遂與鎭營將行操, 啓罷節度使. 羣憾得斯會, 愬臺閣爲言. 公疏暴事始末, 頃之遞歸. 後以左承旨, 疏言:"臣信道直行, 闒茸者擧置下考, 貪汚者隨見啓罷, 怨謗羣起, 交相傾軋, 終又有甘心於臣者, 百般構誣, 飛語傳播, 彈章之來, 臣固料之矣."其莅州牧, 或疏請蠲逋, 或便宜罷行, 所至有賢能聲. 自光州歸也, 當路者欲追齕, 囑繡衣, 鉤官過, 乃無一事可假者, 繡衣歎曰:"人言寧足信乎?"至若嶺稅之遠輸可興, 爲嶺民痼瘼, 則建白通變, 使傳嶺六七邑, 就丹陽江納稅, 弊去十七八. 嶺賦無常法, 民病之, 則與李尙書元禎建議, 用兩湖大同法, 民至今賴之. 公年七十有一, 以丁卯十二月十二日, 考終禮安里第. 始葬元堂, 後凡三遷. 完窆南陽里負丑之原. 夫人權氏祔. 上遣禮官祭如式. 公以萬曆丁巳, 生于禮安之溫溪里. 十歲, 能背誦《魯論》一部, 參判公別賜臧獲以寵之. 及入試闈, 方童丱, 內舅鄭公佚, 命謄策題以來, 公一過眼卽返, 使人把筆立誦之. 鄭公曰:"得無誤處乎?"更勘, 不差一字. 一座驚曰:"殆古之張睢陽也."嘗入淸涼山讀書, 夜深輒用冷水, 沃頂門以逐睡, 用繫繫髻, 始終如一。日同栖者, 欲效之, 數日皆病不能, 其平生禔身制行, 實篤學講究之推也. 蚤孤, 奉太夫人, 志養備至, 及喪, 啜粥廬墓終三年, 與一僧居, 朝夕哀省. 奉先, 輒竭其誠。樹谷齋舍, 退翁所刱, 文又在壁, 而歲久傾頹. 公重新之, 揭記文如舊, 料劃畫啓賢祠土田臧獲, 爲久遠圖. 遇忌日·烝嘗, 雖老而齋沐行事, 無間疏昵, 恤窮義施, 帑藏與宗族共之. 敎子弟甚嚴, 必令晨盥櫛羅拜, 非上服不敢見, 飭臨水洗沐, 不於房內設盥具曰:"恐長兒輩安佚."臨歿, 詔懶隱公, 曰:"門戶之望, 惟汝在, 吾所未遑, 汝其繼之."嗚呼! 家庭之內, 期望訓飭, 推死知生, 則尙論者, 不於此而知家學淵源乎哉? 公系出眞寶. 麗季有諱碩, 起縣吏中生員, 贈密直使. 生諱子脩, 登文科, 平紅巾賊, 封松安君. 四世而至, 諱塓, 用文學, 位至亞卿, 號松齋. 二世而至, 諱憑, 官僉正, 贈太僕正. 以弟諱冲之子諱逸道爲嗣, 官奉事, 贈左承旨. 生諱

之馨, 生員, 吏曹參判, 公之考也。妣淸州鄭氏, 士毅之女, 累贈貞夫人。三世貤贈, 以公貴也。公凡再娶, 前媲安東權氏, 尙忠之女, 冲齋先生之玄孫也, 事姑以孝敬聞, 理家以勤劬名, 贈貞夫人。後媲高敞吳氏, 益烈之女, 封貞夫人, 葬元堂里。公生二男八女。…(중략)… 鎭東以韋布疏陳嶺南戊申倡義事, 上命入侍, 見其動止容貌, 屢敎曰:"宰相器, 宰相器!"余固欽其人, 委來請公銘, 余其敢辭? …(이하 명문 생략)…

〔樊巖先生集, 권49, 墓碣銘〕

47. 이찬한

이찬한의 자는 자소, 호는 계동, 본관은 진보이다. 정민공(貞愍公) 이해(李瀣)의 현손이다. 광해군 경술년(1610)에 태어났다. 인조 병술년(1646) 진사시에 합격하고 무자년(1648) 문과에 급제하여 벼슬은 장령(掌令)을 지냈다. 숙종 경신년(1680)에 죽었다.

공이 대각(臺閣)에 들어가서는 권세 있는 요인들을 비판하고 탄핵하며 강직하고 단호함으로 이름났다. 지방관으로 나아가서는 강동, 청도, 삼척 세 고을을 다스렸는데 부임한 곳마다 다스림이 잘 이루어졌다고 칭송받았고, 떠난 뒤에도 백성들이 그를 그리워하였다.【협주: 이명익이 찬한 묘갈에 실려 있다.】

김수항(金壽恒: 金壽興의 오기)이 원배(遠配)되었다가 은전을 입어 풀려났는데, 공이 이를 논핵하는 장계를 올려 말하기를, "김수항(金壽恒: 金壽興의 오기)은 빈청(賓廳)에서 예를 의논하는 신하로서 양조(兩朝: 현종·당대)의 용서한 은혜를 입어서 벌을 받지 아니하고 작위도 이전 그대로 있었는데도 보답하려는 생각은 않고서 도리어 원한에 사무친 독한 말을 쏟아 한 장의 차자(箚子)를 올렸사온데, 말이나 뜻이 음흉하고 교묘하여 벌로 단지 유배에 그친 것은 이미 가볍게 처벌해 준 범위를 벗어난 것이었습니다. 그런데도 얼마 지나지 않아 또 전면 사면하라는 명이 내려져 조정의 시비가 이토록 전도되니, 어찌 군왕의 법도를 엄숙히 세워 간사한 무리를 징계하겠습니까?"라고 하였다. 또한 차자(箚子)를 올려 김익훈(金益勳)이 호남병마절도사로 외람되이 제수된 실책을 논핵하며 말하기를, "음서(蔭敍)로 벼슬에 나간 일개 시답잖은 관리가 무반의 가장 영예로운 직책에 올랐으니, 선왕(先王)들의 금석(金石)과 같은 불변의 법도에 어긋남이 큰 것입니다. 이로부터 음서로 관리가 된 문식(文識)도 없고 무재(武才)도 없는 자들이 장차 김익훈을 구실로 삼아 모두 엉뚱한 생각을 할 것입니다."라고 하였다.【협주: 가장에 실려 있다.】

• 李燦漢

李燦漢[1], 字子昭, 號溪東, 眞寶人。貞愍公瀷玄孫。光海庚戌生。仁祖丙戌進士, 戊子文科, 官掌令。肅宗庚申卒。

公入臺閣, 論劾權要, 以直截聞。出守江東·淸道·三陟三邑, 所在稱治, 去後民思之。【李溟翼撰碣】

金相壽恒[2], 遠竄蒙放, 公論啓曰: "壽恒以賓廳議禮之臣, 蒙兩朝寬假之恩, 譴罰不加, 爵秩如故。而不思報答, 反肆怨讟, 投進一疏, 語意陰巧, 罰止編配, 已失從輕。曾未幾何, 又命全釋, 朝廷之是非, 顚倒至此, 何以肅王章而懲羣慝?" 又箚論金益勳濫授湖閫之失曰: "以蔭仕之

---

1 李燦漢(이찬한, 1610~1680): 본관은 眞城, 자는 子昭, 호는 溪東. 증조부는 李憲이며, 조부는 李周道이다. 아버지는 李峋이며, 어머니는 長興任氏이다. 첫째부인 宣城金氏는 金墢의 딸이며, 둘째부인은 醴泉權氏이다. 1646년 사마시 진사과에 합격하였고, 1648년 식년문과에 급제하였다. 1656년 12월에 청도 군수로 부임하였으며 1661년 6월에 파직되었다. 3도에 파견된 대대적인 암행어사 감찰에 의한 파직이었다. 그 후 1668년 삼척 부사로 재임할 때에도 청도 군수로 있으면서 청렴하지 못했다는 내용이 빌미가 되어 사헌부의 탄핵을 받아 결국 벼슬에서 물러났다. 그러다가 1676년 사헌부 장령에 임명되어 臺諫으로서의 역할을 다하였다.

2 金相壽恒(김상수항): 金壽恒(1629~1689). 그러나 이찬한의 후손 이인행이 지은 행략에 의하면 金壽興(1626~1690)의 오기이다. 이하 동일하다. 본관은 安東, 자는 起之, 호는 退憂堂·東郭散人. 생부는 동지중추부사 金光燦이며, 생모 延安金氏는 金琜의 딸이다. 양부는 동부승지 金光爀이며, 양모 光山金氏는 동지중추부사 金存敬의 딸이다. 부인 南原尹氏는 尹衡覺의 딸이다. 영의정 金壽恒의 형이다. 1648년 사마시에 합격하고, 1655년 춘당대문과에 급제하고, 1656년 문과중시에 급제하였다. 부교리·대사간·도승지 등을 역임하고, 1666년에 호조판서, 1673년에 判義禁府事가 되고 이듬해 영의정에 올랐다. 慈懿大妃의 服制문제로 남인에게 몰려 부처될 뻔하였고, 1674년 8월 현종이 죽자 兩司의 탄핵으로 춘천에 유배되었다가 1676년 풀려나와 양주로 물러가 살았다. 1680년 경신대출척으로 서인이 재집권하자 영중추부사에 이어 다시 영의정에 올랐으나, 1689년 기사환국으로 남인이 다시 집권하자 長鬐에 유배되었다가 1690년 배소에서 죽었다. 한편, 김수항은 1674년 전라도 영암으로 유배되었고, 1678년 강원도 철원으로 移配되었다.

一庸吏, 爲武班之極選, 有乖於先王金石之典[3]。自此蔭官之不文不武
者, 必將藉口於益勳而擧生妄心."【家狀[4]】

보충
이인행(李仁行, 1758~1833)이 찬한 행략

선조 사헌부장령 부군 행략

공은 성품이 침착하고 중후하며 엄정하였다. 어려서부터 주변을 안정
시키는 의젓한 도량이 있었으니, 이를 본 이들은 그가 장차 높은 경지에
이를 그릇임을 알았다. 장성해서는 경전을 깊이 연구하여 학문에 힘썼으
니, 여름에는 옷이 땀에 젖어 여러 번이나 해졌고, 밤에는 장작불을 피워
글자를 비추어 보면서 부지런히 힘써 잠시도 쉬지 않았는데, 언제나 말
하기를, "사람이 학문을 하는 데 있어서는 재주는 믿을 것이 못 되며,
오직 부지런한 것만이 두려워할 만하다."라고 하였다. 이것이 평생토록
학문에서 힘을 얻은 요체이다.

집안이 매우 가난했는데, 부모에게 부드러운 음식을 시중드는 정성만
큼은 반드시 힘을 다하여 부족함이 없게 하였다. 일찍이 원재(院齋: 서원이
나 재사에서 학문을 닦던 공간)에 나아가 글을 읽은 적이 있었는데, 집에서
10리나 떨어진 민 곳이었음에도 매일 밤이 깊으면 반드시 집으로 돌아와
부모의 잠자리를 살피고 아침저녁으로 드실 음식을 미리 장만하였으며,
간혹 몸소 하인들의 일까지 하기도 하였다. 날이 밝기 전에 다시 원재로
돌아갔으니, 함께 공부하던 이들은 그가 오가는 줄도 알지 못하였다.

이웃에 사는 외당(外黨: 고모 쪽 등 우리 집안에서 밖으로 나간 계통의 친족)
이 역병을 만나 상을 당했는데도 아무도 보살피고 도와주는 이가 없자,

---

3   金石之典(금석지전): 금석처럼 변함이 없는 굳건한 법. 즉 국법을 뜻한다.
4   家狀은 李仁行(1758~1833)이 지은 〈行略〉을 가리킴.

공이 홀로 모든 일을 제쳐두고 급히 달려가 보살피고, 있는 힘을 다해 부조하고 수의를 마련해 주었다. 죽은 이의 아우가 그 형에게 제사지며 고하여 말하기를, "역병이 한창 성한데도 이공(李公) 형제만은 역병을 두려워하지 않고 와서 목수의 품삯이며 염습과 장례의 물품이 부족한대로 계속 마련해주어 여한이 없게 하였으니, 그 돈독한 정은 보통 사람이 미칠 수 있는 바가 아닙니다."라고 하였다. 이것 또한 공이 위급하고 어려운 상황에 처한 이를 도운 한 사례이다.

평소에는 공손하고 삼가는 것으로 스스로를 지켰으니, 다급하게 말하거나 황급하게 얼굴빛을 바꾸는 법이 없었다. 그러나 일에 임해서는 옳고 그름에 확고하여 흔들리지 않는 것이 있었다. 두 아우에 대한 우애가 매우 돈독하였고, 자제들을 가르침에는 일정한 법도가 있었다. 궁핍한 친척을 두루 살펴 주면서 설령 사이가 두텁지 아니하고 거리가 멀지라도 따지지 않았다.

인조 병술년(1646) 진사시에 합격하였고, 무자년(1648) 문과 아원(亞元: 차석)으로 급제하여 관례에 따라 사옹원 직장으로 제수되었다. 효종 신묘년(1651) 전적(典籍)으로 승진하고, 병조좌랑으로 옮겼다. 5월에 외직으로 나가 강동(江東)의 수령이 되었는데, 백성을 너그러움으로 다스렸으며, 의심스러운 옥사를 판결함에 있어 잘못 판결을 바로잡아 억울함을 풀어준 일이 많았다. 특히 학문을 일으키고 인재를 기르는 일에 힘을 기울였으니, 초하루마다 향교의 문묘에 배알한 뒤 유생들을 모아 강독하고 강론하였는데, 봉급을 덜어 인재들을 양성하는 비용으로 삼아서 달마다 강학을 계속 행하였다. 백성과 유생들이 모두 그 은혜에 감사함을 품었는데, 그가 떠난 뒤에 유애비(遺愛碑: 백성을 사랑하고 선정을 베푼 사실을 기린 비석)를 세웠으니, "유학을 숭상하고 백성을 사랑하였으니, 영세토록 잊지 못하리라."라고 하였다.

갑오년(1654) 전적으로서 중학(中學: 四部學堂 가운데 하나) 교수를 겸하였으며, 12월에 호조좌랑으로 옮겼고, 병신년(1656) 형조좌랑으로 옮겼다. 정유년(1657) 병조정랑으로 제수되었고, 11월에는 대구부사로 제수되었으나 부임하지 않았으며, 또 청도부사로 제수되어 치적이 더욱 두드러졌다. 현종 경자년(1660) 사예에 제수되었다. 계묘년(1663) 부친상을 당했는데, 슬퍼하여 몸을 상할 정도로 예제의 한계를 넘었고, 장례를 마친 뒤에는 날마다 묘를 찾아가 살피면서 큰 비나 눈이 내려도 폐하지 않았다. 정미년(1667)에 사도시 정(司䆃寺正)으로 제수되었고, 얼마 지나지 않아 울산부사로 제수되었으나 부임하지 않았고, 또 삼척부사로 제수되었으나 부임한 지 며칠 되지 않아 관직을 버리고 돌아왔으며, 다시 강릉부사로 제수되었으나 부임하지 않았다. 좌우통례로 제수되었고, 대궐에서 《고사촬요(攷事撮要: 어숙권이 사교린 및 일반 상식 등을 정리한 책)》를 하사하였다. 임자년(1672) 모친상을 당하였는데, 나이가 이미 육십이 넘었는데도 장례와 제사의 모든 절차를 하나하나 철저히 《가례(家禮)》를 따라 행하였다.

숙종 병진년(1676) 장령에 제수되었다. 이때 재신(宰臣) 김수흥(金壽興)이 원배(遠配)되었다가 은전을 입어 풀려났는데, 공이 이를 논핵하는 장계를 올려 말하기를, "그는 빈청(賓廳)에서 예를 의논하는 신하로서 양조(兩朝: 현종·당대)의 용서한 은혜를 입어서 벌을 받지 아니하고 작위도 이전 그대로 있었는데도 보답하려는 생각은 않고서 도리어 원흉에 사무친 독한 말을 쏟아 한 장의 차자(箚子)를 올렸사온데, 말이나 뜻이 음흉하고 교묘하여 차마 들을 수도 없고 차마 말할 수도 없는 것을 군부(君父)에게까지 더했으니, 그 죄상으로 보아 중벌을 받는 것이 합당하나 단지 유배에 그친 것은 이미 가볍게 처벌해 준 범위를 벗어난 것이었습니다. 그런데도 얼마 지나지 않아 갑자기 전면 사면하라는 명이 내려지니, 어찌 군왕의 법도를 엄숙히 세워 간사한 무리를 징계하겠습니까?"라고 하였다.

또한 차자(箚子)를 올려 김익훈(金益勳)이 호남병마절도사로 외람되이 제수된 실책을 논핵하며 말하기를, “김익훈이 일찍이 고을 수령으로 있을 때 오직 자질구레하고 모진 학정만 능사로 삼아 잘 다스렸다는 명성이나 치적이 전혀 들리지 않았었는데, 음서(蔭敍)로 벼슬에 나간 일개 시답잖은 관리가 무반의 가장 영예로운 직책에 올랐으니, 이 선임(選任)은 선왕(先王)들의 금석(金石)과 같은 불변의 법도에 어긋남이 큰 것입니다. 이로부터 음서로 관리가 된 문식(文識)도 없고 무재(武才)도 없는 자들이 장차 김익훈을 구실로 삼게 될 것이니, 그 흘러나올 폐단이 어찌 한심하지 않겠습니까?”라고 하였다.

그때 주상이 숭릉(崇陵: 顯宗)에 행차하면서 주정소(晝停所: 임금이 능행이나 사냥 등 궐밖 행차 시 낮에 잠시 머물던 장소)에서 군사들을 위로하는 잔치를 베풀도록 명하였다. 공이 장계를 올려 말하기를, “상제(祥祭: 삼년상의 2번째 제사)를 막 마치고 능침(陵寢)을 참배하러 가는 것은 평소의 행차와 같지 않은데, 소를 잡고 술을 실어 날라 군사들에게 성대한 잔치를 베푸는 것은 그 조처가 너무 번거롭고 소란스러우며 세상 사람들이 듣기에도 매우 온당하지 않은 일입니다. 청컨대 길에서 군사들에게 잔치를 베풀라는 명을 중지하소서.”라고 하였다. 또 부응교(副應敎) 이유(李濡, 1645~1721)가 상제(祥祭) 때 곡반(哭班: 벼슬아치들의 곡하는 반열)에 참여하지 않은 것을 두고 장차 장계를 올려 탄핵하려 했는데, 동료들의 의견이 일치하지 않자 상소를 올리고 스스로 처벌을 기다리며 물러났다. 어떤 이가 공에게 말하기를, “공이 한번 떠나고 나면 공을 비방하는 자들이 반드시 많아질 터인데, 어찌하겠소?”라고 하니, 공이 말하기를, “내가 한 말이 망녕된 것이라면 비방에 변명할 필요가 없고, 내가 한 말이 사리에 맞는 것이라면 비방한들 또한 무엇이 해롭겠소?”라고 하였다. 어떤 이가 또 말하기를, “공이 논핵한 바는 필시 풍문으로 얻은 것일 텐데, 어찌 스스로 해명하지 않는단 말이오?”라고 하니, 공이 말하기를, “대간

(臺諫)의 신하들이 정사에 대해 말할 때는 대부분 풍문을 근거로 하는데, 내가 이미 말해 놓고서 또 스스로 해명하여 아뢰기를, '내가 한 말이 아니라 세상 사람들이 하는 말이다.'라고 한다면, 이는 대성(臺省: 사헌부와 사간원의 합칭)의 자리를 일개 송사(訟事) 법정으로 만드는 것이니 어찌 옳겠소?"라고 하였다. 교리 류세명(柳世鳴)이 말하기를, "자신을 향한 비방에 해명하려고 급급하지 않고 오직 대간(臺諫)의 체통만을 중히 여기니, 진실로 후세의 대간 신하로서 정사를 논하는 자들의 본보기가 될 만하다."라고 하였다.

이후부터 벼슬에 대한 마음이 더욱 엷어지자, 여러 차례 제수하는 명이 있었지만 모두 나아가지 않았다. 자호(自號)를 '계동가은(溪東稼隱)'이라 하고, 농사일을 지도하며 학문을 가르치고, 시와 술로 벗 삼아 스스로 즐겼다. 사람들이 혹 그가 가슴속에 품은 뜻을 다 펼치지 못한 것을 두고 말하면 그때마다 웃기만 하고 대꾸하지 않았다. 그러나 시국을 근심하고 나라를 생각하는 진정한 마음은 재야에 있다고 하여 혹여라도 해이해지지 않았으니, 종종 평상시 읊조리는 시구 사이에서 배어 나왔다.

경신년(1680) 12월에 집에서 생을 마쳤으니, 향년 71세였다. 장사할 때 이산(伊山) 삼봉원(三峯院)의 유생들이 모두 제문을 지어 제사를 올리며 말하기를, "시와 예의 전통을 몸소 이어받아 문장이 풍부하게 갖추어졌다. 효도와 우애로 가정을 나스리며 평소의 행실이 진실하고 확고하였다. 그 도량은 강과 바다처럼 넓었고, 그 인품은 산악처럼 중후하였다. 사헌부에 있으면서 홀을 바로 들고 바른말을 하니, 그 곧은 소리를 세상이 감당하기 어려워하였다. 마침내 초심의 삶으로 돌아와 느긋이 지내며, 계동에서 호연히 읊조리고 자적하였다."라고 하였다. 장령(掌令) 류영립(柳英立, 1623~1686)은 만사를 지어 말하기를, "동향(桐鄉: 漢나라 朱邑이 선정을 베푼 곳으로 선정을 베푼 지방수령을 그리워하는것의 비유)의 뛰어난 정사는 백성들이 아직도 사랑하였고, 사헌부에서의 엄한 탄핵은 세상

사람들이 도리어 의심하였다. 새로운 관직 제수가 거듭 내려와도 몸소 나아가지 않았고, 옛 동산을 다시 일구며 그 즐거움이 끝이 없었도다.”라 하였다. 진사 김종호(金宗灝, 1630~1682)는 만사를 지어 말하기를, “평생의 효성과 우애는 사람들이 흠잡을 수 없었고, 반평생 부지런히 힘쓰니 학문에는 근원이 있었도다. 만사가 마음과 어긋나자 벼슬과 녹봉을 사양하였고, 한 몸은 분수에 따라 전원에서 늙어갔네.”라고 하였다.

아아, 공은 명문가에서 태어나 자라며 의리에 합당한 가르침에 젖어 들었으며, 깊고 신중하며 순수하고 진실한 자질에 근면하고 독실한 실천의 공력을 더하였다. 그 풍모와 절조는 조정의 기풍을 드높이기에 충분하였고, 덕성과 기량은 무너진 풍속의 본보기가 될 만했으나, 시운이 어긋나 그 곧은 절개가 세상과 조화를 이루지 못했다. 도를 배우고 사람을 사랑한 실천의 성과는 겨우 한두 고을의 수령직에서만 드러났으나 일찍이 자신이 짊어진 사명을 끝내 펼쳐 보지 못하였다.

종가(宗家)가 여러 차례 화재를 당해 평생의 저술이 다 전해지지 못하니, 후세 사람들이 그의 행적과 치적의 차례를 상고할 길이 없고, 남긴 글의 자취조차 찾아볼 수 없게 되었으니, 어찌 탄식을 금할 수 있겠는가?

先祖司憲府掌令府君行略

公性沈重嚴整。自少有鎭物之量, 見者知其爲遠到器。及長, 窮經力學, 夏衣透汗屢穿, 夜則爇薪照字, 矻矻不暫休, 常曰：“人之爲學, 才不足恃, 惟勤者可畏。”此其平生得力處。家甚貧, 二親灨滫之節, 必竭力無匱。嘗就讀院齋, 距家十里而遠, 每夜分, 必歸問寢, 預具朝晡所宜進, 或躬執僮僕之役。未明復就齋, 同業者不識其往來。有隣居外黨, 遘癘遭喪, 無人省護者, 公獨扶服往視, 極力賻襚。亡人之弟, 祭告其兄, 曰：“癘氣方熾, 李公兄弟, 獨不畏癘, 供匠之資, 殮殯之具, 隨乏踵來, 俾無餘憾, 敦睦之情, 匪人所可及。”此亦公急難之一事也。平居, 恭謹自持, 無疾言遽色。及臨事, 是非有確然不可奪者。友兩弟甚篤,教子姪有法度。周恤窮親戚, 雖疎遠無間焉。仁廟丙戌, 中進士, 戊子, 擢文科亞元, 例授司饔院直長。孝宗辛卯, 陞典籍, 遷兵佐。五月, 出宰江東, 莅民以寬, 斷獄多所平反。尤用意於興學育才之方, 每朔謁聖廟, 仍會諸生課講, 捐俸以爲養士之資, 月以爲常。民士咸懷其惠, 去後竪遺愛碑曰: "崇儒愛民, 永世不忘." 甲午, 以典籍兼中學敎授, 十二月, 遷戶佐, 丙申, 遷刑佐。丁酉, 除兵正, 十一月, 除大丘未赴, 又除淸道, 治績尤著。顯廟庚子, 拜司藝。癸卯, 丁外艱, 哀毀踰制, 旣葬日省墓, 雖大雨雪不廢。丁未, 除司䆃正, 尋除蔚山, 不赴, 又拜三陟, 赴任不多日, 棄歸, 又除江陵, 不赴。除左右通禮, 內賜《攷事撮要》。壬子, 罹內艱, 年踰六十, 葬祭諸節, 一遵《家禮》。肅廟丙辰, 除掌令。時宰臣金壽興, 遠配蒙放, 公論啓曰: "彼以賓廳議禮之臣, 蒙兩朝寬假之恩, 譴罰不加, 爵秩如故, 而不思報答, 反肆怨毒, 投進一箚, 語意陰巧, 至以不忍聞不敢道之說, 加於君父, 論其情犯, 合被重罪, 止於編配, 已失從輕。曾未幾何, 遽下全釋之命, 何以肅王章而懲羣慝哉?" 又箚論金益勳濫授湖閫之失, 曰: "益勳曾莅州郡, 惟以鄙瑣苛虐爲能事, 聲績蔑蔑無聞, 以蔭仕之一冗吏, 爲武班之極, 選任有乖於先王金石之典大矣。自此蔭官之不文不武者, 將藉口於益勳, 其流弊豈不寒心哉?" 時上幸崇陵, 命畫停所犒軍, 公啓曰: "祥祭纔闋, 展謁園寢, 與常時行幸不同, 椎牛釂酒, 大饗軍旅, 擧措煩擾, 聽聞未安。請寢中路犒軍之命!" 又以副應敎李濡不參祥祭哭班, 將論啓, 僚議不一, 因上章自引。或謂公, 曰: "公一去而謗公者必衆, 奈何?" 曰: "使吾言妄也, 則謗不必卜, 吾言當也, 則謗亦何傷?" 人曰: "公之所論, 必得於風聞, 何不自明?" 曰: "臺臣言事, 多因風聞, 夫我旣言之, 又自解曰: '非我也人也.' 是臺省之上, 作一訟庭, 奚可哉?" 柳校理世鳴曰: "不汲汲於解己之謗, 而惟臺體是重, 眞可爲後世臺臣言事者法." 自此宦情益薄, 屢有除命, 皆不赴。自號溪東稼隱, 課農訓學, 詩酒自娛, 人或以不展素蘊爲言, 輒笑而不應。然憂時戀國之誠, 不以在野而或弛, 往往形於尋常嘯咏之間。庚申十二月, 終于家, 享年七十一。及葬, 伊山三峯院儒, 皆操文致奠曰:

“體承詩禮, 富于文詞。孝友家政, 確實素履。江河之量, 山岳之重。正笏烏府, 讜言難容。婆娑初服, 嘯傲溪東.”柳掌令英立, 輓曰:“桐鄉異政民猶愛, 柏府嚴彈世反疑。新命屢臻身不起, 舊園重理樂無涯.”金進士宗灝, 挽曰:“平生孝友人無間, 半世勤劬學有源。萬事違心辭爵祿, 一身隨分老田園.”嗚呼! 公生長名門, 擩染義方, 以深重淳愨之資, 加勤勵篤實之工。其風裁足以揚王庭。德器足以範頹俗, 而時運多舛, 直節不諧。學道愛人之效, 僅見於一再郡紱, 而曾不能展布其擔負。宗家屢失火, 平生述作不盡傳, 後之人無從以考其行治之次第, 尋其立言之緒餘, 可勝歎哉?

〔新野先生文集, 권10, 行狀〕

48. 김휘세

김휘세의 자는 웅시, 호는 송파, 본관은 광주(光州)이다. 계암(溪巖) 김령(金坽)의 아들이다. 광해군 무오년(1618)에 태어났다. 벼슬은 현감을 지냈다. 숙종 경오년(1690)에 죽었다.

공은 타고난 자질이 보통 아이와 달랐는데, 한층 계암이 가르치고 이끌어 주어 사림의 촉망을 받았으며, 과거 공부를 달가워하지 않고 육경(六經)을 베개 삼아 읽었다. 숙종 초에 유일(遺逸)을 천거하라는 명을 받들어 따라 대신들이 공의 이름을 천거하는 문서에 올렸는데, 처음에 내시교관(內侍敎官)에 제수되었어도 나아가지 않았다.

품계를 뛰어넘어 사복시 주부(司僕寺主簿)에 제수되자 공은 이에 마지못해 일어나 도성으로 들어갔는데, 조정에 가득한 경재(卿宰: 2품 이상의 벼슬아치)들이 모두 자신의 벼슬과 지위를 낮추고 찾아왔지만, 공은 일체 그들의 집에 발걸음하여 사례하지 않았다. 곧이어 공조좌랑에 제수되었는데, 장차 풍헌직(風憲職)으로 기용하려는 것이었는데도 도리어 용궁현감이 되니, 당시 공론은 아쉬워하였다.

용궁현감으로 재임했을 때는 정사가 청렴함과 간소함을 숭상하여 백성들을 못살게 하시 않았다. 날마다 관아 문을 딛고 글을 읽으며 유생들을 불러 강론하고 설명하느라 고을의 사무가 자주 소홀해졌는데, 어사(御史)가 비록 이 때문에 공을 내쳤지만, 그 논핵하는 장계에 이르기를, "자신을 다스려 청렴하고 깨끗하니, 담백하기가 마치 승려와 같습니다."라고 하였다. 당시 사람들이 이를 청백리(淸白吏)의 실록(實錄)이라고 일컬었다.【협주: 이헌경이 찬한 묘갈명에 실려 있다.】

• 金輝世

金輝世，字應時，號松坡，光州人。溪巖玲子。光海戊午生。官縣
監。肅宗庚午卒。

公生，質異凡兒，加以溪巖訓誨，有士林之望，不屑[1]擧業，枕藉《六
經》。肅廟初，服命[2]擧遺逸，大臣以公名題薦牘，首除內侍敎官，不赴。

超授司僕寺主簿，公乃强起入都，滿朝卿宰，皆折官位來訪，公一不
踵其門爲報謝禮。旋除工曹佐郎，將以風憲職[3]處之，反爲龍宮[4]縣監，
時議惜之。

在龍宮時，政尙淸簡，不撓民。日閉衙讀書，引諸生講說，邑務多曠，
御史雖以此黜之，其論啓有曰：“律己淸白，淡泊如僧.”時人謂之淸白吏
實錄。【李獻慶[5]撰碣】

보충

이헌경(李獻慶, 1719~1791)이 찬한 묘갈명

증승정원 좌승지 송파 김공 묘갈명

계암(溪巖) 김 선생(金先生: 金玲)의 아들 가운데, 송파공(松坡公)이라 부르

---

1   不屑(불설): 탐탁하게 여기지 않음. 달갑지 않게 여김.
2   服命(복명): 임금의 명령을 받들어 따름.
3   風憲職(풍헌직): 백관의 비를 탄핵하고 풍속을 바로잡는 사헌부의 관직.
4   龍宮(용궁): 경상북도 예천군에 있는 용궁면 일대. 예천읍의 서쪽에 있으며, 낙동강과
    내성천이 만나는 지점에 있다.
5   李獻慶(이헌경, 1719~1791): 본관은 全州, 초명은 李星慶, 자는 夢瑞, 호는 艮翁. 증조부는
    李震奎이며, 조부는 李翼齡이다. 아버지는 형조참판 李齊華이며, 어머니 羅州丁氏는 丁道
    泰의 딸이다. 부인 高靈申氏는 승지 申渷의 딸이다. 영정조시대 4대 문장가로, 동국문장으
    로 불렸다. 1743년 식년문과에 급제하였다. 1751년 정언이 되었고, 그 뒤 사서·지평을
    지냈으며, 1763년 사간원 사간이 되었다가 곧 사헌부 집의에 올랐다. 1766년 홍문관
    수찬이 되었다가 곧 교리로 옮겼으며, 侍讀官을 겸하였다. 1777년 동부승지에 발탁된
    뒤 참찬관 등을 거쳐 1784년 대사간이 되었다. 1790년 한성부판윤이 되었다.

는 이가 있었다. 계암은 인조(仁祖)가 즉위한 때를 만났는데, 병을 이유로 부름에 응하지 않고 끝내 집에서 늙어 생을 마치니, 세상 사람들은 주(周)나라 무왕(武王) 시절에 백이(伯夷)가 있었던 것에 비유하였다. 송파 또한 행의(行誼: 품행과 도의)로 천거되어 부름을 받고 나아가지 않았는데, 여러 차례 불러도 사양하기를 그치지 않으면서 세상에 재주를 팔지 않으려는 것인데도 높은 명망을 얻으려 한다는 것으로 오해할까 두려워하였다. 이에 말하기를, "나는 팔지 않으려고 함으로써 오히려 파는 꼴이 되었으니, 이것도 장사꾼의 수법이다."라고 하고는, 마침내 관직에 나아갔다. 이윽고 벼슬길이 장차 크게 열리려 하니, 다시 몸을 낮추어 조심스러워하며 마치 겁 많은 사람처럼 물러나 피하려 하였고, 간절히 외직으로 나가기를 청하여 스스로 편안히 여겼다. 이로 말미암아 아버지와 아들의 명성이 영남 밖에까지 떨쳤으니, 사람들이 그 의로움을 높이 우러러 보지 않음이 없었다.

　송파의 5세손 김시찬(金是瓚, 1754~1831)이 송파의 실제 행적을 기록한 행장(行狀)을 갖추어 완산(完山: 전주) 이헌경(李獻慶)에게 명문(銘文)을 청하였다. 나 이헌경은 송파의 영예로운 이름을 흠모한 지 오래였기에 손을 씻고 난 뒤에야 감히 읽었다. 다 읽고 나서는 감히 사양하지 못하고, 이에 행장에 의거하여 서술한다.

　공의 휘는 휘세(輝世), 자는 응시(應時), 본관은 광주김씨(光州金氏)이다. 그 계통은 신라 왕자 김흥광(金興光)에서 나왔다. 왕자의 손자 김길(金吉)은 고려 태조(太祖: 왕건)를 도와 공을 세워 삼중대광 사공(三重大匡司空)에 이르렀다. 이후 자손들이 번성하고 현달하여 대대로 임금을 보필하는 고관이 되었다. 휘 김천리(金天利)에 이르러 우리 조선에서 벼슬하여 밀직부사(密直副使)가 되었다. 고조부 휘 김효로(金孝盧)는 성균관 생원으로 이조참판에 추증되었는데, 처음으로 예안(禮安) 오천리(烏川里)에 거주하였으며, 뛰어난 행실로 천거되었지만 기묘사화(己卯士禍, 1519)를 만나 끝내 은거하고 나오지 않았으니, 사람들이 존숭하여 사당에 모셨다. 증조부 휘 김수(金綏)는 성균관 생원으로 호조참판에 추증되었다. 조부 휘 김부륜(金富倫)은 유일(遺逸)로 천거되어 현감을 지냈는데, 일찍이 퇴도(退陶: 李滉)의 문하에서 종유하여 선생에게 칭찬을 받았다. 아버지 휘 김령(金坽)은 사간(司諫)을 지냈는데, 이가 곧 계암(溪巖) 선생으로 숙종조(肅宗朝)에 도승지로 추증되었다. 어머니 남양홍씨(南陽洪氏)는 승문원 정자 홍사제(洪思濟)의 딸이다.

공은 만력(萬曆) 무오년(1618) 10월 2일에 태어났다. 타고난 자질이 보통 아이와 달랐는데, 한층 계암이 가르치고 이끌어 주는 것이 매우 엄하였다. 집에서는 자제로서의 허물이 없었고, 향촌에서는 사림의 촉망을 받았다. 과거 공부를 달가워하지 않고 육경(六經)을 베개 삼아 읽었다.

숙종 초에 유일(遺逸)을 천거하라는 명을 받들어 따라 대신들이 공의 이름을 천거하는 문서에 올렸다. 처음에는 내시교관(內侍敎官)에 제수되었고 나아가지 않았으나, 얼마 후 품계를 뛰어넘어 사복시 주부(司僕寺主簿)에 제수되자 공은 이에 마지못해 일어나 도성으로 들어갔다. 조정에 가득한 경재(卿宰: 2품 이상의 벼슬아치)들이 모두 자신의 벼슬과 지위를 낮추고 찾아와 겸손하게 공을 높이 대하는 것이 매우 심하였는데, 공은 일체 그들의 집에 발걸음하여 사례하지 않았다. 곧이어 공조좌랑에 제수되었는데, 장차 풍헌직(風憲職: 백관의 비리를 탄핵하고 풍속을 바로잡는 사헌부의 관직)으로 기용하려는 것이었다. 이미 이 직책을 얻으면 중요한 관직과 높은 지위로 조석 사이와 같은 짧은 시간 안에 오를 수 있었으나, 공은 조정에 오래 머물고자 하지 않아 끝내 용궁현감을 청하자, 당시 공론은 많이 아쉬워하였다. 부임해서는 정사가 청렴함과 간소함을 숭상하여 백성들을 못살게 하지 않았다. 날마다 관아 문을 닫고 글을 읽으며 유생들을 불러 강론하고 설명하느라 고을의 사무가 자주 소홀해졌는데, 어사(御史)가 비록 이를 병통으로 여겨서 공을 내쳤지만, 그 논핵하는 장계에 이르기를, "자신을 다스려 청렴하고 깨끗하니, 담백하기가 마치 승려와 같습니다."라고 하였다. 당시 사람들이 이를 '청백리(淸白吏)의 실록(實錄)'이라고 일컬었다.

경오년(1690) 정월 12일에 죽었으니, 향년은 73세였다. 예안현(禮安縣) 서쪽 이전산(梨田山) 묘향(卯向)의 언덕에 장사지냈다. 영조 갑자년(1744)에 승정원 좌승지로 추증되었으니, 손자 김상덕(金尙德)이 수질(壽秩: 조선시대 80세 이상 노인에게 부여하는 관직)을 받음에 따라 그 영광이 조상에게까지 미친 것이다.

공은 마음이 너그럽고 장중하였으며, 맑은 풍모가 세속을 벗어난 듯 비할 데 없었다. 성실과 공경으로 사우(士友)들의 마음을 얻었으니, 찾아오는 손님으로 자리가 빈 적이 없었다. 부모를 섬기고 제사를 받들 때는 반드시 손수 세세한 물건까지 챙겼고 수고로움에도 게으른 기색이 없었다. 나이가 들어 절하고 일어나지 못하게 되자, 제사 때면 뜰 아래에서 엎드려 제사가 다 끝난 뒤에야 물러났다. 벼슬하여 도성에 있을 때는 재종질(再從姪: 7촌 조카) 교리 김총(金璁, 1633~1678)이 아침저녁으로 문안하기를 추위와 더위에도 폐하지 않았으니, 사람들이 또한 이로써 그 집안의 법도가 엄함을 알았다. 어려서부터 오로지 성리학에만 뜻을 두어 백발이 되어서도 탐구를 게을리하지 않았다. 특히 주자서(朱子書)에 힘을 쏟아 손으로 베껴 쓰고 입으로 외우며 마음속에 간절히 새겼다.

부인 의성김씨(義城金氏)는 숭정 처사로 집의에 추증된 김시온(金是榲, 1598~1669)의 딸이다. 세 아들을 두었다. …(중략)…

아아, 공의 부자는 인(仁)을 쌓고도 스스로 누리지 않았으니, 장차 하늘이 베풂을 후손에게 남기주려 함인가? …(이하 명문 생략)…

贈承政院左承旨松坡金公墓碣銘

溪巖金先生之胤, 有號松坡公者。溪巖, 值仁祖改紀, 引疾不膺召, 卒老于家, 世譬周武之有伯夷。松坡以行誼徵不起, 屢徵不已, 則懼夫以

不市也而博高選也。乃曰：“吾以不市市，是市道也.”遂就職。既而，晉
途將大闢，則復蹙然若惻夫退避，堅乞外補以自安。由是父子名震嶺
外，人莫不高其義。松坡五世孫是瓚，以松坡實蹟具狀，乞銘於完山李
獻慶。獻慶之貌榮名久矣，盥而後敢讀。讀竟不敢辭，迺按狀而叙之
曰。公諱輝世，字應時，光州之金。系出新羅王子興光。王子之孫吉，
佐麗太祖有功，爲三重大匡司空。子孫昌顯，世爲宰輔。至諱天利，仕
本朝爲密直副使。高祖諱孝盧，成均生員，贈吏曹參判，始居禮安烏川
里，以卓行薦，遇有己卯士禍，終隱不出，爲士林所尊祠。曾祖諱綏，成
均生員，贈戶曹參判。祖諱富倫，以遺逸登聞，官縣監，早遊退陶門下，
見詡於先生。考諱坽，司諫，是爲溪巖先生也，肅廟朝褒贈都承旨。妣
南陽洪氏，承文正字思濟之女也。公以萬曆戊午十月二日生。生質異
凡兒，加以溪巖訓誨甚嚴。在家，無子弟之過，在鄉，有士林之望。不屑
擧業，枕藉六經。肅廟初，服命擧遺逸，大臣以公名題薦牘。首除內侍
教官不赴，俄超司僕寺主簿，公乃强起入都。滿朝卿宰，皆折官位來訪，
相下之已甚，公一不踵其門爲報謝禮。旋授工曹佐郎，將以風憲職相
處。既得此職，則臲官高位，直朝夕間，公不欲久於朝，卒求爲龍宮縣
監，時議多惜之。到官，政尙淸簡，不擾民。日閉衙讀書，引諸生講說，
邑務多曠，御史雖以此病之黜公，其論啓有曰：“律己淸白，淡泊如僧.”
時人謂之淸白吏實錄。庚午正月十二日歿，享年七十三。葬于禮安縣西
梨田山卯向之原。英廟甲子贈承政院左承旨，孫尙德，以壽秩推榮也。
公寬曠莊重，淸標出塵。以誠敬得士友心，客位無虛席。事親奉祭，必躬
執細物，勞無倦色。及年老不能拜起，則當祭俯伏庭下，竟祭而退。其從
宦在都也，再從侄校理君璁，晨昏候謁，寒暑不廢，人又以此知家法之
嚴。自少專意性理之學，至白首探討不懈。尤用力於朱子書，手抄口
誦，倦倦服膺焉。配義城金氏。崇禎處士贈執義是樞之女。有三子。…
(중략)… 噫! 公父子仁不自食。將以天施遺後人歟? …(이하 명문 생략)…

〔艮翁先生文集，권16，碣〕

49. 김동준

김동준의 자는 백겸, 호는 적암, 본관은 광주(光州)이다. 교리 김총(金璁)의 손자이다. 숙종 을축년(1685)에 태어났다. 신묘년(1711) 진사시에 합격하고 신축년(1721) 문과에 급제하여 벼슬은 현감을 지냈다. 임자년(1732)에 죽었다.

공의 나이 6세 때, 내구(內舅: 외삼촌) 이담명(李聃命)이 영남 관찰사로 부임하자 공이 따라 갔다. 이공은 공의 총명하고 영특함을 알고 시험 삼아 정문(呈文: 공식 문서) 1장을 뽑아 보여주며 말하기를, "너는 능히 이 글을 읽을 수 있겠느냐?"라고 하니, 공이 그것을 읽어 내려가는 족족 한 글자도 틀리지 않았다. 그 글의 격식을 본떠서 지어 보게 하자, 즉시 종이와 붓을 청해 초고를 썼는데 문장의 표현과 이치가 모두 갖추어져 있었다. 이공이 놀라며 기이하게 여겼으며, 온 도(道)에 전해지면서 신동으로 일컬어졌다.

영동현감(永同縣監)으로 제수되었는데, 폐단을 제거하고 해이해진 기강을 수습하였으며, 또한 도모하여 시행한 치적이 많았다. 당시 권세 있는 이가 길을 가다 영동현의 고을을 지나갔으나, 공은 끝내 나가서 보지 않았다. 그 사람은 이를 유감스럽게 여겨 언관(言官)을 부추켜 그를 탄핵하게 하여 파직시켰다. 공이 관직을 떠나자, 공이 행한 조처와 그에 따른 시행 체계가 모두 매듭이 풀리듯 하여 흐트러지니, 영동 사람들은 모두 애석하게 여겼다.

무신년(1728)의 역변이 일어나자, 소모사 황익재(黃翼再)가 평소 공에게 포부가 있음을 알고 편지를 보내어 반적을 토벌할 방략을 물었다. 이때 공은 상중(喪中)이었으나, 편지로 지형의 형세와 그에 맞는 전술적 이점을 매우 상세히 진술하였다. 안무사(安撫使) 박사수(朴師洙)가 이를 눈여겨

보아 알아차리고 굳이 그 편지를 찾아내어 주상에게까지 올리니, 주상이
크게 칭찬하고 장려하여 하나하나 기록한 대로 시행하게 하였다. 그 무렵
방백과 수령들은 거의 대부분 겁에 질려 우왕좌왕하느라 사태의 완급과
적의 허실을 제대로 파악하지 못하여 감히 군사를 이끌고 토벌할 계획을
세우지 못하고 있었다. 그러다 공의 편지가 나오게 되었는데, 매우 간절하
면서 섬세하고 세밀하였으니 반적을 헤아리고 형세를 살핀 것이 손바닥
을 들여다 보듯 명료하였다. 정희량(鄭希亮)의 무리들은 이미 숨이 끊어질
듯 세력이 꺾여 그 수급(首級)을 바치게 되었다. 반적이 평정된 뒤에 원종
공신에 녹훈되었다.【협주: 윤필병이 찬한 행장에 실려 있다.】

• 金東俊

金東俊, 字伯兼, 號適庵, 光州人。校理璁孫。肅宗乙丑生。辛卯進
士, 辛丑文科, 官縣監。壬子卒。

公年六歲, 內舅李公聃命[1], 按節嶺南, 公隨往。李公知其穎悟, 試抽
一呈文, 謂曰: "余[2]能讀此否?" 公讀之, 便不錯一字。使效其作, 卽請紙
筆草之, 詞理俱到, 李公驚異之, 一道傳以爲神童。

拜永同縣監, 除弊束濕[3], 且多猷爲。有時宰路過縣邑, 公終不出見,

---

1 李公聃命(이공담명): 李聃命(1646~1701). 본관은 廣州, 자는 耳老, 호는 靜齋. 증조부는
   공조참의 李潤雨이며, 조부는 수찬 李道長이다. 아버지는 이조판서 歸巖 李元禎이며,
   어머니 碧珍李氏는 左副承旨 李彦英의 딸이다. 동생은 생원 李漢命·李佑命이다. 眉叟
   許穆의 문인이다. 1666년 생원시에 합격하고 1670년 별시문과에 급제하였다. 성균관
   학유, 봉상시 봉사, 승정원 주서, 홍주목사를 역임하였다. 1680년 경신대출척으로 파직되
   어 아버지 원정의 유배지 초산에 따라갔다. 1683년 다시 복관되어 우승지·전라도관찰사·
   부제학·이조참판 등을 역임하였다. 1690년 경상도관찰사로 제수되어 흉년으로 고통받는
   백성 구휼에 힘썼다. 1694년 갑술환국으로 인해 평안도 창성으로 유배된 후, 1697년
   藍浦(충남 보령)로 이배되었고, 1699년 放還되었다.
2 余(여): 汝의 오기.
3 束濕(속습): 젖은 물건은 묶기가 쉽다는 데서 가혹하게 쥐어짜는 것을 뜻하지만, 여기서는
   해이해진 기강을 수습하는 것을 말함.

其人憾之, 嗾言官彈罷之。公去官, 而措置設施皆紐解, 永人皆惜之。

戊申逆變, 召募使黃公翼再, 素知公有抱負, 貽書問討賊方略。時公居憂, 書陳形便甚悉。安撫使朴師洙, 瞯知之, 固索其書, 至於上達, 上大加獎詡, 一一錄施[4]。時方伯·守令, 擧皆怔擾, 不諳緩急虛實, 不敢爲提兵勦討計。及公書出, 而剴切纖悉, 料敵審勢, 瞭如指掌。希亮[5]輩已奄奄, 納其首級矣。賊平後, 錄原從功。【尹弼秉[6]撰行狀[7]】

보충

윤필병(尹弼秉, 1730~1810)이 찬한 행장

행장

공의 휘는 김동준(金東俊), 자는 백겸(伯兼), 호는 적암(適菴)이다. 김씨는 그 계통이 신라 왕자 김흥광(金興光)에서 비롯되었는데, 신라가 망할 무렵 광주(光州)로 물러났으니 그 자손들이 그대로 그곳을 본관으로 삼

---

4 《英祖實錄》 1728년 4월 4일 4번째기사.

5 希亮(희량): 鄭希亮(?~1728). 본관은 草溪, 본명은 鄭遵儒, 고조부는 鄭蘊이고, 증조부는 鄭昌詩이며 조부는 鄭岐壽이다. 아버지는 참봉 鄭重元이며, 어머니 安東權氏는 權嵩의 딸이다. 1728년 李麟佐·朴弼顯 등과 공모하여, 영조 즉위 후 벼슬에서 밀려난 소론일파의 호응을 얻어 密豊君 李坦을 추대, 왕통을 바로 세워야 한다고 주장하고, 이인좌를 도원수로, 스스로는 원수가 되어 반란을 일으켰다. 청주를 습격하고 한때 안음·거창·합천·삼가 등의 여러 고을을 제압하였으나, 도순문사 吳命恒이 이끄는 관군에 패배하였다. 거창에서 선산부사 朴弼建과 곤양군수 禹夏亨 등에게 체포되어 참수되었다.

6 尹弼秉(윤필병, 1730~1810): 본관은 坡平, 자는 彝仲, 호는 無號庵. 증조부는 공조판서 尹以濟이며, 조부는 尹基慶이다. 아버지는 尹師容이며, 어머니 三嘉李氏는 李齊沆의 딸이다. 1765년 사마시에 합격하고 1767년 식년문과에 급제하였다. 정언·종부시 주부·성균관 직강·예조정랑·지평을 역임하고 장련현감이 되었다. 1778년 장령으로서 상소해 붕당의 혁파 등 4조를 진술하였다. 1786년에는 다시 친림춘당대 重試에 급제해 堂上官이 되어, 첨지중추부사·병조참지·안악군수·좌승지를 거쳐 동래부사가 되었다. 다시 대사간·형조참판을 거쳐 강원도관찰사가 되었으나, 臺臣의 탄핵을 받아 파직되었다. 서학을 배척해 1802년 李家煥·李承薰의 가족을 노비로 삼아야 한다고 주장하였다. 그러나 지나친 행동으로 파직, 문외출송되어 서울을 떠나 포천으로 돌아가 여생을 보냈다.

7 行狀(행장): 김동준의 《適庵實紀》의 부록에 실려 있음.

았다. 고려를 거치며 오래도록 영화를 누렸고, 우리 조선에 들어와 개국 공신 밀직부사(密直副使) 휘 김천리(金天利)는 공의 11대조가 된다. 휘 김효로(金孝盧)는 생원으로 이조참판에 추증되었고 공의 7대조가 되는데, 예안현(禮安縣)의 오천(烏川)에 터를 잡아 살았고, 퇴도(退陶: 李滉) 선생이 그의 묘지명(墓誌銘)을 지어 고결한 뜻과 평소의 행실을 상세히 기록하였다. 이조참판의 손자 김부신(金富信)은 유학에 뜻을 독실히 하여 이 선생(李先生: 이황)을 스승으로 섬겼는데, 선생이 그의 당호(堂號)를 '양정(養正)'이라 이름하였고, 후세 사람들이 사당을 세워 제사하였으니 공에게 5대조가 된다. 고조부 휘 김평(金坪, 1563~1617)은 생원이었으며, 증조부 휘 김광술(金光述, 1606~1644)은 세부(世父: 백부) 내자시 정(內資寺正) 휘 김지(金址, 1551~1619)에게 출계하였다. 조부 휘 김총(金璁, 1633~1678)은 홍문관 교리였는데, 당시 나라의 예가 그 바름을 잃자 미수(眉叟) 허 선생(許先生: 許穆) 등 제공(諸公)들이 이를 매우 강력히 논하였고, 공의 조부 또한 상소를 올려 지극히 말하며 뒷받침 근거를 매우 명확히 하니, 미수의 뜻과 합치되어 마침내 예법이 바로잡혔다. 아버지 휘 김승국(金升國, 1663~1726)은 이조참의에 추증되었다. 어머니 숙부인(淑夫人)에 추증된 광주이씨(廣州李氏)는 둔촌(遁村) 선생 이집(李集, 1327~1387)의 후예로 영의정 행 이조판서에 추증된 이원정(李元禎, 1622~1680)의 딸이다. 숙종 을축년(1685) 5월 16일에 영천(榮川: 榮州) 금강촌(錦江村, 협주: 곧 외가의 임시 거처, 현재 경북 영주시 평은면 금광리)에서 공을 낳았다.

태어난 지 3년이 되던 해, 갑자기 하루는 젖을 먹지 않아 어머니가 그 까닭을 물으니, 말하기를, "젖을 빨면 어머니의 얼굴에 아픈 기색이 있으니 차마 빨지 못하겠습니다."라고 하였다. 공의 나이 6세 때, 내구(內舅: 외삼촌) 이담명(李聃命)이 영남 관찰사로 부임하자 공이 따라가 그 곁에서 즐거이 장난치며 놀았다. 이공은 공의 총명하고 영특함을 알고 시험 삼아 정문(呈文: 공식 문서) 1장을 뽑아 주며 말하기를, "너는 능히 이 글을 읽을 수 있겠느냐?"라고 하니, 공이 그것을 읽어 내려가는 족족 한 글자도 틀리지 않았다. 그 글의 격식을 본떠서 지어 보게 하자, 즉시 종이와 붓을 청해 글을 썼는데 문장의 표현과 이치가 모두 갖추어져 있었으니, 이공이 놀라며 기이하게 여겼다. 제첩(題牒: 문서 요지와 처결 문구) 또한 매우 뛰어났으니 온 도(道)에 전해지면서 신동의 기이한 일로 일컬어졌다.

이로부터 경서(經書)와 사서(史書)를 통달하고 문장과 필력이 단련되어 막힘이 없었으니, 엄연히 숙유(宿儒: 학문과 기풍이 원숙한 유학자)와 같았다. 19세 때 모친상을 당하였고, 상복을 벗고 나서는 어머니가 권면했던 입신양명하라는 가르침을 생각하여 통렬히 스스로 가다듬고 힘썼다. 신묘년(1711) 사마시에 합격하였고, 신축년(1721) 문과에 갑과(甲科) 제3등으로 급제하여 규례에 따라 직장(直長)이 되었다. 이때 경종(景宗)이 처음으로 정무를 시작하여 조정에 일이 많았는데, 공은 가주서(假注書)로서 기록하는 것이 물 흐르듯 거침없었고, (회의 내용을 요약한) 거조(擧條: 보고서 요약본)를 작성함에 지체함이 없었으니, 승정원 안에서 '비관랑(飛管郞: 날아다니는 붓의 낭관)'으로 일컬어졌다. 이윽고 한림권(翰林圈: 예문권의 추천 명단)에 들어 전적(典籍)으로 승진하였고, 갑진년(1724) 기랑(騎郞: 병조 낭관)으로 옮겨 춘추관 기주관을 겸하였다.

얼마 되지 않아 외직으로 나가 영동현감(永同縣監)으로 제수되었는데, 폐단을 제거하고 해이해진 기강을 수습하였으며, 또한 도모하여 시행한 치적이 많았다. 당시 권세 있는 이가 귀양살이에서 풀려나 돌아가는 길에 영동현의 고을을 지나갔으나, 공은 끝내 나가서 보지 않았다. 그 사람은 이를 유감스럽게 여겨 언관(言官)을 부추겨 그를 탄핵하게 하여 파직시켰다. 공이 관직을 떠나자, 공이 행한 조처와 그에 따른 시행 체계가 모두 매듭이 풀리듯 하여 흐트러지니, 영동 사람들은 어른 아이 따로 없이 모두 애석하게 여겼다.

병오년(1726)에 참의상(參議喪: 부친 김숭국)을 당했는데, 공은 상을 치르며 애통해하여 몸이 상할 정도로 거의 목숨을 보전하지 못할 지경이었다. 상기(喪期)를 마치기 전에 무신년(1728) 역적의 난이 일어나 소모사(召募使) 황익재(黃翼再)가 안무사(按撫使) 일행을 따라 안동(安東)에 도착했는데, 평소 공에게 포부가 있음을 알고 편지를 보내어 반적을 토벌할 방략을 물었다. 공은 상중(喪中)이라는 이유로 감히 사양하지도 않고 지형의 형세와 그에 맞는 전술적 이점을 매우 상세히 진술하였다. 그 요지는 이러하다.

「일종의 역적이 안음(安陰: 경상남도 함양의 옛 지명)에서 일어나 거창(居昌) 수령을 내쫓고 그 고을을 점거하였습니다. 전하는 말에 의하면, 역도(逆徒)의 우두머리가 둘이라 하는데, 하나는 이씨(李氏) 성으로 이름은 웅보(熊輔)이고, 다른 하나는 정씨(鄭氏) 성으로 이름 희량(希亮)입니다. 희량은 곧 준유(遵儒)를 고친 이름입니다. 뜻밖에도 우리 영남의 명문가에서 역자(逆子)를 낳아 300년 예의의 우리 고장을 더럽히다니, 가슴이 무너지고 간담이 떨어져 곧장 살고 싶지 않았습니다. 여러 고을의 사정과 그 밖의 조처에 대해 비록 편지로 일러준 가르침이 있었으나, 돌아보건대 이처럼 초췌해진 상중(喪中)에 있는 사람이 어찌 감히 평상시의 사람과 똑같이 이런저런 논의를 늘어놓을 수 있겠습니까? 그러나 평소에 나라의 두터운 은혜를 입었으면서도 난리에 임하여 보답할 길이 없던 차에, 이제 못난 저에게까지 물어왔으니 어찌 감히 상례(常例: 일상적인 규례)만을 곧이곧대로 지키겠습니까?

들건대 정적(鄭賊: 정희량)이 자신의 부친 묘를 이장한다는 거짓 평계로 품꾼을 고용한다며 안음(安陰)의 촌민들에게 돈을 흩어 몇 민(緡: 돈꿰미)을 지급하면서 그 이름을 적어 두었다가, 이때에 이르러 돈을 받은 사람들을 죄다 불러 모아 거사를 알리고 또한 말하기를, "따르지 않으면 마땅히 이름을 적어 반역을 고발하겠다."라고 하며, 이적(李賊: 이인좌)

과 함께 온갖 협박을 하자, 촌민들이 겁을 집어먹고 따라서 마침내 고현(古縣: 경상남도 거창군 위천면)의 창고 곡식을 점거하고 장정을 샅샅이 색출하여 강제로 군사로 삼았다고 합니다. 이는 역적들이 방자하고 도리에 어긋나며 치밀하지 못하고 허술하여 사안마다 계통과 질서가 없음을 알수 있습니다. 저놈들은 스스로를 대대로 이름난 집안가라 일컬어 어리석은 백성들이 오래도록 쌓여 온 두려움으로 복종해 와서 그의 명을 오직 따를 뿐 감히 어기지 못하는 형편입니다. 핍박을 받아 반란에 가담하였으나 역천(逆天)과 순천(順天)을 알지 못하고 그릇되게 이끌려 함정에 빠진 채 어리석어 스스로 빠져나오지 못하고 있는 것일 뿐, 결단코 그것이 그들의 본심이 아님을 알 수 있습니다.

개미 떼처럼 몰려든 오합지졸들이니 계책으로써 흩어지게 하기는 쉬울 것입니다. 정가(鄭家: 정희량 집안)의 노복들이 수십 명에 불과한데 그들이 저놈의 심복이 되었을 뿐이고, 그 나머지 반적들은 모두 쓸 만하지 않습니다. 관군이 다가가서 간첩(間諜: 밀정)을 보내 깨우쳐 타이르며, 협박에 못 이겨 따른 자는 처벌하지 않는다는 것을 보이고, 공을 세워 죄를 씻으라고 유도하면, 위협을 당해 가담한 자들은 저절로 흩어질 것이며, 또한 반드시 남모르게 안에서 협조하려고 꾀하는 자도 있을 것입니다. 이제 마땅히 순영(巡營)에 관문(關文: 공문서)을 보내 병력을 인근 고을에 나누어 배치하고 기일을 정해 진군하게 하되 약속한 기한을 어기지 않도록 해야 합니다. 이것을 안무사(按撫使)와 상의하는 것이 어떠하겠습니까? 이 역적은 하향(下鄕: 안음)의 이름난 집안으로서 갑자기 반란을 일으켰으니, 사람마다 놀라고 통탄할 뿐만 아니라 불행히도 가까운 곳에서 나왔다는 분노가 있습니다.

온 도(道)의 사대부 가운데 혹 평소 얼굴을 알던 자가 있기도 하고 혹 명성을 들어 평소 교분이 닿았던 자도 있기도 하여 흉흉한 소문이 유포되면서 위기감이 감돌고 두려움이 확산되어 사람들의 마음이 어찌

할 바를 몰라 갈피를 잡지 못하고 있으니, 한편으로는 한 마리의 물고기가 온 물을 흐려놓은 듯한 수치심이 있고, 다른 한편으로는 갑작스레 협박을 당할 우려가 있어, 이로 인해 크게 놀라 동요하여 도무지 안정을 찾지 못하고 있습니다. 조정에서 민심을 안정시키는 조치가 지금 당장 가장 급합니다. 안무사(按撫使)를 파견한 것이 마침 이때에 있었으니 참으로 다행입니다. 역적의 군사가 갑자기 일어나 민심이 동요하니 식견 있는 사대부들이야 논할 바가 아니지만, 미천한 하층 백성들은 변란의 곡절을 알지 못해 허둥지둥 어찌할 바를 몰라 어느 쪽을 따를지에 어두워서 또한 반란에 가담할 리가 결코 없다고 할 수 없습니다.

이 역적은 대대로 안음(安陰)에서 살며 하도(下道) 지역의 향촌 사회로부터 추앙과 복종을 받아온 지 오래되었습니다. 강좌(江左: 낙동강 동쪽)와 우상도(右上道)는 진실로 우려할 것이 없으나, 가장 우려되는 곳은 우하도(右下道)입니다. 진정시키고 수습할 대책을 조금도 늦추어서는 안 됩니다. 우리 영남은 오래된 명문 거족들이 여러 대에 걸쳐 살아오며 향촌에서 일정한 위상을 지니고 있으면서도 관직에 나아가지 않고 있는데, 향촌의 평민 백성들은 이런 거대 문중을 기준으로 삼지 않는 자가 없습니다. 그러니 이제 마땅히 조정에서 온 도(道)의 명가 사족 가운데 재능과 식견, 명망이 있는 자 일고여덟 명을 뽑아 '참무관(參撫官)'이라 부르고, 순찰 고을들을 돌아보며 깨우쳐 타일러서 안정시키게 하십시오. 또 한 고을에서 추앙받는 자 1명을 뽑아 '향장(鄕長)'이라 이름하고, 한 고을을 진정시키도록 맡기십시오. 또 한 문중에서 추앙받는 자 1명을 뽑아 '문장(門長)'이라 이름하고, 한 문중을 진정시키도록 맡기십시오. 문장은 한 집안을 통솔하며 향장의 명을 듣게 하고, 향장은 한 고을을 규찰하고 단속하며 참무관의 명을 듣게 하며, 이들 모두 안무사의 지휘 아래 두어야 합니다.

방(榜)을 붙여 널리 알리면서 거역함과 순종함의 도리를 깨우쳐 충성과 의리로 고취시키면 온 도(道)의 인사들은 그 놀라고 통탄해하며 우려하고 분개했던 마음을 떨쳐 일어나 스스로 힘써 서로 앞투어 한번 목숨을 내놓고자 하여 이 역적을 멸함으로써 우리 영남의 치욕스러운 오명을 시원하게 씻어내려 할 것이니, 너나없이 한꺼번에 뜻을 같이해 호응하며 마음과 힘을 하나로 모아 국가를 위해 쓰이지 않음이 없을 것입니다. 민심의 대세가 굳게 결속되어 풀리지 않는다면 비록 남북의 외구(外寇)라 해도 오히려 이와 같은 방식으로 막아낼 수 있을 터인데, 하물며 하찮고 보잘것없는 난적(亂賊)들이 무엇을 할 수 있겠습니까?

거창(居昌)과 안음(安陰)은 지세가 험하고 좁으니, 역적이 불리해지면 반드시 산골짜기 사이로 숨어 들어가 험지를 이용해 스스로를 지키려는 계획을 세울 것입니다. 또 그 땅은 호남·호서와 서로 접해 있어 경계를 넘나들며 출몰하는 우려가 있으니 마땅히 방어하고 막아야 합니다. 이를테면 성주(星州)의 마정령(馬亭嶺)·산제현(山際峴)·묵점현(墨店峴), 지례(知禮)의 우두치(牛頭峙), 영동(永同)·황간(黃澗)의 삼도봉(三道峯), 무주(茂朱)의 소사현(素沙峴), 장수(長水)의 육십치(六十峙), 운봉(雲峯)의 팔영치(八詠峙: 八良峙) 같은 곳이 가장 긴요한 관문(關門)들에 해당하니, 성주와 지례 등의 고을에 관문(關文)을 보내어 중병력으로 길목을 차단한다면 역적들은 그 안에 갇혀 있어 솥 안의 고기와 다를 바 없을 것입니다.

안음(安陰)의 고현창(古縣倉)에서 20리 떨어진 곳에 월성촌(月城村)이 있는데, 지세가 극히 험하고 정적(鄭賊) 집안의 선산(先山)이 있습니다. 마을 사람들은 평소 복종하며 부림을 당해오던 자들이니 역적 무리들의 가솔들이 반드시 이곳에 모여 숨어 있을 것입니다. 인근 고을에 비밀리 관문을 보내고 은밀히 장교(將校)를 파견하여 드나들며 깊숙이 파고들어 정탐하게 하십시오. 이 역적의 형세로 보아 반드시 오래 버티지 못할 것이고, 패하여 뿔뿔이 흩어진 뒤에는 산골짜기로 숨어들고서 다시 무리를 규합하여 훗날의 화근이 될까 우려스럽습니다. 역적을 파한 후에는 인근 여러 고을들과 함께 군교(軍校)를 나누어 파견하여 깊은 산과 궁벽한 골짜기 등 사람의 발길이 닿지 않는 곳까지 샅샅이 수색하여 뿌리를 뽑아버림으로써 훗날에 만에 하나라도 있을 우려를 막는 일을 그만둘 수 없을 듯합니다.」

황공(黃公: 황익재)이 이 편지의 내용을 보고하자, 안무사(安撫使) 박사수(朴師洙)가 내용을 살펴 비범함을 알아차리고 굳이 그 편지를 찾아내어 주상에게까지 올리려 하였다. 황공은 사사로운 편지로 주상을 번거롭게 하는 것은 옳지 않다며 다투어 말렸다. 그러나 안무사는 그 편지를 참판 송인명(宋寅明)에게 보냈고, 송인명이 주상의 면전에서 이를 아뢰었다. 주상이 크게 칭찬하고 장려하니 하나하나 기록한 대로 시행하게 하였다. 이윽고 기복(起復: 상중에 벼슬을 하게 함)을 명하여 소모관으로 차출하였다. 그 유지(有旨: 임금의 명령서)는 다음과 같다.

「위급하고 어려운 상황에 뛰어들어 나라를 위해 목숨을 바치는 것은 신하의 당연한 도리이며, 상복을 벗고 갑옷을 입는 것은 경례(經禮: 禮記)의 가르침에 있는 바이다. 지금 하찮은 역적 무리가 난을 일으켜 백성들이 뿔뿔이 흩어지니, 백성들을 불러 달래어 안정시키는 일이 급하여 잠시도 늦출 수 없도다. 그대는 평소 일을 처리하는 재능이 있고 또한 향촌에서의 명망이 두터우니, 특별히 권도(權道)로 기복(起復)을 시켜 소모관(召募官)의 임무를 주노라. 그대는 대의를 생각하여 사사로운 정을 억누르고 즉시 일어나 명을 받들라. 안무사 박사수의 절제를 받아 마음을 다해 대책을 세워서 함께 시국의 어려움을 구제하라.」

또 참무관(參撫官)의 공명첩(空名帖: 성명이 비어 있는 임명장) 7통을 내려

보내 적임자를 택하여 채워넣고 김 아무개의 편지의 내용에 따라 시행하는 일을 별도로 안무사가 있는 곳으로 하교하였다. 이때 변란이 갑자기 일어나 방백과 수령들은 거의 대부분 겁에 질려 우왕좌왕하였고, 또한 사태의 완급과 적의 허실, 그리고 관문과 요새의 긴요함을 제대로 파악하지 못하여 감히 군사를 이끌고 토벌할 계획을 세우지 못하고 있었다. 그러다 공의 편지가 나오게 되었는데, 반적을 헤아리고 형세를 살핀 것이 손바닥을 들여다 보듯 명료하였으며, 민심을 진정시키고 안정시켜야 한다는 주장은 가장 뛰어난 계책이었다. 오직 충의와 울분에서 격발된 것이었기 때문에 그의 말은 매우 간절하면서 섬세하고 세밀하여 사람들로 하여금 귀담아 듣게 하였고, 마침내 주상의 마음에까지 부합하기에 이르렀다. 이로 말미암아 관군은 살펴 행할 방도를 알게 되었고, 군사들의 사기는 전장에 나아가 싸울 용기를 더하게 되었다. 공의 말이 한번 나오자, 정희량의 무리들은 이미 숨이 끊어질 듯 세력이 꺾여 그 수급을 바치게 되었다.

역적이 평정된 뒤, 안무사의 장계로 인하여 즉시 기복(起復)하라는 명을 거두었다. 그 유지(有旨)를 삼가 받든 때가 대상(大祥)을 마치기 하루 전날에 있었기 때문에 상복을 벗고 관복으로 갈아입는 일을 하지 않아도 되었다. 다시 지휘한 것에 이루어진 효과가 있었다 하여 원종공신(原從功臣) 1등에 녹훈되었고, 자녀들에게까지 은진이 미치게 되었다.

기유년(1729) 호남의 막하(幕下)를 보좌하게 되었는데, 관례에 따라 해운(海運) 업무를 겸하였다. 이보다 앞서, 호남에서 조운선(漕運船)에 곡식을 실을 때 세금을 내는 백성들이 부당한 징수로 인한 고통을 견디지 못하였고, 경창(京倉: 도성의 창고)으로 수송하여 바치며 선격(船格: 뱃사공과 격군)들이 대부분 중간에서 축내거나 미납하는 폐단이 있자 백성들이 정처없이 떠돌아다니거나 도망하는 자가 서로 잇따랐다. 그때 관찰사 이광덕(李匡德, 1690~1748)이 도성과 지방의 창고에서 사용하는 말(斛: 곡물을 재는 단위)을 대조하여 바로잡는 일을 논의하는 장계를 올려서 주상의 윤허를 받았다. 그러나 향곡(鄕斛: 지방의 말)은 먼저 고쳤지만 경곡(京斛: 도성의 말)은 그대로 두었으니, 장차 서로 맞지 않아 마찰이 생길 우려가 있었다. 공이 곧바로 장계를 올려 경창(京倉)도 지부(地部: 호조)의 유곡(鍮斛: 놋쇠 표준 말)에 따라 대조하여 바로잡도록 청하니, 청한 대로 시행되어 묵은 폐단이 시원하게 제거되었다. 이에 조운에 종사하는 백성들이 비석을 세워 그 덕을 기렸다.

신해년(1731) 외직으로 나가 고성(固城) 수령이 되었는데, 2년 연속으로 아주 큰 흉년을 만나 바닷가 백성들이 부들과 패류를 주워 끼니를 때웠지만, 먹고 살아갈 곡식은 없었다. 공이 백방으로 대책을 세우면서 관아의 창고 곡식을 아낌없이 풀었고, 그 요체는 백성을 괴롭히지 않는 데 있었다. 관찰사 조현명(趙顯命)이 편지로 흉년 구제책의 편의 여부를 묻자, 공이 조목조목 매우 상세히 진술하고서 또 말하기를, "하관이 예닐곱 살 때 외숙부 이모(李某: 李聃命)를 따라 본도(本道: 경상도)의 감영에 있었는데, 그때 비록 어리고 어리석었으나 아직도 그 대략을 기억합니다."라고 하였다. 아아, 참으로 기이한 일이로다! 병으로 사직하려 하자, 조공은 차마 작별해 보내지 못하여 백성들에게 인부와 말을 내지 말라고 명하기까지 하였다. 임자년(1732) 윤5월 26일 임지에서 세상을 떠났으니, 향년 48세였다.

공은 타고난 자질이 순수하고 아름다웠으며 총명이 일찍 트였다. 어머니를 사랑하는 성심은 이미 젖을 먹던 때에 드러났다. 남보다 뛰어난 재주는 어린 시절부터 절로 갖추어져 있었다. 그 성취는 실로 집안에서 전해오는 학문에 힘입은 바였다. 효도와 공경을 독실히 하고 제사의 예제를 어기지 않고 삼가 치렀으며, 자제를 가르치고 노복을 다스리기에 이르기까지 모두 법도가 있었다. 평소 단정히 앉아서 옷에는 포개져 구긴 흔적조차 없었다. 자하(子夏)가 이른바 "비록 배우지 못했다고 말하더라도 나는 반드시 그를 배웠다고 이르겠다.”라고 한 말은 참으로 그렇다고 하겠다.

마음가짐은 안으로 마음을 속이지 않고, 밖으로 남을 속이지 않으며, 위로 임금을 속이지 않는 것을 스스로 지키는 법으로 삼았다. 벼슬살이는 백성에게서 거두어들이는 일에 청렴하고, 옥사를 판결함에 신중히 하며, 직무를 수행함에 부지런히 하는 것을 삼자부(三字符: 廉·愼·勤의 符節)로 삼았다. 치국의 요체를 논하며 말하기를, “제갈공명이 엄격함으로써 촉(蜀)나라를 다스린 것은 전한(前漢) 시대의 순리전(循吏傳: 백성을 자애롭게 다스린 관리들의 기록)에 기록된 인물들과는 달랐으나 시대의 형편이 그렇게 만든 것이었다. 지금 백성들 사이에 속이는 풍조가 많은데, 수령들이 오래 머물며 멀리 내다보는 계획이 없어 너그러운 정사로 백성을 교화하려 해도 어려운 것이다.”라고 하였으니, 이것이 어찌 당시 시급히 해결해야 할 일을 알지 못하는 자라면 능히 말할 바이겠는가?

아아, 무신년(1728)의 난을 여전히 차마 말할 수 있겠는가? 요사한 무리의 유언비어와 흉악한 무리의 거짓 선동으로 하늘에까지 뻗는 화가 영남에서 일어났으니, 정희량이 누구의 손자인데 눈을 부릅뜨고 괴수가 되어 추로(鄒魯: 예절과 학문이 뛰어남)의 고장을 더럽혔단 말인가? 접때 공의 충성스러운 마음과 의로운 용기가 밝게 빛나 비추지 않았다면, 어찌 의로운 목소리를 고취하고 위기의 국면을 타개하여 끝내 역직을 소딩하고 평온한 기틀을 마련할 수 있었겠는가? 황공(黃公: 황익재)이 아니었다면, 어찌 공을 알아보고 계책을 캐물을 수 있었겠는가? 황공이 이로써 원통함을 씻은 것 또한 그 증거이다. 그러나 우리 영명한 선왕[英祖]의 신묘하고 성스러운 자질과 넓고 포용적인 도량 및 사람을 알아보는 밝은 지혜가 영남 천 리에까지 미치지 않은 곳이 없었다. 저 당(唐)나라 현종(玄宗)이 얼굴조차 알지 못하던 안진경(顔眞卿)과 같았던 공의 사사로운 편지가 단번에 상달되자, 은혜로운 하교가 연달아 내려지며 그의 계책을 써서 그 사람을 영화롭게 하였으니, 임금과 신하의 의기투합은 산천으로 도 막을 수가 없었던 것이다. 아아, 성대한 일이로다!

지금도 그의 글을 읽노라면 머리털이 곤두서고 마음과 눈이 환하게 트이니, 마치 귀로 지휘 소리를 듣고 손으로 흉악한 역적을 찢어 죽이는 듯하다. 이것이 그의 위대한 절의이고 훌륭한 말이며 아름다운 행실이 조금도 빠진 것이 없으니, 화려한 문장 또한 공에게는 부수적일 뿐이다.

처음에는 성산(星山)의 어느 언덕에 장사하였다. 임술년(1742)에 숙인 (淑人) 이씨(李氏)의 상을 맞아 칠곡(漆谷) 평장산(平章山) 임좌(壬坐)의 언덕 에 합장하였다. 이씨는 본관이 전주(全州)로, 영의정 분사(汾沙) 이성구(李 聖求)의 증손녀이자 통덕랑(通德郎) 이현도(李玄度)의 딸이다. …(중략)…

윤필병(尹弼秉)은 늦게 태어난 데다 식견이 얕고, 가끔 영남 밖을 유람 하였으나 관직에 얽매여 있어 선배들의 옛 자취를 눈으로 한 번도 살펴 볼 수가 없었다. 공의 손자 김종옥(金宗玉)이 동래도(東萊道)에서 찾아와 공의 유사(遺事)를 역력히 일러주며 행장(行狀)을 지어달라고 청하였다. 나 윤필병은 본디 고루하다며 사양할 수도 있었으나, 그의 말을 듣고 나니 마음속에 저절로 깊이 파고드는 바가 있었다. 비록 상세함과 간략 함이 마땅함을 잃었을지더라도, 특히 무신년(1728)의 일에 마음을 더 쏟 았다. 무릇 수명이 길지 못했고 지위가 덕에 걸맞지 못했던 일은 또한 이치에 어긋나는 것이나, 공인들 또한 어찌하겠는가? 우선 이대로 적어 두고 붓을 잡을 군자를 기다리고자 한다.

가선대부 전행 병조참판 겸 동지 의금부사
윤필병 삼가 짓다.

行狀

公諱東俊, 字伯兼, 號適菴。金氏系, 出於新羅王子興光, 當國末, 遜于光州, 子孫仍籍焉。歷麗甚奕焉, 入我朝, 開國功臣, 密直副使, 諱天利, 爲公十一代祖。諱孝盧, 生員, 贈吏曹叅判, 爲公七代祖。卜居于禮安之烏川, 退陶先生銘其墓, 備言志行。吏叅孫富信, 篤志儒學, 師事李先生；先生名其堂曰養正, 後人祠祀之, 於公爲五代祖。高祖諱坪, 生員, 曾祖諱光述, 出爲世父內資正諱址後。祖諱璁, 弘文舘校理, 時邦禮失其正, 眉叟許先生諸公, 論之甚力, 公亦上疏盛言之, 援據甚明, 與眉叟合, 終得其正。考諱升國, 贈吏曹參議。妣贈淑夫人廣州李氏, 遁村先生集之裔, 贈領議政行吏曹判書元禎女也。以肅廟乙丑五月十六日, 生公於榮川之錦江村, 即外第寓所。生三歲, 忽一日不飮乳。母夫人問其故, 曰：“吮而母氏有痛色, 不忍也.”公年六歲, 內舅李公聃命, 按節嶺南, 公隨往嬉戲其側。李公知其穎悟, 試抽一呈文, 言曰：“汝能讀此否？”公讀之, 便不錯一字。使效其作, 即請紙筆, 狀也, 詞理俱到。李公驚異之。題牒亦甚優, 一道傳以爲神童奇事。自此通經史, 文翰鍊熟, 儼成宿儒。十九歲, 遭母夫人喪, 旣関, 念母夫人勸勉立揚之敎, 痛自刻勵。辛卯中司馬, 辛丑登文科, 以甲科第三, 例爲直長。時當景廟初政, 朝家事多, 公以假注書, 記注如流, 擧條無淹滯, 院中稱爲飛管郎。因翰圈陞典籍, 甲辰, 遷騎郎, 兼春秋舘記注官。尋出爲永同縣監, 除煩束濕, 且多猷爲。而有時宰謫歸, 路過縣邑, 公不爲之出見, 其人憾之, 歸嗾言官, 彈罷之。公去官, 而措置設施者皆紐解, 永人無少長皆惜之。丙午, 丁叅議, 公憂哀毀, 幾不保。喪未関, 戊申逆亂起, 召募使黃公翼再, 隨按撫行到安東。素知公有抱負, 貽書問討賊方略。公不敢以持衰辭, 備陳形便。其槩曰：「一種逆賊, 起於安陰, 逐居昌守而據其邑。傳言渠帥二人, 一則李姓名熊輔, 一則鄭姓名希亮。希亮即遵儒之改名也。不意吾嶺名家, 生出逆子, 以汚我三百年禮義之邦, 崩心墮膽, 直欲無生。列邑事情, 其他措置, 雖有示及之敎, 顧此纍然居憂之人, 何敢自同平人有此論列？而平日受國厚恩, 臨難無以報效, 今於辱問之下, 何敢膠守常例？聞鄭賊假託其父遷葬, 稱以雇丁, 散錢於安陰村人, 給數緡, 籍其名, 及是, 盡招受錢人, 告以擧事, 且曰：“不從,

則當以名錄上變."與李賊嚇喝萬端, 村民怔怯而從之。遂據古縣倉穀,
搜丁勒軍云。此賊之狂悖疎濶, 事無統緒可知。渠自謂大家望族, 愚氓
積久畏服, 惟令而莫之違勢也。被迫從亂, 不知逆順, 詿誤見陷, 愚不
自拔, 決知其非本心也。蟻聚烏合, 易以計散。鄭家奴僕, 不過數十, 爲
渠腹心而已, 其餘賊兵, 盡無用也。官軍臨之, 間諜曉諭, 示之以脅從
罔治, 誘之以立功贖罪, 則見脅之輩, 自可解散, 亦必有陰爲之相圖
者。今宜移關巡營, 分付近邑, 刻期進兵, 無失期會。以此商議於按撫
使, 何如? 此賊, 以下鄉名族, 猝起稱亂, 不但人人驚痛, 有不幸近出之
憤。一道士夫, 或有素識面者, 或有聲聞素相及者, 流傳危怕, 衆心遑
遑, 一則有一鱗混波之羞, 一則有倉卒被脅之慮, 而洶駭靡定。朝家鎭
安民心之擧, 一時爲急。發遣按撫, 適在此際, 誠爲萬幸。賊兵猝發, 人
心波蕩, 有識士夫非所可論, 而卑微下氓, 不識變亂曲折, 劻勷失措, 昧
於面背, 亦不可謂必無之理也。此賊, 世居安陰, 爲下鄉所推服久矣。
江左及右上道, 固無可慮, 而最可慮者右下道。鎭定收拾之策, 不可以
少徐徐也。吾嶺舊家大族, 累世居住, 鄉品閒散, 村閭民氓, 無不視巨
室爲準。今宜自朝家, 簡一道名家士族, 有才識聲望者七八人, 號爲參
撫官, 行巡所掌邑, 曉諭而鎭安之。又擇其爲一鄉所推重者一人, 名曰
鄉長, 委以鎭安一鄉。又擇其爲一門所推重者一人, 名曰門長, 委以鎭
安一門。門長則董率一家, 聽令於鄉長, 鄉長則糾檢一邑, 聽令於叅撫
官, 而摠屬安撫使。揭榜布曉, 諭之以逆順, 皷之以忠義, 則一道人士,
以其驚痛憂憤之心, 奮發自勵, 爭願出一死, 滅此賊, 快洗吾嶺羞汚之
辱, 翕然嚮從, 一齊心力, 無不爲國家用矣。民心大勢, 固結而不可解,
則雖南北外寇, 猶可以此禦之, 況么麽亂賊, 何能爲也? 居昌·安陰, 地
勢險隘, 賊若不利, 必轉入山谷間, 爲據險自守計。又其地, 與湖南·湖
西相接, 踰越出沒之患, 宜可防遏。如星州之馬亭嶺·山際峴·墨店峴,
知禮之牛頭峙, 永同·黃澗之三道峯, 茂朱之素沙峴, 長水之六十峙, 雲
峯之八詠峙, 最係關隘急, 關于星州·知禮等官, 以重兵遮截, 則賊在其
內, 無異鼎中魚耳。安陰古縣倉二十里, 有月城村, 而地勢險絶, 有鄭

賊一家人墳山。村民素所服使, 賊黨家眷, 必有屯聚藏匿於此者。秘關
近邑, 潛遣將校, 出入探刺。此賊形勢, 必不久支, 敗散之後, 竄匿峽
峪, 嘯聚爲後日患, 可慮。破賊後, 與隣近列邑, 分遣軍校, 搜遍於深山
窮谷·人跡不到處, 鋤絶根株, 以杜日後萬一之慮, 似不可已也.」及書
報, 按撫使朴師洙, 暗知之, 固索欲上達。黃公以私書之不宜上煩, 爭
止之。按撫使, 以其書送于宋叅判寅明, 陳達于榻前。上大加獎詡, 一
一錄施。因命起復, 差召募官。有旨若曰:「赴危難而殉國家, 臣子常
分, 釋衰麻而袵金革, 經禮有訓。今當小醜稱亂, 民生蕩析, 招撫事急,
不容少緩。以爾素有辦事之才, 且多鄉邑之望, 權令起復, 授以召募之
任。爾其念大義, 抑私情, 卽起受命。聽按撫使朴師洙節制, 盡心區畫,
共濟時艱.」又下送叅撫官空名帖七度, 擇人塡差, 依金某書施行事, 別
諭於按撫使處。時變起倉卒, 方伯守令, 擧皆恇擾, 且不諳緩急虛實·關
隘緊要, 不敢爲提兵勤討計。及公書出, 而料敵審勢, 瞭如指掌, 鎭安
之說, 最爲長策。惟其忠憤所激, 故其言剴切而纖悉, 使人聳聽, 而終
至於仰契上心。由此而官兵知按行之方, 士氣增戰陣之勇。言一出, 而
希亮輩已奄奄, 納其首級矣。賊平後, 因按撫使啓, 卽收起復之命。盖
有旨祗奉, 在於終祥前一日, 故得無變服。復以指揮之有成效, 錄原從
功一等, 推恩所生。己酉, 佐湖南幕, 例兼海運。先是, 湖南之裝載漕
船, 稅民不堪濫捧之苦, 輸納京倉, 船格率多, 負逋之弊, 流亡相繼。其
時方伯李匡德, 以京鄉倉斛較正事, 論啓, 蒙允。鄉斛先改, 京斛自如,
將有牴牾生事之患。公直啓, 請京倉依地部鍮斛較正, 而準請施行, 宿
弊快除。漕民立碑頌德。辛亥, 出宰固城, 値兩年大無。濱海食蒲蠚,
無以生穀。公區畫百端, 盡捐官廩, 而其要在於不撓民。方伯趙公顯
命, 以書問荒政便否, 公條陳甚詳, 且曰:"下官六七歲時, 隨內舅李某,
在本道營中, 其時雖稺昧, 尙記其大畧云。"吁, 亦異哉! 以病將辭歸, 趙
公不忍相捨, 至令民不出夫馬。以壬子閏五月二十六日, 卒於任所, 享
年四十八。公天姿粹美, 聰敏夙開。愛親之誠, 已見於乳哺之日。絶人
之藝, 自在於齠齔之時。及其成就, 實資家傳之學。篤孝敬而愼祀典,

以至敎子弟·御奴僕, 皆有規度。平居端坐, 衣裳無疊摺痕。子夏所謂 "雖曰不學, 吾必謂之學者", 信然矣。持心則以內不欺心·外不欺人·上不欺君, 爲自守法。居官則以廉於取民·愼於斷獄·勤於視事, 爲三字符。論治體, 則曰："孔明之以嚴治蜀, 異於先漢循吏傳, 而時勢使然。方今民多欺詐之風, 官無久長之計, 欲之寬業化民, 難矣."此豈不識時務者, 所能言哉? 噫嘻! 戊申之亂, 尙忍道哉? 妖孼流言, 凶酉誑煽, 滔天之禍, 乃發於嶺嶠, 希亮是誰之孫, 而睅然爲魁, 汚穢鄒魯邦? 向非公忠肝義膽, 炳然光燭, 則安得以皷義聲而發危機, 終成掃平之階哉? 非黃公, 安得以知公而扣計策乎? 黃公之以此雪寃, 亦其驗也。然莫非我英考神聖恢廓·則哲之明, 及於嶠南千里。不識何狀之顔卿, 私書一徹, 恩旨繼降, 用其言而榮其人, 君臣之契, 不隔山川。於乎盛哉! 今讀其書, 令人毛髮上竪, 心目洞豁, 如耳聞指揮·手磔凶渠。此其大節·嘉言懿行, 少或闕畧, 而文詞亦公之餘事也。始葬于星山之某原。壬戌, 淑人李氏之喪, 合窆于漆谷平章山壬坐之原。李氏籍全州, 領議政汾沙李公聖求曾孫, 通德郞玄度之女也。…(중략)… 弼秉生晚, 謏聞, 間遊嶺外, 拘於官守, 先輩遺蹟, 目不得以一寓。公之孫宗玉, 來訪於東萊道, 公遺事歷歷, 請爲之狀。弼秉, 可以固陋辭, 而聞其言, 不覺犁然于中。雖詳畧失宜, 而尤致意於戊申一事。若夫壽之不永, 位之不稱德, 亦理之乖, 而公亦奈何哉? 姑書此, 以俟秉筆之君子焉。嘉善大夫前行兵曹參判兼同知義禁府事尹弼秉謹狀。

〔適庵實紀, 부록〕

50. 이세태

이세태의 자는 계통, 호는 동병, 본관은 진보(眞寶)이다. 문순공(文純公)의 이황(李滉)의 후손이다. 숙종 무인년(1698)에 태어났다. 영조 갑자년(1744) 문과에 급제하였다. 주서(注書)·양사(兩司)를 거쳐 벼슬은 판결사(判決事)에 이르렀다. 경진년(1760)에 죽었다.

당후(堂后: 승정원 주서)로 있을 때 청고한 명성이 널리 드러났는데, 당시 권세 있는 이가 편지를 보내어 만나기를 청하고 또 몸소 찾아와 곡진하게 정을 나누려 하였으나, 공은 나아가 사례하지 않았다. 이로부터 청요직의 선발에서 가로막혔으니, 관록(館錄: 弘文錄)에는 선발되었으나 당권(堂圈: 都堂의 圈點)에는 빠지게 되었던 것이다. 지인들이 이를 아쉬워하며 말하기를, "계통(季通: 이세태)이 궁하게 된 것은 당후 시절에 있었던 일 때문이다."라고 하였다.

남포(藍浦)의 수령으로 있을 때, 어사(御使) 채제공(蔡濟恭)이 올린 서계(書啓: 공식 보고서)에 말하기를, "이세태(李世泰)는 3년 동안 관직에 있으면서 매달 봉급을 저축하여 백성들의 역(役) 부담을 덜어 주었고, 정성스럽고 진실한 마음에서 우러나온 다스림으로 아전과 백성들이 깊이 신망하고 있습니다."라고 하니, 주상이 말하기를, "내가 일찍이 그 사람을 알고 있었다. 마땅히 한 사람을 권장하여 백 사람을 일깨우도록 보다 중용되는 관직에 등용하라."라고 하였다.

공이 죽었는데도 조정에서 미처 이를 듣지 못하여 추조참의(秋曹參議: 형조참의)에 제수하는 명이 있었다. 죽은 후 13년이 지나서야 주상이 듣고서 애통해하며 안타깝게 여겨 관교(官敎: 임명장)를 다시 써서 어보(御寶)를 찍어 보내게 하고, 또 후손을 녹용(錄用)하라는 명이 있었다.

● 李世泰

> 李世泰, 字季通, 號東屛, 眞寶人。文純公滉後。肅宗戊寅生。英宗
> 甲子文科。歷注書·兩司, 至判決事。庚辰卒。

在堂后[1]時, 淸名蔚然, 有一時宰致書要見, 又躬造款曲, 公不就謝。
自是見阻淸選, 選舘錄[2]而漏於堂圈[3]。知舊惜之曰: "季通之窮, 由於堂
后時."

宰藍浦[4]時, 御使蔡公濟恭, 書啓[5]曰: "李世泰三年居官, 儲蓄月俸, 以
補民役, 治出恫愊, 吏民深信." 上曰: "予曾知其人矣。宜勸一聳百, 右
職[6]調用."

公歿而朝廷不及聞, 有秋曹參議之命。後十三年, 上聞而悼惜, 令更
書官敎[7], 安寶而送, 又有錄後之命[8]。

1　堂后(당후): 승정원 주서가 거처하던 방으로 승정원 뒤에 있었다 하여 주서의 다른 이름.

2　舘錄(관록): 本館錄 또는 弘文錄. 홍문관의 후보로 올릴 사람을 권점으로 선발하는 절차,
　　또는 그 절차에 따라 선발된 사람의 명단을 가리킨다. 홍문관의 인원을 뽑을 때는 먼저
　　문신이나 문과 급제자 중에서 적합한 후보를 뽑은 뒤에 홍문관의 시임 관원이 모여 후보의
　　이름 밑에 圈點을 찍어 그 권점의 숫자에 따라 순위를 정하여 본관록을 작성하고, 이후
　　이조에서 본관록에 선발된 후보를 다시 한번 검증하여 선발한 뒤 吏曹錄을 작성하며,
　　마지막으로 의정부와 이조와 홍문관 당상들이 도당에 모여 홍문관과 이조를 거쳐 올라온
　　명단을 검토하여 적합한 후보를 추가한 뒤에 후보 이름에 권점을 찍어 일정한 점수를
　　얻지 못한 사람은 탈락시키고 나머지 사람만을 점수 순서대로 작성하여 都堂錄을 작성한다.

3　堂圈(당권): 都堂의 圈點. 의정부에서 홍문관의 교리·수찬을 임명하기 위해 議政·參議·參
　　贊·吏曹判書 등이 모여, 都堂錄에서 적합한 사람의 이름 위에 권점을 찍은 뒤, 그 권점의
　　수를 헤아려 임금에게 올리면, 득점의 순위대로 교리·수찬에 임명된다.

4　藍浦(남포): 충청남도 보령시 남포면 일대.

5　書啓(서계): 조선시대에 왕명을 받은 암행어사가 복명할 때 올리는 공식 보고서.

6　右職(우직): 현직보다 더 나은 관직.

7　官敎(관교): 조선시대 임금이 4품 이상 관원에게 署經 절차 없이 직접 발급한 임명장.

8　《貞窩先生文集》 권9 〈通政大夫刑曹參議東屛李公墓碣銘幷序〉에는 "是月除刑曹參議, 公
　　已在窆. 敎旨還納銓曹. 後十二年, 上臨筵, 詢及公亡, 悼甚曰: '此人爲官喉舌. 做參議, 又
　　不宣乎, 予甚慟惜. 有司更下旨敎, 其子祗受, 其子亦隨窠調用. 予今不諭, 誰能甄用?' 時上
　　已耄期, 任子竟不行.(그 달에 형조참의로 제수되었으나, 공은 이미 별세한 뒤였다. 이에
　　교지가 내려오자, 그것이 다시 銓曹로 환납되었다. 그로부터 12년 뒤, 임금께서 친림한
　　자리에서 공의 사망을 물으시고, 매우 슬퍼하며 말하기를, '이 사람은 벼슬에 있어 나라의

목소리와 입이 될 만한 인물이었다. 그를 참의로 임명하려 했는데, 그렇게 하지 못했으니 내가 매우 비통하고 애석하다. 有司는 다시 명을 내려 그 아들이 교지를 받게 하라. 또 그 아들도 그 자격에 따라 벼슬에 쓰이도록 하라. 내가 지금 이렇게 명하지 않는다면, 누가 그를 알아보고 등용하겠는가?' 당시는 임금이 이미 노년이었으므로, 아들을 조용하라는 명은 끝내 시행되지 못하였다.)"라고 되어 있어 등용되지 못한 듯함.

영남인물고

嶺南人物考

군위

51. 옥고

옥고의 자는 대수, 호는 응계, 본관은 의령이다. 홍무 임술년(1382)에 태어났다. 문과에 급제하여 벼슬은 집현전 교리를 지냈다. 세종 병진년(1436)에 죽었다. 안동(安東)의 묵계서원(默溪書院)에 향사하였다.

세종(世宗)의 성대한 치세에 청백리(淸白吏)를 중히 여기고 공론이 지극히 엄정했는데도 공이 그 안에 들었다.

공은 뛰어난 재주와 정밀한 식견을 지녔는데, 일찍 아버지를 여의어 어머니의 훈도를 받았고, 길야은(吉冶隱: 吉再) 선생을 종유하여 학문의 큰 방도를 들었다.

그 학문적 조예는 《인심선악(人心善惡)》·《음양변역(陰陽變易)》 두 도설(圖說)에서 볼 수 있는데, 학문의 바탕이 깊고 분석이 정밀하여 주자(周子: 周敦頤)와 소자(邵子: 邵雍)의 종지(宗旨)에 부합함을 알 수 있다.【협주: 권두경이 찬한 묘갈명에 실려 있다.】

• 玉沽

玉沽, 字待售, 號凝溪, 宜寧人。洪武壬戌生。文科, 官集賢校理。世宗丙辰卒。亨安東默溪書院[1]。

世宗盛治之世, 重淸白吏, 公議至嚴, 而公與焉。
公有雋才精識, 早孤, 服母訓, 從吉冶隱[2]先生, 聞爲學大方。

---

1 默溪書院(묵계서원): 경상북도 안동시 길안면에 있는 서원. 1684년 서원을 세우고, 1706년 廟宇인 淸德祠를 건립하여 金係行과 玉沽를 제향하였다.

2 冶隱(야은): 吉再(1353~1419)의 호. 본관은 海平, 자는 再父, 호는 金烏山人. 아버지는 錦州知事 吉元璡이다. 구미 출생. 부인은 중랑장 申勉의 딸이다. 1363년 冷山 桃李寺에서 처음 글을 배웠으며, 1370년 朴賁으로부터 성리학을 접하였다. 관료로 있던 아버지를

其學之所造, 觀於所作《人心善惡》·《陰陽變易》兩圖, 則可見其資深析微, 契乎周·邵之旨者矣。【權斗經³撰碣】

보충

권두경(權斗經, 1654~1725)이 찬한 묘갈명

사헌부 장령 응계 선생 옥공 묘갈명 병서

군위현(軍威縣) 북쪽 응곡(應谷)에 묘가 을좌(乙坐)로 자리 잡고 있으니, 응계(凝溪) 선생 장령(掌令) 옥공(玉公)이 묻힌 곳이다. 장사를 치른 것이 명나라 정통(正統) 원년(1436)이니, 지금으로부터 280여 년이 지났다. 아아, 멀도다!

대개 공은 홍무(洪武) 연간에 태어나 약관이 되지도 않아 과거에 높은 등수로 급제하여 태종(太宗)과 세종(世宗)의 성대한 치세에 벼슬하였다. 처음 집현전 학사를 설치하여 극히 엄선하는 자리였으나 공은 이미 등용되었다. 당시 청백리(淸白吏)를 중히 여겨 공론이 지극히 엄정하였는데도 공이 실로 그 안에 들었다. 공의 우뚝한 명망이 세상에서 존중되었음을 가히 알 수 있다. 공은 뛰어난 재주와 정밀한 식견을 지녔는데, 일찍

만나라 개경에 갔다가 李穡·鄭夢周·權近 등의 문하에서 학문을 익혔다. 1374년 생원시에, 1383년 司馬監試에 합격하였다. 1388년 諄諭博士를 거쳐 成均博士를 지냈다. 조선이 건국된 뒤 1400년 이방원이 太常博士에 임명하였으나 두 임금을 섬기지 않겠다는 뜻을 말하며 거절하였다.

3 權斗經(권두경, 1654~1725): 본관은 安東, 자는 天章, 호는 蒼雪齋. 忠定公 權橃의 5세손으로 조부는 군자감정 權碩忠이다. 아버지는 權濡이며, 어머니는 禮安金氏이다. 부인 義城金氏는 金是榲의 딸이다. 李玄逸의 문인이다. 李栽 등과 교유하였다. 1679년 사마시에 합격하였다. 1689년 문학으로 천거되고, 1694년 학행으로 천거되어 태릉참봉·사옹원봉사·종부시주부를 거쳐, 형조좌랑을 역임하였다. 1700년 봄 정랑에 승진되었으나 곧 이어 영산현감으로 부임하였다. 1710년 문과에 급제하였다. 1717년 영남에서 1만여 인의 유생들이 상소를 올릴 때 그 상소문을 기초하였다. 1721년 경종이 즉위하자 고산찰방에 임명되었으나 얼마 뒤 귀향하였다. 1723년 홍문관부수찬이 되었다.

아버지를 여의어 어머니의 훈도를 받았고, 길야은(吉冶隱: 吉再) 선생을 종유하여 학문의 큰 방도를 들었다.

벼슬에 오르고 나서 학직(學職: 성균관의 벼슬)을 맡아서는 스승으로서의 도리로 저명하였고, 좌부(左符: 지방관에게 지급하는 魚符의 좌측 반문)를 맡아서는 뛰어난 정사로 소문났다. 해치관(獬豸冠: 御史府 執法官)으로서 직필의 홀을 잡았을 때는 백관(百官)들이 두려워하며 숙연하였고, 한가로이 지내며 수양할 때는 깊이 음미하고 탐색한 바가 있었다. 우리 조선 초에 학사대부(學士大夫)로 여기에 미칠 수 있는 자가 드물었다. 그 이력은 국자감(國子監: 성균관)에서 학유(學諭)를 시작으로 전적(典籍) 겸 교수(敎授)에 이르렀고, 집현전에서 교리(校理), 사간원에서 정언(正言), 춘관(春官: 예조)에서 낭중(郎中), 태상시(太常寺)에서 소윤(少尹), 어사부(御史府: 사헌부)에서 장령(掌令)을 지냈으며, 외직으로는 안동부 통판(通判)과 대구지군(大丘知郡)을 지냈다.

그 다스림은 빙벽(冰檗: 얼음과 황벽나무 껍질에 비유해 각고하며 지킨 청렴한 생활을 이르는 말) 같은 청렴함으로 스스로 다잡았을 뿐만 아니라 총명이 남달랐으니, 무릇 쌀과 소금처럼 몰려드는 잡스런 일들 및 주머니나 상자 속의 번쇄한 일들까지 산가지로 계산하거나 장부를 들춰보는 번거로움이 없이도 터럭만큼의 잘못이나 누락이 없었다. 엄정하고 단호한 판단을 하여 문서를 교묘히 농간하는 간사한 자들을 위압하였고, 곡성(哭聲)만 듣고서도 남편을 죽인 간계를 알아채는 지경에까지 이르렀으니, 비록 옛날 신명(神明)하다고 일컬어지던 관리라 하더라도 그를 넘지 못할 것이다. 이는 타고난 천품(天稟)이지 배워서 얻은 것이 아니다.

그 학문적 조예는 《인심선악상반(人心善惡相反)》·《음양변역성괘(陰陽變易成卦)》 두 도설(圖說)에서 볼 수 있는데, 학문의 바탕이 깊고 분석이 정밀하여 주자(周子: 周敦頤)와 소자(邵子: 邵雍)의 종지(宗旨)에 부합함을 알 수 있다.

공의 휘는 옥고(玉沽), 자는 대수(待售), 본관은 의령(宜寧)이다. 증조부 옥전백(玉全伯)은 생원이었고 군기소윤(軍器少尹)에 추증되었다. 조부 옥안덕(玉安德)은 진사 학업을 닦았다. 아버지 옥사미(玉斯美)는 진성감무(珍城監務)를 지냈고 김해(金海)로 옮겨 살았다. 공이 또 군위(軍威)로 옮겨 살았는데, 향년 55세에 죽었다.

첫째부인 노씨(盧氏)는 딸 하나를 두었는데 조사윤(趙思贇)에게 시집갔다. 둘째부인 김씨(金氏)는 공의 묘 왼쪽에 묻혔으며 1남 2녀를 두었는데, 아들로 옥현(玉衒)은 진사로서 사온서 부직장을 지냈고, 딸들로 현감 강기(康耆), 김보인(金寶仁)에게 각각 시집갔다. …(중략)…

공의 유사(遺事)는 후손들이 패관(稗官)과 지지(地志)에서 수집하여 전하였다. 근세 사론에 의하여 처음으로 임하(臨河: 경상북도 안동시 임하면)의 묵계서원(默溪書院)에 제향하였다. 옥진소(玉振韶: 1674~?)가 나를 찾아왔고, 공의 묘갈명을 부탁하였다. …(이하 명문 생략)…

司憲府掌令凝溪先生玉公墓碣銘 幷序

軍威縣北於應谷, 有墓枕乙, 爲凝溪先生掌令玉公之葬。葬在明正統元年, 距今二百八十有餘年矣。於乎遠哉! 蓋公生洪武中, 未弱冠, 擢鬼科, 仕太宗世宗盛治之世。始置集賢殿學士爲極選, 而公旣登焉。時重淸白吏, 公議爲至嚴, 而公實與焉。公之標望, 重於世, 可見已。公有雋才精識, 早孤, 服母訓, 從吉冶隱先生, 聞爲學大方。旣通籍, 任學職則以師道著, 綰左符則以異政聞。戞多秉簡則百僚震肅, 居閒頤養則玩索有得。國初學士大夫, 鮮有能及之者。其履歷, 國子由學諭, 至典籍兼敎授, 集賢殿爲校理, 司諫院爲正言, 春官爲郎中, 太常爲少尹, 御史府爲掌令, 外則爲安東府通判, 大丘知郡。其爲治, 不但冰蘖自將, 聰明絶人, 凡米鹽叢雜, 囊篋瑣細, 不煩籌簿, 無遺失毫毛。至其秉嚴斷而懾舞文之猾, 聞哭聲而識殺夫之奸, 雖古所稱神明吏, 未或過之。蓋

天得, 非學得也。其學之所造, 觀於所作《人心善惡相反》·《陰陽變易成卦》兩圖, 可見其資深析微, 契乎周邵之旨者矣。公諱沽, 字待售, 宜寧人。曾祖全伯生員, 追封軍器少尹。祖安德, 業進士。考斯美, 珍城監務, 移居金海。公又移居軍威。年五十五卒。夫人盧氏, 生一女, 適趙思贇。後夫人金氏, 葬公墓左, 有一男二女, 男衒, 進士, 司醞署副直長, 女適縣監康者·金寶仁。…(중략)… 公之遺事, 後孫掇拾稗官·地志而傳之。近世士論, 始尸祝于臨河之默溪。振韶謁余, 銘其墓。…(이하 명문 생략)…

[蒼雪齋先生文集, 권14, 墓碣銘]

52. 권전 경혜공

권전의 자는 □□, 본관은 안동이다. 문종(文宗)의 장인이다. 화산부원군(花山府院君)에 봉해졌는데, 병자년(1456)에 추삭(追削)되었으나 중종 계유년(1513)에 복관(復官)되었다. 숙종 무인년(1758, 무술년의 오기, 1718) 영의정에 추증되었고, 시호(諡號: 景惠)가 하사되었다.

공은 타고난 성품이 아름답고 행실이 청렴결백하였으며, 갑자기 추성(樞省: 西班의 정1품 관서)에 올라서도 더욱 삼가고 신중하여 교만하거나 자만하는 기색이 전혀 없었다.【협주: 묘지에 실려 있다.】

- **權專 景惠公**

權專[1], 字□□, 安東人。文宗國舅。花山府院君, 丙子追削, 中宗癸酉復官。肅宗戊寅[2], 贈領議政, 賜諡。

公稟性懿行廉潔, 驟登樞省, 尤加謹愼, 略無驕矜之色。【墓誌】

---

1 權專(권전, 1371~1441): 본관은 安東, 증조부는 전의시 주부 權休이며, 조부는 판도정랑 權正中이다. 아버지는 한성부윤 權伯宗이며, 어머니 安東權氏는 판서 權呂溫의 딸이다. 첫째 安東權氏는 호장 權孝倫의 딸이며, 둘째부인 海州崔氏는 崔郿의 딸이다. 慶尙道經歷을 거쳐 知嘉山郡事를 지내는 중, 1431년 딸이 世子宮承徽(顯德王后, 즉 문종의 비)로 간택되면서 司宰監副正이 되었다. 1434년 判奉常寺事를 거쳐 곧 통정대부에 승자되면서 첨지중추원사, 1435년 공조참의·호조참의를 지냈다. 1437년 가선대부에 승자하면서 중추원부사, 이어 공조참판과 동지돈녕부사를 지냈다. 1439년 다시 자헌대부에 超資되면서 지중추원사가 되었다. 1440년 공조판서에 발탁, 곧 중추원사로 자리를 옮기고, 지돈녕부사를 거쳐 판한성부사가 되었다. 사후 1445년 원손의 외할아버지라 하여 좌의정에 추증되고, 1454년 다시 領議政府事 花山府院君에 추증되었다. 그러나 1456년 단종복위사건에 참여한 아들 權自愼이 피해를 받아 주살되면서 관작을 추탈당하고 서인으로 격하되었다. 1699년 중종대의 昭陵(顯德王后의 능) 추복과 관련되어 관작이 복구되면서 신원되었고, 1718년 화산부원군에 추증되었다. 彰烈祠에 제향되었으며, 시호는 景惠이다.
2 戊寅(무인): 戊戌의 오기.

53. 탁신 문정공

탁신의 자는 □□, 호는 죽정, 본관은 광주(光州)이다. 경렴정(景濂亭) 탁광무(卓光茂)의 아들이다. 벼슬은 참찬을 지냈다.

오로지 성리학에 마음을 두니, 경렴정이 늘 말하기를, "우리 집안의 증자(曾子: 曾參)이로다."라고 하였다.

죽정의 마음가짐은 곧고 진실하였으며 몸가짐은 겸손하고 공손하였다. 조종조(祖宗朝)에서 이름난 재상(宰相)이 되었으니, 당시 사람들이 옥 항아리의 얼음과 눈에 비유하였다고 한다.【협주: 정곤수의 문집에 실려 있다.】

• 卓愼 文貞公

卓愼[1], 字□□[2], 號竹亭, 光州人。景濂亭光茂[3]子。官參贊。

---

1 卓愼(탁신, 1367~1426): 본관은 光山, 자는 子幾·謙夫·係危, 호는 竹亭. 증조부는 평장사 卓英이며, 조부는 직제학 卓文位이다. 아버지는 좌간의대부 卓光茂이며, 어머니 文義朴氏 는 판종부시사 朴之衍의 딸이다. 1389년 생원으로 식년문과에 同進士로 급제하였으나 부모가 연로하여 고향에 돌아와 甘旨를 지내고, 아버지가 병사한 뒤 1398년 효행으로 천거되어 右拾遺가 되었다. 용담현령을 거쳐 1404년 사간원좌정언에 임명되었고, 장령에 승진되었다. 1408년 집의를 거쳐, 그해 8월 언관으로서 태종의 사위 平壤君 趙大臨이 군사를 발병한 사건에 그의 죄를 청하는 소를 올렸는데, 이로 인하여 태종의 노여움을 사 1409년 나주에 杖流되었다. 곧 사면되어 1410년 典農寺正·사성에 임용되었다. 1411년 同副代言에 제수되고, 1415년 좌대언이 되었다. 1416년 知申事·敬承府尹·이조참판을 거쳐, 1418년 예조참판·同知經筵事에 올랐다. 1419년 예문관제학을 지냈고, 1423년 의정부참찬에 올랐다.

2 □□: 子幾 또는 係危.

3 光茂(광무): 卓光茂(생몰년 미상). 본관은 光山, 자는 謙夫, 호는 景濂亭. 증조부는 卓宗成 이며, 조부는 평장사 卓英이다. 아버지는 提學 卓文信이다. 첫째부인 文義朴氏는 朴之衍의 딸이며, 둘째부인 光山金氏는 金仁倧의 딸이다. 1331년 國子監試에 급제하였고, 1365년 內書舍人이 되었다. 이듬해 左司議大夫에 제수되었고, 뒤에 우사의대부로서 辛旽에게 아부하던 洪永通을 폐하여 庶人을 삼고 가산을 적몰하라고 탄핵하였다. 한편, 경렴정이란 호는 益齋 李齊賢이 지은 것인데, 濂溪 周敦頤가 연꽃을 사랑한 의미를 취하여 그를 흠모하 고 본받기를 바랐다고 한다.

專心性理之學, 景濂亭常曰：“吾家之曾子.”

竹亭秉心貞亮, 處已謙恭。在祖宗朝, 爲名宰相, 時人以玉壺氷雪比
之云。【鄭崑壽[4]文集】

보충

정곤수(鄭崑壽, 1538~1602)의 〈서원정씨가숙기〉

서원정씨 가숙기

집에 숙(塾: 글방)이 있는 것은 그 유래가 오래되었다. 술(術: 25가구)에
서(序)가 있고 당(黨: 500가구)에 상(庠)이 있는 제도와 병행하였으니, 그
옛날에 성행했던 것을 볼 수 있는데도 오늘날에는 어찌하여 전혀 들어
볼 수 없단 말인가?

생각건대 상(庠)·서(序)·숙(塾)의 가르침이 옛날에 성했기 때문에 선비
로 그 옛날에 태어난 자들은 모두 예악(禮樂)에 익숙하고 도덕(道德)에
깊었으니, 후세 사람들이 능히 미칠 수 있는 바가 아니었다. 일찍이 이르
기를, “황금 가득한 상자가 경서 1권만 같지 못하다.”라고 하였는데도,
가르치는 도리가 폐하여져 한결같이 이러한 지경에까지 이르렀는가?
일찍이 듣건대, “책이 있어도 가르치지 않으면 자손이 어리석어진다.”라

---

4   鄭崑壽(정곤수, 1538~1602): 본관은 淸州, 초명은 鄭逑, 자는 汝仁, 호는 栢谷·慶陰·朝隱.
곤수는 宣祖가 내린 이름이다. 증조부는 鄭胤曾이며, 조부는 부사직 鄭應祥이다. 아버지는
부사맹 鄭思中이며, 어머니 星州李氏는 李煥의 딸이다. 從伯父 대호군 鄭承門에게 양자로
들어갔다. 1555년 別擧初試를 거쳐 1567년 진사시에 합격하였다. 1572년 성균관의 천거
를 받아 의금부도사로 벼슬길에 들어섰다. 1576년 중시문과에 급제하였다. 1577년 공주목
사로 승진했다가 곧 상주목사로 옮겼다. 1583년 강원도관찰사, 1585년 동부승지와 우부승
지, 1586년 좌부승지, 우승지를 거쳐 1587년 황해도관찰사를 지냈으며, 1588년 西川君에
봉해졌다. 1591년 대사성·한성부 좌윤 등을 거쳐 1592년 병조참판이 되었다가 형조참판
으로 옮겼다. 대사간이 되어서는 명나라에 원병을 청하도록 건의했으며, 請兵陳奏使로
중국에 파견되었고, 1593년 원병을 얻어 온 공로로 판돈녕부사가 되었다. 1595년 예조판
서, 1596년 좌찬성을 역임하였다.

고 했거늘, 자손이 있고 서적이 있다면, 가르치지 않아 자손들을 어리석
게 할 수 있단 말인가?

숙(塾: 글방)이란 가르치는 곳이다. 만약 자손들을 가르치려 한다면 그
러한 장소가 없을 수 없으니, 이것이 우리 집에 숙(塾)이 지어진 까닭이
다. 폐려(弊廬: 자기집의 겸사)는 한양(漢陽) 도성의 인경산(引慶山: 木覓山,
서울특별시 중구와 용산구 사이에 있는 산) 북쪽 기슭에 있는 호현방(好賢坊:
會賢坊, 현 서울특별시 명동과 회현동 일대)에서 1리 되는 곳에 있는데, 곧
옛 참찬(參贊) 탁 문정공(卓文貞公: 卓愼)의 옛집이다. 문정공의 호는 죽정
(竹亭), 또 다른 호는 서석산인(瑞石山人)이다. 마음가짐은 곧고 진실하였
으며 몸가짐은 겸손하고 공손하였다. 조종조(祖宗朝)에서 이름난 재상(宰
相)이 되었고, 영락(永樂) 연간(1403~1424)에 이곳으로 집터를 보아 지낸
것이 대략 10여 년이 되었다. 정실 자녀로는 단지 딸 하나만 두었는데,
바로 나의 5대조 할머니이다. …(이하 생략)…

西原鄭氏家塾記

家之有塾, 尙矣。與術序黨庠之制, 竝行, 則其盛於古可見, 而今何
蔑蔑乎無聞矣哉? 惟其庠序塾之敎, 盛於古, 故士之生於古者, 皆習於
禮樂, 深於道德, 非後世之所能及也。曾謂籯金不如一經, 而敎之道廢,
一至於此耶? 嘗聞有書不敎子孫愚, 有子孫而有書籍, 則其可不敎而愚
子孫乎? 塾, 敎之之所。苟敎之, 不可無其所, 此吾家塾之所由作也。
弊廬在漢都引慶山之陰好賢坊一里,　卽故參贊卓文貞公舊宅也。文貞
公, 號竹亭, 又號瑞石山人。秉心貞亮, 處己謙恭。在祖宗朝, 爲名宰
相, 永樂年間, 胥宇而居於斯, 可十許年。正嫡只有一女, 寔我五世祖
妣。…(이하 생략)…

〔栢谷先生集, 권1, 記〕

54. 권자신 충장공

권자신의 자는 □□, 본관은 안동이다. 경혜공(景惠公) 권전(權專)의 아들이다. 현덕왕후(顯德王后)의 동생이다. 벼슬은 예조판서를 지냈다.

경태(景泰) 병자년(1456), 박취금헌(朴醉琴軒: 박팽년)·성매죽당(成梅竹堂: 성삼문) 등 제현들과 섬기던 주군에게 마음을 다하였으니, 그 일이 누설되었음에도 굴하지 않고 같은 날에 순절하였다. 중종 계유년(1513)에 관직이 회복되었고, 영조조(英祖朝)에 시호가 내려졌다.

● 權自愼 忠莊公

權自愼, 字□□, 安東人。景惠公專子。顯德王后弟。官禮曹判書。

景泰丙子, 與朴醉琴軒[1]·成梅竹堂[2]諸賢, 盡心所事, 事泄不屈, 同日殉節。中宗癸酉, 復官職, 英宗朝贈諡。

1　醉琴軒(취금헌): 朴彭年(1417~1456)의 호. 본관은 順天, 자는 仁叟, 호는 懷德, 지금의 대전광역시 대덕구 지역 출신이다. 증조부는 朴元象, 조부는 朴安生이다. 아버지는 朴仲林이며, 어머니 安東金氏는 金益生의 딸이다. 부인 樂安金氏는 金彌의 딸이다. 세종 대 문과에 급제하면서 관직 생활을 시작하였다. 집현전의 여러 관직에 제수되면서 세종 대의 여러 사업에 참여하였다. 계유정난 이후 성삼문·이개·하위지·류성원·유응부 등과 단종 복위를 시도하였으나 정창손의 사위 김질의 고발로 실패하였고, 혹독한 고문으로 죽었다. 숙종 대 관작이 회복되고 증직 및 증시되었다.

2　梅竹堂(매죽당): 成三問(1418~1456)의 호. 본관은 昌寧, 자는 謹甫, 호는 梅竹軒이다. 충청남도 洪城 출신이다. 증조부는 개성유후 成石瑢이며, 조부는 판중추부사 成達生이다. 아버지는 도총관 成勝이며, 어머니 竹山朴氏는 현감 朴檐의 딸이다. 부인 延安金氏는 金仍의 딸이다. 사육신 중 한 명이다. 세종 대 문과에 급제하여 관직 생활을 시작하였다. 집현전의 여러 관직을 역임하면서 세종 대의 주요 사업에 참여하였다. 특히, 신숙주와 함께 요동에 질정관으로 파견되어 어문 사업에서 중요한 역할을 수행하였다. 계유정난 이후 박팽년·이개·하위지·류성원·유응부 등과 단종 복위를 시도하였으나 정창손의 사위였던 김질의 고발로 실패하고 처형되었다.

보충

정조(正祖, 1752~1800)의 〈장릉배식록〉

장릉배식록 정단 32인 / 예조판서 충장공 권자신

현덕왕후(顯德王后: 문종의 추존 왕비, 1418~1441)의 아우 화산부원군(花山府院君) 경혜공(景惠公) 권전(權專)의 장남이다. 본관은 안동(安東)이다.

병자년(1456)에 이르러 박팽년(朴彭年) 등을 국문하였는데, 당여(黨與: 참여한 무리)를 묻자 권자신(權自愼)·김문기(金文起)·박쟁(朴崝)·송석동(宋石仝)이라고 대답하였다. 권자신은 또 일찍이 박팽년 등과 모의한 것을 그의 어머니 화산부인(花山夫人) 최씨(崔氏)에게 고한 적이 있다고 하였다. 이에, 그의 어머니와 함께 죽었고, 아버지 권전(權專, 1371~1441)은 이미 죽은 뒤에도 관작을 박탈당하여 서인(庶人)이 되었으며, 아들 권구지(權仇之) 또한 연좌되었다.

숙종 기묘년(1699)에 권전과 권자신은 함께 복관되었고, 영조 기축년(1769)에 권자신에게 충장(忠莊)이라는 시호가 내려졌다.

내[正祖]가 유사(有司)에게 명하여 순사(殉死)한 사람들을 위하여 제단(祭壇)과 제향(祭享)을 의논하도록 하였는데, 성 충문(成忠文: 成三問), 박 충정(朴忠正: 朴彭年), 허 정간(許貞簡: 許詡)과 그 아들(許慥)은 모두 배향되었다. 그러나 화산부인 같은 경우는 부인을 함께 배향하는 것이 예법에 보이지 않아서 함께 들이 있지 않은 것이다.

莊陵配食錄正壇三十二人/禮曹判書忠莊公權自愼

顯德王后弟花山府院君景惠公專子。安東人。及丙子, 鞫朴彭年等, 問黨與, 對自愼·金文起·朴崝·宋石仝。自愼又嘗以彭年等謀, 告其母花山夫人崔氏。於是, 與其母死, 追廢專爲庶人, 子仇之亦坐。肅宗己卯, 專·自愼, 竝復官, 英宗己丑, 賜自愼諡忠莊。予命有司, 議諸死事人壇食。而成忠文·朴忠正·許貞簡父子竝胺。若花山夫人, 婦人與享,不見於禮, 不與焉。

〔弘齋全書, 권60, 雜著 7〕

55. 이진

이진의 자는 군임, 호는 송오, 본관은 연안이다. 중종 병신년(1536)에 태어났다. 벼슬은 현감을 지냈다. 광해군 경술년(1610)에 죽었다.

7세 때 비로소 가르침을 받은지 겨우 1년만에 《소학》과 《대학》, 《논어》와 《맹자》 같은 여러 글을 두루 자세히 이해하였고 외워 암송하는데 힘쓰지 않았다.

효도하고 우애함은 천성에서 나왔으니, 상(喪)을 당해서는 몹시 슬퍼하여 몸이 훼손되고 수척해 거의 생명을 잃을 지경에 이르렀고, 무덤 곁에 여막을 지어 지냈다. 동생 남계공(南溪公: 李輔)이 나이 16세로 여막이 있는 곳에서 함께 지냈는데, 공이 울면서 말하기를, "《곡례(曲禮)》에 이르기를, '장사 지내기 전에는 장례(葬禮)를 읽고 장사 지낸 뒤에는 제례(祭禮)를 읽는다.'라고 하였다. 군자는 상복(喪服)을 입었다고 해서 배우는 것을 폐하지 않아야 하니, 너는 마땅히 글을 읽어야 한다."라고 하니, 남계공이 감동하여 배움을 청하였다.

수졸재공(守拙齋公: 李友閔)은 공에게 종숙(從叔: 당숙)이 되는데, 본도(本道: 경상도) 관찰사가 되어 공의 집에 이틀 밤을 묵으며 조용히 공에게 말하기를, "일찍이 너의 효성과 우애를 들었고 이제 너의 기국과 도량을 보니, 명성이 헛되이 얻은 것이 아니로구나."라고 하자, 대답하여 말하기를, "옛 성현의 가르침을 살펴 몸을 단속하고 행실을 제어하는 것은 이 조카의 바람이오나, 경전의 구절이나 문장의 해석에 머무는 말단의 기예로 오로지 출세를 꾀하는데 힘쓰는 것은 이 조카의 마음이 아닙니다."라고 하였다.

공이 퇴계(退溪) 선생에게 선친의 묘지명을 청하러 갔는데, 선생은 오래 전에 공의 행의를 들었다가 의젓한 모습과 행동거지를 직접 보고는 크게 공경하고 아꼈다.

서애(西厓: 柳成龍) 선생은 공이《주역》을 읽는다는 말을 듣고 장차 학업을 같이하고자 하여 미리 사운시(四韻詩)를 지어 보냈는데, 그 끝 구절에 이르기를, "고요히 거처의 문을 닫아 속된 손님을 물리치고, 향을 사르며《세심경(洗心經: 주역 계사전)》을 세밀히 읽으련다."라고 하였다. 그 뒤에 선생이 찾아와 정사(精舍)에 머물며 공과 함께《주역》을 읽었다.

남계공(南溪公)이 향해(鄕解: 鄕試)에 합격하고 회시(會試: 覆試)를 보러 가자, 공이 말하기를, "서애가 만약 시험을 주관하거든, 비록 공정한 도리로 급제한다 해도 반드시 사람들의 말이 있을 것이다."라고 하였다. 남계공이 과거 시험장에 들어갔을 때, 서애가 과연 시험을 주관하고 있었으므로 시권(試券: 답안지)을 제출하지 않고 돌아왔다.

임진왜란 때 공은 본현(本縣: 군위)에서 성을 지키는 도감(都監)이었는데, 군사가 적고 약하여 능히 힘을 바치지 못하였다. 이때 백암(栢巖) 김륵(金玏)이 안집사(安集使)로서 안동(安東)에 도착하자, 공이 달려가 그를 만나 의병장을 정하여 왜적을 토벌할 일을 힘써 말하니, 백암이 그의 재능을 기이하게 여겼다.

김응남(金應南)이 조정에 말하기를, "이 아무개 형제는 효성과 우애 및 행의(行誼)가 이미 본도(本道: 경상도)의 서계(書啓)에 상세히 아뢰었는데도 지금까지 등용되지 않았으니, 어찌 인재를 선발하는 도리이겠습니까?"라고 하였다. 이에, 공은 진보현감(眞寶縣監)에 제수되었고, 남계공은 당진현감(唐津縣監)에 제수되었다.

현(縣: 진보현)에 부임하니 관아에서 진귀한 음식을 성대하게 차려 올리자, 공은 그것을 물리치고 말하기를, "나라에 큰 난리가 있고 들판에는 굶어 죽은 시체가 널려 있는데, 이때 어찌 수령이 성찬을 먹을 때이겠는가?"라고 하였다. 어떤 한 종사관(從事官)이 본현(本縣)을 지나다가 연회를 베풀고 풍악을 울리자, 공이 시를 지어서 풍자하여 이르기를, "흉적

칼날의 진 지나니 풍류의 진이요, 슬피 우는 곡소리 곁에 풍악소리로구나."라고 하니, 종사관은 공에게 사죄하고 떠나갔다.

관직이 교체되어 돌아오게 되자, 남녀 백성들이 눈물을 흘리며 머물러 주기를 원하였다. 처음에 공이 암말을 타고 왔는데, 돌아갈 때 망아지가 뒤따르고 있자, 공이 남겨두라고 명하며 말하기를, "이는 진성(眞城: 진보)의 물건이거늘, 내 어찌 취하겠는가?"라고 하였다.

둘째아들 이충가(李忠可)가 회시(會試)를 보러 가자, 공이 훈계하여 말하기를, "당숙(堂叔) 오봉공(五峯公: 李好閔)이 만약 시험을 주관하거든 모름지기 네 숙부가 서애가 시험을 주관했을 때에 처신한 것과 같이 하거라."라고 하였는데, 이충가는 과연 그 가르침을 따랐다.

• 李軫

李軫, 字君任, 號松塢, 延安人。中宗丙申生。官縣監。光海庚戌卒。

七歲, 始受學, 纔踰年, 融會大小學論孟諸書, 不務記誦。

孝友出於天性, 遭憂, 哀毀幾滅性, 廬于墓下。弟南溪公[1], 年十六, 同居廬所, 公泣語曰: "《曲禮》云: '未葬讀葬禮, 旣葬讀祭禮.' 君子不以衰絰而廢學, 爾宜讀書." 南溪公, 感而請學。

守拙齋公[2], 於公爲從叔, 觀察本道, 信宿公第, 從容言曰: "曾聞君孝

---

1 南溪公(남계공): 李輔(1545~1608). 본관은 延安, 자는 景任, 호는 南溪. 증조부는 교수 李亨禮이며, 조부는 진사 李國樑이다. 아버지는 교수 李貞孫이며, 어머니 陽城李氏는 司直 李元守의 딸이다. 부인 全州崔氏는 崔逈斗의 딸이다. 李軫의 아우이다. 柳成龍의 문인이다. 1580년 사마시에 합격하였다. 1592년 임진왜란이 일어나자 의병장 金垓의 종사관으로 크게 활약하였다. 전란으로 피폐해진 인동을 임시로 맡아 다스리면서 募粟官을 겸하여 군량미 조달에 공이 많았다. 뒤에 金應南·鄭崑壽 등의 천거로 당진현감에 임명되었으나, 인동 주민들의 요청에 의하여 인동현감으로 부임하였다. 1604년 거창현감으로 전직되었으나 노쇠하여 관직에서 물러났다.

2 守拙齋公(수졸재공): 李友閔(1515~1574). 본관은 延安, 자는 孝叔, 호는 守拙齋. 증조부는

友, 今見君器宇, 名不虛得."對曰:"稽古聖訓, 律身制行, 是侄之願, 章句末藝, 專務進取, 非侄之心."

公往請先誌於退溪先生, 先生久聞公行誼, 及見儀形動止, 大加敬愛.

西厓先生, 聞公讀易, 將與同業, 作四韻詩先送, 其末句曰:"靜閉洞門揮俗客, 焚香細讀《洗心經》."其後, 先生來留精舍, 與公讀易.

南溪公, 中鄕解, 赴會試, 公語曰:"西厓若主試, 則雖公道得中, 必有人言."及南溪公入場, 西厓果主試, 不納券而退.

壬辰倭變, 公爲本縣守城都監, 軍兵寡弱, 不能效力。時金柏巖玏[3], 以安集使到安東, 公馳往見之, 力言定義將討賊之事, 柏巖奇其才.

金公應南[4], 言于朝, 曰:"李某兄弟, 孝友行誼, 已悉於本道書啓, 而

李叔璜이며, 조부는 李亨禮이다. 아버지는 李國柱이며, 어머니 驪興閔氏는 閔琛의 딸이다. 첫째부인 竹山安氏는 진사 安從塽의 딸이며, 둘째부인 全州李氏는 李簡의 딸이다. 1546년 증광문과에 급제하였다. 예문관의 검열을 거쳐 홍문관 저작, 성균관 사예, 사관원 정언, 승정원 승지 등을 역임하고, 개성부유수, 경상도·황해도·함경도 관찰사를 거쳐 예조참판을 지냈다.

3 金柏巖玏(김백암륵): 金玏(1540~1616). 본관은 禮安, 자는 希玉, 호는 柏巖. 증조부는 金萬秤이며, 조부는 金佑이다. 아버지는 진사 金士明이며, 어머니는 昌原黃氏이다. 부인 仁同張氏는 張順禧의 딸이다. 백부인 형조원외랑 金士文에게 입양되었다. 李滉의 문인이다. 1576년 식년문과에 급제하였다. 1592년 임진왜란 때에는 형조참의를 거쳐 안동부사가 되었다가 경상도 安集使로 영남에 가서, 충성스럽고 의기있는 선비들에게 국가의 뜻을 알리고, 왜적을 토벌하도록 장려하고 백성들을 잘 다스렸다. 이듬해 경상우도관찰사가 되어서는 전라좌·우도의 곡식을 운반해 기근이 든 백성들을 구제하고자 하였다. 이어 도승지·대사간·한성부우윤·대사성을 거쳐, 1594년 동지의금부사·이조참판·부제학 등을 역임하였다. 1599년 명나라 장수를 접반하고 예조참판에서 충청도관찰사로 나갔다. 1612년 안동부사로 나가 범람하는 낙동강의 재해를 막기 위해 제방을 수축해 후세에까지 칭송을 들었다. 그러나 金直哉의 誣獄에 연루되고 또 앞서 광해군의 생모인 恭嬪金氏 別廟의 儀物을 종묘 의물과 똑같게 하는 것에 반대해 강릉으로 유배가게 되었는데, 여러 대신들의 변호로 풀려났다.

4 金公應南(김공응남): 金應南(1546~1598). 본관은 原州, 자는 重叔, 호는 斗巖. 증조부는 金末孫이며, 조부는 金安佑이다. 아버지는 金珩이며, 어머니 瑞興金氏는 金德裕의 딸이다. 부인 韓山李氏는 李之蕃의 딸이다. 1567년 생원시에 합격하고, 1568년 증광 문과에 급제하였다. 예문관·홍문관의 正字를 역임하고 동부승지에 이르렀다가 1583년 제주목사로 좌천되었다. 1585년 우승지로 기용되고 이어 대사헌·대사간·부제학·이조참판 등을 역임하였다. 1591년 성절사로서 명나라에 갔다. 1592년 임진왜란으로 왕이 피난길에 오르자

至今不用, 豈選人之道乎?"於是, 公除眞寶, 南溪公除唐津。

到縣, 官供多珍羞, 公却之曰:"國有大亂, 野有餓殍, 是豈守宰盛饌時也?"有一從事官, 過本縣, 設宴張樂, 公以詩譏之曰:"凶鋒陣後風流陣[5], 哭泣聲邊管籥聲。"從事謝公而去。

及遞歸, 士女涕泣願留。始公乘牝馬而來, 及歸, 有駒在後, 公命留曰:"此眞城物, 吾何取爲?"

仲子忠可[6], 赴會試, 公戒之曰:"堂叔五峰公[7], 若主試, 則須如汝叔西厓主試時事。"忠可果遵其敎。

보충

정종로(鄭宗魯, 1738~1816)가 찬한 〈송오실기서〉

송오실기서

우(愚: 글쓴이 鄭宗魯의 겸사)가 일찍이 거슬러 옛 사람들에까지 살핀 적이 있는데, 진실로 그 타고난 자질이 매우 아름답고 학문 또한 독실하며, 안으로는 효성스럽고 우애로운 행실을 다하고 밖으로는 곧고 굳센

柳成龍의 천거로 병조판서 겸 부체찰사가 되었다. 이듬해 1593년 이조판서로서 왕을 따라 환도, 1594년 우의정, 1595년 좌의정이 되어 영의정 유성룡과 함께 임진왜란 후의 혼란한 정국을 안정시켰다.

5 風流陣(풍류진): 唐玄宗이 楊貴妃와 함께 술에 취하여 놀 때, 현종과 귀비가 각각 백여 명의 궁녀를 거느리고 양편으로 늘어서서, 풍류진이라 부르고 서로 공격하는 희롱을 하되 붉은 속치마를 입고 비단천으로 깃발을 만들었으며, 진 편은 큰 술잔으로 벌주를 마시게 했었다.

6 忠可(충가): 李忠可(생몰년 미상). 본관은 延安, 자는 可移. 1617년 생원시에 합격하였다.

7 五峰公(오봉공): 李好閔(1553~1634)의 호. 본관은 延安, 자는 孝彦. 증조부는 延安君 李叔琦이며, 조부는 홍문관수찬 李世範이다. 아버지는 이천현감 李國柱이며, 어머니 比安朴氏는 사직 朴旅의 딸이다. 柳希春의 문인이다. 1579년 진사시에 합격하고, 1584년 별시문과에 급제하였다. 1592년 이조좌랑 재임 중 임진왜란이 일어나자 의주로 왕을 호종하였다. 그 후 遼陽에 가서 明에 지원을 요청하여 李如松의 군대를 끌어들이는데 크게 공헌하였다. 1595년 부제학에 올라 명과의 외교 문서를 도맡아 기초했고, 다음해 참찬관을 거쳐 1599년 동지중추부사가 되어 謝恩使로 명에 다녀왔다. 1601년 예조판서에 올랐다.

지조에 힘쓰며, 위로는 참된 마음으로 나라를 걱정하고 아래로는 지극한 정성으로 백성을 사랑하며, 위급하고 어려울 때 잘 이끌어 주는 의리와 청렴하고 소탈한 풍모까지 더 갖춘 자라면, 현인군자(賢人君子)의 반열이 되지 않은 이가 없었다. 송오(松塢) 선생 이공(李公: 李軫) 같은 이는 지금 그 《실기(實紀)》 가운데 만사(晩沙) 이 시랑(李侍郎: 李景義, 1590~1640)이 지은 행장(行狀: 承訓郎行眞寶縣監松塢李先生行錄)을 통해 살펴보면서 그 근본을 미루어 궁구해 보니, 어찌 이른바 그 사람이 아니겠는가?

대체로 그의 몸가짐이 단정하였고, 어려서부터 참된 요체를 아는 것이 범상하지 않았다. 가르침을 받은 지 겨우 1년만에 《소학》과 《대학》, 《논어》와 《맹자》 같은 여러 글을 두루 자세히 이해하고 열대여섯 살에 학문의 체계를 이미 갖추었으니, 그 타고난 자질의 아름다움을 이로써 알 수 있다.

외우고 암송하는데 힘쓰지 않고 글의 뜻을 궁구하였으며, 평상시에 성현의 가르침 및 복희(伏羲)·문왕(文王)의 《주역》에 마음을 깊이 쏟고 가슴에 새겨 평생토록 조금도 쉬거나 폐하지 않았으니, 그 학문의 독실함을 이로써 알 수 있다.

부모에게 병이 있으면 밤낮으로 띠를 풀지 않았고, 약물과 부드러운 미음 같은 음식을 봉양함에 혹 잠시라도 남에게 맡기지 않았다. 부친상을 당해서는 몹시 슬퍼하여 몸이 훼손되고 수척해 거의 생명을 잃을 지경에 이르렀고, 무덤 곁에 여막을 지어 3년을 마치도록 비록 극심한 추위와 무더위에도 모진 바람과 쏟아지는 비에도 어느 날이고 어머니의 안부를 살피지 않은 적이 없었다. 뒤이어 모친상에 이르러서도 슬픔을 다하여 상제(喪制)를 지키는 것 또한 부친상과 똑같았다. 동생 남계공(南溪公: 李輔)과 날마다 이불을 함께 덮고 밥상을 함께하며 지냈고, 학문을 권면하여 성취할 수 있게 하였는데, 심지어 늙어 백발이 될 때까지 늘 함께 지내며 서로 강론하고 연마하는 것을 즐거움으로 삼았다. 남계공이 죽었을 때, 공은 나이가 이미 73세였음에도 병구완하고 상을 치르는 일이며 장지를 마련하는 일까지 정성을 다하고 마음을 다하지 않음이 없었다. 대신 행하려는 사람이 있으면 번번이 눈물을 흘리며 물리쳤으니, 그 효성스럽고 우애로운 행실을 이로써 알 수 있다.

공의 종조숙부(從祖叔父: 堂叔) 수졸재공(守拙齋公: 李友閔, 1515~1574)이 본도(本道: 경상도)의 관찰사로 부임하여 성묘하러 가는 길에 공을 보고서 큰 그릇으로 중히 여겨 자주 편지를 보내어 불렀는데, 공은 한번 가서 사례한 것 외에 다시는 찾아가지 않았다. 어떤 이가 혹 청탁하여 간여해야 할 일이 있으면, 사리에 따라 따지고서 한 글자도 서로 주고받은 적이 없었다. 서애(西厓) 류 문충공(柳文忠公: 柳成龍)이 문형(文衡)을 맡았을 때, 남계공(南溪公)이 향해(鄕解: 鄕試)에 합격하고 장차 성시(省試: 覆試)를 보러 가려 하였다. 공은 서애가 인척이 되어 남계공을 경계하여 말하기를, "이 어른이 만약 시험을 주관하거든, 너는 응시하지 마라."라고 하였는데, 과연 시권(試券: 답안지)을 제출하지 않고 돌아왔다. 종숙부(從叔父) 재상 오봉(五峯: 李好閔)이 시험을 주관하였을 때, 공의 둘째아들이 공의 가르침을 따라 또한 남계공과 같았으니, 그 곧고 굳센 지조를 이로써 알 수 있다.

용사난(龍蛇難: 壬辰倭亂) 때 공은 본현(本縣: 군위)에서 성을 지키는 임무를 맡았는데, 군사가 적고 약하지 의병이 모여 있던 곳으로 급히 딜러가 뜻을 같이하는 이들과 함께 의병을 일으켜 구역을 나누어 방어책과 전략을 계획하였다. 안집사(安集使) 김백암(金栢巖: 金玏)을 만나 왜적을 토벌할 일을 비분강개하며 논하여 사람을 고무시키고 감동시키자, 안집사가 크게 기특히 여기고 포상으로 공을 조정에 천거하기에 이르렀다. 진보(眞寶)를 다스리게 되었을 때 성대한 음식을 물리치고 올리지 못하도록 하며 말하기를, "나라에 큰 난리가 있고 들판에는 굶어 죽은 시체가 널려 있는데, 지금이 어느 때라고 수령이 기름지고 맛있는 음식을 마음껏 먹을 수 있단 말인가?"라고 하였다. 이때 한 종사관(從事官)이 객사(客舍)에 와서 연회를 베풀고 풍악을 울리자, 공이 시를 지어 풍자하니 그 사람이 크게 부끄러워하며 사과했는데, 이 또한 참된 마음으로 나라를 걱정하지 않고서야 능히 그럴 수 있었겠는가?

마음을 다하여 백성을 위로하고 불러 모으면서 정사는 관대함과 후덕함을 숭상하니 부임한지 몇 달 만에 교화가 온 고을에 미쳤는데, 조세를 미납하고 달아났던 백성들까지 사방에서 모여들었고, 상처 입고 피폐해진 백성들이 모두 회복되었다. 난리를 겪은 뒤에 학사(學舍)가 무너진 것을 공이 개탄하며 중수(重修)하였는데, 백성들의 힘을 번거롭게 하지 않고 자신의 녹봉을 덜어 장인(匠人)을 모집하고 역사(役事)를 감독하여 새롭게 단장하였다. 임기를 마쳐 인끈을 풀고 돌아오게 되자, 고을의 남녀노소가 모두 길을 막고 울부짖으며 머물기를 원하였으니, 이 또한 지극한 정성으로 백성들을 사랑하지 않고서야 능히 그럴 수 있었겠는가?

문인(門人) 중에 피란하다가 객지에서 죽은 이가 있었는데, 그 아비를 여읜 아들이 지극히 곤궁하여 시신을 고향으로 옮겨 와 장사 지낼 길이 없자, 공이 있는 힘을 다해 여기저기 힘써 작은 널을 갖추고 인정(人丁: 품삯꾼)을 세워 고향으로 운구하여 장사를 지낼 수 있게 하였다. 재능과 행실을 갖추고 문장과 기예에 뛰어나 세상에서 중하게 여기는 사람이 있었는데, 공이 그를 경계하여 말하기를, "그대가 이미 성현의 글을 읽었으니, 반드시 효제충신(孝悌忠信)을 위주로 삼아 자신을 닦아 나간다면 지선(至善)이라고 말할 수 있을 것이다."라고 하였다. 재랑(齋郎: 참봉)이 되어서 공을 찾아와 하직 인사를 한 사람이 있었는데, 공이 그를 경계하여 말하기를, "청렴을 지켜 몸가짐을 삼가고 충성을 다해 공무를 받들라, 이것이 나의 바람이다."라고 하였다. 이것이 그 위급하고 어려울 때 잘 이끌어 주는 의리일진대, 또한 어떠하다고 하겠는가?

진보(眞寶) 고을에서 난 망아지를 남겨 두고 말 1필로 돌아왔으며, 저녁밥을 지을 양식조차 없었다. 조정에서 공이 잘 다스렸다고 하여 또 감문(甘文: 경상북도 김천시 개령면) 수령으로 제수하자, 공이 말하기를, "내 나이 예순을 넘겼고 쇠약하여 기력이 떨어짐이 또한 심하거늘, 어찌 녹봉을 받는 벼슬자리에 달려갈 수 있단 말인가?"라고 하며, 병으로 사양하고 나아가지 않았다. 현(縣: 군위현)의 서쪽으로 몇 리에 샘과 바위가 빼어난 곳이 있는데, 공은 일찍이 띠집 몇 칸을 짓고서 대(臺)를 '영귀(詠歸)'라 하고 단(壇)을 '초은(招隱)'이라 하였으니, 소나무, 대나무, 매화, 국화를 줄지어 심고 그 안에서 글을 읽고 본성을 수양하며 노년을 마칠 계획을 삼았다. 이에 이르러 마침내 수초(遂初: 晉나라 孫綽이 지은 것으로 벼슬을 떠나 산림에 은거하여 처음에 가진 소원을 이루는 내용)를 읊조리며, 책을 펴고 배움을 청하는 선비들과 즐거이 분전(墳典: 三墳五典으로 옛날의 전적)을 토론하고 명리(名理: 개념과 이치)를 서로 따져 분명히 하며 여유롭고 한가롭게 지내다가 세상을 마쳤다. 이것이 청렴하고 소탈한 풍모일진대, 또한 어떠하다고 하겠는가?

　하지만 본디 공이 능히 이와 같이 할 수 있었던 까닭은 성리학에 공력을 들여서 본심이 더욱 밝아지고 평소의 실천이 더욱 굳건해졌기 때문이다. 앞서 우(愚: 나의 겸사)가 이른바 '옛 현인군자(賢人君子)의 반열'이라고 한 것을 어찌 믿지 않겠는가? 다만 그 이름과 지위가 크게 드러나지 않았고, 업적이 매우 넓지 못하였으며, 저술한 시문(詩文) 또 흩어지고 없어져 전해지지 않으니, 아름다운 덕과 훌륭한 법도를 세상에서 자세히 알 수 있는 사람이 드문 것이야말로 이는 후인들의 그지없는 유감이다. 그러나 그래도 이만사(李晚沙: 李景義)가 지은 행장이 남아 있어서 사실을 믿을 만하게 백세 뒤에도 족히 전할 수 있었고, 또한 서애(西厓: 柳成龍)·오봉(五峯: 李好閔)·백암(栢巖: 金玏) 같은 여러 선배들이 기대하고 칭찬한 말이 모두 권중(卷中: 송오실기)에 갖추어져 있으니, 이를 읽는 자들이면 모두 공의 사람됨을 상상해 보며 흠앙하고 경모하는 마음을 일으키게 될 것인바, 또한 어찌 반드시 많아야만 하겠는가?

　공의 8세손 상사(上舍) 이양익(李良翼)이 실기(實紀) 2권을 나에게 보여주며 서문을 청하였는데, 사양했으나 되지 않아서 마침내 위와 같이 쓴다.

松塢實紀序

　愚嘗溯觀於古之人, 苟其生質甚美而學問又篤, 內而盡孝友之行, 外而勵貞介之操, 上則赤心以憂國, 下則至誠以愛民, 加之以急難善誘之義, 廉潔蕭散之風者, 未有不爲賢人君子之儔也。若松塢先生李公, 今以其實紀中晚沙李侍郎狀觀之, 而推原其本, 豈非所謂其人乎哉? 蓋其儀容端正, 自幼識趣不凡。受學甫踰年, 融會小大學論孟諸書, 十五六學術已成, 則其生質之美, 斯可知矣。不務記誦而文義是究, 居常潛心於聖賢之訓及義文之易而服膺終身, 不少休廢, 則其學問之篤, 斯可知矣。親有疾, 晝夜不解帶, 藥餌瀡瀡之供, 無或暫委於人。及遭外艱, 毀瘠幾滅性, 廬墓以終三年, 而雖祁寒盛暑, 疾風甚雨, 無日不省候於母夫人。及至後喪, 致憂守制亦如之。與弟南溪公, 日共被同案, 勗以文學, 使得成就, 至於老白首, 常相與處, 講劘以爲樂。及南溪公歿, 公年已七十三, 救病與治喪營葬, 無所不竭誠盡心。有欲替行者, 輒垂泣而斥之, 則其孝友之行, 斯可知矣。公從祖叔父守拙齋公, 按節本道, 於省墓行, 見公而深器重之, 數貽書招之, 一遭往謝之外, 不復造焉。人或有干囑事, 則據理折之, 未嘗以隻字相通。西厓柳文忠公之典文衡也, 南溪公中鄉解, 將赴省試。公以其爲姻戚, 戒之曰: “此老若主試, 爾其勿應。” 果不呈券而退。從叔父五峯相公之主試也, 公中子, 遵公訓亦如之, 則其貞介之操, 斯可知矣。龍蛇之難, 公當本縣守城任, 以軍兵寡弱, 馳往義陣所, 與同志倡起義兵, 區劃方略。對安集使金栢巖, 慷慨論討賊事, 激切動人, 大爲其所奇, 而至褒薦於朝。其爲眞寶, 卻盛饌, 不御曰: “國有大亂, 野有餓殍, 此爲何時, 而守宰可恣喫肥甘乎?” 時有一從事官, 到客舍, 設宴張樂, 公作詩以譏之 其人卽大慚謝, 是非赤心憂國而能然乎? 盡心勞來, 政尙寬厚, 莅任數月, 化洽一境, 流逋四集, 傷夷皆起。經亂之後, 學舍頹廢, 公慨然興修, 不煩民力, 捐俸募工, 董役以新之。及解綬而歸, 邑中士女, 皆遮道號泣願留, 是非至誠愛民而能然乎? 門人有避亂死於客地者, 其孤至窮, 返葬無路, 公爲極力周章, 具椑櫝, 立人丁, 俾得返葬焉。有以才行文藝重於世者, 公戒之曰:“爾旣讀聖賢書, 必以孝悌忠信爲主而行己, 則可謂至善矣.”有爲齋郎而過辭者, 公戒之曰:“淸白持身, 竭忠奉公, 是所望也.”是其急難善誘之義, 又何如哉? 留眞邑所産之駒, 匹馬還歸, 夕炊無資。而朝廷以公善治, 又除甘文守, 公曰:“吾年逾六旬, 衰憊又甚, 豈可爲祿仕奔走?”辭以病不赴。縣西數里, 有泉石之勝, 公嘗結茅數架, 臺曰‘詠歸’, 壇曰‘招隱’, 列植松竹梅菊, 讀書養性於其中, 以爲終老之計。至是, 卒賦遂初, 樂與鼓篋問業之士, 討論墳典, 商確名理, 優游閒暇, 以沒其世。是廉潔蕭散之風, 又何如哉? 然而本公之所以能如是者, 由其用工於性理之學, 本心益以明, 素履益以堅故也。贔愚所謂‘古賢人君子之儔’者, 其不信矣乎? 獨其名位不大顯, 事業不甚廣, 所著詩文, 又散逸無傳, 懿德令範, 世之得詳者鮮, 此爲後人不盡之憾。然尙有李晩沙此狀在,　足以傳信於百世,　又有西厓·五峯·栢巖諸先輩期待稱許之語, 具在卷中, 讀之者, 擧皆想見公爲人, 而起欽仰景慕之心矣, 亦奚必其多爲哉? 公之八世孫上舍良翼, 以實紀二卷, 示余求爲序, 辭不獲, 遂書之如右云。

〔立齋先生文集,　권27,　序〕

56. 이보

이보의 자는 경임, 호는 남계, 본관은 연안이다. 인종 을사년(1545)에 태어났다. 선조 경인년(1590) 진사시에 합격하여 벼슬은 현감을 지냈다. 무신년(1608)에 죽었다.

공은 16세 때 아버지가 죽자 무덤 곁에 여막을 짓고 지냈다. 그로부터 10년이 지난 뒤에 어머니가 급성 역병으로 죽자, 반걸음도 빈소 곁에서 떨어지지 않고 상례(喪禮)를 집행함이 더욱 엄격하였다.

공은 어린 자식이라 하여 교수공(敎授公: 아버지 이정손)의 사랑을 받아 공부하라는 독려를 그다지 받지 않았는데, 교수공이 세상을 등진 뒤 형이 울면서 말하기를, "가문이 쇠락하였으니 어찌 글을 읽지 않을 수 있겠느냐?"라고 하니, 공 또한 울면서 배우기를 청하였다. 서애(西厓) 류 선생(柳先生: 柳成龍)을 따라 사사하여 경전 및 성리학의 여러 서적들을 익혔는데, 공은 선생에 비해 나이로는 세 살이 어리고 촌수로는 재종형제(再從兄弟: 6촌 형제) 사이였지만, 도(道)가 있는 이에게 나아가서 스스로를 바로잡고 자신을 낮추어 부지런히 힘썼으니, 그의 학문을 좋아함이 이와 같았다.

임진년(1592) 왜구가 대거 쳐들어오자, 공은 분연히 의병에 투신하여 진중(陣中)에서 제반 계책을 세우는데 있어 매우 치밀하였다. 이때에 인동(仁同)은 전란으로 인해 도륙되어 들판이 텅 비고 사람이라고는 없자, 관찰사가 장계를 올려 그 고을을 혁파하기로 논하고서 공을 임시 수령으로 차임(差任)하고 모속관(募粟官: 군량 모집을 맡은 관원)도 겸하도록 차임하였는데, 가을이 되자 추수한 곡식이 매우 많았다. 김응남(金應南)과 정곤수(鄭崑壽)가 조정에 공을 천거하였다. 당진 현감(唐津縣監)에 제수되자 인동(仁同) 사람들이 놓아 보내기를 차마 하지 못하니, 그대로 공을 인동

현감으로 삼았다. 천장(天將: 명나라 장수)을 맞아 접대하고 군수물자를
제공하는 일에 다 충분히 여유가 있었다. 체찰사(體察使) 이원익(李元翼)
이 천생산성(天生山城)을 쌓으면서 전적으로 공에게 일을 맡기니 몇 달
만에 공사를 마쳤다.【협주: 채제공이 찬한 묘지명에 실려 있다.】

• 李輔

李輔, 字景任, 號南溪, 延安人。仁宗乙巳生。宣祖庚寅進士, 官縣
監。戊申卒。

公十六, 父歿, 廬墓。後十年, 母以瘟疫歿, 跬步不離殯, 執喪禮愈
嚴。

公以稚子愛於敎授公[1], 不甚課督, 及敎授公見背, 兄泣語曰: "門衰
矣, 盍讀書爲?" 公亦泣請學。從西厓柳先生學, 受經傳·性理諸書, 公
於先生, 以齒則不及三, 以戚則再從昆季, 而就有道以正, 屈己孜孜, 其
好學如此。

壬辰, 倭大入寇, 公慷慨投義兵, 陣中籌畫頗悉。當是時, 仁同[2]刓於
兵, 田野虛無人, 觀察使論啓革其邑, 以公差假倅, 兼差募粟官, 至秋,
得穀甚多。金公應南·鄭公崑壽, 薦于朝。拜唐津縣監, 仁同人捨不忍,
仍以公爲仁同縣監。接應天將, 供億軍須, 咸有餘裕。體察使李公元
翼, 築天生山城[3], 專委公以事, 數月功告訖。【蔡濟恭撰誌】

---

1 敎授公(교수공): 李輔의 아버지 李貞孫. 증조부는 李淑璜이며, 조부는 李亨禮이다. 아버지
   는 李國樑이며, 어머니는 안동권씨이다. 부인 陽城李氏는 司直 李元守의 딸이다.
2 仁同(인동): 경상북도 구미시와 칠곡군에 걸쳐 있는 옛 지명.
3 天生山城(천생산성): 경상북도 구미시 장천면 신장리에 산성.

보충

채제공(蔡濟恭, 1720~1799)이 찬한 묘갈명

현감 남계 이공 묘갈명

공의 휘는 보(輔), 자는 경임(景任)이며, 연안이씨(延安李氏)로 당(唐)나라 중랑장(中郎將) 이무(李茂)의 후손이니, 그 사실은 씨족서(氏族書)에 실려 있다. 고려 부터 성조(聖朝: 조선)에 이르기까지 후손들이 현달하고 귀하게 된 자가 매우 많았으니, 진신가(搢紳家: 사대부가)로 중앙 조정에서 명망을 누린 가문을 꼽자면 연안이씨가 실로 두드러졌다. 좌찬성에 추증되고 연성부원군(延城府院君)에 봉해진 이말정(李末丁)은 공의 5대조이다. 2대를 내려와 참의(參議)에 추증된 이형례(李亨禮)에 이르러서는 처음으로 군위(軍威)에 터를 잡고 살았으니, 자손들이 마침내 영남 사람이 되었고, 퇴도(退陶: 이황) 선생이 그의 묘지명을 지었다. 그 아들 이국량(李國樑)은 성균관 진사였다. 그 아들 이정손(李貞孫)은 길주교수(吉州敎授)를 지냈다. 그 아들이 둘이었는데, 장남 이진(李軫, 1536~1610)의 호는 송오(松塢)이고, 공은 그의 아우이다. 어머니 숙인(淑人) 양성이씨(陽城李氏)는 참판 이공(李拱)의 손녀이자 사직(司直) 이원수(李元守)의 딸이다.

공은 16세 때 아버지가 죽자 무덤 곁에 여막을 짓고 목 놓아 통곡하였는데, 오직 송오공(松塢公)만이 그와 같은 효행을 보였다. 10년이 지난 뒤에 어머니가 급성 역병으로 죽자 반걸음도 빈소 곁에서 떨어지지 않고 상례(喪禮)를 집행함이 더욱 엄격하였다. 얼마 후 송오공이 역병에 걸려 여러 차례 위태로운 지경에 처했는데, 공은 부축하여 간호하며 잠시도 물러나지 않았고, 송오공의 대변을 맛보아 병세가 나아지는지 위중한지를 살피기도 하였다. 본래 공은 어린 자식이라 하여 교수공(敎授公: 아버지 이정손)의 사랑을 받아 공부하라는 독려를 그다지 받지 않았는데, 교수공이 세상을 등진 뒤 형이 울면서 말하기를, "가문이 쇠락하였으니 어찌 글을 읽지 않을 수 있겠느냐?"라고 하니, 공 또한 울면서 마침내 배우기를 청하여 아주 부지런히 힘을 쏟았다.

그 뒤로 서애(西厓) 류 선생(柳先生: 柳成龍)을 따라 사사하여 경전 및 성리학의 여러 서적들을 익혔는데, 공은 선생에 비해 나이로는 세 살이 어리고 촌수로는 재종형제(再從兄弟: 6촌 형제) 사이였지만, 도(道)가 있는 이에게 나아가서 스스로를 바로잡고 자신을 낮추어 부지런히 힘썼으니, 그의 학문을 좋아함이 이와 같았다. 이때 조정에서《여씨향약(呂氏鄕約)》을 반포하여 시행했는데, 군위현감이었던 류몽정(柳夢井, 1529~1590)은 어진 선비로 공을 천거하여 직월(直月: 향약의 실무직)을 맡기자, 선을 권하고 허물을 바로잡는 풍화(風化)가 크게 행해졌다. 이에, 현(縣)에서 공의 효성과 우애를 관찰사에게 보고하였고, 관찰사는 주상에게 아뢰었다.

경인년(1590) 사마시에 합격하였고, 이듬해 영릉 참봉(英陵參奉)에 제수되었다. 임진년(1592) 왜구가 대거 쳐들어오자, 공은 분연히 의병에 투신하여 진중(陣中)에서 제반 계책을 세우는데 있어 매우 치밀하였다. 이때에 인동(仁同)은 전란으로 인해 도륙되어 들판이 텅 비고 사람이라고는 없자, 관찰사가 장계를 올려 그 고을을 혁파하기로 논하고서 공을 임시 수령으로 차임(差任)하고 모속관(募粟官: 군량 모집을 맡은 관원)도 겸하노록 차임하였다. 공은 손발이 닳도록 힘껏 애썼는데, 가을이 되자 둔전(屯田) 곡식으로 얻은 섬수가 수천여 섬이나 되었고, 군량을 모집한 것 또한 수백 곡(斛)에 달했다.

좌상(左相: 좌의정) 김응남(金應南)과 서천군(西川君) 정곤수(鄭崑壽)가 조정에 공을 천거하였는데, 병신년(1596) 당진 현감(唐津縣監)에 제수되자 인동(仁同) 사람들이 놓아 보내기를 차마 하지 못하였다. 이에, 관찰사가 장계를 올려 읍호(邑號)를 회복시켜 주기를 청하고, 그대로 공을 인동 현감으로 삼았다. 공은 성심을 다해 위로하고 불러 모으니, 도망갔던 이들이 되돌아오고 묵은 땅이 개간되었다. 천장(天將: 명나라 장수)을 맞아 접대하고 군수물자를 제공하는 일에 다 충분히 여유가 있었다.

체찰사(體察使) 이원익(李元翼)이 천생산성(天生山城)을 쌓으면서 전적으로 공에게 일을 맡기니 몇 달 만에 공사를 마치자, 체부(體府)에서 그 사실을 조정에 급히 장계(狀啓)를 올려 아뢰었다. 이에, 군자감 판관(軍資監判官)으로 승진하여 인동현감을 겸하게 하여 예전과 같았는데, 임기가 찼으나 1년을 더 유임하게 된 것은 조정에서 백성들의 청원을 따른 것이었다. 신축년(1601) 겨울에 비로소 체직되어 향리로 돌아갔다. 임시 수령부터 현감에 이르기까지 인동(仁同)에서 정사를 펼친 것이 모두 8년이었다. 백성들이 부모처럼 사랑하고 떠받들었으니 돌에 새겨 공을 칭송하였다.

임인년(1602) 거창 현감(居昌縣監)에 제수되어 3년을 지냈는데, 사람들 중에 권세가를 등에 업은 자가 하찮은 일까지도 소송을 일삼자, 공은 옳지 않게 여기고 장차 도적질이나 할 자가 권세가에 의지하는 것으로 간주하였으니, 대관(臺官)이 권세가의 뜻을 받들어 공을 논박하여 체직시켰고, 공은 태연히 집으로 돌아왔다.

송오공(松塢公)과 함께 밤낮으로 탁상 앞에서 마주하며 화기애애하였다. 늘 남계(南溪)의 샘물과 바위를 좋아하여 청룡담(青龍潭) 기슭에 집을 짓고 자호(自號)를 '남계옹(南溪翁)'이라 하였다. 여러 유생들 및 문하생들과 함께 의리를 강론하고 연마하면서 늙어가는 줄도 몰랐다.

무신년(1608) 2월 20일에 죽었으니, 그가 태어난 가정(嘉靖) 을사년(1545)으로부터 64세였다. 처음에는 송현(松峴)에 있는 교수공(敎授公: 아버지 李貞孫)의 무덤 뒤편에 묻혔다가, 이후 참의공(參議公: 고조부 李亨禮)의 무덤 아래로 옮겨 장사하였다.

부인 숙인(淑人) 전주최씨(全州崔氏)는 사인(士人) 최형두(崔逈斗)의 딸로 4남 1녀를 두었다. …(중략)…

아아, 군자가 사람을 논하는 일을 귀하게 여겨 반드시 스승과 벗의 학문적 연원을 살피는데, 공은 애옹(厓翁: 柳成龍, 1542~1607)을 스승으로 이미 삼아 남계에서 도를 강론하던 때에 종유(從遊)하던 자들이 여헌(旅

軒: 張顯光, 1554~1637)과 우복(愚伏: 鄭經世, 1563~1633)을 비롯한 여러 선
생들이었다. 오봉(五峯: 李好閔, 1553~1634) 선생과 같은 이는 한데 모일
때면 더불어 학문을 강론하고, 서로 떨어져 있을 때면 편지를 보내어
애틋한 정을 이어갔는데, 공이 죽자 늘 슬피 울며 말하기를, "후일 남쪽
으로 돌아가면 누구와 함께 도를 강론할 수 있겠는가?"라고 하였다.

대개 공의 효성스럽고 우애로운 성품은 본디 타고났으며, 몸을 단속
하고 집안을 다스린 것이나 정사를 펼쳐 백성을 교화한 것이 무엇인들
학문을 강론하여 미루어 간 것이 아니겠는가? 그 연원이 스스로 이어져
내려온 바가 있음은 비록 백대가 지난 뒤라 하더라도 밝게 볼 수 있으려
니, 이는 공을 알기에 충분하다.

공의 5세손 이하량(李廈樑)이 천 리 먼 길을 떠나 도성에 들어와 묘갈
명(墓碣銘)을 짓는 일을 나 채제공(蔡濟恭)에게 부탁하였다. 삼가 생각해
보건대, 나의 6대조 응교공(應敎公: 蔡慶先, 1559~1610)이 일찍이 군위(軍
威)를 다스리면서 남계(南溪)를 왕래하며 공을 공경하고 사랑함이 유달
리 진지하고 간절한 적이 있었으니, 내가 공의 묘갈명을 짓는 일을 사양
할 수 있겠는가. …(이하 명문 생략)…

縣監南溪李公墓碣銘

公諱輔, 字景任, 延安之李, 唐中郎將茂之後, 事載氏族書。自麗及
聖朝, 後孫顯貴甚, 搢紳家, 數朝中望族, 延安李實拇焉。贈左贊成延
城府院君末丁, 公之五世祖也。再傳而至贈參議亨禮, 始居于軍威, 子
孫遂爲嶺南人, 退陶李先生銘其墓。參議生國樑, 成均進士。進士生貞
孫, 吉州敎授。是生二子, 長軨號松塢, 公其季也。妣淑人陽城李氏, 參
判拱之孫, 司直元守之女。公十六, 父歿, 廬墓號哭, 惟松塢公是似。後
十年, 母以瘟疫歿, 跬步不離殯, 執喪禮愈嚴。已而, 松塢公染疫, 屢濱
危, 公扶護不暫捨, 嘗其矢以驗差劇焉。初公以穉子, 愛於敎授公, 不
甚課督, 及敎授公見背, 兄泣語曰: "門衰矣。盍讀書爲?" 公亦泣。遂請

學用力甚劬。後, 從西厓柳先生學, 受經傳·性理諸書, 公於先生, 以齒
則不及三, 以戚則再從昆季, 而就有道以正, 屈己孜孜, 其好學如此。
時朝廷頒行呂氏鄕約, 柳侯夢井賢士也, 擧公任以直月, 勸善糾惡化大
行。於是, 縣以孝友, 報觀察使, 觀察使聞于上。庚寅, 中司馬, 明年,
除英陵參奉。壬辰, 倭大入寇, 公忼慨投義兵, 陣中籌畫頗悉。當是時,
仁同剗於兵, 田野虛無人, 觀察使論啓革其邑, 以公差假倅, 兼差募粟
官。公手足拮据, 至秋, 屯穀得石者數千餘, 募粟且數百斛。左相金公
應南·西川君鄭公崑壽, 薦于朝, 丙申, 拜唐津縣監, 仁同人捨不忍。觀
察使啓請復邑號, 仍以公爲仁同縣監。公盡誠勞徠, 亡者復, 蕪者闢。
接應天將, 供億軍須, 咸有餘裕。體察使李公元翼, 築天生山城, 專委
公以事, 數月功告訖, 體府馳啓以聞。於是, 陞軍資監判官, 兼監仁同
縣如舊, 秩滿借一年, 朝廷從民願也。辛丑冬, 始遞歸。自假倅至監縣,
爲政於仁, 凡八年也。民愛戴如父母, 刻石以頌焉。壬寅, 除居昌縣監,
居三年, 人有挾權貴者事健訟, 公不直視將賊怙, 臺官承權貴旨, 駁遞
公, 夷然還家。與松塢公, 日夕對床, 怡怡如也。常愛南溪泉石, 結屋於
靑龍潭上, 自號曰南溪翁。與諸生及門者, 講磨義理, 不知老之至也。
以戊申二月二十日卒, 距其生嘉靖乙巳, 壽六十四。初葬松峴敎授公墓
後, 後改卜參議公兆下。配淑人全州崔氏, 士人逈斗之女, 生四男一
女。…(중략)… 嗚呼! 君子尙論人, 必以師友淵源, 公旣以厓翁爲師, 當
其講道於南溪之中, 所從遊者, 旅軒·愚伏諸先生也。至若五峯先生, 以
公之從叔父, 團聚則與之講學, 睽離則書疏眷係, 及公歿, 每悲泣曰:
"他日南歸, 誰與講道." 蓋公孝友之性, 固得之天, 而若其飭躬而理家,
爲政而化民, 夫孰非講學之推? 而其淵源之有自來, 雖百代之後, 可章
章見矣, 此足以知公也夫。公之五世孫廈樑, 千里入京師, 以銘事屬濟
恭。竊念吾六世祖應敎公, 嘗宰軍威, 來往南溪, 敬愛公殊摯, 以余而
銘公墓, 其可辭諸? …(이하 명문 생략)…

〔樊巖先生集, 권53, 墓碣銘〕

57. 홍위

홍위의 자는 위부, 호는 서담, 본관은 남양이다. 명종 기미년(1559)에 태어났다. 무자년(1588) 사마시에 합격하고 신축년(1601) 문과에 급제하여 벼슬은 지평(持平)을 지냈다. 인조 갑자년(1624)에 죽었다. 양천 서원(良川書院)에 향사하였다.

서애(西厓) 류 선생(柳先生: 柳成龍)을 따라 배웠는데, 성현의 경전(經傳)에서 고금의 여러 문집에 이르기까지 널리 섭렵하여 깊이 꿰뚫어 통하지 않음이 없었고 그 안에 함축되어 있는 오묘한 뜻을 많이 밝히니, 류 선생이 자주 칭찬하였다.

임진왜란을 당하여 오리(梧里) 이원익(李元翼)이 남로(南路: 영남) 체찰사(體察使)가 되었다는 소식을 듣고 화의를 배척하고 전쟁으로 토벌해야 한다는 계책을 힘써 아뢰니 구구절절한 천 마디 백 마디의 말이었다. 상국이 이를 읽고 안색을 고치며 말하기를, "초야(草野)에 있는 선비의 말이나 어찌 태산(泰山)보다 무겁지 않겠는가?"라고 하고는 손수 답서를 써서 예의와 공경의 뜻을 극진히 하였다.

무술년(1598) 천병(天兵: 명나라 군대)이 승전(勝戰)하여 돌아가자, 공이 서문을 지어 보내어 말하기를, "노야(老爺: 麻貴)께서 이미 만번 죽을힘을 내어 우리 백성들이 짓밟혀 아주 결딴나는 데서 구해주셨으니, 마땅히 억울한 모함을 바로잡기 위해 한번 몸을 던지는 수고를 아끼지 말아 우리 동방을 금수(禽獸)의 처지로 버려두지 마소서."라고 하였다. 대개 이것은 때마침 정응태(丁應泰)의 무고가 있었기 때문이다. 천장(天將: 명나라 장수) 마 제독(麻提督: 麻貴)이 그 글을 보고는 공을 맞이하여 예우하며 크게 칭찬하였다.

정언(正言)으로서 상소를 올려 말하기를, "후세의 임금들은 자신의 잘못된 처사를 숨기고 그 직언을 노여워하였으니, 아첨하는 말은 충성으로 받아들이고 간언(諫言)과 논쟁(論諍)은 허물을 지적하는 것으로 여겼습니다. 심한 경우에 간하지 않은 자에게 상(賞)을 옮겨 주고 직간하는 자에게 형벌을 써서 천하의 사람들로 하여금 바른 말을 하는 것을 꺼리게 만들어 마침내 혼란과 멸망에 이르러서도 깨닫지 못하니 아아, 또한 미혹된 일이라 하겠습니다."라고 하였다.

또 말하기를, "해로(海虜: 바다의 오랑캐로 왜적)는 우리에게 만세토록 잊지 못할 원수로 남아 있으니, 마땅히 만세토록 반드시 갚고야 말 뜻을 가져야 합니다. 이는 천경지의(天經地義: 하늘이 바른 길을 얻고 땅이 적절함을 얻는 길로 정당하고 변할 수 없는 도리를 이름)와 민이(民彝: 백성의 떳떳한 도리)로 없어지게 내버려둘 수가 없는 것입니다. 비록 형편이 쇠약한 것이 심한 탓에 우선 기미(羈縻: 굴레와 고삐로 달래며 견제함을 이름)의 계책을 취한다 하더라도, 어찌 당연하게 여겨 구차한 안일함에 익숙해져 원수를 참으면서 자신을 굽히며 분주히 저들의 명령에 따르기만 하고, 분발하여 안으로는 닦고 밖으로는 물리칠 방책을 세우지 않아, 하늘의 떳떳한 이치와 땅의 마땅한 도리며 백성의 떳떳한 윤리가 무너져 구제하지 못하는 지경에서 끝낼 수 있겠습니까?"라고 하였다. 광해군 또한 우악한 비답(批答)을 내렸고, 시강원 사서에 제수하였다.

갑자년(1624) 이괄(李适)의 변란 때, 공이 밤낮으로 산을 넘고 물을 건너며 행재소(行在所)로 달려가 문안하려 했으나, 역적은 이미 목이 베어져 주상에게 바쳤다. 뒤쫓아 궁궐 아래에 도착해 '난정(亂政)의 잘못을 징계하여 삼가며 국정을 쇄신하고 반성하는 도리'에 관한 봉사(封事: 봉하여 올리는 상소문)를 올렸으니 말이 매우 격렬하고 간절하였는데, 주상이 기꺼이 받아들였다.【협주: 정규양이 찬한 행장에 실려 있다.】

홍위부(洪偉夫: 홍위)와 함께 예원(藝苑: 문단)에서 어깨를 나란히할 때는 그의 뛰어난 시문(詩文)이 속박 없이 발하는 점을 사랑하였고, 조정의

반열에서 나란히 걸을 때에는 그 뜻과 행실이 강직하고 방정함을 공경하
였다.【협주: 이준(李埈: 李埈의 오기)이 찬한 묘갈명에 실려 있다.】

• 洪瑋

洪瑋, 字偉夫, 號西潭, 南陽人。明宗己未生。戊子司馬, 辛丑文科,
官持平。仁祖甲子卒。享良川書院。

從西厓柳先生, 學聖賢經傳·古今子集, 無不該博淹貫, 多發其蘊奧,
柳先生亟稱之。

當壬辰亂, 聞李梧里元翼體察南路, 書陳斥和戰討之策, 縷縷千百
言。相國讀之, 改容曰: "草野之言, 豈不重於泰山乎?" 手書以答, 極其
禮敬。

戊戌, 天兵凱還, 公作序送之曰: "老爺旣出萬死之力, 救吾人於魚
肉, 則宜不惜一投之勞, 棄吾東於禽獸." 盖是時有丁應泰[1]之誣故也。
天將麻提督[2], 見其文, 迎致禮遇, 大加獎。

---

1 丁應泰(정응태): 명나라 말의 贊畫主事. 1598년 명나라 황제 만력제에게 조선을 무고하여
   류성룡이 실각하고 북인이 집권하는 계기를 만든 사건을 일으킨 인물이다. 정응태가 양호
   를 탄핵하였는데, 조선은 양호와 가까웠기 때문에 양호를 옹호하니, 조선을 무고한 것이다.
   임진왜란이 끝나가고 명·일 간에 정전협상이 시작되던 무렵에 조선에 대해서 세 차례에
   걸쳐 참소하였다. 제1차 참소는 1597년 12월 22일부터 이듬해 1월 4일까지 있었던 도산성
   전투에서 조·명연합군의 패배로 인한 입장 차이에서 비롯되었지만 양국 간 외교 사절들의
   노력으로 해결되었다. 제2차 참소는 1598년 6월 정응태는 楊鎬가 성을 쌓아서 일본군을
   막으려고 한 것에 대해 무고하였지만 조선의 강력한 대응으로 해결되었다. 제3차 참소는
   1598년 9월 21일 조선을 대상으로 무고한 것인데 명의 조사자 파견, 선조의 강력한 대응,
   월사 이정귀가 작성한 변무주문을 채택하여 중국에 파견된 사신들의 노력으로 잘 처리되
   었다. 이로 인해 정응태는 파직되고 쫓겨나는 것으로 마무리되었다.
2 麻提督(마제독): 麻貴. 정유재란 때 온 명나라 장수. 1597년 정유재란이 일어나자 그는
   명나라가 파견한 구원병의 提督으로 군사를 거느리고 조선에 들어왔다. 그 해 12월 도원수
   權慄과 합세하여 적장 구로다 나가마사(黑田長政)에 맞서 제1차 울산성 전투를 치렀으나
   성과를 올리지 못했고 왜군의 철수로 귀국하였다. 1598년 萬世德이 거느린 14만 원군을
   따라 들어와 또 동래로 내려가 도산성을 공격하였다. 1599년 봄에 본국인 명나라로 돌아갔
   다.

以正言, 上疏曰：“後世人君, 諱其過擧, 忿其直言, 以諛悅爲納忠, 以諫諍爲指過。甚者遷其賞於不諫, 用其形於直諫, 使天下之人以言爲諱, 終至亂亡而不悟, 吁亦感矣！”

又曰：“海虜於我, 有萬世難忘之讎, 則當有萬世必報之志。此則天經地義·民彝之不容泯滅者。雖因衰弱之甚, 姑爲羈縻之計, 豈可視爲當然, 習於苟安, 忍讎屈己, 奔走聽命, 不爲舊發修攘之策, 使天經地義·民彝, 終於淪喪而莫之救也？”光海亦優答焉, 除侍講院司書。

甲子适變, 公星夜跋涉, 奔問行在, 則賊已授首矣。追到闕下, 以懲毖修省之道, 上封事, 言甚激切, 上嘉納焉。【鄭葵陽[3]撰行狀】

與洪偉夫, 隨肩藝苑, 則愛其詞華逸發, 接武朝行, 則敬其志行剛方。【李埈[4]撰碣[5]】

보충

정규양(鄭葵陽, 1667~1732)이 찬한 행장

서담 홍공 행장

공의 휘는 홍위(洪瑋), 자는 위부(偉夫), 자호(自號)는 서담(西潭)이다. 남양(南陽)의 홍씨(洪氏)는 고구려에서 비롯되었는데, 그 선조는 8학사로 동쪽으로 건너온 이 가운데 한 사람이다. 고려 시대에 휘 홍은열(洪殷悅)

---

3   鄭葵陽(정규양, 1667~1732): 본관은 烏川(迎日), 자는 叔向, 호는 篪叟. 경상북도 영천 출신. 증조부는 목사 鄭好仁이며, 조부는 鄭時行이다. 아버지는 생원 鄭碩冑이며, 어머니 義城金氏는 金邦烈의 딸이다. 부인 仁川李氏는 교관 李碩馥의 딸이다. 종조부 鄭時衍과 李玄逸의 문하에서 형 鄭萬陽과 함께 수학하였다. 퇴계학에 전념하면서도 李衡祥·尹拯·鄭齊斗·丁時翰 등과도 학술 토론을 전개했고, 학파를 초월해 학문의 진수를 탐구하였다. 1714년) 학행으로 천거되어 顯陵參奉에 제수되었으나 사퇴하였다. 1728년 李麟佐의 난 때 형 정만양과 함께 경상북도 일대에 격문을 돌려 향병 수백 명을 모아 의병장에 추대되었다. 규율을 모두 갖추었는데, 관군이 난을 평정했다는 소식을 듣고 해산하였다. 그 뒤 尼南山 밑에 지내면서 후진 양성에 심혈을 기울였다.

4   李埈(이준): 李埈의 오기.

5   李埈의 《蒼石先生文集》 권16에 〈通訓大夫司憲府持平洪公墓碣銘〉으로 실려 있음.

이 있었으니, 책략으로 나라를 보좌하여 공훈을 세웠으며, 관직은 태사(太師)에 이르렀다. 그 후로 명망 있는 신하와 덕망 높은 대신들이 잇따라 배출되어 사서에 끊이지 않았다. 우리 조선에 들어와 호부(戶部)의 전서(典書) 휘 홍사원(洪師瑗)이 개국공신이 되었다. 그 아들 광흥창사(廣興倉使) 휘 홍계강(洪季康)은 공에게 6대조인데, 기전(圻甸: 경기 지방)에서 영남의 적라현(赤羅縣: 경상북도 군위군)으로 옮겨 살았다. 증조부 휘 홍의동(洪義仝)은 공조참의에 추증되었다. 조부 휘 홍우식(洪禹軾)은 순릉 참봉(純陵參奉)을 지냈고 장례원 판결사(掌隷院判決事)에 추증되었다. 아버지 휘 홍흔(洪訢)은 한성부 우윤에 추증되었고 은자(隱者)의 덕을 지녔는데, 후생들을 가르쳐 성취한 바가 많았다. 어머니 남양(南陽) 본토 홍씨(洪氏: 土洪)는 국자상상(國子上庠: 성균관 유생) 홍혼(洪渾)의 딸인데, 실로 계파가 다르다.

공은 태어나면서부터 자질이 남달랐으니, 또래 아이들과 어울려 놀 때에도 범상치 않은 행동이 많았다. 6세에 처음으로 구두(句讀) 떼는 것을 배웠는데, 번거로이 과제를 주고 감독하지 않아도 스스로 부지런히 힘쓰면서 글의 뜻이 간혹 미처 이해되지 않는 곳이 있으면, 반드시 스승에게 자세히 물이시 환히 풀이된 뒤에야 그만두었다. 장성해서는 서애(西厓) 류 선생(柳先生: 柳成龍)을 따라 배우면서 자기를 지키고 행실을 절제하는 방법을 들을 수 있었는데, 이로부터 더욱 뜻을 새겨 학문에 힘썼으니 성현의 경전(經傳)에서 고금의 여러 문집에 이르기까지 널리 섭렵하여 깊이 꿰뚫어 통하지 않음이 없었다. 그 사색하고 논변하며 판단하는 과정에서 그 안에 함축되어 있는 오묘한 뜻을 많이 밝히니, 류 선생이 자주 칭찬하였다. 부모의 명에 따라 과거 공부에 전념하여 무자년(1588) 봄 사마시에 합격하니 명성이 이미 무성하게 퍼져 있었다.

지극히 효성스러워 부모를 섬겼는데, 뜻을 받들어 도리에 어긋나는 행실이 없었고, 맛난 음식은 혹여라도 부족한 적이 없었으며, 아침저녁으로 올리는 음식은 반드시 먼저 간이 맞는지 맛본 뒤에야 올렸다.

임진년(1592) 해상으로 왜구가 갑자기 쳐들어왔는데, 공은 부모를 모시고 태백산(太白山) 아래로 들어가 장사치처럼 행세하며 수백 리 밖에서 직접 쌀을 짊어지고 와 부모를 봉양하는 밑천으로 삼았으며, 또 그러는 길 위에서도 글을 읽고 암송하는 것을 폐하지 않았다. 계사년(1593) 2월 우윤공(右尹公: 아버지 洪訢)이 왜적을 만나 굴복하지 않다가 죽었고, 9월 어머니마저 잇따라 죽었는데, 공은 전란 속에서 상(喪)을 거듭 당하자 비통해하며 거의 땅에 쓰러질 정도였으나, 초종(初終: 임종 전부터 임종 후 부고를 내기까지의 상례의식) 및 장례와 봉분 조성에 이르기까지 모든 절차를 전쟁 중이라는 이유로 예법에 어긋남이 없이 치렀으며, 아침저녁으로 올리는 제사를 일체 평시와 같이하였으니 이를 들은 자들은 탄복하지 않은 자가 없었다.

공은 스스로를 포의(布衣) 선비의 미약한 힘으로는 왜적을 섬멸할 계책이 없다고 여겨 일찍이 분연히 시구를 적은 적이 있었으니, "부모의 원수요 나라의 치욕이니, 이 몸은 마땅히 죽어야 하리라."라고 하였다. 때때로 한밤중에 칼을 어루만지며 눈물만 뿌릴 따름이었다. 오리(梧里) 이원익(李元翼)이 남로(南路: 영남) 체찰사(體察使)가 되었다는 소식을 듣고 화의를 배척하고 전쟁으로 토벌해야 한다는 계책을 힘써 아뢰니 구구절절한 천 마디 백 마디의 말이 한 글자마다 피눈물이었다. 이 상국이 이를 읽고 안색을 고치며 말하기를, "초야(草野)에 있는 선비의 말이나 어찌 태산(泰山)보다 무겁지 않겠는가?"라고 하고는 손수 답서를 써서 예의와 공경의 뜻을 극진히 하였다.

무술년(1598) 천병(天兵: 명나라 군대)이 승전(勝戰)하여 돌아가자, 공이 말하기를, "황제의 은혜는 하늘과 같고 장수와 병졸의 노고는 그 다음이다."라고 하며 가요(歌謠)를 지어서 읊조린 것인데, 그 서문에 이르기를, "과군(寡君: 우리 임금)이 불행하고 소방(小邦: 우리 나라)이 복이 없었으나 다행히도 명나라의 맑고 밝은 시대를 만났음에도 갑자기 억울한 모함을 당하는 고통을 겪게 되었습니다. 사람들 모두가 차라리 죽겠다는 마음을 품었을 뿐이지, 진실로 요행히 살고자 하는 바람은 없었습니다. 노야(老爺: 麻貴)께서 이미 만번 죽을힘을 내어 우리 백성들이 짓밟혀 아주 결딴 나는 데서 구해주셨으니, 마땅히 억울한 모함을 바로잡기 위해 한번 몸을 던지는 수고를 아끼지 말아 우리 동방을 금수(禽獸)의 처지로 버려두지 마소서."라고 하였다. 대개 이것은 때마침 정응태(丁應泰)의 무고가 있었기 때문이다. 천장(天將: 명나라 장수) 마 제독(麻提督: 麻貴)이 그 글을 보고는 공을 맞이하여 예우하며 크게 칭찬하였다.

신축년(1601) 비로소 문과에 급제하여 벼슬길에 나섰는데, 사람들은 오히려 늦었다고 여겼다. 공도 조급하게 나아갈 뜻이 없었지만, 급제한 지 사오 년 동안 벼슬길에 나서지 못하고 있어도 등용해 준 자가 없었다. 병오년(1606) 사헌부 감찰(司憲府監察)로 승진하였고, 얼마 후 공조 좌랑(工曹佐郎)에 제수되었으며, 곧 예조(禮曹)로 옮겼다가 정미년(1607) 병조 좌랑(兵曹佐郎)에 제수되었다. 무신년(1608) 관례대로 성균관 전적(成均館典籍)으로 옮겼고 또 병조로 옮겼지만, 어느 자리에 있든 한결같은 마음으로 공정하게 행하였고 털끝만큼도 사사로움을 용납하지 않았다. 일찍이 학례강(學禮講: 覆試를 볼 생원이나 진사에게 실시하던 예비 시험으로 《소학》과 《가례》를 읽고 해석함)의 시험을 주관한 적이 있었는데, 힌 징보(韋甫: 유생)가 설명한 뜻이 통하지 못하니, 공이 정색하며 그를 탈락시켰다. 동료들이 말하기를, "이 사람은 바로 재상 기자헌(奇自獻)의 자제이네."라고 하였지만, 공은 끝내 듣지 않았고, 재상 기자헌은 칭찬하며 고마워해 마지않았다.

전란 후, 조정이 더욱 남로(南路: 영남)를 걱정하게 되자, 주상이 문무(文武)의 재주와 책략을 갖춘 사람을 뽑아 통영 종사관(統營從事官)을 삼게 하면서 북평사(北評事: 북방의 외적을 막기 위하여 함경도 병마절도사 밑에 두었던 보좌관)의 관례처럼 하도록 명하였다. 공이 이 선발에 가장 먼저 뽑혀 막부(幕府)에 부임하고 나서 그 통수(統帥)에게 말하기를, "나라의 안위(安危)가 달린 큰 계책이 비록 배와 노에 달려 있을지라도, 살아남은 백성들이 농사 짓지 못하게 된 것 또한 염려해야 합니다."라고 하였다. 변경의 계책을 찬획(贊劃)하면서 오직 선박을 정비하고 병졸을 어루만지는 일을 힘쓰니, 통수 또한 마음을 기울여 공경히 대접하였으며 매사를 반드시 공에게 자문하고 나서야 결정하였다.

기유년(1609) 공을 불러 사간원 정언(司諫院正言)에 제수하여 춘추관 기사관(春秋館記事官)을 겸하였다. 공이 상소를 올려 말하기를, "임금의 한 마음은 교화를 포함한 모든 변화의 근원이며, 마음을 하나로 오롯이 하여 중용을 지키는 것은 만세토록 이어질 도학이 여기에서 비롯됩니다. 제왕(帝王)의 학문은 포의(布衣: 벼슬에 나아가지 않은 선비)의 학문과 다릅니다. 거처와 봉양에 따라 달라지는 것이 있으니, 기호와 욕망은 갈래가 많아지고 사악함과 바름이 뒤섞여 들어와 뜨거워졌다가 식었다 하는 등 일정함이 없게 됩니다. 밝게 논쟁하며 드러나게 간언하는 것은 멀어지기가 쉽고, 은밀히 해소하여 바른 마음이 조용히 빼앗기는 것은 더욱 염려스럽습니다. 그러므로 반드시 유학자 신하들을 널리 불러들이고 바른 사람들을 가까이하여, 날마다 경연(經筵)을 열고 아침저녁으로 강론하며 닦은 뒤에야 성학(聖學)을 성취할 수 있고 지극한 치세에 이를 수 있습니다. 그런데 지금은 도리어 오랫동안 경연을 폐하고 유학 선비들을 접견하지 않으시니, 어찌 크게 두려워할 만한 일이 아니겠습니까?"라고 하였다.

또 말하기를, "육지(陸贄: 당나라 정치가)의 주의(奏議: 임금에게 올리는 글)는 당시의 병폐를 정확히 찔렀고, 이정(二程: 程顥·程頤)과 주희(朱熹)·진덕수(眞德秀: 송나라 학자)의 주차(奏箚: 상소문)는 천덕(天德: 正心·修身)과 왕도(王道: 齊家·治國·平天下)의 본체를 극진히 논하였으며, 우리 조선의 이언적(李彦迪)·이황(李滉)과 같은 여러 신하들의 상소에 이르러서도 또한 모두 학문을 강론하여 그 이치로 세상을 다스리는 도리에 절실하였습니다. 만약 이 글들을 한 통씩 베껴서 경전(經傳)을 토론하시는 여가에 그것들을 나란히 하사해 열람하게 한다면, 생각건대 이 전대(前代)의 유신(儒臣)들이 모두 전하의 강관(講官: 경연 담당관)이 될 것이고, 당시 그들의 뜻이 다 펼쳐 쓰이지 못했던 것들이 전하의 시대에 행해지게 될 것이니, 성학(聖學)에 보탬이 되고 치도(治道: 다스리는 도리)에 유익한 것이 어찌 작은 보탬이라 하겠습니까?"라고 하였다.

또 말하기를, "후세의 임금들은 자신의 잘못된 처사를 숨기고 그 직언을 노여워하였으니, 아첨하는 말은 충성으로 받아들이고 간언(諫言)과 논쟁(論諍)은 허물을 지적하는 것으로 여겼습니다. 심한 경우에 간하지 않은 자에게 상(賞)을 옮겨 주고 직간하는 자에게 형벌을 써서 천하의 사람들로 하여금 바른 말을 하는 것을 꺼리게 만들어 마침내 혼란과 멸망에 이르러서도 깨닫지 못하니 아아, 또한 미혹된 일이라 하겠습니다."라고 하였다.

또 말하기를, "임금은 위로는 하늘을 이고, 아래로는 만백성을 거느리며 그 가운데 자리하고 있으니, 하늘을 본받아 백성을 보살피는 것이 임금의 직분입니다. 그러므로 말하기를, '하늘은 사사로이 가까이함이 없이 오직 공경하는 이를 가까이하고, 백성은 항상 따르는 것이 아니라 인(仁)이 있는 이를 따른다.'라고 하였습니다. 그러니 천명(天命)이 떠나고 떠나지 않을 즈음과 민심(民心)이 흩어지고 모이는 기미는 두려워할 만합니다. 전하는 하늘을 공경하지 않는 것이 아니나, 흰 무지개가 해를 꿰뚫고 태백성(太白星: 금성)이 항상 나타나며 영두성(營頭星: 혜성)이 요망함을 알리니, 하늘의 변괴가 극에 달했습니다. 백성을 부지런히 돌보지 않는 것도 아니나, 사과(斜科: 부정하게 거두는 세금)의 징수가 아직 제거되지 않았고 궁실(宮室)의 공역(功役: 토목 공사의 부역)도 아직 끝나지 않앉으니, 군부(軍賦: 군수 비용 조달을 위한 특별세)에 지쳤고 사호(蛇虎: 뱀이나 호랑이)의 가혹한 정치에 곤궁해졌습니다. 두 차례나 조사(詔使: 명나라 사신)를 겪으며 백성의 고혈(膏血: 기름과 피)이 거의 다 마르고, 또 흉년까지 맞아 농토가 거칠게 된 것이 이미 극에 달했으니, 백성의 원망이 깊습니다."라고 하였다.

또 말하기를, "해로(海虜: 바다의 오랑캐로 왜적)는 우리에게 만세토록 잊지 못할 원수로 남아 있으니, 마땅히 만세토록 반드시 갚고야 말 뜻을 가져야 합니다. 이는 천경지의(天經地義: 하늘이 바른 길을 얻고 땅이 적절함을 얻는 길로 정당하고 변할 수 없는 도리를 이름)와 민이(民彝: 백성의 떳떳한 도리)로 없어지게 내버려둘 수가 없는 것입니다. 비록 형편이 쇠약한 것이 심한 탓에 우선 기미(羈縻: 굴레와 고삐로 달래며 견제함을 이름)의 계책을 취한다 하더라도 그 분통(憤痛)과 적원(敵怨)이 절박하여 어찌할 수 없는 뜻을 어찌 잠시라도 마음에서 잊을 수 있겠습니까? 어찌 당연하게 여겨 구차한 안일함에 익숙해져 원수를 참으면서 자신을 굽히며 분주히 저들의 명령에 따르기만 하고, 분발하여 안으로는 닦고 밖으로는 물리칠 방책을 세우지 않아, 하늘의 떳떳한 이치와 땅의 마땅한 도리며 백성의 떳떳한 윤리가 무너져 구제하지 못하는 지경에서 끝낼 수 있겠습니까? 성인(聖人: 孔子)이 이르기를, '위태로울까 하는 것은 제자리를 편안히 하는 것이요, 망할까 하는 것은 생존을 보존하는 것이요, 어지러울까 하는 것은 다스림을 지키는 것이다.'라고 하였습니다. 그러니 예로부터 어찌 일찍이 위태로울까 하고 망할까 하며 걱정하면서도 끝내 위태롭고 멸망하는 지경에서 끝낸 적이 있었겠습니까? 엎드려 바라건대 전하는 종묘사직을 마음에 두고 생민(生民)을 생각하며 원한을 풀어버리는 것을 부끄러움으로 여기소서. 장차 끊어질 운명이라 이어갈 수 없다고 말하지 말고, 쌓이고 쌓인 쇠약의 형세라 다시 떨쳐 일으킬 수 없다고 말하지 마소서. 눈앞의 규례에 익숙하다 하여 얽매이지 말고, 세속의 말에 바뀌거나 혹하지 마소서. 밝게 그 결단하는 군주의 덕을 분연히 떨치고 쉼 없는 공력을 더하여, 신이 아뢴 바 '학문을 강론하고 간언을 받아들이며 하늘을 공경하고 백성을 보살피는 도'를 날마다 오직 힘쓰고 힘써 나라의 근본을 세우소서."라고 하였다. 상소가 들어가자, 광해군 또한 우악한 비답(批答)을 내렸다.

　얼마 안 되어 병조좌랑에 제수되었고, 이어 시강원 사서(侍講院司書)에 제수되었으며, 또 사헌부 지평에 제수되었다. 1년 사이에 정언으로 제수된 것이 3번, 지평으로 제수된 것이 2번이었는데, 일에 따라 반드시 직언을 아뢰어 임금이 마음 씀씀이의 미묘한 점을 드러내었으니, 사람들이 쟁신(諍臣)의 풍도가 있다고 말하였다. 경술년(1610) 춘추관 편수관(春秋館編修官)을 겸하였다. 대단(臺端: 사헌부 시어사) 관직을 띠고 소분(掃墳: 경사로 조상의 산소를 찾아가 제사함)을 하기 위한 말미를 청해 길을 가다가 상산(商山)에 도착하여 함부로 날뛰는 자를 보고 채찍질하였는데, 아마도 공이 마침 사헌부의 직위에 있었던 까닭이다. 그 사람이 갑자기 병들어 죽자, 원한을 품고 틈을 엿보던 자가 공이 죄 없는 사람을 죽였다고 하여 왕옥(王獄: 의금부)에 갇히게 되었다. 체포될 때에 친우들이 그에게 잘 공초(供招)하도록 권유하자, 공이 웃으며 말하기를, "임금을 섬기는데 속이지 말아야 한다."라고 하였다. 마침내 바르게 대응하고 조금도 숨김이 없었다. 오봉(五峯) 이호민(李好閔)이 공의 공사(供辭: 진술서)를 보고 놀라서 말하기를, "충성과 정직은 있지만, 사람 죽인 자를 어찌 하겠나?"라고 하였는데, 공은 조금도 흔들리지 않았다. 광해군은 죄가 없음을 알고 특별히 용서하여 흥양(興陽: 전라남도 고흥)으로 1년간 유배하였다. 고을의 자제들이 다투어 책보따리를 짊어지고 찾아와 문밖에는 신발이 늘 가득하였다. 공은 재능에 맞추어 가르침을 베풀자 자못 가르쳐 일깨워 준 효과가 있었다. 돌아올 때 시를 남겨 권면하였는데, 시어(詩語)는 모두 '남이 한번에 능하거든 나는 백번을 한다.'는 뜻이었다. 광해군의 정치가 어지러워지자, 문을 닫고 나가지 않은 지가 거의 10여 년이 되었다.

계해년(1623) 신정(新政: 仁祖가 反正으로 등극하여 행한 첫 번째 인사행정)에서 특별히 병조정랑에 제수되었는데, 한 재추(宰樞: 고위 재상)가 편지를 보내어 말하기를, "성군이 위에 계시니, 이제는 벼슬할 수 있다."라고 하였다. 4월 부름을 받아 조정에 나아가 성균관 사예로 옮겼고, 또 병조정랑에 제수되었다. 6월 영박(嬴博: 齊나라 嬴縣과 博縣으로 吳나라 季札이 제나라로부터 돌아오다가 아들이 죽어 영현과 박현 사이에 있는 땅에 장례를 지낸 일. 막내아들 洪重慶이 죽었다.)의 애통함을 만났는데, 조정의 의논에서 이르기를, "남쪽 지방의 관직에 맡기지 않으면 고향으로 돌아가 장례 치르기가 어려울 것이다."라고 하면서, 즉시 안동 부사(安東府使)에 제수하였고, 미처 부임하기 전에 체직되어 그대로 예천군수(醴泉郡守)에 제수되었다. 고을 백성들에게 고충이 많았는데, 공이 은혜와 신의로 다스리니 백성들이 모두 고무되었다. 얼마 안 되어 그를 시기하는 자가 암행어사를 사주하여 무고하는 장계를 올리게 했으나, 주상은 그를 놓아 주도록 명하였다.

갑자년(1624) 이괄(李适)이 군사를 일으켜 반역하여 승여(乘輿: 大駕)가 도성을 떠나 피난하였는데, 공이 변란 소식을 듣고 밤낮으로 산을 넘고 물을 건너며 행재소(行在所)로 달려가 문안하려 했으나, 역적은 이미 목이 베어져 주상에게 바쳤다. 뒤쫓아 궁궐 아래에 도착해 '난정(亂政)의 잘못을 징계하여 삼가며 국정을 쇄신하고 반성하는 도리'에 관한 봉사(封事: 봉하여 올리는 상소문)를 올렸으니 말이 매우 격렬하고 간절하였는데, 주상이 기꺼이 받아들였다. 이후에 주상이 공의 충성과 근면을 생각하여 공을 등용하려 했지만, 병으로 나아가지 못하였다.

공에게 동생 하나가 있었는데, 몹시 가난하여 옷을 서로 돌려 입었고, 살림을 나누어야 할 때도 그 우애가 지극하였다. 집안 생업과 자질구레한 일까지 몸소 챙기고 관할하였는데, 재산을 나눌 때에는 기름진 밭과

건장한 노비를 모두 동생에게 주고, 자신은 척박한 땅과 늙고 둔한 노비들을 취하였다.

사람을 대할 때는 한결같이 온화하여 종일토록 거스르는 말을 하지 않았으니, 비록 노비와 같은 비천한 자라 하더라도 일찍이 꾸짖거나 욕한 적이 없었으며, 허물이 있으면 곧바로 그 옳고 그름을 분명하게 말하여 그로 하여금 스스로 새롭게 하도록 할 뿐이었다. 남의 장점과 단점에 대해 논하는 것을 좋아하지 않았지만 선한 이의 선한 것은 길게 하고 악한 이의 악한 것은 짧게 하였으니, 의리와 이익이며 공(公)과 사(私)의 구분함에 이르러서는 곧장 시원하게 가르는 것이 마치 한 칼로 두 동강 내듯 하였다.

조상을 받드는 데 정성과 예법이 모두 지극하여 사당을 세웠는데, 일체 회옹(晦翁: 朱子)의 제도를 따랐으며, 신문(神門) 밖의 좌우에는 곳간을 두어 제사에 쓰는 기물과 돗자리 등의 물건을 보관하였고, 제사 때가 되면 열쇠를 열어 꺼내어 씻고 닦아서 사용하였다. 제사 전에는 재계(齋戒)하였고, 종들도 또한 몸을 씻고 옷을 갈아입도록 하였다. 사시(四時: 음력 2월, 5월, 8월, 11월)에 조상을 기리는 정제(正祭: 격식과 절차가 완비된 가장 숭한 정기 제사) 외에는 햇곡식이나 햇과일처럼 새로 난 것이 있으면 반드시 신위(神位)에 올렸다. 특히, 가문의 계보(系譜)를 밝히는 것을 우선으로 생각하여 원근의 여러 친족들이 각 파(派)로 나뉘어진 것을 널리 모아 홍씨(洪氏) 족보를 만들었고, 이를 통해 친족 간 화목하게 지내는 도리를 강론하였다.

자손들을 가르칠 때는 반드시 올바른 길로 나아가는 방도로 하였고, 따로 논밭을 마련하여 후손에게 물려주지 않았다. 단지 서적 수천 권을 주면서 경계하여 말하기를, "다만 부지런히 배워 얻는 바가 적지 않도록 하라."라고 하였다. 둘째아들 홍선경(洪善慶)이 일찍이 한시(漢試: 도성에서 치르는 과거 시험)를 보러 간 적이 있었다. 이때 재상 이이첨(李爾瞻)이

동합(東閣: 손님을 맞이하는 객실)을 열어 문사(文士)들을 초청하며 재삼 청하여 보기를 매우 간절히 하였는데, 홍선경이 끝내 가지 않았다. 공이 이를 기뻐하며 말하기를, "아이가 권세와 이익에 굴하지 않았으니, 너를 낳아준 조상을 더럽히지 않았다고 할 수 있겠구나."라고 하였다.

임금을 사랑하고 나라를 걱정하는 마음은 지극한 정성에서 나왔다. 비록 집에 있을 때라도 혹 조정에서 마땅한 도리를 빠뜨리거나 정사에 과실이 있다는 소식을 들으면 걱정하는 빛이 얼굴에 나타났으며, 계축년(1613, 영창대군 폐서인이 된 계축옥사) 이후로는 매번 한숨 짓고 크게 탄식하였고 심지어 그 때문에 눈물을 훔치기도 하였다. 서담(西潭)의 수석(水石)이 기이한 것을 사랑하여 땅을 일구고 대(臺)를 만들었는데, 시를 읊조리며 스스로를 달래어 마치 여생을 보내려는 듯하였다. 평소에는 새벽에 일어나 옷과 두건을 가지런히 하고 단정히 앉아 글을 읽었다. 만년에는 더욱 오로지 주자(朱子)의 글에만 정진(精進)하면서 깊이 파고들어 음미하였다. 항상 말하기를, "옛 사람들은 학문하면서 온통 경(敬)이란 글자에 있었으니, 진실로 이것을 지켜서 만사(萬事)에 베풀 수 있다면 무엇이 마땅하지 않겠는가?"라고 하였다. 매번 후생들을 대할 때마다 거듭거듭 마음을 한곳에 집중해 오로지 고요함을 유지할 것을 경계하였다.

대개 공은 타고난 자질이 이미 흠잡을 데 없이 갖추어져 있었고, 또한 일찍이 어진 사우(師友)를 종유하였으니 우복(愚伏: 정경세, 1563~1633)·창석(蒼石: 이준, 1560~1635)·여헌(旅軒: 장현광, 1554~1637) 여러 선생과 함께 한평생 도의(道義)로 맺은 교유를 이루었다. 우옹(愚翁: 정경세)이 일찍이 말하기를, "홍위부(洪偉夫: 홍위)는 진실로 후학들의 표준이다."라고 하였다. 이미 사문(師門)을 받들고 믿었기에 앞장서 원우(院宇: 남계서원)를 세워 문교(文敎)를 일으키는 곳으로 삼았다. 이때 원근의 명망 있는 인사들을 이끌어 서로 강론하며 연마하였다. 당대에 그의 풍도와 의리가 높이 일컬어져 아호(鵝湖: 남송 朱熹와 陸九淵 형제가 만나 학문을 갈고 다듬을 논했던 鵝湖寺)의 고사에 비유하였다. 문장은 명백하고 전아(典雅)하였으며, 시는 더욱 충담(沖澹: 담담하고 깨끗함)하여 깊은 맛이 있었다. 필법 또한 단정하고 반듯하였는데, 비록 얽히고 궁박한 급한 때에도 한 획도 그냥 지나치지 않았다. 이는 비록 공에게 남은 기예일 뿐이나, 또한 그 속에 들어 있는 뜻을 엿볼 수 있었다고 한다.

공이 가정(嘉靖) 기미년(1559) 10월 2일에 태어나 장릉(長陵: 인조) 갑자년(1624) 8월 23일에 죽었으니, 향년 66세였다. 같은 해 12월 어느 날, 현(縣: 군위)의 서쪽 덕동(德洞)에 장사하였다.

부인 숙인(淑人) 인씨(印氏)는 대대로 교동(喬桐)에 본관을 둔 보문각 학사(寶文閣學士) 인원보(印元寶)의 후손이자, 선공감역(繕工監役) 인지신(印之信)의 딸이다. 행실이 곧고 마음씨가 순하며 부덕(婦德)이 있었으니, 곤직(壼職: 부녀자 직분 살림살이)에 부지런하였으며, 빈조(蘋藻: 제사)를 받들고 시부모를 섬김에 정성을 다하였다. 자손을 가르칠 때에는 사랑 때문에 가르침이 느슨해지지 않게 하였고, 비복들을 거느릴 때에는 또한 은혜를 우선하고 위엄을 나중에 세웠으니, 사람들이 모두 말하기를, "여사(女士: 덕망이 높은 여성)로다."라고 하였다. 인조 기축년(1649) 죽었으니, 그녀기 태이난 가징(嘉靖) 갑자년(1564)으로부터 계산하면 향년 86세였다. 택조(宅兆: 묘 자리)가 이롭지 못하여 공의 묘소를 옮겨 치소(治所: 군위현 읍소) 서쪽 두건곡(斗建谷)의 태방(兌方)을 등진 언덕에 합장하였다. 3남 3녀를 두었다. …(중략)…

아, 공의 평소의 언행은 이것이 그 골자이다. 오직 마음에 보존한 뜻이 올바랐기 때문에 효도와 우애는 집안에서 행해졌고 충성과 공경은 조정에 전해졌으며, 임금을 섬길 때는 의(義)로써 하였고 벼슬에 나아가고 물러날 때는 예가 있게 하였으며, 친구나 동료와 함께하고 후학을 접하는 것에 이르기까지 모두 학문의 근본에서 나온 것이었으니, 공과 같은 이가 어찌 단지 옛사람의 곧은 풍도를 지닌 것으로만 그칠 뿐이겠는가?

또한 세속에서 이른바 이름난 사대부라도 능히 그림자나 메아리처럼 상응하여 짝할 수 있겠는가? 애석하게도 막 처음으로 관직에 나아가자마자 혼조(昏朝: 광해군조)를 만났으니, 선한 도리를 행하도록 요구한 말이 비록 간절하였으나 보탬이 되지 못했다. 성스러운 군주가 반정(反正)하기에 이르러서는 하늘이 그를 세상에 남겨두려 하지 않아 공이 평소에 온축(蘊蓄)한 바를 세상에 다 펼치지 못하게 하였다. 지금에 이르기까지 백여 년이 지나도록 그 덕망과 학문, 문장과 업적이 함께 일컬어지지 못한 채 묻혀 있다. 때때로 식견 있는 선비들이 그것에 대해 말하다가도 의기가 꺾이니, 어찌 개탄하지 않겠는가?

공의 손자(孫子: 증손자의 잘못) 홍처정(洪處貞)이 그 족질(族姪) 홍유원(洪有源)을 시켜 공의 유집(遺集)과 약간의 글을 가지고 나를 니남산(尼南山) 아래로 찾게 하였으니, 그것들을 정리하여 행장(行狀)을 엮어 주도록 청하려는 것이었다. 돌아보건대 못난 나는 태어난 때가 늦었으니, 어찌 공을 후세에 길이 남기기에 족하겠는가? 그러나 못난 내가 일찍이 선배들이 애문(厓門: 서애의 문하)의 뛰어난 제자를 논할 때면 반드시 '서담공(西潭公)'이라 하는 것을 들은 적이 있었으니, 이로써 공이 우뚝하게 당대의 이름난 선배였음이 분명함을 알 수 있다. 비록 문장이 거칠고 졸렬하더라도 또한 어찌 감히 사양할 수 있겠는가? 마침내 위와 같이 차례를 정하여 지어 두고, 태사씨(太史氏)가 붓을 잡기를 기다린다고 하노라.

西潭洪公行狀

公諱瑋, 字偉夫, 自號西潭。南陽之洪, 著自高勾麗, 其先卽八學士東來者之一也。勝國時, 有諱殷悅, 策佐翊勳, 官至太師。厥後, 名臣碩卿, 史不絶書。入我朝, 有戶部典書諱師瑗。爲開國功臣。寔生廣興倉使諱季康, 於公爲六世祖, 始自圻甸, 移居嶺南之赤羅縣。曾祖諱義全, 贈工曹參議。祖諱禹軾, 純陵參奉, 贈掌隷院判決事。考諱訢, 贈漢城府右尹, 有隱德, 敎後生多所成就。妣南陽本士洪氏, 國子上庠渾之女, 實異貫也。公生有異質, 與羣兒戲, 多不凡事。六歲, 始受句讀, 不煩課督而自能勤劬, 文義或有未通處, 必審問於師, 以求曉析而後已。旣長, 從西厓柳先生學, 得聞持己制行之方, 自此益刻意勉學, 自聖賢經傳, 以至古今諸集, 無不博取淹貫。其思索論量之際, 多發其蘊奧, 柳先生亟稱之。以親命從事擧子業, 戊子春, 選司馬, 聲華已藹蔚也。有至性事親, 承順無違行, 甘旨無或匱, 朝夕所供, 必先嘗淡鹹然後進。壬辰, 海寇猝至, 公奉二親, 入太白山下, 效販夫, 躬自負米於數百里之外, 以資菽水, 又於道上, 不廢誦讀。癸巳二月, 右尹公遇賊, 不屈而終, 九月, 先夫人繼歿, 公荐遭變艱, 哀痛幾仆地, 初終及壤封諸節, 不以兵燹違禮, 晨夕奠饋, 一如平時, 聞者莫不歎服。公自以韋布殘力, 殲賊無計, 嘗奮然題句曰: “親讐國辱, 身當死.” 有時中夜, 撫劍揮涕而已。聞李梧里元翼體察南路, 力陳斥和戰討之策, 縷縷千百言, 一字一血。李相國讀之, 改容曰: “草野之言, 豈不重於泰山乎?” 手書以答, 極其禮敬。戊戌, 天兵凱還, 公曰: “皇恩如天, 而將士之勞次之.” 作歌謠以誦之, 其序曰: “寡君不幸, 小邦無祿, 幸際淸明之期, 忽被誣枉之痛。咸懷寧死之心, 固無幸生之願。老爺旣出萬死之力, 救吾人於魚肉, 則宜不惜一投之勞, 棄吾東於禽獸.” 盖是時有丁應泰之誣故也。天將痲提督, 見其文, 迎入禮遇, 大加獎詡。辛丑, 始釋褐, 人猶以爲晚也。然公無躁進意, 登第四五秊, 淹滯無剪拂者。丙午, 陞司憲府監察, 俄拜工曹佐郎, 尋移禮曹, 丁未, 授兵曹佐郎。戊申, 例遷成均典籍, 又遷兵曹, 所在一心奉公, 不容纖毫私。嘗掌試學禮講, 有一章甫, 講義不通, 公正色絀之。同僚曰: “此乃奇相自獻子弟也,” 公終不聽, 奇相稱謝不已。難後, 朝廷益以南路爲憂, 上命揀文武才猷者, 爲統營從事官, 如北評事之例。公首膺是選, 旣赴幕, 語其帥, 曰: “安危大計, 雖在舟檝, 殘民之廢耘耔者, 亦可念也.” 贊畫邊籌, 惟以理船撫卒爲務, 帥亦傾心敬接, 每事必待公咨決焉。己酉, 召拜司諫院正言兼春秋館記事官。公上疏曰: “人主一心, 萬化之根, 精一執中, 萬世道學之宗也。帝王之學,與韋布不同。居養有移, 嗜欲多端, 邪正雜進, 曝寒無常。明諍顯諫之易疎, 而潛消默奪之可憂。故必廣延儒臣, 親近正人, 日開經筵, 朝夕講劘, 然後可以成就聖學, 能臻至治。而今乃久廢講筵, 不接儒士, 豈非大可畏者乎?"又曰: "陸贄奏議, 切中時病, 二程·朱熹·眞德秀之奏箚, 極論天德王道之體, 至如我朝李彦迪·李滉諸臣之疏, 亦皆切於講學出治之道。若命寫一通, 討論經傳之餘, 俛賜閱覽, 則惟此前代之儒臣, 皆爲殿下之講官, 而當時之不盡展用者, 得行於殿下之日, 其爲聖學之裨, 治道之益, 豈曰小補之哉?"又曰: "後世人君, 諱其過擧, 忿其直言, 以諛說爲納忠, 以諫諍爲指過。甚者遷其賞於不諫, 用其刑於直諫, 使天下之人, 以言爲諱, 終至亂亡而不悟, 吁亦惑矣."又曰: "人君, 上有一天, 下有萬民, 而位於其中, 則體天而保民者, 君之職也。故曰: '惟天無親, 克敬惟親, 民罔常懷, 懷于有仁.'則天命去就之際, 民心離合之機, 甚可懼也。殿下, 非不敬天, 而白虹貫日, 太白恒見, 營頭告妖, 則天變極矣。非不勤民, 而斜科之征未祛, 宮室之役未罷, 疲於軍賦之征, 困於蛇虎之政。再經詔使, 膏血幾盡, 又值凶歉, 耗歎已極, 則民怨深矣."又曰: "海虜於我, 有萬世難忘之讐, 則當有萬世必報之志。此則天經地義民彝之不容泯滅者。雖因衰弱之甚, 姑爲羈縻之計, 其憤痛疾怨迫不得已之意, 則豈可頃刻而忘于懷? 豈可視爲當然, 習於苟安, 忍讐屈己, 奔走聽命, 不爲奮發修攘之策, 使天經地義民彝, 終於淪喪而莫之救也。聖人謂: '危者安其位者也, 亡者保其存者也, 亂者保其治者也.'自古以來, 何嘗以危亡爲憂而終於危亡者乎? 伏願殿下以宗社爲心, 以生民爲念, 以釋怨爲恥。勿謂將絶之命莫之迓續, 勿謂積衰之勢不可復振。毋狃滯於近規, 毋遷惑於俗說。赫然奮其乾斷之德, 加以不息之功, 以臣所陳'講學納諫敬天保民'之道, 日惟孜孜, 以立根本焉."疏入, 光海亦優答焉。未幾, 拜兵曹佐郎, 仍除侍講院司書, 又拜司憲府持平。一歲中, 除正言者三, 持平者再, 隨事必陳直, 發人主心術之微, 人謂有諍臣風。庚戌, 兼春秋館編修官。以臺端, 乞掃墳由, 行到商山, 見有狙獷者, 箠之, 盖公方持憲故也。其人忽病死, 修郄者謂公殺不辜, 繫之王獄。其被逮也。親友勸其善供, 公笑曰:“事君勿欺也.”遂正對無少隱。李五峯好閔, 見公供辭, 驚曰:“忠直則有之, 奈殺人者死何?”公不少撓。光海知無罪, 特原之, 流興陽一朞。邑中子弟, 爭相負笈而至, 戶外屨常滿矣。公隨材設敎, 頗有開發之効。及還, 留詩以勉, 詩語皆‘人一己百’意也。及光海政亂, 掩門不出, 殆十餘朞。癸亥新政, 特除兵曹正郎, 一宰樞致書曰:“聖人在上, 今則可以仕矣.”四月赴朝, 遷成均司藝, 又除兵曹正郎。六月遭嬴博之痛。朝議謂:“非南土官, 難以返櫬.”卽除安東府使, 未赴任而遞, 仍除醴泉郡守。郡多瘡疣, 公施之以恩信, 民皆鼓舞也。俄有忌之者, 喉繡衣誣啓, 上命釋之。甲子, 适擧兵叛, 乘輿播遷, 公聞變, 星夜跋涉, 奔問行在, 則賊已授首矣。追到闕下, 以懲毖修省之道, 上封事, 言甚激切, 上嘉納焉。後上思公忠勤, 欲收用, 而病不起矣。公有一弟, 貧甚傳衣, 分爨, 極其友愛。凡家猷瑣務, 躬自句管, 其析箸也, 以腴畝壯僕, 悉歸之弟, 自取其磽确疲駑者。待人一以和, 終日無忤語, 雖婢僕之賤, 未曾詬詈, 有過, 便開陳其是非, 使之自新而已。不喜論人臧否, 而善善長惡惡短, 至義利公私之分, 直截快析, 如一劍兩段。其奉先, 誠禮俱至, 建家廟, 一倣晦翁制, 神門外, 置左右房庫, 以藏祭用器皿鋪陳等物, 當祭, 開鑰取出, 洗濯拂拭而用之。前期致齋, 僕隸輩亦令澡潔衣服。四時正祭外, 有新物則必薦。尤以明譜系爲先, 博集遠近諸族之分派者, 作爲洪氏譜, 以講敦睦之義。訓子孫必以義方, 不別立田墅以貽後。只付書籍數千卷, 戒之曰:“但令勤學, 所得不貧矣.”仲子善慶, 嘗赴漢試。時相爾瞻, 開東閣, 延招文士, 再三請見甚勤, 善慶終不往。公喜曰:“兒不爲勢利所屈, 可謂無忝爾所生也.”愛君憂國之心, 出於至誠, 雖家居, 或聞朝廷闕失, 憂形於色。癸丑以後, 每歔欷太息, 至爲之掩泣。愛西潭水石之奇, 拓土爲臺, 嘯咏自適, 若將終老焉。平居, 晨興整衣巾, 端坐看書。晚年, 尤專精於朱子書, 沈潛翫味。常曰:“古人爲學, 都在敬字上, 苟能持此, 施之萬事, 何所不當?”每對後生輩, 斤斤以操存專靜爲戒。盖公天資旣完美, 又早從賢師友, 與愚伏·蒼石·旅軒諸先生, 爲一

生道義之交。愚翁, 嘗曰：“洪偉夫, 眞後學標準也.”旣尊信師門, 倡建院宇，以爲興起文敎之地。時攜遠近名流，互相講劘。一時高其風義, 擬之鵝湖故事。文章明白典雅, 詩尤沖澹有味。筆法亦整楷, 雖膠擾窘卒之際, 一畫不放過。此雖公緒餘。亦可見其所存云。公生於嘉靖己未十月二日，卒於長陵甲子八月二十三日，享年六十六。同年十二月某日, 坿于縣西德洞。配淑人印氏, 世貫喬桐, 寶文閣學士元寶之後, 繕工監役之信之女。貞順有婦德，勤於壺職，佐蘋藻·事尊嫜以誠。訓子孫, 不以愛弛敎, 御婢僕, 亦先惠而後威, 人皆曰：“女士也.”仁廟己丑卒, 距其生嘉靖甲子, 年八十六。以宅兆不利, 遷公墓幷窆于治西斗建谷負兌之原。有三男三女。…(중략)… 嗚呼! 公之平日言行，此其梗槩也。惟其所存者正, 故孝悌行於家, 忠敬達於朝, 事君以義, 進退有禮, 以至處朋僚·接後學者, 皆從學問上流出來, 如公者, 奚但古之遺直而止哉? 亦豈世俗所謂名士大夫所可影響哉? 惜其纏筮仕而値昏朝, 責難之言, 雖切無裨。及夫聖主改玉, 則天不憖遺, 使公素所蓄積, 不得盡布於世。秖今百餘年，幷與其德學文業，無所稱而埋沒。逴逴有識之士, 爲之語及而氣沮, 寧不慨然哉? 公之孫處貞, 使其族姪有源, 齎公遺集及若而文字, 訪余尼南山下, 求所以編摩爲狀者。顧不佞生也晚, 何足以不朽公哉? 然不佞嘗聞前輩論厓門高弟, 必曰‘西潭公’, 以知公巋然爲當世名輩者熟矣。雖文辭荒拙, 亦何敢辭? 遂撰次如右, 以俟夫太史氏秉筆云。

〔壎篪兩先生文集，권28, 壎篪錄，行狀〕

58. 장해빈

장해빈의 자는 □□, 황조(皇朝: 명나라) 절강성(浙江省) 사람으로 한유후(漢留侯: 張良)의 후예이다. 만력(萬曆) 을해년(1575, 원주: 선조 3년(협주: 8년의 오기)에 태어났다. 우리 조선에서 벼슬을 하였다. 효종 정유년(1657)에 죽었다.

절강성(浙江省) 항주(杭州) 금화부(金華府) 오강현(烏江縣)에 살았는데, 신종(神宗: 명나라 제13대 황제) 임진년(1592) 왜적이 우리나라를 쳐들어오자, 천자(天子: 명나라 황제)가 장해빈을 장수로 명하여 우리나라를 구원하러 왔고, 정유년(1597) 또 절강(浙江)의 군대에게 명하면서 장해빈을 부장(副將)으로 출동토록 하여 우리나라에 왔다. 죽산(竹山)과 충주(忠州)에서 대첩을 거두어 승전비를 세웠고, 전전(轉戰)하다 울산(蔚山)의 증성(甑城: 島山城)에서 싸웠는데, 번번이 싸울 때마다 말을 몰아 앞서 올라갔고, 왼쪽 다리가 날아온 탄환에 맞았음에도 아픈 기색을 보이지 않고 상처를 싸맨 채 견고한 적진으로 돌격하니, 많은 사람들이 그를 장하게 여겼다. 명나라 여러 장수들이 승전하고 돌아가게 되었는데, 상처와 부스럼이 아직 아물지 않았고 또 우리나라 땅을 좋아하였으니, 그대로 남아 본현(本縣: 군위현)의 북산(北山)에 살았다. 조정에서 율봉 찰방(栗峯察訪)에 제수하였지만, 성품이 담담해 영화로운 길로 나아가기를 좋아하지 않아 사은숙배하고 그만두었다. 이를테면 유부(兪跗: 중국 黃帝 때 명의)와 편작(扁鵲: 주나라 때 명의) 같은 의술과 감여(堪輿: 풍수지리)의 술법에 이르기까지 정통하지 않은 것이 없었다. 동쪽으로 우리나라에 온 해는 만력(萬曆) 정유년(1597)이었고, 세상을 떠난 해 또한 숭정(崇禎) 이후의 정유년(1657)이었다. 공이 이 세상에 살아 있었을 때에 예기치 않게 군탄(涒灘)의 변(變: 1644년 명나라 멸망)을 보았으니, 마치 동해(東海)에 몸을 던져 죽으려던 의리를 속으로 헤아리면서도, 서하(西河: 中原)의 유종(遺種: 정통을 잇는 씨앗)을 남기려는 계책을 미리 기약한 듯하다. 통달한 식견과 멀리 내다보는 안목이 아니고서야, 능히 이와 같을 수 있었겠는가?【협주: 이규장이 찬한 묘비에 실려 있다.】

• 張海濱

張海濱[1], 字□□, 皇朝浙江[2]人。漢留侯[3]之裔。萬曆乙亥【我宣祖三年[4]】生。仕本朝, 官察訪。孝宗丁酉卒。

居浙江杭州金華府烏江縣, 神宗[5]壬辰, 倭寇本國, 天子命將來援, 丁酉, 又命浙江兵, 海濱以副將出來。大捷于竹山[6]·忠州, 立勝戰碑, 轉鬪于蔚山[7]之甑城[8], 每戰, 策馬先登, 左脚爲流丸所中, 不形痛色, 裹瘡衝堅, 人多壯之。及諸將之凱還, 瘡瘢未完, 且喜東土, 仍居本縣之北山。朝家除栗峯察訪, 性恬愰, 不喜榮進, 肅拜而止。如兪扁[9]之方·堪輿之術, 無不精透。東來之年, 在於萬曆丁酉, 捐館[10]之歲, 亦値崇禎後

1　張海濱(장해빈, 1575~1657): 호는 華軒. 浙江省 金華府 출신이다. 증조부는 진사 張孟慶이며, 조부는 문과 급제하 刺史를 지낸 張忠源이다. 아버지는 太醫院監 張應華이며, 어머니는 朱氏이다. 부인 宜寧南氏는 南平三의 딸이다. 1575년 4월 2일에 태어나, 1657년 11월 19일에 죽었다.

2　浙江(절강): 浙江省. 중국 남동부 동해 연안의 省. 양자강 하류의 남부를 차지하고 있으며 錢塘江에 의하여 동서로 나뉜다. 省都는 杭州이다.

3　漢留侯(한유후): 漢나라 건국공신 張良을 일컬음. 유후는 劉邦으로부터 받은 벼슬이다.

4　三年(삼년): 8년의 오기.

5　神宗(신종): 명나라 제13대 황제. 임진왜란 때의 조선 출병 따위로 국력이 쇠하고, 가혹한 징세로 민심을 잃었다. 재위 기간은 1572~1620년이다.

6　竹山(죽산): 경시도 안성시 죽산면 일대.

7　蔚山(울산): 경상남도 동북쪽에 있는 광역시 일대.

8　甑城(증성): 울산광역시 학성동에 있었던 島山城의 다른 이름. 1597년 왜군이 쌓은 성인데, 그 모양이 시루와 같아 하여 붙여진 이름이다.

9　兪扁(유편): 兪跗와 扁鵲. 명의를 일컫는다. 유부는 중국 黃帝 때의 명의이고, 편작은 중국 周나라 때의 명의이다. 이름난 의사의 훌륭한 치료법을 유편지술(兪扁之術)이라 함.

丁酉。公之生世之日， 遽見涒灘之變[11]， 則似若暗揣乎東海蹈死之義，
預期乎西河遺種[12]之計。 非達識遠覽， 能如是乎?【李奎章[13]撰碑】

---

10 捐館(손관): 살던 집을 버린다는 뜻에서 유래하여, '죽음'을 높여 일컫는 말.

11 涒灘之變(군탄지변): 古甲子의 十二支 중 하나인 申에 해당하므로, 곧 닥쳐올 '신' 자가
   들어간 해를 가리킨다. 1728년 李麟佐의 난을 일컫는다.

12 西河遺種(서하유종): 서하는 고대 중국에서 周漢 이래 중원 정통의 상징이며, 유종은 정통
   의 계승자임을 말함.

13 李奎章(이규장): 미상.

59. 박한남

박한남(朴漢男: 朴翰男의 오기)의 자는 국보, 호는 풍봉, 본관은 밀양이다. 선조 기해년(1599)에 태어났다. 광해군 신유년(1621) 무과에 급제하여 벼슬은 부사(府使)를 지냈다. 효종 을미년(1655)에 죽었다.

병자년(1636) 도총부 도사(都摠府都事)에 제수되어 대가(大駕)를 호종하여 남한산성(南漢山城)에 이르렀는데, 날은 저물고 날씨가 추워 사람들과 말들이 제대로 발을 디딜 수조차 없었다. 오랑캐의 선봉이 거의 닿을 즈음, 마침내 주상을 업고 성안으로 들어갔다.

오랑캐의 화살이 왼쪽 팔을 맞혀 한치 남짓이나 깊숙이 박혔지만, 상처를 싸매고 나아가 싸워 여러 차례 공을 세워 적을 베거나 사로잡았다.

계미년(1643) 벽동군수(碧潼郡守)였는데, 영병대장(領兵大將)에 제수하여 장차 저들을 지원하게 하려 하니, 공은 마지못해 이에 따랐다. 그러나 황조(皇朝: 명나라)를 잊지 못하는 뜻이 평소 마음속에 쌓여 있었는데 전장에 달려가야 할 때에 이르러 임기응변의 말로 오랑캐를 달래고 금주(錦州)에 그대로 남아 머물러 화살촉 1발도 쏘지 않았다.【협주: 김경이 찬한 묘비에 실려 있다.】

• 朴漢男

朴漢男[1], 字國輔, 號風峯, 密陽人。宣祖己亥生。光海辛酉武科, 官府使。孝宗乙未卒。

丙子, 除都摠都事, 扈駕至南漢山城, 日暮天寒, 人馬不能着足。賊

1　朴漢男(박한남): 朴翰男의 오기? 증조부는 部將 朴湜이며, 조부는 원종공신 朴應慶이다. 아버지는 동지중추부사 朴大舫이며, 어머니는 禹氏이다.

鋒幾及, 遂負上入城。

矢中左臂, 沈入寸許, 而裹瘡出戰, 累奏斬獲。

癸未, 以碧潼郡守, 除領兵大將[2], 將使援彼, 公黽勉從之。然不忘皇朝之忱, 素積于中, 逮其赴戰, 權辭誘虜, 留滯錦州[3], 不抽一鏃。【金鏡[4]撰碑】

보충

김경(金鏡, 생몰년 미상)이 찬한 묘갈

묘갈

공의 휘는 박한남(朴翰男), 자는 국보(國輔), 호는 풍봉(風峯)이다. 선계(先系)는 밀양(密陽)에서 나왔는데, 5대조 휘 박종원(朴終遠)은 진사였다. 고조부 휘 박수련(朴守蓮)은 생원이었다. 증조부 휘 박식(朴湜)은 부장(部將)이었다. 조부 휘 박응경(朴應慶)은 임진공신(壬辰功臣)으로 행수문장(行守門將)을 지냈다. 아버지 휘 박대방(朴大舫)은 가선대부(嘉善大夫) 동지중추부사(同知中樞府事)였다. 어머니는 단양우씨(丹陽禹氏)이다. 만력(萬曆) 기해년(1599) 3월 30일 인시(寅時: 새벽 4시 전후)에 태어났다.

공은 어려서부터 빼어나게 출중하여 늘 장년에 행하려는 뜻을 품고 집안 살림을 돌보지 않으면서 날마다 활쏘기와 말타기를 일삼았다. 천계(天啓) 원년 신유년(1621) 무과에 급제하였다. 숭정(崇禎) 신미년(1631)에 행 훈련원 습독관(行訓鍊院習讀官)이 되었고, 계유년(1633)에 훈련원 주부(訓鍊院主簿)로 승진하였으며, 다경포 만호(多慶浦萬戶)로 나가 진수(鎭守)

---

2 領兵大將(영병대장): 1641년 청나라가 錦州 공략전에서 파병한 군대를 총지휘하는 총사령관.

3 錦州(금주): 중국 遼寧省 서부 遼東灣에 면한 도시.

4 金鏡(김경): 미상.

하였다.

병자호란 때, 도총부 도사(都摠府都事)로 제수되어서 대가(大駕)를 호종하여 남한산성(南漢山城) 밑에 이르렀는데, 날은 저물고 날씨가 추워 사람들과 말들이 제대로 발을 디딜 수조차 없어 도저히 앞으로 나아갈 형세가 아니었다. 오랑캐의 선봉이 거의 닥칠 즈음, 공은 마침내 몸을 아끼지 않고 힘을 다해 창졸간에 감히 옥체(玉體)를 업고서도 다행히 뒤집어엎어지는 것을 면하여 밤이 깊어서야 성 안으로 들어갔다. 주상이 장하게 여기고 위로하며 타일렀다. 공은 성을 지키면서 온 힘을 다해 싸워 여러 차례 적을 베거나 사로잡으며 물리치는 전과를 거두었다.

정축년(1637) 1월 1일에 특별히 현신교위(顯信校尉: 무신 종5품 품계명) 수오위도총부경력(守五衛都摠府經歷)으로 승진하였으며, 2일에 다시 훈련원 부정(訓鍊院副正)에 제수되었고, 4일에 또 훈련원정(訓鍊院正)에 제수되었으며, 3월에 초옥(貂玉: 貂蟬冠과 玉貫子로 고관을 뜻함)으로 승진하였다. 경진년(1640) 8월에 행벽동군수(行碧潼郡守)로 나갔다. 계미년(1643) 4월 특별히 영병대장(領兵大將: 청나라가 요동의 금주를 공격할 때 파병한 조선군을 통솔한 총사령관)에 제수되었다. 대개 공이 끝내 굳이 사양하지 못한 것은 스스로 국가를 위해 어찌할 수 없는 형세임을 알았기 때문이다. 마지 못해 금주(錦州)에 이르렀으나, 황조(皇朝: 명나라)를 잊지 못하는 뜻이 평소 마음속에 쌓여 있었는데 전장에 달려가야 할 때에 이르러 임시 변통의 말로 오랑캐를 달래고야 금주(錦州)에 그대로 머물러 화살촉 1발도 뽑아 쓰지 않았다.

그리고 갑신년(1644)에 한양으로 돌아왔다. 7월 행대구부사(行大丘府使)로 나갔고, 기축년(1649) 행오위장(行五衛將)을 지냈으며, 경인년(1650) 가선대부(嘉善大夫)로 승자(陞資)하였고, 신묘년(1651) 행곤양군수(行昆陽郡守)를 지냈고, 계사년(1653) 행풍천부사(行豐川府使)를 지냈다.

을미년(1655) 8월에 연위사(延慰使)로 안주(安州)에 이르렀는데, 끝내 중병에 걸려 수레에 실려 병든 몸으로 한양으로 돌아왔다. 지월(至月: 음력 11월) 20일에 임시 거소에서 죽었으니, 향년 57세였다. 효종(孝宗)이 크게 비통해하고 특별히 부의(賻儀) 물품을 내렸다. 12월 3일에 발인(發靷)하였고, 14일에 고향으로 돌아와 빈소를 차렸다. 병신년(1656) 2월 13일 임오에 금곡(金谷) 조상 묘역 아래 갑좌(甲坐)의 언덕에 장사지냈다.

부인 단양우씨(丹陽禹氏)는 공의 외가(外家)와 같은 본관이나 파(派)는 달랐다. 아들 둘과 딸 둘을 두었다. …(이하 생략)…

숭정 후 정유년(1657) 남지일(南至日: 동지)

진사 선산 김경 삼가 짓다.

墓碣

公諱翰男, 字國輔, 號風峯。系出密陽, 五代祖諱終遠, 進士。高祖諱守蓮, 生員。曾祖諱湜, 部將。祖諱應慶, 壬辰功臣, 行守門將。考諱大舫, 嘉善大夫, 同知中樞府事。妣丹陽禹氏。以萬曆己亥三月三十日寅時生公。公自少挺然出衆, 常懷壯行之志, 不事家業, 日以弓馬爲事。天啓元年辛酉, 中武科。崇禎辛未, 行訓鍊院習讀官 ; 癸酉, 陞訓鍊主簿, 出鎭多慶浦萬戶。丙子之亂, 以都摠府都事, 扈駕至南漢城下, 則日暮天寒, 人馬不能著足, 萬無前進之勢。賊鋒幾及, 公遂挺身極力, 倉猝之際, 肯負玉體, 幸免顚覆, 而夜深入城。上壯而慰諭之。公守城力戰, 累成斬獲·却逐之功。丁丑元朝, 特陞顯信校尉·守五衛都摠府經歷, 初二日, 又拜訓鍊副正, 初四日, 又拜訓鍊院正, 三月, 陞貂玉。庚辰八月, 行碧潼郡守。癸未四月, 特拜領兵大將。盖公之不能牢辭者, 自知其爲國家不得已之勢也。黽勉至錦州, 然而不忘皇朝之心, 素積于中, 逮其赴戰之時, 權辭誘虜, 中滯錦州, 不抽一鏃。而甲申還京, 七月行大丘府使, 己丑行五衛將, 庚寅陞嘉善, 辛卯行昆陽郡守, 癸巳行豐川府使。乙未八月, 以延慰使, 到安州, 竟遭美痾, 輿疾還京。至月二十

日, 卒于旅邸, 享年五十七。孝廟大加悲痛, 特贈賻物。十二月初三日
發靷, 十四日歸殯。丙申二月十三日壬午, 窆于金谷祖塋下甲坐之原。
配丹陽禹氏, 與公外氏, 同貫而異派矣。生二子二女。…(이하 생략)…
崇禎後丁酉南至日進士善山金鏡謹識

〔風峯實紀, 권下, 附錄〕

보충

윤행임(尹行恁, 1762~1801)이 찬한 묘표

대구부사 박공한남 묘표

유명(有明: 명 왕조의 정통이 현재도 유효하다고 전제한 표현) 열황제(烈皇帝: 毅宗) 숭정(崇禎) 16년(1643, 명 왕조 말년), 청나라 사람들이 조선(朝鮮)에 군대를 내도록 요구하였으니 금주(錦州)를 쳐들어가기 위함이었는데, 조선은 이를 거절하지 못하고 마침내 부호군(副護軍) 박한남(朴翰男)을 장수로 삼았으며, 여름 4월에 공경대부(公卿大夫)들이 국도(國都) 남문(南門)에 나가 조전(祖餞: 전송연)을 베풀어 전송하였다.

박한남은 압수(鴨水: 鴨綠江) 가에 진(陣)을 치고 관찰사 구봉서(具鳳瑞)와 함께 통군정(統軍亭)에 올라 요좌(遼左)의 산하를 바라보고는 개연히 탄식하며 일거에 궁려(穹廬: 오랑캐의 장막)를 짓밟고자 하였다. 마침내 압록강을 건너 구련성(九連城)을 지나 봉황산(鳳凰山)에 이르렀고, 청석령(靑石嶺)을 거쳐 요동 신성(新城)으로 이어져 나아가 요양강(遼陽江)에 배를 띄웠다. 천혜의 험지가 지켜지지 못해 번호(藩胡: 북방 오랑캐 여진족)가 차지한 것을 탄식하였으니, 슬피 노래를 부르고 팔을 움켜쥐는데 눈물이 흘러내렸다.

5월 금주(錦州)에 도착하여 가을 9월에는 전투해야 할 시기를 맞았는데, 차마 군대로 상국(上國: 명나라)에 공격을 가할 수 없어 청나라 사람들에게 설득하여 말하기를, "내가 이곳 지형을 살펴보건대 매우 요해처이니, 이곳을 잃으면 아무것도 할 수가 없게 되오. 청나라를 위한 계책으로는 아군을 남겨 두어 그 근본을 굳게 하는 것이 상책이오."라고 하니, 청나라 사람들이 이를 옳게 여겼다. 때문에 박한남은 마침내 대명(大明: 명나라)의 군대와 마주치지 않고 돌아올 수 있었으니, 그 의로운 명성이 동이(東夷)에 알려졌다.

200여 년이 지나 내가 그의 묘지문(墓誌文)에 쓰기를, "유명조선의사 박공지묘(有明朝鮮義士朴公之墓)"라 하였다. 공의 자는 국보(國輔), 자호(自號)는 풍봉(風峰), 대대로 밀양부(密陽府)를 본관으로 삼은 사람이다. 아버지 박대방(朴大舫)은 동지중추부사였다. 어머니는 우씨(禹氏)이다.

공은 만력(萬曆) 기해년(1599)에 태어났다. 23세 때 무과에 급제하였다. 숭정(崇禎) 계유년(1633) 훈련원의 관원이 되었다가 다경포(多慶浦: 전라남도 무안군 망운면 성내리)로 나가 진수(鎭守)하였다. 병자년(1636) 도총부 도사(都摠府都事)에 제수되었다. 청나라 군사가 대거 쳐들어오자, 인조(仁祖)가 남한산성(南漢山城)으로 들어갔고, 공은 고삐를 잡고 이를 따랐다.

성이 포위된 지 오래되자, 선부(膳夫: 司饔院 소속 궁중 식사 담당 우두머리)가 마땅히 이루어져야 할 정상적인 진상을 할 수 없게 되어 하루에 닭 한 마리만 올렸다. 인조가 말하기를, "내가 처음 성에 들어올 때는 새벽마다 닭 울음이 많이 들렸는데 지금은 드물구나. 닭을 잡아 올리기 때문에 그러할 것이니 속히 그만두라."라고 하였다. 그리하여 임금에게 올리는 음식에 기름진 고기가 없었다.

공은 비통함이 심하여 음식이 넘어가지 않았으니, 칼을 지팡이 삼아 산골짜기 시내를 오르내리며 얼음을 깨 물고기를 잡아 올렸다. 인조가 말하기를, "이 무슨 물고기냐?"라고 하니, 시자(侍者)가 대답하여 말하기를, "이 물고기는 산골짜기 시내에서 나는 것으로 세속에서 보통 류목(柳

目: 버들치)이라 이르는 것입니다."라고 하자, 인조가 말하기를, "맛이 매우 좋구나."라고 하였다. 이에 이름을 내려 '금증어(金增魚)'라 하였고, 그 노고로 인하여 승진시켜 경력(經歷)으로 제수하였다.

정축년(1637) 1월 4일, 청나라 군사들이 성에 바싹 다가오자, 공이 활을 당겨 적의 기병 4명을 쏘아 죽이니, 청나라 군사들이 감히 진격해 오지 못하였다. 공 또한 화살 두 대를 맞았으나 화살촉을 도려내고는 다시 성가퀴에 올라 병사들의 용기를 북돋우었고, 승진하여 훈련원 정(訓鍊院正)으로 제수되었다. 밤 삼경(三更: 밤 12시 전후)에 청나라 군사가 다시 서문(西門)으로 바싹 다가왔는데, 공은 칼을 베고 자지 않고 있다가 청나라 군사와 말들이 눈을 밟는 소리를 들었다. 한밤중이라 캄캄하였고 급박한 상황에서도 마침내 주먹을 휘두르며 곧장 나아가 먼저 오르던 자를 밀어 성 아래로 떨어뜨렸고, 수어사(守禦使) 이시백(李時白)과 함께 힘써 싸워 격파하였다. 날이 밝기에 이르러 눈 위에 피가 낭자하게 흐르는 것을 보고서야 비로소 청나라 군사가 많이 죽었음을 알았다.

철곶진(鐵串鎭: 경기도 강화도에 설치된 군사 요새) 절제사(節制使)에 제수되었고, 절충장군(折衝將軍)으로 승진하였으며, 경상도 중군(慶尙道中軍)을 지냈고 벽동군수(碧潼郡守)를 지냈다. 갑신년(1644)의 변(變: 명나라 멸망)을 듣고는 인끈을 풀고 남쪽으로 돌아가니, 인조가 술을 내려 위로하였다. 첨지중추부사로 제수되었고, 외직으로 나가 대구부사(大丘府使)를 지냈다. 효종이 즉위한 뒤, 가선대부(嘉善大夫) 우림위장(羽林衛將)으로 발탁되었고, 이어 곤양군수(昆陽郡守)에 제수되었으며, 풍천도호부사(豊川都護府使)로 승진하였다.

을미년(1655)에 죽었으니, 군위현(軍威縣) 금곡(金谷)의 언덕 갑좌(甲坐)를 등진 자리에 묻힌 곳이 바로 공의 무덤이다.

공의 후손 가운데 무과로 진출한 자가 많았다. 예전 공이 어렸을 때 3그루의 느티나무를 심고 말하기를, "이 나무가 무성하게 자라면, 하나

에는 차양을 세우고, 하나에는 군기와 깃발을 세우며, 하나에는 북과
나팔을 걸겠다."라고 하였다. 여러 또래아이들과 놀 때면 스스로 대장이
라 칭하고, 종이를 찢어 장대에 높이 내걸어 놓은 뒤, 치고 찌르며 전진
하고 물러나는 형세를 지으니, 사람들이 모두 기이하게 여겼다.

아아, 숭정 말년에는 유적(流賊: 李自成 등)이 천하에 널리 퍼져 있었고,
강구(强寇: 청나라)가 또 관외(關外: 산해관 밖)를 짓밟고 있었는데, 조정의
명을 받들고서 막강한 대군을 거느렸던 조대수(祖大壽) 형제 같은 자들
도 잇달아 투항하여 중국이 끝내 지탱하지 못하였다. 만일 공의 충성·지
혜·의로움·절개로 조씨(祖氏: 조대수)의 처지에 놓였다면 천자를 위하여
한번 청나라 군사와 맞섰을 것이니, 그 승패의 결과가 어떻게 될지는
쉽게 알 수 없었을 것이다. 비록 패하여 반드시 죽을지라도 또한 항복하
지는 않았을 것이다. 아아, 공이 해외(海外: 조선)에 태어난 것은 아마도
또한 운명일지어다.

大丘府使朴公翰男墓表

有明烈皇帝崇禎十六年, 淸人索朝鮮賦, 以寇錦州, 朝鮮不能辭, 遂
以副護軍朴翰男爲將, 夏四月, 公卿大夫, 出祖于國南門, 以送之。翰
男陣鴨水, 與觀察使具鳳瑞, 登統軍亭, 覽遼左山河, 慨然欲一擧而蹴
穹廬也。遂渡水, 過九連城, 次鳳凰山, 由靑石嶺, 迤遼東新城, 舟于遼
陽江。歎天險失守, 爲蕃胡所有, 悲歌扼腕泣下。五月, 抵錦州, 秋九
月, 會戎期, 不忍以兵加上國, 說淸人, 曰:"我覰此地, 甚要害, 失此無
可爲者。爲淸計, 留我軍以固其根本, 上策也."淸人然之。故翰男, 遂
不與大明兵相遇而還, 義聲聞東夷。後二百有餘年, 而余乃志其墓, 曰:
"有明朝鮮義士朴公之墓."公字國輔, 自號曰風峰。世爲密陽府人。父
大舫, 同知樞府。母禹氏。公生于萬曆己亥。年二十三, 登武科。崇禎
癸酉, 官訓鍊院, 出鎭多慶浦。丙子, 拜都摠府都事。淸兵大至, 仁廟幸
南漢城, 公執靮以從之。城被圍久, 膳夫闕常供, 供日一鷄。仁廟曰:

“予始入城, 曉鷄多聞, 今也罕焉。鷄供而狀也, 其亟罷之.”於是, 內羞無腒腥矣。公悲甚不能食, 杖劒出入溪澗中, 伐氷而求魚以進之。仁廟曰:“是何魚也?”侍者對曰:“魚産於山溪, 俗稱柳目者也.”仁廟曰:“味甚佳.”其錫名曰‘金增魚.’因以其勞, 陞拜經歷。丁丑元月之四日, 清兵逼城, 公挽弓射殺四騎, 清兵不敢進。公亦中二矢, 刮鏃出, 又登陴鼓勇。陞拜訓鍊院正。夜三鼓, 清兵又薄西門, 公枕劒不寐, 聞士馬踏雪聲。方夜黑, 急遽, 遂奮拳直前, 推先登者, 墜之城下, 與守禦使李時白, 力戰以破之。及平明, 見雪上血流狼藉, 始知清兵多被殺也。拜鐵串鎭節制使, 陞折衝將軍, 爲慶尙道中軍·碧潼郡守。聞甲申之變, 解印南歸, 仁廟賜酒勞之。拜僉知樞府, 出守大丘府。孝廟卽位。擢嘉善大夫羽林衛將。因拜昆陽郡守, 陞豊川都護。乙未卒, 軍威縣之金谷之原, 負甲而藏者, 乃公之墓也。公之後, 多以武擧進。初公幼時, 種三槐, 曰:“此樹苗狀而長也, 其一建盖, 其一建旂旌, 其一掛鼓角.”與羣兒戲, 自稱大將, 裂紙揭竿, 爲擊刺進退狀, 人皆異之。嗟乎! 崇禎之季, 流賊遍天下, 强寇又轢關外, 受朝命而擁重兵, 如祖大壽兄弟者, 相繼投降, 而中國遂不支矣。儻以公忠智義節, 處祖氏之地, 爲天子一當清兵, 其勝敗輕重, 未易知也。雖敗必死, 且無降。嗟乎! 公之生海外, 盖亦命也夫。

〔碩齋稿, 권19, 金石隨錄〕

영남인물고

嶺南人物考

영양

60. 조덕린

조덕린의 자는 택인, 호는 옥천, 본관은 한양이다. 효종 무술년(1658)에 태어났다. 숙종 정사년(1677) 사마시에 합격하고, 신미년(1691) 문과에 급제하여 설서(說書)·삼사(三司)를 역임하였다. 영조 무신년(1728) 호소사(號召使)를 지내고 승지에 이르렀다. 정사년(1737)에 죽었다.

정신과 기상이 영걸스러이 뛰어났으며, 몸가짐이나 예절을 갖춘 태도가 장중하고 엄숙하였다. 젊어서 반궁(泮宮: 성균관)에 유학하였을 때, 반장(泮長: 성균관 책임자)이 일을 의논하며 탄식하여 말하기를, "내가 살펴본 사람이 많지만, 조 아무개 같은 이는 없었다."라고 하였다. 호당(湖堂) 류세명(柳世鳴)은 당대의 호학자(好學者)를 칭할 때마다 오직 공의 형제를 들었다.

영달과 녹봉을 마음에 두지 않았고, 시골집에서 고고하게 지내며 효도와 우애에 지켜야 할 도리를 다하였다. 날마다 경전(經傳)을 공부하였고 특히 주자(朱子)의 글을 즐겨 읽어 소나무 단 위에 단정히 앉아 낭독하는 소리가 하루 종일 그치지 않았다. 그 여가가 있을 때마다 번번이 농사일을 독려하며 말하기를, "이는 공적인 세금을 바치고 제사 곡식을 갖추는 것이니 소홀히 해서는 안 된다."라고 하였다.

을사년(1725) 당파의 의론이 횡행하여 어지럽고 어수선한 것을 눈 앞에서 보고 기(杞)나라 사람들이 하늘이 무너질까봐 걱정했던 마음을 이기지 못해 10개 조목의 상소를 아뢰었으니, 첫째 성인(聖人)의 학문을 밝힐 것, 둘째 진실한 덕을 닦을 것, 셋째 관리의 선발과 임용을 엄정히 할 것, 넷째 백성을 보호할 것, 다섯째 재물 씀씀이를 절제할 것, 여섯째 군대의 실태를 점검할 것, 일곱째 모든 옥사를 신중히 할 것, 여덟째 기강을 진작할 것, 아홉째 공도(公道)를 넓힐 것, 열째 이름과 실질을 바로잡을 것이다. 나라의 권력을 잡은 자들이 이를 싫어하여 말의 뜻을 엉뚱하게 바꾸어 풀이하여 기필코 죽이려 하였으며, 대간(臺諫)의 장계로 인하여 종성(鍾城)으로 유배되었고 나이가 거의 70세 되었다. 때마침 또 혹한이 솜옷을 뚫었는데, 태연히 귀양길에 올라 유배살이를 한 3년 동안 매일 《희역(羲易: 주역)》의 한 괘씩을 외우는 것으로 일과(日課)를 삼았다. 정미년(1727)에 비로소 유배에서 풀려나는 은혜를 입어 돌아오는 길에서 홍문관 응교로 제수되었고, 도성에 들어가 한번 사은숙배하고 고향으로 돌아왔다. 무신년(1728) 봄에 역란(逆亂: 이인좌의 난)이 호서(湖西: 충청도)에 일어났고, 영남 우도(嶺南右道)의 역적 또한 이어서 일어났는데, 주상이 교지(敎旨)를 내려 이르기를, "조덕린(趙德鄰)은 영남 일대에서 우러러보는 선비이다. 특별히 자급(資級)을 더하고 영남 호소사로 차임하니, 충의(忠義)를 격려하여 남쪽 지방을 안정시키도록 하라."라고 하였다. 공은 명을 받들고 눈물을 뿌리며 격문(檄文)을 지어 의병을 규합하니, 일대의 충의 선비들이 구름처럼 모여들었다. 그곳을 떠나 대구(大丘)에 이르렀을 때 안죽(安竹: 안성과 죽산)에서 승전보를 보내오니, 하도(下道: 영남 하도)의 역적들도 차례로 목이 베어져 마침내 의병을 해산하였다. 관찰사 황선(黃璿, 1682~1728)은 사람들에게 말하기를, "세상에 이름과 실질이 서로 부합하는 경우가 드문데, 아무개와 같은 이는 명성이 그 사람만 못하다."라고 하고는, 그의 노쇠함을 민망히 여겨 가마를 타도록 권하자, 사양하여 말하기를, "지금이 어찌 신하된 자가 편안함을 찾을 때이겠소?"라고 하였다.

상소를 올려 아뢰고 새로이 승자(陞資: 자품이 오름)한 것을 사양하였는데, 주상이 비답하기를, "상도(上道: 영남 상도)를 안정시킨 것은 그대의 힘이다. 속히 올라와서 영남의 사정을 아뢰라."라고 하였다. 이에, 급히 도성에 들어가니, 주상이 궁궐 문을 잠그지 말도록 명하고서 불러 접견하였고, 이어 승지에 제수하여 숙직하도록 하였다. 경연(經筵)에 들 때마다 주상은 그의 강설(講說)을 기쁘게 들었는데, 얼마 되지 않아 병장(病狀: 병을 이유로 휴가나 사직을 청하는 서류)을 올리고 돌아왔다. 다시는 당세에 펼칠 뜻이 있지 않았고, 날마다 배우려는 자에게 강학하였으니 원근에서 티끌처럼 모였고 각자의 재주에 따라 성심껏 이끌어 주었다.

병진년(1736) 대신(臺臣)이 사적인 감정으로 인하여 다시 을사년(1725)의 상소를 들추었는데, 그 표현이 도리에 어그러지고 흉악하였으며, 이어서 양사(兩司)가 일제히 논핵하도록 사주하니, 마침내 섬에 위리안치(圍籬安置)하라는 명이 있었다. 풍원군(豐原君) 조현명(趙顯命)이 상소를 올려 공을 잡아다 국문하기를 청하니, 주상은 그 청을 따르면서도 금오랑(金吾郞)이 초치(招致)하러 갈 즈음에 합문(閤門) 밖에서 분부하여 말하기를, "조덕린(趙德鄰)에게 죄가 있다고 말하는 것이 아니다. 그 사실을 밝히고자 하는 것이니, 집을 수색하지도 말고 형틀에 묶지도 말며, 오는 길에서 급히 몰아 병이 나게 하지도 말라."라고 하였다. 옥에 갇히게 되었을 때, 공의 나이는 79세였지만 얼굴빛이 조금도 변함이 없었으며, 천천히 말하기를, "입으로는 말할 수 없으니 청컨대 글로 대답하겠소."라고 하고는, 진술할 내용을 불러가며 확실히 변별하여 밝히는 것이 조금도 틀림이 없었다. 상국(相國) 김재로(金在魯)가 여러 금부 당상(禁府堂上)들을 돌아보며 말하기를, "하마터면 바른 사람을 억울하게 해칠 뻔하였다."라고 하였다. 이튿날 아침에 또 공초(供招: 진술서)를 올리니, 주상이 그의 답변을 보고 하교(下敎)하기를, "글로써 사람에게 죄를 씌우는 것은 왕이 된 자의 아름다운 정치가 아니며, 같은 일로 두 번 귀양을 보내는 것 또한 형정(刑政: 형사에 관한 행정)이 두서없이 잘못된 것이다. 조덕린은 추로(鄒魯: 예절을 알고 학문이 왕성함)의 고을에서 태어나 성현(聖賢)의 글을 읽었으니, 어찌 이 기회를 타서 의혹을 타파하고 벗지 못하겠는가? 특별히 방면하노라."라고 하고는, 급히 동의금(同義禁: 의금부에 속한 종2품 벼슬)에게 명하여 옥문을 열어 내보내게 하였고, 또 사관(史官)

에게 재촉하면서 계속해 쌀을 내려주고 타고 갈 말을 하사하여 호송하라는 명을 내렸다.

정사년(1737) 영남의 유신(儒臣: 김성탁)이 사직 상소를 통해 스승의 억울함(역자 주: 葛庵伸冤疏)을 호소하자, 국문(鞫問)이 설치되었다. 한 대간(臺諫)이 이 기회를 타서 말하기를, "영남의 일은 조 아무개가 모두 주도하였으니, 이번 상소도 마땅히 몰랐을 리가 없습니다."라고 하면서, 또한 선생의 을사년(1725) 상소까지 끼워넣었다. 마침내 탐라(耽羅)에 위리안치하라는 명이 내려지자, 공이 말하기를, "운명이로다."라고 하였다. 이때 가물었는데 더위까지 기승을 부려 아침저녁으로 말을 달리면서 쉬지 않아 끝내 병이 나고 말았다. 후풍관(候風館: 전라남도 해남군 화산면의 海倉)에 이르렀을 때에는 숨결이 실낱같았는데, 그런데도 손수 글을 써서 집에 있는 두 아들에게 부치며 말하기를, "사람이 태어났으면 마침내 다하는 때가 있으니 또한 어찌 한스러울 것이 있으랴만 몸에 악명을 쓰고 세상의 모욕을 뒤집어썼는데, 이것은 내가 비록 이 지경에 이르렀다 하더라도 오히려 힘써 할 수 있을진대, 너희들에게는 훗날 더욱 닦도록 하라."라고 하였다. 곁에 있던 자손들에게 말하기를, "내가 죽으면 씻길 때에는 반드시 깨끗이 하고 염습할 때에는 반드시 단정히 하며, 얇은 널판의 관과 종이 상여를 써서 말을 몰아 고향으로 돌아가게 하라."라고 하고는, 마침내 두 손을 모으고 몸을 바르게 하여 세상을 떠났으니, 상여로 돌아올 때 원근의 유생들이 호송한 자가 60여 명이었고, 장례에 모인 이가 400여 명이었다.

이듬해 주상이 특별히 죄적(罪籍)을 풀어 주었고, 그 뒤에 직첩(職牒)을 내려주려 한 것이 두 차례 있었으나, 대각(臺閣)에서 가로막았다. 을해년(1755) 죄명을 탕척(蕩滌)하는 교지를 내렸고, 또 말하기를, "비록 복관(復官)은 아니지만 복관이나 다름없다."라고 하였다. 성상(聖上: 정조) 즉위 12년(1788)에 특별히 직첩(職牒)을 내려주도록 하며 말하기를, "이 처분은 그 사람을 위해서도 아니다. 근자에 승정원에서 상고하여 아뢴 기주(記注: 注書가 史料를 만들기 위해 임금과 신하의 대화 등을 글로 적는 것)를 살펴보니, 선왕의 처분과 전교(傳敎)에서 그를 산림(山林)의 선비로 대우하고 현사(賢士)를 초빙하는 예를 베풀기까지 하였다. 원소(原疏: 1725년 조덕린이 당쟁의 폐해를 10개 조목으로 올린 상소)의 구절에 대해 단락마다 해명해 주었고 곡진히 너그럽게 타일렀으니, 이번 일은 선왕의 뜻을 계승한 것이 아니고 무엇이란 말인가?"라고 하였다.【협주: 채제공이 찬한 묘갈명에 실려 있다.】

• 趙德鄰

趙德鄰, 字宅仁, 號玉川, 漢陽人。孝宗戊戌生。肅宗丁巳司馬, 辛未文科, 歷說書·三司。英宗戊申, 號召使, 至承旨。丁巳卒。

神采英秀, 儀表端莊。少遊泮宮[1], 泮長與議事, 歎曰: "吾見人多矣, 無有如趙某者." 柳湖堂世鳴[2], 每稱今世好學者[3], 惟公兄弟。

榮祿不入心, 偃蹇鄕廬, 孝友盡倫。日課經傳, 尤嗜《朱書》, 端坐松壇, 讀聲終夕不停。暇輒課農, 曰: "此以奉公賦·備粢盛[4], 不可忽也."

乙巳, 目見黨議肆行, 泯泯棼棼, 不勝杞國之憂, 陳十條疏[5]: 一曰明

---

1 泮宮(반궁): 조선시대 성균관의 異稱.

2 柳湖堂世鳴(류호당세명): 湖堂 柳世鳴(1636~1690). 본관은 豊山, 자는 爾能, 호는 寓軒. 증조부는 柳雲龍이며, 조부는 柳袴이다. 아버지는 柳元履이며, 류원리의 첫째부인 安東權氏는 權直養의 딸이며, 둘째부인 高敞吳氏는 생원 吳淰의 딸이다. 고창오씨의 소생이다. 부인 咸昌金氏는 金堯翊의 딸이다. 柳元之의 문인이다. 1660년 사마시에 합격하고, 1675년 증광문과에 급제하였다. 1678년에는 검열을 지냈다. 이어 史官·이조좌랑을 거쳐 1689년에 持平·校理·獻納을 역임하였다. 1689년 3월 홍문록에 등재되고, 다시 윤3월에 재차 홍문록에 등재되었다.

3 好學者(호학자): 배운 학문을 통해 감정과 실수를 통제하는 자. 孔子는 顔回의 학문을 不遷怒·不貳過로 요약하며, 노여움을 옮기지 않고 잘못을 반복하지 않는 태도를 '진정한 호학'의 기준으로 제시했다.

4 粢盛(자성): 국가의 큰 제사에 올리는 정결한 곡식.

聖學, 二曰修實德, 三曰精選任, 四曰保庶民, 五曰節財用, 六曰討軍實, 七曰愼庶獄, 八曰振紀綱, 九曰恢公道, 十曰正名實。柄國者惡之, 幻譯疏意, 必欲致之死, 臺啓配鍾城, 年幾七十。時又寒冱, 夷然就道, 在謫三年, 日誦《羲易》一卦以爲課。丁未宥還, 道拜弘文應敎, 入城一肅還鄕。戊申春, 逆亂作於湖西, 嶺右賊又繼起, 上下敎曰：“趙德鄰, 嶺外之望也。特加資, 差嶺南號召使, 俾激勵忠義, 奠安南服。”公承命洒泣, 草檄科旅, 一路忠憤之士雲集。馳報賊形·軍情, 行至大丘, 安竹捷書至, 下道諸賊, 次第授首, 遂罷兵。監司黃璿[6], 語人曰：“世人名實鮮相副, 若某者, 名不如其人。”憫其老, 勸乘轎, 辭曰：“此豈臣子求安時耶？”

上疏辭新資, 答曰：“安集上道, 是爾之力, 速來陳嶺南事。”於是, 疾馳入京, 上留門鑰召對, 仍除承旨直宿。每入參經筵, 上欣然聽其講說, 未幾呈病歸。無服當世志, 日與學子講學, 遠近坌至, 各隨才誘掖焉。

丙辰, 臺臣因私憾, 更提乙巳事, 遣辭絶悖, 仍嗾兩司齊發, 遂有島棘之命。趙豐原顯命, 疏請拿覈, 上從之, 金吾郞將發招, 立閣外傳宣曰：“趙德鄰, 非曰有罪。將欲覈實, 勿搜家, 勿枷, 在途勿廹令生病也。”及就獄, 公年七十九, 神色不變, 徐曰：“口不能言, 請以書對。”口呼爰詞[7], 鑿鑿不少錯。金相國在魯[8], 顧諸禁堂, 曰：“幾乎枉害正人。”翌朝又供,

---

5　《承政院日記》1725년 10월 20일 1번째 기사임.

6　黃璿(황선, 1682~1728): 본관은 長水, 자는 聖在, 호는 鷺汀. 증조부는 黃爾徵이며, 조부는 黃暉이다. 아버지는 호조정랑 黃處信이며, 어머니 全州李氏는 李敏徵의 딸이다. 첫째부인 順興安氏는 安時亮의 딸이며, 둘째부인 達城徐氏는 徐命世의 딸이다. 1710년 진사시에 합격하고, 그해 증광문과에 급제하엿다. 1716년 정언, 1719년 통신부사로 일본을 다녀왔으며, 1721년 승지로서 金一鏡을 변론하다가 朴弼夢에게 탄핵을 받아 茂長으로 유배되었고, 1723년 陽德으로 移拜되었다.1725년 복직되었고 1716년 형조참판을 거쳐 1727년 대사간이 되었다. 1727년 경상감사가 되었는데, 함안군수 李光炯의 양민 장살사건으로 상사로서 연대책임을 물어 추고를 당하엿다. 1728년 李麟佐의 난 때 거창 지방을 뒤흔든 鄭希亮의 난을 평정하였다. 1728년 4월 경상감영에 갑자기 죽었다.

7　爰詞(원사): 죄인이 진술한 범죄 사실을 적어 놓은 문서.

8　金相國在魯(김상국재로): 相國 金在魯(1682~1759). 본관은 淸風, 자는 仲禮, 호는 淸沙·虛舟子. 증조부는 金克亨이며, 조부는 金澄이다. 아버지는 우의정 金構이며, 어머니 全州

上覽之, 敎曰:"文字罪人, 非王者美政, 一事再投畀⁹, 亦形政之顚錯。趙德鄰, 生鄒魯之鄕, 讀聖賢之書, 豈不能乘此機會破脫疑惑乎? 特爲放送."亟令同義禁, 開獄門以出, 又令史官促之, 繼下給米賜馬護送之命。

丁巳, 嶺南儒臣上疏訟師冤, 鞫問。臺諫乘機言:"嶺南事, 趙某皆主之, 此疏宜無不知."又攙及乙巳疏。遂加棘濟州, 公曰:"命也."時當旱熱, 朝暮馳不息, 遂病作。至候風舘, 氣息如縷, 猶手書, 寄二子曰:"人生會有盡時, 亦何足恨? 身被惡名, 爲世僇辱, 吾雖到此, 猶可黽勉, 汝輩他日益修之也."語子孫在旁者, 曰:"沐浴必潔, 斂束必整, 薄板·紙轝, 駕馬以歸."遂斂手正身而逝, 喪還, 近邑儒生護送者六十餘人, 及葬, 會者四百餘人。

明年, 上特釋罪籍, 繼而給牒者再, 臺閣輒梗之。乙亥, 下蕩滌罪名之敎, 又曰:"雖非復官, 無異復官."聖上十二年, 特令給牒, 曰:"處分非爲其人也。近見政院記注¹⁰, 先朝處分與傳敎, 待之以林下之士, 加之旌招¹¹之禮。原疏¹²句語, 逐叚昭晰, 曲加寬譬, 今番事非仰述而何?"

【蔡濟恭撰碣】

李氏는 李夢錫의 딸이다. 1702년 진사시에 합격하고 1710년 春塘臺文科에 급제하였다. 1718년 대사간을 지내고 1719년 전라도관찰사·대사성를 거쳐 1720년 호조참의·이조참의를 지내고, 이듬해 병조참판·예조참판을 지내고 개성유수가 되었다. 1722년 신임사화로 파직되고 이듬해 울산으로 귀양갔으나 1724년 영조가 즉위하여 풀려났고 이듬해 대사간에 기용되었다. 1728년 이인좌의 난이 일어나자, 충주목사로 湖西安撫使를 겸해 난을 수습하였다. 1731년 병조판서로 있으면서 신임사화로 죽은 노론의 金昌集·李頤命의 復官을 상소해 이를 달성시켰다. 그 뒤 우의정을 거쳐 좌의정이 되었다. 1737년에도 당파 싸움을 벌여 탕평책을 어긴 죄로 다시 파직되었다가 곧 복직되었다. 1740년 영의정에 올라 1758년 관직을 떠나기까지 네 차례에 걸쳐 10여 년간 영의정을 지냈고, 그 밖에도 영중추부사를 역임해 세도가 매우 컸다.

9 投畀(투비): 죄인을 지정한 곳으로 귀양을 보내던 일.

10 記注(기주): 注書가 史料를 만들기 위해 임금과 신하의 대화 등을 글로 적는 것.

11 旌招(정초): 학덕이 높은 선비를 과거를 거치지 않고 儒林의 천거로 벼슬에 부르던 일. 旌은 꿩의 깃털을 깃대 끝에 단 기를 말하는데, 고대에 大夫를 부를 적에 정을 사용한 데서 유래하였다.

12 原疏(원소): 1725년 10월 20일 조덕린이 당쟁의 폐해를 10개 조목으로 거론하여 올린 상소. 조덕린은 1737년 임금을 폄하고 노론의 득세 등을 비판했다는 이유로 제주도에 위리안치되어 1737년 유배지로 가다가 강진현에서 사망하였다.

보충

채제공(蔡濟恭, 1720~1799)이 찬한 묘갈명

묘갈명 병서

성상(聖上: 正祖)이 즉위 12년(1788)에 윤발(綸綍: 임금의 교서나 명령)을 내려 고(故) 통정대부(通政大夫) 승정원 우부승지 겸 경연 참찬관, 춘추관 수찬관, 지제교(知製敎) 조공(趙公: 趙德鄰)에게 직첩(職牒)을 돌려주었으니, 대개 선왕(先王: 英祖)의 유지를 받든 것이었다.

채제공(蔡濟恭)이 그때 의정부(議政府)의 재상(宰相: 우의정)으로 있을 때, 주상이 천신(賤臣: 채제공)에게 비답(批答: 채제공이 올린 〈연퇴후걸체우의정차(筵退後乞遞右議政箚)〉에 대한 비답)을 내렸는데, 그 일(조덕린의 직첩을 돌려주도록 한 일)을 언급하여 이르기를, "이 처분은 그 사람을 위해서도 아니고, 또한 경(卿)을 위해서도 아니다. 근자에 승정원에서 상고하여 아뢴 기주(記注: 注書가 史料를 만들기 위해 임금과 신하의 대화 등을 글로 적는 것)를 살펴보니, 선왕의 처분과 전교(傳敎)에서 그를 산림(山林)의 선비로 대우하고 현사(賢士)를 초빙하는 예를 베풀기까지 하였다. 병진년(1736, 정사년의 오기, 1737) 체포되었을 때에는 선왕이 특별히 수색하지도 말고 형틀에 묶지도 말도록 하였으며, 옥(獄)에서 나와 길에 오르던 날에는 타고 갈 말을 하사하면서 또 포인(庖人: 요리사)에게 고기를 계속 대주도록 하고 늠인(廩人: 곳간지기)에게 식량을 계속 대주도록 명하였다. 원소(原疏: 1725년 조덕린이 당쟁의 폐해를 10개 조목으로 올린 상소로, 뒤에 다시 서술된다.)의 구절에 대해 단락마다 해명해 주었고, 곧이어 을사년(1725)에 처분(處分: 탕평교서)을 행함으로써 곡진하게 위로하고 타일렀으며, 을해년(1755)에 이르러서는 죄명을 탕척(蕩滌)하는 교지를 내렸다. 그 뒤에 다시 비록 복관(復官)은 아니지만 복관이나 다름없다고 하여 시끄러운 사단을 잠재웠으니, 이번 일은 선왕의 뜻을 계승한 것이 아니고 무엇이란 말인가?"라고 하였다. 아아, 성대하게도 우리 성상(聖上)이 선왕의 뜻을 잘 계승하고 잘 이어가는 효성(孝誠)이도다.

삼대(三代) 이후로 이(理)는 약하고 기(氣)가 성하면서 하늘과 사람이 서로 이기려고 한다는 논의가 있게 된 까닭이다. 한번 성인(聖人)이 나타나서 이가 주인이 되고 기는 이의 명을 따르게 되면, 만사는 다 이를 따르게 되어 사람이 많다 하더라도 그 기를 용납할 수 없게 된다. 그러나 지금 선생이 수십 년 동안 품어 온 울분을 하루아침에 씻어내어 유감이 없게 된 것은 성인(聖人)이 위에 있기 때문이다. 무릇 공론(公論)은 백 년이 채 걸리지 않아 정해지는 법이나, 하늘에서 보면 백 년은 단지 한순간일 뿐이다. 한순간 망령되이 내뱉으며 혀를 놀린 말들을 하늘이 어찌 관여하여 알겠는가? 그러나 그 공론이 정해짐에 이르러서는 하늘의 바른 이치가 만세에 걸쳐 흔들리지 않았으니, 사람이 그 사이에 감히 존재 여부를 따질 수 없었다. 세속에서 하늘과 사람이 서로 이긴다고 의심하는 것은 천인(天人)·이기(理氣)를 알지 못했던 것인가.

선생의 휘는 조덕린(趙德鄰), 자는 택인(宅仁), 자호는 옥천(玉川)이다. 벼슬에 나아감에는 비록 과거로서 나아가기는 했으나, 대신(大臣) 중에 영남의 현자라 하여 주상에게 천거한 이가 있었으니, 영조(英祖)가 돌보아 대우한 방식은 마치 산림에 있는 이를 초빙하는 것과 같자, 선생은 이 특별한 대우에 감격하여 항상 충성을 다하고자 하는 소원을 품었다.

원년(元年: 영조 1년) 을사년(1725) 주상이 직언을 구하는 교시(教旨)를 내렸는데, 선생은 마침 홍문관 교리에서 사간원 사간으로 옮겼던 까닭에 마침내 10개 조목의 상소를 올렸으니, 이러하다.

첫째, "성인(聖人)의 학문을 밝혀 마음을 바르게 하소서. 학문이란 사람이 되는 도리를 배우는 것입니다. 사람이 되는 도리에는 부자·군신·형제의 큰 인륜이 있으니, 반드시 몸으로 체득하고 마음으로 돌이켜본 뒤에야 학문을 밝힐 수 있고 마음을 바르게 할 수 있습니다. 성인은 그 마음이 일어나는 곳을 알고서 공부하는 방도를 보여주었으니 측은지심

(惻隱之心)과 야기(夜氣: 한밤에 사물의 생장을 돕는 맑은 기운으로 仁義의 마음을 자라도록 도움) 같은 설이 그것입니다."라고 하였다.

둘째, "진실한 덕을 닦아 하늘에 부응하소서. 지금 천상(天象: 하늘의 변화, 인간의 도리와 덕행에 대한 경고)이 어그러지고 재려(灾沴: 재앙을 불러오는 요사스러운 기운)가 거듭 이르는데, 피전(避殿: 正殿을 피함)하고 측석(側席: 군왕이 겸손한 자세로 현자를 기다림)하는 것은 문구(文具: 실속없이 그럴 듯하게 형식적으로 꾸밈)일 뿐입니다. 오직 엄숙하고 공손하며 공경하고 두려워하는 데 달려 있으니, 지극히 정성스러운 마음이 있어야 할 따름입니다."라고 하였다.

셋째, "관리의 선발과 임용을 엄정히 하여서 정사(政事)를 세우소서. 우리나라는 협소한데 당파의 논리가 자신의 이해에 따라 나뉘어 피차가 마치 두 나라와 같아서 합하지도 못하고 공정하지도 못하여 이미 고질병이 되었습니다. 근자에 둘에서 셋이 되고 셋에서 넷이 되어 임명장이 나오지 않았어도 인물이 먼저 정해집니다. 이와 같은데 어진 관리를 어찌 얻고 정사를 어떻게 세우겠습니까?"라고 하였다.

넷째, "백성을 보호하여 나라의 근본을 굳건히 하소서. 임금이 백성에 대해 실로 집집마다 타이르며 깨우치고 사람마다 어루만져 보살필 수는 없습니다. 백성을 가까이하는 관원으로는 수령에게 달린 것이온데, 고량자제(膏粱子弟: 부귀한 자제)와 나이 어린 어리석은 자들이 그 자리를 깔고 앉아 사치스럽고 교만하게 굴면서 백성들의 질병과 가난이며 고통을 태연하게 보살피지 않으니 원기(元氣)가 타격을 받아 꺾이고 근본이 흔들리고 있습니다. 이것은 다름 아니라 전하가 그 근본을 맑게 하지 않고 그 말단만 일삼기 때문입니다."라고 하였다.

다섯째, "재물 씀씀이를 절제하여 낭비를 줄이소서. 탁지(度支: 호조)의 경상적 비용이 체면을 잃을 만큼 부족함을 면하지 못했고, 각 군영(軍營)의 군량 비축이 모두 바닥났습니다. 새어나가는 것은 미려(尾閭: 바닷물이 빠져나가는 심해의 구멍)보다도 극심하고, 재물을 쓰는 것은 거름보다 천하게 여깁니다. 이를 맡아 지키는 자는 그 책임을 피할 수 없고, 또한 제도를 미리 정하지 않고 씀씀이를 미리 절약하지 않았기 때문입니다. 그렇지 않다면 어찌 천승(千乘)의 나라가 가난을 걱정하겠습니까?"라고 하였다.

여섯째, "군대의 실태를 점검하여서 미리 대비하소서. 안일한 즐거움에 빠져 지낸 지 썩 오래되어 걱정없이 노니는 것이 습속이 되자, 장령(將領) 선발하는 것을 갈수록 가벼이 여기고 군사 훈련에 필요한 것을 갖추는 데 점점 허술해졌으며, 군적(軍籍: 군인을 징발하기 위해 신상을 기록한 장적)은 한갓 헛된 장부만 끌어안고 병기는 겨우 허울 좋은 이름만 채우고 있을 뿐입니다. 그런데 그 직책에 있는 자는 수선해야 할 급한 일을 충분히 보완할 것을 생각지 않고, 군역을 지는 자는 윗사람을 친근하게 여겨 어른을 위해서 죽을 마음이 조금도 없고, 게다가 침탈과 가혹한 수탈을 몹시 당하니 사나워져 복종하지 않고 있습니다. 장수를 선택해서 그 임무를 전담시켜 백성을 보호하고 그들의 마음을 얻은 후에야 군정(軍政)을 닦을 수 있습니다."라고 하였다.

일곱째, "모든 옥사를 신중히 하여 형벌을 가엾게 여기소서. 생각건대 우리 전하는 즉위 초에 많은 난관을 미처 다 수습하기도 전에 어지러운 옥사가 점점 넘쳐나 주모자부터 관련자까지 연루되어 잡혀 가는 일이 벌어졌으나, 전하께서 지극히 공정하고 지극히 밝았으니, 효도와 우애의 도리는 신명(神明)에 통하고 살리기를 좋아하는 덕은 민심에 듬뿍 젖어 들었습니다. 그러나 마음은 놓치기 쉽고 보존하기 어려우며, 기질은 요동치기 쉽고 억누르기 어려우니, 오로지 성명(聖明)은 더욱 힘쓰셔야 합니다."라고 하였다.

여덟째, "기강을 진작하여 풍속을 바로잡으소서. 오늘날 시험삼아 살펴보면 지극히 기강이 없고 지극히 기율이 없습니다. 붕당을 세워 파벌을 나누고 현명한 자와 어리석은 자가 뒤섞여 나아와 뿔을 맞대고서 이기려 하고 서로 빼앗으려 하여 옳고 그름이 어지러워졌으니, 혹 총애를 베풀다가 모욕을 받기도 하고 혹 존귀한 이를 깎아내려 가볍게 여김을 보이기도 합니다. 전하는 높이 하늘의 자리에 계시니 위엄과 복록은 자신에게서 나오고 그것을 늦추고 당기는 것도 손안에 있는데, 어찌 이를 세워 펼칠 방도를 또한 생각지 않으십니까?”라고 하였다.

아홉째, “공도(公道)를 넓혀서 사사로움을 없애소서. 순(舜)임금과 우(禹)임금이 천하를 소유하고도 간여하지 않은 것은 높고도 높아 형용할 수가 없습니다. 후세의 어리석고 용렬한 군주는 자기의 사심을 극복하지 못하고, 아첨해 총애를 받는 신하 가운데 사적인 교분을 맺어 공명을 구하려는 자가 있으면 마침내 자기 사람이라고 여겨 사사로운 은혜를 베풀었습니다만, 도리어 그들로부터 능멸과 협박을 당하고도 제어하기 어렵게 되어 끝내 어지러워져 멸망하기에 이르렀으니, 경계하지 않겠습니까? 우리 전하는 숙종(肅宗)의 친자이자 선왕(先王: 景宗)의 계제(介弟: 아우)이면서도 황옥(黃屋: 임금의 존칭)에도 마음을 두지 않았고 왕위를 오르려는 데에도 뜻이 없었다. 선왕의 첫 해에는 곧 대호(大號: 왕세제)를 정하고 적임자에게 부탁하며 돌보아서 사랑하기를 더욱 융성하였습니다. 선왕이 승하하던 날에 이르러 눈물을 훔치고 등극하여서는 드디어 정사를 도맡아 듣고 결단하면서 거동과 조치가 지극히 공정하여 사적인 노고는 상을 주지 않고 사적인 분노에는 개의하지 않았으니, 거의 천하를 소유하고도 간여하지 않은 것에 가까워 제가 흠잡을 여지가 없습니다. 그러나 당고(黨錮: 정적의 벼슬길 막음)의 습속은 날로 심해져 서로가 적대시하는 원수가 되어 창과 칼을 들고 서로 찾는데, 전하는 이미 이를 하나로 합치지 못한다면 또한 우선 그대로 내버려 두게 되어 마침내 좁은 나라를 단지 한쪽으로 위축되게 하고 인재를 겨우 그 일부만 얻게 될 것이니, 천지의 유감이 이보다 클 수가 없습니다.”라고 하였다.

열째, "이름과 실질을 바로잡아 나라의 법을 세우소서. 군신·부자·형제의 이름은 나로 말미암아 바르게 되고, 임금이 어질고 신하가 충성스러우며 아버지가 자애롭고 아들이 효도하며 형이 우애하고 동생이 공손한 것은 모두 실질입니다. 천하의 이름과 실질이 바르게 되면, 온갖 일이 그 이치를 따릅니다. 만일 혹 그렇지 않으면, 이것이 이른바 '성실하지 못하면 어떤 사물도 존재할 수 없다.'라는 것입니다. 아아, 사슴을 말이라고 할 수 없고(역자 주: 秦나라 趙高가 二世皇帝에게 속인 일) 꿩을 난새라 할 수 없으며(역자 주: 唐나라 李世民과 高德儒 사이의 고사), 말린 쥐를 박옥(璞玉)이라 할 수 없고(역자 주: 鄭나라 사람들이 말린 쥐를 璞이라 한데서 유래한 고사) 연석(燕石)을 보옥(寶玉)이라고(역자 주: 燕山에서 나는 쓸모없는 燕石을 宋나라 어리석은 사람이 진짜 옥으로 믿은 고사)할 수는 없습니다. 만물이 이미 그러한데 사람은 더욱 심하니, 임금이 된 자는 더욱이 이름과 실질을 바르게 하는 것을 우선해야 할 것입니다. 어찌 한 나라의 일인데도 어제는 옳다고 하다가 오늘은 그르다고 하고, 한 사람의 몸인데도 아침에는 아첨한다 하고 저녁에는 어질다 할 수 있겠습니까?"라고 하였다.

아아, 선생의 상소는 조목이 열 가지이나 요약해 말하면 충성하고 싶은 대상은 성스러운 군주였을 뿐이다. 그때를 당해서는 조정에서 어지러이 어수선하게 당파의 의론이 횡행하는 것을 눈 앞에서 보고 삼가 기(杞)나라 사람들이 하늘이 무너질까봐 걱정했던 마음을 이기지 못해 긴징의 피를 쏟아내어 조금이라도 보탬이 되고자 했던 것이다. 그러나 나라의 권력을 잡은 자들이 그의 말은 당국자들과 마찰을 빚는다는 이유로 도리어 말의 뜻을 엉뚱하게 바꾸어 풀이하여 다 죽여 없애지 않으면 만족하지 못하였다. 만약 영조(英祖)의 지극히 성스럽고 지극히 인자함이 아니었다면, 선생이 어찌 목숨을 보존할 수 있었겠는가. 몇십 년 후에, 신손(神孫: 정조)이 대통(大統)을 이어받아 밝게 비추지 못하는 곳이 없지 않았다면 또 어찌 질투하고 시기하며 무고하고 비방하는 논의들이 얼음이 녹듯 따뜻한 햇볕을 보고 사라질 수 있었겠는가?

선생은 효종 무술년(1658)에 태어났다. 20세 때 진사시에 합격하고, 숙종 신미년(1691) 대과에 급제하여 괴원(槐院: 승문원)에 선발되어 들어갔다. 이듬해 사국(史局: 실록청·일기청)의 천거가 시행되려 할 즈음, 상국(相國) 권대운(權大運, 1612~1699)이 말하기를, "지금의 훌륭한 인재로는 조 아무개보다 뛰어난 이가 없으니, 다른 사람으로는 될 수가 없다."라고 하였다.

얼마 지나지 않아 맏형 지헌공(持憲公: 趙德純, 1652~1693)이 도성에서 죽은 것으로 인하여 관을 부여잡고 영남으로 돌아오며 벼슬할 뜻이 전혀 없었다. 부모가 연로하다 하여 잠시 제원승(濟源丞: 제원역 찰방)에 나아갔다가, 곧 시강원 설서로 옮겼다. 갑술년(1694) 예조 좌랑에 제수되었으나 나아가지 않았다. 이후에 부친상을 당하였는데, 살아생전 봉양함이나 돌아가신 후 슬퍼함에 있어 한결같이 예법에 어긋남이 없었다. 후에 또 모친상을 당했는데, 상례를 치르는 것이 앞서의 부친상과 같았다.

무자년(1708) 강원도 도사로 제수되었는데, 금강산(金剛山)과 오대산(五臺山)의 뛰어난 경치를 탐방하고자 몸을 일으켜 부임하였다. 도착하자마자 관찰사의 명을 받아 양전(量田: 토지 조사) 업무를 감독하게 되었다. 이때 관찰사 송정규(宋挺奎: 宋廷奎의 오기, 1656~1710)가 예하 여러 고을에 명하여 정전(正田: 해마다 짓는 논밭)을 모두 고등급으로 바꾸어 양전(量田)하도록 하였다. 선생이 편지를 보내어 지형과 백성의 동향을 조목조목 진술하였는데, 등급을 바꾸는 것이 불편하다는 것까지 극구 말하고 이어 체직을 청하고 돌아갔다. 관찰사는 이를 듣지 않았을 뿐이나, 결국 원망과 비난이 심하게 일어나 마침내 그 일로 파직되자, 이내 탄식하여 말하기를, "내가 도사(都事)의 말을 따르지 않은 것을 후회한다."라고 하였다. 이로부터 여러 차례 황해도와 충청도 두 도(道)의 도사에 제수되었으나, 혹 나아가기도 하고 혹 나아가지 않기도 하였다.

경종 갑진년(1724) 비로소 홍문관의 선발에 들었다. 영조 을사년(1725) 수찬으로 제수되었는데, 사직 상소를 통해 자연 재해와 백성의 원망을 아뢰니 주상이 후한 비답(批答)을 내렸다. 재차 상소를 올려 임금으로서의 덕에 힘쓰도록 권하였고, 또 동궁을 올바른 데로 인도하는 뜻을 아뢰니 주상이 또한 더욱 장려하고 타일렀다. 필선(弼善)을 거쳐 교리(校理)에 제수되자, 또 상소를 올려 말하기를, "가뭄이 들고 홍수가 넘치며 옥사(獄事)가 지나치게 늘어나고 있습니다. 그것이 빚어진 데에는 반드시 까닭이 있을 것이니, 이에 대응하는 것 또한 반드시 방도가 있을 것입니다."라고 하였는데, 주상은 특별히 가납(嘉納)한다는 비답을 내렸다.

얼마 뒤에 사간(司諫)으로 제수되었는데, 이때에 10개 조목의 상소를 올린 것이다. 처음에는 대간의 논계(論啓)로 인하여 사판(仕版: 관직 명부)에서 삭제하라는 명이 내려졌고, 이어서 종성(鍾城)으로 편배(編配: 徒流案에 올려 유배지의 중노동에 종사하게 함)되었다. 사대부들이 깜짝 놀라 서로 바라보며, 단지 노잣돈 챙겨주기에만 뒤질세라 하였다. 충장공(忠章公) 오광운(吳光運, 1689~1745)이 시를 지어 주었으니, 이러하다.

> 곧은 이를 품었으니 종성은 더 커질테고
> 어진 선비 길렀으니 조령은 더 높아졌네.
> 마음은 붉었나니 괸북의 달 아래 괴롭고
> 몸은 늙었나니 변방의 구름이 아득하겠네.

오공은 곧 영조와 지기(知己)를 맺어 생사(生死)를 같이 하였는데, 선생의 상소가 만에 하나라도 마음에 만족하지 못한 것이 있었다면, 사모하고 우러르며 탄식하고 안타까워 하는 것이 어찌 이와 같이 지극할 수 있겠는가? 종성은 북쪽 맨 끝에 있는 여진(女眞)과의 경계에 있으니, 집에서 삼천여 리나 떨어져 있었다. 선생의 나이가 거의 70세였고 때마침 또 혹한이 솜옷을 뚫었는데, 태연히 귀양길에 올라 한 달 반을 가서야 유배지에 도착하였다. 문을 닫아걸고 고요히 앉아 매일 《희역(羲易: 주역)》의 한 괘씩을 외우는 것으로 일과(日課)를 삼았다.

정미년(1727)에 비로소 유배에서 풀려나는 은혜를 입어 집의(執義)에 제수되었고, 돌아오는 길에서 다시 홍문관 응교로 옮겨 제수되었다. 도성에 이르자 다시 사간으로 옮겨졌으며, 며칠 머물다가 병을 이유로 사직소를 올리고 영남으로 돌아왔다. 이로부터 연이어 교리·수찬·사간·응교에 제수되었으며, 상소를 올려 당시 정치의 잘못과 미비한 점을 아뢰고, 또 말하기를, "북(北: 淸)에서 온 자문(咨文: 외교문서)은 죽어서도 남을 부끄러움이며, 저들의 거칠고 사나운 입놀림이 위로 능묘(陵廟)에까지 미쳤으니, 이미 지나간 잘못은 돌이켜 보완할 수 없으나, 앞으로의 계책은 오히려 스스로 힘쓸 수가 있습니다."라고 하니, 주상은 후한 비답을 내렸다.

무신년(1728) 3월에 역란(逆亂: 이인좌의 난)이 일어나 호서(湖西: 충청도)의 역적이 수신(帥臣: 兵使 李鳳祥)을 살해하였는데, 선생이 변란을 듣고 곧바로 말을 달려 안동부(安東府)에 이르렀다. 이때 영남의 역적 또한 하도(下道)에서 일어났는데, 주상이 교지(敎旨)를 내려 이르기를, "응교(應敎) 조덕린(趙德鄰)은 문학과 식견으로 영남 일대에서 우러러보는 선비이나, 지금까지 막히고 눌려 있어 여러 사람들이 애석해 한 바였다. 특별히 자급(資級)을 더하고 영남 상도(嶺南上道) 호소사로 차임하니, 충의(忠義)를 격려하여 남쪽 지방을 안정시키도록 하라."라고 하였다. 선생은 천 리 밖에서 명을 받들고 눈물을 뿌리며 격문(檄文)을 지었으니, 그 글의 뜻이 비분강개하고 의리가 엄정하였다. 이에, 일대의 충의 선비들이 메아리치듯 호응하여 구름처럼 모여들자, 비로소 장령(將領)을 선발하고 의병을 규합하였는데, 역적의 형세와 군사 정보가 사방에서 들어와 이를 치계(馳啓)하였다. 도순무사(都巡撫使: 吳命恒)가 관찰사 영(觀察使營:

경상도 관찰사 감영)에 이르러 안죽(安竹: 안성과 죽산)에서의 승전보를 가지고 오니, 하도(下道: 영남 하도)의 역적들도 차례로 목이 베어져 마침내 의병을 해산하였다. 상부에 아뢰기를, "선생은 서생이었으나 하루아침에 일어나 군대에 관한 일을 맡았는데, 의기(義氣)가 얼굴에 나타나고 계책이 상황과 시기에 합당하였다."라고 한 뒤에 관찰사 황선(黃璿, 1682~1728)은 사람들에 대하여 말하기를, "세상에 이름과 실질이 서로 부합하는 경우가 드문데, 지금 호소사 같은 이는 명성이 그 사람의 실제 됨됨이만 못하다."라고 하고는, 그의 노쇠함을 민망히 여겨 가마를 타도록 권하였다. 선생이 사양하여 말하기를, "비록 늙었으나 아직 말안장에 걸터앉을 수 있는데, 지금이 어찌 신하된 자가 편안함을 찾을 때이겠소?"라고 하고서, 경주(慶州)와 그 관할 연해(沿海)까지 순행하고 돌아왔다. 마침내 상소를 올려 아뢰고 승자(陞資: 자품이 오름)를 사양하였는데, 주상이 비답하기를, "상도(上道: 영남 상도)를 안정시킨 것은 그대의 힘이다. 속히 올라와서 영남의 사정을 아뢰라."라고 하였다. 이에, 급히 도성에 들어가니, 주상이 궁궐 문을 잠그지 말도록 명하고서 동부승지에 제수하고 친히 접견하여 조용히 대화를 나누었고, 또 은대(銀臺: 승정원)에서 숙직하도록 하였다. 경연(經筵)에 들 때마다 주상은 번번이 강설(講說)을 기쁘게 들었다. 얼마 되지 않아 우부승지로 승진하였고, 몇 달을 지내다가 병장(病狀: 병을 이유로 휴가나 사직을 청하는 서류)을 올리고 돌아왔다. 병조(兵曹) 참의·참지로 제수되었으나 모두 나아가지 않았다. 비로소 낙천(洛川: 낙동강 원류 줄기의 옛 이름) 상류에 거처하였는데, 그 지세가 너무 높고 험하여 오륙 년을 살다가 다시 소라동(召羅洞) 어귀에 터를 잡고 날마다 그 안에서 소요하였다. 원근에서 배우려고 오는 자가 있으면 그들의 재주에 따라 성심껏 이끌어 주었으며, 다시는 당세에 펼칠 뜻이 있지 않았다.

병진년(1736) 가을, 대신(臺臣) 김한철(金漢喆, 1701~1759)이 사적인 감

정으로 인하여 갑자기 다시 을사년(1725)의 상소를 들추었는데, 그 표현이 도리에 어그러지고 흉악하였다. 이윽고 양사(兩司)도 잇따라 논핵하니, 마침내 아무도 살지 않는 아주 멀리 떨어진 섬에 위리안치(圍籬安置)하는 것을 윤허하였다. 풍원군(豐原君) 조현명(趙顯命)이 상소를 올려 이르기를, "10년이나 된 일이 오래 지난 뒤에 한 사건을 두고 다시 벌하는 것은 옥사(獄事)의 체모에 어긋나오니, 청하건대 잡아다 국문하여 사실을 밝히소서."라고 하였다. 이에 잡아들이라는 명이 내려졌는데, 마침 금오(金吾)의 기병이 영남으로 압송하고자 떠나려 하였다. 주상이 금오랑(金吾郎: 의금부 도사)을 불러 합문(閤門) 밖에서 분부하여 말하기를, "조덕린(趙德鄰)에게 죄가 있다고 말하는 것이 아니다. 잡아들이라는 명을 한 것은 그 사실을 밝히고자 하는 것이니, 집을 수색하지도 말고 형틀에 묶지도 말며, 오는 길에서 급히 몰아 병이 나게 하지도 말라."라고 하였다.

옥에 갇히게 되었을 때, 선생의 나이는 79세였지만 얼굴빛이 조금도 변함이 없었고 국청대신(鞫廳大臣)에게 고하여 말하기를, "입으로는 말할 수 없으니 청컨대 글로 대답하겠소."라고 하고는, 문랑(問郎)에게 붓을 잡도록 하여 입으로 진술할 내용을 불러가며 확실히 변별하여 밝히는 것이 조금도 틀림이 없었는데, 답변하는 것을 마치자 밤은 이미 4경(四更: 새벽 2시 전후)이었다. 대신(大臣) 김재로(金在魯)가 여러 금부 당상(禁府堂上)들을 돌아보며 말하기를, "하마터면 바른 사람을 억울하게 해칠 뻔하였다."라고 하였다. 이튿날 아침에 또 공초(供招: 진술서)를 올리니, 주상이 그의 답변을 보고 특별히 대신(大臣)과 대간(臺諫)을 불러 유시하는 뜻을 그대로 판부(判付: 임금이 허락한 처결 문서)에 쓰도록 명하여 이르기를, "글로써 사람에게 죄를 씌우는 것은 왕이 된 자의 아름다운 정치가 아니며, 같은 일로 두 번 귀양을 보내는 것 또한 형정(刑政: 형사에 관한 행정)이 두서없이 잘못된 것이다. 조덕린은 추로(鄒魯: 예절을 알고 학문이 왕성함)의 고을에서 태어나 성현(聖賢)의 글을 읽었으니, 어찌 이 기회를 타서 의혹을 타파하고 벗지 못하겠는가? 특별히 방면하노라."라고 하고는, 급히 동의금(同義禁: 의금부에 속한 종2품 벼슬)에게 명하여 옥문을 열어 내보내게 하였고, 또 사관(史官)에게 재촉하면서 계속해 쌀을 내려주고 타고 갈 말을 하사하여 호송하라는 명을 내렸다. 신하된 사람으로서 사람이 되느냐 귀신이 되느냐, 죽느냐 사느냐 하는 즈음에 주상이 그 마음을 알아주고 끝까지 예우해 준 경우가 옛적에도 있었던가? 출옥하게 되자, 도성의 선비와 백성들이 모두 부축하고 둘러싸서 축하하였다. 그러나 당인(黨人)들이 다시 장계를 올렸고, 이종연(李宗延)이 정언(正言)으로서 개연히 장계 올리는 것을 막았다. 앞서 장계를 올렸던 자들이 이종연을 반박하며 이전처럼 장계를 연이어 올렸으나, 임금은 끝내 듣지 않았다.

정사년(1737) 영남의 유신(儒臣: 김성탁)이 사직 상소를 통해 스승의 억울함(역자 주: 葛庵伸寃疏)을 호소하자, 주상의 노여움이 매우 심하여 국문을 설치하도록 명하였다. 한 대간(臺諫)이 이 기회를 타서 말하기를, "영남의 일은 조 아무개가 모두 주도하였으니, 이번 상소도 마땅히 몰랐을 리가 없습니다."라고 하면서, 또한 선생의 을사년(1725) 상소까지 끼워 넣어 사안을 혼잡스럽게 만들었다. 그리하여 탐라(耽羅)에 위리안치하라는 명이 내려졌다. 선생이 말하기를, "운명이로다."라고 하였다. 이때 가물었는데 더위까지 기승을 부려 아침저녁으로 말을 달리면서 쉬지 않아 병이 나고 말았다. 말에 태워져 해창(海倉: 전라남도 해남군 화산면 해창리에 있었던 포구)의 후풍관(候風館: 순풍을 기다리는 사람들이 이용하는 곳)에 이르렀을 때에는 숨결이 실낱같았는데, 그런데도 부축해 앉아서는 손수 글을 써서 집에 있는 두 아들에게 부치며 말하기를, "사람이 태어났으면 마침내 다하는 때가 있으니 또한 어찌 한스러울 것이 있으랴만 몸에 악명을 쓰고 세상의 모욕을 뒤집어썼는데, 이것은 내가 비록 이 지경에 이르렀다 하더라도 오히려 힘써 할 수 있을진대, 너희들에게는 훗날 나의 허물을 덮고 닦는 바탕이 될 것이다.”라고 하였다. 아들 1명과 손자 1명이 곁에 있다가 목 놓아 큰 소리로 울자, 이를 그치도록 명하여 말하기를, “사람이 태어나면 자연히 끝이 있기 마련이니, 천명을 거스를 수가 없다. 내가 죽으면 씻길 때에는 반드시 깨끗이 하고 염습할 때에는 반드시 단정히 하며, 얇은 널판의 관과 종이 상여를 써서 말을 몰아 고향으로 돌아가게 하라.”라고 하고는, 마침내 두 손을 모으고 몸을 바르게 하여 세상을 떠났으니, 7월 20일이었고 향년 80세였다. 가까운 고을의 유생(儒生) 60여 명이 상여를 호위하여 영암(靈巖) 땅까지 이르렀고, 8월에 관을 운반하여 고향으로 돌아왔으며, 10월에 고을 북쪽 풍산현(豐山縣) 오적촌(烏赤村)의 권 부인(權夫人) 묘 아래 감좌(坎坐)의 언덕에 장사하였는데, 장례에 모인 이가 400여 명이었다. 이듬해 주상이 특별히 죄적(罪籍)을 풀어 주었고, 그 뒤에 직첩(職牒)을 내려주려 한 것이 두 차례 있었으나, 대각(臺閣)에서 가로막았다. 이 일은 마치 금상 전하를 기다리고 있었던 것 같았다.

선생은 정신과 기상이 영걸스러이 뛰어났으며, 몸가짐이나 예절을 갖춘 태도가 장중하고 엄숙하였다. 진사로서 성균관에 유학하였을 때, 나이가 매우 적었어도 동료들 가운데 공경하고 사랑하지 않는 이가 없었다. 반장(泮長: 성균관 책임자)이 일이 있을 때마다 번번이 불러 상의하며 탄식하여 말하기를, “내가 살펴본 사람이 많지만, 조 아무개 같은 이는 없었다.”라고 하였다. 호당(湖堂) 류세명(柳世鳴, 1636~1690)은 대신(大臣)들이 당대의 호학자(好學者: 배운 학문을 통해 감정과 실수를 통제하는 자)를 물을 때마다 반드시 선생 형제를 들어 응답하였다.

벼슬길에 나선 이래 영달과 녹봉을 마음에 두지 않았고, 시골집에서 고고하게 지내며 효도와 우애에 지켜야 할 도리를 다하니 향당(鄕黨)이 감복하였다. 평소 비록 유가의 학문을 자임하지는 않았더라도 공부한 바는 경전(經傳)과 제자서(諸子書)였고, 만년에는 주자(朱子)의 글을 즐겨 읽어 소나무 단 위에 단정히 앉아 낭독하는 소리가 하루 종일 그치지 않았다. 그 여가에는 농사일을 독려하며 말하기를, "이는 공적인 세금을 바치고 제사 곡식을 갖추는 것이니 소홀히 해서는 안 된다."라고 하였다.

만년에는 태백산(太白山) 아래에 집을 짓고 베 이불과 명아주 국으로 지내며 어부와 나무꾼 사이에 섞여 살았으나, 가슴속에서 토해 내는 기운은 천지 사이를 가득 채웠다. 북쪽으로 귀양 갔다가 남쪽으로 옮겨 다녀도 두려워하거나 좌절하지 않았으며, 마침내 해창(海倉) 가에서 고복(皐復: 사람이 죽은 뒤 지붕 위에 올라가 죽은 사람의 영혼을 부르는 일, 곧 發喪)하기에 이르러서도 오히려 말하기를, "나는 비록 이곳에 이르렀으나, 오히려 힘써 할 수 있다."라고 말하였으니, 이는 평소 함양한 바가 얼마나 굳세고 큰지를 알 수 있다.

문집 수십 권이 있어 집에 간직되어 있다. 국포(菊圃) 강박(姜樸, 1690~1742)은 일찍이 말하기를, "옥천공(玉川公)의 장주(章奏: 상소문)는 명백하고 간절하여 우리나라 조정에서 그에 비길 만한 이가 드물다."라고 한 적이 있었다.

한양 조씨(漢陽趙氏)는 고려 첨의중서사(僉議中書事) 조지수(趙之壽)의 후손이다. 몇 대를 내려와 조인벽(趙仁璧)에 이르면 용원부원군(龍源府院君)인데, 우리 태조대왕(太祖大王)의 매형이다. 태조의 왕업이 점차 융성함을 보고 벼슬하지 않은 채 양양(襄陽)에서 늙었는데, 양양 사람들이 충현사(忠賢祠)를 세웠으며, 조정에서 한산백(漢山伯)을 추증하였다. 그 아들 조연(趙涓)은 우리 조정에 들어와 우의정을 지냈고 한평부원군(漢平府院君)에 봉해졌다. 5대를 내려와 휘 조원(趙源)에 이르러 영양(英陽) 사람에게 장가들어 그곳에 거주하였으니, 자손들이 지금 영양 사람이 되었다. 증조부 휘 조전(趙佺)은 예빈시 직장을 지냈고 호는 호은(壺隱)이었다. 조부 휘 조정형(趙廷珩)은 진사였다. 아버지 휘 조군(趙頵)은 장사랑(將仕郎)이었다. 어머니 풍산류씨(豐山柳氏)는 류세장(柳世長)의 딸이자, 겸암 선생(謙庵先生) 류운룡(柳雲龍)의 후손이다. 선생은 안동권씨(安東權氏)와 장가들었으니, 권수하(權壽夏)의 딸이자 학사(鶴沙) 김응조(金應祖) 선생의 외손녀였다. 시부모를 섬기고 남편을 섬김에 효성과 공경으로 이름이 났다. 아들 셋을 두었으니 조희당(趙喜堂)·조희상(趙喜常)·조희상(趙喜尙)이며, 딸 하나를 두었으니 이원봉(李元鳳)에게 출가하였다. 나중에 진산강씨(晉山姜氏)에게 장가들었으니, 생원 강필명의 딸이었는데 자식은 없었다. …(중략)…

선생의 손자 조술도(趙述道, 1729~1803)는 문장과 행실로 사림의 신망을 받았는데, 일찍이 대산(大山) 이공(李公: 李象靖)이 지은 행록(行錄)을 가지고 와 나 채제공(蔡濟恭)에게 울면서 건네며, 선생의 덕과 아름다움을 드러내 주기를 청하였다. 나 채제공은 노쇠함이 심하여 미처 글을 지어 정리하지 못하였는데, 금년에 종자(從子: 조카) 조거신(趙居信, 1749~1826)을 보내어 천 리 밖에서 편지를 전하니, 말이 더욱 슬프고 간절하였다. 마침내 감히 사양하지 못하고 이를 위하여 명(銘)을 지었다. …(이하 명문 생략)…

대광보국 숭록대부 원임의정부영의정 겸
영경연·홍문관 예문관 춘추관 관상감사·규장각제학
평강 채제공 삼가 짓다.

墓碣銘幷序

聖上十二年, 誕下綸綍, 給故通政大夫承政院右副承旨兼經筵參贊官·春秋館修撰官·知製敎趙公職牒, 蓋遵先王遺旨也。濟恭, 時在相府, 上賜賤臣批, 論其事, 若曰：“處分非爲其人, 亦非爲卿。近見政院考奏之記注, 先朝處分與傳敎, 待之以林下之士, 加之以旌招之禮。丙辰被逮也, 仰特使勿搜·勿械, 出獄之日, 錫以乘馬, 又命庖人繼肉, 廩人繼粟。原疏句語, 逐段昭晰, 旋以乙巳處分, 曲加慰譬, 及至乙亥, 下蕩滌罪名之敎。其後, 又以雖非復官, 無異復官, 俾息鬧端, 今番事非仰述而何?” 於乎盛哉! 我聖上善繼善述之孝也。三代以後, 理弱而氣盛, 所以有天人互勝之論。一有聖人作, 理爲主而氣得聽命焉, 則事皆循理, 人衆者不得容其氣。今以先生之幾十年抱幽鬱, 而一朝而洗滌, 無遺憾者, 聖人在上故也。夫公論不百歲而定, 自天而視之, 百歲特一瞬頃耳。一瞬之妄脣饒舌, 天豈可與知? 而及其公論之定也, 天之正理, 亘萬世而不撓, 人不敢有無於其間。世俗之疑之以互勝者, 其不知天人·理氣者歟。先生諱德鄰, 字宅仁, 自號玉川。其進也, 雖以科甲, 大臣有以嶺南賢者, 薦於上。英廟之所以眷待, 有似乎林下招延。先生感激殊遇, 常懷畢忠之願。當元年乙巳, 上有求言之旨, 而先生適以弘文校理, 遷諫院司諫, 遂上十條疏。一曰:“明聖學以正心。學者, 學爲人之道者。爲人之道, 有父子·君臣·兄弟之大倫, 必體之於身, 反之於心, 然後學可明而心可正矣。聖人知其發處, 而示以下工之方, 若惻隱夜氣之說, 是也.” 二曰:“修實德以應天。今天象差忒, 灾沴荐至, 避殿側席, 文具也。惟在嚴恭寅畏, 有至誠之心而已.” 三曰:“精選任以立政。以我國之偏少, 黨論之自分, 彼此若兩國然, 不合不公, 已成痼疾。近者, 自二而三, 自三而四, 除書未出, 物色先定。若此而賢何由得, 政何以立乎?” 四曰:“保庶民以固國本。夫人君之於民, 固不能家家而曉諭, 人人而撫摩也。親民之官, 在於守令, 而膏粱子弟·年少癡兒, 席其侈驕, 民之疾苦·癃痾, 恬而不省, 元氣椓喪, 根本蹶拔。此無他, 殿下不淸其本而徒事其末也.” 五曰:“節財用以省費。度支經用, 未免恥纍, 列營軍儲, 擧歸懸罄。滲漏劇於泥澗, 費用賤於糞土。典守者不得辭其責, 而亦由於制不先定, 用不早節故也。不然, 豈以千乘之國患貧哉?” 六曰:“討軍實以備豫。宴安積久, 恬嬉成習, 將領之選益輕, 敎鍊之具益疎, 軍籍徒擁虛簿, 器械苟充名色。而居其職者, 不思充補修繕之急, 爲之兵者, 莫有親上死長之心, 苦被侵刻, 悍然不服。擇將而專其任, 保民而得其心, 然後戎政可修也.” 七曰:“愼庶獄以恤刑。惟我殿下, 卽阼之初, 未堪多難, 亂獄滋豐, 根株連逮, 而殿下至公至明, 孝悌之道, 通于神明, 好生之德, 洽于民心。然心易放而難保, 氣易動而難制, 惟聖明加勉焉。"八曰: "振紀綱以勵俗。試看今日, 至無綱也, 至無紀也。立黨分朋, 賢不肖雜進, 角勝互奪, 是非貿亂, 或啓寵而納侮, 或貶尊而示輕。殿下尊居天位, 威福自己, 弛張在手, 盍亦思所以立之張之?"九曰: "恢公道以滅私。舜禹之有天下而不與焉者, 巍巍乎不可名矣。後世昏庸之主, 不能克其私心, 而其佞幸之臣, 有納交而要功者, 則遂以爲私人而施私恩焉。反遭其陵脅, 難制而終至於亂亡, 可不戒哉? 惟我殿下, 以肅廟親子, 先王介弟, 非心於黃屋, 無意於求位。先王初載, 卽定大號, 付託得人, 眷愛彌隆。及其倉卒之日, 掩涕登阼, 遂專聽斷, 動由至公, 不賞私勞, 不介私怒, 庶幾有天下而不與, 而吾無間然矣。然黨錮之習, 日以益甚, 相爲敵讎, 戈戟相尋, 殿下旣不能一之, 則亦姑得以任之, 遂使偏邦, 僅縮於一邊, 人才纔得其一分, 其爲天地之憾, 莫大於此矣。"十曰: "正名實以建極。蓋君臣父子兄弟之名, 由我而正。君之仁, 臣之忠, 父之慈, 子之孝, 兄之友, 弟之恭, 皆實也。天下之名實正, 而萬事順其理, 苟或不然, 此所謂不誠無物。嗚呼! 鹿不可以爲馬, 鵩不可以爲鸞, 鄭鼠不可以爲璞, 燕石不可以爲玉。物旣然, 人爲甚, 爲人君者, 尤當以正名實爲先。豈可使一國之事而昨是今非, 一人之身而朝佞暮賢乎?"嗚呼! 先生之疏, 其條有十而要之, 所欲忠者, 聖主耳。當其時, 目見朝廷之上, 泯泯棼棼, 黨議肆行。窃不勝杞國憂天, 瀉出肝血, 以圖涓埃之效。而當國柄者, 以其言之磨軋當局, 乃反幻譯辭意, 不湛滅不斁。向非英廟之至聖至仁, 先生何得以保有性命? 幾十年之後, 非神孫繼體明無所不照, 則又何得以媚嫉誣巉之論, 渙然爲見睍日消耶? 先生以孝宗戊戌生。二十, 中進士, 肅宗辛未, 闡大科, 選入槐院。明年, 將行史局薦, 權相國大運曰: "當今才華, 無出趙某右者, 他人未可也。"未幾, 因伯氏持憲公歿于京, 扶櫬歸嶺外, 邈然無仕宦意。以親老, 暫赴濟源丞, 俄移侍講院說書。甲戌, 爲禮曹佐郎, 不赴。是後, 丁父艱, 生而養, 死而毀, 一以禮罔愆。後又丁母艱, 執禮如前喪。戊子, 除江原都事, 爲探金剛·五臺之勝, 起赴焉。至則被

使檄, 董量田役。時觀察使宋挺奎, 飭部下列邑, 率以正田, 改量爲高
等。先生貽書, 具陳地形民勢, 盛言改等爲不便, 仍請遞歸。方伯不聽
而已, 怨讟滋興, 遂坐罷, 乃歎曰: "吾悔不用都事之言也." 自是, 屢除
黃海·忠淸兩道都事, 或赴或不赴。景宗甲辰, 始入弘文選。英宗乙巳,
除修撰。因辭疏, 陳天灾民怨, 上優批。再疏, 勉進君德, 又陳輔導東宮
之意, 上又加奬諭。由弼善, 拜校理, 又疏言: "旱乾水溢, 獄犴滋豐。其
所致之者, 必有由焉, 則所以應之者, 亦必有說矣." 上特賜嘉納之批。
居頃之, 除司諫, 於是乎十條疏進矣。始因臺啓, 命削版, 繼以編配鍾
城。士大夫愕然相視, 惟饋贐如不及。吳忠章公光運, 贈以詩曰: "容直
鍾城大, 生賢鳥嶺高。心丹關月苦, 身老塞雲遙." 吳公卽結知英廟, 生
死以之者, 先生之疏, 萬有一不慊于心。慕仰而歎惜之。豈若是至也?
鍾城, 在極北女眞界, 去家三千餘里。先生年幾七十, 時又寒折綿, 夷
然就道, 行一月半, 始到配。杜門靜坐, 日誦羲易一卦, 以爲課。丁未,
始蒙宥, 除執義, 在途, 移拜弘文應教。及至都下, 又移司諫, 留數日,
呈病歸嶺外。自是, 連除校理·修撰·司諫·應教, 疏陳時政闕遺, 又言:
"北來移咨, 死有餘恥, 悤怹之口, 上及陵廟, 旣往之誤, 不可追補, 方來
之計, 猶可自强." 上優批以答。戊申三月, 逆亂作, 湖西賊殺帥臣, 先
生聞變, 立趣馬奔詣安東府。當是時, 嶺南賊又起下道, 上下旨, 若曰:
"應教趙德鄰, 文學見識, 爲嶺外望士, 至今淹屈, 羣情所惜。特許加資,
差嶺南上道號召使, 激勸忠義, 奠安南服." 先生千里承命, 灑泣草檄,
辭旨悲憤, 義理嚴正。於是, 一路忠義之士, 響應雲集, 乃選將領, 糾義
旅, 賊形軍情, 旁午馳啓。巡至觀察營, 安竹捷書至, 下道賊次第授首,
遂以罷兵。上聞, "先生書生也, 一朝起以當軍旅, 義形於色, 謀合機
宜." 觀察使黃璿, 對人言曰: "世間名實, 相副者尟, 若今號召使, 名不
如其人云." 閔其老, 勸以轎。先生辭曰: "雖老, 尙可據鞍, 此豈臣子求
安時耶?" 巡及慶州沿海而還。遂陳疏辭陞資, 批曰: "安集上道, 是爾之
力。速上來, 陳嶺南事情." 於是, 疾行入京師, 上命留禁門鑰, 拜同副
承旨, 賜對從容, 又命直宿銀臺。每入經筵, 上輒欣聽講說。尋陞右副,

居數月, 呈病歸。除兵曹叅議·叅知, 皆不赴。始就洛川上流居, 以其地勢太高絕, 居五六年, 更卜召羅洞門, 日逍遙其中。遠近學子至, 隨其才誘掖, 無復有當世志。丙辰秋, 臺臣金漢喆, 因私憾, 忽又提乙巳疏, 遣辭絕悖。俄而, 兩司繼發, 遂允絕島栫棘。豐原君趙公顯命, 上疏以爲：“十年事久之後, 一事再罰, 有關獄體, 請拿問覈實。”於是, 拿命下, 方緹騎之發送嶺外也。上召金吾郎, 立閤門外傳宣曰：“趙德鄰, 非曰有罪。命拿者, 欲令覈其實, 勿搜家勿枷, 在途, 愼勿迫令生病也。”及就獄, 先生時年七十九, 神色不變, 告鞫廳大臣, 曰：“口不能言, 請以書對。”令問郎執筆, 口呼爰辭, 鑿鑿辨明, 不小錯, 對畢, 夜已四鼓。大臣金公在魯, 顧諸禁堂, 曰：“幾乎枉害正人。”翼朝, 又供, 上覽其對。特召大臣臺諫, 諭之意。仍命書判付。若曰：“以文字而罪人, 非王者之美政, 一事而再投畀, 亦刑政之顚錯。趙德鄰, 生鄒魯之鄉, 讀聖賢之書, 豈不能乘此機會, 破脫疑惑？特爲放送。”亟令同義禁, 開獄門以出, 又命史官趣之, 繼以下給米賜馬護送之命。爲人臣而當人鬼死生之際, 上之知其心, 而禮遇以終始之者, 於古有之否？旣出獄, 都人士庶, 皆扶擁以賀。黨人又發啓, 李公宗延, 以正言, 慨然停之。前發啓者, 駁李公, 連其啓如前, 上終不聽。丁巳, 嶺南儒臣, 因辭疏, 訟師冤, 上怒甚, 命設鞫。有臺諫乘機言：“嶺南事, 趙某皆主之, 此疏宜無不知。”又攙及先生乙巳疏, 以眩之。於是, 有耽羅加棘之命。先生曰：“命也夫。”時當旱熱, 朝暮馳不息, 病發矣。駄至海㑌之候風館, 氣息如縷, 猶扶坐手書, 寄在家二子, 曰：“人生會有盡時, 亦何足恨？而身被惡名, 爲世僇辱, 此則吾雖到此, 猶可黽勉, 而爲汝輩他日蓋修之地也。”一子一孫, 在傍號泣, 命止之曰：“人生自有限, 天命不可違。沐浴必潔, 斂束必整, 薄板紙轝, 駕馬以歸。”遂斂手正身而逝, 七月二十日也, 享年八十。近邑儒生六十餘人, 護喪, 至靈巖地, 以八月, 返櫬鄉里, 十月, 葬于府北豐山縣烏赤村權夫人墓下負坎之原, 會葬者四百餘人。明年, 上特釋罪籍, 其後給牒者再, 臺閣梗之。事若有待於今上殿下也。先生神采英秀, 儀表莊嚴。其以進士遊泮中也, 年甚少, 儕流莫不敬愛。泮長有所

事, 輒召與商議, 歎曰: "吾相士多矣。無有如趙某者." 柳湖堂世鳴, 每
於大臣之問今世好學者。必擧先生兄弟以應之。釋褐以來,　榮祿不入
心, 偃蹇鄕廬, 孝友盡倫, 鄕黨感服。平生雖不以此學自任, 而所課者
經傳諸子, 晚嗜朱子書, 端坐松壇, 讀聲終日不輟。以其暇, 課督農務
曰: "此以奉公賦·備粢盛, 不可忽也." 晚家太白山下, 布被藜羹, 與漁樵
相混, 而胸中吐出之氣, 塞乎兩間。北謫南遷, 不懾不沮, 卒之皐復滄
海之上, 而猶曰: "吾雖到此, 猶可以黽勉云爾." 則斯可以知平日所養之
剛且大矣。有文集數十卷, 藏于家。菊圃姜公樸, 嘗以爲: "玉川公章
奏, 明白懇切, 國朝罕有其比."云。漢陽之趙, 高麗僉議中書事之壽之
後。數世, 至仁璧, 龍源府院君, 我太祖大王姊婿也。見太祖王業漸隆,
不仕而老襄陽, 襄人立忠賢祠, 國朝贈漢山伯。寔生涓。入本朝。官右
議政, 漢平府院君。五世而至諱源, 娶于英陽, 居焉, 子孫今爲英陽
人。曾祖諱佺, 禮賓寺直長, 號壺隱。祖諱廷珩, 進士。考諱頵, 將仕
郎。妣豐山柳氏, 世長之女, 謙庵先生雲龍之後。先生娶安東權氏, 壽
夏之女, 鶴沙金先生應祖之外孫也。事舅姑·事夫子, 以孝敬聞。生三
男, 喜堂·喜常·喜尙, 一女適李元鳳。後娶晉山姜氏, 生員必明之女, 不
育。…(중략)… 先生之孫述道, 文行爲士林望, 嘗以大山李公所撰行錄,
泣授濟恭, 要闡先生德美。濟恭耄甚, 未有以撰次, 今年遣從子居信於
千里外書, 語盆悲懷。遂不敢辭, 而爲之銘。…(이하 명문 생략)… 大匡
輔國崇祿大夫原任議政府領議政兼領經筵·弘文館藝文館春秋館觀象
監事·奎章閣提學。平康蔡濟恭。謹撰。

〔玉川先生文集, 권18, 附錄〕

찾아보기

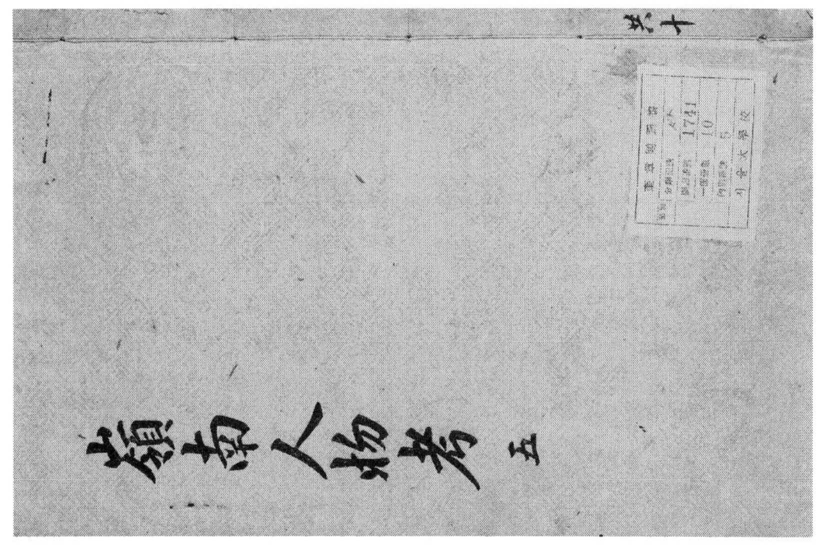

嶺南人物考卷之五目錄

尚州二

金楷　盧行倫　孫萬雄　南座
柳杭　李萬敷　洪大龜　權相一
黃翼再　盧啓元　姜杭　金熙普
高裕

禮安

琴柔　琴以詠　李堨　李埴
李賢輔　金緣　李仲樑　金生溟
李瀣　李滉　朴士熹　金富術
金富仁　李叔樑　金澤龍　金富儀
琴輔　吳守盈　趙穆　尹義貞
琴應夾　琴蘭秀　金富倫　琴應壎
李安道　金圻　金垓　任屹
李詠道　李弘重　金坽　金先緒
李滇翼　李蓀漢　金輝世　金東俊
李世恭

軍威

玉沽　權專　卓慎　權自慎
李軡　李輔　洪瑋　張海濱

金楷字正則不負暗室安東人
甞曰岳於愍字上消磨熊盍惟怠懷一節最雜
晚而理律易採綵微奧多家前儒所示殺至於天文
地尺則雜愍民不失一段畦可以讀書課農四體
田也後主曰順者天下之德盍可以人其四膛

禮脩要以破其疑

戊辰　仁祖　後　任待公　敦忠　承人　由　文約　字儉　行廉生

七歲　既為外　父許之
二十　不能者以此　將奔　告公坐於
歲　得侍以報　歸而　曰頓疾　於是
辭文　達母氏　示每　又恐見怒　婦
韓氏　經絲　韓氏　目之　為目不　且血守祖
病文　頓私侍病　曰果兒　慈子　進
不術　以待人　之一　不聽以　松等　指絲
頓　分病　人日　果兒　逡巡　以救　悲
逕之　公日兒　然孚　支門　其指　濟
離側　血其　指以　留有門　即　溥請
母氏　若有　門即　得　洪　治父得

孫萬雄

孫萬雄字敢萬號野村慶州人　仁祖癸未生　顯宗己酉司馬同年文科歷正言至府尹　肅宗壬辰
卒

顯廟禮陟公以都監郞事皆就緒堂上奇其才事
必咨詢而行爲持平論金壽興誤禮之罪言甚切
至上亟從之典七州而家甚貧賣書冊章服爲
養親之具及除淸州因事罷大臣陳達因任錫
大夫人米穀焉　[小註: illegible]

柳抗　字直莊　文化人

早謝公車擧　耕於〇〇　〇〇陶〇　〇字見其面而踐履之〇馬
嶧貴遠詔〇　精微行式一鄕州牧謙伴造門禮〇則
輓波報荷鋤晝曰誅論不以爲恥
甫廟辛巳冬上保護〇東序疏言其切至臺論峻
敎諭濟州人〇始緣〇布衣而抗大言〇爲李潗
及公而已〇事遺

李喬敕字仲弼號弼山延安人

其真能踪論天道一而聖主一而敬而天道有主而敬之說天道固未嘗無敬也天聖人之

論理之分心有未始之二而一之說曰天道無敬則是聖人與天道有不

辨之心人心知有而二之道誠而誠無不敬也天之

提別之氣亂之分四端七情之分學者而知有不

福順而為學者跎不敬不

觀親之徵孫顏

相似也

繪周先生講學一應慕推尊東方李遠濂溪

程得先生辭所以其之說嚴辭

朱程未始能深惡明清儒亂其之說而不

五臨真修以寓慕十居卯撰述吾愛

吾與爾博學之宗近之過古慶之之完名

洪大龜

洪大龜　字國賓　號東庵　缶林人　事親至孝　及親喪　雖三年之後　每日晨起謁家廟　仍往省墓　往來之路草露爲之不結　人謂誠孝所感　杜門求志　探討墳籍　濂洛羣書　性理諸家　靡不潜心講究　於論孟集註庸學章句　皆爲劄記　太極有說　而洞見理氣之先後　西銘有辨　而發明仁體之廣大　讀周易至萬遍　曰自我讀易　忽前倚衡　見天地萬物皆一部易

金殿萬撰　行狀

公靖修 一 相
東萊臺清諭仲 一 相科雉
史學提副墓璜禹司兩歷科文
宗
卯乙宗
訓之乙洺書護人吾輯學之眼佛為於於有乙冤弱名
宗
劚之洺書護人吾輯學之眼佛為心於有乙冤弱名日學知戌當頃為在門
興民撫以政為然晏境一兵錄聞民變述申修實虛其探為
校學修令孚擇名民治書疏上令孚為月人本辛學

[상단 / top panel]

院曰可以成之惠不問
落見一句而賢異端
日可入吾對曰金鄉文徒
憂之退今須之偏待宮廟
民知其偏後人也興諸
學賢峰人地用諸民
問學之餘文籍散他諸
行朝李渾可謂門徒
諴非山林為門徒也
大非山林為高臨之
爲山林高臨之文上文
顏山林高臨之大文武
人師臨之大文武
師推童上安戒險

[하단 / bottom panel]

庶則自然悟惝無他念以此推之敬守惟是為近
之鑑如自省而心體如明鏡止水無一物而靜則顧
心訓別有感而不應自然當寂而寂應物每對延良以
氣嵇峯除大可誨劉提學史宮祭祥答民武
御峯宋武稿言吾之儒學問之人其分折己甚
退陶先以來相傳吾誅以所認氣為理之病考察範
有初學指南觀書綠近思錄集解昭代備考家範

歷代史諫敍子家
帝調科學示人心術勸後生以讀書治農示教學
業文會亦以講論經台為務而不設試塲

黃翼再 字子文 科歷壹令至府使 英宗丁卯 号南州 鳳山郡 庇仁 祠爲邑 俱有治績 城府使 將庸 命上京 遠使 尼使 朴
爲色 稱安立春林書瑟及養士 橋 左風 左慶 經
戊申 除鐘城府使 啓薦爲台 蒙使 公戊 命兮 坐
師 涑菜 聞其背名即 偵探 賦情 區畫甚多 時
庚戌獄 破誅 達金語眞 招 中其曰 謀議 時 坐 埋

者以 是黃僮順天云而其曰 即公伯鄉雖敎時呈官
請釋家僮之日也 族得昭晣而以臺 格配冤城 叙
用 象有當乎 年曰其源上言 特命給際

盧啓元

盧啓元字伯春號芝陰光山人蕉齋五代孫　肅宗
乙亥生己亥司馬以學行薦授參奉　英宗庚申卒
享尚州玉淵祠
受業於李息山萬敷之門以教導新進爲己任朔
望文會行相揖禮著大學章句疑見五行說定性
書義深衣說
趙豐原顯命以學行薦于朝　除參奉以離親解
嶠常以爲禮當以四禮爲先始修喪禮未卒業而
卒

姜抗

姜抗字而直獅市北肅宗壬午生英宗丙午文科官知中樞當宁丙午囘榜丁未卒時撝抗附離時輩欲誘引公公正色曰士大夫卽餓死耳豈可效墻間步邪終不與通當以戶郎為塩稅摘奸徃湖南道伯及守令多有犯科者令公素相知者為緩頰計公按簿深治無所饒貸卽為時臺所覈罷某年某月公見邸報聞變驚痛欲絶遂泣血草疏抗言極諫有曰　殿下朝廷無一田千秋邪決一死登途及至成昌聞事已不可及遂痛哭而還居常悲痛涕泣不已人以其晚年失明為由於此及囘榜　上特命上來召見仍賜　御製詩七絶以寵之給馹騎還鄉

丁範祖撰行狀

金熙，字濟甫，義城人。肅宗甲午生。後以孝行贈司憲府持平。

生而形貌魁偉，性至孝。開歲而知孝，乳子之時，色飢而不啼。及長，事親志體之養無不備。母有疾，嘗糞以驗。叔父嚴，事之敬謹，雖施罰不敢怨，遵行無違。居喪，哀毀踰禮，廬墓三年。鄉人稱其孝，為之嘆服。

又字宏後。守正不撓，規戒從容，使人感悟。有過則改，善則勉之。當知之，非善不行，貴曰守身之道。後以孝行聞，贈司憲府持平。

英宗壬寅生　字稚端　若上善文　其文仍朝　登年弱冠　上喜曰　其書可誦　參封各人　一人而人侍　多士中　見公格人　公政得　備詢時政　親臨試士　廟堂異之　榮起心也　以真可謂　之子　然一　今而用　至科乙　即人傳　以騎　敎曰其餘　弱年登朝　上喜曰　文仍其上　誦公制科殷句

神龍之　聖神　隆準　上曰　對曰　公　五十餘年　爲民　加嘗　知和　雜爲敎之　觀物　爲時　耶　老人此　斷割庭　應得　新設邑　乃己　令陳　司令　道　嘉慶之　唐庶　以孚　上嘉爲　爲昌　爭不聽　德乃移書　廟堂　縣監　樓　使起　庭盡　割斷　暗曠　時相　僧　以南力

之醜之信手是　發某祺之用曰悟　秋甚而昭馬使其　覓婧情俾手察污　公而其理執觀之　浩嫁得為人官人　圖訛歎不為春恥　計之鈞侔而為所　百事公者官信曰　亦女而成為曰非　何以不久被誣如　芳而久獄女命將　動貨獄滅迹有出　恐人度女以事貞　多度滅氏手非殺　言民而廉其死自賣　辭一殺溪秕之而以　球有落革祿女手卒　書文逢
安州　州田　恭　李　文思　元　翼　徔　庀　時　邶　樹　而　勒　氏　蠡　者

後千有時寧也得　簸民為之頌曰前　簸時寧諷公見曰　弛為之得不得命　公收採舊修擇文　於上引藏麄戶入　之謝曰遍覓去之
我文逢革也其人如初　為也操丁其人諸己案而　不寧曰毋敦世所備　有人偷賣公火其老而
思　元翼徔庀時邶

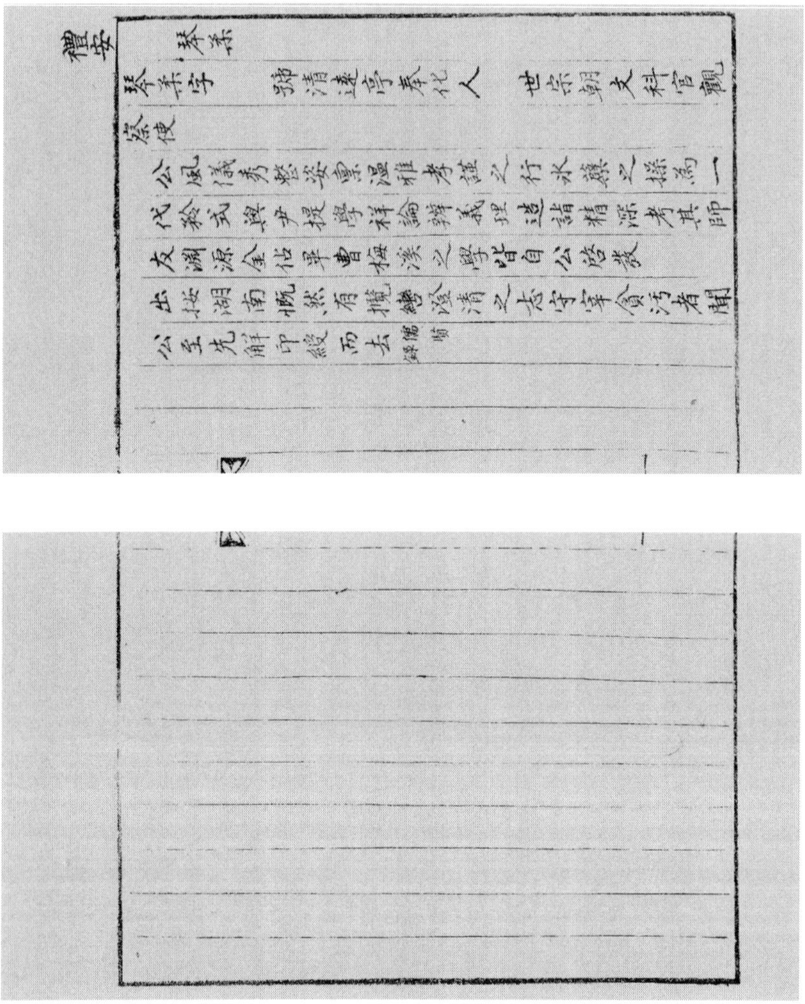
禮安 琴柔

琴柔字 號淸遠亭奉化人 世宗朝文科官觀
察使
公風儀秀整姿稟淳雅孝謹之行氷蘗之操爲一
代稱式與尹提學祥論辨義理造詣精深考其師
友淵源金佔畢曺梅溪之學皆自公發哉
出按湖南慨然有攬轡澄淸之志守宰貪汚者聞
公至先解印綬而去 [illegible]

琴以詠

琴以詠　字　　　奉化人　觀察使柔子　世宗丁卯文科歷翰林至舍人

佔畢齋金先生贈詩曰：

先生材調古無此，胡為白地仍彷徨。
憶曾翰苑踵群彥，翳以鳳凰參翺翔。
青毬滾滾傳雲孫，先生況乃白眉良。〔佔畢齋集〕

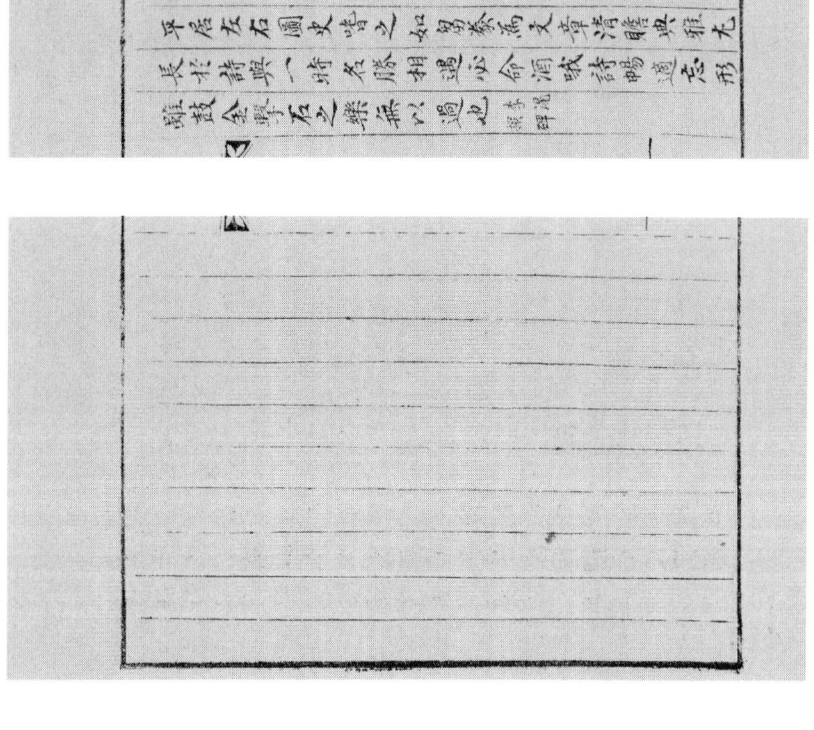

李埴

李埴字器之真寶人　世祖癸未生燕山辛酉進士
壬戌卒　贈左賛成享禮安啓嶺祠
公少有異質嗜學篤志經史百家研究搜抉與命
搨皆寫流輩兩推服而公尤以博洽稱
退溪先生公之子也公嘗訓之曰吾於書食與俱
嚥霞與俱夢坐與俱行與俱行未嘗頃刻而忘
于懷汝悠悠度日何能望其成就于

公
李諱○字仲弼號葦○醴泉人
世祖丁亥生　至知中樞
觀察使
提學
書院
涂江　礼川人
劉○翰林
應敎　安○人
文科　禮安人
戊午　文　乙卯　等以爲史官
明宗乙卯　時以記近前
公爲詳其記法雜志請近稱
上言其洛歲主因事敎恐曰彼鐵面而諱者乃遭時
檢閱那丁獄推配己
公遇事誠直不挑時人彿爲燒酒陶流謂外勳怒
而內淸烈也

引疾史歸議以下何都出歲列幕自都門至於
捕濟川字觀者騈閒以爲守吾之議事
山閒人不知其爲守相兄歌源文詞以導興飄怒有
疾氣載朮悴令侍○○○○燕一依倍責慶○能
遭世獨文竟
明宗甲寅有倖美驛召之　令上愛辭謂因言○如
史學流金子今書而觀之仍示手字曰吾非識非
方寸衣上書亦非度閒論事者臣之言上達此非識恭

者謂簡當真得老成告君之體云
所居汾川山明水麗林壑深邃築室其上以爲奉
親遊玩之所即愛日堂也雙親在堂子孫滿前鄉
多老壽之人嘗爲九老會以悅親心在安東大設
養老宴奉迎兩親主內外蓮公執子弟禮奉觴上
壽觀者嘆息 李滉撰狀
公高祖壽八十四歲曾祖七十六歲祖又八十四
歲父九十八歲公八十九歲母權氏亦八十五歲
公六十九歲時父年九十四叔父年九十二內舅
年八十二聚鄉人年高者爲九老會戲綵以娛之

榮孝之盛聳動觀聽及公年八十一仲男仲樑宰
永川續成九老會八十四歲時三男偶佩符 朝
廷援授旁近邑以便養以公所以養親者養公
世名卿福德兼而晚節全者稱公爲首
初陞堂上即於親前解巾懸着玉環母氏手摩問
曰玉環多乳無乃貫纓難乎公戲告曰懸之爲難
貫何難乎闔堂歡笑公吟成絕句曰新降 天書
墨未乾玉光輝暎鬢毛寒鄉孃莫問環多乳懸是
爲難貫不難以承旨歸覲母氏聞行期以諺語作
歌教婢兒曰待承旨來歌之

金緣字子迪號雲巖光州人　成宗丁未生　庚午司
馬觀察使甲辰卒　己卯文科　中宗朝擢英試歷翰林
公發解時　金塼齋主其試以不擢公為上等為恨
公嘗與族金塼老人憂閣半月次閣抗爭訟之及
老復入公與晦齋李先生執不可其彙定邊懷
輸餽達以公為唐城尉洙鷗初親駁進出為鏡
剡官後安老敗死即以司諫召逮　上慰諭曰
不知庸奸達勞手外於予心有不安者時

旣陰公韓涅是鷗然蔡陷
嘗察步攝嚴格退緇小庵為以雲巖以操終老
公與晦齋李先生烏道義友及公殁晦齋以文祭
曰健多談植值才雄剛忍行志孝謹守正直

李仲樑

李仲樑字公餘號賀淵永川人聾巖賢輔子燕山甲
子生　中宗戊子司馬甲午文科歷檢閱說書三司
直提學至觀察使　宣祖壬午卒
公天性朴直慶事緻密惡浮薄輕淺之習人有漫
浪遊怠者必曰天之生物各有所為縱未能為真
事業治農則必期取禾三百欲獵則亦須庭有懸
貊嘗宜無所用心而恬於素食乎
嘗守永川郡莅以厚德蕆號令順民情不尚剌煩
之政而上下孚人物遂至今以循吏稱
公恬於仕官雅好溪山所居泉石頗勝林園花竹
池沼尋榭晚年退休之樂亦家羕先人之高蹈　叔弟

金生溟

金生溟字士浩號霽　安東人　甲子生進士以
往學行薦　擢慶山訓導　宣祖丁丑年禮安麾冶
遊退陶門下先生稱其篤志力學謹約自守志堅
思若與之慶　遠有光　

公應貞　溪熊　山丙辰進士　戊子文科庭　至大司憲　明宗辛未贈吏
兄燕　吏郎　舍人典
純　翰林庭　至大司寇　肅宗辛未
公溪兄　其愛家　濂濂然
友子兄鄰　其愛早卒公可親親之
李瀣字景明　乙酉進士　道辛　禮安清溪書院
中守　提學　大司諫　忠清黃海監司
真齊賷子文　黃租朝　信官
孫溫　宦祖朝　復信官
性寬厚　罢遷峽孫　友子
德性碑僕有過末嘗形于成立　其與人居善然可心人聖之
公子字撫視教訓至于濟之　平生無信人之心
舊之急必極力而濟之

和其為書人君子矣　溪字誤識
仁宗初即位　域想　垄至沿　而右相邑所為多
墨公以大司憲應勤之　獻納李敦興馬尻五年公按州
忠清鄧李洪男　誣其李洪贏有速謀魚肉忠州事至罷
嶽多遷　朝廷降忠州　為雞新縣　以李敦知縣事調至
洪男者　曾任天書郎坐其文若水死于禍筱謫者欲能
是謂洪男　以義減飄議　徙周州民雀賀孫　者右
洪男以憑利自　謫第逃遁取州人鄉會文將夫序
上憂慮見李敦上　其事謙訊問公司之擬待得其情
閒書　朝初訊而賀源　應死非公所料也　洪男誣言官

燕而兄叔老事前其
怨男娶之藏悅年公致
洪男之史是明時公殺
之洪者藉同燮聖誣其
唯之愛與優庶得始聲
中厥愛公欲得深起文
公扵燕疆燕疆故庶應
怎疆切於鷹犬也元無
當疆老其行不踼壽胸逮迂
藉其摧一顧面嘩公歟曰大臣衆感
等無繼儉繼行不遂具論老私誠
其司諫文其己慎論衆閭田人語
庭不而公心上疏追始忠賀
推至大護遂疏其忠在殺

壽耦朋比壽耦當以謀官欲擊去色色風羣不逞
招攄啟論以懲死以其所生有觸上語下獄服非其
憂甚酷李致怒公亦危及死入武言詆得也而爲其撝
察知公慨然曰無所托如吾日徐拮不人曰事宵爲所上
必不官勤具供絡署中甲山府舁及揚州幸上
當其敢章署審獄命流申山府舁相汲引終不爲
無愛金安老同星慷安慷優相汲不溺而有引忌宋世
疆孝等參午摧揣禍機不溺而爲其

欲見公世衍附麗芑已者武勸公往見以拜禍公

我知其人美沈死生在天造門乙眾不亦都守其

不以禍福動其心如此

公殁殷毅年芑憂瘵死無疆亦復凩懃兢　宣廟初元始

雪公冤天道未昜乎之矣

公退陶先生之兒也自以志回遇合嘗世有金記

王友之稱方公之遊僅序師退陶兒未約青山之

詩公嘗曰仕僅至二品而金

矣其志之所存可知

李滉 文純公

李滉字景浩號退溪眞寶人貞愍公瀣弟燕山辛酉
生 中宗甲午文科官大提學判中樞府事 宣祖
庚午卒 贈領議政 廟庭配享光海庚戌從享
文廟享禮安陶山書院
先生命墓前勿立碑只以小石題之曰退陶晩隱
眞城李公之墓又作自銘曰生而大癡壯而多疾
中何嗜學晩何叨爵學求猶邈爵辭猶嬰進行之
跲退藏之貞深慙 國恩亶畏聖言有山嶷嶷有
水源源婆娑初服脫略衆訕我懷伊阻我佩誰玩
我思古人實獲我心寧知來世不獲今兮憂中有
樂樂中有憂乘化歸盡復何求兮槃論之孔孟以
後幾千百載之下得其統者在中國而惟程朱在
東國而惟退溪而已 蔡濟恭 潛記

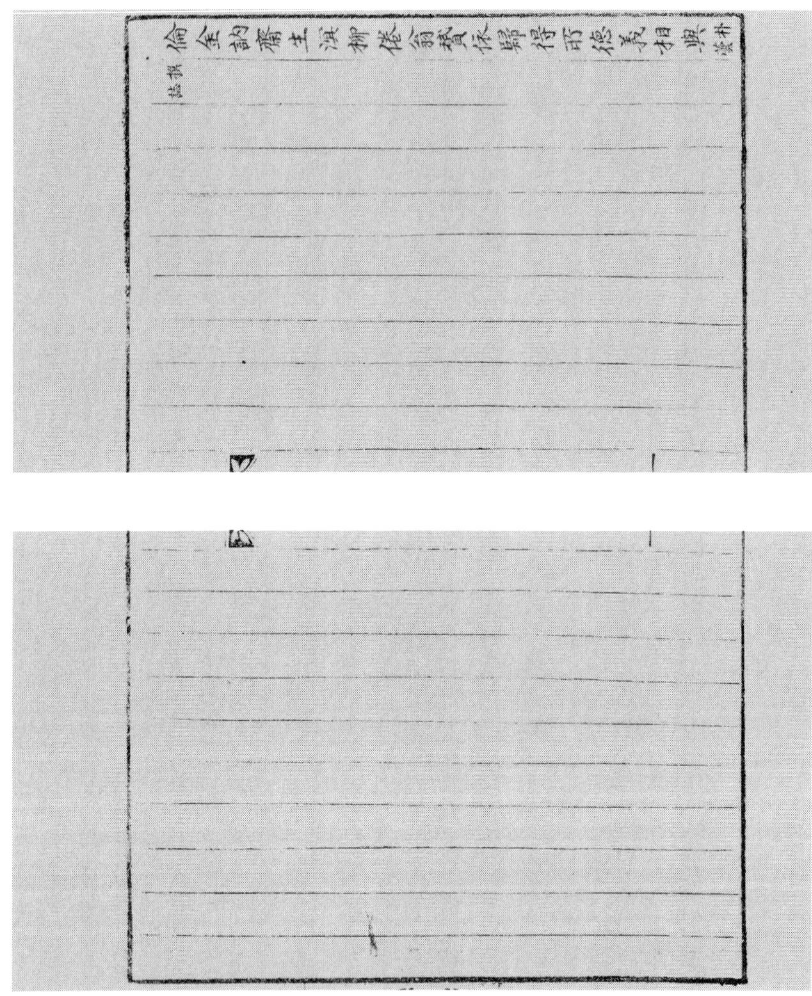

金富弼　字彥遇　鄉後潤堂先山人　觀察使緣子　中
富弼丙子生　丁酉司馬　庚授　金本宦祖　丁丑年三誦
公字承庭訓　晚游陶山　制行嚴謹博本務資以
祠官而啓不就　娑姿林聲不求聞達孝先生詩以
贊之
與弟抱清公　奪汰記李同居一社　友暖歆睦每良
辰美景嗽不往　退隨詩酒咏歌以盡其歡文修楔
之仁里撲誌握信等使吉吾樂不周救寶公所唱率人調

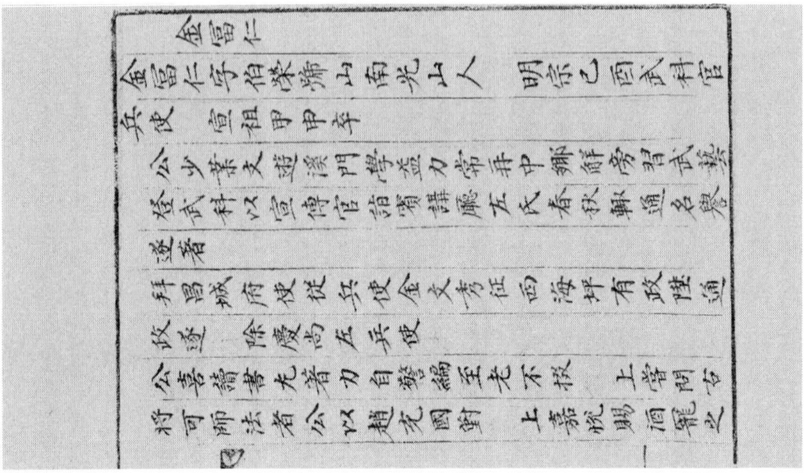

金信仁

金信仁　字伯榮　彌山　南光山人　明宗乙酉武科　官兵使

公少業文　以信…遊漢水門　學…講…五氏…甲…鄉解…習武藝

拜…城府使　從兵使金…參任　西海…拜…政陸…
公…善騎射…著…以趙光國對　上…賜酒…罷之

公既…書…事　科…公既…邊…獻…是學…
來…如神　人譜…時太平…書生…
空鳴軍中大將物外書生

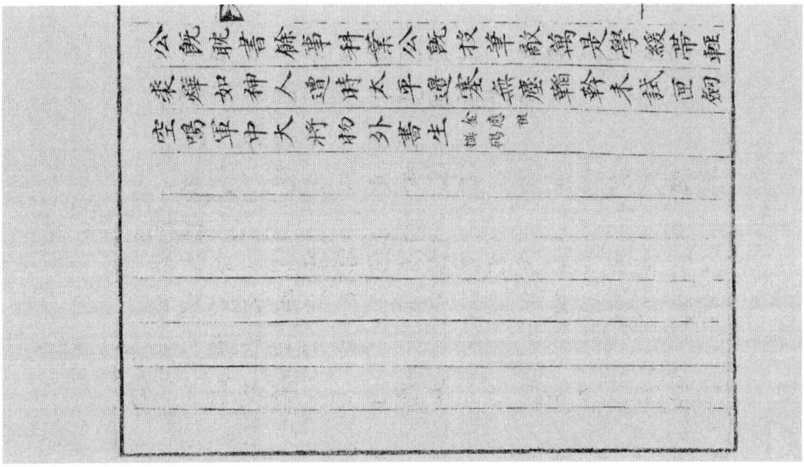

李叔樑

李叔樑字大用號梅巖永川人李節公輔子中
宗綵卯進士官師傅等全安研經書院
公受業乎迅漢之門先生嘗與書曰比來自覺曰
用事如何勿爲世俗餘謊所奪等究大筆是所懇
漢足下本來分毅已是多占此泒惟在勉之而黙
文統公之節輩朱書也公瓶子曰傳寫深禮而黙
究之先生與鄭惟一書曰惟李大用深用力於未
書
創建書院於研經里之畫巖以爲誦六經明道術

之所作記以嘗之先生書其記後曰其文清而曙
琬而正叙事詳而記勝皆
壬辰之亂謀擧義兵方講御冠之美中道而卒遠
川橋爲文哭之曰有才有行儒林之秀謀猷義氣
峯奄然長逝遺事

金澤龍

金澤龍 字施善 號瓠卦 靈子 禮安人 明宗丁未生進
士 爲公始學趙月川先生 後拜退陶之門 受讀心經 手生用
功甚多 先生場屋等役 拜悅若平日 講論有詩云
遂東拜先生 廬秋氣清儀形摘玉色言笑完金待
聶講道 當時事 攉水此後情境未深 嘗揚危坐待
鷄鳴

伴儔 天朝游等將軍寶祥迷至義州王一龍贈
詩曰君是譯天碧玉峰謀敵赫柰禮文宗正期致

治中 江左未許滯名鈞溟東海外鯨鯢雉 滴匿城
功門陶徐爲緩橫也時童聳山河瀯全伙中 興佐國
錄山 及

明

僉都御史金公宗乙卯進士，以遺逸為薦。祀清亭先生，山人貌，祭使餘子。
公稱其氣質醇資，門人問曰：某旱葬塲，廛如何？先生曰：其人馮嵩，長東書院成，鄉眠長者不為不多，而以公孟山長，其見重顏此。
性儉素，年過五十不肯衣帛，見子弟有葵衣布帶，則公摯戲教祝曰：先考徑至宰相，帝脈師布宿，笑以寒王以看好，不甚非予弟之道。

明宗　乙生　李　奉化人　代　軒梅　任　主序　糒鞴　蓁鞴

中序　李乙面　書乙祖　嚴叔　探兵　春塘　序盛鄕

公為虞城三筆藝抄能一世與李梅嚴季先生之業也其語考

所請書神道碑文亦屬於公而書之　退溪先生考

荀成公碣文基碑作朝命治之諸門人以為此碑

退溪先生墓非公不可書公逢書之

非荀為孝不可摸非公不可書諸座右傭曰治心得一敬字接

右人名言為行書　先生　公　先生

人得一誠字理家得一和字此為書神三字行公

之遜秦本源之功於此可知矣　礫怺　樣

吳守盈

字謙仲，號春塘，高敞人。中宗辛巳生，進士。宣祖丙午卒。公即松齋李公堣之外孫，及長，受業於退溪先生。儀容整肅，溫理精微，先生甚稱之。長於詩律筆法，遒勁妙絶一時，時謂宣城三筆。所著詩文甚多，而詞翰佚於兵燹，今有詩草四卷。

趙穆 字士敬 號月川 橫城人　中宗甲午生 以學行
薦授敎官 歷三道都事 至工曹參判　宣祖丙午
卒　享禮曹佐郎 安陶山書院
退溪李先生 以道學倡敎南 一時魁人碩士之摳
衣者甚衆 先生其領袖 神采先生之美 賢得退溪而
有成退溪之道學 得先生而有光
庚午李先生易簀 公服行著三年
癸丑公丁先公憂 應于盡其而啜粥而不
立能 不能文

政府吏書同議 以學行著聞者五人 薦聞先生其
在陝川時 朝廷與日本講和 先生答李宣慰德
隆之書曰 李汝沒居相位 亦作此等事耶 汝沒鴉
除軍資主簿 陳疏曰 講和之說 不勝憤痛 宣有率
師殘我生靈 有一孫一成中 與者講修德
以扶天綱 范仁以撫民 以爲攘夷之本
除掌樂院正 有曰令 進講周易美

精微知者蓋寡。閒甫開居林下，白首窮經，從事《易》學，用工最多云。時除掌樂講席，後又以經學校正堂上，被召者四，以病不能赴。公嘗曰：大學只是知行二字，用以格致屬之知，誠正修屬之行，齊治平為推行之理。如有一字一句有疑處，必就李先生面禀，貫通而後已。嘗就李先生所抄錄朱子書，即要中又抄其尤切於後學者為一冊，以備觀焉。至於亂離奔竄之際，猶不忘教誨，曰：陸秀夫在舟中猶講學，講讀不輟。先生性謹嚴，深厚踐履端實，任真天然，不事矯飾。蓋其得於天者如是，而早歲又得依歸，耳濡目染，皆在典禮之內，發言行事莫不惟師卽之視。先生之於為人，可謂不勞而成矣。〔撰碑〕

尹義貞

尹義貞字而直彌之嶺坡平人　中宗乙酉生享磨
谷祠
與柳西厓鄭藥圃爲道義交追遊唱和
攝精舍與鄉里子弟講討經史名其堂曰磨谷取
朱夫子講磨有地之義也

琴應夾　字夾之　號日休堂　奉化人　明宗乙卯生　宣祖丙戌己丑進士　師事退陶先生　與金鶴峯柳西厓諸友為人[illegible]遠[illegible]小學正姿[illegible]宣祖朝[illegible]金鶴峯觀小學[illegible]月汀趙[illegible]其一言一行治之文　其子弟之粹才學之文[illegible]至其子弟　同門諸友[illegible]師傅[illegible]甲戌壬子[illegible]丁亥[illegible]行義聞[illegible]除拜

河陽縣監[illegible]其后信也[illegible]金鶴峯贈詩　曰我愛[illegible]仕令　曰[illegible]体堂[illegible]從人[illegible]于生[illegible]學[illegible]渭[illegible]不為史　民之愛[illegible]真道味[illegible]烈[illegible]參[illegible]身[illegible]張[illegible]相[illegible]

琴蘭秀

琴蘭秀字聞遠號惺惺齋奉化人　中宗庚寅生
明宗丙午進士官縣監　宣祖己亥卒
公從趙月川學月川曰君吾友也宜往拜李先生
公遂詣陶山得聞爲學之方奉以周旋同或失墜
見之者皆知爲忠厚篤實人
丁酉　天朝將士分路南下飛輓不繼公爲本邑
守城將措畫軍務靡不用極接濟　天使城邑獲
柳根撰碣

全

倫
湛金

金湛字傳叔，號雪月堂，先州人。中宗辛卯進士。官縣監，食祖戌戌年子六，閭書至明道先生十六，與周茂叔論道，慨然有宋道之意，歎曰：吾年亦頹矣夫。作言沈詩，有發陶山為信師，教其知力踐，律身制行，動以禮法自持。衛心經大使圖，義理既曰唘，余悟既反復，奈經設聞，相授受以賢，其既先生安加師，謂曰程末師，亦之。

志之篤，如此，其所至終，可畏邪。公學令，令辰厄三，戹沫浮公，閭求財得，助樂六賠，觀察使書諭，宗公學壬辰厄三，東忠愼，勤上，聞公鎮，特令為鄉監，洞療者，公遠假復守，里如而遊，大瞞之門，人而諸，清令修復，有君氏。公出而養，陶則進，太時之謂，歎寒閭，郞先生等曰，烏為。子山南公仲，氏參正，令從氏後，洞公，托清公，魯君。

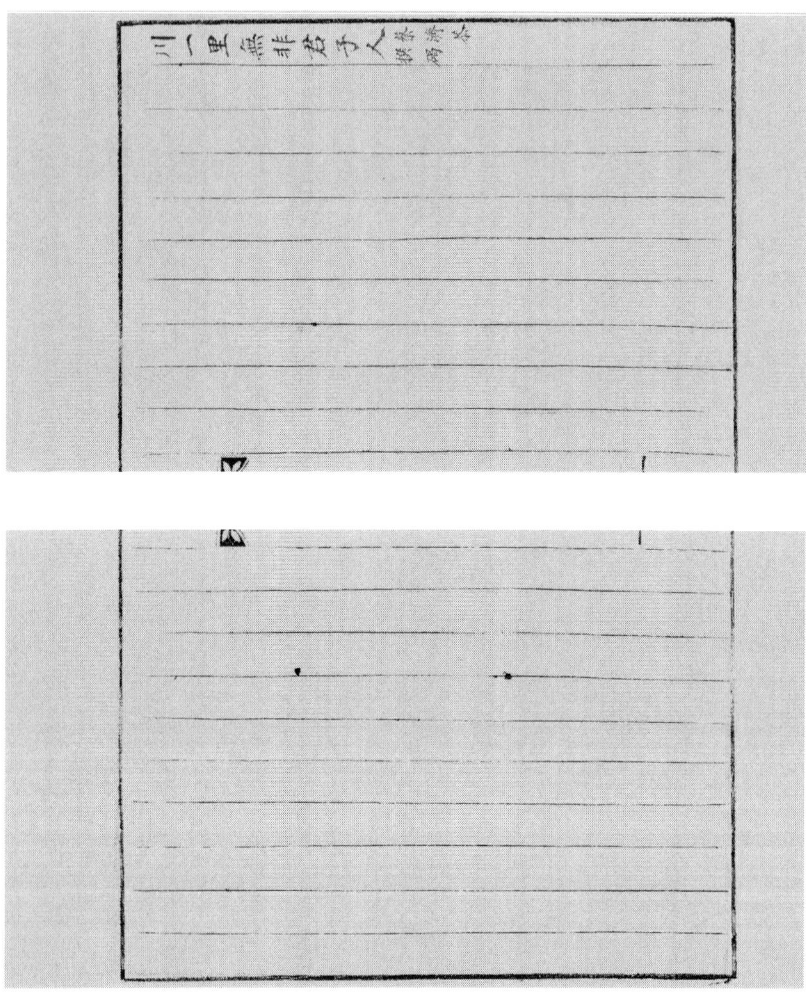

琴應煥

應煥字燦之　宣祖庚午進士　官縣監　先海丙辰進士　官縣監　多列於前　論精晦　志書經講習　德　若論　進士等　其日凡　少之　與其　字名其

李安道

李安道字逢原號蒙齋真寶人文純公滉孫　中宗
辛丑生　明宗辛酉進士官直長　宣祖甲申卒享
禮安東溪書院
公生於先生之門學詩學禮巍然早成一時名流
之景師先生者願與之爲交惟恐或後
公天分醇厚襟懷樂易與人爲同僚雖武人小官
莫不推誠相待無簡勿怠倦之色咸曰眞忠信人
先公在義城任兩遭疾公聞之星夜馳往在途聞
哀竟不勝喪翌年卒〔卿沠撰碣〕

金圻

金圻字止叔號北厓光山人　明宗丁未生以遺逸
薦　除叅奉　宣祖癸卯卒
公操致高潔氣像恬雅與仲兄九峯公請業於溪
上篤信師敎勤學力行晩從趙月川穆往復講磨
造詣益深
壬辰之亂公與從弟近始齋垓倡起義旅公爲整
齊將兼召募事作文勸諭收峙兵糧又上書方岳
指陳討賊方畧及聞和議作遣憤詩曰灰廟終天
痛墟都永世讐誰知和一字從古誤人謀
太祖御容自東都避兵移安本縣栢洞書堂安集
使差公假官恪勤護守未敢以任假而少懈也 李世澤撰行狀

金垓 字達遠 號近始齋 光州人 祖戊子司馬 文科明宗乙卯生 官翰林

公以賀至庭 引公鞫 騎俘 及鄕廬 家人夫 爲公不 爲山南之 及斫別試 少慨然 志書聖賢 退陶靜 鶴峯先生 讀書諸

通天文地誌兵謀卜筮之書 喜讀禮書等 尤善 賓人不得 壬辰公在田里 諸同志 以李公 招諭使 鶴峯金先生 起倡義 募 公庭 賦詩曰 白髮百年 一日 除 贈 左右 悲 書

宣祖

豐川人　明宗丁巳生
字彌甫　漳龍　官教官　光海庚申卒
趙月川鄭寒岡之門諸先生
因以書史自娛　龍潭脆身嘯傲朴子等
壬辰公與枚書五守柳崇介及金誠尹欽臣公銘
道兄等倡義　所謂金城兵也推柳公及尹欽為大將臣公
取計金公孩公代領其衆一戰于閒慶再戰于唐進

橋多所除海朝此義無意於世杜門勸書優海亭歲
自此義無意於世杜門勸書優海亭國而然
李震受示熊丁文慶朝参奉見不靖上疏所樨寶而然光

李詠道字聖與

明宗朝贈吏曹參判公諱純之子也公自少聰敏明宗朝
嘗爲兒時明宗聞之召入禁中厚遇之及長以文學著名
公性純孝事親至誠晨昏定省不怠公居喪哀毁踰禮鄕里
稱之公南行時遇賊而不屈賊異之南顔曰無他事少焉賊
退公曰此兒也當爲國器他日果如其言公嘗有二子皆見
背而公不以爲戚人有問其故公對曰死生有命何事慽慽
公者此公之所以見重於世也公爲守令所至有惠政民懷
其德公應曰死而不次

公爲蔚山府使時壬辰倭變公方按理應龍之難先事綢繆
收兵得板橋渡涉應對待之以先事綢繆以備不虞得以
使帥師渡涉龍灣許之諸軍賴之以濟
公孫殞斃之後以把守隘口爲
公鐵鍵䤹刊州有積儲得以賑恤倉庫
南采任之徐理天下大勢如此公以身先士卒輸
徒七除之兵食之備命長子自耕
州月功財始有人衆公爲特遣之上
氏以力給以此公得特達
大悅恢復之以諫以從大平
上善信公爲郡縣列州使宜嶠
公耕之長子喬壽盡
時數千月經
公爲溪使頒

乙卯自榮川歸見世道曰非無意仕宦屢徵不就仁祖反正爲原州牧使伯兄皆早世而無子公當爲主公不忍其伯氏之乏祀也公攝祀而待其子長令爲後於伯氏計捌撝碼

李弘童　字佳甫　號龜嚴　眞寶人　文純公滉之從孫
宣祖丁丑生
壬辰之亂　公年十六　挺身赴倡義陣　時人異之
光海朝　赴鄉試　遇[illegible]兄等於溪江　泛舟　酒屬之
曰　若與我同事耶　青雲如拾芥　公[illegible]不見　而起徑路
著書論行義　以終餘年

金瑜

金瑜字子峻，號海隱，漢陽人，嚴先生之門人。富雲臺倫之司諫，朝廷相國時，徵拜兵曹佐郎，以疾引之，不用事，先生見喟然曰：忠愛之語，飲歸以諸，宣祖辛巳以六歲隱，感印飛，不見先生距不，乙卯作宜有祖知，附麗時諫至門，書功同致意為承政院注書，時北人用事，紀敘聞先生，終日乃棄歸，至戊午，倫紀敘聞先生，門武見先生。

後記公司甲子兵代義州判官，仁廟應敎府持平赴召公中道引疾歸師，數不入城，而以紀朝廷，獨立頹波，中央敘大品，照飾昏修日記公不傳已至誠，外修上曰除。子耀字金時議，譏之曰金瑜科曰人非山蘇而使云。除義州判官，時如何行止，繼之以祥，上終，始優容，獎諭，度不許授。

勤令身奉國相李里梧然譯盡議朝通病正書禮拜
臣　身價妍使及土人近之此自也何病知具疏亦上累不上自此稱病瘻病國相
　　　從徙報還起坐見之諸伯居起報還朝公動頃公偵伯方不通本於私病人侯寧輿熱陳
　　　公　報鄉人殘飲相兵道諸城南卓上　速弘之阻子丙
　　　義信人無至不官除　屢公以貴熱勤館文弘錄之商癸禮

火已頃家財以助兵食聞　上出城西向勤哭悲情不
脇祿軟臨轀地誌爲天下圖措然而歎曰封此聚
隆始有山識者謂其有特立獨行底氣像　先生情然不
嘗與諸斯文語及時事武詐其出慶先生改節於是諸
公咸知先生之志云婦不可以夫不義而改節於是諸
先生坐庚稱十八年不出尸外起居便蕃倚待於

以測其心與跡
家法蕃嚴子爭侍立祈寒盛暑不敢退修承柳公
移冬之月來訪先生留與飲語至夜合無侍側者柳
公性之反乾寢先生呼往四子齊唯而人盡侍外
居氣若無人不命之人不敢人也柳公歎服馬院
先生之居庵几等必明淨尊閣經傳嚴師使竣
之後鹽手對卷誌了一書收而藏之更閱他書文
復如之索上只留一卷畫而已客至必又其面使
人不知為何書其平日韜晦如此
鄽桐溪先生以方伯問先生病樂之同宿中夜無

人即扶起先生俳佪嘅歎步桐溪歎曰吾不能為公
一畜蕭廟之碑贈青武玉之青伯庚也
蕭廟之碑銘曰風節之高為士林特贈都承旨仁耶清耶派其跡閱
其心可以神會難以事等言之人古之人何其度
遠而思深其污其標耀雜愈

金光爀　字以志　號梅園　光州人　檢閱□子　宣祖庚戌生　贈執義

就正于寒岡鄭逑之門　窮理居敬　聞有聲　與朴□見光海政亂　隱居　不復上公車　亦不□□　朴□□公以公對之　仁祖朝　除職不就　丙子講和後　連有除命　皆不起　大庵朴□□軒柳□嚴珍柳□從岡未志及

□□□□□□　敎意在也

李溟翼

李溟翼字濟里孫及指愛真賢人　仁祖己丑文科
歷翰林說書大司諫止　遂清道觀察使
嘗參鄕解會圍儕多曰隆　盡㙷嗚摘大夫人曰
蓋來裝爲公曰解己事事不可　大夫人强之公
不敢違一舉遂大闡焉
都堂會圍時趙文簡公綱絶公名閣宗道緣曰老
且病矣前時公在　閣鴒公論能儒公不聽岳
道熊李甚之後文簡得見公笑曰人其欺余實金

盖勤將行公州鎮標嘗以金鼓人公曰樞不虞
是晏勤證改倒直勾於州鎮公曰戎牢託會會且
歸美不義近於僑桿手遞殷鎮慶將行標　啓歸
盖勤藏穩攝得斯會盈廛闥爲信公疏墨事始十
自光州歸繡傳路者欲言寧足信李
事可假繡衣欸曰人　慶改歟他事
陳嶺六七巴乾丹陽江納稅弊去十七人鎮賦無
傳法民病之與李尚書元禎建議用兩湖大同法
民至今頼之

公十歲能背誦論語一部又人試閣方童內兒
節公任命應纂逐公一過眠卽返彼把筆立
之節公曰得無誤廋乎更勅不差一字一虛鳴
曰給吾之振唯陽也　探察　砂滴　東

漢李燿字子昭　彌漢束真竇人　負啟公逢　　光海
庚戌生　仁祖丙戌進士　戊子文科　官學令　　肅序　庚申卒
論勸權安以直載聞北守江東清道三
在稱治去後民思之撰李陽溪灘　　　　啟曰　　　　　　　罰語意陰巧罰
樓金相壽陸速鼠參校公論假怨諭撰進　一疏　　加對秩　如講
故而不思報谷反肆怒　　　　　　　命全釋　　　　朝廷
上編配已夫徒輕　　義何又　　　　　　釋　　朝廷　　廷

　　論之是非顏倒至此何以肅　王章而懲　　　文
之武班之極選有派於先王金石之典自此論陰
之不文不武者必將耤曰於盛勳而肇生安於　狀

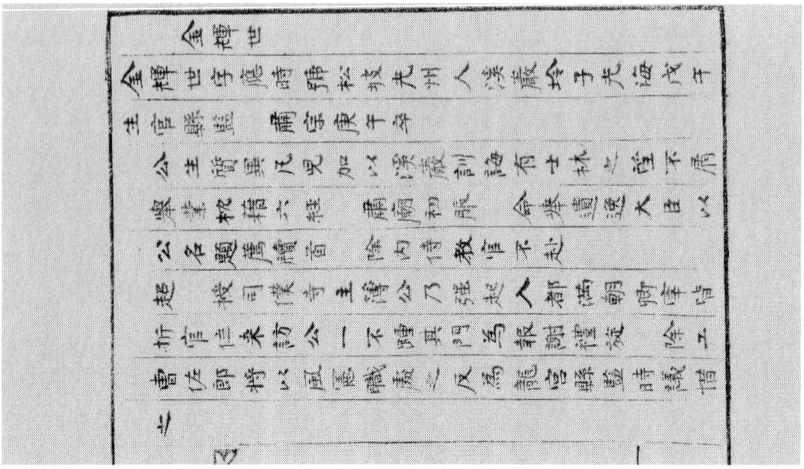

金輝世

金輝世字應時號松坡光州人溪巖玲子光海戊午生官縣監　肅宗庚午卒

公生質異凡兒加以溪巖訓誨有士林之望不屑舉業枕藉六經　肅廟初服　命擧遺逸大臣以

公名題薦牘首　除內侍教官不赴

起　授司僕寺主簿公乃强起入都滿朝卿宰皆

折官位來訪公一不踵其門爲報謝禮旋　除工

曹佐郎將以風憲職處之反爲龍宮縣監時議惜

之

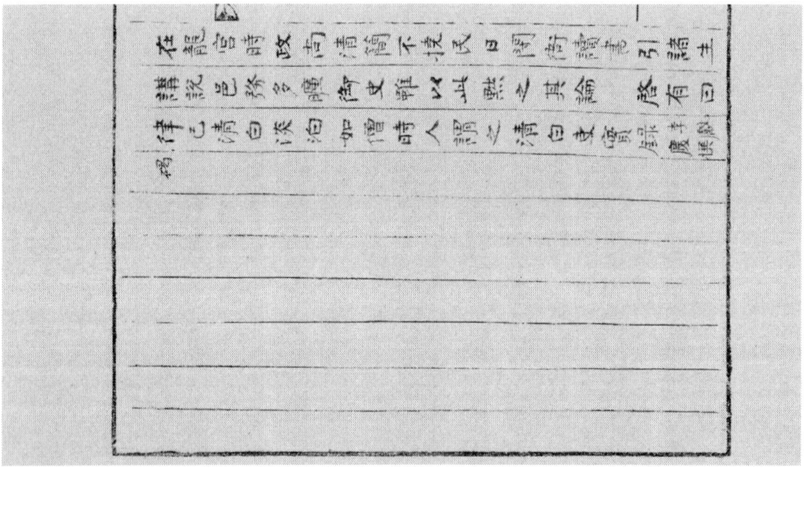

在龍宮時政尚清簡不撓民日閉衙讀書引諸生

講說邑務多曠御史雖以此黜之其論　啓有曰

律己清白淡泊如僧時人謂之清白吏實錄李獻慶撰

碣

金東俊

金東俊字伯兼號適庵光州人校理璁孫　肅宗乙
丑生辛卯進士辛丑文科官縣監壬子卒
公年六歲內舅李公聃命按節嶺南公隨往李公
知其穎悟試抽一呈文謂曰余能讀此否公讀之
便不錯一字使效其作即請紙筆草之詞理俱到
李公驚異之一道傳以為神童
拜永同縣監除奬束濕且多敢為有時宰路過縣
邑公終不出見其人憾之嗾言官彈罷之公去官
而措置設施皆紐解永人皆惜之
戊申逆變召募使黃公冀昦素知公有抱負貽書
問討賊方略時公居憂書陳形便甚悉安撫使朴
師洙聞知之固索其書至於　上達　上大加獎
翊一一錄施時方伯守令舉皆惟擾不諳綏輯虛
實不敢為提兵勦討計及公書出而剴切纖悉料
敵審勢瞭如指掌希亮筆已奄奄納其首級賊
平後錄原從功〈尹興求擬行狀〉

李世泰 字季通 號通齋 肅宗甲子文科 應辟眞衛人文純公 選至司僕判決事 肅宗庚

辰生 歷拜公不乾謝 名自見阻清選鑑錄而彌不堂
週知爲漬情之曰季通之霈由於堂后時
上居信儲蓄月俸以補民後治出禍更民忝信
曰子魯知其人矣宜勸一儁首右職調用

公歿而朝廷不及聞有秒曾僉議之　命後十三
後年　上聞而悼惜令史書官殺安賓而送文有錄
後之　命

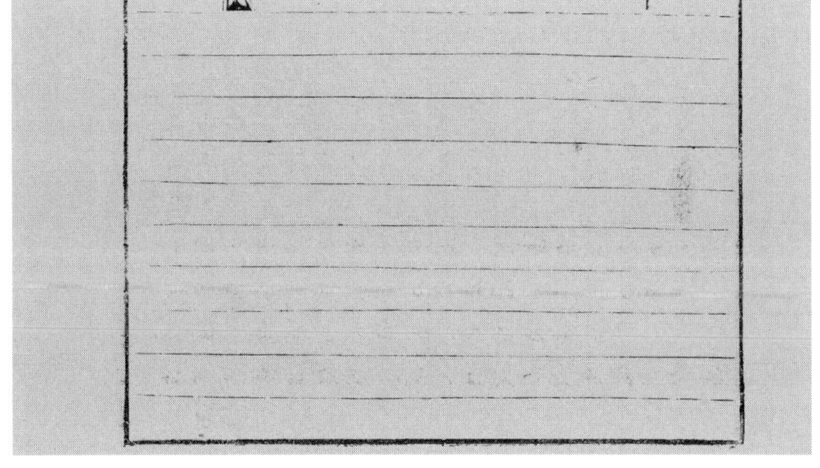

王洽

漢武壬戌生　文科僅華　黙溪書院

世宗感治之世　重清白　史公議至巌為公輿馮公

有馮　精識字邪服　姆訓從吉　冶隱先生闿

鑾大方

其學之所達　觀於所作　人以書　陰陽簽易丙圖

則可見其洛潭析微　采手周邵之書者矣

卓慎　文貞公

卓慎字○○號竹坡光州人景濂直學孫○子
事○性理之學○○○謙恭在祖宗朝為名相
時人以玉壺氷雪比之云

公

公諱○ 字○ 安東人 景忠公○子

陶德王后府○

贈禮曹判書

景泰丙子與朴醉琴成軒竹窩諸賢書己庭事

事世不屈同日殉節 中宗癸酉復官贈職　染○

朝 贈諡○

李幹

李幹字君任號松塢延安人　中宗丙申生官縣監
光海庚戌卒
七歲始受學纔踰年齔會大小學論孟諸書不務
記誦
孝友出於天性遭憂哀毀幾滅性廬于墓下守南
溪公年十六同居廬兩公泣語曰曲禮云未葬讀
喪禮既葬讀祭禮君子不以衰絰而廢學爾宜讀
書南溪公感而請學
守拙齋公於公為從叔觀察本道信宿公第從容

言曰曾聞君孝友今見君器宇名不虛得對曰稽
古聖訓律身制行是侄之願章句末藝專務進取
非侄之心
公往請誌於退溪先生先生久聞公行誼及見
儀形動止大加敬愛
西厓先生聞公讀易將與同業作四韻詩先送其
末句曰靜閉洞門揮俗客焚香細讀洗心經其後
先生來留精舍與公讀易
南溪公中鄉解赴會試公語曰西厓若主試則雖
公偶得中必有人言及南溪公入場西厓果主試

退而壽綬不
主辰倭綬公爲本縣守城郡軍弱不能功
功時金相識功以安等使到安宋公舵往見之功
言定義將討嫌之事相議寄其子
金公應南言子朝曰李某兄等及行諭己惹
於本通書移而至今不用皇選人之通字於是
公除眞簿南溍公降唐溍
到縣信供多許庸公卻之曰國有大亂野有誠
浮是官守等感謠詩也有一從事官遇本縣呈設浡
張綵公以詩讀之曰又鋒陣後風流陳哭涇諸邊遠

管鑠講從事謝公而去
及逮歸士女溍涇鍰留始公泳北馬爲宋及歸有
仲子忠可赴會試公戒之曰此眞城物吾何取爲
則須如汝取而迂主試時事忠可果遵其宗

李輔　字寧　庚寅進士　公殞以逆　先三威　其好學如此

南漢延安人　任弼縣　戊申守　以疆後十年　後授教　講書為公　公於先主以正居乙　祖信乙巳生　公亦先主以盡　則改改

壬辰倭大人寇　公懷懍投羲兵陣中　壽書膈志信
是時仁同劉於兵田野　遠能人飄受使論放卒
其邑以南鄭公昆壽慮子朝拜彥淳縣仁同人論
公不忌仍以公為仁同縣監　接應天將供德軍須威
有餘健寀使李公元邏等天生山城事委公以
事數月功書記

洪瑋字偉夫彌西潭南陽人明宗己未生栗谷李先生良川書院儒士
馬辛丑文科官持平仁祖甲子卒年今子孫傳不詳不識傳戰
從官貫多談其論與柳先生述稍之南路書陳予紀戰
港貫主庚亂聞李梧里元臝體祭之改容曰卑野之言言
當之家重於秦心字手書以各稽氏禮談勾爲死之
討堂不重於兵凱還公作序送之曰老儒院素吾東於
彼戊吾於魚肉則頃不惜一投之醫游乘吾棄於力

僉歎其文以正言恠爲綱於直諫使天下之人以言爲諱終至亂亡故
驥豔蓋是時諫上疏以忠諫譎其指過甚者禮其寶於不諫以
正迎致禮過大夫名諱其過寡恐其直言於諫以
用其刑於丁應秦之諫也大将祿提督見
而不悟呼亦感矣
文曰海廣爲天經地義民彝之雖則當有爲世
報之忘此則鳥席之諫道可視而當然昏於
裵韵之甚結爲徒命不爲昏沃泱吾雖於句使天
案思隊廢已奔走聽令不爲信波修之廉因

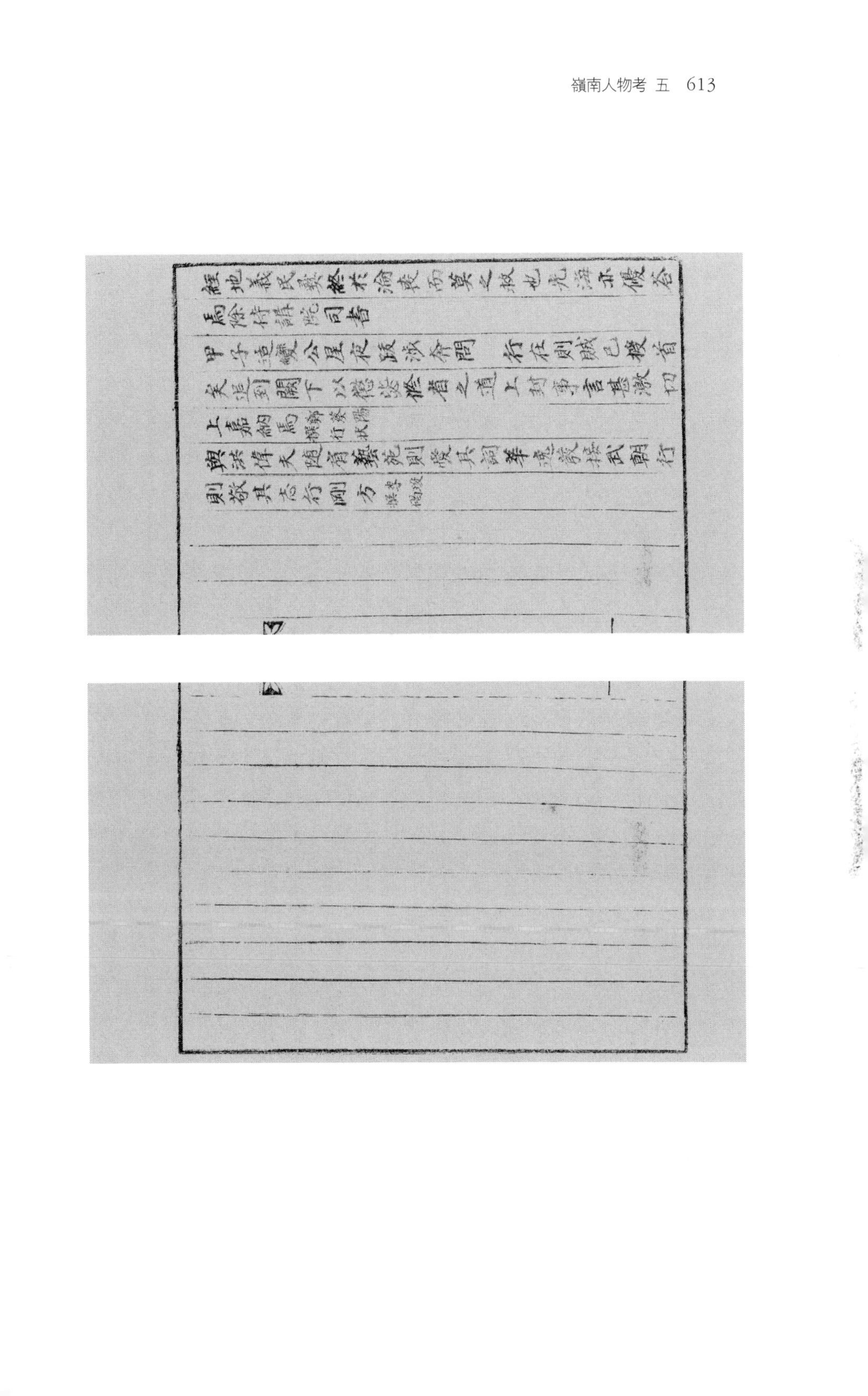

張海濱 字⋯⋯

張海濱字⋯⋯ 乙巳⋯⋯
商賈之屬 留侯之裔 漢人 浙江人 朝 皇
本朝 丁酉倭寇之亂 令浙江兵調于⋯⋯
神宗 辟爲流丸所中 不⋯⋯
孝宗主⋯⋯
⋯⋯

〔評〕⋯⋯

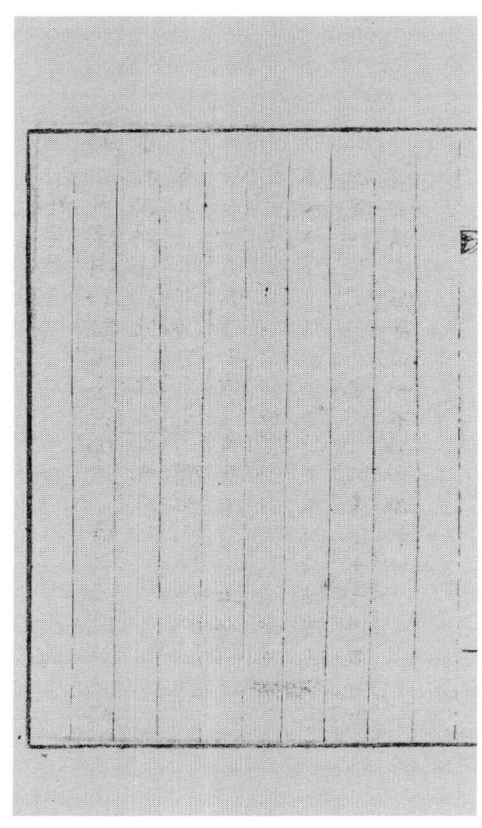

朴漢男

朴漢男字國輔號風峯密陽人　宣祖己亥生光海
辛酉武科官府使　孝宗乙未卒
丙子　除都摠都事處　駕至南漢山城日暮天
寒人馬不能着足賊鋒鏑及逐員　上入城
矢中左臂渾入寸許而裹瘡出戰累奏斬獲
癸未以碧潼郡守　除領兵大將將使援彼公匹
勉從之然不忘　皇朝之忱素積于中遂其赴戰
權鞸諸薦留滯錦州不抽一鏃〔金鏡撰碑〕

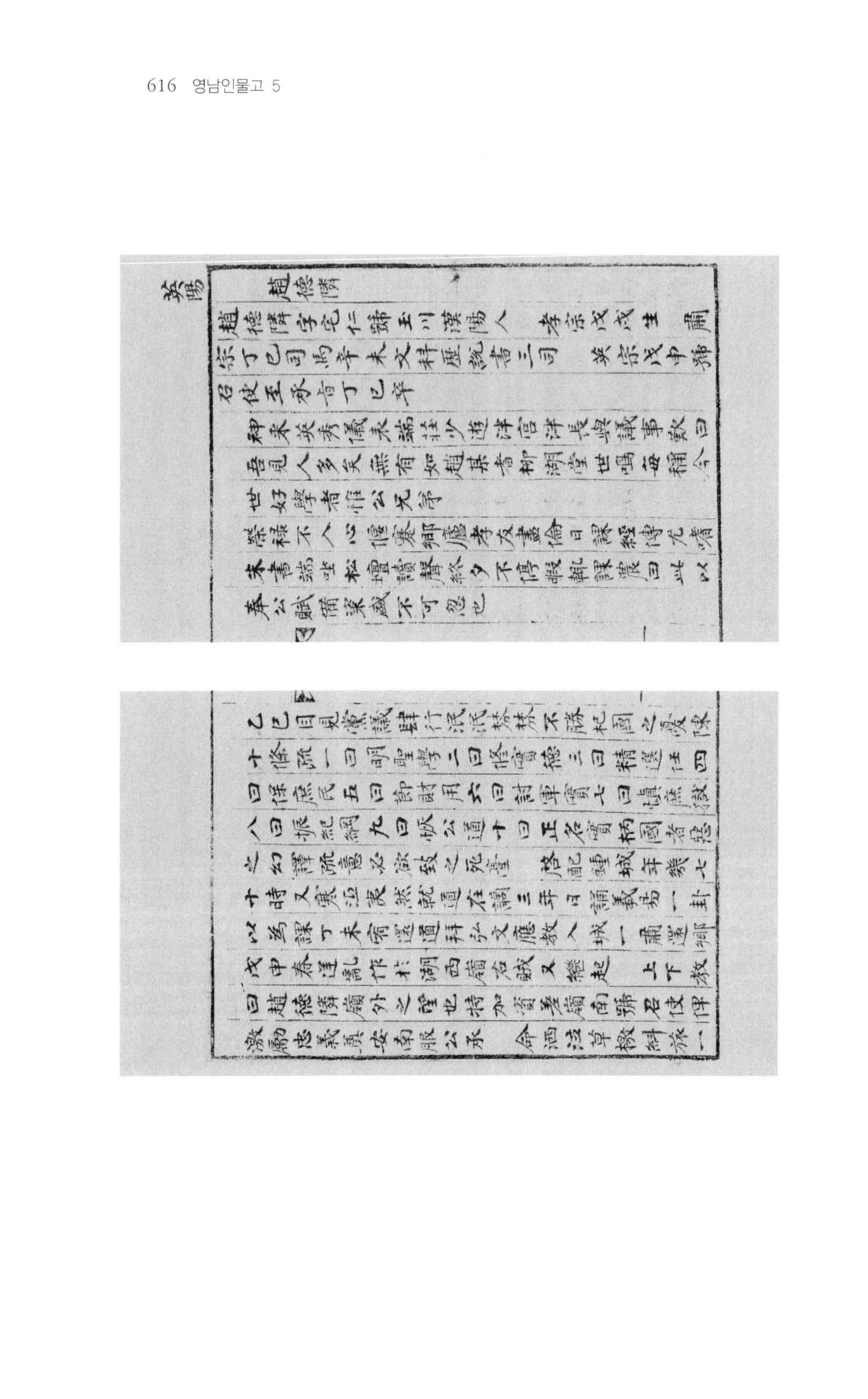

竹語其情行至大兵安
其人問其不如其司黃璹語
陳除未仍逢却之力遠名不安者其名
至各氣金近訟諫其誠説未達名辭講
學子僥遠迹召結仍其講
門輪聽然欲其御學子
上留上是兩之内召結
日安遙遙之日漢上道門然
落人此座子未安侍
新清驄人慈經世志日興
疾延人忿經世
毋人得當世
誠次事授首逐罪兵臨
報鮀駝事遺首遞罪
形軍情行至大兵安
驗
語

司齊發逐有蟲林之　命趙皇原續命疏請拿疑
上從之金岳部將發據立間外傳曰曰趙德情非病癸
曰有罪及就獄欲發賣勿慳你勿加在遙勿是令主能言阈
也就書對云手七十九神色不愛徐曰口不能言阈
諸世遙曰義子枉屈正人非其有義陝一寫得行年亦刊政之教葉
文學罪人非主郡有義鄉講聖　之事言不能共開之
諷趙德備講王郡有講聖　令同義甚基開獄之
此機曹戒院疑慈乎待馬放逵丞令同義葉
司以出又令史信従之總下繪末　兩馬誠逵之

嶺言機 謀達閼 兗師諡 流上 庠儒南廣己丁令
嶺 流己 及晩又 朝熟不宜此流 之主啓并趙南
到者除人 主曰人 此馳不氣 令曰公州濟萊加逐病會
及斂者 歸以餘孫子 世也之修悲身文何亦時書擔此獨曰手
人及餘寄 六十參在 語也之修名怎被身文恨至作有此曰正身
餘人 馳上護生儒已之革他日身何勉凶之溺遠逃進而者會
餘人 駕賢六十餘人

軌棧 綸量毋復菴薜絵 為緯籍非釋持上 手明
高 無窀復非 令分度曰雖曰又教 之名罪謙湯下亥乙
以由 其之為待段昭逐傳待令分度與句疏煇原朝先之禮而記注記院政見造也林
由以人其為 昭段逐博語善句與飾終障令特先朝禮何之非事書今之十之下辟覺寬林
呵何瀆瀦熱其 先何述非祀報之加之十今事

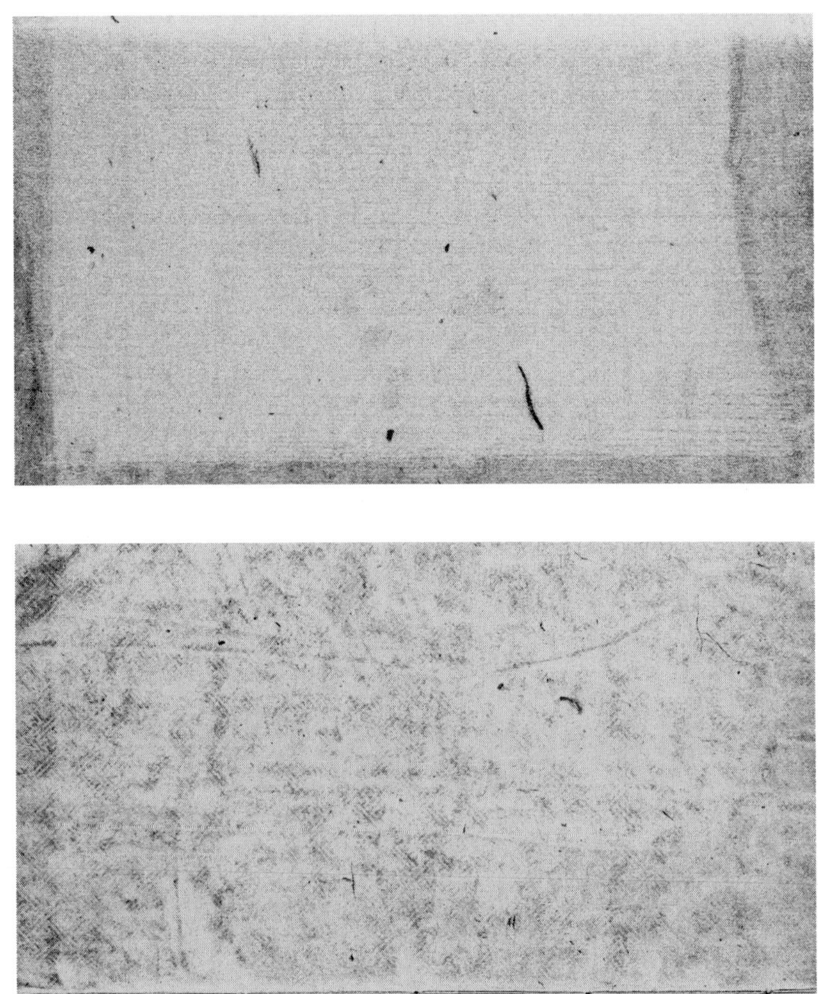

역주자 신해진(申海鎭)

경북 의성 출생
고려대학교 국어국문학과 및 동대학원 석·박사과정 졸업(문학박사)
전남대학교 제23회 용봉학술상(2019); 제25회·제26회 용봉학술특별상(2021·2022);
제28회 용봉학술대상(2024)
제6회 대한민국 선비대상(영주시, 2024)
현재 전남대학교 석좌교수 겸 명예교수

저역서 『서류 송사형 우화소설』(보고사, 2008), 『권칙과 한문소설』(보고사, 2009), 『소대
     성전』(지식을만드는지식, 2009), 『증보 해동이적』(공역, 경인문화사, 2011), 『떠난
     사람에 대한 그리움의 미학, 애제문』(보고사, 2012), 『요해단충록(1)~(8)』(보고
     사, 2019~2020), 『검간일기』(보고사, 2021), 『검간일기 자료집성』(보고사, 2021)
     외 다수

영남인물고嶺南人物考 5
 ─상주·예안·군위·영양

2026년 2월 27일 초판 1쇄 펴냄

편수자 윤필병·이정운
역주자 신해진
펴낸이 김흥국
펴낸곳 보고사

책임편집 이경민
표지디자인 김규범

등록 1990년 12월 13일 제6-0429호
주소 경기도 파주시 회동길 337-15 보고사
전화 031-955-9797(대표)
팩스 02-922-6990
메일 bogosabooks@naver.com
http://www.bogosabooks.co.kr

ISBN 979-11-6587-983-9 94910
     979-11-6587-789-7 (세트)
ⓒ 신해진, 2026

정가 35,000원